narr STUDIENBÜCHER

Grundlagen der Übersetzungsforschung

Band 1: Norbert Greiner, Übersetzung und Literaturwissenschaft
Band 2: Jörn Albrecht, Übersetzung und Linguistik

Jörn Albrecht

# Übersetzung und Linguistik

Grundlagen der Übersetzungsforschung II

2., überarbeitete Auflage

**Prof. Dr. Jörn Albrecht** war Professor am Seminar für Übersetzen und Dolmetschen der Universität Heidelberg.

Bibliografische Information der Deutschen Nationalbibliothek

Die Deutsche Nationalbibliothek verzeichnet diese Publikation in der Deutschen Nationalbibliografie; detaillierte bibliografische Daten sind im Internet über http://dnb.dnb.de abrufbar.

2., überarbeitete Auflage 2013
1. Auflage 2005

© 2013 · Narr Francke Attempto Verlag GmbH + Co. KG
Dischingerweg 5 · D-72070 Tübingen

Das Werk einschließlich aller seiner Teile ist urheberrechtlich geschützt. Jede Verwertung außerhalb der engen Grenzen des Urheberrechtsgesetzes ist ohne Zustimmung des Verlages unzulässig und strafbar. Das gilt insbesondere für Vervielfältigungen, Übersetzungen, Mikroverfilmungen und die Einspeicherung und Verarbeitung in elektronischen Systemen.
Gedruckt auf chlorfrei gebleichtem und säurefreiem Werkdruckpapier.

Internet: http://www.narr-studienbuecher.de
E-Mail: info@narr.de

Printed in the EU

ISSN 0941-8105
ISBN 978-3-8233-6793-2

# Inhaltsverzeichnis

| | |
|---|---|
| Vorwort zur zweiten Auflage | XI |
| Vorbemerkung | XIII |
| Zur Einführung | XV |

I. Allgemeine Gesichtspunkte ..................................................... 1

  1. Der Beitrag der Linguistik zur Übersetzungstheorie und -praxis ............ 1
    1.1 Übersetzbarkeit vs. Unübersetzbarkeit. Sprachliche und
       nicht-sprachliche Übersetzungsprobleme ........................................ 2
       1.1.1 Die Unmöglichkeit der direkten Beobachtung von Bedeutung
           bzw. die Unmöglichkeit, intersubkektiv veririfzierbare
           Kriterien für die Bestimmung der Bedeutung anzugeben ........ 2
       1.1.2 Die fundamentale Verschiedenheit der semantischen
           Strukturen der Einzelsprachen und die daraus resultierende
           Unmöglichkeit der Existenz genauer inhaltlicher Äquivalente
           zwischen zwei Sprachen ........................................................ 2
       1.1.3 Die Ungleichheit des kulturellen Umfeldes, innerhalb dessen
           die jeweiligen Sprachen als Kommunikationsmittel dienen .... 3
       1.1.4 Der Anteil der Sprache am Problem des Übersetzens ............ 11
    1.2 Was nützt die Linguistik dem Übersetzer? ................................... 14
    1.3 Das Verhältnis von Sprachwissenschaft und
       Übersetzungsforschung .............................................................. 18
    1.4 Lektürehinweise ........................................................................ 22

  2. Was ist Übersetzung? ..................................................................... 23
    2.1 Übersetzung und Übersetzungsprozeß:
       Definitionen und Modelle .......................................................... 23
    2.2 Das *tertium comparationis* der Übersetzung ............................... 30
       2.2.1 Die »äußeren Grenzen« der Übersetzung .............................. 31
       2.2.2 Die »inneren Grenzen« der Übersetzung: Invarianz,
           Äquivalenz, Adäquatheit ....................................................... 32
       2.2.3 Äquivalenz in bezug auf Textsegmente: das Problem der
           Übersetzungseinheit ............................................................. 37
       2.2.4 Übersetzung vs. Bearbeitung ................................................ 38
    2.3 Typen der Übersetzung ............................................................. 39
       2.3.1 Grad an AS-Textgebundenheit ............................................. 40
       2.3.2 Behandelter Gegenstand ...................................................... 42
           2.3.2.1 AST-Typ und AST-Sorte ........................................ 43
       2.3.3 An der Übersetzung beteiligte „Arten des Sprechens" ........... 43
       2.3.4 Übersetzungsrichtung .......................................................... 44
       2.3.5 Übersetzungszweck (Skopos) ............................................... 45
           2.3.5.1 »Textinterner« Skopos ............................................. 46
           2.3.5.2 »Textexterner« Skopos ............................................ 46

2.3.5.3 Der Zusammenhang zwischen Skopos und
Übersetzungstyp ........................................................... 46
2.3.6 Exkurs: »Wörtliche Übersetzung« im paradigmatischen
und syntagmatischen Sinn ................................................... 49
2.3.6.1 Der paradigmatische Aspekt ................................. 50
2.3.6.2 Der syntagmatische Aspekt ................................... 51
2.4 Einige Bemerkungen zu Theorie und Praxis des Dolmetschens ........ 54
2.5 Lektürehinweise ............................................................... 58

3. Hilfsmittelkunde ......................................................................... 60
3.1 Nachschlagewerke und sinnvolle elektronische Hilfsmittel
für Übersetzer und Dolmetscher ................................................ 60
3.1.1 Zweisprachige Wörterbücher ............................................ 60
3.1.2 Einsprachige Wörterbücher ............................................. 62
3.1.3 Grammatiken Grammatische Wörterbücher, Wörterbücher
für Zweifelsfragen, Stilwörterbücher ................................. 65
3.1.4 Bildwörterbücher ........................................................ 67
3.1.5 Onomasiologische Wörterbücher, Synonymenwörterbücher ........ 68
3.1.6 Phraseologische und Zitatenwörterbücher ........................... 70
3.1.7 Fachwörterbücher, Fachglossare, „zugewandte Literatur" ...... 72
3.1.8 Enzyklopädien ............................................................. 73
3.1.9 Sonstiges .................................................................... 74
3.1.10 Elektronische Hilfsmittel ............................................... 75
3.2 Lektürehinweise ............................................................... 76

II. Übersetzung und Linguistik im engeren Sinn ........................................... 77

4. Linguistik im engeren Sinn oder »Systemlinguistik« ................................. 77
4.1 Übersetzung und kontrastive Sprachwissenschaft:
Unterschiede und Gemeinsamkeiten ............................................ 77
4.2 Was ist »Grammatik«? Einige Überlegungen zu Systematik der
deskriptiven Sprachwissenschaft .................................................. 81
4.3 Übersetzung und »Systemlinguistik« ........................................... 83
4.4 Übersetzung und historische Sprachwissenschaft ............................ 86
4.5 Lektürehinweise ............................................................... 87

5. Die deskriptive Sprachwissenschaft in ihrer kontrastiv-konfrontativen
Ausprägung als Hilfsdisziplin der Übersetzungsforschung .................. 88
5.1 Phonetik und Phonologie ...................................................... 90
5.1.1 Suprasegmentale Merkmale ............................................. 96
5.2 Morphologie und Syntax oder „Grammatik im
traditionellen Sinn" ................................................................ 98
5.2.1 Konstruktionen, die zu Mißverständnissen Anlaß geben .... 99
5.2.2 Konstruktionen, die zur Konstitution des »Sinns«
beitragen ............................................................... 103
5.3 Wortbildung ..................................................................... 106
5.3.1 Die wichtigsten Wortbildungsverfahren ........................... 107

    5.3.1.1 Exkurs: Wortbildunsverfahren vs.
       Wortbildungsprodukt ............................................. 109
   5.3.2 Wortbildung als Problem der Übersetzung ........................ 110
    5.3.2.1 »Fehlende« Wortbildungsprodukte in der
       Zielsprache: das Problem der Periphrase ............... 110
    5.3.2.2 Wortbildungsprodukte, die zu Fehldeutungen
       Anlaß geben können ............................................. 112
    5.3.2.3 Morphologische Motivation oder
       „Bildungsdurchsichtigkeit" ..................................... 114
 5.4 Phraseologie ..................................................................... 116
   5.4.1 Versuch einer Begriffsbestimmung ................................. 116
   5.4.2 Phraseologie und Übersetzung ...................................... 118
 5.5 Transphrastik (= Textlinguistik im engeren Sinn) ....................... 121
   5.5.1 Die funktionale Satzperspektive (Thema-Rhema-
      Gliederung) als Problem der Übersetzung ....................... 125
 5.6 Lexikologie ........................................................................ 130
   5.6.1 »Unübersetzbare« Wörter ............................................. 131
   5.6.2 Falsche Freunde .......................................................... 133
   5.6.3 »Fehlende« oder »überschüssige« Oppositionen ............. 138
   5.6.4 Globale Strukturunterschiede im Wortschatz
      der Einzelsprachen ....................................................... 141
   5.6.5 „Strukturelle" vs. „kognitive" Semantik ............................ 147
   5.6.6 „Tradierte Äquivalenz" im Bereich des Wortschatzes ........ 151
   5.6.7 „Linking" ..................................................................... 152
   5.6.8 „Abtönung" und Übersetzung ........................................ 156
 5.7 Lektürehinweise ................................................................. 159

6. Übersetzungsvergleich und Übersetzungskritik .............................. 161
 6.1 Der Übersetzungsvergleich im Dienste der kontrastiven
   Sprachwissenschaft ............................................................. 162
 6.2 Der Übersetzungsvergleich im Dienste der
   Übersetzungsforschung ....................................................... 167
 6.3 Paralleltextvergleich vs. Übersetzungsvergleich ....................... 169
 6.4 Übersetzungskritik .............................................................. 171
 6.5 Lektürehinweise ................................................................. 172

III. Übersetzung und Linguistik im weiteren Sinne .............................. 173

7. Übersetzung und Semiotik ........................................................... 173
 7.1 Elemente der allgemeinen Zeichentheorie ............................. 173
   7.1.1 Gründe für die Unterscheidung zwischen Bedeutung und
      bezeichneten Gegenständen oder Sachverhalten ............. 177
    7.1.1.1 Die Bedeutung repräsentiert Universalia
       (Allgemeinbegriffe) ................................................ 177

    7.1.1.2 Die Bedeutung ist an Einzelsprachen gebunden ..... 178
    7.1.1.3 Bedeutungen können »Nicht-Existierendes«
    repräsentieren ............................................................. 178
  7.1.2 Mögliche Arten der Interpretation des Phänomens
  „Bedeutung" ......................................................................... 178
    7.1.2.1 Ontologisch ................................................................ 179
    7.1.2.2 Psychologisch ............................................................ 180
    7.1.2.3 Logisch ....................................................................... 181
    7.1.2.4 Pragmatisch ............................................................... 182
7.2 Syntaktik, Semantik, Pragmatik ................................................. 183
  7.2.1 Äquivalenz: ein Problem der Semantik oder der
  „Pragmatik"? ........................................................................ 189
  7.2.2 Anredeformen als Übersetzungsproblem ............................ 192
7.3 Präsuppositionen und Sprechakte ................................................ 198
  7.3.1 Präsuppositionen und Übersetzung ..................................... 198
  7.3.2 Exkurs: Die „Hinwendung zur Sprache" in der
  Philosophie (*linguistic turn*) .............................................. 206
  7.3.3 Sprechakttheorie und Übersetzung ..................................... 208
7.4 Ko-text und Kontext: die Umfelder der geschriebenen Sprache ... 216
7.5 „Scenes and frames" oder die „Semantik des Verstehens" .......... 224
7.6 Lektürehinweise ............................................................................ 229

8. Übersetzung und Varietätenlinguistik: Soziostilistische Probleme
der Übersetzung ................................................................................... 230
 8.1 Die „Architektur" der „historischen Sprache" ............................ 232
  8.1.1 Regionale („diatopische") Unterschiede ............................. 233
  8.1.2 Soziale („diastratische") Unterschiede ............................... 236
  8.1.3 Situationsbedingte („diaphasische") Unterschiede ............ 239
  8.1.4 Die „Architekturen" des Deutschen und einiger
  benachbarter Sprachen ....................................................... 243
  8.1.5 Charakteristika von Substandardvarietäten ....................... 244
 8.2 Einige Bemerkungen zur Frage des „Stils" im
 übersetzungsrelevanten Sinn ........................................................ 246
 8.3 Lektürehinweise ............................................................................ 249

9. Übersetzung und Textwissenschaft (= Textlinguistik im
weiteren Sinn) ...................................................................................... 250
 9.1 Die beiden Formen der Textlinguistik nach Eugenio Coseriu ....... 253
 9.2 Die antike Rhetorik und ihre Relevanz für die Übersetzung ........ 255
  9.2.1 Die Produktionsstadien der Rede ........................................ 256
  9.2.2 „Adäquatheit" im Rahmen der Lehre von den
  *genera dicendi* (*elocutionis*) ............................................... 257
 9.3 Texttyp und Textsorte .................................................................. 258
  9.3.1 Der Texttyp als Parameter für die Relation „Adäquatheit" 260

| | | |
|---|---|---|
| | 9.3.2 Textsortenkonventionen und Übersetzung | 261 |
| 9.4 | Die „thematische Progression" | 261 |
| 9.5 | Die „Bauformen des Erzählens": Erzähltechnik und Übersetzung | 263 |
| | 9.5.1 Formen der Redewiedergabe | 267 |
| | 9.5.1.1 Direkte Rede | 267 |
| | 9.5.1.2 Indirekte Rede | 268 |
| | 9.5.1.3 Erlebte Rede | 269 |
| | 9.5.1.4 Innerer Monolog | 271 |
| 9.6 | Vom „Sinn" | 272 |
| 9.7 | Lektürehinweise | 273 |
| 10. Übersetzung und Fachsprachen | | 274 |
| 10.1 | Elemente der Allgemeinen Terminologielehre | 274 |
| | 10.1.1 Einige Grundbegriffe der Lexikographie und Terminographie | 278 |
| 10.2 | Typen fachsprachlicher Benennungen | 279 |
| 10.3 | Einzelsprachliche Charakteristika von Terminologiebeständen | 282 |
| 10.4 | Übersetzungsbezogene Terminologiearbeit | 284 |
| 10.5 | Terminologienormung auf nationaler und internationaler Ebene | 287 |
| 10.6 | Fachsprache vs. Gemeinsprache | 288 |
| | 10.6.1 Horizontale Gliederung vs. vertikale Schichtung | 289 |
| | 10.6.2 „Reduktionshypothese vs. „Universalitätshypothese" in der Fachsprachenforschung | 289 |
| 10.7 | Lektürehinweise | 290 |
| 11. Schlußwort | | 292 |
| Literaturverzeichnis | | 295 |

# Vorwort zur zweiten Auflage

Acht Jahre nach der ersten, inzwischen vergriffenen Auflage erscheint das Studienbuch *Übersetzung und Linguistik* in überarbeiteter Form. Einige Irrtümer wurden berichtigt, die leider recht zahlreichen Druckfehler (hoffentlich einigermaßen vollständig) korrigiert, die Lektürehinweise und das Literaturverzeichnis am Ende aktualisiert. Dabei wurden wiederum Arbeiten berücksichtigt, die nicht den ungeteilten Beifall des Verfassers finden. Schließlich soll das Buch auch Anregungen zu kritischen Diskussionen, z. B. im Rahmen von Prüfungen, liefern.

An der Gesamtkonzeption hat sich nichts geändert. Der Schwerpunkt liegt weiterhin auf dem Beitrag der Linguistik (im weitesten Sinn) zur Übersetzungsforschung. Der Beitrag zur literaturwissenschaftlichen Übersetzungsforschung wird im von Norbert Greiner verfassten ersten Band der *Grundlagen der Übersetzungsforschung* gewürdigt. Einige Vertreter des *Mainstream* der Disziplin werden somit weiterhin gerade die Dinge vermissen, die ihnen lieb und wert sind. Es handelt sich dabei meist um Gegenstände, über die sich – wie mir scheint – trefflich plaudern, jedoch schwerlich ein allgemein verbindlicher Konsens herstellen lässt. Damit soll kein Verdammungsurteil über all das ausgesprochen werden, von dem zu träumen sich die hier ausgebreitete Schulweisheit versagt. Das Nötige hierzu findet sich im Schlusswort.

*Übersetzung und Linguistik* bleibt weiterhin eher ein »Lesebuch« als ein Nachschlagewerk. Vieles von dem, was einige kritische Leser bei punktuellen Nachforschungen vermisst haben, hätten sie bei etwas ausdauernderer Lektüre sehr wohl finden können. Damit sind natürlich nicht die rein technischen Dinge gemeint, wie z. B. die *tools* für Übersetzerinnen und Übersetzer. Die Angaben zu diesem Bereich wurden ganz bewusst sehr allgemein gehalten. Unverändert geblieben ist auch die kritische Einstellung gegenüber einem berühmten Aphorismus von Ludwig Wittgenstein, an dem eine außergewöhnlich scharfsinnige und gut informierte Rezensentin Anstoß genommen hat. Möge sie mir meine Halsstarrigkeit in diesem Punkte nachsehen.

Heidelberg, im Februar 2013　　　　　　　　　　　　　　　　　　　　　Jörn Albrecht

## Vorbemerkung

Die beiden Bände *Grundlagen der Übersetzungsforschung* setzen sich zum Ziel, die philologischen Voraussetzungen des Übersetzens und der Übersetzungsforschung systematisch und historisch darzustellen. Nachdem sich in den achtziger und neunziger Jahren eine vornehmlich von Vertretern übersetzerischer Ausbildungsstätten betriebene Übersetzungstheorie geltend zu machen versuchte, die sich bewußt von Theoriebildung und Methodik philologischer Disziplinen absetzte, gerieten die kulturhistorischen Fundamente und sprachwissenschaftlichen Beschreibungsweisen von Übersetzungen aus dem Blick – nicht zuletzt auf Kosten solider wissenschaftlicher Erkenntnis. Auch andere Tendenzen einer eher literarisch orientierten Übersetzungsforschung verfielen darauf, den zielkulturellen Aspekt so sehr zu betonen, daß das Original und der Vergleich zwischen Original und Übersetzung, damit schließlich auch der Vergleich zwischen den von Original und Übersetzung repräsentierten Kulturen, zu kurz kam. Die Verfasser verstehen den Begriff der „Philologie" dabei in dessen ursprünglich weiter Bedeutung: als Wissenschaft von Sprache und Schrifttum, die den Zusammenhang von Wort und Sinn in den Blick nimmt und sich dabei der Sprachwissenschaft und der Literaturgeschichte sowie deren Teilgebiete wie z. B. Rhetorik, Poetik, Metrik, Stilistik, Phonetik, Grammatik, Pragmatik, um nur einige zu nennen, bedient.

Der sprachwissenschaftliche Teilband geht davon aus, daß das Übersetzen ein Akt sprachlichen Handelns ist und die Übersetzung ein Text, in dem sich ein Text in anderer Sprache spiegelt und damit auch die Differenzen zwischen den beteiligten Sprachen zum Ausdruck kommen. Die Beschreibung von Übersetzungsvorgängen und die Analyse von Übersetzungen ist demnach nicht Gegenstand einer neu zu etablierenden Disziplin, sondern allein mit den Erkenntniszielen und Methoden der Sprachwissenschaft und aller ihrer Teilgebiete zu leisten.

Ein Gleiches gilt für die Beschreibung von literarischen Übersetzungen, die den Gegenstand des literaturwissenschaftlichen Teilbandes bilden. Da literarische Übersetzungen Repräsentationen von in anderer Sprache vorliegenden sprachlichen Kunstwerken sind, müssen für die Einzeluntersuchung ebenso wie für die Darstellung (übersetzungs-)kulturhistorischer Zusammenhänge allein die gesicherten Ergebnisse und die Methoden der Literaturwissenschaft, insbesondere der allgemeinen Literaturtheorie, der Hermeneutik und der vergleichenden Literaturwissenschaft, herangezogen werden. Die Sprachwissenschaft bleibt in diesem Zusammenhang für die Beschreibung der Mikrostrukturen belangvoll.

Geleitet von diesem Prinzip sehen die Verfasser auch die Notwendigkeit, die generellen sprach- und literaturwissenschaftlichen Grundlagen in die universitäre Ausbildung von Übersetzern als zentralen Bestandteil einzubeziehen.

Aus diesen allgemeinen Grundüberlegungen heraus haben sich die vorliegenden Bände entwickelt, denen eine mehrfach erprobte gemeinsame Vorlesung der Verfasser zum Thema zugrunde liegt. Aus didaktischen Gründen ist der Charakter einer einführenden Vorlesung für die Publikation beibehalten worden. Es handelt sich um Grundlagenbände, die vom sprach- und literaturwissenschaftlichen Standpunkt aus die wesentlichen

Bereiche der Übersetzung und der Übersetzungsforschung darstellen, wobei sowohl systematische als auch kulturhistorische Gesichtspunkte eine Rolle spielen. Es wird versucht, einen gewissenhaften Überblick über die Entwicklung und das gegenwärtige Spektrum der Forschungsansätze zu bieten, diese von ihren Grundlagen aus zu erläutern und durch – meist eigene – Fallstudien, die der näheren Exemplifizierung und historischen Erhellung dienen, zu erläutern. Daraus ergibt sich, daß bekannte Ergebnisse, sofern die Verfasser ihnen zustimmen bzw. sich kritisch mit ihnen auseinandersetzen wollen, ebenso vorgestellt werden wie eigene Positionen, die nach Meinung der Verfasser neue Akzente setzen, daß darüber hinaus aber gerade auch die eigenen Forschungsergebnisse vorgestellt werden. Man mag also die vorliegenden Bände durchaus als ein hochschulpolitisches Bekenntnis zur Einheit von Forschung und Lehre ansehen. Insbesondere der literaturwissenschaftliche erste Band hebt neben dem Überblick über die Übersetzungsforschung im 20. Jahrhundert an ausgewählten Fallstudien zu eminenten Übersetzungsfällen der Literaturgeschichte die kulturhistorische Leistung von Übersetzungen und die kulturhistorische Dimension von Übersetzungsforschung hervor.

Von der ursprünglichen Überlegung, die Einheit des Gegenstandes und die Gemeinsamkeit des Anliegens durch einen gemeinsamen Band zu dokumentieren, sind die Verfasser abgerückt. Zum einen legte der Umfang des Vorhabens eine Aufteilung in zwei Teilbände nahe; zum anderen zeigte sich in der Sache, daß die sprachwissenschaftlichen und die literaturwissenschaftlichen Fragestellungen eine so grundsätzlich verschiedene Organisation des Materials und Systematik der Darstellung erforderten, daß auch von daher eine Aufteilung in zwei Teilbände geboten schien. Um die übereinstimmenden theoretisch-methodischen Grundlagen und die Gemeinsamkeit des disziplinübergreifenden Gegenstandes, auf den aus jeweils unterschiedlichen Wissenschaftsperspektiven reflektiert wird, zu dokumentieren, wurde für beide Teilbände ein gemeinsamer Obertitel gewählt.

## Zur Einführung

Der vorliegende Band setzt andere Schwerpunkte als die bekannten Einführungen in die „Übersetzungswissenschaft". Nur der erste Teil gilt den Problemen der Übersetzung im allgemeinen; im zweiten und dritten Teil werden die spezifisch linguistischen Aspekte der Übersetzungsforschung behandelt. Darunter ist all das zu verstehen, was an der Übersetzung sprachlich bedingt und damit sprachwissenschaftlichen Methoden zugänglich ist. Das Buch beruht auf einer Reihe von Vorlesungen, die der Verfasser in immer wieder neu bearbeiteter Form an zwei renommierten Ausbildungsstätten für Übersetzer und Dolmetscher gehalten hat – einige Male zusammen mit Norbert Greiner, dem Verfasser des literaturwissenschaftlichen Teils der *Grundlagen der Übersetzungsforschung*. Viele Examensarbeiten sind von diesen Vorlesungen angeregt worden, und ihre Ergebnisse sind später in die überarbeiteten Versionen eingeflossen.

Am Ende ist ein „Studienbuch" im strengen Sinn des Wortes daraus geworden. Es ist nicht nur zum Lesen und Nachschlagen bestimmt wie der überwiegende Teil der Fachliteratur, sondern auch zum „Studieren", d. h. zur selbständigen Ausarbeitung der in zahlreichen Abschnitten oft nur knapp vorgestellten Themenkomplexe. Der Band wendet sich daher nicht nur an Studierende, sondern auch an Dozentinnen und Dozenten: Sie sollen Anregungen zur Ausgestaltung problembezogener Übersetzungsübungen und zur Formulierung von Themen für Seminarreferate und Examensarbeiten erhalten.

Der von einigen Lesern möglicherweise als einschüchternd empfundene Fußnotenapparat kann bei der reinen Lektüre ohne Schaden für das Verständnis übergangen werden. Er ist nicht für die neugierigen Leser, sondern für die kritischen Benutzer bestimmt, die sich mit seiner Hilfe über das im Text selbst Gebotene hinaus informieren wollen. Bei den Literaturhinweisen werden sie häufig auf Arbeiten des Verfassers stoßen. Zwei unterschiedliche Motive waren es, die den Verfasser dazu bewogen haben, häufig auf frühere eigene Veröffentlichungen zu verweisen: Zum einen bestand das Bedürfnis, direkte oder indirekte Selbstzitate korrekt als solche kenntlich zu machen; zum anderen sollte der Leser darauf hingewiesen werden, daß der Verfasser ein im Text nur kurz aufgezeigtes Problem an anderer Stelle ausführlicher und gründlicher behandelt hat, als es im Rahmen einer Einführung möglich war. Viele der hier zitierten Veröffentlichungen waren von vornherein als „Vorstudien" zu dem vorliegenden Band konzipiert.

Einige Leser werden daran Anstoß nehmen, daß nicht selten auf ältere Literatur zurückgegriffen wurde und manche weithin bekannten neueren Titel keine Berücksichtigung gefunden haben. Sie gehen recht in der Annahme, daß darin ein implizites Werturteil des Verfassers zu sehen ist. „Studienbücher" sollen ihre Benutzer zunächst einmal mit Werken vertraut machen, die sich im Lehr- und Forschungsbetrieb bewährt haben und die als sinnvolle Ergänzung der im Text vermittelten Inhalte anzusehen sind. Darüber hinaus wird gelegentlich – vor allem in den „Lektürehinweisen" am Ende jedes Kapitels – auch auf Arbeiten verwiesen, die nicht den ungeteilten Beifall des Verfassers finden, die ein kritischer Benutzer des Studienbuchs jedoch zur Kenntnis nehmen sollte.

Natürlich wendet sich die vorliegende Arbeit nicht nur an Übersetzungsforscherinnen und -forscher, sondern auch an künftige Übersetzerinnen und Übersetzer, an Dolmetscherinnen und Dolmetscher, die sich nicht scheuen, während ihrer Ausbildung auch einmal über die theoretischen Grundlagen der im praktischen Unterricht vermittelten Fertigkeiten nachzudenken. Sie sollen nebenbei auch praktische Anleitungen und Hilfestellungen erhalten. Dazu dienen die zahlreichen Beispiele aus einigen »gängigen« europäischen Sprachen. Da das Buch für Studierende und Dozenten verschiedener Sprachkombinationen brauchbar sein soll, wurde häufig auf Sekundärliteratur in verschiedenen europäischen Sprachen verwiesen. Schwierigere Passus wurden – mit Ausnahme der englischen – übersetzt.

Der vorliegende Band enthält zahlreiche Übersetzungsbeispiele aus unterschiedlichen Sprachenpaaren, und bei der Mehrzahl von ihnen handelt es sich um Stellen aus literarischen Texten. Dazu scheinen einige Bemerkungen notwendig. Mit den Übersetzungen soll nichts »bewiesen« werden, weder in sprachlicher noch in übersetzerischer Hinsicht. Sie dienen lediglich der Veranschaulichung theoretischer Überlegungen. Wolfgang Pöckl spricht in diesem Zusammenhang von der „mäeutischen Qualität des Übersetzungsvergleichs".[1] Das alles wird im sechsten Kapitel genauer erläutert. Die Anleihen bei der Literatur sollen, wie es eine illustre Kollegin so schön formuliert hat, „die Übersetzungsbeispiele ein wenig mit ihrem sprachlichen Witz und Glanz aufhellen".[2] Als Linguist ist der Verfasser zwar für den sprachwissenschaftlichen Teil der *Grundlagen der Übersetzungsforschung* zuständig, er empfindet jedoch keine Berührungsängste gegenüber der Literatur. Er hält die literarische Sprache nicht, wie einige seiner Kollegen, für eine »Abweichung« von der »gewöhnlichen« Sprache, sondern für deren voll entwickelte Form, in der alle meist nur andeutungsweise zu erkennenden Möglichkeiten der Sprache voll in Erscheinung treten.

Die Aufteilung des zu vermittelnden Stoffs wird bei einem so umfangreichen Gebiet wie dem hier behandelten immer Anlaß zur Kritik geben. So würde sicherlich mancher Leser erwarten, daß der Begriff der „Konnotation" im fünften Kapitel im Zusammenhang mit der lexikalischen Semantik behandelt wird. Aus Gründen der Ökonomie der Darstellung und des hier vertretenen sehr spezifischen Verständnisses eben dieses Begriffs wird er jedoch erst im achten Kapitel als sozio-stilistisch zu interpretierendes Phänomen eingeführt. Es ist unmöglich, beim gegenwärtigen Stand unserer Disziplinen eine Einführung zu verfassen, die den verschiedenen »Schulen« in gleichem Maß gerecht würde. Das gilt auch für die vergleichsweise »strenge« Systemlinguistik. Von einer Einigung auf eine einigermaßen einheitliche Terminologie sind wir heute weiter entfernt als zu der Zeit, in der ein dominierendes „Paradigma" den Wissenschaftsbetrieb bestimmte. Angesichts der Fülle von konkurrierenden Termini, bei denen es sich häufig um Quasi-Synonyme aus ganz unterschiedlichen Begriffssystemen handelt, hat sich der Verfasser nach Absprache mit seinem Lektor und seinem Verleger dazu entschlossen, auf die Erstellung eines Sachregisters zu verzichten. Das fein gegliederte Inhaltsverzeichnis ermöglicht eine „semantische Suche", durch die die im Text behandelten Gegenstände und Sachverhalte gezielt erschlossen werden können. Die zahlreichen Querverweise leisten dabei zusätzlich Hilfe.

---

[1] Vgl. Pöckl 2002.
[2] Macheiner 1995, 351.

# I. Allgemeine Gesichtspunkte

## 1. Der Beitrag der Linguistik zur Übersetzungstheorie und -praxis

Den Anfang soll ein Beispiel machen, aus dem hervorgeht, daß man durchaus Zweifel an der alleinigen Zuständigkeit der Sprachwissenschaft für das Problem der Übersetzung anmelden kann:

In einer deutschen Literaturzeitschrift erschien vor längerer Zeit unter dem Titel „Japanisches Nachtlied" eine Gedichtübersetzung folgenden Wortlauts:

> Stille ist im Pavillon aus Jade
> Krähen fliegen stumm
> zu beschneiten Kirschbäumen im Mondlicht.
> Ich sitze
> und weine

Ohne Japanisch zu können – meine Leser brauchen es auch nicht zu können – kann ich zeigen, daß der Übersetzer erstens ein Stümper war und daß zweitens die Sprachwissenschaft ihm nicht geholfen hätte, seinen elementaren Fehler zu vermeiden. Sie haben soeben eine deutsche Übersetzung einer französischen Übersetzung einer japanischen Übersetzung von Goethes berühmtem Gedicht *Über allen Gipfeln ist Ruh* gelesen – vermutlich wußte bereits der zweite Übersetzer in der Kette nicht mehr, auf welches Original sein Text zurückging:

> Über allen Gipfeln
> Ist Ruh,
> In allen Wipfeln
> Spürest du
> Kaum einen Hauch;
> Die Vögelein schweigen im Walde.
> Warte nur, balde
> Ruhest du auch.[1]

Man kann dem Übersetzer hier zwar philologische Schlamperei, aber schwerlich fehlendes linguistisches Wissen vorwerfen. Ein guter Übersetzer kümmert sich immer erst einmal um die Quellen seines Textes.

Mit Hilfe sprachwissenschaftlicher Mittel könnte man in unserem Fall allenfalls versuchen zu rekonstruieren, wie es zu den erheblichen Abweichungen zwischen Original und indirekter Rückübersetzung gekommen ist. Aber auch dazu wären unbedingt Kenntnisse aus anderen Gebieten nötig, die nichts mit Sprachwissenschaft zu tun haben: Kenntnisse über japanische Kultur und über die Tradition der lyrischen Formen Japans, Deutschlands und nicht zuletzt Frankreichs, das als Mittlerland auftritt. Immerhin können wir aus diesem Beispiel gleich zu Beginn eine wichtige Feststellung im Hinblick auf die Übersetzung machen: Keine Übersetzung bewahrt zuverlässig alle Merkmale des Originals; auch eine extrem »wörtliche« Übersetzung tut dies nicht. Bei dem angeführten

---

[1] *Ein Gleiches*; üblicherweise: *Wanderers Nachtlied*. Vgl. Italiaander 1968.

Beispiel handelt es sich um eine »Übersetzung aus dritter Hand« und gleichzeitig um eine Rückübersetzung. Ich habe schon mehrfach in verschiedenen Übungen Rückübersetzungen aus dem Französischen und Italienischen ins Deutsche anfertigen lassen. In der Regel ließ sich der Wortlaut des Ausgangstexts auch aus dreißig Einzelübersetzungen nicht vollständig rekonstruieren.

Zurück zu unserem Beispiel. Ich möchte gleich zu Anfang betonen, daß ich in diesem linguistischen Teil der Einführung keineswegs einer ungehemmten Linguistisierung der Übersetzungsproblematik das Wort reden möchte; ich werde immer wieder auf Übersetzungsprobleme hinweisen, die mit den Mitteln der Linguistik allein nicht zu lösen sind. Nun aber zunächst einmal einige Überlegungen zur Möglichkeit oder Unmöglichkeit der Übersetzung:

## 1.1 Übersetzbarkeit vs. Unübersetzbarkeit. Sprachliche und nicht-sprachliche Übersetzungsprobleme

Die Grenzen der Zuständigkeit der Linguistik lassen sich, wie so vieles, am besten *ex negativo* aufzeigen, nämlich anhand der Einwände, die seit mindestens zweitausend Jahren immer wieder gegen die Möglichkeit der Übersetzung erhoben worden sind. Ich glaube, daß sich die ganze Vielfalt der Argumente, die in diesem Zusammenhang vorgebracht worden sind, auf drei Grundtypen reduzieren lassen:

### 1.1.1 Die Unmöglichkeit der direkten Beobachtung von Bedeutung bzw. die Unmöglichkeit, intersubjektiv verifizierbare Kriterien für die Bestimmung der Bedeutung anzugeben

Unter „intersubjektiv verifizierbar" verstehe ich das, was man umgangssprachlich „objektiv" nennt. So ist die Behauptung „Katrin wiegt 59 Kilo" »intersubjektiv verifizierbar«, weil es eine allgemein anerkannte Methode gibt, mit deren Hilfe jeder Beliebige ihren Inhalt überprüfen kann.

### 1.1.2 Die fundamentale Verschiedenheit der semantischen Strukturen der Einzelsprachen und die daraus resultierende Unmöglichkeit der Existenz genauer inhaltlicher Äquivalente zwischen zwei Sprachen

Kein Wort entspricht genau einem anderen in einer anderen Sprache, kein französisches Tempus genau einem deutschen, kein deutsches Suffix wie z. B. *-ung* läßt sich immer durch dasselbe französische Suffix, z. B. durch *-age* wiedergeben usw. usf. So entspricht z. B. dem deutschen Wort *Geheimnis*, wenn damit etwas dem menschlichen Verstand Undurchdringliches gemeint ist, das französische Wort *mystère*. Ist mit *Geheimnis* jedoch ein Sachverhalt gemeint, der einem Dritten nicht mitgeteilt werden soll, so sagt man dazu im Französischen nicht *mystère*, sondern *secret*. Die englischen Wörter *mystery* und *secret* entsprechen in diesem Fall ziemlich genau den französischen. Bemerkenswerterweise lassen sich allerdings auch im Deutschen diese beiden Bedeutungskomponenten isolieren: bei *geheimnisvoll* entspricht der erste Bestandteil dem Inhalt von „mystère"; beim Adjektiv *geheimnistuerisch* demjenigen von „secret".

### 1.1.3 Die Ungleichheit des kulturellen Umfeldes, innerhalb dessen die jeweiligen Sprachen als Kommunikationsmittel dienen

Wie soll ich den Psalmenvers

„Ich hebe meine Augen auf zu den Bergen, von welchen mir Hilfe kommt" (Psalm 121,1)

für die Indianer auf der Halbinsel Yucatán übersetzen, wo es über mehrere hundert Kilometer hinweg keinen Berg gibt?

Nachdem die drei klassischen Einwände gegen die Übersetzbarkeit kurz vorgestellt wurden, wollen wir uns nun etwas ausführlicher mit ihnen beschäftigen:

*Ad 1)* – Der erste Einwand, d. h. die Unmöglichkeit, das Phänomen „Bedeutung" intersubjektiv zu überprüfen, führt uns zu den Schlagworten *Behaviorismus, Antimentalismus* und *Deskriptivismus*, die in der Geschichte der Psychologie und der Sprachwissenschaft eine wichtige Rolle gespielt haben.

Die Behavioristen, eine amerikanische Schule innerhalb der Psychologie, die den Positivismus des 19. Jahrhunderts radikalisiert hat, wollten nur solche Sachverhalte als der Wissenschaft zugänglich akzeptieren, die sich unmittelbar beobachten lassen. Sprachliche Bedeutungen liegen aber nun einmal primär nur in Form von Bewußtseinsinhalten vor. Wer eine Bedeutung, eine Intention oder etwas Ähnliches erfassen will, muß „in sich selbst hineinschauen". Man nennt das *Introspektion*. Introspektion gilt den Behavioristen – unter ihnen auch der bedeutende amerikanische Linguist Leonard Bloomfield – nicht als zulässige Methode der Datengewinnung; daher die sogenannte „Bedeutungsfeindlichkeit", der „Antimentalismus" der klassischen amerikanischen Linguistik. Diese Position wird in schlechten Handbüchern immer wieder falsch dargestellt: Es ging nicht um die Leugnung des Phänomens der Bedeutung, sondern lediglich um methodische Askese: Bedeutungen können so, wie sie sich dem Menschen unmittelbar darbieten, nämlich als Inhalte des eigenen Bewußtseins, nicht als Gegenstände wissenschaftlicher Untersuchung zugelassen werden.[2]

Es gibt, je nach wissenschaftstheoretischer Grundüberzeugung, zwei mögliche Reaktionen auf diese Schwierigkeit:

a) Die Flucht „nach vorn": Man akzeptiert, daß man sich auf schwankendem Boden befindet und macht eben diese Tatsache zum eigentlichen Gegenstand der Bemühungen. Aus diesem Bestreben entwickelt sich zunächst eine Kunst der Auslegung von Texten, die später zu einer allgemeinen Theorie des Verstehens ausgeweitet wird, zu einer Theorie, die vor allem im deutschen Kulturkreis „Hermeneutik" genannt wird. Dieser gesamte Problemkreis kann hier noch nicht diskutiert werden. Es sei zunächst nur festgehalten, daß die Disziplin der Hermeneutik außerhalb der Kompetenz des Linguisten liegt. Einer der Begründer der neueren philosophischen Hermeneutik, Friedrich Schleiermacher, hat im Jahre 1813 eine Abhandlung zu den Problemen der Übersetzung verfaßt, die bis heute sehr häufig zitiert wird, weil dort u. a. die Unterscheidung zwischen „einbürgerndem" und „verfremdenden" Übersetzen begründet wird.[3] Schleiermacher selbst verwendet diese Termini allerdings nicht.

---

[2] Vgl. u. a. Bartschat 1996, 132 ff.; Geier 1998, 144 ff.; Pelz 1998, 181.
[3] Schleiermacher 1813/1838.

b) Die Vermeidung der Schwierigkeit dadurch, daß man den Komplex Bedeutung, Verstehen von Bedeutung, Verstehen der Intention eines Autors usw. in etwas unmittelbar Beobachtbares überführt, nämlich in Verhalten (daher der Terminus *Behaviorismus*). Es gibt Fälle, wo so etwas sinnvoll ist und auch üblicherweise getan wird: Man sagt zu einem Kind: „Bring mir die Brille!" Wenn es dann die Brille tatsächlich bringt, gilt die Äußerung als verstanden. Was muß nun aber jemand nach der Lektüre von Kants *Kritik der reinen Vernunft* tun – wie muß er sich verhalten – um zu demonstrieren, daß er den Text verstanden hat?

Interessanterweise werden auch in der neueren deutschen Übersetzungswissenschaft, die sich selbst keineswegs als behavioristisch versteht, Versuche unternommen, dem Problem des Verstehens dadurch aus dem Weg zu gehen, daß man es zu einem Problem des Sich-Verhaltens macht. So schreibt Hans J. Vermeer in einem Aufsatz, der im Jahr 1980 erschienen ist:

> Der sorgsam rezipierte und interpretierte ausgangssprachliche Text ist Grundlage für die Translation. Rezeption und Interpretation gehen so in die Translation mit ein. Sie werden zu Faktoren der Beurteilung einer Translation. Dabei erlaubt die vorstehende Formulierung, den schwierigen Begriff des „Verstehens" vorläufig aus der Translationstheorie auszuschalten (...) Ob ein Textsinn verstanden wurde, ist ja nur aus den Folgehandlungen indirekt abzulesen: Ein Text gilt als verstanden, wenn zu keiner Folgehandlung ein wie auch immer gearteter Protest erfolgt.[4]

Vermeer meint offenbar mit „Protest gegen Folgehandlungen" den Protest des Autors gegenüber Folgehandlungen des Lesers. Dies ist wiederum recht praktikabel in einem Fall wie dem Satz: „Bring mir die Brille!" Bringt das Kind dem Sprecher einen Zahnstocher oder schlimmer, wirft es die Brille zum Fenster hinaus, so könnte ein unbeteiligter Dritter aus dem wie immer gearteten Protest auf diese Folgehandlung schließen, daß der Text *nicht* verstanden wurde. Geht das aber immer so einfach?

Nehmen wir ein weiteres, verhältnismäßig einfaches Beispiel: Jemand hat im Religionsunterricht die zehn Gebote gründlich gelesen und kommentiert, was ihn nicht daran hindert, zu fluchen, seine armen, schwachen Eltern ganz abscheulich zu behandeln, hin und wieder auch mal jemanden umzubringen und vor allem nicht nur des Nächsten Weib, sondern auch sein Hab und Gut äußerst hartnäckig zu begehren. Der wie auch immer geartete Protest des enttäuschten Religionslehrers bleibt nicht aus. Können wir daraus *ex negativo* schließen, daß unser lebenskräftiger Bibelleser den Text nicht verstanden habe?

Ich möchte hier keineswegs einem harten Radikalempirismus in Sprach- und Übersetzungswissenschaft das Wort reden. Hin und wieder soll uns diese extrem positivistische Einstellung dennoch als heilsames Korrektiv dienen, vor allem in der Frage der sogenannten *Invarianzforderungen*. Genaueres hierzu im nächsten Kapitel, hier nur eine vorläufige Definition: Unter „Invarianzforderungen" versteht man die Entscheidung darüber, was bei der Übersetzung unbedingt erhalten bleiben soll.

Dies kann vielerlei sein: Der Inhalt, d. h. die im Text mitgeteilten Sachverhalte, der Sinn des Textes, d. h. das, was der Autor »eigentlich« sagen will, der Stil, die Wirkung des Textes auf den Leser usw. usf. Die Erhaltung all dieser Faktoren läßt sich ohne weiteres fordern,

---

[4] Vermeer 1980, 251 f.

und viele dieser Forderungen klingen durchaus »vernünftig«. Weit schwerer ist es jedoch, zweifelsfrei festzustellen, ob überhaupt und inwieweit diese Forderungen erfüllt wurden.

Das folgende Beispiel verweist uns auf ein Problem, das uns immer wieder beschäftigen wird. „Bedeutung" oder „Sinn" eines Textes – so könnte man sagen, und so sagt man auch tatsächlich – entsteht erst im Bewußtsein dessen, der den Text zur Kenntnis nimmt. Ergo gibt es ebenso viele Bedeutungen oder »Sinne« eines Textes wie es Verstehensvorgänge, oder – vornehmer ausgedrückt – „Rezeptionsakte" gibt. Es handelt sich hier um ein auf den ersten Blick plausibles, bei genauerem Hinsehen jedoch gefährliches und irreführendes Argument. Das vorhin zitierte Goethegedicht gibt uns Gelegenheit, die damit verbundene Problematik vorläufig zu diskutieren:

Es geht um die beiden letzten Verse des berühmten Gedichts:

Warte nur, balde/ ruhest du auch

Goethe hat diesen Text am 6. September 1780 – er war also 31 Jahre alt – nach einem erfüllten, arbeitsreichen Tag an die Bretterwand der Jagdhütte auf dem Kickelhahn im Thüringer Wald geschrieben. Ich will jetzt keine Interpretation versuchen. Ich möchte lediglich behaupten, daß die beiden letzten Verse, im Umfeld der Bedingungen ihrer Entstehung betrachtet, als Ausdruck einer zufriedenen, heiter-gelassenen Erwartung des Schlafs gedeutet werden dürfen. Dies mag der »Sinn« dieser Verse sein, wenn man den „Sinn" mit der Intention des Autors im Augenblick der Entstehung des Textes identifizieren möchte. Nun wissen wir, daß Goethe einundfünfzig Jahre später, kurz vor seinem Tode, am 27. August 1831, nochmals den Kickelhahn bestiegen hat, um sein Gedicht, an dem ihm offenbar viel lag, am Ort der Entstehung noch einmal zu lesen. Er soll es, Zeugen zufolge, halblaut vorgelesen haben und im Anschluß an die beiden Verse „warte nur, balde/ ruhest du auch" in wehmütige Betrachtungen versunken sein. Eines scheint mir sicher: An diese Lesart des Textes, die sich ihm im hohen Alter aufdrängte, hatte Goethe als Dreißigjähriger nicht gedacht, als er – müde und zufrieden – die Verse an die Wand neben seiner Schlafstätte schrieb. Und doch rechtfertigt der Text eine solche Lesart. Wir können also unseren eigenen Texten in einer späteren Lebensphase einen ganz neuen Sinn geben.

Heißt das nun, daß wir diesen Umständen bei der Übersetzung Rechnung zu tragen hätten, daß wir uns für einen der beiden möglichen Textsinne bei der Übersetzung zu entscheiden hätten, daß wir entweder die Lesart „Abendfriede und Erwartung des erfrischenden Schlafes" oder „Todesahnung" bei der Übersetzung »herausarbeiten« müßten? Nein! Wer so etwas fordert – und manche Leute fordern so etwas – erliegt einem Mißverständnis. Man kann beim Übersetzen überhaupt nie einen konkreten und einmaligen Akt des Verstehens wiedergeben, selbst wenn man dies wollte. Übersetzen heißt in jedem Fall, einen neuen Text verfassen, und dieser neue Text kann – wenn nur die entsprechenden äußeren Bedingungen eintreten – wiederum völlig anders verstanden werden, als es der Übersetzer bei der Anfertigung seiner Übersetzung sich vorgestellt hat. Texte – das ist eine Banalität – sind in kommunikativer Hinsicht nie völlig eindeutig, sondern ziemlich unbestimmt. Vielfältige Umstände sind es – man spricht in einer modernen Form der Hermeneutik von „Verstehenshorizont" – durch die die im Text angelegten Verständnismöglichkeiten konkretisiert, festgelegt werden. Wir haben uns als Übersetzer nur in bestimmten Fällen darum zu kümmern. In vielen anderen Fällen haben wir nicht das zu übersetzen, was wir verstanden zu haben glauben, sondern das, was *dasteht*. Das klingt extrem naiv und steht im Widerspruch zu dem, was man in den meisten neueren Büchern zur Übersetzungswissenschaft lesen kann, ist aber durchaus ernst gemeint. Es ist gerade ein Charakteristikum jeder Sprache, daß sie es dem Sprecher ermöglicht, wesentliche Aspekte dessen, was in einem Text gemeint sein kann, entweder in der eigenen oder in einer anderen Sprache wiederzugeben, und zwar auch dann, wenn der Sprecher *nicht* sicher ist, den Text wirklich verstanden zu haben. Vielleicht wird das ein wenig klarer, wenn wir uns nun dem zweiten Argument zuwenden, das gegen die Möglichkeit des Übersetzens vorgebracht wurde:

*Ad 2)* Was diesen zweiten Einwand gegen die Möglichkeiten des Übersetzens betrifft, die fundamentale Verschiedenheit der semantischen Strukturen der Einzelsprachen, so kann ich mich hier kurz fassen, denn um eben diese Verschiedenheiten wird es im zweiten Teil des vorliegenden Bandes gehen.

Der Philosoph Friedrich Schleiermacher, von dem bereits die Rede war, der Begründer der neueren Hermeneutik in Deutschland, hat das Problem erkannt und klar formuliert (allerdings in der für uns heute schwer verständlichen Sprache des deutschen Idealismus):

> Die Nachbildung [i.e. eine von Schleiermacher kritisierte Form der Übersetzung] ... beugt sich unter der Irrationalität der Sprachen; sie gesteht, man könne von einem Kunstwerk der Rede kein Abbild in einer anderen Sprache hervorbringen, das in seinen einzelnen Theilen den einzelnen Theilen des Urbildes genau entspräche, sondern es bleibe bei der Verschiedenheit der Sprachen, mit welcher so viele andere Verschiedenheiten wesentlich zusammenhängen, nichts anderes übrig, als ein Nachbild auszuarbeiten, ein Ganzes aus merklich von den Theilen des Urbildes verschiedenen Theilen zusammengesetzt, welches dennoch in seiner Wirkung jenem Ganzen so nahekomme, als die Verschiedenheiten des Materials es nur immer gestatte.[5]

Wichtig in dem Zusammenhang, um den es mir hier geht, ist der Passus: „Irrationalität ... [die] durch alle Elemente zweier Sprachen hindurchgeht"[6]. Man hat später viel in diese Stelle hineingeheimnißt. „Irrational" ist hier jedoch eindeutig im mathematischen Sinn zu verstehen. Gemeint ist also, daß es zwischen den zeichenhaften Elementen zweier Sprachen – das können Wörter, aber auch Wortbildungselemente oder grammatische Erscheinungen sein – keine durch einfache Brüche ausdrückbare Relationen gibt. Das heißt in einer etwas praktischeren Sprechweise: Es gibt nicht nur keine 1:1-Entsprechungen zwischen verschiedenen Sprachen, sondern es gibt strenggenommen auch keine 1:2-, 1:3-, oder „Eins zu Viele-Entsprechungen".

Wir wollen uns das nun anhand einiger einfacher Beispiele klar machen:

| | |
|---|---|
| Er trug eine schwere *Tasche* | cartable, serviette |
| Er hatte kein Geld in der *Tasche* | poche, sac, sacoche |

Für das deutsche Wort *Tasche* kommen als Äquivalente im Französischen *poche*, *sac*, *sacoche*, *cartable*, *serviette* und einiges andere mehr in Frage, wobei das Wort in den beiden deutschen Sätzen auf keinen Fall durch dasselbe französische Wort wiedergegeben werden kann. Andererseits können die meisten der hier genannten französischen Wörter in bestimmten Fällen durch ganz andere deutsche Wörter wie *Mappe*, *Ranzen*, *Sack*, *Beutel* usw. wiedergegeben werden. Vergleichbares gilt für englische Wörter wie *pocket*, *bag*,

---

[5] Schleiermacher 1813/1838, 216f.
[6] Ibid., 212.

*case* usw. Diese deutschen Wörter haben nun wiederum ganz unterschiedliche Äquivalente in anderen Sprachen; kurz und gut, wenn man die Suchrichtung innerhalb eines Sprachenpaars nur wenige Male umkehrt, erhält man ein überaus komplexes Netz von möglichen Äquivalenten. Darüber hinaus kann der Begriff „Tasche" durch ein im Deutschen besonders produktives Verfahren vielfach modifiziert werden, durch die Wortzusammensetzung, in unserem Fall etwas genauer und technischer, durch die Nominalkomposition: *Hosen-, Westen-, Einkaufs-, Sattel-, Akten-, Stofftasche* usw. usf. Auf diese Präzisierung wird jedoch im allgemeinen bei Wiederholungen im Text verzichtet. Wenn vorher schon einmal von einer *Aktentasche* die Rede war, kann es später im Text einfach heißen: „Er stellte die *Tasche* hinter dem Sofa ab". Die Wahl eines geeigneten Äquivalents im zielsprachlichen Text muß also in diesem Fall unter Rückgriff auf den vorausgehenden Text getroffen werden.

Ein weiteres Beispiel:

| Il s'était trompé | Er hatte sich getäuscht |
| He had been mistaken | S'era ingannato |
| Se había engañado | Tinha-se enganado[7] |

Wir haben es hier mit einem ganz einfachen Sätzchen zu tun, das so »wörtlich« wie nur irgend möglich übersetzt wurde. Dennoch gibt es zwischen den sechs beteiligten Sprachen keine genaue formale Entsprechung: Die Hilfsverben sind verschieden – sogar zwischen den eng verwandten Sprachen Spanisch und Portugiesisch, das Spanische verwendet *haber*, das Portugiesische *ter* (entspricht dem Spanischen *tener*) als Hilfsverb – die Tempora sind unterschiedlich, ebenso das Vorkommen von Personal- und Reflexivpronomina. Auch die Wörter für „täuschen" bedeuten nicht alle genau dasselbe: In einem Satz wie „Elle avait trompé son mari" müßte das Verb *tromper* im Deutschen durch *betrügen* wiedergegeben werden.

Wer von der Übersetzung verlangt, sie müsse – wie es Schleiermacher ausgedrückt hat – „ein Abbild in einer anderen Sprache hervorbringen, das in seinen einzelnen Theilen den einzelnen Theilen des Urbilds genau entspricht" (vgl. oben), der verlangt etwas Unmögliches (Schleiermacher selbst hat dies – wie aus dem Zitat hervorgeht – übrigens *nicht* verlangt). Es geht ja bei der Übersetzung normalerweise nicht darum, die einzelsprachlichen Bedeutungen und Satzstrukturen mit Hilfe einer anderen Sprache nachzubilden, sondern es geht darum, etwas mit den Mitteln einer Sprache Ausgedrücktes mit Hilfe durchaus unterschiedlicher Mittel einer anderen Sprache gleichwertig und adäquat, d. h. den jeweiligen Umständen angepaßt, wiederzugeben. Und gerade dabei kann die Sprachwissenschaft helfen, sie kann in systematischer Form – nicht in kasuistischer, wie dies in den meisten Übersetzungsübungen zu geschehen pflegt – ermitteln, mit welchen spezifischen Mitteln die beim Übersetzen beteiligten Sprachen etwas Vergleichbares auszudrücken pflegen. Und dazu gehört auch – das sei hier bereits betont – die Feststellung, in welchen Fällen man in einer Sprache auf den Ausdruck einer inhaltlichen Unterscheidung verzichten kann, die in einer anderen Sprache *notwendigerweise* ausgedrückt werden muß:

Hierzu wiederum einige schlichte Beispiele:

[If that's the way he treats his friends], *heaven* help his enemies!
There were birds flying up into the *sky*.

---

[7] Vgl. Wandruszka 1969, 447.

Im Deutschen wird hier in der Regel *Himmel* erscheinen; jede künstliche Differenzierung der beiden englischen Bedeutungen ist, abgesehen von sehr spezifischen Fällen (vgl. unten 5. 6. 3) völlig unangebracht.

> Jérôme par*ut*. Il souri*ait*.
> Jérôme *trat* ein. Er lächel*te*.[8]

Der obligatorische Tempusunterschied im Französischen wird in diesem Fall im Deutschen eingeebnet.

> busco un profesor; busco un hombre que *sepa* nadar
> busco *a* un professor; busco *a* un hombre que *sabe* nadar

Im ersten Fall handelt es sich um einen beliebigen Professor, um einen beliebigen Mann, im zweiten um eine konkrete Person, die, obwohl in der Funktion eines Akkusativobjekts im Spanischen, mit dem Morphem *a* eingeführt werden muß. In beiden Fällen sollte der Übersetzer sich davor hüten, aus lauter Freude daran, daß er diese subtilen Unterscheidungen seiner Arbeitssprachen genau kennt, eben diese Unterschiede im Deutschen auf Teufel komm raus nachzubilden. Auch hier gibt es freilich Fälle, in denen so etwas durchaus angebracht sein könnte.

Es gehört geradezu zum guten Ton, in diesem Zusammenhang einen berühmten Satz von Roman Jakobson zu zitieren:

> „Languages differ essentially in what they *must* convey and not in what they *may* convey".[9]

Zur Überwindung der Schwierigkeiten, die mit dem zweiten Einwand zusammenhängen – ich halte sie weiterhin hartnäckig für diejenigen, die bei der praktischen Arbeit des Übersetzers die größte Rolle spielen – kann die Linguistik einen gewichtigen Beitrag leisten. Das wird noch genauer auszuführen sein. Zunächst jedoch zu unserem dritten Einwand:

*Ad 3)* Wir sind bei den natürlichen und kulturellen Unterschieden angelangt, die von vielen Übersetzungswissenschaftlern besonders hervorgehoben werden, wenn es darum geht, die Bedeutung der Sprachwissenschaft für die Übersetzung zu relativieren. Ich beginne wiederum mit einem Beispiel:

> Du siehst also, sagte X, daß die Hauptverdächtigen zu der Zeit ganz woanders waren. Was verstehst du darunter, wollte Y wissen. Er war in gereizter Stimmung, da X ihn ohne Frühstück hier nach Z geschleppt hatte.
> Meinst Du damit, daß sie den Mordschauplatz nicht erreichen konnten, ohne über hundertsechsundachtzigtausend Meilen pro Sekunde zu fahren? Wenn nicht, so waren sie nicht ganz woanders, sondern nur relativ und scheinbar woanders.[10]

Ich glaube, man kann behaupten, daß diese Übersetzung schlecht ist, und zwar ohne das Original zu konsultieren. Werner Koller spricht in einem solchen Fall von „ausgangstextunabhängiger Übersetzungskritik", Katharina Reiß von „zieltextabhängiger Überset-

---

[8] Vgl. Wandruszka 1969, 353.
[9] Jakobson 1959, 236.
[10] Dorothy Sayers: *Feuerwerk* (*In the Teeth of Evidence*), Klagenfurt o. J., S. 19 (Text leicht modifiziert).

zungskritik".[11] Diese Form der Kritik, die in der Praxis häufig vorkommt, ist im allgemeinen abzulehnen; hier ist sie jedoch durchaus möglich. Der Übersetzer hätte hier die Geschwindigkeitsangabe in Kilometer pro Sekunde, also in das kontinentaleuropäische System umrechnen müssen. Ich bin keineswegs der Ansicht, daß dergleichen grundsätzlich zu geschehen habe, in gewissen Fällen kann z. B. die Beibehaltung des ursprünglichen Systems zur Erzeugung eines gewissen »Lokalkolorits« beitragen. In diesem besonderen Fall wäre jedoch eine Umrechnung unbedingt geboten gewesen: Es geht hier um eine sogenannte Naturkonstante, um die Lichtgeschwindigkeit (299793 km/sec, also ungefähr 300 000 Kilometer pro Sekunde), und damit verbunden ist eine Anspielung auf die spezielle Relativitätstheorie. Der deutsche Leser versteht diese Anspielung viel müheloser (was bei einem Kriminalroman durchaus anzustreben ist), wenn die Geschwindigkeit in der ihm vertrauten Maßeinheit angegeben wird.

Es kann nicht der geringste Zweifel daran bestehen, daß dergleichen Probleme sich dem Übersetzer stellen und daß die Sprachwissenschaft *nicht* für ihre Lösung zuständig ist. Ich habe jedoch den Eindruck, als würde dieser Typ von Schwierigkeit von manchen Übersetzungstheoretikern unnötig hochgespielt. So schreibt z. B. Ortega y Gasset in seiner berühmten Abhandlung *Miseria y esplendor de la traducción* [Glanz und Elend der Übersetzung]:

> Da die Sprachen in verschiedenen Landschaften und unter dem Einfluß verschiedener Lebensumstände und -erfahrungen gebildet wurden, ist ihre Inkongruenz ganz natürlich. So ist es zum Beispiel falsch, anzunehmen, daß das, was der Spanier *bosque* nennt, das gleiche sei, was der Deutsche „Wald" heißt, und doch sagt uns das Wörterbuch, das Wald *bosque* bedeutet.[12]

Zunächst einmal muß man hierzu folgendes bemerken: Die »Wörterbuchmacher«, die Lexikographen, sind nicht ganz so naiv, wie sie von manchen Sprachwissenschaftlern und Übersetzungswissenschaftlern hingestellt werden. So manches, was in übersetzungswissenschaftlichen Arbeiten als teuflisches Problem identifiziert und analysiert wird, haben sie ebenfalls schon erkannt, und in praktischem Biedersinn bieten sie Lösungen an, die oft gar nicht einmal so schlecht sind. So wird der Benutzer des SLABY-GROSSMANN – ein gängiges spanisch-deutsches Wörterbuch – keineswegs zu der Annahme verleitet, das spanische Wort *bosque* bedeute ganz einfach „Wald". Er findet dort nämlich *Wald*, *Busch*, *Gehölz*, *Hain* und begreift damit sofort, daß er *bosque* nicht einfach mit *Wald* gleichsetzen darf.

Immerhin ist das Problem der Kulturspezifik interessant genug. Es gehört zwar gerade nicht zum engeren Thema dieses Buchs, soll aber hier doch kurz skizziert werden: Es lassen sich verschiedene Typen von *Realia*, von Gegenständen und Sachverhalten in der außersprachlichen Wirklichkeit unterscheiden, die bei der Übersetzung Schwierigkeiten bereiten können (Koller verwendet den etwas sperrigen Ausdruck *landeskonventionelle Elemente*)[13]. Ich werde hier vier Typen von Realien, bzw. Kulturspezifika unterscheiden (der Terminus *Realien* ist umfassender, da er „Naturgegenstände" einschließt):

---

[11] Koller 1979, 206 ff. (In der neuesten Auflage, $^8$2011, erscheint dieser Terminus nicht mehr); Reiß 1971, 23.
[12] Zitiert nach Störig $^3$1973, 300.
[13] So z. B. Koller 1979, 197f. In der neuesten Ausgabe seiner Einführung ($^8$2011) wurde der Terminus *kulturspezifisch* hinzugefügt: *landeskonventionelle/kulturspezifische Elemente*.

a) *Naturgegenstände*, d. h. Tiere, Pflanzen, Landschaftsformen, die nur in bestimmten Gegenden vorkommen.

Hier hat sich der Übersetzer zu fragen, ob diese Naturgegenstände über ihr natürliches Vorkommensgebiet hinaus allgemein bekannt sind oder nicht. Dies ist bei Tieren wie *Löwe, Tiger, Giraffe* usw. zweifellos der Fall, bei Erscheinungen wie *garrigue, macchie, Taiga, Geest* jedoch nicht. Manchmal stellt sich das Problem auch innerhalb einer Sprachgemeinschaft: Nicht alle Süddeutschen wissen mit den deutschen Worten *Geest* „in Küstennähe gelegenes, im Vergleich zur fruchtbaren Marsch höher gelegenes, sandiges Gebiet" oder *Brink* „grasiger Hügel" viel anzufangen. Ähnlich könnte es einem normannischen Bauer mit dem französischen Wort *garrigue* „terrain aride à sous-sol calcaire de la région méditerranéenne" gehen.

b) *Artefakte* (vom Menschen gemachte, für bestimmte Kulturen charakteristische Gegenstände).

Hier gilt mutatis mutandis das, was soeben zu den Naturgegenständen bemerkt wurde: *Spag(h)etti, Tortellini,* die *Baguette, Roastbeef* sind, wenn man einmal von Aussprache und Schreibung absieht, weit über ihr ursprüngliches Herkunftsgebiet hinaus verbreitet. Bei *gnocchi, trenette, Pumpernickel, Hefeweizen, churros, Borschtsch* ist das in weit geringerem Umfang der Fall. Im Zeitalter der Globalisierung verringert sich der Anteil der wirklich spezifischen Artefakte ständig: Vor dreißig Jahren waren Tortellini in Deutschland weitgehend unbekannt; im Sommer 2003 konnte man in fast jeder besseren Kneipe im Westen der Vereinigten Staaten Hefeweizen erhalten (das allerdings eher einer belgischen *bière blanche* ähnelt als einem deutschen Hefeweizen). Auch hier stellt sich das Problem gelegentlich innerhalb einer Sprachgemeinschaft: Den Karlsruhern ist der Bielefelder *Pickert* ebenso unbekannt wie den Bielefeldern der Karlsruher *Dampedei*.[14]

c) *Landes- oder kulturspezifische Institutionen:*

> *Vin d'honneur, Collège, public school, appello straordinario, Bausparkasse, Kehrwoche (Hausordnung), chateo.*

Für die durch diese Wörter bezeichneten Einrichtungen gibt es in anderen Ländern keine genauen Äquivalente. Der Übersetzer muß sich hier von Fall zu Fall entscheiden, ob er die Ausdrücke einfach stehen lassen soll, (z. B. *public school*, in der Hoffnung, der deutsche Leser werde schon wissen, daß damit eigentlich keine „öffentliche" Schule gemeint ist), ob er selbst ein dem spezifischen Verwendungsfall angemessenes Äquivalent prägen soll, z. B. *Ferienexamenstermin* für *appello straordinario*, oder ob er zu Erklärungen bzw. Fußnoten greifen soll, z. B. für *chateo*: „Ausdruck für die in Spanien früher verbreitete Gewohnheit, vor dem Abendessen mehrere Bars aufzusuchen und dort Aperitifs und Appetithäppchen zu sich zu nehmen".[15] Zu den „Institutionen" im weitesten Sinne lassen sich auch hoch konventionalisierte Sprechakte rechnen wie z. B. der in Deutschland vor dem Essen geäußerte Gruß oder Wunsch *Mahlzeit!* (historisch gesehen eine Ellipse aus „gesegnete Mahlzeit"), der bei vielen Ausländern Befremden erregt. Ähnlich verhält es sich mit Trinksprüchen wie *à votre santé, Prost!* (aus lateinisch *prosit* „es möge nützen") oder mit dem neuerdings bei feinen Leuten verpönten Ausruf *Gesundheit!*, der die durch

---

[14] *Pickert*: „Art von Kuchen aus Kartoffelteig"; *Dampedei*: „Weckmann aus Hefeteig".
[15] Von *chato* „kleines Glas"; üblich ebenfalls *tapeo* zu *tapa* „Appetithäppchen".

Niesen angekündigte Krankheit abwenden soll; der entsprechende französische Ausruf *à vos souhaits!* hat einen ganz anderen Stellenwert. Daraus erwachsen Übersetzungsprobleme, wenn die stereotype Formel im Text kommentiert wird, wenn also z. B. jemand auf den Ausruf „Gesundheit!" mit „Das ist das einzige, was mir bleibt" antwortet. In diesem Fall ist die Verwendung des Standardäquivalents in einer anderen Sprache nicht ohne weiteres möglich.

Während man im Deutschen auf die Frage „*Wie geht's?*" notfalls mit einer rudimentären Schilderung des eigenen Gesundheitszustands reagieren kann, ist dies im Fall des englischen „*How are you?*" auf keinen Fall angebracht. Auch in diesem Bereich gibt es Unterschiede innerhalb ein und desselben Sprachgebiets, man denke nur an *Guten Tag!* und *Grüß Gott!* (historisch betrachtet eine Ellipse aus „Grüß Dich Gott").

d) *Kollektive Einstellungen zu Gegenständen und Sachverhalten.*

Die *Gans* wird seltsamerweise in den meisten europäischen Sprachen für „dumm" gehalten:

> Sie ist eine dumme *Gans*; elle est bête comme une *oie*; she is an empty-headed *goose*; sua sorella è un' *oca* (letzteres kann neben „dumm" auch „eitel" meinen).

Es kommt also vor, daß die kollektiven Einstellungen zu einem Tier, zu einer Institution oder irgendeinem sonstigen Sachverhalt in verschiedenen Sprachgemeinschaften gleich oder doch sehr ähnlich sind. Die Übereinstimmung hört in unserem Fall allerdings bereits beim Spanischen auf. *Hacer el ganso* bedeutet zwar „den albernen Witzbold spielen"; ansonsten evoziert das Wort *ganso* oder die weibliche Form *gansa* jedoch „Faulheit", „Nachlässigkeit". Viel größer sind die Unterschiede schon bei anderen Tieren:

> Elle est une *vache*. Damit ist keine „*Kuh*" im deutschen Sinne gemeint, sondern eine fette, faule, abgeschlaffte Matrone.
> Il est *vache* (Adjektiv) „er ist gemein, ein gemeiner *Hund*".
> Quel *cane* è una *pecora* wörtlich „dieser *Hund* ist ein *Schaf*" bezieht sich nicht auf einen „dummen *Hund*", sondern auf einen Hund, der „sanft wie ein *Lamm*" ist. Während dem *Schaf* in der deutschen Sprachgemeinschaft „Sanftheit" nur in der frühen Jugend zugestanden wird, bleibt ihm diese schätzenswerte Eigenschaft bei den Italienern bis ins reifere Alter hinein erhalten.

Der Übersetzer hat sich hier in acht zu nehmen; er darf konventionelle, für eine Sprachgemeinschaft charakteristische Einstellungen nicht einfach mechanisch in den Zieltext übernehmen. Aber auch dieses Problem wird nicht selten in seiner Bedeutung für die Übersetzung überschätzt; ich werde gleich noch einmal – unter einem etwas allgemeineren Gesichtspunkt – auf den Denkfehler zurückkommen, der m. E. in dieser Überbetonung liegt. In rein praktischer Hinsicht seien diesbezüglich vor allem die Anfänger beruhigt: Die meisten Wörterbücher, einsprachige und zweisprachige, berücksichtigen Schwierigkeiten dieser Art. Sie sind gerade in dieser Hinsicht besser als ihr Ruf.

### 1.1.4 Der Anteil der Sprache am Problem des Übersetzens

Ich komme zu einem vorläufigen Fazit: Der rein sprachliche Anteil am Übersetzen, und damit auch die Zuständigkeit der Sprachwissenschaft für das Problem des Übersetzens wird heute eher *unter*schätzt; beides wurde früher möglicherweise *über*schätzt. Vieles von dem, was man heute künstlich von der Sprache und von den Texten zu trennen bemüht ist, gehört eigentlich zur Sprache hinzu; man braucht keine Pragmatik, keine Handlungstheorie oder sonst irgend etwas Ausgefallenes, um diese angeblichen Defizite auszugleichen; es genügt die gute alte Sprachwissenschaft. Dies kann eingehender in Kapitel 7 des sprachwissenschaftlichen Teils dieser Einführung diskutiert werden, wo es um die Relevanz der linguistischen Pragmatik für die Übersetzungsforschung geht. Andererseits gehört vieles von dem, was man – zu Recht – als unverzichtbare Komponente des Verstehens ansieht, nicht zum Text und sollte daher auch nicht – oder nur unter ganz bestimmten Bedingungen – in den Übersetzungstext hineingelegt werden: Hierzu zunächst ein Zitat aus dem sehr erfolgreichen Buch von Hans G. Hönig und Paul Kußmaul *Strategie der Übersetzung*. Es geht den beiden Autoren darin „um die grundsätzliche Stellung des Übersetzers":

> Wir sehen ihn nicht als passiven „Sprachwandler", der rezipiert, „was im AS-Text steht" und diesen „Inhalt" dann in einer anderen Sprache wiedergibt, sondern als den entscheidenden Akteur, der zwischen den Zwängen des AS-Textes und den Bedürfnissen „seiner" ZS-Adressaten vermittelt. Wir räumen dem Übersetzer sehr viel mehr Handlungsfreiheit ein, als in den gängigen Modellen üblich, bürden ihm aber deshalb auch wesentlich mehr Verantwortung auf.[16]

Dem würde ich nur unter großen Vorbehalten und nur im Hinblick auf praktische Gebrauchstexte zustimmen. Wer beim Übersetzen dauernd nach den vermeintlichen „Bedürfnissen seiner ZS-Adressaten" schaut, produziert notwendigerweise Wegwerfübersetzungen für den Tagesgebrauch. Schon bei praktischen Texten, z. B. bei Reden von Politikern, ist diese Einstellung sehr problematisch. Sie bürdet dem Übersetzer *zu viel* Verantwortung auf und ermutigt ihn geradezu dazu, aus der Not eine Tugend zu machen. Dies soll später noch etwas vertieft werden. Zuerst möchte ich die Problematik anhand eines Beispiels illustrieren und analysieren, das manchen Lesern etwas abwegig erscheinen mag:

Ich hatte im Zusammenhang mit den beiden »Lesarten« der Goetheschen Verse bereits darauf hingewiesen, daß der Übersetzer seinen Zieltext nach Möglichkeit so gestalten sollte, daß die im Original angelegten Verstehensmöglichkeiten, und seien sie noch so widersprüchlich, erhalten bleiben, daß die Vieldeutigkeit des Originals nicht zu stark im Sinne einer spezifischen Interpretation des Übersetzers eingeschränkt wird. Es versteht sich von selbst, daß eine solche Einengung bis zu einem gewissen Grad unvermeidlich ist. Bei dem Beispiel, das ich nun anführen möchte, geht es nicht um biographisch bedingte Rezeption eines Textes, sondern um Kulturspezifik, und zwar in einem besonderen Sinn. Das Problem der kulturellen Verschiedenheit stellt sich nämlich nicht nur in räumlich-ethnischer, sondern auch in zeitlicher Hinsicht. Wie übersetzt man Texte aus weit zurückliegenden Epochen, in denen von Sachverhalten, Institutionen oder Wertvorstellungen die Rede ist, von denen wir heute nur eine unklare Vorstellung haben?

Sehen wir uns hierzu eines der bekanntesten Bühnenwerke der französischen Klassik an, Racines *Phèdre*, die im Jahre 1677 zum ersten Mal aufgeführt wurde. Eine der interessantesten deutschen Übersetzungen dieses Stücks stammt übrigens von Schiller; er hat sie kurz vor seinem Tod angefertigt. Wie bei allen klassischen französischen Dramen

---

[16] Hönig/Kußmaul 1982, 29.

ist die Handlung ziemlich schlicht: Phèdre, die Frau des Theseus, liebt Hippolyt, ihren Stiefsohn, gesteht ihm sogar ihre Liebe in dem Moment, als die falsche Botschaft vom Tode Theseus' eintrifft. Hippolyt weist energisch und entrüstet jeden Annäherungsversuch zurück. Kurz darauf wird er beschuldigt, ein Verhältnis mit seiner Stiefmutter zu haben. Phèdre selbst bestätigt schließlich dieses Gerücht, um sich an Hippolyt wegen der zurückgewiesenen Liebe zu rächen. Hippolyt wird daraufhin, auf Bitten Theseus', von Neptun bestraft, er kommt unter gräßlichen Umständen um. Phèdre vergiftet sich aus Verzweiflung.

Das alles ist uns heute sehr fremd. Vor allem für die Sündhaftigkeit des Verhältnisses von Stiefmutter und Stiefsohn wird ein modernes europäisches Publikum spontan wenig Verständnis aufbringen. Die beiden sind etwa gleichaltrig, sie sind nicht blutsverwandt und sie gefallen einander. Was soll schon Schreckliches an einem solchen Verhältnis sein? Geschieht dem alten Theseus doch gerade recht. Soll sich lieber um die Regierungsgeschäfte kümmern und seine für ihn viel zu junge Frau einem geeigneten Partner überlassen.

Hat der Übersetzer hier im Hinblick auf die angenommenen Erwartungen oder, in der Terminologie von Hönig und Kußmaul, im Hinblick auf die „Bedürfnisse" moderner Leser irgendwelche Eingriffe vorzunehmen, um das Stück für die heutige Zeit zu »retten«?

Nein und nochmals nein! Vor allem dann nicht, wenn die Übersetzung nicht für die Bühne, sondern für die Lektüre bestimmt ist. Der Text enthält genügend sprachliches Material, um sich selbst zu erklären, um demjenigen, der wirklich zu lesen versteht, deutlich werden zu lassen, daß die Situation, in die ihn der Text hineinführt, ausweglos ist. Manche Exegeten unterschätzen das semantische Potential eines Textes; ein literarischer Text enthält immer bis zu einem gewissen Grade seine eigenen „Umfelder" und liefert somit zumindest teilweise die Voraussetzungen für sein Verständnis mit (vgl. III, 7, 4). Wenn wir einen mittelalterlichen höfischen Roman lesen, dann wissen wir sehr schnell, daß man mit Zwergen und Feen vorsichtig umgehen muß, auch wenn wir im gewöhnlichen Leben nur wenig Erfahrungen mit Zwergen und Feen gemacht haben. Es besteht kein Anlaß, die Übersetzung auf die Bedürfnisse eines modernen Publikums zuzuschneiden. Der französische Text der *Phèdre* bleibt ohnehin unverändert! Trotz des beträchtlichen sprachlichen Abstandes – das klassische Französisch ist selbst gebildeten Franzosen heute nur noch teilweise verständlich – würde kaum jemand auf die Idee kommen, den Text für moderne Leser umzuschreiben, eine sogenannte „intralinguale" Übersetzung vorzunehmen. Eingriffe im Hinblick auf Rezipienten darf allenfalls der Regisseur vornehmen, der das Stück einem modernen Publikum nahebringen will. Die Inszenierung eines Stücks stellt eine semiotische Operation höherer Ordnung dar. Probleme dieser Art können in einer einführenden Darstellung nicht behandelt werden.

Soviel zur Fehleinschätzung der Rolle, die der Sprache und den Texten im allgemeinen beim Verstehen und damit – indirekt – auch beim Übersetzen zukommt. Nun noch kurz etwas zur Rolle der Einzelsprachen, genauer gesagt, zu den beiden an einem konkreten Übersetzungsvorgang beteiligten Sprachen: Übersetzungswissenschaftler – insbesondere diejenigen, die der Linguistik gegenüber kritisch eingestellt sind – tendieren dazu, die Bedeutung der am Übersetzungsprozeß beteiligten Sprachen für zweitrangig zu halten. Wer selbst viel übersetzt und wer die von Berufsübersetzern angefertigten Übersetzungen miteinander vergleicht, wird schnell feststellen, daß eine solche Sicht der Dinge unangemessen ist. Es ist keineswegs gleichgültig, welche Sprachen an einem Übersetzungsvorgang beteiligt sind.

In vielerlei Hinsicht übersetzt es sich von einer romanischen Sprache in eine andere leichter als ins Deutsche, das gilt sogar für Übersetzer mit Deutsch als Muttersprache. Sehen wir uns hierzu ein literarisches Beispiel an:

> En ce déferlement minéral qui se jouait de la protection des murailles ...
> Entre este despliegue mineral que se burlaba da la protección de los muros ...
> In diesem Getöse rollender Steine, das den Schutzwall der Mauern mühelos durchdrang ...
>
> Au loin, portée par la houle d'un vent sans racines, la musique d'une viole guidant un bal mourant s'effilochait parmi les pins des collines.
> A lo lejos, llevada por la marejada de un viento sin raíces, la música de una viola que guiaba un baile moribundo se deshilachaba entre los pinos de las colinas.
> In weiter Ferne, hinter den Pinienhügeln, auf den Wellen eines ursprungslosen Windes herangetragen, erklangen Melodiefetzen einer Drehleier, die zu einem langsam verlöschenden Fest aufspielte.[17]

Die deutschen Übersetzungen stammen von mir selbst; man könnte sie sicherlich besser oder zumindest anders gestalten. Auch an der spanischen Übersetzung könnte man Kritik üben. Die Beispiele scheinen mir dennoch zu zeigen, daß der spanische Übersetzer, aufgrund der engen Verwandtschaft seiner beiden Arbeitssprachen, die Strukturen des Ausgangstexts bedenkenlos nachbilden kann, ohne befürchten zu müssen, ein völlig inakzeptables Ergebnis zu erhalten, während man im Deutschen zu beträchtlichen translatorischen Anstrengungen genötigt ist, wenn man einen einigermaßen befriedigenden Zieltext erhalten will.

Der Schwierigkeitsgrad einer Übersetzung – sofern sich dieser überhaupt genauer bestimmen läßt – hängt keineswegs nur von Textsorte, Texttyp, Übersetzungszweck und Adressaten der Übersetzung ab, sondern auch in hohem Maße von den an der Übersetzung beteiligten Sprachen. Hält man alle zuerst genannten Faktoren konstant und ändert lediglich das Sprachenpaar, so wird sich unter Umständen der translatorische Denkaufwand beträchtlich ändern, was sich – so sei der Einfachheit halber einmal unterstellt – unmittelbar am Zeitaufwand ablesen läßt. Und dieser Zeitaufwand läßt sich verringern, so wage ich zu behaupten, wenn man die Hilfe einer im Dienste der Übersetzung stehenden kontrastiven Sprachwissenschaft in Anspruch nimmt. Ich werde mich bemühen, dies später genauer auszuführen.

## 1.2 Was nützt die Linguistik dem Übersetzer?

Viele unter meinen Lesern mögen nun heimlich denken, die Unverfrorenen werden es bei passender Gelegenheit sogar offen aussprechen: „Meinetwegen mag die Linguistik *in abstracto* für die Übersetzung wichtig sein. Das betrifft aber nur die Wissenschaft vom Übersetzen, mit der man uns doch bitte so weit wie möglich verschonen möge. Man kann nämlich auch ohne Übersetzungswissenschaft und erst recht ohne Sprachwissenschaft ein guter Übersetzer werden." Das ist natürlich nicht völlig falsch; einem Meister soll man nichts beibringen.

---

[17] P. Magnan, *La maison assassinée* 11; 66; *La casa asesindada* 8; 53; *Das ermordete Haus* 9, 58; dort findet sich leider ein störender Druckfehler.

In diesem Zusammenhang stellt sich zunächst einmal die Frage, ob man sich an einem Universitätsinstitut ausschließlich mit einer praktischen Ausbildung zufriedengeben soll, oder ob man, wenn man wirklich keine höheren Ansprüche stellt, nicht an einer Fachhochschule besser aufgehoben wäre. Die Diskussion dieser Frage gehört nicht in eine einführende Darstellung, sondern eher in ein eigens zu diesem Zweck veranstaltetes Streitgespräch.

Ähnlich umstritten, und daher mit der Frage, die uns hier beschäftigt, unmittelbar vergleichbar, ist der Grammatikunterricht in der Schule. Dort wird seit Jahrzehnten um die Rolle der Grammatik im muttersprachlichen Unterricht und natürlich auch im fremdsprachlichen Unterricht hingebungsvoll gestritten, und es gibt nicht wenige, die diesen »alten Zopf« lieber heute als morgen abschneiden würden. Ich halte Grammatikunterricht – nicht nur in der Fremdsprachendidaktik, sondern auch im muttersprachlichen Unterricht – durchaus für sinnvoll. Ich sehe zumindest drei erstrebenswerte Lernziele:

a) *Gewinnung von metasprachlichen Einsichten*; d. h. ein Einblick in die Prinzipien von Bau und Funktion der Sprache.

b) *»Korrektur« der muttersprachlichen Kompetenz* (im varietätenlinguistischen Sinn); d. h. Heranführung des Lernenden an die exemplarische Form unserer Sprache, die fast keiner von uns spontan beherrscht; Anleitung zur Vermeidung von sprachlichen Ausdrucksformen, die zwar in bestimmten Regiolekten und Soziolekten völlig üblich sind, die jedoch nicht zum »Standard« unserer Muttersprache gehören.

c) „*Erweiterung*" *der muttersprachlichen Kompetenz*; d. h. Anleitung zu einer vollständigeren Nutzung aller im System unserer Sprache angelegten Möglichkeiten.

Übertragen auf den Bereich der Übersetzungsfertigkeit könnte dies etwa folgendermaßen aussehen:

a' „Das Bekannte zum Erkannten machen" (Hegel)[18]
*vulgo*: Sich theoretische Einsichten darüber verschaffen, was man beim Übersetzen eigentlich tut.

a" Bereitstellung einer intersubjektiv anerkannten Metasprache zur Begründung und Rechtfertigung von übersetzerischen Lösungen – u. a. auch gegenüber einem Dozenten.

b' Gezielte Vermeidung »naheliegender« übersetzerischer Fehlleistungen („falsche Freunde" auf allen Ebenen des Sprachsystems) durch genaue Kenntnis der Strukturen der Arbeitssprachen.

c' Entwicklung von Strategien zur Auffindung »besserer Lösungen« vor allem in den Fällen, in denen einen die spontane übersetzerische Intuition im Stich läßt. Dies sollte möglichst systematisch und nicht kasuistisch, d. h. anhand zufällig in einem Text auftretender Schwierigkeiten geschehen.

Es versteht sich von selbst, daß nicht alle Disziplinen der Sprachwissenschaft in gleicher Weise hilfreich bei der Erreichung dieser Ziele sein werden und daß sich besonders einige der Disziplinen als nützlich erweisen dürften, die eher zur Sprachwissenschaft im weiteren Sinne gehören. Darüber hinaus sei auch am Ende dieses Abschnitts noch einmal be-

---

[18] *Phänomenologie des Geistes*, Vorrede (= Theorie Werkausgabe), Suhrkamp Verlag, Bd. 3, 35.

tont, daß die Linguistik – auch wenn sie im weitesten Sinne aufgefaßt wird – nicht *allein* für die Übersetzung zuständig ist. In diesem Zusammenhang soll noch auf zwei Problemkomplexe aufmerksam gemacht werden, die in der Übersetzungspraxis eine große Rolle spielen:

Zunächst zum Problem der metasprachlichen Verwendung sprachlicher Ausdrücke bzw., was für den Übersetzer meist noch größere Schwierigkeiten mit sich bringt, zur objektsprachlichen Formulierung einer metasprachlichen Information – ein Verfahren, das gemeinhin „Wortspiel" oder „Sprachspiel" genannt wird.[19] Ich muß mich hier mit einigen wenigen Beispielen begnügen:

> a) Rot ist ein blutiges Wort; (übersetzbar)
> nicht umsonst reimt es sich auf Not und Tod. (»unübersetzbar«)
> a') vgl.: Die Mutter stellt den *Fisch* auf den *Tisch*.
> Elle met le *poisson* à côté de la *boisson*. (»Adaptierung«)
> b) Herr Metzger war ein friedfertiger Mann, der so gar nichts Blutrünstiges an sich hatte.
> c) Sur l'autoroute entre Pouilly et Mâcon: attention aux bouchons!

Metasprachlicher Gebrauch liegt immer dann vor, wenn man mit Hilfe einer Sprache etwas über eben diese Sprache sagt, z. B. „*lang* und *kurz* sind genau gleich lang". Streng genommen kann man so etwas nicht übersetzen, weil die metasprachliche Formulierung in der Zielsprache erfolgen muß, während der Gegenstand der Mitteilung in der Ausgangssprache verbleibt: „Les mots allemands *kurz* ‚court' et *lang* ‚long' ont la même longueur". In rein praktischer Hinsicht macht jedoch der schlichte metasprachliche Gebrauch selten Schwierigkeiten, wie das Übersetzungsbeispiel zeigt. Kommt es im Gesamtzusammenhang eher auf das Sprachspiel als solches als auf die dabei vermittelten Inhalte an, so erreicht man sein übersetzerisches Ziel am besten durch eine freie Adaptation. So ließe sich Beispiel a) – ähnlich wie für a') gezeigt – folgendermaßen ins Englische übertragen: „*Blue* is a word that inspires confidence, not for nothing does it rhyme with *true* and *due*."

Schwierig wird es, wenn die metasprachliche Information nicht direkt, sondern indirekt geliefert wird. Das bekannteste Verfahren dieser Art ist der Reim. Mit dem Reim wird gewissermaßen »nebenbei« auf die Klangähnlichkeiten zwischen Wörtern einer Sprache hingewiesen, was besonders dann Aufmerksamkeit erregt, wenn es auch inhaltliche Beziehungen zwischen diesen Wörtern gibt, wie z. B. zwischen *Not* und *Tod*. Hier kann die Sprachwissenschaft dem Übersetzer lediglich eine gewisse Hilfe bei der korrekten Analyse des Problems geben, die angemessene Lösung hängt von einer Fülle von Faktoren ab, die außerhalb der Kompetenz des Linguisten liegen.[20]

So wäre das zweite Beispiel leicht zu übersetzen, wenn man aus *Herrn Metzger* einen *M. Boucher* oder *Leboucher* machen kann; das würde jedoch möglicherweise bedeuten, daß alle Namen ins Französische »übersetzt« werden müßten. Dem könnten nun wiederum gewichtige Gründe entgegenstehen. Beim dritten Beispiel reichen rein sprachwissenschaftliche Kenntnisse noch nicht einmal für eine korrekte Analyse des Problems aus. Wer nicht weiß, daß Pouilly und Mâcon tatsächlich an einer besonders bekannten Autobahn liegen und gleichzeitig für ihre Weine berühmt sind, wird die doppelsinnige Verwendung des Wortes *bouchon* in seiner »eigentlichen« Bedeutung „Korken" und in

---

[19] Vgl. Hausmann 1974, 16.
[20] Speziell zum Reim vgl. Albrecht 2004.

seiner »übertragenen« Bedeutung „Verkehrsstau" möglicherweise gar nicht erkennen. Er wird auch nicht verstehen, daß der Witz des Syntagmas darin besteht, daß durch den spezifischen Kontext beide Bedeutungen gleichzeitig aktualisiert werden.

Überhaupt nicht zuständig ist die Linguistik, zumindest nicht die sogenannte „Systemlinguistik", für das heute heftig diskutierte Problem der Intertextualität. Sehen wir uns auch hierzu noch einige Beispiele an.

> Die Himmel rühmen des Ewigen Ehre,
> Ihr Schall pflanzt seinen Namen fort.
> Ihn rühmt der Erdkreis, ihn preisen die Meere,
> Vernimm, o Mensch, ihr göttlich Wort!
> (Christian Fürchtegott Gellert; vertont von Beethoven op. 48).

> Die Himmel erzählen die Ehre Gottes, und die Feste verkündigt seiner Hände Werk ... Ihr Schall geht aus in alle Lande und ihre Reden bis an die Enden der Welt ... (Psalm 19)

> Macht hoch die Tür, die Tor macht weit!
> Es kommt der Herr der Herrlichkeit ...
> (Georg Weissel 1590-1635)

> Machet die Tore weit und die Türen in der Welt hoch, daß der König der Ehre einziehe ... (Psalm 24)

> Seine Zeit. (Titel der Besprechung einer Heidegger-Biographie in der *Frankfurter Allgemeinen Zeitung*)

Hier handelt es sich um mehr als um bloße Lekturereminiszenzen; die Dichter der Liedtexte haben nicht nur aus früheren Quellen geschöpft, sie haben ganz bewußt Paralleltexte geschrieben, Texte die überdeutlich auf andere Texte anspielen, von denen die Dichter annehmen durften, daß sie jedem Leser bekannt seien[21]. Das Feuilleton der Frankfurter Allgemeinen Zeitung enthält vor allem in den Titeln eine Fülle raffinierter und weniger raffinierter intertextueller Anspielungen. Das von mir ausgewählte Beispiel gehört sicher zu den plumperen. Die moderne Textlinguistik, die in III, 9 behandelt werden wird, stellt dem Übersetzer ein Instrumentarium zur Analyse solcher Erscheinungen zur Verfügung. Konkret erkennen wird der Übersetzer diese Anspielungen nur dann, wenn er über eine umfassende Allgemeinbildung verfügt. Eine solche umfassende Bildung ist für den Dolmetscher fast noch wichtiger; denn während der Übersetzer auf den Verdacht hin, es könne sich um eine Anspielung handeln, umfangreiche Nachforschungen anstellen kann, muß der Dolmetscher diese Anspielungen sofort erkennen und verarbeiten.

Ich bin der letzte, der die Wichtigkeit von Kenntnissen der Geschichte, der Literatur, der Institutionen, der Wirtschaft, der gesamten Kultur der Länder unterschätzen würde, mit deren Sprachen sich künftige Übersetzer und Dolmetscher grundsätzlich zu beschäftigen haben. Dennoch möchte ich meine Leser auffordern, die Hilfe nicht zu gering zu bewerten, die die Sprachwissenschaft beim Geschäft des Übersetzens leisten kann. Sprache ist, in ihrer allgemeinen Form, Manifestation der wichtigsten kognitiven und emotiven Anlagen des Menschen; sie ist andererseits, in ihrer konkreten historischen Form, d. h. als Einzelsprache, Kristallisation der Erfahrungen einer menschlichen Gemeinschaft. Sie bietet daher einen schnellen und jederzeit überprüfbaren Zugang zu all jenen Informationen, die heute – unnötigerweise würde ich sagen – außerhalb der Sprache gesucht werden.

---

[21] Vgl. Albrecht 1998, 197 f. und unten III, 9, 5.

Die Sprachwissenschaft ist somit – trotz aller Vorbehalte und Einschränkungen – das wichtigste Vehikel für all jene Kenntnisse und Fähigkeiten, die tatsächlich *lehr-* und *lernbar* sind, die weitergegeben werden können.

## 1.3  Das Verhältnis von Sprachwissenschaft und Übersetzungsforschung[22]

Das Wort *Verhältnis* in der Überschrift zu diesem kurzen Abschnitt wurde mit Bedacht gewählt: Es geht dabei nämlich um eine Art von »Beziehungskiste«. Das Thema wäre einer besonderen Untersuchung wert; ich muß mich hier auf einige Andeutungen beschränken.

Jahrhunderte hindurch befand sich die Übersetzungstheorie in den Händen der Übersetzer, und Übersetzer waren *hommes de lettres*, Schriftsteller und Gelehrte im weitesten Sinne. Zahlreiche Werke zur Geschichte der Übersetzungstheorie und Übersetzungspraxis dokumentieren diese langanhaltende Phase der Übersetzungstheorie; einige von ihnen werden im Literaturverzeichnis aufgeführt.[23] Sprachwissenschaftler im engeren Sinne – sofern man in diesen Zeiten überhaupt von einer Sprachwissenschaft sprechen kann – nehmen zum Problem der Übersetzung nur sporadisch und in durchaus unsystematischer Weise Stellung. Es würde sich lohnen, die ältere Sprachwissenschaft einmal systematisch daraufhin zu durchforsten, ob überhaupt und wenn ja, inwiefern sie einen Beitrag zur Übersetzungsforschung geleistet hat.

Ich mache einen großen Sprung nach vorn, bis zum Ende des 19. Jahrhunderts, zu einem der bedeutendsten Vertreter der sogenannten *Junggrammatiker*, einer sehr einflußreichen Schule der historisch-vergleichenden Sprachwissenschaft. Die Rede ist von Hermann Paul (1846-1921), dessen im Jahre 1880 zum ersten Mal erschienenes Werk *Prinzipien der Sprachgeschichte* auch heute noch im Buchhandel erhältlich ist. In diesem Buch beschäftigt er sich u. a. mit dem Unterschied zwischen der »Wörterbuchbedeutung« eines Worts – man nennt das heute auch „Systembedeutung" – und der Bedeutung, die ein Wort an einer ganz bestimmten Stelle in einem Text haben kann:

> Der Unterschied zwischen usueller und okkasioneller Bedeutung macht sich besonders fühlbar beim Übersetzen aus einer Sprache (oder Sprachstufe) in eine andere. Das Ziel, welches dabei angestrebt werden kann, ist möglichste Entsprechung der okkasionellen Bedeutung der Wörter und Wortverbindungen. Dagegen ist es unvermeidlich, dass das Verhältnis dieser okkasionellen Bedeutung zu der usuellen der betreffenden Wörter in den beiden Sprachen oft ein sehr verschiedenes ist. Wenn wir z. B. lat. *altus* bald durch *hoch*, bald durch *tief* wiedergeben, so decken sich im Deutschen okkasionelle und usuelle Bedeutung, während im Lateinischen nur eine okkasionelle Beschränkung der usuellen Bedeutung vorliegt, nach welcher das Wort sich auf jede Erstreckung in vertikaler Richtung bezieht.[24]

Hermann Paul unterscheidet also zwischen „usueller" und „okkasioneller" Bedeutung eines Wortes und sieht eine der Aufgaben des Übersetzers darin, die jeweiligen usuellen Bedeutungen in Übereinstimmung zu bringen. Dabei kann es geschehen, daß ein und dasselbe Wort der Ausgangssprache in verschiedenen Kontexten durch zwei Wörter der Zielsprache wiedergegeben werden muß. In gewissen Fällen kann es sich dabei sogar um Antonyme handeln: *mons altus* – ein *hoher* Berg; *puteus altus* – ein *tiefer* Brunnen. Ich

---

[22]  Vgl. Albrecht 2005.
[23]  Vgl. vor allem die Anthologien von Störig (³1973); Vega (1994); Robinson (1997).
[24]  Paul 1880/⁸1968, § 60.

werde auf diese Problematik in Abschnitt II, 5, 6 nochmals zurückkommen, und wir werden dann sehen, daß es falsch ist zu behaupten, lat. *altus* sei ein Wort mit „widersprüchlicher" Bedeutung, nur weil es im Deutschen je nach Kontext einmal mit „hoch", ein andermal mit „tief" wiedergegeben werden muß.

Im zwanzigsten Jahrhundert – das weit weniger stark als das neunzehnte von einer historisch ausgerichteten Sprachwissenschaft geprägt ist – kommt es häufiger vor, daß Sprachwissenschaftler zum Problem der Übersetzung Stellung nehmen. Ich will mich hier – was die Zeit vor der Entstehung einer „Übersetzungswissenschaft" im engeren Sinne betrifft – wiederum auf ein einziges Beispiel beschränken, auf eine Arbeit des Slavisten Erwin Koschmieder. In seinem Buch Beiträge zur allgemeinen Syntax findet sich ein Kapitel, das mit „Das Problem der Übersetzung" überschrieben ist. Wolfram Wilss hat es in seine 1981 erschienene Anthologie wichtiger Aufsätze zum Problem der Übersetzung aufgenommen.[25] Ich halte die dort geäußerten Gedanken für nicht besonders originell – zumindest nicht aus heutiger Sicht – und will sie daher auch hier nicht referieren. Besonders interessant ist jedoch ein Gedanke, der in sprachwissenschaftlichen Abhandlungen nicht eben häufig anzutreffen ist: Koschmieder sieht nicht so sehr in der Sprachwissenschaft die Grundlage für eine Theorie der Übersetzung, sondern umgekehrt das Problem der Übersetzung als einen Prüfstein für sprachwissenschaftliche Theorien. Gegenstand seiner Überlegungen ist u. a. „der Stellenwert, den das Übersetzen im System unserer Sprachwissenschaft einnimmt" [...] „die Bedeutung der Übers[etzung] für das sprachwissenschaftliche Verfahren" (S. 48). Der Romanist Mario Wandruszka ist ganz ähnlich vorgegangen; er hat die anhand von Übersetzungen zu machenden Beobachtungen systematisch in den Dienst einer kontrastiven Sprachwissenschaft gestellt.[26]

Um dieselbe Zeit, also in den sechziger Jahren des vergangenen Jahrhunderts, beginnen gestandene Sprachwissenschaftler, sich systematisch mit dem Problem der Übersetzung zu beschäftigen. Ihr Erkenntnisinteresse geht in die umgekehrte Richtung. Sie stellen nicht die Übersetzung in den Dienst der Sprachwissenschaft, sondern die Sprachwissenschaft in den Dienst der Übersetzung. Ich will hier nur drei Werke nennen, die in den Jahren zwischen 1963 und 1965 erschienen sind: Georges Mounin: Les problèmes théoriques de la traduction; John C. Catford: A Linguistic Theory of Translation und last but not least Eugene A. Nida: Toward a Science of Translating.[27] Mounin ist ein Vertreter des europäischen, insbesondere des französischen Strukturalismus und ein guter Kenner der älteren Übersetzungsgeschichte. Catford ist einer der führenden Vertreter des „britischen Kontextualismus", einer bei uns in Deutschland nicht besonders gut bekannten Schule der Sprachwissenschaft. Sein kleines Buch zur Übersetzungstheorie, das heute geradezu totgeschwiegen wird, ist vielleicht das »linguistischste«, d. h. das am stärksten an rein linguistischen Kategorien orientierte Werk zu den Problemen der Übersetzung, das je geschrieben wurde. Nida war von Beruf Missionar und als solcher ganz besonders stark am Problem der Bibelübersetzung interessiert. Übersetzungswissenschaftler wurde er im Nebenberuf; er hat sich sehr gründlich und solide in den „nordamerikanischen Strukturalismus"[28] und in die Anfänge der „Generativen Transformationsgrammatik" eingearbei-

---

[25] Wilss 1981, darin Koschmieder 1965/81, 48-59.
[26] Vgl. u. a. Wandruszka 1969; dazu Albrecht 1999, insbes. 10-21 und Pöckl 2001, 13-29.
[27] Mounin 1963; Catford 1965; Nida 1964.
[28] Die Anhänger sprechen von „Deskriptivismus" und „Distributionalismus", die Generativisten von „taxonomischem" Strukturalismus; vgl. Albrecht 2007, 95 ff.

tet. Im Titel verschiedener seiner Arbeiten, nicht nur in dem des genannten Buchs, erscheint der Ausdruck *Science* [of Translating]. Das widerspricht der angelsächsischen Tradition, in der der Terminus *Science* eigentlich den »harten« Wissenschaften vorbehalten ist.

In den späten sechziger und in den frühen siebziger Jahren beginnt sich die Übersetzungswissenschaft zu etablieren, zunächst als Unterdisziplin der angewandten Sprachwissenschaft. Besonders eindrucksvoll manifestiert sich die damalige Entwicklungsphase der Disziplin in den Arbeiten der Leipziger Schule, insbesondere in denen des früh verstorbenen Übersetzungswissenschaftlers Otto Kade. Kade scheint überzeugt gewesen zu sein, daß sich alle wesentlichen Probleme der Übersetzung mit den Mitteln der Linguistik lösen lassen.[29]

In den siebziger Jahren setzt dann eine Entfremdung zwischen Sprachwissenschaft und Übersetzungsforschung ein. Dieser Vorgang läßt sich gewiß nicht monokausal erklären, er hat vielfache Gründe. Der wichtigste Grund liegt in der Entwicklung der Sprachwissenschaft selbst. Die Linguistik war für verhältnismäßig kurze Zeit als hell leuchtender Stern am Himmel der Geisteswissenschaften aufgegangen, der dann fast ebenso schnell, wie er aufgestiegen war, am Interessenhorizont der breiteren Öffentlichkeit unterging. Die Linguistik wurde rasch wieder zu dem, was sie früher für längere Zeit gewesen war: eine sehr technische, häufig auch esoterische Disziplin, für die Außenstehende nur mäßiges Interesse aufzubringen vermochten. Ein weiterer Grund für die Distanzierung der Übersetzungswissenschaft von der Sprachwissenschaft ist, wenn man so will, »rein menschlicher« Natur: Er läßt sich als „Bedürfnis nach Emanzipation" umschreiben. Dieses Bedürfnis ist wohl für die bedenkliche Spezialisierung im gesamten Wissenschaftsbetrieb verantwortlich zu machen. Wer möchte schon Leiter einer kleinen Abteilung eines Betriebs sein, wenn sich die Chance bietet, eine eigene Firma aufzumachen? Ein Großteil der neueren Übersetzungsforscher hat das Bedürfnis nach Emanzipation von der Sprachwissenschaft »verinnerlicht«, wie man im soziologischen Jargon sagt. Als charakteristisches Beispiel für diese Haltung seien hier nur einige Sätze aus dem Vorwort zu einem Buch zitiert, das 1995 erschienen ist, aus dem Vorwort von Hans G. Hönigs Buch *Konstruktives Übersetzen*:

> Die Übersetzungswissenschaft ist eine relativ junge Disziplin. Sie verdankt ihr Entstehen vor allem der Erkenntnis [...] daß die Methoden und Modellbildungen der Systemlinguistik und der Philologien nicht ausreichen, um die Komplexität der übersetzerischen Tätigkeit zu erfassen [...] In den letzten zwanzig Jahren hat sich die Übersetzungswissenschaft als eigenständige Disziplin etabliert. Sie hat sich von der Systemlinguistik und den Philologien emanzipiert; sie integriert zunehmend wissenschaftliche Erkenntnisse aus anderen Wissenschaftsbereichen.[30]

Es gibt keinen Trend – und sei er noch so unwiderstehlich – der sich nicht irgendwann einmal umkehren würde. In allerletzter Zeit läßt sich eine gewisse Wiederannäherung der Übersetzungswissenschaft an die Sprachwissenschaft feststellen. Einerseits gibt es Linguisten, die die Emanzipationsgelüste der Übersetzungswissenschaftler energisch zurückweisen. Im Jahr 1992 erschien ein Aufsatz des Sprachwissenschaftlers Wolfgang Klein mit

---

[29] Vgl. insb. Kade 1968.
[30] Hönig 1995, 7.

dem Titel: „Was kann sich die Übersetzungswissenschaft von der Linguistik erwarten?" Dort wird in einem der ersten Absätze eine ziemlich weitgehende These aufgestellt:

> ... am Problem des Übersetzens gibt es nichts, was über die Erforschung der Sprache und des Sprachgebrauchs hinausführen würde; ich sehe deshalb keinen inhaltlichen Grund für eine eigene Disziplin „Übersetzungswissenschaft". Aber es mag sehr wohl gute Gründe anderer Art geben, beispielsweise organisatorische, die eine solche Ausgliederung praktisch sinnvoll machen.[31]

Ich will das hier nicht ausführlich kommentieren, sondern lediglich betonen, daß Wolfgang Klein der Übersetzungswissenschaft gegenüber keineswegs feindselig eingestellt ist. Er sieht in der sprachwissenschaftlichen Übersetzungsforschung einen Teil der Linguistik, der besonders viel zum Fortschritt der Gesamtdisziplin beitragen kann. Andererseits – und auch das scheint bedeutsam – wurden in den letzten Jahren ebenfalls von übersetzungswissenschaftlicher Seite wieder Annäherungsversuche an die Sprachwissenschaft unternommen. Das eindeutigste Indiz für die sich abzeichnende Umkehrung des Trends ist der große Erfolg, den das Buch von Judith Macheiner: *Übersetzen. Ein Vademecum*, auch in der breiteren Öffentlichkeit gehabt hat. Die Verfasserin vertrat das Fach Übersetzungswissenschaft an der Humboldt-Universität in Berlin. „Wie weit darf sich eine Übersetzung formal vom Original entfernen?" lautet eine der Leitfragen ihres Buches[32] – eine Fragestellung, die von vielen modernen, »emanzipationsbedürftigen« Übersetzungswissenschaftlern für »naiv« gehalten werden dürfte. Sie beantwortet diese von ihr selbst gestellte Frage folgendermaßen: „... wir werden eine Übersetzung natürlich immer und zuvorderst am Original messen, an seinem Inhalt und seiner Form ...". Es sei, so die Verfasserin, „von Anfang an klar, daß Treue zum Original jede unnötige Veränderung ausschließt, daß die Übersetzung nur dann etwas anderes, weniger oder gar mehr als das Original enthalten kann, wenn es dafür einen Grund gibt". Und Gründe, die sie akzeptieren kann, sind ausschließlich sprachlicher Natur: „eine Übersetzung sollte dem Original weitestgehend ähnlich sein, so ähnlich, wie dies bei einer angemessenen Verwendung der zielsprachlichen Formen möglich ist".[33] Das klingt wie eine moderne Paraphrase der ehrwürdigen, heutzutage oft verspotteten Übersetzungsdevise: „So treu wie möglich, so frei wie nötig." Judith Macheiner ist sich der Tatsache durchaus bewußt, daß eine so konservative Position von den »sprachwissenschaftsfernen« Übersetzungsforschern nicht ohne weiteres akzeptiert werden kann. So thematisiert sie denn auch das Verhältnis von Sprach- und Übersetzungswissenschaft in ironischer Form:

> Der Gegenstand einer Wissenschaft vom Übersetzen, das Übersetzen und Dolmetschen, läßt sich zwar nicht auf den Gegenstand Sprache reduzieren, aber daß er immer auch etwas mit Sprache zu tun hat, und keinesfalls nur so nebenher, läßt sich nun einmal nicht bestreiten.[34]

Diese Sätze könnten als Motto für dieses erste Kapitel der Einführung stehen, das hiermit abgeschlossen ist.

---

[31] Klein 1992, 105.
[32] Macheiner 1995, 9.
[33] Ibid., 16 f.
[34] Ibid., 345.

### 1.4 Lektürehinweise

Zusätzlich zu den im Text und in den Anmerkungen erwähnten Arbeiten können zur Vertiefung herangezogen werden: Quine (1964), *Meaning and Translation*; Chomsky (1959/76), Rez. von *Verbal Behavior* zum Komplex „Introspektionsverbot, Behaviorismus". Martinet (1960), Kap. 1-5 *Les langues sont-elles des nomenclatures?* (Sind Sprachen Nomenklaturen?) und Kap. 1-6 *Le langage n'est pas un calque de la réalité* (Die Sprache ist nicht ein genaues Abbild der Wirklichkeit) zu den unterschiedlichen semantischen Strukturen der Einzelsprachen („Irrationalität" bei Schleiermacher). Nida (1945), Markstein (1998), Göhring (1998) zu „Realien, Kulturspezifika, Kultur in der Übersetzungsforschung". Als besonders wichtiges Beispiel einer „hermeneutischen" Übersetzungstheorie sei Steiner ($^3$1998) genannt.

Zum Problem der Übersetzbarkeit – wenn auch aus einer ganz unterschiedlichen Perspektive – hat sich Wolfgang Motsch (2004) geäußert. Im selben Handbuch beschäftigt sich Alexandr Švejcer (2004) mit Möglichkeiten und Grenzen des linguistischen Ansatzes in der Übersetzungsforschung. Ich selbst habe mich ebenfalls noch einmal gründlich mit der Rolle der Linguistik innerhalb der Übersetzungsforschung auseinandergesetzt (Albrecht 2005). Ángel López García (2007) hat einen kritischen Kommentar zum Quineschen Konzept der „Indeterminacy of Translation" geliefert und Holger Siever (2010) hat die Entwicklung der deutschsprachigen Übersetzungswissenschaft in den vergangenen Jahrzehnten verfolgt. Werner Koller (2004) führt die »Gegenprobe« durch: Ihn interessiert nicht die Linguistik als Hilfsdisziplin der Übersetzungsforschung, sondern die „Übersetzung als Gegenstand der Sprachwissenschaft".

## 2. Was ist Übersetzung?

„Was ist Übersetzung?" Wer so gefragt wird, ist zunächst geneigt, den Fragenden für einfältig oder aber für hinterhältig zu halten. „Übersetzung?" wird er vielleicht sagen, „Übersetzung heißt eben, dasselbe in einer anderen Sprache zu sagen, oder, mit Umberto Eco, Dire quasi la stessa cosa".[1]

Gegenüber dieser naiven Antwort auf eine naive Frage ließe sich zweierlei einwenden: Zunächst einmal stellt die erteilte Antwort keine Definition dar. Und darüber hinaus hat man sich zu fragen, was das eigentlich heißen soll „dasselbe in einer anderen Sprache sagen". Ist so etwas überhaupt möglich, und wenn ja, wäre es dann überhaupt ein vernünftiges Ziel? Diese beiden Einwände führen uns unmittelbar hin zu den Gegenständen, die uns nun zu beschäftigen haben:

### 2.1 Übersetzung und Übersetzungsprozeß: Definitionen und Modelle

Das Problem der Definition kann hier nicht ausführlich erläutert werden[2]; einige Bemerkungen dazu sind jedoch unumgänglich:

> 1. Der Gleichungscharakter der Definition sollte in der Form *definiendum* „das zu Definierende" = *definiens* „das Definierende" klar zum Ausdruck gebracht werden.
> 2. Im *definiens* soll das Unbekannte auf nicht allzu weit entferntes Bekanntes zurückgeführt werden. Dabei ist vor allem jede Form der Zirkularität zu vermeiden.

Dies alles läßt sich für unsere Zwecke immer noch am leichtesten anhand der klassischen „Definition der Definition" erklären (genauer gesagt handelt es sich hier um eine sogenannte „effektive" Definition): „definitio fit per genus proximum et differentiam specificam". Eine sehr wenig »wissenschaftlich« klingende Aussage wie „Die Birke ist ein Laubbaum mit schwarzweiß gefleckter Rinde" genügt dieser Forderung schon. Das Wörtchen ist (die „Kopula") bringt den Gleichungscharakter zum Ausdruck; es verbindet das definiendum „Birke" mit dem definiens „Laubbaum mit schwarzweiß gefleckter Rinde", wobei „Laubbaum" das genus proximum, d. h. den nächstliegenden, den „genau passenden" Oberbegriff darstellt und der Zusatz „mit schwarzweiß gefleckter Rinde" als differentia specifica fungiert, d. h. als Eigenschaft, die den zu definierenden Begriff von allen anderen Begriffen derselben Abstraktionsstufe (in unserem Fall von allen übrigen Laubbäumen) hinreichend abgrenzt.[3] Nur wenn diese Bedingungen, die Minimalforderungen, die an eine Definition zu stellen sind, erfüllt werden, lassen sich Definitionen miteinander vergleichen.

Die korrekte Definition einfacher Begriffe bereitet oft beträchtliche Schwierigkeiten. Dies gilt in weit höherem Maße für komplexe Phänomene. Es ist also nicht verwunderlich, daß man in der reichen Literatur zur Übersetzungsforschung verhältnismäßig selten auf formal korrekte Definitionen des Begriffs „Übersetzung" stößt. Man findet sie am ehesten in der älteren Literatur, die sich stärker, als dies heute der Fall ist, an den vergleichsweise strengen Argumentationsstil der Linguistik anlehnte:

> Übersetzen kann definiert werden als Vorgang, bei dem Zeichen oder Darstellungen [*representations*] in andere Zeichen oder Darstellungen umgeformt werden. Wenn die

---

[1] Eco 2003
[2] Zu Fragen der Definition existiert ein reiche Literatur; vgl. u. a. Savigny 1970.
[3] Ob es auch andere Laubbäume mit schwarzweiß gefleckter Rinde gibt, bleibe dahingestellt.

ursprünglichen Zeichen über irgend eine Bedeutung verfügen [*have some significance*], so wird dabei gewöhnlich gefordert, daß ihre Abbilder dieselbe Bedeutung haben sollen, oder, etwas realistischer ausgedrückt, daß sie dieser Bedeutung so nahe wie möglich kommen. Die Bedeutung invariant zu halten, ist das zentrale Problem des Übersetzens aus einer natürlichen Sprache in eine andere.[4]

Übersetzung kann folgendermaßen definiert werden: als Ersetzung von Textmaterial in einer Sprache (AS) [=*SL*=*Source Language*] durch äquivalentes Textmaterial in einer anderen Sprache [ZS] = [*TL*=*Target Language*][5]

Übersetzen besteht darin, in der Empfängersprache das nächste [*closest*] natürliche Äquivalent zur ausgangssprachlichen Botschaft [*message*] zu schaffen, in erster Linie was die Bedeutung [Sinn], in zweiter Linie was den Stil betrifft [*first in terms of meaning and secondly in terms of style*].[6]

Übersetzen ist ein Textverarbeitungs- und Textverbalisierungsprozeß, der von einem ausgangssprachlichen Text zu einem möglichst äquivalenten zielsprachlichen Text hinüberführt und das inhaltliche und stilistische Verständnis der Textvorlage voraussetzt. Übersetzen ist demnach ein in sich gegliederter Vorgang, der zwei Hauptphasen umfaßt, eine Verstehensphase, in der der Übersetzer den ausgangssprachlichen Text auf seine Sinn- und Stilintention hin analysiert, und eine sprachliche Rekonstruktionsphase, in der der Übersetzer den inhaltlichen und stilistisch analysierten ausgangssprachlichen Text unter optimaler Berücksichtigung kommunikativer Äquivalenzgesichtspunkte reproduziert.[7]

Während die ersten beiden Passus im großen und ganzen den wichtigsten Forderungen entsprechen, die man an eine Definition zu stellen hat (es handelt sich jedoch keineswegs um vorbildliche Definitionen), treten beim dritten Eigentümlichkeiten auf, die für einen großen Teil der übersetzungswissenschaftlichen Literatur charakteristisch sind: Einerseits werden Elemente einer *Definition* mit denen einer *Explikation* vermischt, andererseits wird nicht zwischen *Definition* und *Modell* unterschieden.

Die beiden folgenden Definitionen verdienen es, sorgfältig miteinander verglichen zu werden:

Translation ist die Substitution einer Zeichenfolge $Z_i$ aus der Sprache $L_1$ durch eine Zeichenfolge $z_i$ der Sprache $L_2$ unter der Bedingung, daß $z_i Z_i$ funktionell äquivalent sei.[8]

Das *Wesen* der Translation besteht darin, die *Kommunikation zu sichern*, und zwar auf die spezielle, sie von der heterovalenten Sprachmittlung abgrenzenden Weise, daß der kommunikative Wert eines Textes z. B. einer Sprache $L_A$ bei der Umkodierung in beispielsweise eine Sprache $L_B$ erhalten bleibt, so daß $L_A$-Text und $L_B$-Text *kommunikativ äquivalent* sind. Das Wesen der Translation – wie der Kommunikation überhaupt – liegt somit im Extralinguistischen, im linguistischen (sprachlichen) Bereich *vollzieht* sich aber die Translation: Sie ist in ihrer Erscheinungsform ein *sprachlicher* Prozeß, bei dem einem Text einer Sprache $L_A$ ein Text einer Sprache $L_B$ zugeordnet wird, der dem Text der Sprache $L_A$ kommunikativ äquivalent ist.[9]

---

[4] Oettinger, 1960, zit. nach Koller, [8]2011, 86; eigene Übersetzung.
[5] Catford 1965, zit. nach Koller [8]2011, 87; eigene Übersetzung.
[6] Nida/Taber 1969, 12.
[7] Wilss 1977, 72.
[8] Modifiziert nach Jäger 1968; vgl. Albrecht 1973, 16.
[9] Jäger 1975, 36.

Anhand dieser beiden Definitionen, die vom selben Autor, einem Angehörigen der sogenannten „Leipziger Schule" stammen, läßt sich eine wichtige Entwicklung innerhalb der „linguistischen Übersetzungswissenschaft" verfolgen: Im Verlauf weniger Jahre gelangt derselbe Autor zu einer weit skeptischeren Einstellung, was den Anteil der Sprache an der Gesamtproblematik des Übersetzens betrifft. Der Passus „funktional äquivalent", der sich auf die Sprache im engeren Sinne bezieht, wird durch „kommunikativ äquivalent" ersetzt, womit offenbar auf den Text mit seinem gesamten situativen und kulturellen Umfeld Bezug genommen werden soll.

Abschließend sei ein längerer Passus angeführt, der zwar nicht den Anspruch erhebt, eine Definition zu sein, dem jedoch in seinem Kontext die Funktion einer Definition zukommt:

> Zusammenfassung der Theoriebasis für eine allgemeine Translationstheorie.
>
> Die Theoriebasis besteht aus drei Behauptungen. Wie nachträglich erkennbar wird, sind die Behauptungen in der unten aufgeführten Reihenfolge hierarchisch geordnet („verkettet").
>
> (1) Trl. = f(Sk)
> Translation ist eine Funktion ihres Skopos.
>
> (2) Trl. = $IA_Z(IA_A)$
> Translation ist ein Informationsangebot in einer Zielkultur und deren Sprache über ein Informationsangebot aus einer Ausgangskultur und deren Sprache.
>
> (3) Trl. $\stackrel{\varepsilon}{=} IA_A \times IA_Z$
> Das Informationsangebot einer Translation wird als abbildender Transfer eines Ausgangsangebots dargestellt. Die Abbildung ist nicht eindeutig umkehrbar.
>
> In einer kulturspezifisch engeren Fassung der Behauptung gilt: Translation ist imitierender Transfer eines Ausgangsangebots.
>
> NB.: Es wird von 'einem' Ausgangsangebot und 'einer' Translation gesprochen, da beide immer nur in einer Möglichkeit aus einer überabzählbar großen Menge von Möglichkeiten realisiert werden können.[10]

Anläßlich dieser Ausführungen lassen sich eine ganze Reihe interessanter Beobachtungen anstellen: Es berührt einen sympathisch, wenn freimütig eingestanden wird, die Theoriebasis bestehe aus „Behauptungen" und wenn zudem auf den „Pseudocharakter" der Formeln hingewiesen wird. Etwas seltsam erscheint die Hierarchisierung der drei Versatzstücke. Zunächst erscheinen *differentiae specificae*, nämlich „Abhängigkeit der Invariante vom Zweck der Übersetzung" und „Information als eigentliche Invariante"; dann erst wird das *genus proximum* genannt, und zwar in Form einer Reihe von konkurrierenden Benennungen, nämlich „Transfer, Nachahmung (Imitation), Abbildung". Besonders hervorgehoben zu werden verdient eine *differentia specifica*, die in den anderen Definitionen nicht enthalten war, die jedoch ein wichtiges Charakteristikum der »normalen« Übersetzung darstellt: Die Abbildungs- bzw. Äquivalenzrelation zwischen AS-Text und ZS-Text ist asymmetrisch, die Zuordnung erfolgt eindeutig, nicht eineindeutig. Daraus folgt eine schlichte Tatsache, die sich leicht durch einfache Experimente bestätigen läßt: Eine Rückübersetzung stellt nur in ganz ungewöhnlichen Ausnahmefällen den Originaltext wieder

---

[10] Reiß/Vermeer, 1984, 105.

her. Es handelt sich dabei offenbar nicht um einen einfachen Fall fehlender wechselseitiger Eindeutigkeit, wie etwa bei der Funktionsgleichung $y = x^2$, wo jedem gegebenen Wert von y zwei Werte für x zugeordnet werden, sondern um etwas weit Komplexeres. Die Menge der möglichen Übersetzungen ist „potentiell unendlich" im mathematischen Sinne. In umgangssprachlicher Ausdrucksweise bedeutet das: Wir können nie sicher sein, irgendwann einmal die letzte denkbare oder akzeptable Übersetzung eines Textes gefunden zu haben.

Eine später vorgeschlagene Definition des Begriffs „Übersetzung", die von einem der beiden zitierten Autoren stammt, wendet sich an ein weniger spezialisiertes Publikum: Hier erfahren wir zunächst einmal – und das ist typisch für »populäre« Definitionen – was eine Übersetzung nicht ist:

> Eine Translation ist nicht die Transkodierung von Wörtern oder Sätzen aus einer Sprache in eine andere, sondern eine komplexe Handlung, in der jemand unter neuen funktionalen und kulturellen und sprachlichen Bedingungen in einer neuen Situation über einen Text (Ausgangssachverhalt) berichtet, indem er ihn auch formal möglichst nachahmt.[11]

Schließlich wäre noch auf eine Definition einzugehen, die ich selbst in einem kurzen Lexikonartikel vorgeschlagen habe:

> Übersetzung, in ihrer allgemeinsten Ausprägung die Wiedergabe der unter den gegebenen Umständen für mitteilenswert gehaltenen Aspekte eines an eine vorgegebene sprachliche Ausdrucksform (*Ausgangssprache*) gebundenen Inhalts mit Hilfe einer anderen sprachlichen Ausdrucksform (*Zielsprache*).[12]

Diese zumindest in formaler Hinsicht keineswegs »korrekte« Definition folgt den Redaktionsrichtlinien des Herausgebers des Lexikons, in dem der Artikel „Übersetzung" steht.

Fassen wir die wichtigsten Beobachtungen, die wir beim Vergleich dieser mehr oder weniger beliebig ausgewählten Definitionen machen konnten, noch einmal zusammen: Als *genus proximum* werden eine Reihe von Termini angeboten, die z.T. seit der Antike immer wieder in den Reflexionen über die Übersetzung erscheinen: *Transformation; Ersetzung (Substitution); Abbildung*, evtl. auch *Nachahmung*. Was die *differentiae specificae* angeht, so können sich die verschiedenen Autoren nur auf einigermaßen triviale Merkmale einigen: Es müssen (an der sogenannten „interlingualen" Übersetzung) mindestens zwei Sprachen und zwei Kulturen beteiligt sein. In den übrigen Punkten, insbesondere was die sogenannten Invarianten betrifft, herrscht keine Einigkeit. Auf diesen Punkt wird gleich zurückzukommen sein.

Wie bereits im ersten Kapitel deutlich wurde, sind manche Autoren darauf bedacht, den Anteil der Sprache an der Gesamtproblematik des Übersetzens herunterzuspielen:

> In der Translationswissenschaft ist es zur Zeit noch weithin üblich, von ausgangs- und ziel*sprachlichem* Text, Leser usw. zu sprechen. Hier wird demgegenüber meist von Ausgangs- und Zieltext, -rezipient usw. gesprochen. Damit soll von vornherein betont werden, daß Translation nicht nur ein sprachlicher, sondern immer auch ein kultureller Transfer ist.[13]

---

[11] Vermeer 1994, 33.
[12] Albrecht 2000, 512.
[13] Reiß/Vermeer 1984, 4.

## 2. Was ist Übersetzung?

Nun aber zu den *differentiae specificae*, über die bei den verschiedenen Autoren keine Einigkeit herrscht: Es geht hier vor allem um die Frage der sogenannten *Invarianten*, d. h. um die Elemente, die bei der Übersetzung erhalten werden sollen. Es werden unter anderem genannt: *Bedeutung, Stil, Funktion, Kommunikativer Wert, Information*, gelegentlich auch *Wirkung* oder *Sinn*.

In manchen Definitionen – auch in solchen, die hier nicht angeführt wurden – klingt an, daß nicht alle diese Komponenten gleich wichtig sind, daß eine Rangordnung, eine Hierarchie zwischen ihnen vorgenommen werden müsse. Darauf wird im nächsten Abschnitt einzugehen sein. Im Augenblick sei lediglich festgehalten, daß die Identifizierung und Benennung der Invariante das Hauptproblem bei allen Bemühungen um eine Definition des Begriffs „Übersetzung" darstellt. In fast allen Definitionen wird sie, wenn überhaupt, nur in so allgemeiner Form genannt, daß sie ihrerseits wieder definitionsbedürftig ist.

Wenden wir uns nun den *Modellen* des Übersetzungsvorgangs zu. Ein Modell ist eine abstrahierende Nachbildung eines realen Gegenstandes oder Sachverhalts, bei dem *nur* die als wichtig angesehenen Komponenten und Eigenschaften erscheinen, so daß der dargestellte Sachverhalt übersichtlicher als in Wirklichkeit erscheint. Selbstverständlich beruht jedes Modell auf einer Hypothese über den betreffenden Gegenstand. Jedes Modell sollte daher nach Möglichkeit so konstruiert werden, daß es leicht falsifizierbar ist, d. h. es muß die Chance bestehen, daß es sich als falsch oder als ungeeignet herausstellen kann.[14]

Bei der Übersetzung haben wir es vor allem mit zwei unterschiedlichen Typen von Modellen zu tun, nämlich mit

a) *abstrakt-statischen*: Die an der Übersetzung beteiligten Faktoren und die Relationen zwischen ihnen werden vorgestellt, ohne daß der reale Übersetzungsvorgang in die Betrachtung einbezogen würde.

b) *konkret-dynamisch-psychologischen*: Der abgebildete Vorgang soll den tatsächlichen Übersetzungsvorgang modellieren, d. h. das, was „in den Köpfen von Übersetzern vorgeht", wie es im Titel der erfolgreichen Dissertation von H. Krings ausgedrückt wird.[15]

Ich werde nun mein eigenes Modell vorstellen. Es gehört im großen und ganzen zum abstrakt-statischen Typ, enthält jedoch einige Elemente des Typs b). Es handelt sich nicht um ein ausgearbeitetes Modell, sondern nur um eine Skizze. Der Gegenstand, um den es mir dabei geht, ist die *literarische* Übersetzung, in der ich keinen Sonderfall, sondern den Normalfall der Übersetzung sehe.

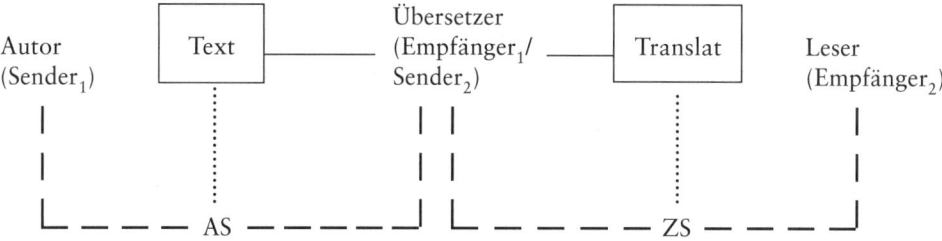

---
[14] Zum Problem der Falsifizierbarkeit in leicht verständlicher Form vgl. Popper 1979, Kap. 16 und 20.
[15] Krings 1986.

Hierzu nun einige Bemerkungen: Im Gegensatz zu vielen anderen enthält dieses Schema nur *ein* konstruiertes (hypothetisches) Element: die jeweilige Sprache. Alle übrigen Elemente sind unbestreitbar real. Ein *Text*, oder eine *Äußerung* ist zweifellos »realer« als die „Sprache", in der er redigiert, in der sie formuliert ist. Eine „Sprache", zumindest eine sogenannte »natürliche« Sprache, ist ein hypothetisches Konstrukt. Für wichtige Schulen der Sprachwissenschaft, so z. B. für den nordamerikanischen Deskriptivismus oder für den britischen Kontextualismus, gibt es daher auch keine Sprachen, sondern nur Texte oder Äußerungen. Bei einem künstlichen *Kode* verhält es sich anders, er ist insofern »vorhanden« als alle seine Elemente und Verknüpfungsregeln in expliziter Form vorliegen. Das ist bei den »natürlichen« Sprachen nicht der Fall, sonst wäre jede Sprachwissenschaft überflüssig. Die graphisch mit unterschiedlichen Mitteln eingezeichneten Verbindungslinien zwischen den verschiedenen Komponenten meines schlichten Modells stehen für unterschiedliche Relationen:

_____ = Relation „Übersetzung"

............. = *langue/parole*-Relation

— — — = Relation „eine Sprache können"

Alle übrigen, spekulativ zu rekonstruierenden, Elemente sind ganz bewußt weggelassen worden, so z. B. *Ausgangskultur/Zielkultur*, aber auch *Inhalt*, oder *Sinn* des Textes, *Botschaft/Nachricht* usw. usf. All das wird wenigstens teilweise nachgeliefert, wenn ich nun versuchen werde zu erklären, wie das Modell funktioniert:

– Der Autor hat zweifellos eine Ausdrucksintention, er will etwas sagen. Er kann sich jedoch nicht völlig frei und spontan mitteilen, er muß sich dabei einer kulturell tradierten Technik anvertrauen, die seine Intuition gängelt, kanalisiert, eben der Sprache, mit deren Hilfe er sich mitteilt. Ich möchte hier gleich hinzufügen, daß dies *nicht* im Sinne der strengen Version des sogenannten „sprachlichen Relativitätsprinzips" verstanden werden soll[16]. Unsere Sprachen erlauben uns einerseits nicht, all das zu sagen, was wir eigentlich sagen wollen, wir können uns mit ihrer Hilfe nur diesem letztlich unerreichbaren Ausdrucksziel beliebig nähern. Diese Erkenntnis ist weder neu noch originell. Wichtiger ist der komplementäre Aspekt der Sprachproblematik, der schon in dem berühmten Ausspruch von Roman Jakobson angeklungen ist (cf. supra 1. Kapitel): Die Sprachen zwingen uns dazu, alles mögliche zu sagen, das wir eigentlich gar nicht sagen wollen, das wir jedoch sagen müssen, wenn wir korrekt sprechen wollen. Das fängt bei ganz einfachen Dingen an: Eine Frau, die eine romanische Sprache spricht, ist gezwungen, sehr viel häufiger Auskunft über ihr Geschlecht zu geben als eine Frau, die Deutsch oder Englisch spricht. Wo die Italienerin sagt *sono stanca*, sagt die Deutsche *müde*, die Engländerin *tired* und verwendet somit grammatische Formen, die keinen Rückschluß auf das Geschlecht des Sprechers zulassen. Es ließen sich sehr viel bedeutsamere Beispiele dieser Art anführen. Sprachen sind, wie man im Jargon der Soziologie sagt, „objektive Sozialgebilde"; sie gehören uns nicht allein und taugen auch nicht zum unmittelbaren Ausdruck unserer Innerlichkeit. Daraus folgt etwas für die Übersetzung außerordentlich Wichtiges: Das, was wir „Sprache" nennen, ist semiotisch viel zu reich, als daß ein einzelner alles

---

[16] Zu diesem Prinzip, das gelegentlich fälschlicherweise mit Wilhelm von Humboldt in Verbindung gebracht wird, vgl. u. a. Kutschera ²1975, 4. Kapitel; Albrecht 1979 und Werlen 2002.

überblicken könnte, was er da spricht oder schreibt. Schon die harmlosesten Äußerungen gehen über den Ausdruckswillen ihres Urhebers hinaus. Wie oft sind wir im Alltag überrascht darüber, wie man, trotz sorgfältig überlegter Ausdrucksweise, immer wieder mißverstanden werden kann. Für literarische Texte gilt dies in weit höherem Maße. Der Autor kann beim Schreiben unmöglich vorhersehen, was alles in seinem Text »drinsteckt«. Daher kann auch die Intention des Autors nicht die letzte Instanz sein, wenn es gilt, die Invariante bei der Übersetzung eines Textes zu bestimmen.

– Bei der Entschlüsselung des Textes findet notwendigerweise eine Auswahl aus verschiedenen Verstehensmöglichkeiten statt. Man kann nie sicher sein, die schlechterdings »richtige« Interpretation zu finden, und aus Gründen, von denen die Rede war, ist es noch nicht einmal in allen Fällen sinnvoll, den Autor zu fragen, wie er das denn nun »gemeint« habe. Bei deskriptiven Texten ist es jedoch in jedem Fall angezeigt; ich habe es selbst bei meinen Übersetzungen eines französischen Romanciers wiederholt getan. Für die große Zahl von Texten, die von Autoren stammen, die wir nicht mehr fragen können, bietet sich diese Möglichkeit freilich nicht.

– Die Neuverschlüsselung des Textes durch den Übersetzer birgt dieselben Schwierigkeiten in sich wie das Verfassen des Originals, wobei erschwerend hinzukommt, daß die Neuverschlüsselung von anderen kritisiert werden kann, die Erstverschlüsselung jedoch schwerlich, zumindest nicht in der Form, in der man eine Übersetzung kritisiert.

– Die ursprüngliche Ausdrucksintuition eines Autors gelangt also auf verschlungenen Pfaden, in vielfach gebrochener Form ins Verständnis des Lesers einer Übersetzung. Bis zu diesem Punkt bin ich mit vielen modernen Übersetzungswissenschaftlern völlig einig. Ich würde nur andere Konsequenzen daraus ziehen. Man sollte die im Modell als durchgezogene Linie eingezeichnete Relation, die Relation zwischen zwei Texten, in guter philologischer Tradition wieder viel ernster nehmen, als das heute der Fall ist. Texte werden aus sprachlichen Zeichen gemacht, nicht aus »Ideen«. Ausgangspunkt jeder Übersetzung hat der Text zu sein und seine objektiv gegebenen semiotischen Relationen, nicht Spekulationen darüber, was der Autor nun »eigentlich« sagen oder was er mit seinem Text erreichen wollte. Das weiß er – im strengen Sinn – selbst nicht so genau. Spekulationen dieser Art sind vor allem in praktischer Hinsicht, im Alltag des Übersetzers, eine oft unterschätzte Gefahr. Wer zu schnell und zu leichtfertig auf die vermeintlichen »Bedürfnisse« seiner Leser sieht, wer dunkle Stellen um jeden Preis »aufhellen«, plausibel machen möchte, verstellt sich oft mutwillig den Zugang zu einem Text, bricht den mühsamen Verstehensprozeß zu früh ab. Dies alles gilt selbstverständlich uneingeschränkt nur für literarische Texte.

– Ich habe mein Modell unter Rekurs auf einige wohlvertraute Begriffe der Kommunikationstheorie entworfen und möchte das jetzt ausdrücklich kritisieren. Wir müssen (zumindest im Bereich der literarischen Übersetzung) wegkommen von der Vorstellung, ein Schriftsteller habe seinen Lesern eine unmittelbare Botschaft mitzuteilen. Das gilt noch nicht einmal für die sogenannte *littérature engagée*, so wie sie von Sartre konzipiert wurde. Das alles kann hier nicht ausführlich behandelt werden, ich kann hier nur Denkanstöße vermitteln. Zu diesem Zweck abschließend zwei Zitate. Das erste stammt von Walter Benjamin:

> Nirgends erweist sich einem Kunstwerk oder einer Kunstform gegenüber die Rücksicht auf den Aufnehmenden für deren Erkenntnis fruchtbar. Nicht genug, daß jede Bezie-

> hung auf ein bestimmtes Publikum oder dessen Repräsentanten vom Wege abführt, ist sogar der Begriff eines „idealen" Aufnehmenden in allen kunsttheoretischen Erörterungen von Übel, weil diese lediglich gehalten sind, Dasein und Wesen des Menschen überhaupt vorauszusetzen. So setzt auch die Kunst selbst dessen leibliches und geistiges Wesen voraus – seine Aufmerksamkeit aber in keinem ihrer Werke. Denn kein Gedicht gilt dem Leser, kein Bild dem Beschauer, keine Symphonie der Hörerschaft.[17]

Wer dies für richtig hält, dem muß die gesamte sogenannte „Rezeptionsästhetik", zumindest in ihrer populären Form, suspekt sein. Mit „Rezeptionsästhetik" meine ich natürlich nicht „Rezeptionsgeschichte". Auch die überzeugtesten Anhänger der These vom kommunikativen Charakter der Kunst, insbesondere der Dichtung, werden schwerlich ausgerechnet Walter Benjamin mangelndes Verständnis für die gesellschaftliche Dimension menschlichen Handelns vorwerfen wollen.

Eugenio Coseriu hat sich, wenn auch vor einem völlig andersartigen gedanklichen Hintergrund, sehr ähnlich zu der Frage geäußert, ob die Dichtung einen »Adressaten« habe. Er räumt ein, daß die Sprache durchaus etwas mit Kommunikation zu tun habe – einige Leser werden vielleicht erstaunt darüber sein, daß es Sprachphilosophen gibt, für die das keineswegs selbstverständlich ist – und kommt im Anschluß daran auf die Dichtung zu sprechen:

> In dieser Hinsicht ist also die Kommunikation wesentlich für die Sprache. Es ist jedoch eine ganz andere Frage – eine Frage, die ich hier nicht wirklich beantworten kann –, ob auch die Dichtung Kommunikation ist, ob auch bei der Dichtung der andere immer schon mitgegeben ist, ob auch der Dichter mit dem anderen rechnet.
> Ich bin der Überzeugung, daß dem nicht so ist, daß die Dichtung nicht an einen anderen gerichtet ist, daß es dem Dichter immer nur um die Objektivierung seiner selbst geht. Ich bin sicher, daß es in der Dichtung immer nur um eine Dimension, nämlich um die objektive geht, genauer gesagt, um die Objektivierung des Subjekts, nicht jedoch um die Dimension der Alterität. Die Dichtung ist nicht dazu da, um vom anderen aufgenommen und verstanden zu werden; das ist für die Bestimmung der Dichtung völlig unwesentlich. Kein Dichter würde, wenn er als Dichter ein moralisches Subjekt ist, plötzlich anders schreiben, wenn er feststellen muß, daß ihn niemand versteht. Er wird vielmehr so schreiben, als sei er das einzige Subjekt überhaupt. Denn die Dichtung ist die Tätigkeit eines Universalsubjekts, der Dichter nimmt die universelle Subjektivität auf in dem Augenblick, in dem er dichtet. Er ist dann nicht mehr ein Sprecher unter anderen, sondern er realisiert das Sprechen absolut – nicht relativ zu bestimmten Umständen oder Anlässen. Dies gilt zumindest für das Wesen selbst der Dichtung; und nicht nur für das Wesen der Dichtung, sondern für das Wesen der Kunst überhaupt.[18]

## 2.2 Das *tertium comparationis* der Übersetzung

Wir konnten dem vorhergehenden Abschnitt entnehmen, daß die Definitionen und die Modelle des Übersetzungsprozesses, die in der übersetzungswissenschaftlichen Literatur erscheinen, sehr unterschiedlich sind; es fällt schwer, sie auf einen gemeinsamen Nenner zu bringen. Ich will es dennoch versuchen:

---

[17] Benjamin 1923, zit. nach: Störig [3]1973, 156.
[18] Coseriu, [4]2007, S. 83f.

Die Übersetzung ist ein sprachlicher Umwandlungsprozeß, bei dem etwas erhalten bleibt. Das *genus proximum* könnte dabei noch etwas genauer spezifiziert werden, nämlich als „Prozeß der Umwandlung eines Textes von einer Sprache in eine andere" (= *interlinguale* Übersetzung) oder von einer Sprachausprägung in eine andere (= *intralinguale* Übersetzung; z. B. Übersetzung aus dem Altfranzösischen ins Neufranzösische). Bei der *differentia specifica*, die in der Forderung besteht, bei diesem Umwandlungsprozeß müsse etwas gleich bleiben, fangen die eigentlichen Schwierigkeiten an; denn das, was bei der Übersetzung gleich bleibt oder gleich bleiben soll, die sogenannten *Invarianten*, stellen das *tertium comparationis* der Übersetzung dar. In der hier vorgeschlagenen Terminologie soll zwischen „äußeren" und „inneren" Grenzen der Übersetzung unterschieden werden. Die äußeren Grenzen sind einerseits durch die Möglichkeiten und Grenzen der Zielsprache, andererseits durch die als notwendig oder definitorisch erachteten Invarianten, d. h. die zu bewahrenden Elemente des Ausgangstexts gegeben. Auf die Möglichkeiten und Grenzen der Zielsprache wird zuerst einzugehen sein. Im Anschluß daran soll untersucht werden, wie diese Invarianten, die das *tertium comparationis* der Übersetzung, ihr definitorisches Kriterium darstellen, im einzelnen aussehen könnten und welche Faktoren bei ihrer Bestimmung eine Rolle spielen. Diese Diskussion wird uns zu einer Festlegung der „inneren Grenzen" der Übersetzung führen.

## 2.2.1 Die »äußeren Grenzen« der Übersetzung[19]

| zu »wörtlich« | | zu »frei« |
|---|---|---|
| Zielsprache ||| Übersetzung ||| | zu bewahrende Komponenten des Ausgangstextes |
| ↑ Unbestimmtheitszonen ↑ | | |

Ich werde versuchen, anhand dieses Schemas eine „extensionale" Definition der Übersetzung zu geben, eine Definition *ex negativo*. Das heißt, ich werde zunächst nicht sagen, was eine Übersetzung *ihrem Wesen nach* ist oder sein sollte, sondern ich werde sagen, was eine Übersetzung *nicht* ist, wo sie beginnt und wo sie aufhört.

Die eine Grenze, auf der linken Seite des Schemas, wird durch die Zielsprache gebildet. Die Grenze läßt sich nicht scharf ziehen, zwischen Übersetzung und Nicht-Übersetzung befindet sich eine Unbestimmtheitszone. Die erste Schwelle, und damit das strengste Kriterium für die Eingrenzung des Phänomens „Übersetzung" auf der linken Seite des Schemas, ist das der Idiomatizität. Wenn wir es als verbindlich ansehen, dann gelten nur zielsprachlich »idiomatische« Texte als Übersetzungen. Das zweite, etwas weniger strenge Kriterium ist das der grammatischen und lexikalischen Korrektheit. Wird es herangezogen, so haben auch »unidiomatische« Texte als Übersetzungen zu gelten, wenn sie keine groben grammatischen und lexikalischen Abweichungen von den zielsprachlichen Normen enthalten. Das dritte, am wenigsten strenge Kriterium ist das der bloßen Verständlichkeit. Kommt es zur Geltung, so können auch noch verschiedene Typen von Interlinearversionen als „Übersetzung" bezeichnet werden. Geht die Nachbildung der

---

[19] Vgl. Albrecht 1995, 2; Albrecht 1998, 141. Die Kritik, die Michael Schreiber (1999) an diesem Schema geübt hat, verkennt m. E. die Tatsache, daß es sich um eine extensionale Definition handelt. Es geht lediglich um den Aufweis von Grenzen, um mehr nicht.

ausgangssprachlichen Strukturen noch einen Schritt weiter, so daß keine unmittelbare Verständlichkeit mehr gewährleistet ist, so ist die Grenze zwischen „Übersetzung" und „Nicht-Übersetzung" endgültig überschritten.

### 2.2.2 Die »inneren Grenzen« der Übersetzung[20]: Invarianz, Äquivalenz, Adäquatheit

Ganz ähnlich verhält es sich mit der rechten Seite unseres Schemas. Hier stellt die Menge der Elemente, die im Zieltext erhalten bleiben sollen, das Kriterium für die Eingrenzung des Phänomens „Übersetzung" dar. Auch hier gibt es eine Zone der Unbestimmtheit. Wenn wir die Forderung akzeptieren, daß in einer Übersetzung nur das gesagt werden dürfe, was im Ausgangstext steht, nicht weniger, aber auch nicht mehr (ich sehe hier einmal von der Tatsache ab, daß so etwas aus rein sprachlichen Gründen gar nicht möglich ist), so wäre nur die sogenannte „wörtliche" Übersetzung wirklich als „Übersetzung" zu akzeptieren. („Wörtlich" wird hier nicht genau im selben Sinn gebraucht wie oben im Zusammenhang mit der linken Seite des Schemas. Hierauf wird etwas später noch zurückzukommen sein). Wir können jedoch akzeptieren, daß die Übersetzung auch Elemente enthalten darf, die nicht *expressis verbis* im Original vorkommen, die jedoch aus dem Allgemeinwissen des durchschnittlichen Lesers oder aus der Ausgangskultur ableitbar sind; Elemente, die der Übersetzer hinzufügt, um seinem Leser das Verständnis zu erleichtern oder die er wegläßt, weil er sie für entbehrlich oder dem Textverständnis für hinderlich hält. In diesem Fall würden auch verschiedene Typen von »freien« Übersetzungen als Übersetzung gelten. Und schließlich können wir mit den „Skopostheoretikern" der Ansicht sein, die Übersetzung sei ein „Informationsangebot über einen Ausgangstext", wobei letzterer lediglich den Ausgangspunkt und das Rohmaterial für den Übersetzer darstellt. In diesem Fall würde all das, was man traditionell Bearbeitung, Adaptation, Nachahmung usw. usf. nennt, ebenso zur Klasse der „Übersetzung" gehören. Die Übersetzungstheoretiker ziehen diese Grenzen oft an unterschiedlichen Stellen. Wo man zunächst geneigt sein würde, von widersprüchlichen Aussagen zu einem Sachverhalt zu sprechen, muß man bei näherem Hinsehen erkennen, daß überhaupt nicht vom selben Sachverhalt die Rede ist. Nicht das einheitliche Phänomen „Übersetzung" wird unterschiedlich definiert, sondern anhand der verschiedenen Definitionen lassen sich recht unterschiedliche Gegenstände rekonstruieren.

Eine typisch »philologische« Auffassung wird in dem Buch *Teoría y Práctica de la Traducción* des spanischen Übersetzungstheoretikers García Yebra vertreten. Dort werden die äußeren Grenzen des Phänomens „Übersetzung" sowohl auf der linken wie auch auf der rechten Seite unseres Schemas besonders eng gezogen:

> Die goldene Regel für jede Übersetzung besteht meines Erachtens darin, alles zu sagen, was das Original sagt, nichts zu sagen, was das Original nicht sagt [rechte Seite] und es so korrekt und natürlich zu sagen, wie die Sprache es zuläßt, in die übersetzt wird [linke Seite].[21]

Ich komme nun zur intensionalen Definition des Phänomens „Übersetzung", zu dem, was eine Übersetzung ihrem Wesen nach ist oder sein sollte. Es geht dabei im wesentlichen um

---

[20] Vgl. Albrecht 1990; Albrecht 1998, Kap. 7.3.
[21] „La regla de oro para toda traducción es, a mi juicio, *decir todo* lo que dice el original, *no decir nada* que el original no diga, y *decirlo todo con la corrección y naturalidad* que permita la lengua a la que se traduce." García Yebra 1984, I, 43.

eine nähere Bestimmung der Kriterien, die auf der rechten Seite unseres Schemas zur Abgrenzung des Phänomens „Übersetzung" dienen.

Wie wir bereits indirekt der Analyse der verschiedenen weiter oben kurz vorgestellten Definitionen entnehmen konnten, geht der eigentliche Streit darum, was bei der Übersetzung gleich bleiben soll. Zwei Begriffe sind in diesem Zusammenhang seit langem diskutiert worden, derjenige der *Invarianz* und derjenige der *Äquivalenz*. In neuerer Zeit ist der Begriff der *Adäquatheit* hinzugekommen. In diesem Abschnitt soll der Versuch unternommen werden, diese drei so heftig umstrittenen Begriffe und das zwischen ihnen bestehende Verhältnis zu klären. Zunächst einige vorläufige Begriffsbestimmungen:

*Invarianz, Invariante:*
Unter „Invariante" versteht man das, was in einem Veränderungs- oder Umwandlungsprozeß gleichbleibt; z. B. die Person, das Subjekt bei einem Menschen im Laufe seines Lebens.

**Exkurs:** Diese „Invarianzforderung", die wir an uns selbst stellen, indem wir gemeinhin annehmen, daß wir im Laufe unseres Lebens immer »derselbe« oder »dieselbe« bleiben, daß wir das, worauf sich das Wörtchen *ich* bezieht, über die ganze Lebensspanne hinweg als identisch ansehen dürfen, ist für uns so selbstverständlich, daß wir uns ihrer überhaupt nicht richtig bewußt werden. Das geschieht erst, wenn sie jemand anzweifelt, wie z. B. der Dichter Gottfried Benn:

> Ausdruckskrisen und Anfälle von Erotik:
> das ist der Mensch von heute,
> das Innere ein Vakuum,
> die Kontinuität der Persönlichkeit
> wird gewahrt von den Anzügen,
> die bei gutem Stoff zehn Jahre halten.[22]

*Äquivalenz:*
Äquivalenz bedeutet nicht „Gleichheit", sondern „Gleichwertigkeit".[23] Das kann man angesichts der Mißverständnisse, denen dieser Begriff in der übersetzungswissenschaftlichen Literatur ausgesetzt ist, nicht oft genug wiederholen. Zur ersten Annäherung an das Verständnis dieses Begriffs im Bereich der Übersetzung soll ein schlichtes Beispiel dienen, auf das man in der Literatur immer wieder stößt: Wenn wir akzeptieren, daß dem *Fisch* als Nahrungsmittel und als Symbol für die Grundbedürfnisse des Menschen bei den Inuit dieselbe Bedeutung zukommt wie dem *Brot* bei den Juden in biblischer Zeit, dann dürfen wir die dritte Bitte des *pater noster* aus dem Lukasevangelium (die Fassung bei Matthäus 6, 9-13 steht hier nicht zur Diskussion)

> Panem nostrum quotidianum da nobis hodie
> Unser täglich *Brot* gib uns heute

folgendermaßen in die Sprache der Inuit übersetzen:

> Unseren täglichen *Fisch* gib uns heute.

---

[22] Gottfried Benn, *Fragmente*.
[23] Genau wie *invariabilis* mit seiner Familie ist auch *aequivalentia* in genau dieser Bedeutung bereits im Mittellateinischen geläufig: *centum milia unciarum auri vel aequivalentiam in argento* „Hunderttausend Unzen Gold oder das Äquivalent in Silber".

Die beiden Formulierungen sind unter diesen Umständen als „gleichwertig", als äquivalent zu betrachten.

*Adäquatheit:*

Die Adäquatheit oder Angemessenheit, so wie sie hier verstanden werden soll, entspricht einem alten Begriff aus der antiken Rhetorik (griech. *to prepon*; lat. *aptum*).[24] Es handelt sich dabei um eine Relation zwischen sprachlichen Ausdrucksmitteln und den Umständen und Zielen des Sprechens oder Schreibens.[25] So wird man in unserer Kultur den Widerspruch, den man gegen einen Bußgeldbescheid einlegt, im allgemeinen nicht in Hexametern verfassen, und man wird das, was man als Zeuge eines Verkehrsunfalls gesehen hat, einem Freund in anderer Form mitteilen als den Behörden in einem offiziellen Unfallbericht.

Das sollte zu einer ersten Bestimmung der Begriffe „Invarianz", „Äquivalenz", „Adäquatheit" genügen, die in der Übersetzungstheorie eine wichtige, wenn auch keineswegs eindeutige Rolle spielen. Wir wollen uns nun etwas ausführlicher mit dem Verhältnis beschäftigen, das zwischen diesen Begriffen besteht.

Vorab möchte ich eines festhalten: Wie locker man immer den Begriff der Übersetzung fassen will, in irgendeiner Form *müssen* dabei die Kriterien *Invarianz* und/oder *Äquivalenz* zum Tragen kommen, sonst verliert sich dieser Begriff im Nebel. Alle Einwände, die gegen diese Ansicht vorgebracht werden, sind insofern zurückzuweisen, als ihre Urheber nicht klar zwischen *Invarianz* und *Äquivalenz* unterscheiden. Das wird im folgenden Zitat besonders deutlich:

> Eine vollständige, eindeutige [...] Übersetzungsäquivalenz gibt es nicht, und damit auch keine vollständige Übersetzbarkeit [...] Übersetzungsäquivalenz im Sinne von Invarianz ist daher unmöglich. Der Begriff der Invarianz ist also m. E. in der Übersetzungswissenschaft aufzugeben ...[26]

Ähnlich der französische Übersetzungstheoretiker J.-R. Ladmiral, der in der Äquivalenz so etwas wie eine naive Idealisierung sehen möchte:

> Un tel concept d'»équivalence« apparaît bien problématique [...]: il désigne la difficulté beaucoup plus qu'il ne contribue à la résoudre. Dans la pratique, on pourra lui substituer l'idée d'*approximation* ...[27]

Ansichten dieser Art – Dressler und Ladmiral sind keineswegs die einzigen, die sie vertreten – beruhen auf einer Verwechslung. Invarianz und Äquivalenz sind keineswegs dasselbe. *Invarianz* bedeutet in diesem Zusammenhang „Gleichheit", *Äquivalenz* „Gleichwertigkeit"*. Während der Begriff der Gleichheit (genauer gesagt der Begriff der Identität) ein sogenannter „selbstevidenter" Begriff ist, den man überhaupt nicht definieren kann, ist

---

[24] So ungefähr wird der Terminus zumindest in der neueren Übersetzungstheorie verwendet. Die mittellateinische Bedeutung ist „Übereinstimmung", wie z. B. in der Wahrheitsdefinition des Albertus Magnus: *veritas est adaequatio intellectus cum re* „Wahrheit ist die Übereinstimmung der Erkenntnis mit dem Gegenstand".

[25] Es geht also, in moderner Sprechweise, um eine „pragmatische" Kategorie.

[26] Dressler 1974; 62.

[27] „Ein solcher Begriff der „Äquivalenz" erscheint recht problematisch [...] er weist weit eher auf die betreffende Schwierigkeit hin, anstatt sie zu beheben. In der Praxis könnte man ihn durch die Vorstellung der Annäherung ersetzen ...", Ladmiral 1981, 393.

der Begriff der Gleichwertigkeit aus einem theoretischen Gefüge von Begriffen abzuleiten und kann daher sehr wohl definiert werden. Wer „gleichwertig" sagt, muß vor allem erklären, worauf sich dieser Terminus beziehen soll. Daß es sich dabei um höchst unterschiedliche Gegenstände und Sachverhalte handeln kann, erhellt schon aus der Begriffsgeschichte. So wurde das Gleichheitszeichen =, das wir aus der Mathematik kennen, bis ins 17. Jahrhundert durch ein Kürzel ausgedrückt, das auf lat. *aequatio*, „Gleichsetzung" zurückgeht.[28] In der Tat bedeutet dieses Zeichen in einer Gleichung wie z. B.

$$a + b = b + a$$

nicht, daß die beiden Seiten als gleich, sondern daß sie für die Bedürfnisse der Algebra als gleichwertig zu betrachten sind, weil nämlich unter den Bedingungen, um die es hier geht, die Reihenfolge der Summanden keine Rolle spielt.[29] Allerdings bleibt bei der Übersetzung, was die Erfüllung der Invarianzforderungen betrifft, im Gegensatz zur Algebra ein großer Ermessensspielraum. Aufgrund der bereits von Quine konstatierten „Unbestimmtheit" der Übersetzung (*indeterminacy of translation*) bleibt die Relation „Übersetzung" auf der konkreten Textebene prinzipiell asymmetrisch: Wenn b die Übersetzung von a ist, kann a nicht die Übersetzung von b sein. In der Praxis führt das dazu, daß selbst bei ängstlichem »Kleben« am Text durch eine Rückübersetzung nur in den seltensten Fällen der Ausgangstext reproduziert werden kann.

Die Termini *Invarianz*, *Äquivalenz* und *Adäquatheit* werden in der übersetzungswissenschaftlichen Literatur in höchst unterschiedlicher Weise gebraucht. Das kann hier nicht in allen Einzelheiten dokumentiert werden.[30] Der Hauptunterschied, der zwischen meinem Verständnis dieser Termini und demjenigen der Skopostheoretiker besteht, liegt in einer unterschiedlichen Auffassung von den Rechten und Pflichten des Übersetzers. Oberstes Kriterium dafür, welche Komponenten des Ausgangstexts bei der Übersetzung erhalten bleiben sollen, ist für mich die *Textfunktion*. Für die Skopostheoretiker ist es der *Übersetzungszweck*. Das läuft zwar nicht selten auf ein und dasselbe hinaus, ist aber keineswegs immer dasselbe. Eine Funktion ist gegeben, muß erkannt werden. Ein Zweck wird verfolgt, wird »von außen« an den Text herangetragen. „Funktionsadäquat" ist also nicht dasselbe wie „zweckadäquat". Adäquatheit, wie sie hier verstanden werden soll, bedeutet „der Funktion des Ausgangstextes angemessen". Wir wollen uns dies nun anhand eines Schemas vergegenwärtigen:

---

[28] Vgl. D. Krüger 1992, 121.
[29] Der bedeutende Mathematiker Gottlob Frege hat dieser bereits zu seiner Zeit vertretenen Ansicht widersprochen. Für ihn sind die beiden Seiten der Gleichung Synonyme im strengen Sinn, d. h. unterschiedliche Signifikanten für ein einheitliches Signifikat. Für mich handelt es sich hingegen um unterschiedliche Summierungsanweisungen, die im Hinblick auf die angestrebte Invariante, nämlich die Summe, als äquivalent zu betrachten sind; vgl. Frege (1891/1966), 19.
[30] Eine völlig unterschiedliche Auffassung vertreten z. B. Reiß/Vermeer (1984), Abschnitt 10.

| | | |
|---|---|---|
| **Transferendum** | | steuert die Aufstellung der |
| ↓ | | Invarianzforderungen und |
| | ← Adäquatheit | deren Hierarchisierung |
| (Hierarchie der | | |
| Invarianzforderungen) | | |
| ↓ | | |
| Erfüllung der aufge- | ← Äquivalenz | ist abhängig von den zuvor |
| stellten Invarianz- | | aufgestellten Invarianzforderungen |
| forderungen | | und den Möglichkeiten der |
| ↓ | | beteiligten Sprachen |
| **Translat** | | |

Der Übersetzer untersucht das Original in seiner Eigenschaft als zu übertragender Text, als *Transferendum*, und entscheidet dabei, welche Komponenten als besonders wichtig, als wichtig, als weniger wichtig und als unwichtig anzusehen sind. Er stellt eine *Hierarchie von Invarianzforderungen* auf, wohl wissend, daß nicht alles zugleich bewahrt werden kann. Das geschieht in der Regel intuitiv, bei der Tätigkeit des Übersetzens selbst. Hat der Übersetzer die selbst aufgestellten Invarianzforderungen so gut, wie es ihm möglich war, erfüllt, so darf der Zieltext, das *Translat*, als dem Original äquivalent betrachtet werden.[31] Äquivalenz in diesem durchaus subjektiven, aber einer intersubjektiven Verifizierung wenigstens prinzipiell offenstehenden Sinn, bleibt für mich definitorisches Kriterium jeder Übersetzung. Wird aufgrund einer Entscheidung des Übersetzers oder seines Auftraggebers dem Zieltext eine andere Funktion zugewiesen als dem Ausgangstext, so handelt es sich nicht mehr um eine Übersetzung. Das bedeutet allerdings nicht, daß ein solcher freierer Umgang mit fremdsprachlichen Texten verwerflich wäre. Ganz im Gegenteil: Es handelt sich hier um Texttransformationen, die in der Praxis eine bedeutende Rolle spielen und die deshalb an Übersetzer- und Dolmetscherausbildungsstätten weit intensiver gelehrt werden sollten, als dies derzeit der Fall ist.

Schließlich wäre noch auf eine wichtige Konsequenz meiner Ausführungen für die Übersetzungskritik hinzuweisen: Ein Übersetzungskritiker sollte, wenn er fair sein will, vor allem zunächst einmal versuchen, die vom Übersetzer aufgestellten Invarianzforderungen zu rekonstruieren. Im Anschluß daran hat er die tatsächliche Übersetzung an diesen Forderungen zu messen. Selbstverständlich darf und soll er auch diese Invarianzforderungen kritisieren, aber nach Möglichkeit getrennt von der eigentlichen Übersetzung. Fachmännische Übersetzungskritiken werden daher häufig zwiespältig ausfallen: „Die Übersetzerin hat sich für eine konsequent einbürgernde Strategie entschieden und ist dabei mit großem Geschick verfahren. Man hat sich allerdings zu fragen, ob ihre Entscheidung im gegebenen Fall glücklich war. Ihre Übersetzung vermehrt unsere Literatur um ein gut gelungenes Exemplar einer schon reichlich vorhandenen Gattung. Die Chance einer Erweiterung unserer literarischen Ausdrucksmöglichkeiten wurde vergeben." Oder aber: „Herr X wollte bei seiner Übersetzung offenbar einbürgernd vorgehen, dies ist ihm allerdings an vielen Stellen gründlich mißlungen. Seine Entscheidung für die gewählte Methode war jedoch im gegebenen Fall unbedingt richtig.

---

[31] Vgl. Albrecht 1990.

### 2.2.3 Äquivalenz in bezug auf Textsegmente: das Problem der Übersetzungseinheit

Unter „Übersetzungseinheit" versteht man das Segment eines AS-Textes, für das sich ein unmittelbares Gegenstück im Zieltext angeben läßt:

Mane *nobiscum*, **quoniam** advesperascit, **et** inclinata est iam **dies**.
Bleibe *bei uns*; **denn** *es* will Abend werden, **und** *der* **Tag** hat sich geneig(e)t.
Abide *with us*: **for** *it* is toward evening, **and** *the* day is far spent.
Bliv *hos os*, **thi** *det* er mod Aften **og Dag**en helder.
Reste *avec nous*, **car** le soir tombe **et** *le* **jour** déjà touche à son terme.
Resta *con noi* **perché** si fa sera **e** *il* **giorno** già volge al declino.
Stai *con nus*, **pertgei** ch'*ei* fa sera ed *il* **di** va da rendiu.[32]

Beim Vergleich dieses schlichten Textes mit seinen Übersetzungen fällt zunächst auf, wie häufig doch letztlich einzelne Wörter als Übersetzungseinheit auftreten (fett hervorgehoben). Einige Abweichungen vom Wort-für-Wort-Prinzip sind rein sprachbedingt, so die Umstellung der Elemente *nobiscum* zu *cum nobis*, das Auftreten des Artikels und das Erscheinen von Subjektspronomina in den Sprachen, in denen beide Elemente obligatorisch sind (kursiviert). In den übrigen Fällen hängt die Länge der Übersetzungseinheit von den Strukturen der beteiligten Sprachen und von der angewendeten Übersetzungsmethode ab. Generell läßt sich sagen, daß sich die Länge der Übersetzungseinheit umgekehrt proportional zur »Wörtlichkeit« der Übersetzung im syntagmatischen Sinn verhält. Abweichungen von der paradigmatischen »Wörtlichkeit« (in unserem Fall z. B. die präsentische Wiedergabe des perfektischen Syntagmas *inclinata est* im Dänischen, Französischen, Italienischen und Rätoromanischen) spielen in diesem Zusammenhang keine Rolle.[33]

Moderne Übersetzungstheoretiker werden nicht müde zu versichern, die eigentliche Übersetzungseinheit sei der Gesamttext. Das ist sicherlich richtig; es handelt sich dabei jedoch um eine »platonische« Wahrheit. Selbst bei kommerziellen Übersetzungen, die stark vom „philologisch-dokumentarischen" Typ abweichen, wird man feststellen, daß sich AS- und ZS-Text über weite Strecken in verhältnismäßig kurze Segmente einteilen lassen, die man einander unmittelbar zuordnen kann.[34] Die Äquivalenz erweist sich dabei als eine „rank-bound category" im Sinne Catfords.[35] Was auf Wortebene als äquivalent angesehen werden kann, wird sich häufig bereits auf der Ebene des Syntagmas als nicht-äqivalent erweisen. Es kann durchaus gelegentlich vorkommen, daß einzelne Elemente der als äquivalent anzusehenden Übersetzung eines Textes von eineinhalb Druckseiten – die übliche Länge eines Klausurtextes – geändert werden müssen, wenn der betreffende Text nicht für sich, sondern als Teil eines weit umfangreicheren Gesamttextes zu übersetzen ist. Dies tritt allerdings verhältnismäßig selten ein, denn jenseits der Satzgrenze nimmt die Dichte der wechselseitigen Determination sprachlicher Elemente schnell ab, und die sich aus dem kulturellen Transfer ableitende Determination betrifft meist nur isolierte lexikali-

---

[32] Lukas 24, 29: Vulgata, Lutherfassung (1964); King James-Version; Dänische Übersetzung (1900); Bible de Jérusalem; It. Fassung Conferenza Episcopale Italiana (1983); Niev Testament, Surselvisch 1949.
[33] Vgl. unten, Exkurs 2.3.6.
[34] Vgl. Newmark 1988, 54f.
[35] Vgl. Catford 1965, chap. 2.4.

sche Elemente. Dennoch muß der Behauptung entgegengetreten werden, das Festhalten am Begriff der „Äquivalenz" laufe letztlich auf die These hinaus, es könne zu jedem gegebenen Text nur eine schlechterdings »richtige« Übersetzung geben. „Äquivalenz", so wie sie hier verstanden wird, läßt Raum für viele annehmbare Übersetzungen. Daraus sollte nicht, wie es gelegentlich geschieht, der logisch unhaltbare Umkehrschluß gezogen werden, es könne keine falschen Übersetzungen geben.

### 2.2.4 Übersetzung vs. Bearbeitung

Im Gegensatz zur Theorie der Übersetzung gibt es zur Theorie der Bearbeitung nur sehr wenig Fachliteratur. Michael Schreibers Dissertation stellt meines Wissens den ersten Versuch dar, den zahlreichen Theorien und Typologien der Übersetzung eine Theorie und Typologie der interlingualen Bearbeitung an die Seite zu stellen. Diese Typologie ist induktiv aus empirischen Beobachtungen gewonnen worden und somit von großer praktischer Relevanz. Sie soll hier in knappster Form vorgestellt werden.[36]

Der erste umfassende Typ ist die *augmentative Bearbeitung*, bei der der Prätext übertroffen oder in irgendeiner Form erhöht werden soll. Er beginnt bei der *surtraduction*, einer Übersteigerung der Charakteristika des Originals[37] und führt über die *Verbesserung*, die *Erweiterung*, die *Poetisierung* bis zur *Purifizierung*. Bei diesem letzten Untertyp handelt es sich um das interlinguale Gegenstück zu den wohlbekannten *Editiones ad usum Delphini*. Als zweiter umfassender Typ schließt sich die *adaptierende Bearbeitung* an. Hier wird dem Folgetext ein gegenüber dem Prätext »von außen« geänderter Zweck zugewiesen, ohne daß damit eine »Überhöhung« oder eine »Nivellierung« verbunden wäre. Als Untertypen nennt Schreiber die *Ingebrauchnahme* (am ehesten der klassischen Nach- oder Umdichtung vergleichbar), die *normative Einbürgerung*, d. h. eine rigorose Anpassung an den Geschmack des Zielpublikums (hierunter würde demnach zumindest ein Teil der sogenannten *belles infidèles* fallen), die *modernisierende* und die *ideologische Bearbeitung* sowie die *Bearbeitung für gewisse Zielgruppen* (hier wären vor allem die zahlreichen „für die Jugend eingerichteten" Ausgaben der Werke von Homer, Cervantes, Defoe oder Cooper zu nennen). Als dritter Haupttyp erscheint die *diminutive Bearbeitung*, bei der der Prätext im Folgetext in irgendeiner Form vergröbert, vereinfacht oder verflacht wiederkehrt. Untertypen sind die *Nivellierung*, die *Verzerrung*, die *Zusammenfassung*, die *Entpoetisierung* und die *Vulgarisierung* (eine gewisse Verwandtschaft zu den *volgarizzamenti* des Mittelalters ist durchaus gegeben).

Zahlreiche der von Schreiber zu Illustrationszwecken herangezogenen Werke sind nicht eindeutig als „Bearbeitungen" gekennzeichnet; sie gehören zur wechselvoll-bunten europäischen Übersetzungsgeschichte. Man muß nicht so weit gehen wie Peter Hacks, der in bezug auf klassische Dramen für ein grundsätzliches Bearbeitungsverbot eingetreten ist.[38] Man kann sich jedoch vorbehaltlos Katharina Reiß anschließen, wenn sie in einem »postskopostheoretischen« Aufsatz, auf den gleich zurückzukommen sein wird, fordert:

> Nicht, als ob so gründlich veränderte Translatfunktionen „verboten" werden sollten. Doch in solchen Fällen sollte das „Translat" als Bearbeitung eindeutig gekennzeichnet

---

[36] Vgl. Schreiber 1993, 263-308.
[37] Wollschlägers vielgerühmte *Ulysses*-Übersetzung geht stellenweise in diese Richtung; vgl. ebenda, 264.
[38] Vgl. ebenda, 106.

sein und, streng genommen, nicht mehr unter dem Namen des Autors (sondern vielleicht mit dem Zusatz „nach X") publiziert werden.[39]

## 2.3 Typen der Übersetzung

Die Aufstellung einer Übersetzungstypologie hängt eng mit dem soeben diskutierten Problem der Definition der Übersetzung – in extensionaler und in intensionaler Hinsicht – zusammen. Dieser Zusammenhang kann hier nicht konsequent berücksichtigt werden. Das bedeutet in praktischer Hinsicht: Die hier skizzierte Typologie enthält notwendigerweise unterschiedlich definierte Übersetzungen.

Was das *Problem der Typologisierung im allgemeinen* angeht, so wäre zunächst folgendes zu bemerken: Die Eigenschaften der Objekte bilden ein *Kontinuum*, Begriffe hingegen sind notwendigerweise *diskret*. Es wird der Wissenschaft oft vorgeworfen, sie lege einen künstlichen Raster über ihren Untersuchungsbereich. Ein solcher Vorwurf ist naiv. Was sollte Wissenschaft denn sonst tun?

Der Kern des Problems der Typologisierung besteht in der Auswahl geeigneter *Kriterien*. Jede Typologisierung bzw. Klassifizierung ist ganz besonders stark theorieabhängig; man klassifiziert in der Regel aufgrund einer bestimmten Hypothese, die man zuvor über den betroffenen Gegenstandsbereich aufgestellt hat. Und da man sich einem solchen Gegenstandsbereich mit ganz unterschiedlichen Erkenntnisinteressen nähern kann, haben die Kriterien, nach denen klassifiziert wird, oft sehr wenig miteinander zu tun. Das führt dazu, daß ein und dasselbe Gebiet unterschiedlich klassifiziert werden kann, ohne daß dies als widersprüchlich anzusehen wäre. So führt z. B. die Klassifikation von Übersetzungen in »freie« gegenüber »wörtlichen« einerseits und »interlinguale« gegenüber »intralingualen« andererseits zu völlig unterschiedlichen Ergebnissen; die beiden Klassifikationen widersprechen sich jedoch nicht.

Schließlich sollte in diesem Zusammenhang auch daran erinnert werden, daß *Klassifizierung* nicht dasselbe ist wie *individuelle Charakterisierung*. Klassifizieren kann man erst von der Ebene der Spezies an, d. h. Bedingung für jede Klassifikation ist der Verlust der Individuation. Das *Individuum* (griechisch *atomon*, dt. wörtlich das *Unteilbare*) ist in klassischlogischer Hinsicht intensional unendlich groß, d. h. es verfügt über unendlich viele Inhaltsmerkmale. Infolgedessen kann man nichts Erschöpfendes über es aussagen. Das ist mit dem viel zitierten und häufig nicht genau verstandenen Satz *individuum est ineffabile* gemeint.[40]

Individuen lassen sich strenggenommen auch nicht klassifizieren, man kann sie beschreiben und charakterisieren. Genau das geschieht in manchen Bereichen der Übersetzungswissenschaft, z. B. in der historisch-deskriptiven Übersetzungsforschung.[41] Es kann dort durchaus vorkommen, daß man auf eine Typologisierung bzw. Klassifizierung völlig verzichtet. Man schildert dann einfach die Eigenheiten der Wielandschen, der Schlegel-Tieckschen oder der Rotheschen Shakespeare-Übersetzung, ohne dabei zu versuchen, diese Übersetzungen bestimmten Typen zuzuordnen. Eine solche Vorgehensweise gilt heutzutage im allgemeinen als nicht „wissenschaftlich"; sie ist aber im Rahmen einer historischen Wissenschaft völlig legitim.

---

[39] Reiß 1990, 38 f.
[40] Vgl. Leibniz, *Nouveaux essais sur l'entendement humain*, Livre III, Chap. 3, § 6.
[41] Vgl. hierzu den literaturwissenschaftlichen Teil dieser Einführung.

Nun zu den verschiedenen Kriterien, nach denen Übersetzungen klassifiziert werden können. Ich nenne lediglich einige Beispiele, der Kriterienkatalog erhebt keinen Anspruch auf Vollständigkeit.

### 2.3.1 Grad an AS-Textgebundenheit

Als erstes wäre das Ausmaß der Orientierung an formalen und inhaltlichen Merkmalen des AS-Textes bei der Aufstellung der Invarianzforderungen zu nennen (auf eine Kurzformel gebracht: der *Grad an AS-Text-Gebundenheit*)

Zunächst einige Bemerkungen zur Dichotomie *frei* vs. *wörtlich*. Es handelt sich hier vermutlich um das älteste Kriterium überhaupt, das zur Klassifikation von Übersetzungen herangezogen wurde; einschlägige Passus bei Horaz, Cicero, Hieronymus und anderen werden immer wieder in diesem Zusammenhang zitiert. Verschiedene Übersetzungshistoriker haben inzwischen gezeigt, daß die klassischen Autoren eigentlich an ganz anderen Dingen interessiert waren als daran, einen Beitrag zur Übersetzungstheorie zu liefern.[42] Ich möchte hier lediglich auf einige begriffliche Schwierigkeiten hinweisen:

Das Kriterium ist schwer zu operationalisieren; *frei* zeigt unscharfe Grenzen in Richtung auf andere Textumformungsverfahren wie z. B. Bearbeitung usw.; *wörtlich* ist vieldeutig (cf. infra den Exkurs zur „wörtlichen Übersetzung").

Neben der Unterscheidung in „wörtliche" und „freie" Übersetzungen tritt seit längerer Zeit eine andere, die auf den ersten Blick betrachtet mehr oder weniger dasselbe zu betreffen scheint, die Unterscheidung in „verfremdende" und „einbürgernde" Übersetzungen. Bei genauerem Hinsehen handelt es sich jedoch um eine Variante des zuerst genannten Kriteriums: Es geht dabei nämlich nicht um die rein sprachliche Nähe zum Ausgangstext, sondern um den *Grad an AS-Text-Gebundenheit* im Hinblick auf mutmaßliche Kenntnisse und Erwartungen der Adressaten der Übersetzung (Kurzformel: *Erwartungshorizont*).

Dieses Kriterium erscheint, wenn auch in nicht besonders klarer Form, bereits bei Martin Luther, in seinem berühmten „Sendbrief vom Dolmetschen"; deutlicher jedoch bei Goethe und Schleiermacher. Wir werden gleich noch sehen, daß die Skopostheorie auf diese Unterscheidung zurückgreift.

Hier zunächst ein berühmtes Goethe-Zitat; es stammt aus einer Gedenkrede für Christoph Martin Wieland:

> Es gibt zwei Übersetzungsmaximen: die eine verlangt, daß der Autor einer fremden Nation zu uns herüber gebracht werde, dergestalt, daß wir ihn als den Unsrigen ansehen können; die andere hingegen macht an uns die Forderung, daß wir uns zu dem Fremden hinüber begeben und uns in seine Zustände, seine Sprachweise, seine Eigenheiten finden sollen.[43]

Wenige Wochen später äußert sich der Philosoph Friedrich Schleiermacher in einer bei der königlichen Akademie der Wissenschaften in Berlin eingereichten Abhandlung sehr ähnlich. Auch für ihn gibt es nur zwei Übersetzungsmethoden:

---

[42] Einige Hinweise finden sich in Albrecht 1998, 53 ff., ausführlicher Albrecht 2010.
[43] „Zu brüderlichem Andenken Wielands", Artemis-Gedenkausgabe, Bd. 12, 693-716, hier 705.

> Entweder der Ueberseter läßt den Schriftsteller möglichst in Ruhe, und bewegt den Leser ihm entgegen; oder er läßt den Leser möglichst in Ruhe und bewegt den Schriftsteller ihm entgegen.[44]

Der Komplex „Geschichte der Übersetzungstheorie" muß hier weitgehend vernachlässigt werden; es scheint mir an dieser Stelle dennoch wichtig zu zeigen, mit welchen Argumenten Schleiermacher die zweite Methode, die keineswegs modern ist, sondern die im 17. und 18. Jahrhundert fast noch unbedenklicher empfohlen und praktiziert wurde als heute, verwirft:

> Ja man kann sagen, das Ziel, so zu ueberseyen, wie der Verfasser in der Sprache der Uebersezung selbst würde ursprünglich geschrieben haben, ist nicht nur unerreichbar, sondern es ist auch in sich nichtig und leer; ...[45]

Schleiermacher begründet diese seine Ansicht mit der Überzeugung, daß die Sprache des Ausgangstextes eben mehr sei als ein beliebig austauschbares Medium für einen Inhalt, eine Mitteilung usw. usf. Die Art der einzelsprachlichen Ausformung des Mitgeteilten gehöre zum Inhalt selbst. Er stellt dann an einer späteren Stelle seines Aufsatzes einen boshaft-witzigen Vergleich an:

> Ja was will man einwenden, wenn ein Uebersezer dem Leser sagt, Hier bringe ich dir das Buch, wie der Mann es würde geschrieben haben, wenn er es deutsch geschrieben hätte; und der Leser ihm antwortet, Ich bin dir eben so verbunden, als ob du mir des Mannes Bild gebracht hättest, wie er aussehen würde, wenn seine Mutter ihn mit einem anderen Vater erzeugt hätte?[46]

Schleiermacher, ein typischer Vertreter der romantischen Übersetzungstheorie und somit ein Verfechter einer sehr stark ausgangstextgebundenen Übersetzungsmethode, trägt in diesem Zusammenhang noch einen wichtigen Gedanken vor, den man in der Geschichte der Übersetzungstheorie selten antrifft: Die Statthaftigkeit und der Erfolg einer bestimmten Übersetzungsmethode hängen u. a. auch vom *Umfang* der Übersetzungstätigkeit ab:

> Daher erfordert diese Art zu übersetzen [d. h. die verfremdende] durchaus ein Verfahren im großen, ein Verpflanzen ganzer Litteraturen in eine Sprache ... Einzelne Arbeiten dieser Art haben nur einen Werth als Vorläufer einer sich allgemeiner entwickelnden und ausbildenden Lust an diesem Verfahren.[47]

Wie steht es nun mit der Vereinbarkeit der beiden Kriterien? Drücken die beiden ehrwürdigen Dichotomien *frei* vs. *wörtlich* und *einbürgernd* vs. *verfremdend* mehr oder weniger das gleiche aus, oder gibt es da Unterschiede? Ich glaube, es gibt schon welche:

|  | frei | wörtlich |
|---|---|---|
| einbürgernd | 1 | 2 |
| verfremdend | 3 | 4 |

---

[44] Schleiermacher 1813/1838, 218. Es ist bis heute nicht geklärt, ob Schleiermacher in diesem Punkt von Goethe abhängig war.
[45] Ibid., 233.
[46] Ibid., 238.
[47] Ibid., 229f.

Es geht einerseits um Ähnlichkeit bzw. Unterschiedlichkeit der rein sprachlichen Verfahren; andererseits um Ähnlichkeit bzw. Unterschiedlichkeit von Textgestaltungsverfahren bzw. der Einbettung von Texten in kulturelle Umfelder.

Ist z. B. die Verwandtschaft von Ausgangs- und Zielsprache sehr groß, so kann der Fall eintreten, daß eine verhältnismäßig „wörtliche" Übersetzung zwar nicht als „einbürgernd", andererseits jedoch auch keineswegs als „verfremdend" anzusehen ist. Die beiden Kriterien sind also nicht *koextensiv*. Nicht jede Übersetzung ist „frei und einbürgernd" oder „wörtlich und verfremdend" zugleich (1 bzw. 4 im obenstehenden Schema). Die in übersetzungsgeschichtlicher Hinsicht bedeutende Plutarch-Übersetzung von Jacques Amyot ist stark einbürgernd, aber ziemlich wörtlich (2); moderne Übersetzungen anspruchsvoller Unterhaltungsliteratur sind in der Regel frei und verfremdend (3).

Nicht alle Autoren verwenden die hier benutzte Terminologie. In der übersetzungstheoretischen Literatur stößt man auf Begriffspaare wie *illusionistisch* vs. *anti-illusionistisch*, *Integration* vs. *Rekonstruktion*, *parodistisch* vs. *identifizierend*, *transponierend* vs. *dokumentarisch*, *adaptierend* vs. *transferierend* und vieles andere mehr. Die bekannte Dichotomie von Juliane House *covert* „verdeckt, d. h. eine Übersetzung, die nicht als solche erkannt werden soll" und *overt* „offen, d. h. eine Übersetzung, die sich offen als solche zu erkennen gibt", betrifft nur die beiden eingerahmten Fälle im obenstehenden Schema (1 und 4).[48] Hier wird die gewohnte Terminologie beibehalten, obwohl der Terminus *verfremdend* etwas irreführend ist, denn es geht ja eigentlich um das »Stehenlassen« des Fremden.

Bei genauerem Hinsehen werden die Unterschiede zwischen den beiden Dichotomien noch größer. In vielen Fällen, wo von *frei* vs. *wörtlich* einerseits und *einbürgernd* vs. *verfremdend* andererseits die Rede ist, kann man feststellen, daß die beiden Dichotomien in unterschiedlichen Bereichen verwendet werden und an unterschiedliche Übersetzungszwecke gebunden sind:

Die Dichotomie *frei* vs. *wörtlich* betrifft die Ebene der Einzelsprache; es geht in diesem Zusammenhang um die Übersetzung als Hilfsmittel der Sprachdidaktik und vor allem des Fremdsprachenerwerbs.

Die Dichotomie *einbürgernd* vs. *verfremdend* betrifft die Ebene der Texte. Es geht hierbei also nicht nur um Sprachliches *sensu stricto*, sondern auch um Textsorten, Gattungsunterschiede usw. Daraus folgt, daß sich die Dichotomie *frei* – *wörtlich* eigentlich niemals auf ganze Texte, sondern immer nur auf Textstellen bezieht.

Anhand der kurzen Diskussion einer Übersetzungstypologie von Katharina Reiß werden wir gleich feststellen, daß zwischen verschiedenen Klassifikationskriterien ein Abhängigkeitsverhältnis bestehen kann. Dies gilt ebenfalls für die von Juliane House getroffene Unterscheidung. Es gibt Texte, die sich entweder für eine *covert* oder für eine *overt translation* empfehlen. Doch zunächst noch zu einigen weiteren Kriterien.

### 2.3.2 Behandelter Gegenstand

In der schon öfter herangezogenen Abhandlung von Schleiermacher findet sich ein Zitat, dessen Inhalt vielleicht einige meiner Leser überraschen wird:

> Der Dolmetscher ... verwaltet sein Amt in dem Gebiete des Geschäftslebens, der eigentliche Übersetzer vornämlich in dem Gebiete der Wissenschaft und Kunst ...[49]

---

[48] Vgl. House 1997, passim.
[49] Schleiermacher 1813/1838, 209.

Dies entspricht zwar nicht der heute gängigen Unterscheidung zwischen Übersetzen und Dolmetschen, ist aber dennoch auch aus heutiger Sicht nicht gänzlich abwegig. Es ist in der Tat auch heute so, daß bestimmte Gegenstände bevorzugt gedolmetscht, andere wiederum bevorzugt übersetzt werden. Gewöhnlich werden jedoch die Unterscheidungen nach dem Kriterium des behandelten Gegenstandes innerhalb des Bereichs der Übersetzung getroffen: In der Ausbildungspraxis wird gewöhnlich zwischen *literarischer Übersetzung, gemeinsprachlicher Übersetzung* und *Fachübersetzung* unterschieden. Auch hier gibt es ein Unterkriterium, das vor allem auf die gemeinsprachliche und fachsprachliche Übersetzung angewendet wird.

### 2.3.2.1 AST-Typ[50] und AST-Sorte

Wie Katharina Reiß vor Jahrzehnten eindrucksvoll gezeigt hat, gibt es einen engen Zusammenhang zwischen Texttyp und zu behandelnden Gegenständen, denn bestimmte Gegenstände pflegen im Rahmen gewisser Texttypen abgehandelt zu werden. So wird man z. B. eine Darstellung des deutschen Phonemsystems nicht in appellativer Form verfassen. Dennoch lassen sich Texttyp und behandelter Gegenstand nicht einfach einander gleichsetzen, da man ein- und denselben Redegegenstand eben doch auch unterschiedlich behandeln kann: Ein Musterbeispiel hierfür ist die Textsorte „Kochbuch", die ganz verschiedenen Texttypen angehören kann. Es gibt sachlich-nüchtern geschriebene Kochbücher, die man dem informativen Texttyp zuordnen könnte; es gibt Gesundheitskochbücher, die sich eher dem appellativen Texttyp zuordnen ließen. Daraus folgt, daß es sicherlich keine einheitliche Übersetzungsstrategie für Kochbücher geben kann. Es wäre an und für sich an dieser Stelle angebracht, einiges über *Texttyp* und *Textsorte* zu sagen – zwei Termini, die leider immer wieder miteinander verwechselt werden –, aus Gründen der Systematik dieser Einführung kann ich darauf jedoch erst später, in einem der Textlinguistik gewidmeten Kapitel eingehen (III, 9, 3).

### 2.3.3 An der Übersetzung beteiligte „Arten des Sprechens"

Zu Beginn der europäischen Übersetzungsgeschichte wurde nach diesem Kriterium eine Unterscheidung getroffen, die heute nur noch Übersetzungshistorikern vertraut ist: Die Übersetzungen wurden danach klassifiziert, ob sie aus einer prestigeträchtigen, klassischen Sprache in eine der gerade in Entstehung begriffenen Volkssprachen erfolgten oder in umgekehrter Richtung. Im ersten Fall, z. B. bei einer Übersetzung aus dem Lateinischen ins Französische, sprach man von *descensus*, „Abstieg"; im zweiten Fall, z. B. bei einer Übersetzung vom Deutschen ins Lateinische sprach man von *ascensus*, „Aufstieg". Generell unterschied man in diesem Zusammenhang auch zwischen *vertikalem* Übersetzen, das sich zwischen zwei Sprachen ungleichen Ranges abspielte, und *horizontalem* Übersetzen, das zwischen Sprachen gleichen Ranges stattfand. Das alles ist heute vornehmlich für Übersetzungshistoriker interessant.[51]

Eine weitere Unterscheidung in diesem Bereich spielt jedoch auch heute eine gewisse Rolle, die zwischen *interlingualer* und *intralingualer* Übersetzung. Im ersten Fall geht es gewissermaßen um die »normale« Übersetzung, d. h. um die Übersetzung zwischen zwei

---

[50] Gemeint sind hier Texttypen im Sinn der bekannten Typologie von Katharina Reiß (1971, 31-52).
[51] Vgl. u. a. Folena 1991; Hess 1971, 262; Albrecht 1998, 143 ff.

verschiedenen Einzelsprachen. Im zweiten Fall geht es um die Übersetzung zwischen verschiedenen Ausprägungen ein und derselben „Historischen Sprache". Dabei kann die zeitliche Dimension gemeint sein; man kann aus einem älteren Stadium einer Sprache in ein jüngeres übersetzen, z. B. aus dem Mittelhochdeutschen ins Neuhochdeutsche. Es kann jedoch auch die räumliche Dimension betroffen sein (so z. B. im Falle einer Übersetzung vom Bairischen ins Ruhrpottdeutsche) oder die gesellschaftliche Dimension. Gerade auf den letzten Fall, auf die Übersetzung von einem Soziolekt in einen anderen, ein Fall, der in der Praxis sehr selten vorkommt, hat schon Schleiermacher hingewiesen. Am Anfang seiner bereits mehrfach zitierten Abhandlung stellt er fest,

> ... daß die Mundarten verschiedener Stämme eines Volkes und die verschiedenen Entwicklungen derselben Sprache oder Mundart in verschiedenen Jahrhunderten schon in einem engeren Sinn verschiedene Sprachen sind, und nicht selten einer vollständigen Dolmetschung unter einander bedürfen ...[52]

Das Problem der intralingualen Übersetzung ist zu komplex, als daß es hier ausführlich behandelt werden könnte; zudem ist es für die Praxis von eher untergeordneter Bedeutung. Ich kann hier nur zwei Einzelprobleme streifen:

Bei einer Übersetzung von einem Sprachstil in einen anderen – auch der Begriff des Stils wird erst sehr viel später behandelt werden (III, 8. 2) – läßt sich nicht zwischen „Übersetzung" und „Paraphrase" unterscheiden. Das hat Michael Schreiber in seiner Doktorarbeit sehr schön gezeigt.[53]

Andererseits ergibt sich bei intralingualen Übersetzungen fast notwendigerweise eine Funktionsverschiebung des Zieltextes, da an dieser Art des Übersetzens fast immer „Arten des Sprechens" mit unterschiedlichem Status beteiligt sind. Ein Text im *français soutenu* hat notwendigerweise eine andere Funktion als seine Übersetzung ins *français populaire*, eine Übersetzung aus einer standardsprachlichen Varietät in eine Art von Slang wirkt unweigerlich wie eine Parodie.

### 2.3.4 Übersetzungsrichtung

Im Hinblick auf die Übersetzungsrichtung unterscheidet man gewöhnlich zwischen *Herübersetzung* und *Hinübersetzung*. Es handelt sich hierbei um ein im höchsten Maße »praktisches« Kriterium, denn es geht ausschließlich darum, ob die Muttersprache des Übersetzers (bzw. seine sogenannte *langue dominante*)[54] die Ausgangssprache oder die Zielsprache ist. Der letzte Fall wird allgemein als »normal« angesehen.

Im französischen Sprachraum haben sich zwei unterschiedliche Benennungen für die beiden Übersetzungsrichtungen fest eingebürgert: *version* für die Herübersetzung und *thème* für die Hinübersetzung. Die beiden Termini sind bezeichnenderweise fast ausschließlich auf den didaktischen Bereich beschränkt; in beiden Fällen handelt es sich um Formen der Übersetzung, die eigentlich nicht um des Endprodukts selbst willen unter-

---

[52] Schleiermacher 1813/1938, 207.
[53] Schreiber 1993, 27 f.
[54] In den Sprachendiensten der Europäischen Union wird der wachsenden Mobilität insofern Rechnung getragen, als man nicht mit dem Begriff „Muttersprache" operiert. In der Tat sagt er wenig aus, wenn jemand seine primäre Sozialisation auf bulgarisch, die gesamte höhere Schul- und Universitätsbildung jedoch auf englisch erhalten hat.

nommen werden, sondern um Übungsformen innerhalb des Sprach- und Literaturunterrichts: Eine *version* soll einerseits passive Kenntnisse der Ausgangssprache belegen, andererseits jedoch vor allem stilistische Gewandtheit in der Zielsprache, d. h. in der eigenen Muttersprache unter Beweis stellen. Ein *thème* dient hingegen in erster Linie der Überprüfung der grammatischen und lexikalischen Kenntnisse der Zielsprache. Daher erklärt sich der ironische Ausdruck *fort en thème* „Büchermensch".

Mehr kann hier zu diesem vor allem in didaktischer Hinsicht relevanten Kriterium nicht gesagt werden. Ich möchte lediglich zwei kurze Bemerkungen anschließen.

a) In der Praxis gilt es mehr oder weniger als normal, daß anspruchsvolle Übersetzungen Herübersetzungen sind, daß man in seine eigene Muttersprache übersetzt. Das gilt natürlich auch für die Lehre; nur in ganz seltenen Fällen hält jemand Übersetzungsübungen von der Muttersprache in die Fremdsprache ab.

b) Die Hinübersetzung gilt gemeinhin als »schwieriger«. Darin zeigt sich, daß eine Fertigkeit, eine Teilkomponente der sogenannten „translatorischen Kompetenz", die von Translatologen häufig etwas heruntergespielt wird, von den Praktikern besonders hoch bewertet wird: die reine Sprachbeherrschung. Andererseits verführt diese populäre Ansicht allerdings auch zu einem gefährlichen Irrtum: Die schwereren Fehler, genauer, die in der beruflichen Praxis, nicht im Schulbetrieb, folgenreicheren Fehler, werden in der Regel bei der Herübersetzung, nicht bei der Hinübersetzung gemacht. Eine stümperhafte Hinübersetzung mag sich in sprachlich so unbefriedigender Form präsentieren, daß sie kaum verständlich ist; der »Endverbraucher« wird sofort bemerken, daß hier etwas nicht stimmen kann, er ist gewarnt. Eine fehlerhafte Herübersetzung kann sich in sprachlich glänzender Form präsentieren; der Übersetzer hat möglicherweise besonderes Augenmerk auf Kohärenz und Kohäsion seines Textes gelegt, so daß das Translat völlig überzeugend wirkt. Allein, es kann bei einer solchen Übersetzung ein grundlegender Verständnisfehler des Ausgangstextes vorliegen, dem der »Endverbraucher« in diesem Fall nahezu hilflos ausgeliefert ist, da er gerade nicht durch die unzulängliche Form gewarnt wird.

### 2.3.5 Übersetzungszweck (Skopos)

Für die Vertreter der sogenannten Skopostheorie ist der Übersetzungszweck mehr oder weniger definitorisches Kriterium für jeden Typ der Übersetzung: Eine Übersetzung – so die Anhänger dieser Theorie – kann überhaupt nur im Hinblick auf einen solchen Zweck gerechtfertigt werden. Es ist daher – vor allem in den 1980er Jahren – von dieser Seite immer wieder die Forderung erhoben worden, es müsse bei Übersetzungsklausuren immer ein Zweck mitangegeben werden, genauer, es müsse, wie im Übersetzeralltag, ein expliziter *Übersetzungsauftrag* erteilt werden. Alles andere – so hieß es und so heißt es teilweise auch noch heute – sei „Übersetzen ins Blaue hinein".[55]

Angesichts des großen Prestiges und der allgemeinen Beliebtheit, die die Skopostheorie inzwischen genießt, mag es befremdlich erscheinen, daß hier der Übersetzungszweck als ein Kriterium unter anderen zur Erstellung einer Typologie von Übersetzungen herangezogen wird. Ich muß daher mein Vorgehen erläutern und präzisieren. Ich möchte zwei Fälle theoretisch unterscheiden, die – das sei gleich eingeräumt – in der Praxis keineswegs leicht zu trennen sind:

---

[55] Vgl. Hönig/Kußmaul 1982, 27ff.; 39f.

### 2.3.5.1 »Textinterner« Skopos

Zur Illustration gebe ich lediglich ein ganz simples Beispiel: In einem gegebenen Text überwiegt nach Ansicht des Übersetzers die Appellfunktion. Er leitet daraus ab, daß der Zweck seiner Übersetzung in erster Linie darin bestehe, den Leser vom Anliegen des Verfassers zu überzeugen. Er wird also in einem solchen Fall der sogenannten „Wirkungsgleichheit" den höchsten Rang in der Hierarchie der Invarianzforderungen einräumen. In dieser Weise argumentiert z. B. Nida nahezu durchgängig im Hinblick auf die Bibel (der „Wirkungsgleichheit" entspricht bei ihm die *dynamic equivalence*). Die seinerzeit viel gelesene und viel zitierte Arbeit von Katharina Reiß *Möglichkeiten und Grenzen der Übersetzungskritik*[56] hat dieses Argumentationsschema im deutschsprachigen Raum bekannt und populär gemacht.

### 2.3.5.2 »Textexterner« Skopos

Ich beschränke mich auf ein banales Beispiel, das in der Übersetzungsgeschichte eine zentrale Rolle spielt: Ein Übersetzer gelangt zu der Überzeugung, die deftigen sexuellen Schilderungen seines Ausgangstextes seien den Lesern, für die der Zieltext bestimmt ist, nicht zuzumuten. Er läßt daher einiges weg oder er ersetzt die entsprechenden Szenen durch weniger anstößige, vielleicht völlig andersartigen Inhalts.

Für einen solchen Fall gilt wie für viele andere, in denen die »Abweichung« vom Original aus anderen Gründen erfolgt: Verfaßt ein Übersetzer einen Zieltext, der in wesentlichen Punkten *nicht* seinem eigenen Verständnis des Ausgangstextes entspricht und begründet er diese Abweichung von seinem eigenen Textverständnis mit Spekulationen über mutmaßliche Kenntnisse, Erwartungen oder über die vorauszusetzende Verständnisbereitschaft der Adressaten der Übersetzung, so tut er etwas durchaus Legitimes, aber er übersetzt nicht, er bearbeitet. Anders ausgedrückt: Wenn man von einer Übersetzung im engeren Sinne reden soll, so müssen die festgestellten Abweichungen durch sprachliche und inhaltliche Zwänge zu erklären sein, die sich ihrerseits aus der zuvor aufgestellten Hierarchie der Invarianzforderungen ableiten lassen. Kann also der Übersetzer glaubhaft versichern, daß er unbedingt ein Element des Ausgangstextes, das er für ganz besonders wichtig hält, erhalten wollte und daß sich aus diesem Wunsch die festgestellte Abweichung zwangsläufig ergeben hat, daß sie eine Art von »Opfer« darstellt, dann ist er innerhalb der Grenzen der Übersetzung sensu stricto geblieben. Räumt der Übersetzer hingegen ein, daß er sein wichtigstes Ziel auch ohne die festgestellte Abweichung hätte erreichen können, daß er sie vorgenommen habe, um einen nicht unmittelbar aus dem Original ableitbaren Zweck mit seiner Übersetzung zu verfolgen, den er sich selbst gesetzt oder den der berühmte „Auftraggeber" ihm vorgegeben hat, dann hat er eben diese Grenzen überschritten. Dies alles läuft auf die Bestätigung einer heutzutage häufig verspotteten Übersetzungsmaxime hinaus, die hier ausdrücklich verteidigt werden soll: *So treu wie möglich, so frei wie nötig*. Hierzu später noch etwas.

### 2.3.5.3 Der Zusammenhang zwischen Skopos und Übersetzungstyp

In einem Aufsatz von Katharina Reiß über den Zusammenhang zwischen Texttyp und Übersetzungsmethode, der die skopostheoretische Phase ihres Oeuvres einleitet, findet sich folgendes Schema:[57]

---

[56] Reiß 1971 (⁴1982).
[57] Reiß 1977.

| Textauffassung | Übersetzungstyp | Übersetzungszweck |
|---|---|---|
| Text = Summe von Worten | Wort-für-Wort-Übersetzung (Interlinear) | Sprachforschung -vergleich |
| Text = Summe von Sätzen | Wörtliche Übersetzung (Grammar translation) | Fremdsprachenerwerb |
| Text = originäres Sprachzeichen | „gelehrte Übersetzung" (Verfremdung + Kommentar) | Bewußtmachung kulturgebundener Sprachunterschiede |
| Text = verbaler Bestandteil eines Kommunikationsvorgangs (= Text-in-Funktion) | Kommunikative Übersetzung A) Normalfall B) Sondersorten | a) Integrale Kommunikationsleistung b) Umfunktionierungen aller Art |

Der Übersetzungszweck wird hier nicht mehr unmittelbar aus Merkmalen des Ausgangstextes abgeleitet, er wird in fast allen Fällen »von außen herangetragen«. Wer über die Intention des Schemas nachdenkt wird feststellen, daß es in einem höchst banalen Sinn nicht »kulturadäquat« ist. Eigentlich müßten die Spalten umgekehrt werden, da in unserer Kultur von links nach rechts geschrieben wird: Am Anfang steht der Übersetzungszweck, aus dem sich der Übersetzungstyp und die Textauffassung erst ableiten. Ich werde versuchen, dieses Schema anhand eines Beispiels mit Fleisch und Blut zu füllen. Zu diesem Zweck konfrontiere ich einen sehr einfachen lateinischen Text mit vier »Übersetzungen«, die den von Katharina Reiß gemeinten Typen einigermaßen entsprechen. Die „Wort-für-Wort-Übersetzung" dient dabei den Lesern, die kein Latein verstehen, als Hilfe zum Verständnis des Originals; beim vierten Typ habe ich die Variante b) gewählt; meine Version zeigt Charakteristika einer parodistischen Bearbeitung:

> Lupus capram in alto saxo stantem conspexit. Cum ad eam accedere non posset, „Cur non relinquis", inquit, „nudum illum et sterilem locum et descendis in hos campos, qui tibi multas et dulces herbas praebent?" Capra autem „Mi amice", inquit, „mihi non est in animo dulcia tutis praeponere."

> (Ein) Wolf (eine) Ziege auf (einem) hohen Stein[58] stehend erblickte. Da (er) zu ihr gelangen nicht konnte „Warum nicht verläßt du" (er) sagte, „nackten jenen und unfruchtbaren Ort und steigst hinab in diese Felder, die dir viele und süße Gräser darbieten?" Die Ziege aber: „Mein Freund![59]", (sie) sagte, „mir nicht ist im Sinn, die süßen (Dinge) den sicheren voranzustellen."

---

[58] »Wörtlich« im „paradigmatischen" Sinn (vgl. unten). Im neueren Deutsch heißen Steine von dieser Größe „Felsen".
[59] ! steht für den Vokativ.

# 48 I. Allgemeine Gesichtspunkte

> Ein Wolf sah eine auf einem hohen Felsen stehende Ziege. Da er nicht zu ihr gelangen konnte, sagte er zu ihr: „Warum verläßt du nicht jenen nackten und unfruchtbaren Ort und steigst hinunter in diese Felder, die dir viele und süße Gräser darbieten?" Die Ziege aber sagte: „Mein Freund, mir steht der Sinn nicht danach, der Süße gegenüber der Sicherheit* den Vorrang einzuräumen."
> 
> *) Bei *dulcia* und *tutis* handelt es sich um substantivierte Adjektive im Neutrum Plural, die im Deutschen durch ein Nomen qualitatis wiedergegeben werden müssen.
> 
> Ein Wolf sah auf einem hohen Felsen eine Ziege stehen. Er sah keine Möglichkeit, ihrer habhaft zu werden, also versuchte er es mit der Kunst der Überredung. „Was willst du denn da oben an diesem kahlen und unfruchtbaren Ort?" rief er ihr zu. Komm doch lieber herunter in die Wiesen und Felder, wo der Tisch mit wohlschmeckenden Gräsern und Kräutern reichlich gedeckt ist." „Mein lieber Freund", gab da die Ziege zu bedenken, „mir liegt nun einmal an Sicherheit mehr als an Wohlgeschmack."
> 
> [Der Auftrag war gesichert; die Konkurrenz konnte sehen, wo sie blieb. Darauf mußte sich Peter einen genehmigen. Noch bevor er es bis zur Theke seiner Stammkneipe geschafft hatte,][60] war ihm die Rothaarige mit den graugrünen Augen auf dem Barhocker aufgefallen. „Haben Sie das nötig, da oben zu thronen und an zweitklassigen Drinks zu nippen? Warum kommen Sie nicht einfach runter und begleiten mich? Ich hätte da einen achtzehn Jahre alten Single Malt auf Lager und noch einiges mehr!" „An sich 'ne großartige Idee", kam es zurück, „aber leider stehe ich nun mal eher auf reelle Durchschnittsware als auf Sonderangebote."

In späteren Jahren ist Katharina Reiß wieder von einer konsequent skopostheoretischen Position abgerückt und vertritt eine Auffassung, die der hier vertretenen in vielen wesentlichen Punkten entspricht. Das gilt in erster Linie für die obligatorische strenge »Rückbindung« jeder Übersetzung an den Ausgangstext – das ironisch augenzwinkernde Gerede vom »heiligen Original« wird energisch zurückgewiesen. Als Beleg hierfür möge ein Zitat aus einem späteren Aufsatz dienen:

> Ohne Ausgangstext (AT) keine Übersetzung. Was kann man über die Rolle des Ausgangstextes beim Übersetzen sagen?
> Der Übersetzungsprozeß läßt sich als sprachliches Handeln begreifen, das von vielen Faktoren beeinflußt wird. Jede Diskussion zum Übersetzen wird dadurch erschwert, daß es sich bei diesen (vielfach miteinander vernetzten) Faktoren um Variable handelt. Mit einer Ausnahme: dem AT.
> Diese Feststellung will ausdrücklich der Rede von der „Entthronung" des AT in der modernen Übersetzungstheorie (vgl. Vermeer 1986, 49) und dem „Verzicht auf die Verabsolutierung des AT (vgl. Gardt 1989, 31) widersprechen. Wenn ich an andrer Stelle gesagt habe, der Übersetzer sei der alles entscheidende Faktor beim Übersetzen, doch der AT sei das Maß aller Dinge beim Übersetzen (vgl. Reiß 1988, 73), so meine ich damit, daß jede übersetzerische Entscheidung – und jede Beurteilung dieser Entscheidung – sich letzten Endes am AT orientieren und an ihm messen lassen muß. Der AT stellt die Bindung dar, die der Übersetzer bei aller Souveränität seines Tuns (seines

---

[60] Im Vorspann soll Peter als „Wolf" charakterisiert werden.

„translatorischen Handelns") nicht aufgeben kann und darf, wenn er noch als Übersetzer gelten will.[61]

Dem habe ich nichts hinzuzufügen.

### 2.3.6 Exkurs: »Wörtliche Übersetzung« im paradigmatischen und syntagmatischen Sinn

Der Begriff „wörtliche Übersetzung" scheint intuitiv unmittelbar klar, erweist sich jedoch bei genauerem Hinsehen als höchst problematisch. Sehen wir uns hierzu ein schlichtes Beispiel an:

> Die Blume ist blau
> La fleur est bleue

Ist diese Übersetzung wirklich so »wörtlich« wie sie auf den ersten Blick aussieht? Sie ist es nicht, wenn man unter »Wörtlichkeit« peinlich genaue Übereinstimmung aller Inhaltsmerkmale versteht. Die Genusinformation erscheint nämlich im deutschen Text nur einmal, im französischen jedoch zweimal. Die lexikalische Bedeutung von *Blume* ist spezifischer als die von *fleur*:

> Hohe weiße *Blumen* standen auf der Sommerwiese.
> Stark duftende weiße *Blüten* hingen über den Zaun.

In beiden Fällen würde man im Französischen und in den übrigen romanischen Sprachen ein und dasselbe Wort verwenden. Im Deutschen wird jedoch wie im Englischen (*flower/blossom*) ein obligatorischer Unterschied zwischen „Pflanze, deren blühende Teile als ihr Charakteristikum angesehen werden" (*Blume*) und „blühender Teil einer Pflanze" (*Blüte*) gemacht. Informationstheoretisch betrachtet enthalten also die deutschen Sätze mehr Information als die französischen. Dazu kommt noch ein Unterschied bei möglichen metaphorischen Lesarten. Die Blume, die *blau* ist, weil ihr ein dicker Käfer bei der Wiesenfete in höchst eindeutiger Absicht ein zweifelhaftes Getränk verabreicht hat, ist „betrunken". *Une fleur bleue* im übertragenen Sinn könnte dagegen allenfalls „melancholisch"[62] oder auch „verblüfft" sein.

Angesichts der Unklarheit dessen, was mit „wörtlicher Übersetzung" gemeint sein kann, pflegt man seit langem eine Unterscheidung in diesem Bereich zu treffen: Bei der *Wort für Wort-Übersetzung* handelt es sich um eine Interlinearversion, bei der die Grenze zur »eigentlichen« Übersetzung im Sinne unseres Schemas »nach links« überschritten wird.[63] Es handelt sich um keine zielsprachlich korrekte Übersetzung, sondern um eine *Umsetzung*, wie man sie zu gewissen Zwecken vornimmt. Unter „wörtlicher Übersetzung" im herkömmlichen Sinn wird dagegen eine durchaus »konsumierbare« sprachlich einigermaßen korrekte, aber ziemlich unidiomatische Übersetzung verstanden.

Bei genauerem Hinsehen zeigt sich, daß auch innerhalb der Kategorie der „wörtlichen Übersetzung" als „noch konsumierbarer Übersetzung" zwei Aspekte unterschieden werden müssen, der paradigmatische und der syntagmatische Aspekt:

---

[61] Reiß 1990, 32; die Arbeiten, auf die Reiß ihrerseits verweist (Vermeer 1986; Gardt 1989; Reiß 1988), finden sich im Literaturverzeichnis.
[62] Vgl. blue note; blues.
[63] Vgl. oben die erste Fassung der Geschichte vom Wolf und der Ziege.

### 2.3.6.1 Der paradigmatische Aspekt

Hier geht es um »wörtliche« Übersetzung im engeren Sinn, d. h. um die Wiedergabe eines AS-Lexems durch ein ZS-Lexem, das die größtmögliche Äquivalenz auf Wortebene (d. h. ohne jeden weiteren Kontext) gewährleistet.[64] Hierzu wiederum einige Beispiele:

J'adore les vieilles photos.
Ich schwärme für alte Fotos.
»wörtlich« „ich bete sie an"

she gathered her daughter in her arms
sie schloß ihre Tochter in die Arme
»wörtlich« „sie (ver)sammelte"

sit autem sermo vester, est, est: non, non.
Eure Rede aber sei: Ja, ja, nein, nein.
»wörtlich« „(es) ist (so)"

I don't know where he is
Ich weiß nicht, wo er steckt
»wörtlich« „ist"

questo piatto non mi piace.
Dieses Gericht schmeckt mir nicht.
»wörtlich« „gefällt mir nicht"

tschech. bílý Joghurt
Naturjoghurt
»wörtlich« „weißer Joghurt"

*Grenzfall in Richtung auf die Syntagmatik*

I hope you don't drink
Ich hoffe, du trinkst keinen Alkohol
»wörtlich« „du *trinkst* nicht"

Was in paradigmatischer Hinsicht als „wörtlich" verstanden und einer »gewöhnlichen« d. h. einigermaßen idiomatischen Übersetzung in der Weise als Erläuterung hinzugefügt wird, wie ich es hier getan habe, ist die Wiedergabe eines AS-Lexems durch ein potentielles Äquivalent der ZS ohne jede Rücksicht auf den Kontext und sonstige Verwendungsbedingungen; es handelt sich in der Regel um die zuerst genannte Entsprechung in einem zweisprachigen Wörterbuch. Es ist überflüssig, angehende Übersetzer mit erhobenem Zeigefinger darauf hinzuweisen, daß Wörterbuchäquivalente keine „Übersetzungen", sondern „Übersetzungsvorschläge" darstellen. Wichtiger scheint es mir, hier vor dem Umkehrschluß zu warnen: Das zuerst genannte Äquivalent in einem zweisprachigen Wörterbuch ist keineswegs aus Prinzip ängstlich zu meiden. In vielen Fällen ist es eben doch das beste.

Wie wir soeben im Falle von Blume und fleur gesehen haben, ist das, was hier unter „wörtlich" verstanden wird, so »wörtlich« nun auch wieder nicht, d. h. die semantische Übereinstimmung ist gar nicht so groß, wie man auf den ersten Blick annehmen würde. Sehen wir uns hierzu das folgende simple Beispiel an:

una bella *casa* con giardino
ein schönes *Haus* mit Garten

Auch diese Übersetzung scheint an »Wörtlichkeit« nichts zu wünschen übrig zu lassen. Wären *casa* und *Haus* wirklich lexikalische Äquivalente auf allen Ebenen, dann müßten sie in allen Kontexten austauschbar sein. Dies ist jedoch keineswegs der Fall: Im Italienischen kann man ohne weiteres sagen: „la mia casa è al quinto piano". In diesem Fall

---

[64] Vgl. oben 2.2.3, sowie die Unterscheidung zwischen „usueller" und „okkasioneller" Bedeutung bei Hermann Paul; 1.3.

wäre *Haus* im Deutschen kein mögliches Äquivalent, man kann nur „meine *Wohnung* befindet sich im fünften Stock" sagen.

Ganz besonders wichtig (und tückisch für den Übersetzer) im Bereich des paradigmatischen Aspekts der »Wörtlichkeit« sind die Unterschiede in der usuellen Tropik, d. h. im Bereich lexikalisierter Metaphern, Metonymien usw. Wir sprechen im genealogischen Sinn im Deutschen vom „Haus Österreich", im Französischen von der „Maison d'Autriche" im Spanischen von der „Casa d'Austria". Vergleichbares gilt für die astrologische Bedeutung „Tierkreisabschnitt". Bei der Übersetzung eines Satzes wie „Jupiter stand im siebten *Haus*" können wir unbedenklich zu den nächstliegenden Äquivalenten *house, maison, casa* usw. greifen. Das erklärt sich daraus, daß unsere Sprachen, so unterschiedlich sie sein mögen, zu einem gemeinsamen Kulturkreis gehören; man hat in diesem Zusammenhang von „Europäismen" gesprochen.[65]

Die Gemeinsamkeiten in der usuellen Tropik reichen in den europäischen Sprachen erstaunlich weit, aber gerade deshalb verlassen wir uns zu oft auf sie. Den vierundsechzig *case* della scacchiera entsprechen im Deutschen die vierundsechzig *Felder* des Schachbretts, nicht etwa *\*Häuser*. Schnee*decke* kann im Englischen mit *blanket* of snow wiedergegeben werden; im Französischen ist jedoch *\*couverture* de neige unmöglich, es muß *couche* heißen. Im Italienischen spricht man von einem *manto* di neve, d. h. »wörtlich« im hier diskutierten Sinn einem „Mantel". In beiden Sprachen ist jedoch *couvert de neige*, *coperto di neve* für „schneebedeckt" ohne weiteres möglich.

Halten wir zunächst folgendes fest: Der Terminus „wörtlich" im paradigmatischen Sinn – so ungenau er sein mag – ist im Hinblick auf die Akzeptabilität der Übersetzung neutral: »Wörtlichkeit« in diesem Sinn kann zu unannehmbaren, sehr wohl jedoch auch zu annehmbaren Lösungen führen.

2.3.6.2 Der syntagmatische Aspekt

Unter Wörtlichkeit im syntagmatischen Sinn versteht man eine möglichst genaue Abbildung der Reihenfolge der zeichenhaften Elemente des AS-Textes im ZS-Text, in anderer Terminologie: die Segmentierung des Zieltexts in möglichst kleine Übersetzungseinheiten:[66]

| | |
|---|---|
| She was beautiful | Gott verzeihe mir |
| Sie war schön | God forgive me |

Die Abweichungen von diesem Abbildungsprinzip sind vielfältiger Natur; wir werden später ausführlich auf sie zurückkommen. Ich kann mich also hier mit einigen ganz knappen Andeutungen zufriedengeben. Den banalsten, für den Übersetzer jedoch besonders heimtückischen Fall stellen die Unterschiede in der *normbedingte Reihenfolge* dar. Man spricht im Deutschen nun einmal von einem *schwarzweißen* Kleid und analog dazu im Französischen von einer robe *noire et blanche* – im Italienischen wird jedoch die Reihenfolge umgekehrt: un abito *bianco e nero*. Ähnlich verhält es sich in den folgenden Fällen:

---

[65] Vgl. Reichmann 1993.
[66] Vgl. oben 2.2.3.

>       bow and arrow – Pfeil und Bogen
>       weights and measures – Maße und Gewichte
>       à feu et à sang – a sangre y fuego[67]

Eine weitere besonders häufige Abweichung von der »Wörtlichkeit« im syntagmatischen Sinne besteht in einer unterschiedlichen Verteilung des Inhalts auf verschiedene Wortarten. Es handelt sich um das Phänomen, das man in der *stylistique comparée* „Transposition" nennt.[68] Wiederum sollen wenige einfache Beispiele zur Illustration genügen:

>       Nolite timere – Fürchtet euch nicht – Do not be afraid – Ne craignez point
>
>       Enfin, vous avez la *santé*, c'est le *principal*.
>       Nun ja, Sie sind wenigstens *gesund*, das ist die Hauptsache.

Die häufigsten Abweichungen werden von den syntaktischen Regeln der jeweiligen Sprachen erzwungen:

>       j'ai lu le livre – ich habe das Buch gelesen

Was sich hier wie ein geradezu ärgerlich banales Beispiel ausnimmt, kann zu erheblichen Schwierigkeiten führen, wenn es um subtilere Kategorien wie funktionale Satzperspektive (Thema-Rhema-Gliederung) oder Satzrhythmus geht. Hier ist man als Übersetzer oft versucht, bis an die Grenze der »Belastbarkeit« der Zielsprache zu gehen.

Wir werden später sehr viel ausführlicher auf Fälle dieser Art zurückkommen. Hier nur ein vorläufiges Fazit: Der Terminus „wörtliche Übersetzung" ist unscharf und erklärungsbedürftig. Er hat einen paradigmatischen und einen syntagmatischen Aspekt; die beiden Aspekte lassen sich in der Praxis natürlich selten sauber trennen. Es lassen sich grob drei Untertypen unterscheiden:

1. *wörtlich*$_1$ im Sinne von „zu wörtlich"; d. h. Verletzungen der lexikalischen und grammatischen Normen der Zielsprache werden in Kauf genommen.

2. *wörtlich*$_2$ ebenfalls im Sinne von „zu wörtlich"; hier jedoch grammatisch und lexikalisch korrekt, aber »unidiomatisch« und »inadäquat«.

3. *wörtlich*$_3$ im Sinne von „den AS-Text sehr genau nachbildend, ohne daß deshalb Grammatik, Wortschatz oder Idiomatizität der Zielsprache verletzt würden" (in der Regel nur zwischen eng verwandten Sprachen möglich). Eine präzisere Bezeichnung für diesen dritten Typ wäre: „nahe am Ausgangstext".

In der Praxis stellen die hier skizzierten Typen oft nur verschiedene Arbeitsphasen des Übersetzers dar. In einer ersten Annäherung wird die leichteste Aufgabe in Angriff genommen. Sie besteht darin, eine unidiomatische, gelegentlich auch ungrammatische Version anzufertigen, die am AS-Text »klebt«. Weit schwieriger ist es, im Anschluß daran eine »sinngemäße«, gut lesbare Fassung herzustellen. Am schwierigsten ist es, sich nun auf der Grundlage dieser freien, sinngemäßen Übersetzung dem Original wieder behutsam zu nähern.

---

[67] Die kognitivistisch orientierten Linguisten weisen darauf hin, daß eine solche Beliebigkeit nicht besteht, wenn die Reihenfolge ikonisch interpretiert werden kann: So wird man in allen Sprachen von *Ursache und Wirkung* und nicht von \**Wirkung und Ursache* sprechen; vgl. Pörings/Schmitz ²2003, 10.

[68] Vgl. u. a. Malblanc 1963, 13; 35 Nr. 4.; Bausch 1963, 9-16.

In dieser Einführung soll unter anderem untersucht werden, in welchen Fällen die Grenze der an sich möglichen lexikalisch und grammatisch weitgehend isomorphen Übersetzung überschritten werden kann, ohne daß damit gleichzeitig die Grenze von der Übersetzung im engeren Sinne zur Bearbeitung überschritten würde. Die Skopostheoretiker sind in dieser Hinsicht sehr großzügig, m. E. zu großzügig. Es gibt unterschiedliche Gründe für diese Großzügigkeit. Ich will abschließend nur kurz auf zwei eingehen, die mir besonders wichtig erscheinen.

Zum einen scheint mir das, was man als „Aufweichung des Übersetzungsbegriffs" bezeichnen könnte, mit der Ausweitung des Aufgabenbereichs des Übersetzers in der Berufspraxis zusammenzuhängen. Übersetzer verbringen ihren Arbeitstag nicht mit der Anfertigung von Übersetzungen im engeren Sinne; sie bearbeiten, arrangieren, stellen zielsprachlich redigierte Dokumentationen auf der Grundlage ausgangssprachlichen Materials zusammen und Ähnliches mehr. All dies sollte tatsächlich in universitären Ausbildungsstätten in weit größerem Umfang gelehrt und geübt werden, als dies bisher der Fall ist. Solange dies nicht geschieht, müssen sich Universitätsdozenten einigen Spott von den Praktikern gefallen lassen. Trotz des Eingeständnisses, daß vieles in der universitären Ausbildungspraxis unbedingt geändert werden müßte, würde ich in diesem Fall dennoch nicht anstehen zu antworten: „Wir Philologen verneigen uns in Ehrfurcht vor den vielfältigen Fähigkeiten des modernen Übersetzers und Textdesigners und vor den zahlreichen Anforderungen, die an ihn gestellt werden; wir sehen jedoch nicht ein, daß man das alles ‚übersetzen' nennen soll".

Charakteristisch in diesem Zusammenhang ist das Argumentieren mit völlig marginalen Beispielen. So liest man z. B. nicht selten: „Wenn man eine amerikanische Wahlrede zu übersetzen hat, so ..." oder Ähnliches. Aber wann und wozu übersetzt man überhaupt eine amerikanische Wahlrede ins Deutsche? In der Tagespresse wird der Inhalt einer solchen Rede in groben Zügen wiedergegeben und es werden die Umstände geschildert, unter denen sie gehalten wurde. Soll man das „übersetzen" nennen?

Der zweite Grund für die fortschreitende Ausweitung des Begriffs der Übersetzung hängt m. E. mit den Fortschritten im Bereich der maschinellen Übersetzung (MÜ) zusammen. Übersetzungstheoretiker und -praktiker, die direkt oder indirekt von der Übersetzung leben, verhalten sich angesichts der Konkurrenz, die ihnen aus dem Bereich der MÜ zu erwachsen droht, wie manche Leute im dunklen Wald: Sie pfeifen laut. Sie haben eines ziemlich gut erkannt: Je lockerer die Relation zwischen Ausgangs- und Zieltext definiert wird, je vielfältiger die Umstände sind, mit denen Abweichungen aller Art von der »wörtlichen« Übersetzung motiviert und begründet werden, desto schwieriger wird es, Algorithmen für ein maschinelles Übersetzungsprogramm zu entwickeln, die all diesen Unwägbarkeiten gerecht werden. Es entsteht der Verdacht, daß die extrem pragmatischen Übersetzungstheorien u. a. auch – zumeist uneingestandenermaßen – als Therapien der Ängste herhalten müssen, die die Fortschritte der MÜ bei den Berufsübersetzern auslösen.

## 2.4 Einige Bemerkungen zu Theorie und Praxis des Dolmetschens

Die Leipziger Schule, von der schon verschiedentlich die Rede war, hat als Oberbegriff für die beiden eng verwandten Tätigkeiten, das Dolmetschen und das Übersetzen, die Benennung *Translation* vorgeschlagen. Das war kein besonders glücklicher Gedanke, denn englisch ausgesprochen lautet das Wort *translation,* und dieses Wort ist nun einmal schon auf die Bedeutung „übersetzen" spezialisiert. Neben *Translation* ist im Deutschen auch der etwas pedantisch klingende Terminus *Sprachmittlung* üblich, den ich hier verwenden will, weil er wenigstens nicht mißverständlich ist.

Die Geschichte der Sprachmittlung beginnt begreiflicherweise mit dem Dolmetschen, nicht mit dem Übersetzen. Die Herausbildung der Übersetzung als einer speziellen Form der Sprachmittlung verläuft parallel zum Übergang von der Mündlichkeit zur Schriftlichkeit in der allgemeinen Kulturgeschichte. Wir verfügen heute über eine geradezu überwältigende Literatur zur Mündlichkeit und Schriftlichkeit, innerhalb derer die verschiedensten Aspekte behandelt werden.[69] Das Problem Dolmetschen vs. Übersetzen ist meines Wissens innerhalb dieses theoretischen Rahmens bisher noch kaum diskutiert worden.

*Verba volant, scripta manent*: Das gilt nicht nur generell, sondern auch speziell für die beiden Teilgebiete der Sprachmittlung. Wir wissen heute – das ist nicht weiter verwunderlich – sehr viel mehr über die Geschichte der Übersetzung als über diejenige des Dolmetschens Im Lateinischen gab es weder für „Übersetzen" noch für „Dolmetschen" ein *verbum proprium*, einen wirklichen Fachausdruck. Besonders häufig erscheint *interpretari* für die Tätigkeit, *interpres* für denjenigen, der sie ausübt. Die beiden Wörter können jedoch durchaus etwas Ähnliches wie „interpretieren", „Interpret" in unserem heutigen Verständnis bedeuten. In den romanischen Sprachen und im stark romanisierten Englischen gehen die Bezeichnungen für den Dolmetscher auf die Wortfamilie *interpretari, interpres* zurück. Das deutsche Wort Dolmetscher (ursprünglich Dolmetsch) stammt aus Mittelasien; es ist über das Türkische und das Ungarische ins Deutsche gelangt. Im Mittelhochdeutschen sagte man *tolke*, wie heute noch im Niederländischen (*tolk*) oder in den skandinavischen Sprachen (schwed. *tolk*). Dieses Wort scheint aus dem Altslavischen oder aus dem Baltischen zu stammen. In den westslavischen Sprachen wird ein Wort verwendet, das denselben Ursprung wie dt. *Dolmetsch* hat. Es liegt in der Natur der Sache, daß die Bezeichnungen für den Dolmetscher häufig aus fremden Sprachen entlehnt werden.[70]

Während wir über eine stattliche Anzahl von Werken zur Geschichte der Übersetzungstheorie und -praxis verfügen, gibt es zur Geschichte des Dolmetschens nur einzelne Arbeiten, die oft schwer auffindbar sind.[71] Auch eine Dolmetschwissenschaft, die diesen Namen verdient, ist erst im Entstehen begriffen. Die anspruchsvollste Art des Dolmetschens, das Konferenzdolmetschen mit seinen wichtigsten Teilgebieten, dem Konsekutiv- und dem Simultandolmetschen, hat sich erst nach dem Zweiten Weltkrieg im großen Stil durchgesetzt. Eine Theorie des Dolmetschens im modernen Sinn gab es lange Zeit nicht. Das Dolmetschen wurde wie ein Handwerk, wie eine Kunst betrieben, deren Kniffe und Tricks als »Betriebsgeheimnisse« gehütet und nur jeweils an die vertrauten Schüler weitergegeben wurden.

---

[69] Stellvertretend für eine kaum mehr zu überblickende Literatur sei Ong 1982 genannt.
[70] Zur Terminologie vgl. u. a.: Schneiders 1995, 16-32; Pöckl 1997; Albrecht 1998, 37-42.
[71] Vgl. z. B. Thieme/Hermann/Glässer 1956; Kurz 1985; 1986; Wiotte-Franz et alii 1997.

Am Anfang einer Dolmetschwissenschaft im engsten Sinn steht die sogenannte „Pariser Schule" um Danica Seleskovitch. Ähnlich wie manche Übersetzungswissenschaftler begegnen auch Seleskovitch und ihre Schülerin Marianne Lederer den rein sprachlichen Problemen des Dolmetschens mit souveräner Herablassung. Bis zu einem gewissen Grade – nämlich insofern sie irrige Meinungen korrigieren, die in der fachexternen Öffentlichkeit weit verbreitet sind – muß man ihnen dabei Recht geben: Es kann nicht Aufgabe der universitären Dolmetschausbildung sein, Sprachkenntnisse zu vermitteln; wenn auch in der Praxis auf zusätzlichen Sprachunterricht nicht immer verzichtet werden kann. Dolmetscherausbildungsstätten sind keine „Sprachenschulen" – hierin muß man den Vertretern der Pariser Schule unbedingt zustimmen. Sehr gute Sprachkenntnisse sind für sie – und auch darin haben sie zweifellos recht –, lediglich eine notwendige, keine hinreichende Bedingung für den Erwerb einer guten Dolmetschtechnik. Es kommt sogar immer wieder vor, daß zweisprachig aufgewachsene Individuen bei der Dolmetschausbildung kläglich scheitern.

Im Zentrum der Pariser Schule steht die sogenannte „théorie du sens", eine sprachtheoretische Position, die von vielen Sprachphilosophen und Linguisten heftig bekämpft wird: Unter diesem »Sinn« ist ein allgemeiner, gewissermaßen unabhängig von irgendeiner Sprache gegebener Inhalt zu verstehen, der sich durch sprachliche Äußerungen in einer beliebigen Sprache und das hinzutretende »Hintergrundwissen«, die *compléments cognitifs*, konstituiert. Die Dolmetschdidaktik ist auf diese reichlich spekulative Position hin ausgerichtet: Das Hauptziel der Ausbildung ist, etwas überspitzt ausgedrückt, in erster Linie negativer Natur: Es gilt, die künftigen Dolmetscher dazu zu erziehen, in der kurzen zur Verfügung stehenden Hörzeit den Sinn des gerade verarbeiteten Textsegments zu erfassen und zu speichern und dabei den Wortlaut so weit wie nur irgend möglich zu vergessen. Nur Zahlen und stark konventionalisierte Termini dürfen transkodiert, d. h. mechanisch, in gewisser Hinsicht unverstanden, umgesetzt werden. Beim Simultandolmetschen, einem Modus, dem die beiden Autorinnen auf Grund ihrer theoretischen Überzeugungen sehr reserviert gegenüberstehen, was ihnen auch von Vertretern anderer dolmetschtheoretischer Schulen zuweilen vorgeworfen wurde, treten dabei ganz spezifische Probleme auf: Der Verständnisprozeß läuft beim Simultandolmetscher, der sich ja begreiflicherweise nicht, wie der normale Hörer, auf das Textganze konzentrieren kann, keineswegs kontinuierlich, sondern in Quantensprüngen ab. Es gehört zu den wichtigsten Forschungsaufgaben der Dolmetschwissenschaft, Genaueres über die dabei stattfindende Segmentierung des Textes in Erfahrung zu bringen. Man nimmt an, daß die Abgrenzung der *unités de sens*, d. h. der kleinsten Sinneinheiten des Diskurses, die vom einzelnen Wort bis über die Phrasengrenze hinausreichen können (*la longueur utile*), einerseits von der syntaktischen Oberflächenstruktur des Ausgangstextes, andererseits vom (unterschiedlich großen) Hintergrundwissen des Dolmetschers abhängen. Beim Erreichen einer solchen Segmentgrenze stellt sich beim Simultandolmetscher schlagartig das (weitgehend sprachfreie) Verständnis der Sinneinheit ein (*le déclic de compréhension*). In praktischer Hinsicht besonders wichtig ist dabei die Möglichkeit, die Studenten gezielt in die Technik der Antizipation einzuführen. Ein guter Simultandolmetscher, der die Technik der schnellen Erfassung minimaler Sinneinheiten beherrscht, ist mit einer für Außenstehende verblüffend hohen Treffsicherheit in der Lage, gewisse vom Sprecher noch gar nicht geäußerte Textsegmente vorwegzunehmen, zu erraten.[72]

---

[72] Vgl. Seleskovitch/Lederer 1989.

Der Status der „Dolmetschwissenschaft" im allgemeinen Wissenschaftsbetrieb ist derzeit noch ziemlich unsicher. Zum einen steht diese Disziplin in dem Ruf, nicht viel mehr als eine nicht sehr weit gehende Reflexion einer Praxis zu sein, die kaum zu generalisierbaren Einsichten führt; zum anderen zeichnen sich die Versuche, sich dem Gegenstand „Dolmetschen" mit strengeren Methoden zu nähern, durch einen hohen Grad von Interdisziplinarität und Methodenpluralismus aus, so daß es schwer fällt, die Umrisse einer eigenständigen Disziplin auszumachen. Dabei ist ein erschreckend hohes Maß an Dilettantismus zu verzeichnen: Da vertreten Dolmetschtheoretiker kognitionspsychologische Positionen, die nie ein Semester Psychologie studiert haben; andere äußern sich zu hirnphysiologischen Fragen, ohne über wirklich sichere Grundlagen in der Neurophysiologie zu verfügen. In jedem Fall scheint seit der zweiten Hälfte der achtziger Jahre die »Alleinherrschaft« der Pariser Schule gebrochen. Es ist ziemlich schwer, die verschiedenartigen neuen Tendenzen auf einen gemeinsamen Nenner zu bringen: Zum einen wird der gewöhnlichen Sprachwissenschaft wieder etwas mehr Beachtung geschenkt, man beginnt sich wieder etwas stärker als früher für spezifisch einzelsprachliche Phänomene zu interessieren, die die Dolmetschleistung beeinflussen können, so z. B. für den Grad an »Verarbeitungsfreundlichkeit« der Oberflächensyntax verschiedener Sprachen. Vor allem die sogenannte »kognitive Wende« in der allgemeinen Sprachwissenschaft macht diese Disziplin für die Dolmetschforscher wieder attraktiv; man denke nur an die Prototypensemantik und das äußerungstheoretische Konzept der *scenes and frames*.[73] Insgesamt läßt sich behaupten, daß derzeit sehr viel mehr empirisch geforscht wird als in den vergangenen Jahrzehnten. Dabei wird dem Simultandolmetschen – das in der Pariser Schule ganz bewußt stiefmütterlich als eine Art von Notbehelf behandelt worden war – verstärkte Aufmerksamkeit gewidmet. In der Praxis gewinnt nun einmal das Simultandolmetschen gegenüber dem Konsekutivdolmetschen immer mehr an Boden.[74]

Neben der Antizipation wird vor allem der Technik der Informationsverdichtung große Beachtung geschenkt, eine Technik, die der Simultandolmetscher vor allem dann benötigt, wenn er in Zeitnot zu geraten droht. Zwei Termini spielen auf diesem Gebiet eine zentrale Rolle: *Kompression* und *Kondensation*. Manche Autoren verwenden diese Termini quasi synonym, was jedoch sicherlich nicht sehr sinnvoll ist. Zwischen Kompression und Kondensation besteht ungefähr dasselbe Verhältnis wie zwischen *Kohärenz* und *Kohäsion* in der Textlinguistik.[75] Im ersten Fall geht es um eine allgemeine, d. h. nur zum Teil sprachliche Erscheinung: „Kompression" bedeutet Zeitgewinn, sei es durch Verzicht auf entbehrliche oder gar redundante Information, sei es durch Verknappung des sprachlichen Ausdrucks. Bei der „Kondensation" im engeren Sinne geht es hingegen nur um letzteres: Es geht darum, einen Sachverhalt in einer gegebenen Sprache ohne nennenswerten Informationsverlust und ohne allzu große stilistische Auffälligkeit möglichst kurz zu formulieren. Die Maßeinheit ist dabei natürlich nicht die Anzahl der Grapheme, sondern die Anzahl der Sprechsilben. Ich gebe hier nur wenige französische Beispiele aus einer Heidelberger Diplomarbeit:

> Lorsqu'il eut été informé de cela, il se troubla ...
> A cette nouvelle, il se troubla ...

---

[73] Vgl. Fillmore 1985 und unten III, 7.5.
[74] Zur Dolmetschwissenschaft insgesamt vgl. u. a. Pöchhacker 1994, Kalina 1998; Kautz 2000, 287 ff.
[75] Vgl. unten Kap. 9.

Je suis parti parce que vous me l'aviez conseillé ...
Je suis parti sur votre conseil

Il pense que c'est un honneur pour lui de vous rendre visite
Il tient à honneur de vous rendre visite ...

Il a échoué parce qu'il n'avait pas d'argent
Il a échoué faute d'argent.[76]

Mit der reinen Kenntnis dieser Verfahren ist dem Simultandolmetscher natürlich noch nicht viel gedient. Er muß die vorgeschlagenen Verfahren »verinnerlichen« und sie nach und nach weitgehend automatisieren. Vorbedingung dafür ist, daß er gelernt hat, nicht zu eng an den Strukturen des Ausgangstextes zu »kleben«.

Es wurde bereits erwähnt, daß die Vertreter der Pariser Schule den Strukturunterschieden der beiden am Dolmetschvorgang beteiligten Sprachen wenig Bedeutung beimaßen. Das ist eine sehr praxisferne Auffassung, die von der Performanz eines im höchsten Maße idealisierten Dolmetschers ausgeht, der nicht nur seine Arbeitssprachen, sondern auch die Dolmetschtechnik perfekt beherrscht. Welcher Simultandolmetscher »klebt« nicht dankbar an der Struktur des Ausgangstextes, wenn er es dank der großen Strukturähnlichkeit seiner beiden Arbeitssprachen gefahrlos tun kann? Die Verdolmetschung wird in solchen Fällen von den Zuhörern in der Regel nicht beanstandet. Aber sogar wenn man die Maßstäbe der Pariser Schule selbst zugrunde legt, sind die Strukturunterschiede zwischen den beiden Arbeitssprachen nicht in jedem Fall ohne Bedeutung. Es gibt Fälle, in denen die Strukturunterschiede so groß sind, daß sie nur durch sprachen-paarspezifische Techniken bewältigt werden können. Ein Musterbeispiel hierfür stellen die sogenannten syntaktischen Distanzstellungen, insbesondere die „Verbklammer" des Deutschen dar:

Das Schiff *ging*, obwohl angeblich außerordentlich sicher konstruiert, innerhalb weniger Minuten *unter*.
(„Lexikalklammer = Verb + trennbarer Verbzusatz)

Er wird, wie ich ihn kenne – und ich kenne ihn ziemlich gut – wieder einmal von seinen sogenannten „guten Freunden" übers Ohr gehauen werden.
(Passiv + Tempusklammer)

Er hat dieses trockene, sterbenslangweilige Buch, das ich meinem schlimmsten Feind nicht schenken würde, in einem Zug verschlungen.
(Tempusklammer, sehr häufig)

Ich bleibe bis zu meinem hoffentlich seligen Lebensende ein unverbesserlicher Skeptiker.
(Kopulaklammer)[77]

Dies war nur eine Auswahl »typisch deutscher« syntaktischer Distanzstellungen oder „diskontinuierlicher Konstituenten". In den meisten unserer Nachbarsprachen müssen diese gelegentlich weit von einander entfernten Segmente der gesprochenen Kette in Kontaktstellung wiedergegeben werden: *Le bateau coula; il va se faire avoir; il a avalé le livre;*

---

[76] Alle Beispiele aus Jilek 1996.
[77] Beispiele modifiziert nach einer Heidelberger Diplomarbeit (Krogh 2000).

*je resterai sceptique* usw. usf. Der Simultandolmetscher sollte im Idealfall beide Konstituenten gehört haben, bevor er zu sprechen beginnt. Das ist die ideale Strategie; man spricht in diesem Zusammenhang vom *décalage adapté*, vom angemessenen Abstand zwischen gesprochenem Text und Verdolmetschung. Manchmal ist es jedoch dem Dolmetscher nicht möglich, so lange zu warten. Er würde riskieren, den Anschluß zu verlieren. Hier bleiben dann eine Anzahl von anderen Strategien: So z. B. die Antizipation, das Erraten des noch gar nicht gehörten Elements. Sie gelingt in manchen Kontexten fast immer, in anderen jedoch fast nie. Bei der *syntaktischen Transformation* wird die Ausgangstextsyntax »aufgebrochen«, zusätzliche explizierende logische Verbindungen werden hinzugefügt. Die *Imitation der Ausgangstextstruktur* stellt einen Notbehelf dar; hier wird die zielsprachliche Syntax bis an die Grenzen des Erlaubten strapaziert.

Dazu kommen noch einige Korrekturstrategien, die angewendet werden müssen, wenn eine Verdolmetschung im ersten Anlauf unbefriedigend geblieben ist. Das kann die mit einer expliziten Entschuldigungsformel eingeleitete Korrektur einer Fehlleistung sein; es kann sich jedoch in weniger gravierenden Fällen auch um nachgereichte Präzisierungen handeln. Wenn eine Reihe von Fehlern aufgetreten sind, die der Dolmetscher selbst bemerkt hat, bleibt als letzter Notbehelf oft nur das *korrigierende Resümee*: Der Dolmetscher verzichtet eine Zeitlang auf die Produktion, konzentriert sich voll auf das, was er hört, und gibt dann, wenn er den Faden wieder gefunden hat, das Ganze in komprimierter Form wieder.

Diese knappen Hinweise müssen in einer einführenden Darstellung genügen. Die moderne Dolmetschforschung beschäftigt sich heute überwiegend mit neurolinguistischen und psychologischen Fragestellungen, die nur indirekt etwas mit Sprache und Sprachen zu tun haben. Dagegen ist nichts einzuwenden, sofern es sich bei den Forschern um ausgewiesene Fachleute handelt. Wir Sprachwissenschaftler sollten mit unseren Beiträgen zur Dolmetschforschung auf dem Gebiet bleiben, von dem wir etwas verstehen und uns in erster Linie sprachenpaarbezogener Fragestellungen annehmen.

Ich schließe mit einer Bemerkung, die weniger die Dolmetschpraxis und -theorie betrifft als den hochschulpolitischen Aspekt der Dolmetscherausbildung. Dolmetscher müssen über einen hohen Grad an Allgemeinbildung verfügen. In den Reden, die sie zu übertragen haben, können Anspielungen auf das kulturelle Wissen einer Elite erscheinen, die für den Dolmetscher nur dann verständlich sind, wenn er über ein vergleichbares Wissen verfügt. Der Übersetzer muß vor allem wissen, wo er nachschlagen kann, der Dolmetscher kann dies nur in sehr begrenztem Umfang, auch dann, wenn künftig sein arbeitsfreier Partner neben ihm am Bildschirm in der Kabine sitzen wird, um allerlei Informationen aus Datenbanken oder aus dem Internet abzurufen. Es gilt daher fast überall als selbstverständlich, daß Konferenzdolmetscher an der Universität auszubilden sind. Nur deutsche Bildungspolitiker wollen dies manchmal nicht einsehen.

## 2.5  Lektürehinweise

Zusätzlich zu den in den Anmerkungen gelieferten Literaturangaben sei auf einige weitere Arbeiten verwiesen, in denen Auffassungen zu finden sind, die nur zum Teil mit den hier vertretenen übereinstimmen. Zunächst zum Komplex „Definitionen und Modelle": Coseriu (1978/1988) behandelt das Problem informell aus sprachtheoretischer Sicht; Nida (1975/81) geht etwas schematischer vor; sein Ansatz gründet auf dem methodischen Instrumentarium der neueren amerikanischen Linguistik und betont dabei die kaum zu verifizierende Forderung nach Wirkungsgleichheit (*dynamic equivalence*); Henschelmann (1999, Kap. 1) legt bei hohen theoretischen Ansprüchen besonderen Wert auf den Praxisbezug. Koller ($^8$2011, Kap. 5 und 6) sowie Kautz (2000, 47-137, mit zahlreichen weiterführenden Literaturhinweisen) vermitteln einen umfassenden Überblick über den Stand der Forschung. Zum Begriff der „Äquivalenz" äußern sich ausführlich Wotjak (1997) und Koller ($^8$2011, Teil II), recht originelle Ansichten zum Problem der „Übersetzungseinheit" finden sich bei Barchudarow (1979, Kap. 4) und Nord (1998); Macheiner (1995) demonstriert in zahlreichen Kapiteln ihres *Vademecums*, wie man sich mit Hilfe der Technik der Paraphrase behutsam von zu »wörtlichen« oder zu »freien« Lösungen der goldenen Mitte nähert. Zum Problem der Typologisierung generell kann der klassische Beitrag von Hempel/Oppenheim (1936) immer noch mit Gewinn herangezogen werden; bei Rener (1989) wird man ausführlich über die Typologie der Übersetzung im Rahmen des klassischen Rhetorik- und Poetikunterrichts informiert. Einen knappen Überblick über den Stand der Forschung im Bereich der Dolmetschwissenschaft liefert Kalina (2002), Bastian (1991) nimmt sich des Problems der spontanen Selbstkorrektur beim Dolmetschen an.

Theo Hermans (2001) äußert sich – ohne auf Schemata zurückzugreifen – zu den „Models of Translation"; Mona Baker (2004) konzentriert sich auf „Linguistic models and methods". Kirsten Malmkjærs Beitrag zur „Übersetzungseinheit" (Malmkjær 2001) berücksichtigt auch »exotische« Sprachen. Amparo Hurtado Albir ($^2$2004) lässt ihre Einführung in die Übersetzungswissenschaft mit zwei materialreichen Kapiteln über „Definición de la traducción" und „Clasificación y descripción de la traducción beginnen". Die unterschiedlichen Definitionen von „Übersetzung" sowie die Übersetzungstypen behandelt Christina Schäffner (2004); Bruno Osimo (2010, Kap. 2) referiert ebenfalls über „I tipi di traduzione" und geht dabei weit über die hier gebotene, bewusst enger gefasste Typologie hinaus. Über die unterschiedlichsten Aspekte des Dolmetschens informieren dreizehn Beiträge in Abschnitt E des *Handbuch[s] Translation*, die hier nicht im Einzelnen aufgeführt werden können (Snell-Hornby et. al. 1998, 301-339). Daniel Gile (2004) hat seine zahlreichen Beiträge zur Dolmetschtheorie in einem knappen Handbuchartikel zusammengefasst.

# 3. Hilfsmittelkunde

Ist es noch sinnvoll, im Zeitalter des *World Wide Web* einen Überblick über die herkömmlichen Hilfsmittel des Sprachmittlers zu geben? Mehr denn je. Einerseits sind nämlich einige dieser Informationsquellen zu wenig bekannt, und die Informationen, die sie enthalten, werden folglich auch selten im *Web* gesucht; andererseits scheint es heute nötig, vor den Gefahren einer »Internet-Euphorie« zu warnen. Das *World Wide Web* stellt zweifellos eine unverzichtbare Informationsquelle für Übersetzer und Dolmetscher dar. Allerdings ist das Informationsangebot bei aller Reichhaltigkeit so heterogen, daß die Schnelligkeit des Auffindens einer Information meist durch die bei deren Überprüfung aufzuwendende Mühe kompensiert wird.

> Wo kommst du her? Wie lang bist du noch hier?
> Was liegt an dir?

heißt es in einem längst vergessenen Gedicht.[1] Der Verfasser kann der Versuchung nicht widerstehen, diese Verse, die ein Gequälter in Form eines „inneren Monologs" an sich selbst richtet, auf eine Internet-Adresse umzumünzen: Websites[2] sind nicht selten von dunkler Herkunft, ungewisser Lebensdauer und zweifelhaftem Wert. Sie sollten daher im Übersetzeralltag als zusätzliche, nicht als erste und einzige Informationsquellen herangezogen werden.

Die folgenden knappen Ausführungen dienen lediglich einer ersten Orientierung. Es versteht sich von selbst, daß sie nicht den Anspruch erheben können, in eine für Übersetzer und Dolmetscher besonders wichtige Teildisziplin der angewandten Sprachwissenschaft einzuführen, in die *Lexikographie*.[3]

## 3.1 Nachschlagewerke und sinnvolle elektronische Hilfsmittel für Übersetzer und Dolmetscher

Es können hier lediglich verschiedene Kategorien von Hilfsmitteln vorgestellt werden; eine ausführliche Besprechung der zu diesen Kategorien gehörigen Werke ist nicht möglich. Die vorgestellten Werke dienen also lediglich als Beispiele für die gesamte Kategorie. Sie finden sich daher auch nicht im Literaturverzeichnis des vorliegenden Bandes, weil damit eine Repräsentativität suggeriert würde, die in diesem Rahmen nicht geboten werden kann. Gelegentlich werden auch einige Beispiele aus den wenigen vorgestellten Werken angeführt, wobei, sofern es angezeigt scheint, auf typische Benutzersituationen verwiesen wird.

### 3.1.1 Zweisprachige Wörterbücher

Diese Wörterbücher werden in der deutschsprachigen Lexikographie auch *Äquivalenzwörterbücher* genannt, da sie keine Definitionen oder Explikationen, sondern nur zielsprachliche Äquivalente liefern. Das zweisprachige Wörterbuch enthält keine „Übersetzungen", sondern bestenfalls „Übersetzungsvorschläge". Dennoch stellt es natürlich für den Übersetzer eine der wichtigsten Informationsquellen dar.

---

[1] Ina Seidel, *Trost*.
[2] Die Gesamtheit aller durch Links miteinander verknüpften Seiten eines Dokuments.
[3] Einen umfassenden Überblick bietet das Handbuch *Wörterbücher* (= Hausmann et al. 1989 ff.).

Äquivalenzwörterbücher sind einerseits besser, andererseits schlechter als ihr Ruf. Sie enthalten mehr »Pragmatik« als viele Übersetzungswissenschaftler zuzugestehen bereit sind; das konnten wir bereits feststellen. Sie erweisen sich als enttäuschend unvollständig – das gilt auch für die umfangreicheren unter ihnen –, wenn es um die Übersetzung wirklich anspruchsvoller Texte geht. Die paradigmatischen und syntagmatischen Informationen, die sie bieten, sind aus Platzgründen meist unzureichend. Es gibt verschiedene Techniken, mit denen man als Übersetzer die Schwächen der zweisprachigen Wörterbücher wenigstens teilweise kompensieren kann. Drei dieser Techniken seien hier wenigstens angedeutet:

a) Die »Gegenprobe« im Teil mit der umgekehrten Sprachrichtung
b) Die Überprüfung der vorgefundenen zielsprachlichen Äquivalente anhand eines umfangreichen einsprachigen Wörterbuchs.
c) Das Ausweichen auf ein ausgangssprachliches Synonym, wenn das zweisprachige Wörterbuch überhaupt kein annehmbares Äquivalent für das ausgangssprachliche Lexem anbietet.

Bevor man sich endgültig für eines der angebotenen zielsprachlichen Äquivalente entscheidet, wird man diese Entscheidung immer noch einmal in der entgegengesetzten Sprachrichtung überprüfen. Besser ist es, alle in Frage kommenden Lösungen zusätzlich in einem großen einsprachigen Wörterbuch nachzuschlagen. Findet man überhaupt nichts, so greift man zunächst zu einem geläufigeren Synonym in der Ausgangssprache und sucht dafür ein zielsprachliches Äquivalent. Natürlich reicht das häufig zur Entscheidungsfindung nicht aus: Ein berühmter Roman des englischen Schriftstellers polnischer Herkunft Joseph Conrad ist mit *The Shadow-Line. A Confession* überschrieben. Soll man den Untertitel mit *Ein Geständnis* oder mit *Eine Beichte* wiedergeben? Diese Entscheidung kann der Übersetzer sinnvollerweise erst treffen, wenn er das ganze Buch gelesen und im Hinblick auf die vorzunehmende Übersetzung interpretiert hat.[4] In jedem Fall wird man als gewissenhafter Übersetzer das zweisprachige Wörterbuch in der Regel immer in Verbindung mit anderen Hilfsmitteln verwenden.

Innerhalb dieser Kategorie gibt es eine besonders beliebte Unterkategorie, die dem Konzept eines „Übersetzungswörterbuchs" näher kommt als das »gewöhnliche« Wörterbuch. Die Rede ist von den Wörterbüchern der »falschen Freunde« bzw. den Wörterbüchern, die besondere Schwierigkeiten in einem gegebenen Sprachenpaar behandeln. Es seien hier nur wenige Beispiele angeführt:

H.-W. Klein, *Schwierigkeiten des deutsch-französischen Wortschatzes*, Stuttgart 1982 (und neuere Auflagen).

François Vanderperren: *Dictionnaire des/Wörterbuch der faux amis*. Allemand – français/deutsch – französisch, Louvain-la-Neuve 1994.

Carlo Milan/Rudolf Sünkel: *Falsche Freunde auf der Lauer*. Dizionario di false analogie e ambigue affinità fra tedesco e italiano, Bologna 1990, Neuaufl. 2009.

Wörterbücher dieser Art behandeln natürlich nicht den gesamten Wortschatz, sondern nur ausgewählte Fälle, bei denen erfahrungsgemäß in einem gegebenen Sprachenpaar besondere Schwierigkeiten auftreten. Dies sei anhand je eines Beispiels aus den hier aufgeführten Werken illustriert:

---

[4] Der erste deutsche Übersetzer hat sich für „Beichte" entschieden.

ein gutes *Rezept* gegen die Langeweile
une bonne *recette* contre l'ennui
gegen *Rezept* verabfolgen
délivrer sur *ordonnance*[5]

Die Grenze passieren: *franchir, traverser*
Wir passierten das alte Rathaus: *passer devant*
Es ist etwas passiert: *arriver, se produire, se passer*; aber: *que se passe-t-il?*: Was geht hier *vor*, was *ist* hier *los?*
Ein Verbrechen ist passiert: *avoir lieu*
Durch ein Sieb passieren: *passer, tamiser, filtrer, cribler*.
Seinen Gegner beim Tennis passieren: *passer l'adversaire* usw. usf.[6]

rustikale Hausmannskost: cucina *casalinga campagnola*
die Gaststube ist rustikal eingerichtet: arredata *in stile rustico*
componimento rusticale: *Pastoraldichtung* usw. usf.[7]

### 3.1.2 Einsprachige Wörterbücher

Unter Lexikographen und Sprachdidaktikern kursiert seit langem eine makabere Scherzfrage: Was wird im Unterricht am häufigsten erwähnt und steht dennoch unbenutzt im Regal? Die Antwort lautet: Das einsprachige Wörterbuch. Das ist vielleicht übertrieben pessimistisch, aber sicherlich nicht völlig aus der Luft gegriffen. Viele Studierende greifen trotz ständiger Ermahnungen in der Lehre immer noch viel zu selten zum einsprachigen Wörterbuch. Dies gilt keineswegs nur für die Fremdsprache, sondern auch für die Muttersprache, gleichgültig, ob sie als Ziel- oder als Ausgangssprache der Übersetzung auftritt. In allen schwierigeren Fällen sollte sich der Übersetzer nicht einfach auf die Äquivalenzangebote des zweisprachigen Wörterbuchs verlassen, sondern er sollte aufgrund einer gewissenhaften Lektüre aller in Frage kommenden Einträge in einsprachigen Wörterbüchern seiner beiden Arbeitssprachen sich selbst eine annehmbare Lösung erarbeiten.

Dazu kommt noch ein anderer wichtiger Benutzungszweck, der mit dem Übersetzen nur indirekt etwas zu tun hat, der mir jedoch so wichtig scheint, daß er hier eigens erwähnt werden soll: Nur wer sich frühzeitig angewöhnt, fremdsprachige Texte unter Zuhilfenahme eines einsprachigen Wörterbuchs zu lesen, wird seine passiven und aktiven Kenntnisse der betreffenden Sprache gezielt ausbauen. Das zweisprachige Wörterbuch ist hierzu völlig ungeeignet.

Ich setze bei meinen Lesern die Kenntnis der wichtigsten einsprachigen Wörterbücher ihrer Arbeitssprachen voraus. Ich mache daher nur auf einen wichtigen Unterschied aufmerksam: Wörterbücher, die sich eher zum »Dekodieren« und solche, die sich eher zum »Enkodieren« d. h. zur Textproduktion eignen. *Lexis* aus dem Hause Larousse ist z. B. ein typisches »Dekodierwörterbuch«, der *Petit Robert* dagegen ein »Kompromißwörterbuch« das sich weniger gut zur Lektüre sehr schwieriger Texte, dafür aber besser zum Verfassen von Texten eignet. Zum Verfassen fremdsprachlicher Texte eignen sich am besten Wörterbücher mit eingeschränkter Nomenklatur, d. h. Werke, die nur die wirklich

---

[5] Klein 1982, s. v. *Rezept*. (Nicht alle hier angegebenen Quellen finden sich im Literaturverzeichnis).
[6] Vanderperren 1994, s. v. *passieren/passer*; umfangreicher Eintrag.
[7] Milan/Sünkel 1990, s. v. *rustikal/rusticale*.

geläufigen Wörter einer Sprache enthalten, zu diesen dafür jedoch reichlich Verwendungsbeispiele anführen, sogenannte „syntagmatische Informationen", wie z. B. das *Oxford Advanced Learner's Dictionary*.

Auch bei den einsprachigen Wörterbüchern gibt es zahlreiche Sonderkategorien, die nur bestimmte Ausschnitte aus der Gesamtsprache behandeln. Ich gebe hier nur wenige Beispiele aus der Vielzahl der vorhandenen Wörterbuchtypen, vorzugsweise solche, die für den Übersetzer besonders nützlich sind:

– *Wörterbücher mit eingeschränkter Nomenklatur in diachronischer Hinsicht, d. h. Wörterbücher älterer Sprachstadien oder sogenannte Neologismenwörterbücher:*

G. Cayrou, *Le Français Classique*, Paris, viele Auflagen.

Ein Beispiel daraus: s. v. *police*:

Quelle ville d'Athènes! quelles lois! quelle *police* ...!

Wir erfahren, daß *police* im *français classique* (ebenso wie dt. *Polizei* in der Barockzeit) soviel wie „organisation politique et sociale", „Staatsverwaltung" bedeutete. Das ist vor allem deshalb für Übersetzer nicht uninteressant, weil im Selbstverständnis der Franzosen das klassische Französisch immer noch zum zeitgenössischen Französischen gehört. Weitere Beispiele dieser Art:

C.T. Onions: *A Shakespeare Glossary*, Oxford, viele Auflagen.

M. Cortelazzo/W. Cardinale: *Dizionario di parole nuove 1964-1984*, Turin ²1989.

– *Wörterbücher mit eingeschränkter Nomenklatur in diastratisch/diaphasischer Hinsicht, d. h. Wörterbücher, die nur bestimmte Sprachregister, insbesondere niedrige Register berücksichtigen. Einige Beispiele:*

Eric Partridge, *A Dictionary of Slang and Unconventional English*, Routledge ⁸1984.

Jacques Cellard/Alain Rey, *Dictionnaire du Français Non Conventionnel*, Paris 1980 und weitere Auflagen.

G. Küpper, *Wörterbuch der deutschen Umgangssprache*, 6 Bde., Hamburg 1955-1970 (inzwischen auf CD-ROM verfügbar).

Gerade im Deutschen ist es für den Übersetzer wichtig, sich umfassend über die niedrigen Register informieren zu können, weil die volkstümliche Umgangssprache immer noch stark regional differenziert ist. Auch der belesene Muttersprachler kennt keineswegs alles, worauf er in Texten stoßen kann:

*Ölgötze* „langweiliger, steifer Mensch"; dasitzen wie ein Ölgötze.

*verhunzen* vermutlich aus *verhundsen*, also ursprünglich: „wie einen Hund behandeln".

*Ab nach Kassel!* Scherzhaft-drohende Aufforderung, endlich zu verschwinden. Kassel war Sammelstelle für die hessischen Untertanen, die im amerikanischen Unabhängigkeitskrieg (1776-1783) an die Engländer als Soldaten »vermietet« wurden.

– *Eine weitere Sonderkategorie: Syntagmatische Wörterbücher:*

Wörterbücher dieser Art geben Auskunft über die Kombinationsmöglichkeiten des betreffenden Wortes im Satz und im Text. Man kann dabei zwischen syntaktisch bedingter Kombination („Rektion") und semantisch bedingter Kombination („Kollokation") unterscheiden.[8] Reine Rektionswörterbücher, vor allem sogenannte „Valenzwörterbücher", sind verhältnismäßig häufig, wirklich brauchbare Kollokationswörterbücher sind erst im Entstehen begriffen. Phraseologismenwörterbücher im engeren Sinne stellen einen Sonderfall dar und werden deshalb in einer gesonderten Kategorie aufgeführt. Ich verzichte im folgenden auf die Unterscheidung zwischen „Rektion" und „Kollokation"; bei allen hier angegebenen Beispielen handelt es sich um „Rektions-" bzw. „Valenzwörterbücher"; nur Ilgenfritz et alii steht für eine Mischkategorie:

> W. Busse/J.P. Dubost: *Französisches Verblexikon*, ²1983 (zweisprachig französisch-deutsch).
>
> D. Rall/M. Rall/O. Zorilla: *Diccionario de valencias verbales*, Alemán-Español, Tübingen 1980.
>
> H. Schumacher, *Verben in Feldern*. Valenzwörterbuch zur Syntax und Semantik deutscher Verben, Berlin/New York 1986.
>
> P. Ilgenfritz et al.: *Langenscheidts Kontextwörterbuch Französisch-Deutsch*. Ein neues Wörterbuch zum Schreiben, Lernen, Formulieren. Berlin 1989, ²1993.
>
> P. Blumenthal/G. Rovere: *Wörterbuch der italienischen Verben*, Stuttgart 1998.

Nur Busse/Dubost, Ilgenfritz et al. und Blumenthal/Rovere sind speziell für Übersetzer konzipiert. Ich gebe nur wenige Beispiele aus diesen Werken:

Busse/Dubost, s. v. *regretter*; *voiler*:

> Je regrette cette décision, cette faute: *bedauern, leidtun, bereuen*.
> Il regrette beaucoup son père, mort il y a deux ans;
> regretter le bon vieux temps: *nachtrauern*.
>
> Voiler son visage, voiler son trouble: *verhüllen, verschleiern, verbergen*.
> Un choc a voilé la roue de la bicyclette: *verbiegen, krumm, eirig* machen.

Ilgenfritz et alii, s. v. *baccalauréat, cheveu*:

> *baccalauréat* (F *bac, bachot*)
> échouer au; passer son; préparer son; être reçu au; réussir au; réussir son
>
> *cheveu(x)*
> abondants, blonds, clairsemés, ébouriffés, grisonnants, hirsutes, ras, usw. Insgesamt 41 Kollokatoren zur Basis *cheveu*, daneben jedoch auch verbale Syntagmen (lexikalische Funktionen), wie z. B.: s'arracher les cheveux, couper les cheveux.

Blumenthal/Rovere s. v. *cuocere*

Es werden nicht weniger als achtzehn Konstruktionstypen unterschieden, denen im Deutschen recht unterschiedliche Bedeutungen entsprechen. Hier können nur wenige Beispiele in extrem verkürzter Form gegeben werden:

> (1) Mentre cuoce la pasta ... „kochen"; (3) L'erba cuoce al sole ... „verdorren"; (4) Un accusa che cuoce ... „schmerzen, beleidigen"; (5) Mi cuociono le guance ... „brennen"; (8) Il gelo cuoce i germogli „durch Frost zerstören"; (16) Si coceva nell'attesa ... „sich quälen".

---

[8] Vgl. Albrecht 1991.

Das französische Verblexikon von Busse/Dubost hat seine Bewährungsprobe längst bestanden und erfreut sich wegen seiner differenzierten Bedeutungsangaben bei Übersetzern größter Beliebtheit. Das Kontextwörterbuch von Ilgenfritz et al. ist zumindest von der Anlage her sehr nützlich; die Praxis wird zeigen, ob es ausführlich genug ist, oder ob es nicht vielmehr nur eine Reihe von »Mustereinträgen« enthält. Ein wirklich speziell für Übersetzer konzipiertes Verblexikon haben Blumenthal und Rovere vorgelegt.

### 3.1.3 Grammatiken, Grammatische Wörterbücher, Wörterbücher für Zweifelsfragen, Stilwörterbücher

Begreiflicherweise kann hier keine systematische Einführung in die Grammatikographie gegeben werden. Einige praktische Hinweise müssen genügen. In der Regel sind die Informationen, die eine Grammatik anbietet, für den Übersetzer von geringem Wert. Er interessiert sich weniger für systematische Informationen über die Struktur seiner Arbeitssprachen als vielmehr für konkrete Auskünfte in Zweifelsfragen. Daher sind Nachschlagewerke für Zweifelsfragen in der Regel nützlicher als vollständige Grammatiken. Muß man dennoch zu einer Grammatik greifen, weil einen alle praktischen Nachschlagewerke im Stich lassen, so sollte es sich dabei um eine im besten Sinne »traditionelle« Grammatik handeln, in der sich linguistisch nicht besonders vorgebildete Übersetzer leicht zurechtfinden. Die Grammmatiken von Grevisse für das Französische und von Quirk et alii für das Englische (s. unten) erfüllen diese Bedingungen in hohem Maße. Mit Einschränkungen läßt sich dies auch für die *Duden-Grammatik* und für Christoph Schwarzes *Grammatik der italienischen Sprache* sagen. Für das Spanische steht die ausgezeichnete *Vergleichende Grammatik Spanisch-Deutsch* von Nelson Cartagena und Hans-Martin Gauger zur Verfügung.[9] Ausgesprochene »Übersetzungsgrammatiken« gibt es nur in mehr oder weniger vielversprechenden Ansätzen.[10] Zunächst einige »Nachschlagebeispiele« aus umfangreicheren Grammatiken:

Maurice Grevisse, *Le Bon Usage*, Paris/Gembloux [11]1980 und neuere Auflagen, inzwischen auch online verfügbar.

> Problem: Mit *que* eingeleitete Subjektsätze am Anfang der Periode (= „que en prolepse"). Knappe französische Grammatiken geben häufig an, der vorangestellte *que*-Satz stehe immer im Konjunktiv. Bei Grevisse wird differenziert:
>
> Normalfall: que tu *sois* sage, j'en suis certain; aber: qu'elle *l'aimait*, il le savait depuis longtemps

Randolph Quirk et al.: *A Comprehensive Grammar of the English Language*, London/New York 1985.

> *Er war (sich) sicher, die Antwort zu finden.*
> Man wäre versucht, das völlig isomorph wiederzugeben:
> *\*He was certain (sure) to find the answer*

Bei sorgfältigem Studium der Grammatik stellt man fest, daß das nicht möglich ist. Es muß heißen:

> *He was certain (sure) of finding the answer*

---

[9] Duden-Reihe, Bd. 4; Schwarze ²1995; Cartagena/Gauger 1989.
[10] Vgl. unten II, 4.1.

Nun zu den Grammatiken im weiteren Sinne, zu den grammatischen Nachschlagewerken:

*Richtiges und gutes Deutsch*, früher präziser: *Zweifelsfälle der deutschen Sprache* (=Duden-Reihe, Bd. 9).[11]

> Der Kranke drohte, sich ein Leid anzutun (mit Komma, da Vollverb)
> Der Kranke drohte bei dem Anfall zu ersticken (ohne Komma, da Modalverb; in der neuen Rechtschreibung nicht mehr zu unterscheiden.)
>
> Er sah die Frau auf sich/auf ihn zustürzen.
> Schicken Sie bitte ein Foto von sich/von Ihnen.

Wenn a. c. i. (*accusativus cum infinitivo*) vorliegt, schwankt der Sprachgebrauch zwischen Personalpronomen und Reflexivpronomen, obschon der Subjektbezug durch das Reflexivum klarer zum Ausdruck kommt (bei *ihn* könnte es sich auch um einen Dritten handeln). Bei der Auflösung der Konstruktion in einen vollständigen Nebensatz gibt es hingegen keine Unterscheidungsmöglichkeit:

> Er sah, wie die Frau auf ihn zustürzte (auf ihn selbst oder einen anderen).

Bei einem Dativobjekt mit Präposition, das auf das Subjekt zurückverweist, sei das Reflexivpronomen vorzuziehen (also lieber „Schicken Sie bitte ein Foto von *sich*" als „von Ihnen").

H.W. Fowler: A Dictionary of Modern English Usage, Oxford verschiedene Ausgaben.

> „The doors of the great Opera-house let out the crowd; *when we went into the opera*, the streets had been swept, but when we came out the snow was inches deep again".

Das Beispiel wird kritisiert: Aus dem Kontext gehe klar hervor, daß es nicht in erster Linie um das Gebäude, sondern um die Opernveranstaltung gehe, und deshalb müsse es *in to*, nicht \**into* heißen.

Joseph Hanse: *Dictionnaire des difficultés grammaticales et lexicologiques*, Brüssel, verschiedene Auflagen.

> les chansons que j'ai entend*u* chanter (quelqu'un les chantait)
> les jeunes filles que j'ai entend*ues* chanter (les jeunes filles qui chantaient)
>
> je l'ai vue en sortant de la maison (c'est moi qui sortais)
> je l'ai vue sortant de la maison (c'est elle qui sortait)
>
> (die erste Unterscheidung ist nach der neuen frz. Sprachgesetzgebung nicht mehr obligatorisch).

Natürlich kann man dergleichen auch in einer Grammatik nachschlagen. In Lexika der hier gemeinten Art findet man die gesuchte Information zumeist schneller, da hier nur ausgewählte Probleme behandelt werden, und zwar vorwiegend solche, die erfahrungsgemäß auch den Muttersprachlern Schwierigkeiten bereiten.

Zum Französischen gibt es ein dreibändiges Standardwerk, das erstaunlich wenig bekannt ist:

---

[11] N. B.: Alle Werke dieser Reihe sind in vernetzter Form auf elektronischen Datenträgern für verschiedene Betriebssysteme erhältlich).

P. Dupré: *Encyclopédie du bon français dans l'usage contemporain.* Difficultés, subtilités, complexités, singularités, Paris 1972.

Besonders viele Werke dieser Art gibt es zum Italienischen, weil die Regiolekte in Italien auch heute noch stark differenziert sind und daher auch gebildete Italiener, die keinen Dialekt im engeren Sinne mehr sprechen, Schwierigkeiten mit der strengen Norm der Schriftsprache haben:

Luciano Satta: *Come si dice.* Uso e abuso della lingua italiana, Florenz, Sansoni verschiedene Auflagen.

Aldo Gabrielli: *Si dice o non si dice?* Guida pratica allo scrivere e al parlare. Mailand, Mondadori 1980.

Vincenzo Cappellini: *Dizionario grammaticale per il buon uso della lingua italiana*, Novara, Agostini, ⁴1962.

E. Levi/A. Dosi: *I dubbi della grammatica.* Come si scrive in italiano, come si pronuncia l'italiano, Mailand, Longanesi 1982.

Ich gebe nur ein praktisches Beispiel: Kann man schreiben oder sagen:

*Scendendo le scale, mio fratello mi fece cadere?*

Der Satz, so wie er dasteht, würde bedeuten: „Als er die Treppen hinunterging, brachte mich mein Bruder zu Fall". Gemeint ist jedoch mit hoher Wahrscheinlichkeit: „Als ich die Treppe hinunterging ...". In diesem Fall darf genau wie im Französischen kein Gerundium verwendet werden, die Konstruktion ist aufzulösen:

*Mentre scendevo le scale mio fratello mi fece cadere.*

Manuel Seco: *Diccionario de dudas y dificuldades de la lengua española*, Madrid; viele Auflagen. Ein einfaches Beispiel:

Olvidé que tenía invitados; nicht *Olvidé de que tenía invitados.
Me olvidé de que tenía invitados; nicht *Me olvidé que tenía invitados

Das Verb *olvidar* „vergessen" wird ohne Präposition, die etwas emphatischere und umgangssprachlichere Variante *olvidarse* „total vergessen" immer mit der Präposition *de* verwendet. Bei Seco findet man auch viele Informationen zu den Besonderheiten des Spanischen in verschiedenen Ländern Lateinamerikas.

### 3.1.4 Bildwörterbücher

Im Bereich von Naturgegenständen und noch mehr in dem von Artefakten sind Bildwörterbücher oft sehr nützlich, weil man sich auf diesem Gebiet häufig auch unter den Benennungen der eigenen Muttersprache nicht sehr viel vorstellen kann. Wer weiß schon genau, was er sich unter dem *Komplimentfaden* einer Marionette vorzustellen hat? Im Wörterbuch erhält man knappe Auskunft: „Faden, der in Gürtelhöhe festgemacht ist; ermöglicht das Bücken der Marionette". Auf einer Zeichnung läßt sich so ein Sachverhalt oft klarer darstellen. Wer realistische Texte zu übersetzen hat, in denen eine Fülle von Ausdrücken für weitgehend unbekannte Dinge vorkommen, ist für ein Bildwörterbuch dankbar. Es werden auch Werke herangezogen, die zu einem ganz anderen Zweck verfaßt wurden. Fritz Güttinger berichtet von einem berühmten amerikanischen Warenhauskatalog, der nicht nur von Übersetzern, sondern auch von Kulturhistorikern und Filmregisseuren als Nachschlagewerk benutzt wurde und wird.[12]

Weit verbreitet sind die z.T. in Kooperation mit ausländischen Verlagen produzierten, leider recht allgemein gehaltenen Bildwörterbücher des Duden-Verlags, z. B:

*Bildwörterbuch* (= Band 3 der Duden-Reihe)

*Duden-Bildwörterbuch Italienisch. Duden italiano. Dizionario figurato*, Mannheim, Bibl. Inst. /Novara, De Agostini 1964 (für viele gängige Sprachenpaare erhältlich).

Für nicht allzu ausgefallene Fragen erweist sich als recht nützlich:

*Das große Reader's Digest Bilder Lexikon.* 3500 Bilder. 20000 Begriffe. Deutsch – Englisch – Französisch – Spanisch, Zürich/Wien verschiedene Auflagen; neuerdings in überarbeiteter Form in der PONS-Reihe beim Klett Verlag, Stuttgart verfügbar).

### 3.1.5 Onomasiologische Wörterbücher, Synonymenwörterbücher

Die meisten gängigen Wörterbücher sind *semasiologisch* orientiert, d. h. sie gehen von der Form, in diesem Fall von der geschriebenen Form, aus und führen hin zum Inhalt, zur Bedeutung des Wortes. Dabei wird notgedrungen die völlig willkürliche Reihenfolge unseres Alphabets zum Klassifikationsprinzip: Der *Kohl* und die *Kohle* haben nicht allzu viel miteinander zu tun, in unseren Wörterbüchern stehen sie fast immer dicht nebeneinander. Zu den verschiedensten Zwecken, ganz besonders aber zum Schreiben und zum Übersetzen benötigt man jedoch auch Wörterbücher des umgekehrten Typs. Man möchte vom Inhalt ausgehen können und auf eine passende Benennung hingeführt werden. Nachschlagewerke dieses Typs, die nach „Sinnbezirken" und „Sachgruppen" geordnet sind, nennt man *onomasiologische* Wörterbücher. Natürlich können auch sie aus rein praktischen Gründen auf das semasiologische Prinzip nicht ganz verzichten, da man keinen »sprachfreien« Zugang zu Begriffen findet. Man benötigt also in jedem Fall ein alphabetisches Register, das den Einstieg in den systematischen Teil erleichtert.

Es gibt einen ehrwürdigen »Klassiker«, den »Vater« der meisten europäischen onomasiologischen Wörterbücher:

Mark Roget, *Thesaurus of English Words and Phrases*, 1858, unzählige Neuauflagen, auch heute noch erhältlich.

Dieses Werk stellt die praktische Anwendung einer sprachtheoretischen Untersuchung dar, die ein englischer Bischof im 17. Jahrhundert veröffentlicht hat:

John Wilkins, *An Essay Toward a Real Character and a Philosophical Language*, London 1668.

Fast alle großen onomasiologischen Wörterbücher der unterschiedlichsten Sprachen sind in irgendeiner Form von dieser englischen Tradition beeinflußt.

Das klassische deutsche onomasiologische Wörterbuch steht stärker in der altphilologischen Tradition, denn sein Verfasser war Gräzist:

---

[12] Güttinger 1963, 94.

Fritz Dornseiff, *Der deutsche Wortschatz nach Sachgruppen*, völlig neu bearbeitete Aufl. Berlin 1963.

In der Tradition des Rogetschen Thesaurus steht hingegen:

H. Wehrle/H. Eggers, *Deutscher Wortschatz*. Ein Wegweiser zum treffenden Ausdruck, Stuttgart, Klett, verschiedene Auflagen.

Ich gebe wiederum nur ein Anwendungsbeispiel: Gesucht wird ein deutsches Wort, das einem »auf der Zunge liegt« das man jedoch nicht nennen kann. Diese in psycholinguistischer Hinsicht sehr interessante Situation kommt verhältnismäßig häufig vor: Der Inhalt, der einem vorschwebt, hat etwas mit „ungeordneter Mischung" zu tun; der Ausdruck, der gesucht, d. h. für einen bestimmten Ausdruckszweck benötigt wird, sollte umgangssprachlich und pejorativ sein. Man schlägt im alphabetischen Register unter *Mischung* nach und wird dort auf die Ordnungszahlen Nr. 41 und Nr. 54 verwiesen. Schon unter 41 findet sich das, was einem vorgeschwebt hat, nämlich:

*Mischmasch, Kraut und Rüben, Sammelsurium.*

Die Arbeit mit onomasiologischen Wörterbüchern erfordert viel Übung.

Für das Französische und Spanische kommen vor allem folgende Werke in Frage:

*Thésaurus Larousse*. Des mots aux idées, des idées aux mots, Paris 1991.

Julio Casares: *Diccionário ideológico de la lengua española*, verschiedene Auflagen.

### Unterkategorie: Synonymenwörterbücher

Das Synonymenwörterbuch hat eine lange Tradition, besonders im französischen Sprachraum. Es führt Synonyme im weiteren Sinne auf, d. h. bedeutungsähnliche, nicht wirklich bedeutungsgleiche Wörter. Das Problem kann hier in theoretischer Hinsicht nicht ausführlich diskutiert werden.[13] Synonymenwörterbücher sind insofern onomasiologisch orientiert, als durch das *Leitwort* ein gewisser Sinnbezirk vorgegeben wird. Es gibt sie in großer Fülle (und in recht unterschiedlicher Qualität) für alle »gängigen« Sprachen:

Aus kultur- und wissenschaftshistorischen Gründen stelle ich hier ausnahmsweise einen sehr frühen Vertreter dieser Gattung aus dem 18. Jahrhundert vor:

L'abbé Girard, *Synonymes françois et leurs différentes significations et le choix qu' il en faut faire pour parler avec justesse*, Paris ³1740 (viele weitere Ausgaben):

> *Conduire Guider Mener*
>
> Les deux premiers de ces mots suposent dans leur propre valeur une supériorité de lumières que le dernier n'exprime pas; mais en récompense celui-ci enferme une idée de crédit & d'ascendant tout-a fait étrangere aux deux autres. On *conduit* & l'on *guide* ceux qui ne savent pas les chemins; on *mene* ceux qui ne peuvent ou ne veulent pas aller seuls.
>
> Dans le sens litéral c'est proprement la tête qui *conduit*, l'oeil qui *guide*, & la main qui *mene*.
>
> On *conduit* un procès. On *guide* un voyageur. On *mene* un enfant.

---

[13] Vgl. u. a. Gauger 1972.

> L'intelligence doit *conduire* dans les affaires. La politesse doit *guider* dans les procédés. Le gout peut *mener* dans les plaisirs.
> On nous *conduit* dans les démarches, afin que nous fassions précisément ce qu'il convient de faire. On nous *guide* dans les routes, pour nous empécher de nous égarer. On nous *mene* chez les gens pour nous en procurer la connoissance.

Erstaunlicherweise gelten diese Angaben im großen und ganzen noch für das moderne, gehobene Französisch.

Zusätzlich noch ein modernes Beispiel:

*Die sinn- und sachverwandten Wörter* (Duden-Reihe Bd. 8).

Unter dem Lemma **Glück haben** findet sich u. a.:

> Ein Glückspilz/Glückskind/Sonntagskind sein, unter einem guten/glücklichen/günstigen Stern geboren sein, [...] Schwein/Dusel/Massel haben (*salopp*) [...] mehr Glück als Verstand haben [...] fein raus sein ...

### 3.1.6 Phraseologische und Zitatenwörterbücher

Aus praktischen Gründen, d. h. vor allem, um diese Übersicht nicht allzu unübersichtlich zu gestalten, führe ich hier Kategorien von Nachschlagewerken gemeinsam auf, die eigentlich nicht zusammengehören: Phraseologismen, Sprichwörter, »geflügelte Worte«, kurz und gut, Syntagmen, die man in einer Sprache nicht frei bilden kann, sondern die bereits fertig vorgegeben sind, die man kennen muß, um sie bei Bedarf *en bloc* »abrufen« zu können. Besonders beliebt und notwendig sind phraseologische Wörterbücher für das Englische, weil weitgehend fixierte Gefüge, die sogenannten *idioms*, in dieser Sprache häufiger gebraucht werden als in den übrigen europäischen Sprachen. Ich nenne ein neueres englisches Nachschlagewerk:

John O. E. Clark, *Harrap's Dictionnary of English Idioms*, London 1990.

Zwei praktische Beispiele:

> I've never acted before but I thought I'd give it a try just *for the hell of it* = „just for fun"

Diese Art von Ironie ist für Deutsche nicht leicht zu entschlüsseln. Weit geringere Probleme stellen sich, wenn im Deutschen eine vergleichbare Wendung existiert: *tail wagging the dog* (vgl. *der Schwanz wedelt mit dem Hund*).

Auf eine umfassende Reihe kontrastiver Idiomatiken sei hier besonders hingewiesen:

Hans Schemann: *Deutsche Idiomatik*. Die deutschen Redewendungen im Kontext, Stuttgart/Dresden 1993.

Hans Schemann/Alain Raymond: *Idiomatik. Deutsch-Französisch*, Stuttgart/Dresden 1994.

Hans Schemann/Paul Knight: *Idiomatik. Deutsch-Englisch*, Stuttgart/Dresden 1995.

Hans Schemann/Idalete Dias: *Dicionário Idiomático Português-Alemão*. Universidade do Minho 2005.

Das Problem der Übersetzung von Phraseologismen wird erst später unter II 5.4 behandelt.

Das in diese Kategorie gehörige Werk der Duden-Reihe lautet:

*Redewendungen* (Band 11)

**Zitatenwörterbücher** braucht man vor allem zur korrekten Wiedergabe von „geflügelten Worten". Zunächst ein paar klassische Beispiele für Nachschlagewerke dieser Art:

Georg Büchmann, *Geflügelte Worte und Zitatenschatz*, viele Auflagen und Lizenzausgaben mehrerer Verlage.

W. Gurney Benham, *Cassell's Classified Quotations*, London usw., viele Auflagen.

P. Dupré, *Encyclopédie des Citations*, Paris 1959, Neuauflagen.

Und auch für die, die wenig Italienisch können, erweist sich als unentbehrlich:

L. De Mauri, *5000 Proverbi e motti latini* (Flores sententiarum), Mailand 1979, ²1990.

Eine besonders umfangreiche Sammlung kürzerer lateinischer Redewendungen und »geflügelter Worte«, mit denen humanistisch gebildete Autoren auch heute noch ihre Texte auszuschmücken pflegen.

In der Duden-Reihe liegt ebenfalls ein Band zu diesem Gebiet vor:

*Zitate und Aussprüche* (Bd. 12).

Die Benutzungsmöglichkeiten dieser Nachschlagewerke seien nun anhand einiger idealtypischer Fälle demonstriert:

– *Das Problem der Rückübersetzung*

Nichts ist peinlicher als eine unbeholfene Rückübersetzung eines Zitats, eines »geflügelten Wortes« in die Sprache, aus der es stammt. Man braucht zunächst einmal eine gewisse literarische Bildung und etwas »Fingerspitzengefühl«, um die betreffende Gefahr überhaupt wahrzunehmen. Zur Illustration zunächst ein Fall, in dem ein Zitatenwörterbuch nicht geholfen hätte, weil es dabei nicht um ein „geflügeltes Wort" geht: In seinem Buch *L'ingratitude* zitiert der französische Philosoph Alain Finkielkraut Hölderlin. In der deutschen Übersetzung, die dann letztlich nicht veröffentlicht wurde, lautet die Übersetzung der französischen Übersetzung des Zitats folgendermaßen:

> Die Sprache – das gefährlichste aller Güter – ist dem Menschen gegeben, damit er Zeugnis darüber ablegen kann, daß er das, was er ist, geerbt hat.

Es wäre nicht sehr schwer gewesen, die Quelle für das authentische Zitat ausfindig zu machen. In einem Gedichtfragment aus der Zeit um 1800 (*Im Walde*) heißt es:

> ... und darum ist [...] der Güter Gefährlichstes, die Sprache, dem Menschen gegeben, [...] damit er zeuge, was er sei, geerbet zu haben ...

Einem gebildeten Leser[14] fällt so etwas auf, und er wird, wenn er auf solch ein Versehen stößt, der Zuverlässigkeit der Übersetzung größtes Mißtrauen entgegenbringen. Ähnliche Fälle treten weit häufiger auf als unerfahrene Übersetzer vermuten wurden: *Wo ist der Schnee des verflossenen Jahres?* Stammt das nicht am Ende aus der französischen Literatur? Also besser nicht gleich übersetzen: *Où est la neige de l'an passé?*, sondern erst einmal nachschlagen. Und siehe da, man wird feststellen, es handelt sich um den Kehrreim

---

[14] In diesem Fall war er Journalist bei der *Frankfurter Allgemeinen Zeitung*: Henning Ritter, Finkielkraut erinnert sich: Ein Erbstreit, F.A.Z., 21.02.2001, Nr. 44, S. N 5.

der *Ballade des dames du temps jadis* von François Villon, den jeder gebildete Franzose kennt: *Où sont les neiges d'antan?*

*– Die Identifikation einer Stelle, deren Zitatcharakter man bereits erkannt hat*

Eine Kollegin fragte mich vor einiger Zeit nach der Herkunft eines Zitats, das sie nur ungefähr wiedergeben konnte „*Ich kann weder mit dir, noch ohne dich leben*". Ich erinnerte mich sofort, etwas Ähnliches auf französisch in einem Film von Chabrol gehört zu haben: *Avec toi, je ne peux vivre, ni sans toi*. Nach kombiniertem Einsatz mehrerer Zitatenlexika konnte ich die Quelle ausfindig machen: Es handelt sich um ein Epigramm von Martial (40-104):

Difficilis facilis, iucundus acerbus es idem:
nec tecum possum vivere nec sine te.

In vielen Fällen genügt es einem Übersetzer nicht, zu wissen, daß es sich um ein Zitat handelt, er muß wissen, woher es stammt.

*– Die Wiedergabe eines älteren Zitats (Bibel, antike Literaturen) durch ein kanonisches Zitat in einer anderen modernen Sprache*

Sie möchten den Passus: *mit Menschen- und mit Engelszungen reden* in eine moderne Fremdsprache übersetzen. In den seltensten Fällen können Sie so etwas einfach auf gut Glück übersetzen, Sie sollten vielmehr den Passus so wiedergeben, wie er den Lesern der Zielsprache aus ihrer eigenen Bibellektüre vertraut ist. Wenn Sie nicht sehr bibelfest sind, finden Sie über den BÜCHMANN schneller als durch Bibellektüre heraus, daß das Zitat in *1. Korinther 13, 1* steht. Nun können Sie die Stelle in den entsprechenden Bibelausgaben nachschlagen. Haben Sie diese nicht zur Hand, dann helfen auch hier fremdsprachliche Zitatenwörterbücher:

    Though I speak with the tongues of men and of angels ...
    Quand je parlerais les langues des hommes et des anges ...
    Talede jeg med Menneskers og Engles Tungemaal ...

Ein Problem dieser Art kann natürlich durchaus auch einmal in einem vorwiegend »praktischen« Text, z. B. in der Werbung vorkommen.

Eine Suchmaschine erleichtert den Einstieg bei der Lösung von Problemen dieser Art; die Ergebnisse, die sie liefert, sind allerdings nicht immer zuverlässig.

### 3.1.7 Fachwörterbücher, Fachglossare, „zugewandte Literatur"

Diese Kategorie von Nachschlagewerken ist den Absolventen und Absolventinnen eines Übersetzerstudiengangs meist recht gut bekannt, vor allem denen, die eine Terminologiearbeit anfertigen. Präzise Hinweise müssen einer Einführung in die Probleme von Terminologie und Fachsprachen vorbehalten bleiben.[15] Ich möchte hier nur auf zwei Informationsquellen verweisen, die nicht zu den „Hilfsmitteln" im engeren Sinne gehören:

*– Zugewandte Literatur*

Der Terminus stammt aus Fritz Güttingers *Zielsprache*[16], heute spricht man von „Paralleltexten". Es geht dabei um einen schlichten Sachverhalt: Wer eine umfangreiche Übersetzung auf einem Fachgebiet anzufertigen hat, ohne Spezialist auf eben diesem Gebiet zu sein, der

---

[15] Vgl. u. a. Albrecht 1995a und III, 10.
[16] Güttinger 1963, 99.

sollte zunächst einmal in jeder der beiden Sprachen ein Standardwerk lesen und sich darüber hinaus noch weitere Literatur in beiden Sprachen zu dem betreffenden Gebiet verschaffen. Er wird dort oft sehr viel mehr finden als in den besten Nachschlagewerken.

– »*Weiche Terminologie*«
Gemeint sind Wortbestände an der Grenze zwischen Gemein- und Fachsprache. Wenn es um sehr spezifische oder nur regional übliche Namen für weniger bekannte Pflanzen und Tiere geht, lassen einen die zweisprachigen Wörterbücher häufig völlig im Stich oder sie geben irreführende Auskünfte. Wer über einen Fischmarkt in Frankreich schlendert, sich die wichtigsten Benennungen der Seefische und der verschiedenen Arten von *fruits de mer* notiert und später versucht, die terminologische Ausbeute mit Hilfe eines Wörterbuchs ins Deutsche zu übertragen, der wird unangenehme Überraschungen erleben. Aber auch über andere Bereiche der Natur geben unsere Wörterbücher nur unzulänglich Auskunft: Was sind *embruniers*, was sind *yeuses*? Es handelt sich um regionale Ausdrücke für *Heidelbeersträucher* bzw. *Steineichen*; letztere heißen im Gemeinfranzösischen *chênes verts*. Wie heißt das *Wiesenschaumkraut* auf französisch? *Cardamine des prés, cressonnette* oder *cresson des prés*. Wie die *Haubenmeise*? *Mésange huppée*. Diese Fragen wird man am besten mit Hilfe von Bestimmungsbüchern in den beiden Arbeitssprachen beantworten. Die dort reichlich vorhandenen Abbildungen stellen ein – besonders bei giftigen Pilzen oder Pflanzen – höchst erwünschtes Hilfsmittel bei der Äquivalenzfindung dar.

> In einem französischen Kriminalroman wird ein gesundheitlich geschwächter Pilzliebhaber dadurch umgebracht, daß ein von ihm im Kühlschrank aufbewahrtes Gericht von *entolomes en bouclier* mit einem Gericht von *entolomes livides* ausgetauscht wird. Die beiden nah verwandten Arten sind im zubereiteten Zustand nicht zu unterscheiden. Hier sollte man sich als Übersetzer besser nicht auf die gewöhnlichen zweisprachigen Wörterbücher verlassen. Aus Pilzbüchern, die über ein lateinisches Register verfügen, erfährt man, daß es sich im ersten Fall um den eßbaren *Schildröhrling*, im zweiten um den giftigen *Riesenröhrling* handelt.

Wer ernsthaft daran denkt, später einmal selbständig als Übersetzer zu arbeiten, sollte sich Nachschlagewerke dieser Art beizeiten anschaffen. Ich gebe hier nur einige Beispiele zum Französischen:

D. Aichele, *Quelle est donc cette fleur?*, Paris, Nathan 1975. Übersetzung von *Was blüht denn da?* aus dem Kosmos Verlag.
R. Peterson et al., *Guide des oiseaux d'Europe*, Neuchâtel-Paris 1984.
M. L. Bauchot/A. Pras: *Guide des poissons marins d'Europe*, Lausanne/Paris 1980.

### 3.1.8 Enzyklopädien

Diese Nachschlagewerke *par excellence* bedürfen kaum eines Kommentars, sie sind jedermann bekannt. Schon aus Gründen der leichteren Aktualisierung, aber auch aus Gründen der Platzersparnis werden sie wohl in Zukunft alle auch auf CD-ROM angeboten werden. Auf DVD werden sich sehr viel umfangreichere Werke als bisher problemlos speichern lassen. Man sollte sich nicht scheuen, bei auftretenden Wissenslücken zunächst einmal in einer großen, anerkannten Enzyklopädie nachzuschlagen. Das zeugt nicht unbedingt von Dilettantismus; die Artikel werden oft von hervorragenden Fachleuten geschrieben. Als besonders hilfreich können sich die nicht alphabetisch, sondern systematisch aufgebauten Werke erweisen wie die *Encyclopedia Britannica* (heute amerikanisch!), oder die *Enciclopedia Italiana*.

Bei besonders hartnäckigen Problemen lohnt es sich, fremdsprachige Enzyklopädien mit heranzuziehen, selbst dann, wenn es sich um ein Phänomen aus der deutschsprachigen Welt handelt. Romanische Enzyklopädien sind meist ausführlicher im geistesgeschichtlich-historischen Bereich als deutsche. Eine wahre Fundgrube für Personen aus der europäischen Kulturgeschichte, über die man sonst nirgendwo mehr etwas findet – schon gar nicht im Internet – ist die Espasa-Calpe-Enzyklopädie:

*Enciclopedia universal ilustrada europeo-americana*, 70 Bde., Madrid, Espasa-Calpe 1920-1970. Inzwischen Ergänzungsbände und Neudrucke.

### 3.1.9 Sonstiges

*Nationalbiographien, Who is who?, Quid und ähnliches*
z. B. *Neue Deutsche Biographie*, viele Auflagen
*Kürschners Deutscher Gelehrten Kalender*, viele Auflagen

Hier findet man Hintergrundinformationen zu Personen, die nicht berühmt genug sind, um in den allgemeinen Enzyklopädien erwähnt zu werden. Zu den meisten europäischen Ländern gibt es mindestens eine, meist mehrere Nationalbiographien. Informationen aus dem *World Wide Web* sollten unbedingt anhand dieser in der Regel sehr zuverlässigen Werke überprüft werden. *Kürschners Deutscher Gelehrten Kalender* – eine ehrwürdige Institution – ist weitgehend überflüssig geworden. Wer sich über die wissenschaftlichen Arbeiten seines Lehrers informieren will, erhält über die Web-Site seines eigenen Instituts ausführlichere und aktuellere Informationen.

*Übersetzungsbibliographien*

Es kann oft wichtig sein zu wissen, ob ein bestimmter Text bereits übersetzt worden ist. Es gibt zahlreiche Möglichkeiten, das zu überprüfen; wirklich zuverlässig ist keines der in Frage kommenden Werke. Ich gebe hier nur einige wenige Nachschlagewerke:

*Index Translationum*. Répertoire international des traductions, Paris, Unesco, 1948ff. Seit einigen Jahren nur noch auf CD-Rom; in manchen wissenschaftlichen Bibliotheken auch auf vorhandenen Rechnern online konsultierbar.

Hans Fromm (Hrsg.), *Bibliographie Deutscher Übersetzungen aus dem Französischen 1700-1948*, Baden-Baden 1953.

Liselotte Bihl/Karl Epting, *Bibliographie französischer Übersetzungen aus dem Deutschen 1487-1944*, 2 Bde., Tübingen 1987.

*Abkürzungslexika*

Die Abkürzungen, und unter ihnen ganz besonders die *Siglen*, haben sich vor allem in Fachtexten in den letzten Jahrzehnten geradezu schamlos ausgebreitet. Selbst Fachleute werden angesichts der grassierenden »Siglomanie« gelegentlich in Verlegenheit geraten. Weniger erfahrenen Leser werden vielleicht schon angesichts von Buchstabenfolgen wie *SDF* „sans domicile fixe", *HLM* „Habitation à Loyer Modéré", *COGEMA* „Compagnie Générale des Matières nucléaires" usw. usf. Schwierigkeiten haben. Selbst derjenige, der genau weiß, daß der Allerweltssigle *AIDS* im puristischen Frankreich *SIDA* entspricht, möchte vielleicht in Erfahrung bringen, was nun eigentlich hinter diesem Kürzel steckt: „syndrome d'immuno-déficience acquise". Das Internet ist in diesem Bereich wenig hilfreich, da es unzählige homonyme Siglen gibt, die in großer Fülle und völlig ungeordnet angeboten werden.

Ich kann hier nur einige sehr allgemein gehaltenen Nachschlagewerke aufführen, zu vielen Fachgebieten gibt es inzwischen spezifische Abkürzungsverzeichnisse.

*Internationales Abkürzungslexikon*, München 1978.

Rongus, Oleg: *Le Rongus. Dictionnaire international des sigles*, Paris 1973.

Carton, J./Carton, F. et al.: *Dictionnaire de sigles nationaux et internationaux*, Paris 1987.

### 3.1.10 Elektronische Hilfsmittel

In äußerster Kürze noch einige Bemerkungen zu sinnvollen elektronischen Hilfsmitteln.[17] Zunächst eine Warnung: Man sollte nie »auf Verdacht« den Umgang mit einem Programm, erlernen, das man später nicht benutzt. Die erworbenen Kenntnisse wird man binnen kurzer Zeit vergessen.

Über Textverarbeitungssysteme braucht an dieser Stelle nicht viel gesagt zu werden, sie sind der jüngeren Generation schon von der Schule her vertraut. Bei der Wahl des Systems sollte man an die Konvertierbarkeit denken.

Der zweite Komplex, der für Übersetzer in Zukunft wichtig zu werden verspricht, liegt im Bereich CD-ROM und DVD-ROM. Als angehender Übersetzer sollte man sich unbedingt eine gewisse Vertrautheit im Umgang mit entsprechenden Lesegeräten verschaffen. Die bisher auf CD-ROM erhältlichen Informationsquellen halten allerdings noch längst nicht alles, was sie versprechen. Elektronische Wörterbücher sind nur dann wirklich wertvoller als die zugrundeliegenden Printversionen, wenn sie über eine ausgeklügelte Zugriffsstruktur verfügen, z. B. über die Möglichkeit der Volltextsuche. Im übrigen ist zu erwarten, daß in Zukunft einige für Übersetzer wichtige Informationsquellen überhaupt nicht mehr auf in gedruckter Form, sondern nur noch auf elektronischen Datenträgern angeboten werden.

Der dritte und letzte Komplex, auf den ich hier eingehen will, sind die Datenbanksysteme. Viele unter meinen Lesern werden schon mit einer Sonderform dieses Typs von Anwendungssystemen Bekanntschaft gemacht haben, mit einem Terminologieverwaltungsprogramm. Die Vertrautheit mit Software dieses Typs ist vor allem für Fachübersetzer unerläßlich. Darüber hinaus sollte sich jedoch jeder Übersetzer auch Grundkenntnisse im Umgang mit einem allgemeineren, nicht auf Sonderfunktionen zugeschnittenen Datenbanksystem aneignen. Es geht zunächst einmal um die Verwaltung mehr oder weniger spezifischer Daten, die man bei der täglichen Arbeit braucht. Darüber hinaus sollte jeder Übersetzer die Konsequenzen daraus ziehen, daß er es häufig mit hoch- oder zumindest mäßig konventionalisierten Textsorten zu tun hat. Wer ein allgemeines Datenbanksystem beherrscht, d. h. ein System, das es ihm erlaubt, die allgemeinen Funktionen auf seine spezifischen Bedürfnisse abzustimmen, dem wird es nicht schwerfallen, sich eine Datenbank mit schnell abrufbaren Textbausteinen und Versatzstücken in verschiedenen Sprachen anzule-

---

[17] Etwas ausführlichere Informationen finden sich bei Austermühl/Einhauser/Kornelius 1998 sowie bei P. A. Schmitt 1998.

gen. Soll man immer wieder dieselben Formulierungen übersetzen, die im Zusammenhang mit der Auffindung eines gestohlenen Kraftfahrzeugs gebraucht werden? Wenn man täglich nichts anderes zu tun hat, dann erinnert man sich an die entsprechenden Formulierungen in seinen Arbeitssprachen und benötigt überhaupt keine Datenbank. Wenn man jedoch auf den verschiedensten Gebieten arbeitet, wird man froh sein, wenn man Textbruchstücke oder vollständige Texte (z. B. sehr stereotype Anschreiben) direkt auf den Bildschirm holen und im Anschluß daran nur noch für den spezifischen Zweck »zurechtschneidern« kann. Sehr hilfreich zu diesem Zweck sind sogenannte „*Translation-Memory-Systeme*".

Über weitere elektronische Hilfsmittel sollte man sich in eigens zu diesem Zweck verfaßten Einführungen informieren. Meine Erfahrungen mit sogenannten „Übersetzungssystemen" lassen mich davon absehen, auf diese Hilfsmittel einzugehen. In dem bereits erwähnten Buch von Hönig findet sich ein schönes Beispiel für die Leistungsfähigkeit solcher Produkte.[18] Angesichts der vielen sinnvollen Aufgaben, die im Bereich der computergestützen Übersetzung auf Computerlinguisten und Informatiker warten, erscheinen die ehrgeizigen Versuche, vollautomatische Übersetzungssysteme zu entwickeln, zumindest dem Praktiker als intellektuelle Spielerei.

### 3.2  Lektürehinweise

Folgende Arbeiten können zur Vertiefung einiger hier nur angeschnittener Fragen herangezogen werden: Ch. Schmitt (1990) entwirft eine Konzeption für speziell auf die Bedürfnisse von Übersetzern zugeschnittene Grammatiken. Bei Kautz (2000, Abschnitte 4.2.1.4.1 bis 4.2.1.4.3) finden sich knappe Hinweise auf den Umgang mit traditionellen und modernen Hilfsmitteln, die einige hier vernachlässigte Gesichtspunkte berücksichtigen. Über den Umgang mit Paralleltexten („zugewandte Literatur") insbesondere im Bereich der Technik berichtet Göpferich (1998), und Nies (1986) setzt sich kritisch mit Übersetzungsbibliographien auseinander.

Klaus Lothholz (2011) hat, dem allgemeinen Trend zum elektronischen Wörterbuch zum Trotz, eine Übersicht über die gedruckten Wörterbücher als Hilfsmittel des Übersetzers vorgelegt. Eine Sonderkategorie der ein- und zweisprachigen Wörterbücher erfreut sich derzeit großer Beliebtheit: Wörterbücher der Partikeln (Modalpartikeln, Konnektoren, Diskursmarker etc.). Ein Beispiel: Métrich/Faucher (2009). Elda Weizmann (2004) beschäftigt sich mit den Zitaten als Übersetzungsproblem, ein Thema, das hier nur angedeutet wurde. Schließlich seien an dieser Stelle noch einige besonders wichtige Fachzeitschriften angeführt:

Lebende Sprachen
Mitteilungsblatt für Übersetzer und Dolmetscher
TEXTconTEXT (1986-1995; 1997-2001).
Target
Babel
Linguistica Antverpiensia
Traduire (Société Française des Traducteurs)
Méta = Journal des traducteurs (Montreal)
Livius = Revista de Estudios de Traducción
InTRAlinea – Rivista di traduttologia → www.intralinea.it

---

[18] Hönig 1995, 12.

## II. Übersetzung und Linguistik im engeren Sinn

## 4. Linguistik im engeren Sinn oder »Systemlinguistik«

In den Überschriften zum zweiten und dritten Teil des vorliegenden Bandes ist von Linguistik im engeren und weiteren Sinn die Rede. Es sollte daher zunächst einmal erklärt werden, was mit dieser Unterscheidung gemeint ist. Der Unterschied entspricht ungefähr demjenigen, der in der Antike zwischen Grammatik und Rhetorik gemacht wurde. Die Rhetorik ist die ältere der beiden Disziplinen. Sie betrachtet die Sprache in ihrem Umfeld und untersucht sie in Abhängigkeit von den Bedingungen und Umständen ihres Gebrauchs. Das wird später genauer auszuführen sein. Gemeinhin werden heute die Nachfolgedisziplinen der antiken Rhetorik, die Textlinguistik im weiteren Sinn, die linguistische Pragmatik mit ihrer beliebtesten Teildisziplin, der Sprechakttheorie und einige andere Disziplinen mehr, gern als revolutionäre Neuerungen, als „Überwindung der Systemlinguistik" ausgegeben. In Wirklichkeit verhält es sich sowohl in historischer als auch in systematischer Hinsicht genau umgekehrt: Die Systemlinguistik stellt gegenüber der Sprachverwendungslinguistik die höhere Abstraktionsstufe dar und deshalb erscheint sie auch historisch später. Es handelt sich um eine konsequent „kontextfreie" Sprachbetrachtung. Untersuchungsgegenstand ist ausschließlich eine historisch tradierte „Technik des Sprechens"; die Umstände des Sprechens, warum, wozu, wer mit wem worüber unter welchen Bedingungen spricht usw. usf. bleiben außer Betracht.

Das ganze Gebiet wurde von alters her in zwei große Komplexe aufgeteilt: „Grammatik" und Wortschatz. Was man unter „Grammatik" verstehen kann, wird gleich im Anschluß in Kap. 4.2 zu diskutieren sein. Der Wortschatz galt lange Zeit als ein Bereich, der sich einer systematischen Betrachtung zu entziehen schien. Zünftige Linguisten haben sich daher für dieses Gebiet nicht besonders interessiert.[1] Erst in der Spätzeit des Strukturalismus, als die sogenannte „Strukturelle Semantik" entwickelt wurde, begann man auch im Bereich des Wortschatzes Strukturen zu entdecken, die denen der Grammatik im engeren Sinn vergleichbar sind. In den verschiedenen Ausprägungen der Generativen Grammatik von *Syntactic Structures* bis zu *Government-and-Binding* und dem *Minimalist Linguistic Program* wurden dem Lexikon mal mehr, mal weniger »grammatische« Aufgaben zugewiesen. Davon wird in 5.2 und in 5.6 wenigstens andeutungsweise die Rede sein. Ein weiteres Gebiet liegt zwischen den beiden Komplexen, die Wortbildung. Sie wird in 5.3 behandelt werden.

### 4.1 Übersetzung und kontrastive Sprachwissenschaft: Unterschiede und Gemeinsamkeiten

Die kontrastive Sprachwissenschaft ist eine Form des synchronisch-interlingualen Sprachvergleichs. Während die historisch-vergleichende Sprachwissenschaft in erster Linie am

---

[1] Selbstverständlich gab es zu allen Zeiten Linguisten, die sich »nebenbei« auch für die Strukturen des Wortschatzes interessierten. In gewisser Hinsicht kann z. B. Hermann Paul, einer der bedeutendsten Vertreter der Junggrammatiker, als Vorläufer der strukturellen Semantik angesehen werden; vgl. auch Albrecht 1994.

Nachweis regelmäßiger Entsprechungen zwischen zwei historisch verwandten Sprachen interessiert war, beschäftigt sich die kontrastive Sprachwissenschaft mit den charakteristischen systematischen Unterschiede zwischen zwei Sprachen unabhängig davon, ob eine historische Verwandtschaft zwischen ihnen besteht oder nicht. Natürlich stehen nicht nur die Unterschiede, sondern auch die Gemeinsamkeiten zwischen zwei Sprachen im Zentrum des Interesses. In verschiedenen osteuropäischen Staaten wollte man daher den Terminus *kontrastiv*, der im englischen Sprachraum geprägt wurde, durch *konfrontativ* ersetzt sehen. Dieser Vorschlag hat sich nicht richtig durchsetzen können.

Eine der Frühformen der kontrastiven Grammatik ist die sogenannte *Stylistique comparée*, die vergleichende Sprachstilistik. Aber auch die traditionellen Schulgrammatiken für den Fremdsprachenunterricht waren früher und sind heute zunehmend implizit kontrastive Grammatiken. Im neunzehnten Jahrhundert, zu einer Zeit, als nur eine kleine intellektuelle Elite höhere Schulbildung genoß, stand die kontrastive Komponente der Sprachlehrwerke, auch der zweisprachigen Wörterbücher, auf einem sehr hohen Niveau. Ich gebe hier nur ein verhältnismäßig einfaches Beispiel aus einer alten lateinischen Grammatik:

> Solche deutsche Adverbia, welche nicht ein einzelnes Wort des Satzes näher bestimmen, sondern den ganzen Gedanken affizieren und zugleich ein Urteil des Subjekts enthalten [scil. sog. „Satzadverbien"], werden durch ein entsprechendes *Verbum regens* ausgedrückt:
>
> Periclem filium fuisse *constat* nobilissimorum parentum.
> Perikles war *anerkanntermaßen* der Sohn hochadeliger Eltern.
> *Apparet* vos esse commotos.
> Ihr seid *augenscheinlich* tief bewegt.[2]

Hier wird eine einigermaßen regelmäßige Entsprechung zwischen Matrixsätzen und Satzadverbien postuliert. Dem lateinischen Typ *Es scheint, daß sie es vergessen hat* entspricht der deutsche Typ *Wahrscheinlich/Offenbar hat sie es vergessen*.

Das nächste Beispiel stammt aus einer französischen Schulgrammatik, die von vornherein darauf verzichtet, eine umfassende Beschreibung des französischen Sprachsystems zu liefern. Sie beschränkt sich auf die Sektionen der Grammatik, die erfahrungsgemäß deutschen Französischlernern besondere Schwierigkeiten bereiten:

| | |
|---|---|
| Ich trinke ø Bier | Je bois **de la** bière |
| Haben Sie ø Kinder? | Avez-vous **des** enfants? |
| | |
| ø Bier macht dick | **La** bière fait grossir |
| Ich mag ø Kinder | J'aime **les** enfants |
| ø Grammatik ist spannend. | **La** grammaire est passionnante |
| | |
| ø Rosen sind ø Blumen | **Les** roses sont **des** fleurs[3] |

Im ersten Fall entspricht dem deutschen Null-Artikel der sogenannte französische Teilungsartikel, im zweiten Fall der französische bestimmte Artikel. Das dritte Beispiel zeigt besonders deutlich, daß das Deutsche in diesem Bereich gegenüber dem Französischen

---

[2] Menge 1900, 325.
[3] Confais 1978, § 330.

unterdifferenziert ist: Artikellosigkeit kann entweder die Gesamtheit der Gegenstände und Sachverhalte bezeichnen, die unter den betreffenden Begriff fallen, oder nur eine Teilmenge davon: *Rosen sind Blumen* ist aus französischer Sicht unbestimmt und muß differenziert werden „Die Gesamtheit der Rosen bildet einen Teil der Menge der Blumen".

Der kontrastive Gesichtspunkt kommt also häufig bereits in bescheidenen Schulgrammatiken zum Tragen, die gar nicht den Anspruch erheben, eine kontrastive Grammatik zu sein. In weit höherem Maße kommt er natürlich in kontrastiven Untersuchungen *sensu stricto* zur Geltung, so z. B. in Ch. Ballys *Linguistique générale et linguistique française*, einem Werk, daß als Modell für alle späteren kontrastiven Untersuchungen gelten darf:

    1    2    3
une table longue de deux mètres         „détermination croissante"
    3    2    1
ein zwei Meter langer Tisch              „détermination décroissante"[4]

Heute würde man eher von Rechts- und Linksdetermination sprechen. Die Beherrschung des Übergangs von der einen Richtung zur anderen stellt ein besonderes Problem beim Simultandolmetschen dar; in beiden Richtungen kann der *décalage* gefährlich lang werden.

Schließlich sei noch ein Beispiel aus einer Art von Kontrastiver Linguistik angeführt, in die in völlig informeller Weise Elemente aus dem begrifflichen Instrumentarium einer frühen Ausprägung der generativen Grammatik eingegangen sind.

Ana es joven                   *Anna is *all* young
Tu padre *está* joven         Your father is *all* young
en su traje nuevo            in his new dress
El agua *es* transparente     *Water is *all* transparent
El agua *está* limpia         The water is *all* clear[5]

Die Beispiele stammen von dem amerikanischen Linguisten Bolinger. Er möchte damit zeigen, daß man die Schwierigkeiten, die Englischsprecher mit dem Unterschied von *ser* und *estar* haben, wenigstens zum Teil überwinden kann, wenn man sie darauf hinweist, daß es in ihrer eigenen Sprache eine in vielen Punkten analoge Unterscheidung gibt: Adjektive, die im Spanischen mit *ser* verwendet werden, können im Englischen nie mit *all* intensiviert werden, wenn sie mit *estar* verwendet werden hingegen sehr wohl.

Es gibt also eine unbestreitbare Gemeinsamkeit zwischen der kontrastiven Sprachwissenschaft und der Übersetzungswissenschaft: Beide beschäftigen sich mit Übersetzungen. Wir werden in Kapitel 6 sehen, daß es zwei Typen von Übersetzungsvergleich gibt: Der eine steht im Dienst der kontrastiven Sprachwissenschaft, der andere im Dienste der Übersetzungswissenschaft. Wir wollen uns hier nur einmal kurz die Unterschiede zwischen den beiden Disziplinen verdeutlichen.

Sowohl die kontrastive als auch die konfrontative Sprachwissenschaft ist in rein logischer Hinsicht eine Form des Vergleichs. Und vergleichen heißt, sich auf ein *tertium comparationis* berufen. Wenn wir die Begriffe „Freiheit" und „Bienenstich" miteinander vergleichen sollen, sind wir ratlos, weil ein mögliches *tertium comparationis* so weit abliegt, daß

---

[4] Bally ⁴1965, 16.
[5] Vgl. Bolinger 1972.

uns die Operation des Vergleichens als sinnlos erscheint. Sehr viel leichter fällt es, die Begriffe „Freiheit" und „Knechtschaft" miteinander zu vergleichen; die Wortpaare, denen man gewöhnlich entgegengesetzte Bedeutungen zuspricht, die sogenannten Antonyme, sind in Wirklichkeit semantisch eng verwandt und eignen sich daher für einen Vergleich. Was ist nun aber das *tertium comparationis* bei der Übersetzung und der kontrastiven Sprachwissenschaft? Im großen und ganzen gesehen, sollte man auf den ersten Blick meinen, das gleiche, nämlich der mitgeteilte Inhalt, was immer das sein mag. Wie schwierig es ist, das *tertium comparationis* der Übersetzung in einer für alle denkbaren Fälle gültigen Form dingfest zu machen, haben wir bereits gesehen (vgl. oben 2.2).

Eines scheint jedoch klar: Wenn wir Übersetzungen vergleichen und/oder kritisieren, so fragen wir uns, ob in den verschiedenen Texten etwas Vergleichbares *erreicht* wurde, wir betrachten die an der Übersetzung beteiligten Sprachen als Mittel zum Zweck, wobei „Zweck" nicht in jeder Hinsicht dem gleichkommt, was die Skopostheoretiker damit meinen. Wie sieht es nun bei der speziellen Form des Sprachvergleichs aus, die uns hier interessiert, bei der Kontrastiven Linguistik? Es gibt eine Form der Kontrastiven Linguistik, die von der Übersetzungswissenschaft sehr schwer zu unterscheiden ist: der Übersetzungsvergleich im Dienste der Sprachwissenschaft (vgl. unten 6.1). *Tertium comparationis* ist eigentlich dasselbe wie im Falle der Übersetzung, nur die Fragestellung ist eine andere, es handelt sich genauer gesagt um eine Umkehrung der gerade eben gestellten Frage. Statt „Wie kann ich in einer Zielsprache etwas Ähnliches erreichen wie in der Ausgangssprache?" heißt es nun „Mit welchen (möglicherweise unterschiedlichen) Mitteln erreichen zwei Sprachen etwas Ähnliches?".

Im ersten Fall sind zwei Äußerungen in verschiedenen Sprachen der Ausgangspunkt, das *tertium comparationis* ist der Zielpunkt, die gesuchte Größe. Im zweiten Fall ist es genau umgekehrt, das *tertium comparationis* wird – in der Praxis häufig reichlich unkritisch – als Ausgangspunkt gewählt und der Zielpunkt der Untersuchung ist die Art und Weise, das Mittel, mit dem er erreicht wird.

Je elaborierter die beiden Disziplinen werden, desto klarer unterscheiden sich nicht nur die Fragestellungen, sondern auch die *tertia comparationis*. In der Übersetzungswissenschaft geht es schon längst nicht mehr um den „Inhalt" eines Textes – was immer das sein mag –, noch ausschließlich um die Wirkung auf den Leser und noch nicht einmal um den „Sinn" – wenn man darunter etwas verstehen will, das unabhängig von allen konkreten Rezeptionsakten gegeben ist. Das *tertium comparationis* der Übersetzung erhält in der modernen Übersetzungswissenschaft einen so hohen Abstraktionsgrad, daß es schwer fällt, noch eine zutreffende Benennung dafür zu finden.

Ganz analog verhält es sich im Bereich der modernen Kontrastiven Linguistik. Die Frage lautet nicht mehr „Wie drückt man mit Hilfe zweier verschiedener Sprachen das Gleiche aus?", sondern: „Wie lösen zwei verschiedene Sprachen das Problem der Determination? Wie wird ein Agens ausgedrückt?" Oft werden dann überhaupt nicht mehr onomasiologische Kategorien als *tertium comparationis* herangezogen, sondern semasiologische. Man stellt also nicht mehr Fragen von der Art „Wie wird die Subjekt-Objekt-Relation ausgedrückt, durch Wortstellung, Kasus oder durch beides?", sondern man geht von der Ausdrucksebene aus und stellt Fragen in bezug auf den Inhalt, so z. B. „Welche Funktion hat die Reihenfolge der Elemente (Serialisierung) in Sprache$_i$ und in Sprache$_k$?".

Die Systemlinguistik in ihrer kontrastiven Ausprägung ist in quantitativer und in rein praktischer Hinsicht zweifellos das wichtigste Teilgebiet der sprachwissenschaftlich orientierten Übersetzungsforschung. Mit den Problemen, die hier behandelt werden, haben sich Übersetzerinnen und Übersetzer bei ihrer täglichen Arbeit am häufigsten herumzuschlagen. Andererseits kann ihnen die Übersetzungsforschung dabei auch wirklich praktische Hilfestellung leisten. Patentlösungen für Einzelfälle sind nicht zu erwarten und wegen fehlender Generalisierbarkeit noch nicht einmal wünschenswert. Was die Theorie dem Praktiker in diesem Bereich anbieten kann, sind einerseits gezielte Warnungen vor naheliegenden Fehlleistungen und andererseits systematische Wege zur Lösung von Kategorien von Problemen. Dabei darf jedoch nicht vergessen werden, daß sich die auf diesem Gebiet aufgezeigten Möglichkeiten auf die *Mikroebene* beschränken, daß sie lediglich die Übersetzung als »Technik« betreffen. Die auf der *Makroebene* getroffenen Entscheidungen nehmen ihnen gegenüber einen höheren Rang ein. Sie betreffen die Übersetzung als »Kunst«, die Übertragung[6] von vollständigen Texten, die einen globalen Sinn verkörpern. Hierauf wird zu Beginn des fünften Kapitels nochmals etwas gründlicher einzugehen sein. Zunächst muß jedoch der Begriff der Grammatik bzw. der Beschreibung des Sprachsystems diskutiert werden.

## 4.2 Was ist »Grammatik«? Einige Überlegungen zur Systematik der deskriptiven Sprachwissenschaft

Das Wort *Grammatik* leitet sich von griechisch *gramma* „Buchstabe" her und bedeutet ursprünglich nicht viel mehr als „Kunst des Schreibens". Diese ursprüngliche Bedeutung ist von der heutigen gar nicht einmal so weit entfernt, wie es auf den ersten Blick scheinen könnte. Wer eine Sprache verschriften möchte, muß in der Tat eine Menge über ihren Bau wissen, sonst steht er vor einer unlösbaren Aufgabe. Intuitive Sprachkenntnisse allein reichen zu diesem Geschäft nicht aus. Schreiben lernen ist u. a. auch eine grammatische Tätigkeit. Der Grundschullehrer, der dem Schulanfänger beibringt, mit welchen Buchstaben das Wort *Haus* geschrieben wird, bedient sich bei dieser Erklärung zweier Begriffe, die dem Linguisten viel Kopfzerbrechen bereiten: *Buchstaben* (vornehmer: *Graphem*), und – weit schlimmer noch – *Wort*.[7] Nun hat im Laufe der Zeit der Terminus *Grammatik* eine Bedeutung angenommen, die sehr viel mehr umfaßt als das, was man unter „Kunst des Schreibens" versteht. Was man jedoch genau unter „Grammatik" zu verstehen habe, darüber ist man heute weniger einig denn je. Wir wollen uns in diesem kurzen Abschnitt mit verschiedenen Ansichten zu dieser Frage auseinandersetzen. Es geht mir dabei nicht um eine Normierung des Terminus *Grammatik*, d. h. ich möchte nicht festlegen, wie er meiner Ansicht nach gebraucht werden sollte; ich möchte vielmehr versuchen zu zeigen, wie dieser Terminus in der sprachwissenschaftlichen Literatur gebraucht wurde und gebraucht wird.

Der beste Einstieg in die Diskussion sprachlicher und sprachtheoretischer Probleme besteht immer in der Besinnung auf die Alltagssprache, die einem schon vor aller Wissenschaft zur Verfügung steht. Jede Sprache enthält bis zu einem gewissen Grad bereits ihre eigene Sprachtheorie. Es gibt in allen Sprachen Wörter, die sich auf die Sprache selbst beziehen; im Deutschen z. B. Wörter wie *Wort, Satz, Silbe, Mundart, Sprache* usw. usf. Im Fall der Bezeichnung *Grammatik* läßt sich nun allerdings darüber streiten, ob es sich dabei um ein alltagssprachliches Wort oder um einen wissenschaftlichen Terminus handelt. Über eines läßt sich jedoch kaum streiten, darüber nämlich, daß dieses Wort nicht nur

---

[6] Coseriu verwendet diesen Terminus im entgegengesetzten Sinn.
[7] Eine Definition, die alle Fälle berücksichtigen würde, die dem intuitiven Verständnis von „Wort" subsumiert werden können, scheint nicht möglich zu sein; vgl. Albrecht 2002.

von Fachleuten, sondern auch von Leuten ohne besondere Ausbildung verwendet wird und daß sowohl die Fachleute als auch die Laien es in der schwer bestimmbaren und vieldeutigen Weise gebrauchen, die eher für die Alltagssprache als für die wissenschaftliche Fachsprache charakteristisch ist. Führen wir uns dazu einmal die folgenden Sätze vor Augen:

i   Von der Aussprache her finde ich Italienisch leichter als Spanisch, aber die spanische Grammatik ist leichter als die italienische.

ii  Man merkt ihm seine einfache Herkunft an; er spricht grammatisch falsches Deutsch.

iii Sie hat Französisch am Strand gelernt; sie spricht völlig ungrammatisch, kann aber alles ausdrücken.

iv  In dem Satz „André travaille la nuit" soll „la nuit" *complément d'objet direct* sein? Du hast ja keine Ahnung von Grammatik.

Wer die Sätze mehrmals durchliest und darüber nachdenkt, wie sie verstanden werden können, wird feststellen, daß die Wörter *grammatisch, Grammatik* usw. nicht nur von Satz zu Satz unterschiedlich gebraucht werden, sondern daß ihre Bedeutung auch innerhalb der Äußerung selbst nicht in allen Fällen eindeutig ist. Wir wollen uns jedoch zunächst nur für einen klar erkennbaren Unterschied interessieren, der zwischen Satz i auf der einen und den Sätzen ii – iv auf der anderen Seite besteht: In Satz i geht es um „Aufgaben und Form der Grammatik", mit anderen Worten, es geht um die Frage, welche sprachlichen Erscheinungen der Grammatik zugerechnet werden sollen und welche nicht. Bei den übrigen Sätzen geht es dagegen um das vergleichsweise »philosophische« Problem der „Seinsweise" der Grammatik: Hat man unter „Grammatik" die Struktur der Sprache selbst zu verstehen oder die Beschreibung dieser Struktur oder aber ein System von Vorschriften darüber, wie man die richtige Ordnung in sein Sprechen zu bringen hat? Wir werden gleich auf diese Fragen zurückkommen. Zunächst wollen wir uns aber dem simpleren Aspekt der Frage zuwenden, der Frage nach Aufgaben und Funktion der Grammatik. Ich möchte hier ziemlich grob vier Positionen unterscheiden, die in dieser Frage vertreten worden sind und vertreten werden:

| »naiv« | traditionell 1 | traditionell 2 | »modern« |
|---|---|---|---|
| Morphologie Morphosyntax | Morphologie Morphosyntax Satzsyntax | Phonologie Morphophonologie Morphologie Morphosyntax Satzsyntax | alles, was an der Sprache als regelhaft aufgefaßt werden kann[8] |

So viel zum ersten Aspekt der Frage „Was ist Grammatik?". Es zeigt sich, daß in der Geschichte der neueren Linguistik die Tendenz besteht, den Bereich der Grammatik in-

---

[8] Dazu gehören auch „pragmatische" Regeln wie z. B. das Wissen, daß man auf die Frage „How are you?" mit „Fine!" und nicht etwa mit einer ausführlichen Schilderung seines Gesundheitszustandes antwortet.

nerhalb der Sprache ständig auszudehnen. Dennoch wird die Position, die hier als »naiv« bezeichnet wird, weiterhin von vielen Laien vertreten. So kann man z. B. hören, Englisch sei leicht, denn es verfüge über sehr wenig »Grammatik«. Wenn man unter Grammatik nicht mehr als Morphologie und Morphosyntax versteht, dann ist an einer solchen Behauptung zumindest etwas Wahres dran.

Wie die Beispielssätze ii – iv zeigen, kann man die Frage aber auch in einem ganz anderen Sinn verstehen. Sie kann auch „ontologisch" gemeint sein, d. h. sie kann die Seinsweise der erfragten Erscheinung betreffen. Soll man unter „Grammatik" die Struktur der Sprache selbst verstehen, die Beschreibung dieser Struktur oder eine Art von Anweisung zum »richtigen Sprechen«? Wie in der Umgangssprache – die Beispielssätze haben es gezeigt – lassen sich auch in der Wissenschaft unterschiedliche Positionen in dieser Frage unterscheiden:

a) Das Regelhafte an der Sprache selbst (*langue*; Kompetenz) = »ontologischer« Grammmatikbegriff
b) Die Beschreibung von a) aufgrund theoriegeleiteter Beobachtung (deskriptive, wissenschaftliche Grammatik)
c) Die Kodifizierung von b) oder von Teilbereichen von b) zum Zweck
c') der Vermittlung von a) an jemanden, der nicht darüber verfügt (Grammatik einer Fremdsprache)
c") der Modifizierung von a) bei jemandem, der darüber nicht »vollständig« oder nicht in »vorbildlicher Weise« verfügt.[9]

Die zuletzt erwähnte Möglichkeit c") verdient eine kurze Erläuterung. Eine Behauptung wie „Er spricht grammatisch falsches Deutsch" ist strenggenommen unsinnig, wenn sie auf einen Deutschen gemünzt ist. Jeder spricht seine Muttersprache richtig (es sei denn, er verspreche sich, er begehe einen *lapsus linguae*). „Falsch" bedeutet in diesem Falle „nicht-exemplarisch", d.h abweichend von der als kanonisch geltenden Ausprägung des Deutschen.

## 4.3 Übersetzung und »Systemlinguistik«

In diesem Abschnitt sollen einige Hinweise auf die sprachwissenschaftlichen Kenntnisse gegeben werden, über die selbst der »theoriefeindlichste« Übersetzer verfügen muß, wenn er seiner Arbeit erfolgreich nachgehen möchte. Es handelt sich größtenteils um Erscheinungen, die man für banal zu halten geneigt ist, über die es sich jedoch nachzudenken lohnt, weil sie keineswegs im strengen Sinn des Wortes „selbstverständlich" sind. Wo muß man nachschlagen, wenn man die Bedeutung des lateinischen »Worts« *vereremur* erfahren möchte? Unter *vereor* „ehrfürchtige Scheu empfinden, fürchten". Das gängige lateinisch-deutsche Handwörterbuch, der „Georges", verrät einem das nicht. Man muß wissen, daß es sich um ein Deponens handelt, und daß man nicht, wie in den modernen Sprachen, unter dem Infinitiv *vereri* suchen darf, sondern in diesem besonderen Fall unter der 1. Person Präsens Indikativ Passiv. Nun könnte man die Ansicht vertreten, das Lateinische spiele im Alltag des modernen Übersetzers keine Rolle mehr; man solle die »toten« Sprachen lieber den Altphilologen überlassen. Ob dieser Ansicht uneingeschränkt zuzustimmen ist, soll im nächsten Abschnitt geprüft werden. Doch selbst unbe-

---

[9] Vgl. oben 1.2 die Lernziele in der Sprach- und Übersetzungsdidaktik.

stritten moderne Sprachen mit schwach ausgeprägter Morphologie stellen uns in dieser Hinsicht gelegentlich vor Probleme. Nicht umsonst wird der Benutzer des *Duden-Oxford Großwörterbuch[s] Englisch* unter *bought* auf *buy* und unter *mice* auf *mouse* verwiesen, und im *Dizionario Sansoni Tedesco-Italiano/Italiano-Tedesco* erfährt man, daß *tacqui* eine Form von *tacere* „schweigen" ist. Wer dort allerdings unter *ruppi* nachschlägt, findet keinen Verweis auf *rompere* „brechen" obwohl dieses Verb sicherlich nicht seltener ist als *tacere*. Auch in einer dem Deutschen eng verwandten sogenannten „Kleinsprache" wie dem Niederländischen, das viele Deutsche wenigstens passiv zu beherrschen glauben, trifft man auf Formen, die sich nicht ohne weiteres zuordnen lassen. Wer würde ohne solide Sprachkenntnis die Form *zoop* spontan auf *zuipen* „saufen" zurückführen? Wörterbücher auf elektronischen Datenträgern verfügen zum Teil über Lemmatisierungsprogramme. Diese sind allerdings ebenso unvollständig wie die entsprechenden Verweise in den Printversionen.

Die meisten handelsüblichen sprachlichen Hilfsmittel, die im dritten Kapitel vorgestellt wurden, folgen heute noch im wesentlichen dem „Wort und Paradigma-Modell", das vor über zweitausend Jahren in der Schule von Alexandria entwickelt wurde. Dieses Modell und seine späteren Weiterentwicklungen können hier nicht vollständig vorgestellt werden. Es sei hier nur auf zwei Grundtatsachen hingewiesen, die uns allen so selbstverständlich erscheinen, daß wir nicht mehr über sie nachdenken:

Im Wort und Paradigma-Modell gelten die flektierten Formen, d. h. die konkret in Texten anzutreffenden »Wörter«, als Wortformen, m. a. W. als Varianten (*tokens*) einer Variablen (eines *types*). So gelten sogar Einheiten ganz unterschiedlicher Herkunft wie *bin, ist, sind, war, gewesen*; *vais, allons, irai* oder *bueno, mejor, óptimo* (neben *bonísimo* und *buenísimo*) als „Formen" der Wörter *sein; aller, bueno*. Die jeweiligen „Grundformen", die sich als Einträge (Lemmata) in unseren Wörterbüchern wiederfinden, gelten zwar ebenfalls als Varianten, vertreten jedoch gleichzeitig die entsprechende Variable: *sein* ist also eine „Form" von „sein". Dies alles ist für Übersetzerinnen und Übersetzer nur insofern von Interesse, als sie die Zuordnungsregeln (Lemmatisierungskonventionen) kennen müssen, die nicht in allen Sprachen genau gleich sind.

Im Zentrum des Wort und Paradigma-Modells steht die Theorie der Wortarten und ihrer Flexion, soweit es sich um flektierbare Wortarten handelt. Diese Theorie beruht auf einigen Annahmen, die im modernen Grammatikunterricht kaum mehr expressis verbis vorgetragen werden, deren Geltung aber weiterhin stillschweigend vorausgesetzt wird:

> Das System der Wortarten hat, abgesehen von einigen Einzelheiten, übereinzelsprachliche Geltung. Die Wortarten sind unterschiedlichen Typen der Flexion (Deklination, Konjugation, Komparation) unterworfen, durch die verschiedene grammatische Kategorien bezeichnet werden (so z. B. Komparation beim Adjektiv und Adverb; Tempus beim Verb, Kasus beim Adjektiv und beim Substantiv usw.).
>
> Die Wortarten repräsentieren unterschiedliche Arten des Bedeutens (*modi significandi*), denen unterschiedliche Arten der kategorialen Erfassung der Gegenstände und Sachverhalte (*modi intelligendi*) entsprechen, die ihrerseits wiederum auf unterschiedlichen Arten des Seins (*modi essendi*) basieren. So sollen z. B. Substantive selbständig Seiendes, Verben Tätigkeiten und Vorgänge, Adjektive Eigenschaften bezeichnen usw. usf. Von den „synsemantischen" Wortarten, denen keine selbständige lexikalische, sondern nur grammatische Bedeutung zugeschrieben wird (Präposition, Konjunktion, Pronomen, Artikel) soll hier nicht die Rede sein.

Die Unstimmigkeiten dieses Modells sind früh erkannt worden. Sie haben im vergangenen Jahrhundert zu einer Ablehnung des Konzepts einer mehr oder weniger universalen Grammatik geführt, die in der »populärstrukturalistischen« Forderung gipfelte, jede Sprache dürfe nur mit Hilfe der »ihr eigenen« Kategorien beschrieben werden. Dabei wurde übersehen, daß bei einer strengen Befolgung dieses Grundsatzes keine Vergleichbarkeit sprachlicher Strukturen mehr gegeben wäre. Für Übersetzer und Dolmetscher wären „immanente" Grammatiken denkbar ungeeignete Arbeitsinstrumente. Die moderne Linguistik ist wieder sehr viel universalistischer ausgerichtet. Es geht jedoch in diesem Band nicht um theoretisch ambitionierte linguistische Modelle. Es geht um die wichtigsten Nachschlagewerke für Übersetzer und Dolmetscher, und die beruhen auch heute noch auf den Grundannahmen der klassischen Grammatik, die ebenfalls mehr oder weniger universalistischer Natur waren.

Schon anhand einer einzigen Sprache kann man Beobachtungen machen, die Zweifel an der dritten Grundannahme aufkommen lassen. „Schneien" ist zweifellos ein Vorgang; „grün" eine Eigenschaft. Dennoch läßt sich der Vorgang auch in Form eines Substantivs, die Eigenschaft auch in Form eines Verbs erfassen:

> Es schneite/es fiel Schnee; der Baum ist grün/grünt

Aus Beobachtungen dieser Art läßt sich schließen, daß es keine mechanische Korrelation zwischen den Wortarten und der außersprachlichen Wirklichkeit gibt. Das Verhältnis zwischen der sogenannten „kategorialen Bedeutung" und den Kategorien des Seienden ist viel komplizierter. Man könnte es – zunächst einmal bewußt naiv – folgendermaßen ausdrücken: Sprachliche Kategorien bilden ursprünglich vielleicht tatsächlich Kategorien der durch den Menschen erkannten Wirklichkeit ab; sie machen sich dann aber, bei der Weitergabe sprachlicher Traditionen von einer Generation zur anderen, »selbständig« und drücken – das ist notgedrungen wiederum sehr naiv formuliert – nun ihrerseits der Wirklichkeit ihren Stempel auf. Das gilt auch für die syntaktischen Funktionen. So kann die Funktion des Subjekts, die für die Bezeichnung des Agens prädestiniert erscheint, gelegentlich auch das Patiens bezeichnen:

> Das Haus brennt/Der Schnee schmilzt/Katrin kriegt Halsweh[10]

Für Übersetzer und Dolmetscher sind nicht nur die innersprachlichen, sondern in weit höherem Maße die zwischensprachlichen Diskrepanzen zwischen bezeichneter Wirklichkeit und grammatisch-kategorialer Einkleidung der Bezeichnung von Interesse. Diese Diskrepanzen werden uns im fünften Kapitel beschäftigen, nicht nur im Bereich der Grammatik, sondern auch in denen der Wortbildung und des Wortschatzes. Hier soll nur ein kleiner Vorgeschmack von dem gegeben werden, was uns dort erwartet:

„Sturm", obschon Substantiv, bezeichnet ein Phänomen, daß man intuitiv als „Vorgang" klassifizieren würde. Dennoch läßt sich dieses Phänomen in vielen Sprachen nicht wie im Deutschen rein verbal ausdrücken:

> Es stürmt/It's blowing a gale/Il fait de la tempête/C'è la tempesta usw.

Wir werden im nächsten Kapitel sehen, daß die Universalität des hier skizzierten Modells der traditionellen Grammatik nicht mißverstanden werden darf. Die weitgehend universalen grammatischen Kategorien teilen sich ihre Aufgaben bei der Bezeichnung der

---

[10] Vgl. unten 5.5.1.

Wirkichkeit von Sprache zu Sprache unterschiedlich auf. So geht das Modell zwar davon aus, daß alle Sprachen Tempora kennen; daraus folgt jedoch nicht, daß eine inhaltliche Unterscheidung, die in der Ausgangssprache im Bereich der Kategorie „Tempus" getroffen wird, auch in der Zielsprache notwendigerweise durch unterschiedliche Tempora ausgedrückt werden muß.

### 4.4 Übersetzung und historische Sprachwissenschaft

Brauchen Übersetzerinnen und Übersetzer Grundkenntnisse in historischer Sprachwissenschaft? Die Beantwortung dieser Frage hängt davon ab, was unter „historischer Sprachwissenschaft" verstanden werden soll und welche Berufstätigkeit angestrebt wird. Wer ganz sicher ist, es im späteren Berufsleben ausschließlich mit praktischen Texten geringen oder mittleren Schwierigkeitsgrades zu tun zu haben, wird ohne historische Kenntnisse auskommen. Wer sich jedoch nicht von vornherein den Weg dazu verbauen will, später einmal anspruchsvolle Texte zu übersetzen – und damit sind nicht nur literarische Texte gemeint, sondern auch Fachtexte aus den Gebieten Philosophie, Geschichte, Politik, Gesellschaftswissenschaften, Kunst und, nicht zu vergessen, aus den theoretischen Naturwissenschaften – der sollte neben Fachkenntnissen auch über sprachhistorische Kenntnisse verfügen. In der akademischen Ausbildung von Übersetzern und Dolmetschern sollten daher Grundkenntnisse in Sprach- Literatur- Kultur- und – *last but not least* – Übersetzungsgeschichte angeboten werden, und dies alles eingebettet in einen Überblick über die allgemeine Geschichte des Landes oder des geographischen Raums, in denen die jeweilige Arbeitssprachen beheimatet sind.

Sprachgeschichte ist nicht gleichzusetzen mit historischer Grammatik. Es kann zwar nichts schaden, wenn Übersetzer über die wichtigsten lautlichen, morphologischen, syntaktischen und lexikalischen Entwicklungen ihrer Arbeitssprachen Bescheid wissen; gründliche technische Kenntnisse auf diesem Gebiet, wie sie Philologen benötigen, sind jedoch für Übersetzer entbehrlich. Unverzichtbar sind hingegen auch heute noch Grundkenntnisse des Lateinischen. Es soll hier kein Plädoyer für die Bewahrung des „humanistischen Erbes" oder für die Notwendigkeit der Schulung „logischen Denkens" anhand des Lateinischen gehalten werden. Es geht um etwas sehr viel Elementareres: Anspruchsvolle Texte sind auch heute noch »durchsetzt« mit unmittelbaren oder mittelbaren Zeugnissen des Lateinischen, in geringerem Umfang auch des Griechischen. Wer über geläufige bildungssprachliche Floskeln wie *cum grano salis, otium cum dignitate* oder *sine ira et studio* stolpert, wer angesichts von Sentenzen wie *audiatur et altera pars, qui tacet, consentire videtur* oder *quidquid agis, prudenter agas et respice finem*[11] die Waffen streckt und die gebildete Kollegin um Rat fragt, schadet auf die Dauer dem eigenen »Marktwert«. Sehr viel schwieriger gestaltet sich der Umgang mit längeren lateinischen Zitaten oder mit mehr oder weniger subtilen Verweisen auf klassische Texte. Die romanischen Sprachen und das Englische sind noch weit enger mit dem Lateinischen verbunden als das Deutsche und weitere germanische oder slawische Sprachen.

---

[11] Übernommen aus einem an der Universität Heidelberg verteilten studentischen Flugblatt.

## 4.5 Lektürehinweise

Auch heute noch lesenswert sind einige Beiträge zu dem von Gerhard Nickel (1972) zusammengestellten Reader zur Kontrastiven Linguistik, insbesondere die Einleitung des Herausgebers mit zahlreichen weiterführenden Literaturhinweisen. Es wird zwar der Stand der Forschung um 1970 dargestellt; später hat sich jedoch auf diesem Gebiet nicht mehr allzu viel ereignet. Wandruszka (1969) bleibt ein Klassiker des synchronischen Sprachvergleichs; das reiche, aus zahlreichen Übersetzungen und ihren Originalen zusammengetragene Beispielmaterial gibt auch dem theoretisch weniger interessierten Übersetzer immer wieder neue Anregungen. Mit der gebotenen kritischen Distanz kann die „Vergleichende Stilistik" von Malblanc (1963; 3. Aufl. 1968) zum Sprachenpaar Französisch-Deutsch herangezogen werden. Was auf diesem Gebiet noch Nützliches hätte geleistet werden können, wenn dieser Forschungsansatz nicht fast vollständig aufgegeben worden wäre, zeigen die beiden Bände von Grünbeck (1976; 1983), die ebenfalls dem aus historischen Gründen in der Forschung überrepräsentierten Sprachenpaar Französisch-Deutsch gewidmet sind. Mit dem Arbeitsheft zum *Sprachvergleich französisch-deutsch* von Blumenthal ($^2$1997) hält die moderne Linguistik Einzug in dieses Forschungsgebiet, und gleichzeitig wird die „völkerpsychologische" Interpretation sprachlicher Unterschiede, gegen die schon Wandruszka heftig polemisiert hatte, endgültig vertrieben. Über das Verhältnis von Kontrastiver Linguistik und Übersetzungsforschung haben sich Coseriu (1981/88) und C. Schmitt (1991) ausführlich geäußert. Zum Komplex „(traditionelle) Grammatik und Sprachen" gibt es eine Reihe von Werken, die linguistisch nicht besonders vorgebildeten Leserinnen und Lesern empfohlen werden können: Palmer (1971); Lyons (1983, Kap. 2-5); Kürschner ($^4$2003, Kap. 4-7); Hentschel/Weydt (1990).

Zur kontrastiven Linguistik im Allgemeinen bleibt der umfangreiche Artikel von Cartagena (2001) nachzutragen, der durch López García (2008) um einige sprachtheoretische Aspekte ergänzt wird. Ich selbst habe mich noch einmal ausführlicher mit dem Verhältnis von kontrastiver Sprachwissenschaft und Übersetzungsforschung auseinandergesetzt (Albrecht 2009). Zu den Latinismen, auf die Übersetzer in den modernen Sprachen stoßen können, insb. zu den Bildungsfloskeln vom Typ *sine ira et studio*, *dura lex, sed lex*, *sapienti sat* usw. usf., findet man Material bei Albrecht/Körkel (2008).

## 5. Die deskriptive Sprachwissenschaft in ihrer kontrastiv-konfrontativen Ausprägung als Hilfsdisziplin der Übersetzungsforschung

Was hier gezeigt werden soll, ist weder neu noch besonders anspruchsvoll;[1] es geht vielmehr um recht bescheidene Dinge. Im Gegensatz zum ersten Teil der vorliegenden Einführung, in dem wir uns weitgehend auf der *Makroebene* der Übersetzungstheorie bewegt haben, wollen wir nun auf die *Mikroebene* absteigen. Auf den Unterschied zwischen den beiden Ebenen wurde bereits in 4.1 hingewiesen. Hier sollen noch einige zusätzliche Erläuterungen gegeben werden:

Die *Makroebene* stellt seit langem den Bereich dar, in dem sich theoretisch ambitionierte Übersetzungswissenschaftler bevorzugt bewegen. Es geht um die Bestimmung der wünschenswerten Art der Relation zwischen AS-Text und ZS-Text auf einer sehr abstrakten Ebene, ohne unmittelbaren Sprachbezug. Die sprachbedingten technischen Probleme der Übersetzung werden fast völlig ausgeklammert und die konkreten Beispiele dienen lediglich der Exemplifizierung. Die Entscheidungen, die in diesem Bereich getroffen werden, gehören zur *Übersetzungsstrategie*.

Auf der *Mikroebene* wird hingegen sprachenpaarbezogen argumentiert. Es geht um semantische, teilweise auch um pragmatische Äquivalenz zwischen Segmenten von Texten zweier Sprachen. Die konkreten Beispiele dienen nicht nur der Exemplifikation, sondern haben den Charakter von Mustern, die bis zu einem gewissen Grad verallgemeinert werden können. Es versteht sich von selbst, daß die Mikroebene in der Hierarchie der vom Übersetzer zu treffenden Entscheidungen der Makroebene unterzuordnen ist.[2] Diese idealiter gültige Forderung hat allerdings verhältnismäßig geringe Auswirkungen auf den Übersetzeralltag. Die Hauptarbeit des Übersetzers besteht in der Lösung von Äquivalenzproblemen, die sich auf der Mikroebene stellen.[3] Die Entscheidungen, die in diesem Bereich getroffen werden, gehören zur *Übersetzungstechnik*, die im wesentlichen in der Anwendung geeigneter *Übersetzungsverfahren* besteht.

Die Übersetzungswissenschaftler, die sich vorwiegend auf der Makroebene bewegen, setzen häufig die Lösung der Probleme, die sich auf der Mikroebene ergeben, bereits stillschweigend voraus. Jede Art von „translatorischem Handeln" muß sich nämlich in irgendeiner Form auf Äquivalenzangebote stützen können, die auf der Mikroebene erarbeitet worden sind, und sei es nur auf Angebote von der Art, wie sie von einem zweisprachigen Wörterbuch gemacht werden.

Es geht also zunächst einmal um eine gezielte Warnung vor möglichen übersetzerischen Fehlleistungen, eine Aufgabe, die man gewöhnlich den „Praktikern" anvertraut. In der übersetzungswissenschaftlichen Literatur mangelt es derzeit nicht an theoretischen Untersuchungen auf hohem Abstraktionsniveau, bei denen konkrete sprachliche Fakten eine marginale Rolle spielen. Andererseits erfreuen sich Textsammlungen mit kommentierten Musterübersetzungen weiterhin großer Beliebtheit. Dort werden konkrete Überset-

---

[1] Was hier auf wenigen Seiten nur knapp angedeutet werden kann, wird – um nur ein Beispiel zu nennen – bei García Yebra ($^2$1984) auf über 500 Seiten mit einer Fülle von Beispielen aus den verschiedensten Sprachen behandelt.
[2] Vgl. u. a. Henschelmann 1999, Kap. II.
[3] Eine terminologische Klarstellung scheint angebracht: „Äquivalenz" ist genau im hier eingeführten Sinn zu verstehen, als „Gleichwertigkeit". Es ist nicht zu verstehen im Sinne von „Äquivalenz" bei Reiß/Vermeer (1984) und einigen anderen „funktionalistischen" Übersetzungstheoretikern und -theoretikerinnen.

zungsprobleme ungeordnet und kasuistisch abgehandelt, wobei sich die vorgeschlagenen Lösungen nur in den wenigsten Fällen generalisieren lassen. Dazwischen klafft eine empfindliche Lücke. Nur selten wird der Versuch unternommen, Makro- und Mikroebene aufeinander zu beziehen.[4]

Auf der Mikroebene werden Äquivalenzangebote erarbeitet, unter denen der Übersetzer auswählen kann. Dabei kann es gelegentlich vorkommen, daß eine Lösung, die innerhalb eines Textsegments als äquivalent anzusehen ist, mit Rücksicht auf den Gesamttext verworfen werden muß. Eine äquivalente Textübersetzung ist eben keine einfache Verkettung von äquivalent übersetzten Textsegmenten. Dennoch wird Äquivalenz in der Regel zunächst im Hinblick auf Textsegmente hergestellt, und es kommt häufig vor, daß fragwürdige oder fehlerhafte Äquivalenz an einer bestimmten Textstelle auf einem schlichten Irrtum beruht, der nichts mit der Berücksichtigung übergeordneter Faktoren zu tun hat. Spätestens seit Etienne Dolet (1509-1546) wird in übersetzungstheoretischen Traktaten vom Übersetzer immer wieder die vollkommene Beherrschung seiner Arbeitssprachen gefordert. Diese Forderung ist illusorisch. Selbst einem Starübersetzer wie Curt Meyer-Clason unterlaufen banale Fehler:

> Había perdido en la espera la fuerza de los muslos, la dureza de los senos, el hábito de la ternura ...[5]
> Wartend hatte sie die Kraft der Muskeln eingebüßt, die Härte der Brüste, die Übung der Zärtlichkeit ...
> Aveva perso nell'attesa la forza delle cosce, la sodezza dei seni, l'abitudine alla dolcezza ...

Während in der italienischen Übersetzung die erotische Konnotation all jener Eigenschaften erhalten bleibt, die Pilar Ternera beim vergeblichen Warten auf irgendwelche Männer verloren hat, sind in der deutschen Fassung aus *Schenkeln Muskeln*, aus *Festigkeit* der Brüste *Härte* und aus dem *vertrautem Umgang* mit der Zärtlichkeit *Übung* geworden. Beim Streit um die Qualität der deutschen Übersetzung von Lawrence Norfolks Roman *Lemprière's Wörterbuch* – einer der seltenen Fälle, in denen Übersetzungsprobleme in einer breiteren Öffentlichkeit diskutiert wurden – ging es vor allem um die Frage, ob zahlreiche befremdliche Passagen auf eine sehr eigenwillige Strategie des Übersetzers oder auf mangelnde Sprachkenntnis und stilistische Unbeholfenheit zurückzuführen seien:

> The debt was owed him, but by dead men ...
> Die Schuld war ihm geschuldet, doch von toten Männern ...
>
> The nine men seem to pay close attention, looking away from each other, heads tilted to catch the words ...
> Die neun Männer [...] neigen die Köpfe, die Wörter zu fangen ...
>
> Word went around that a Frenchman had got ten guineas [...] for his news ...
> Ein Wort ging um, daß ein Franzose [...] zehn Guineas für seine Nachricht bekommen habe ...
>
> The front door, in fact every door, was open.
> Die Vordertür war wie jede Tür offen.

---

[4] So z. B. bei Wilss/Thome (Hgg.) 1984, Sektionen I und IV; García Yebra [2]1984; Henschelmann 1999.
[5] Gabriel García Marquez: *Cien años de soledad*, 2. Kap.; ital. Übersetzung von Enrico Cicogna.

"We quite understand" Lemprière said. But Septimus was having none of it.
"Wir verstehen das", sagte Lemprière. Aber Septimus hatte daran keinen Anteil.

Bei den ersten drei Beispielen wäre man unter Umständen geneigt, dem Übersetzer eine höchst eigenwillige Strategie extrem wörtlichen, bewußt »unidiomatischen« Übersetzens zuzugestehen. Die letzten beiden scheinen hingegen eindeutig auf mangelnde Sprachkenntnis hinzudeuten. Bei "wie jede Tür", statt "wie überhaupt alle (übrigen) Türen" oder "Septimus hatte keinen Anteil daran" statt "das schmeckte S. überhaupt nicht, damit war er bei S. an den Falschen geraten" handelt es sich nicht um »unidiomatische«, sondern um unsinnige oder irreführende Formulierungen. Der negative Eindruck verstärkt sich bei der Lektüre der längeren Passagen, die in dem übersetzungskritischen Pamphlet angeführt werden, aus dem hier zitiert wird.[6]

"Ich gebe nun einige ausgewählte Beispiele für die Betrachtung sprachenpaarbezogener Übersetzungsprobleme auf der Mikroebene und halte mich dabei an ein aufsteigendes Schema (*bottom up*), das sich an dem Typ von Grammatik orientiert, der in Kap. 4.2 als *traditionell*$_2$ bezeichnet wurde.

Wenn nun im folgenden von den Kerndisziplinen der Sprachbeschreibung im engeren technischen Sinn die Rede ist, so können die Disziplinen selbst nur skizziert werden. Es geht in erster Linie um die Frage, welchen Beitrag sie zur Übersetzungsforschung leisten können und inwiefern sie dem Übersetzer in rein praktischer Hinsicht das Handwerk erleichtern. Was den theoretischen Rahmen angeht, so werde ich ganz bewußt eklektisch vorgehen und aus zum Teil recht unterschiedlichen Ausprägungen der modernen Linguistik das herausgreifen, was mir für meine Zwecke dienlich erscheint. Es versteht sich nahezu von selbst, daß die Argumentation angesichts der mit dieser Einführung ins Auge gefaßten Adressatengruppe weitgehend informell bleiben muß und nicht zu stark mit Fachterminologie befrachtet werden darf.

## 5.1 Phonetik und Phonologie

Die Phonetik ist eine naturwissenschaftliche Hilfsdisziplin der Linguistik. Sie beschäftigt sich mit der Produktion, mit den objektiv meßbaren Eigenschaften und mit der Perzeption der Sprachlaute (artikulatorische, akustische und auditive Phonetik). Die Phonologie ist dagegen eine sprachwissenschaftliche (und damit nicht-naturwissenschaftliche[7]) Disziplin im engeren Sinn. Sie beschäftigt sich nicht mit *Lauten* schlechthin, sondern mit den Lauten als integrierenden Bestandteilen einer Sprache, mit *Phonemen*. Im Gegensatz zu den Lauten sind die Phoneme abstrakte Einheiten, Variable, die konkret als Varianten realisiert werden. Sie sind zudem diskrete Einheiten, d. h. sie werden entweder als *a* oder als *b* wahrgenommen, nicht als ein Zwischending; sie sind strukturiert, d. h. sie bilden sprachspezifische Konfigurationen,[8] und sie sind endlich, d. h. jede Sprache verfügt über eine – je

---

[6] Vgl. Baumrucker et alii (1993). Es handelt sich um einen offenen Brief, den elf literarische Übersetzer an den Verleger der inkriminierten Übersetzung gerichtet haben. Eine ausführliche Diskussion des Pro und Contra findet sich bei Gerzymisch-Arbogast 1994, Kap. 1.3.

[7] Das Problem kann hier nicht wirklich erörtert werden, ein Hinweis muß genügen: Die behavioristischen Experimente der amerikanischen Distributionalisten haben gezeigt, daß man vom Phänomen des „Bewußtseins" auch in der Phonologie nicht vollständig absehen kann; vgl. Albrecht $^3$2007, Kap. 5.4.

[8] Vgl. u. a. Dürr/Schlobinski 1990, 44ff.; Ternes $^2$1999, Kap. 8.

nach Zählweise – bestimmte Anzahl von Phonemen, während jeder Sprecher eine unbestimmte Anzahl von Lauten hervorbringen kann:

| | | | | |
|---|---|---|---|---|
| **Laute:** | konkret | kontinuierlich | unstrukturiert | unendlich |
| **Phoneme:** | abstrakt | diskret | strukturiert | endlich |

Die Phonologie beschäftigt sich, in der Terminologie des französischen Linguisten André Martinet ausgedrückt, mit der „zweiten Gliederung" der Sprache.[9] Während es die Morphologie, von der im nächsten Teilkapitel die Rede sein wird, mit den kleinsten *bedeutungstragenden* Einheiten einer Sprache zu tun hat, bewegt sich die Phonologie auf der Ebene der *bedeutungsunterscheidenden* Einheiten. Nun spielt aber die Bedeutung bei der Übersetzung eine entscheidende Rolle. Können Phonetik und Phonologie, zwei Disziplinen, die nur am Rande etwas mit der Bedeutung zu tun haben, unter diesen Umständen überhaupt etwas Nennenswertes zur Lösung von Übersetzungsproblemen beitragen?

Sehen wir uns dazu zunächst eine Strophe an, an die sich die meisten Leser aus frühen Kindertagen erinnern dürften:

> Rucke di guh, rucke di guh,
> Blut ist im Schuh
> Der Schuh ist zu klein,
> Die rechte Braut sitzt noch daheim.

Mit diesen Worten weisen die beiden Tauben im Märchen *Aschenputtel* eindringlich darauf hin, daß hier jemand versucht, mit Hilfe eines nicht passenden Schuhs eine Position zu erringen, die ihm nicht zusteht. Diese Strophe wurde zu Beginn des 19. Jahrhunderts folgendermaßen ins Englische übersetzt:

> Back again! back again! look to the shoe!
> The shoe is too small, and not made for you!
> Prince! Prince! look again for thy bride,
> For she's not the true one that sits by thy side.

Schon ein ganz oberflächlicher Vergleich läßt unmittelbar erkennen, daß hier der onomatopöische Effekt in der Übersetzung völlig verloren gegangen ist. Der stilisierte Ruf der Tauben assoniert mit „Blut" und „Schuh" und verstärkt damit in recht effektvoller Weise den lexikalischen Inhalt von *Blut*, auf den es hier in erster Linie ankommt. Der lange Vokal [u:] scheint geeignet, Düsteres und Unheilvolles zu evozieren, jedoch in der Regel nur dann, wenn der Klang mit den Bedeutungen der Wörter korrespondiert. Die Verse *Guter Mond, du gehst so stille / Durch die Abendwolken hin* jagen uns keinen Schauer über den Rücken, obwohl der Vokal *u* dreimal in ihnen vorkommt. Die französische Übersetzerin Marthe Robert hat gemerkt, daß in diesem Fall die lautliche Form der Verse unmittelbar – d. h. nicht über die symbolische Funktion der sprachlichen Zeichen – etwas zum »Sinn« des Textes beiträgt und hat sich bemüht, dem in ihrer Übersetzung Rechnung zu tragen:

> Tour nou touk, tour nou touk,
> Sang dans la pantouk,
> Le soulier est trop petit,
> La vraie fiancée est encore au logis.

---

[9] Vgl. Martinet 1960, Kap. 1–8.

Dieser Effekt war ihr so wichtig, daß sie, um die Häufung der *u* und den Reim bewahren zu können, in Anlehnung an *pantoufle* das Kunstwort *pantouk* gebildet hat.[10]

Es geht hier um die Frage, ob Wort und Gegenstand in einem »notwendigen« oder »nicht-notwendigen« Verhältnis zueinander stehen. Das Problem klingt bereits bei den Vorsokratikern an und wird in Platons Dialog *Kratylos* ausführlich diskutiert. Während Hermogenes dort die These vertritt, das Verhältnis von Namen und Gegenstand beruhe auf Übereinkunft und Konvention (modern ausgedrückt, die These der „Willkürlichkeit" des Zeichens, des *arbitraire du signe*)[11], gibt Kratylos, der dem Dialog seinen Namen gegeben hat, hartnäckig seiner Überzeugung Ausdruck, daß es einen »naturgemäßen« Zusammenhang zwischen Namen und Gegenstand geben müsse. Das kann hier nicht gründlich dargestellt werden.[12]

Seit langem hat sich die Überzeugung durchgesetzt, daß die Arbitrarität des Verhältnisses von Laut und Bedeutung für das sprachliche Zeichen den Normalfall darstellt. Dennoch oder vielleicht gerade deshalb haben Sprachtheoretiker und Dichter immer wieder ihre Aufmerksamkeit den Fällen gewidmet, in denen das Prinzip der Willkürlichkeit des Zeichens zumindest teilweise aufgehoben zu sein scheint, in denen dem sprachlichen Zeichen eine unmittelbar ikastische Funktion zugesprochen werden kann.

Man hat zwischen einer ikastischen Funktion im engeren und im weiteren Sinn zu unterscheiden:

Zum einen geht es um Lautmalerei im engeren Sinn (Onomatopöie, Onomatopoesie), d. h. um die Fälle, in denen Töne oder Geräusche bzw. Lebewesen, Gegenstände oder Sachverhalte, die mit Tönen oder Geräuschen in Verbindung stehen, unmittelbar nachgeahmt werden: *bim bam bum* (Glocke), *ticktack* (Uhr), *trallala* (jemand, der singt), *muhen* (Kuh), *blöken* (Schaf), *fauchen* (Katze); *couic* (erstickter Schrei), *cric-crac* (plötzliche, mit Geräusch verbundene Bewegung), *froufrou* (Seide), *caqueter* (Huhn), *couiner* (klagender Säugling, kleines Tier), *zézayer* (jemand, der *j* wie ein stimmhaftes *z* ausspricht); *chinchín* (Anstoßen der Gläser), *chiquichaque* (Schmatzen oder anfahrender Zug), *rataplán* (Trommel), *cacarear* (Krähe, Rabe), *murmurar* (undeutliches Sprechen), *ulular* (Eule) usw. usf.

Die Lautmalerei bleibt dabei innerhalb der Konventionalität der Sprachen, d. h. die Laute werden – von ganz wenigen Ausnahmen abgesehen – mit Hilfe der in einer Sprache vorhandenen Phoneme nachgebildet und die sprachspezifischen Regeln der Kombination von Phonemen (*Distribution, Phonotaktik*) werden eingehalten. Daher fallen auch lautmalerische Wörter in verschiedenen Sprachen unterschiedlich aus, der deutsche Hahn kräht anders als der französische, der Frosch *quakt*, la grenouille *coasse*.

Über die Häufigkeit lautmalerischer Wörter in den verschiedenen Sprachen gibt es unterschiedliche Ansichten. Einer vermutlich auf intuitiven Einsichten beruhenden traditionellen Meinung zufolge sollen Onomatopöika in den konsonantenreichen germanischen Sprachen, die zudem noch eine Fülle von Konsonantenkombinationen zulassen und somit über eine recht komplexe Silbenstruktur verfügen, häufiger sein als im Romanischen. Genauere Untersuchungen zum Französischen und Deutschen kommen zu diffe-

---

[10] Vgl. Albrecht 1998, 95f.
[11] In oberflächlichen Handbüchern wird Ferdinand de Saussure als Entdecker dieses Prinzips ausgegeben. Der Genfer Sprachwissenschaftler war sich jedoch durchaus der Tatsache bewußt, daß er mit seinen Ausführungen auf eine zweitausendjährige Tradition zurückgriff; vgl. CLG, 100; Fehr 1997, 145.
[12] Vgl. Coseriu 2003, Kap. 5.4, insb. 5.4.2.2, 45-54.

renzierteren Ergebnissen. Auf diesem Gebiet bleibt noch viel Arbeit zu leisten, die sich unmittelbar positiv auf die Übersetzungspraxis auswirken könnte. Jedem Übersetzer aus dem Französischen dürfte aufgefallen sein, wie häufig in französischen Dialogen *verba dicendi* gebraucht werden, die dumpfe Unzufriedenheit ausdrücken und gleichzeitig zur Einführung direkter Rede herangezogen werden können: *gronder, grogner, grommeler, marmotter, maronner, bourdonner, rogner, bougeonner, ronchonner, grognasser* usw.[13] Bei Untersuchungen dieser Art muß die Ebene der *types* und die der *tokens* getrennt behandelt werden. Aus der Tatsache, daß eine Sprache über eine große Anzahl von Onomatopöika in ihrem Wortschatz verfügt, folgt nicht notwendigerweise, daß diese Ausdrücke in durchschnittlichen Textsorten besonders häufig auftreten.[14]

Neben der Lautmalerei im engeren Sinn gibt es die Lautsymbolik. Verben wie *flimmern, kribbeln* oder *zappeln*, ein Adverb wie *zickzack* bezeichnen keine Schallereignisse; und dennoch vermitteln sie den Eindruck, als könne man ihrer lautlichen Form ihre Bedeutung nahezu »ablesen«. Charles Bally, der Nachfolger Ferdinand de Saussures auf dem Genfer Lehrstuhl für Allgemeine Sprachwissenschaft, den wir bereits als einen der Begründer der Kontrastiven Linguistik kennengelernt haben (vgl. oben 4.1), macht auf einen besonders plausiblen Fall von Lautsymbolik aufmerksam:

> L'articulation des verbes *happer* et *lapper* reproduit grosso modo les actions mêmes qu'ils désignent.[15]

Für zwei denkbare deutsche Äquivalente der beiden französischen Verben, *schnappen* und *schlabbern*, gilt das ebenfalls; auch zur Aussprache dieser Verben sind ungefähr die Mundbewegungen nötig, die die Verben selbst bezeichnen.

In anderen Fällen läßt sich das Vorhandensein von Lautsymbolik weniger überzeugend begründen. Ist zum Beispiel englisch *quiver* ebenso motiviert wie deutsch *zucken*? Immer wieder wurden Versuche unternommen, intersubjektiv verifizierbare Kriterien aufzustellen und die Sprachlaute im Hinblick auf ihre evokative Funktion zu klassifizieren. Der bekannte französische Phonetiker Maurice Grammont hat sich auf diesem Gebiet besonders hervorgetan.[16] Da die Lautsymbolik, insbesondere wenn sie in Form von Interjektionen auftritt, nur lose an ein bestimmtes Sprachsystem gebunden zu sein scheint und einen übereinzelsprachlichen Charakter aufweist, wird in diesem Bereich nie phonologisch, sondern stets phonetisch argumentiert. Wie zahlreiche hier angeführte Beispiele gezeigt haben, spielt die Reduplikation auf diesem Gebiet eine herausragende Rolle. Daher haben sich die Vertreter der Natürlichkeitstheorien in der Morphologie frühzeitig für die ikastische Funktion totaler oder partieller Silbenverdopplung interessiert.[17]

„Alles, was den Sprachorganen leicht wird hervorzubringen, ist dem Ohr angenehm zu vernehmen" heißt es in August Wilhelm Schlegels *Wettstreit der Sprachen*.[18] Die Dichter haben immer gewußt, daß dies auch in umgekehrter Hinsicht gilt. So bemerkt der spanische Humanist Juan Luis Vives zu einer Stelle in Vergils *Georgica*:

---

[13] Vgl. Dupuy-Engelhardt 1993, 151.
[14] Vgl. Malblanc 1963, 46; Wandruszka 1969, Kap. 1.
[15] Bally ⁴1965, 130.
[16] Grammont 1901.
[17] Vgl. u. a. Mayerthaler 1977.
[18] Schlegel 1846.

Das R erweckt die Vorstellung eines beschwerlichen Hindernisses, es bewegt sich gleichsam auf steilem und holprigem Weg bergauf und stemmt sich einem entgegen, denn es hat etwas vom Atem eines schwer Arbeitenden. Bewundernswert ist es, wie Vergil, an einer Stelle, wo er zeigen will, mit welcher Mühe Etrurien und Rom selbst entstanden sind, mit R nur so um sich wirft:[19]

Hanc Remus et frater: sic fortis Ethruria crevit Scilicet, et rerum facta est pulcherrima Roma (so wuchsen Remus und Romulus auf und die starken Etrusker, so wuchs auf voll Macht in der Welt die strahlende Roma)[20]

In anspruchsvollen Texten, die den Übersetzer herausfordern, geht es meist nicht um die ikastische Funktion des Zeichens allein, sondern es geht um eine Kombination der konventionellen Zeichenfunktion mit der ikastischen. Es gibt gewisse Wörter, deren Lautsubstanz besser zu ihrer Bedeutung zu passen scheint als die anderer Wörter.

| *gut* | *weniger gut* |
|---|---|
| lourd | heavy |
| gros | big |
| dunkel; sombre; oscuro | dark |
| thin | sottile (it.) |
| *autosemantisch* | *heterosemantisch* |
| knapp | compendieusement |
| kurz | lang |

„Autosemantisch" heißen Wörter, bei denen Form und Inhalt in gewisser Hinsicht korrespondieren, „heterosemantisch" Wörter, bei denen dies nicht der Fall ist. So sind im Deutschen *kurz* und *lang* kurze Wörter, frz. *compendieusement* „kurz, in wenigen Worten" hingegen ein langes Wort.[21] Heterosemantisch sind in fast allen Sprachen die Diminutive, weil, wie schon der elsässische Sprachphilosoph Johann Heinrich Lambert (1728-1777) festgestellt hat, die Verminderung des bezeichneten Gegenstandes mit einer Vergrößerung des Wortkörpers einhergeht.[22]

Der französische Dichter Stéphane Mallarmé hat sich einmal mit drastischen Worten darüber beschwert, daß manche Wörter überhaupt nicht zu ihren Bedeutungen passen:

... que le discours défaille à exprimer les objets par des touches y répondant en coloris ou en allure, lesquelles existent dans l'instrument de la voix, parmi les langages et quelquefois chez un. A côté d'*ombre*, opaque, *ténèbres* se fonce peu; quelle déception,

---

[19] R, impeditissimum efficit, et quasi per acclive et confragosum ascendendum est, ac contra nitendum; nam velut respirationem quandam habet laborantis. Mirifice Verg. quum ostendere vellet quo labore crevisset Ethruria et Roma ipsa, infarcit crebrum r (*De ratione dicendi*, vgl. Coseriu ⁴2007, 115).

[20] Vergil, Georgica II, 533f. Übersetzung von Johannes und Maria Götte.

[21] Aus der Diskrepanz zwischen Form und Bedeutung von *compendieusement* gewinnt Racine in seiner einzigen Komödie einen komischen Effekt. Der „Vorgeladene" (*l'intimé*) gebraucht *compendieusement* mit der entgegengesetzten Bedeutung, d. h. im Sinne von ausführlich, weil er als Halbgebildeter der Ansicht ist, ein so langes Wort könne nur etwas Langes bedeuten (*Les Plaideurs* III, 3).

[22] Vgl. Coseriu 2003, 330.

devant la perversité conférant à *jour* comme à *nuit*, contradictoirement, des timbres obscur ici, là clair.[23]

Französische Dichter haben immer wieder versucht, dieses Mißverhältnis durch phonisch passendere Adjektive auszugleichen, die sich in diesem Fall als wirkliche „Epitheta" erweisen. So haben Racine und Hugo versucht, die „wahre" Bedeutung von *jour* und *nuit* durch hinzugefügte, scheinbar überflüssige, hell bzw. dunkel klingende Lexeme hervorzuheben: *la lumière du jour, les ombres de la nuit* und *nuit noire*.[24] Genette weist darauf hin, daß in der barocken Liebeslyrik interessanterweise die Tendenz bestand, das hell klingende *nuit* durch ein ebenfalls die Klarheit hervorrufendes Lexem noch zu verstärken: *nuit plus claire que le jour*.[25]

Von ikastischer Funktion kann man in diesen Fällen allenfalls auf der Ebene der Sprache, der *langue*, nicht auf der Ebene der *Rede* oder der Texte, der *parole* sprechen. Eine solche ikastische Funktion auf der Ebene der Texte, – und nur sie ist für den Übersetzer interessant – tritt erst dann auf, wenn ein Dichter oder ein ganz gewöhnlicher Textproduzent das sprachliche Material so arrangiert, daß die potentiell vorhandene ikastische Funktion von der Ebene der Bedeutung aktualisiert und damit auf die Ebene der Bezeichnung übertragen wird, wie es in unserem Beispiel aus *Aschenputtel* der Fall ist.

Wenn die Ausdrucksebene die Aussage des Textes nicht mehr unterstreicht, sondern sie statt dessen in den Hintergrund drängt, da die semantisierte Signifikantenebene übertrieben massiv eingesetzt wurde, spricht man von einer Desemantisierung der Inhaltsebene.[26] Die Zusammenstellung der sprachlichen Zeichen primär nach lautlichen Kriterien macht die Sprache zum Ornament und läßt einen Text entstehen, der mehr oder weniger sinnlos erscheint und seine Wirkung nur aufgrund seiner onomatopoetischen Komponente entfaltet. Texte dieser Art sind in einem sehr präzisen technischen Sinne „manieristisch" und somit im besten Falle als Kunsthandwerk einzustufen.[27]

Auf weitere Übersetzungsprobleme, bei denen Kenntnisse auf dem Gebiet der Phonetik und der Phonologie hilfreich sein können, kann hier nur am Rande eingegangen werden. Da wäre zunächst die bewußte Verwendung von Lautkorrespondenzen zur Gliederung oder in den soeben erwähnten Grenzfällen als ornamentale Zutat von Texten zu nennen: Assonanz, Reim, Stabreim.[28] Ferner – und dabei handelt es sich schon um eine sehr spezifische Frage – sind Kenntnisse dieser Art nützlich, wenn Texte übersetzt werden sollen, in denen ein fremder Akzent karikiert wird. Dabei sind gewisse Grundkenntnisse im Bereich phonetisch-phonologischer Interferenzerscheinungen zwischen zwei Sprachen hilfreich.

Das Problem wird unlösbar, wenn der im Ausgangstext auftretende Akzent der Zielsprache selbst angehört, wie z. B. in Balzacs Roman *Le cousin Pons*, wo ein Deutscher namens Schmucke auftritt, der fürchterliche Dinge von sich gibt. Die folgende Passage könnte man mit ein bißchen Geschick in nahezu jede Sprache übersetzen, nur eben nicht ins Deutsche:

---

[23] Vgl. Coseriu ⁴2007, 116.
[24] Racine/Hugo zit. nach Genette 1969, 115.
[25] Vgl. Genette 1969, 117.
[26] Vgl. Eicher/Wiemann 1996, 67.
[27] Vgl. Delbouille 1961, 193.
[28] Vgl. Albrecht 2004.

Che futrais edre assez ruche bir de vaire fifre tu les churs gomme ça ...
[Je voudrais être assez riche pour te faire vivre tous les jours comme ça ...][29]

Schließlich sei nur noch darauf hingewiesen, daß die artikulatorische Phonetik bei der Synchronisation von Filmszenen von großer Bedeutung ist, bei denen die Lippenbewegungen der Schauspieler deutlich erkennbar sind. Es gibt sogar spezifische Kurse für Autoren von Synchronfassungen.

Ein guter Übersetzer muß sicherlich nicht darüber entscheiden können, ob man im Deutschen die Affrikate *pf* mono- oder biphonematisch zu werten hat, und ebensowenig muß er über den Unterschied zwischen graduellen und äquipolenten Oppositionen Bescheid wissen. Er sollte jedoch über die Grundbegriffe vor allem der artikulatorischen Phonetik verfügen und sich mit den wichtigsten Unterschieden zwischen der auf keine bestimmte Sprache beschränkten Phonetik und der prinzipiell auf bestimmte Sprachen, ja sogar sprachliche Varietäten begrenzten Phonologie vertraut gemacht haben.

### 5.1.1 Suprasegmentale Merkmale

Zum Abschluß dieses Kapitels muß ein Komplex wenigstens gestreift werden, zu dem zwar eine kaum mehr überschaubare Anzahl von Einzeluntersuchungen vorliegt, der aber nie in angemessener Weise Eingang in die elementaren Handbücher gefunden hat. Es geht um die sogenannten „suprasegmentalen" Merkmale, d. h. phonetisch beschreibbare und phonologisch analysierbare Phänomene, die die abgrenzbaren Einheiten, die Phoneme, »überlagern« und die sich ihnen hinzugesellen – im wesentlichen also um die Intonation und verschiedene Typen von Satzakzenten. Die Behandlung dieses Komplexes in einer Einführung erweist sich insofern als schwierig, als keines unter den vielfältigen vorgeschlagenen Notationssystemen sich bisher durchsetzen konnte. Dies gilt schon für eine einzige Sprache; an ein übereinzelsprachlich anwendbares System ist vorerst nicht einmal zu denken. Es können hier also nur einige allgemeine Hinweise in einer technisch unbefriedigenden Form gegeben werden.

Es wurde immer wieder behauptet, bei der Intonation handele es sich um ein paralinguistisches Phänomen, das den Kern des Sprachsystems nicht tangiere. Das ist nur zum Teil richtig. In der Tat hat die Intonation „expressive" Funktion (im Sinne Bühlers); sie kann darüber hinaus auch als sozio-stilistischer Indikator für bestimmte Stilebenen („Register") in Erscheinung treten. Das alles interessiert hier nicht. Hier sollen lediglich Fälle behandelt werden, die in eindeutiger Beziehung zur Syntax und Semantik sprachlicher Äußerungen stehen. Schulgrammatisch am besten beschrieben sind die pragmatischen Erscheinungen.[30] Ein italienischer Satz wie

Gianni potrebbe venire domani?
Könnte Hans morgen [tatsächlich] kommen?

ist in seiner geschriebenen Form nur durch das Fragezeichen, in seiner gesprochenen Form nur an seiner ansteigenden Intonation als Interrogativsatz zu erkennen. Längere italienische Interrogativsätze sind beim Simultandolmetschen oft gefährlich spät als solche auszumachen.

---

[29] Vgl. Zimmer 1981, Kap. 1.
[30] Die traditionelle Schulgrammatik enthält viel mehr Pragmatik, als ihr gewöhnlich zugestanden wird. Wer von „Interrogativsatz" spricht, klassifiziert eine Satzform nach dem Kriterium ihres Verwendungszwecks; vgl. unten Kap. 7.

Nicht selten wird behauptet, bei der Intonation handele es sich um eine auf die gesprochene Sprache beschränkte Erscheinung. Das stimmt leider nur zur Hälfte. Es handelt sich vielmehr um ein Phänomen, dem man bei der Verschriftung unserer Sprachen nicht die gebührende Aufmerksamkeit geschenkt hat. Die Orthographie der meisten Sprachen läßt uns bei der »richtigen« Interpretation von Sätzen häufig vollkommen im Stich. Viele Autoren produzieren schriftliche Äußerungen, die isoliert betrachtet ambig sind. Erst die »richtige« Intonation desambiguiert die Textstelle. Die zur Findung dieser »gemeinten« Intonation nötigen Informationen werden in der Regel dem Kontext[31] entnommen. Früher wurde so etwas bereits in der Grundschule geübt. Meist besteht ein enges Wechselverhältnis zwischen Syntax/Semantik auf der einen und Intonation auf der anderen Seite.

(1) Did he do it himself? Hat er es *selbst* getan?
(2) Did he cut himself? Hat er sich *geschnitten*?

Die beiden Lesarten des Pronomens (emphatic vs. non-emphatic use) bedingen eine spezifische Intonation, anhand deren sie zweifelsfrei unterschieden werden können; nur das emphatisch gebrauchte Pronomen (1) enthält einen besonderen Akzent. In anderen Fällen kann allenfalls der Makrokontext über die »richtige« Intonation entscheiden.

(3) I thought he was married.
(3') Ich dachte, er wäre verheiratet.
(3") Ich habe daran gedacht (damit gerechnet), daß er verheiratet ist (sein könnte).

Je nachdem, ob der Akzent auf dem Matrixsatz (3") oder auf dem Objektsatz (3') liegt, erhält *think* eine faktive „damit rechnen" oder aber die nicht-faktive Bedeutung „zu Unrecht glauben, wähnen".[32] Ähnlich verhält es sich in den folgenden Fällen.

(4) Besonders große Länder wie Rußland oder China.
(4') Insbesondere große Länder wie ...
(4") Außergewöhnlich große Länder wie ...
(5) Gerade Türme benannte er gerne nach Personen.
(5') Insbesondere Türme ...
(5") Gerade gebaute (nicht krumme) Türme ...

Die unbetonten Formen (4') und (5') werden als Satzadverbien, die betonten (4") und (5") als Adjektive interpretiert.

In Verbindung mit (sprachlich uneingeschränkt üblichen) Ellipsen entscheidet der Kontext über die Konstituentenstruktur eines Teilsatzes.

(6) Zuerst hat **Peter** Anna angerufen, dann Katrin.
(7) Zuerst hat Peter **Anna** angerufen, dann Katrin.[33]

In (6) ist Katrin Subjekt, in (7) hingegen Objekt des elliptischen Teilsatzes.

Die wenigen Beispiele dürften gezeigt haben, daß es sich bei den suprasegmentalen Merkmalen keineswegs um marginale Phänomene handelt, die der Übersetzungs- und Dolmetschforscher mit gutem Gewissen vernachlässigen dürfte.

---

[31] Zum Begriff des Kontexts vgl. unten 7.4.
[32] Vgl. Rossi et alii 1981, chap. V.
[33] Vgl. Lötscher 1983, 3.

## 5.2 Morphologie und Syntax oder „Grammatik im traditionellen Sinn"

Das vorliegende Unterkapitel gilt der Sektion einer Sprache, die man in der Antike, im Mittelalter und in der frühen Neuzeit als „Grammatik" bezeichnete. Es handelt sich also um die Position, die in Kapitel 4.2 als »naiv« bezeichnet wurde. Es geht nicht um Morphologie im strengen technischen Sinne, denn diese Disziplin versucht, soweit wie irgend möglich ohne Semantik auszukommen. Es geht vielmehr um die klassische Formenlehre, die nie semantikfrei betrieben wurde. Wenn in einer traditionellen Grammatik von „Genitiv" die Rede ist, so werden nicht nur verschiedene Kasusendungen aufgelistet, sondern es wird immer auch etwas über die Funktion des Genitivs im Satz ausgesagt. Aus der Sicht moderner Sprachtheorien wird der konzeptionelle Rahmen, der diesem Unterkapitel zugrunde liegt, „Wort- und Paradigmamodell" (*word and paradigm*)[34] genannt. Es geht also um folgende Phänomene: Theorie der Wortarten, Funktionen der grammatischen Morpheme wie Numerus, Kasus, Tempus, Modus, Diathese usw. sowie die drei nicht-interpretierten elementaren syntaktischen Kategorien: Wortstellung (Serialisierung), Kongruenz, Rektion. Dazu kommen noch die erst vom 18. Jahrhundert an zögerlich in die Grammatik aufgenommenen interpretierten syntaktischen Kategorien wie Subjekt, Prädikat, Objekt, Umstandsbestimmung. Die in der traditionellen Grammatik mit diesen Satzfunktionen im engeren Sinn vermengten Kategorien semantische Rolle (Agens, Patiens, Instrument usw.) und informationstragende Struktur (Satzgegenstand und Satzaussage bzw. Thema und Rhema) werden erst in Kapitel 5.5.1 behandelt. Es genügt an dieser Stelle festzuhalten, daß ein Subjekt nicht immer gleichzeitig Agens und „Satzgegenstand" (Thema) ist.

Auch bei der Behandlung dieses Gebiets haben wir uns zunächst wieder die Frage zu stellen, ob eine genauere Analyse dieser elementargrammatischen Kategorien irgend etwas Sinnvolles zur Lösung von Übersetzungsproblemen beitragen kann. Wir wollen uns auch dieser Fragestellung induktiv nähern und eine Reihe von Beispielen analysieren:

| | | |
|---|---|---|
| (1) | This book reads easily | liest sich gut |
| (1') | This book sells well | verkauft sich gut |
| (1") | This car drives well | fährt (sich) gut |
| (2) | Das Buch geht gut. | |

Die Sätze (1) bis (1") zeigen, daß transitive englische Verben eine zwischen „generisch" und „medial" schwankende Lesart annehmen können, die im Deutschen und in den romanischen Sprachen nur mit Hilfe des sogenannten Reflexivpronomens ausgedrückt werden kann. Das Niederländische und das Niederdeutsche weisen dieselben Verhältnisse wie im Englischen auf:

| | | |
|---|---|---|
| (3) | Het woont hier prettig.[35] | Hier wohnt es *sich* angenehm. |
| (4) | Dar röhr keen Blatt an Bom.[36] | Da rührte *sich* kein Blatt am Baum. |

Die Übersetzungen von (1") und Satz (2) belegen, daß man im Deutschen auf das Reflexivpronomen verzichten kann, wenn sich dem Subjekt wenigstens metaphorisch die semantische Rolle eines Agens zuweisen läßt. Konstruktionen dieser Art wirken häufig

---

[34] Vgl. Robins 1967, 25; Matthews 1974, 18 und oben 4.3.
[35] Vgl. *Wolters Algemeene Nederlandse Spraakkunst*, 420.
[36] Klaus Groth, „Min Jehann", aus: *Quickborn-Lieder*.

umgangssprachlich oder kindlich (vgl. *Das Auto fährt gut* vs. *Das Auto fährt sich gut*). Einige weitere Beispiele:

(5) Sie trocknet *ihr Haar*.     *Ihr Haar* trocknet.
(5') Der Wind treibt die Wolken nach Süden.     Die Wolken treiben nach Süden.
(6) Die Tür *öffnete sich leicht*, auch ohne Brechstange.     The door *opened easily* even without a crowbar.
(7) Die Tür *öffnete sich leicht*, als er vom Buch aufblickte.     The door *was opening a bit*, when he looked up from his book.

Die Sätze (5) und (5') mit ihren Paraphrasen belegen, daß das Deutsche – wie viele andere Sprachen – „ergative" (im übertragenen Sinn) Konstruktionen kennt, d. h. Konstruktionen, bei denen dem Subjekt des intransitiv gebrauchten Verbs die gleiche semantische Rolle zugeschrieben werden kann wie dem Akkusativobjekt des transitiv gebrauchten. In umgangssprachlicher Formulierung: Die Rolle des Haars oder der Wolken im Prozeß wird nicht dadurch »aktiver«, daß die entsprechenden Wörter als Subjekte statt als Objekte fungieren. Dies ist nicht in jeder Zielsprache in gleicher Weise möglich. Im Englischen und in den südromanischen Sprachen erscheint bei den Sätzen mit nichtagentivem Subjekt meist eine Verbalperiphrase vom Typ *her hair is drying, i suoi capelli stanno seccando* usw. usf. Sätze (6) und (7) enthalten Reflexivkonstruktionen mit unterschiedlichen Lesarten, wobei allerdings die „ergativische" Lesart von Satz (7) sehr viel idiomatischer klingt als die medio-passive von Satz (6): In diesem Fall würde man eher „ließ sich leicht öffnen" sagen. Den beiden Lesarten entsprechen im Englischen ganz unterschiedliche Verfahren, wie die Übersetzungen zeigen.

Diese Beispiele geben einen ersten Hinweis darauf, worum es in diesem Teilkapitel geht: Es geht darum zu zeigen, wie unterschiedliche grammatische Kategorien in verschiedenen Sprachen zur Bezeichnung von »gleichen« oder doch wenigstens ähnlichen Sachverhalten beitragen. So, wie die Beispiele hier präsentiert wurden, scheinen sie eher in das Gebiet der Kontrastiven Linguistik als in das der Übersetzungswissenschaft zu gehören. Wenn man Überlegungen dieser Art für die Praxis des Übersetzens nutzbar machen möchte, so muß man – wie im vierten Kapitel gezeigt wurde – die Argumentationsrichtung umkehren. Es wird dann nicht mehr mit Hilfe von Übersetzungen gezeigt, auf welch unterschiedliche Art und Weise die grammatischen Kategorien zum Ausdruck von Bedeutungen beitragen, sondern diese Art und Weise wird als gegebene Größe angenommen und es werden Äquivalenzvorschläge für eine bestimmte Zielsprache erarbeitet. Dabei geht es im Großen und Ganzen immer um zwei Typen von Problemen, einen banalen und einen weniger banalen. Der banale besteht, wie bereits verschiedentlich gezeigt, in den Fehldeutungen, zu denen sprachliche Konstruktionen Anlaß geben können. Der weniger banale tritt, wie wir noch sehen werden, dann ein, wenn die grammatische Konstruktion nicht nur »Sinn transportiert«, sondern in ihrer Eigenart selbst zum Sinn der Äußerung bzw. des Textes beiträgt.

### 5.2.1 Konstruktionen, die zu Mißverständnissen Anlaß geben

Das umfangreiche Gebiet der „Grammatik im traditionellen Sinn" kann hier nicht systematisch, sondern nur exemplarisch behandelt werden. Ausgewählte Beispiele unterschiedlichen Schwierigkeitsgrades sollen belegen, daß es sich auch für Übersetzer und Dolmetscher lohnt, sich eingehend mit der Grammatik ihrer Arbeitssprachen zu befassen.

Der Wert »intuitiver« Sprachkenntnisse soll nicht geschmälert werden. Beim Übersetzen und Dolmetschen geht es jedoch nicht um freie, sondern um durch fremde Vorgaben gesteuerte Textproduktion, d. h. der Sprachmittler ist genötigt, Sachverhalte auszudrücken, die er spontan vielleicht nie geäußert hätte. Dabei geht es in der Regel nicht ohne ein gewisses Maß an sprachlicher Reflexion ab. Oft handelt es sich um recht einfache Probleme, die nur den Anfänger oder aber den durch ein zu großes Arbeitspensum belasteten Übersetzer in Schwierigkeiten bringen können:

    Anna ebbe un figlio
    Anne eut un enfant     *Anna hatte ein Kind     bekam ein Kind
    Il ne le sut jamais     *Er wußte es nie     erfuhr es nie

Es handelt sich hier um ein wohlbekanntes, aber nichtsdestoweniger instruktives Beispiel für die zwischensprachlichen Unterschiede bei der Heranziehung von grammatischen Kategorien zum Ausdruck vergleichbarer Sachverhalte, von denen in Kapitel 4 die Rede war. Einem Tempusunterschied im Romanischen kann ein lexikalischer Unterschied im Deutschen entsprechen.

    Les élèves demandèrent au professeur     *Die Schüler baten den Lehrer hinaus-
    à sortir.     zugehen.
    Les élèves demandèrent au professeur     *Die Schüler baten den Lehrer, hinaus-
    de sortir     gehen zu dürfen.

Die mit Asterisk als „falsch" ausgezeichneten Übersetzungen sind „richtig", wenn sie vertauscht werden. Die Präposition entscheidet darüber, welches Satzglied des Matrixsatzes als Subjekt des Infinitivs in Frage kommt.

    J'ai vu manger des chiens. En Chine,     *Ich habe Hunde fressen sehen.
    cela arrive même assez souvent.

Der französische Infinitiv ist in vielen Fällen indifferent gegenüber der Diathese. *J'ai vu manger des chiens* kann tatsächlich „Ich habe Hunde fressen sehen" bedeuten. Im oben angeführten Beispiel deutet der hinzugefügte Kontext klar auf die »richtige«, nämlich die passivische Interpretation hin: „Ich habe gesehen, wie Hunde gegessen wurden".[37]

    ... looking up at a sky where stars stepped back into a cool grey ...
    *wo Sterne in ein kaltes Grau zurückwichen

Der deutsche Satz ist keineswegs ungrammatisch, bedeutet jedoch etwas anderes als der englische. Ähnlich wie bei *heaven, nature* oder *earth* wird im Englischen das Kollektivum *stars* als Unikum betrachtet und erhält den Nullartikel. Mit *stars* sind also durchaus *alle* Sterne am Himmel gemeint, und in diesem Fall steht im Deutschen der bestimmte Artikel:

    ... blickte zu einem Himmel auf, an dem die Sterne in ein kaltes Grau zurückwichen.
    Il tomb*ait* comme au fond d'un puits, entre deux parois de terre verticales
    Er fiel wie auf den Grund eines Schachts zwischen zwei senkrechten Erdwänden[38]

---

[37] Vgl. Tesnière ²1965, 245
[38] Robert Merle, *Week-end à Zuydcoote*, Schluß.

Der Held des Romans liegt im Sterben – nach einem Bombenangriff auf das Haus, in das er sich zurückgezogen hat. Geschildert wird der Vorgang des Fallens, der im Original durch das *imparfait*, in der Übersetzung durch den Dativ ausgedrückt wird: ein Fallen, über dessen Ende nichts ausgesagt wird. Hätte es sich um ein gezieltes „Hinfallen" gehandelt, so würde im Französischen das *passé simple*, im Deutschen der Akkusativ stehen:

>Il tomb*a* entre deux parois de terre verticales     Er fiel zwischen zwei senkrechte Erdwänd*e*

In anderen romanischen Sprachen ließe sich der Unterschied ebenso wie im Französischen ausdrücken: *cadeva/caía* vs. *cadde/cayó*.

Andererseits kann der Kasusunterschied im Deutschen, von dem soeben die Rede war, im Romanischen durch einen lexikalischen Unterschied wiedergegeben werden:

>Er stürzte auf *die* Straße (se précipita)     Er stürzte auf *der* Straße (fit une chute)

>si è capito     man hat verstanden
>si è capiti     man wird verstanden[39]

In diesem Fall entspricht ein Unterschied in der Kongruenz im Italienischen einem Unterschied der Diathese im Deutschen und in anderen Sprachen. Generativisten der verschiedensten Couleur würden einwenden, diese Art von Ambiguität erscheine im Italienischen nur an der „Oberfläche". Das ändert jedoch nichts an der Tatsache, daß sie für den linguistisch nur mäßig geschulten Übersetzer, an den sich dieses Buch wendet, eine Quelle von möglichen Fehlinterpretationen darstellt.

Mit den nun folgenden Beispielen berühren wir Erscheinungen, die sich nicht befriedigend in das für dieses Kapitel gewählte Schema einfügen. Es geht zwar einerseits noch um „Grammatik im traditionellen Sinn", gleichzeitig aber auch um den Zusammenhang zwischen Satzfunktion und semantischer Rolle, um die Beziehungen zwischen Wortschatz, Wortbildung und Syntax („linking") und um die Art und Weise, wie sich die Informationsverteilung (Thema-Rhema-Gliederung) in der Syntax widerspiegelt, also um Fragen, die auch in den Abschnitten 5.3, 5.5.1 oder 5.6.7 behandelt werden könnten. Das erste Beispiel bereitet im Gegensatz zu den folgenden auch in sprachpraktischer Hinsicht einige Schwierigkeiten:

>Anna è arrivata     (?)Anna ist gekommen
>Caterina è partita     Katrin ist weggegangen

Die erste angegebene Übersetzung wurde als problematisch gekennzeichnet, denn sie ist nur dann korrekt, wenn **Anna** den Kontrastakzent erhält: „Nicht irgend jemand sonst, sondern Anna ist gekommen". Die unmarkierten Sätze lauten nämlich im Italienischen:

>È arrivata Anna
>Caterina è partita

In modernen italienischen Grammatiken wird diese seltsame Asymmetrie dadurch erklärt, daß Konstruktionen mit *arrivare* in präverbaler Position ein deiktisches Ortsadverb enthalten, das nicht an der Satzoberfläche erscheint (in der »Tiefe« also „qui, in questo luo-

---

[39] Vgl. Lepschy/Lepschy 1986, 284f.

go è arrivata Anna").⁴⁰ Als Übersetzer wird man solche reichlich spekulativ anmutenden Erklärungen vielleicht ablehnen. Wenn man nicht sehr gut Italienisch kann, ist man jedoch gut beraten, sich diese Eigenheit ausdrücklich einzuprägen, denn die intuitive Sprachkenntnis wird einen in einem solchen Fall möglicherweise im Stich lassen.

Die folgenden Beispiele sind in sprachpraktischer Hinsicht viel schlichter, sie sind jedoch geeignet, das Verhältnis zwischen Kontrastiver Linguistik und der Problematik des Übersetzens nochmals zu beleuchten:

(1) London is cloudy today
    (1') *London ist heute bewölkt
    (1") In London ist es heute bewölkt
    (1''') London zeigt sich heute bewölkt

(2) His car burst a tyre
    (2') *Sein Auto platzte einen Reifen
    (2") An seinem Auto platzte ein Reifen
    (2''') ?Sein Auto erlitt einen Plattfuß an einem Reifen

(3) Jean travaille la terre
    (3') *Hans arbeitet die Erde
    (3") Hans *be*arbeitet die Erde

(4) Jean travaille la nuit
    (4') *Hans (be)arbeitet die Nacht
    (4") Hans arbeitet nachts (=des nachts)

(5) Tetzel had already threatened the stake
    (5') *Tetzel hatte schon den Scheiterhaufen gedroht
    (5") Tetzel hatte schon mit dem Scheiterhaufen gedroht
    (5''') Tetzel hatte schon den Scheiterhaufen *an*gedroht

(6) La paille brûle
    (6') Das Stroh brennt
    (6a) Anne brûle de la paille
    (6a') *Anna brennt Stroh
    (6a") Anna *ver*brennt Stroh
    (6b) La fumée brûle mes yeux
    (6b') *Der Rauch (ver)brennt meine Augen
    (6b") Der Rauch brennt mir in den Augen

(7) L'écran nous montre ...
    (7') Der Bildschirm zeigt uns ...
    (7") Auf dem Bildschirm erscheint ...

Aus diesen Beispielen⁴¹ geht hervor, daß das Deutsche häufig (es gibt auch Gegenbeispiele) semantisch-syntaktische Unterschiede formal genauer kennzeichnet als einige benachbarte Sprachen. *Money can't buy everything.* So etwas kann man auf englisch sagen; kein Engländer kommt dabei in Versuchung zu glauben, das Geld selbst kaufe Waren und Dienstleistungen. Im Deutschen muß klargestellt werden, daß das Geld nur Mittel zum Zweck ist: „*Mit Geld* kann man nicht alles kaufen". Weit seltener als im Englischen oder im Französischen wird einem Satzglied, das keinen wirklichen „Gegenstand der Aussage" oder „Urheber des Geschehens" bezeichnet, die Satzfunktion des Subjekts anvertraut. Die Sätze (1') und (2') sind nicht akzeptabel; der Satz (7') ist es zwar; idiomatischer, und daher bei der Übersetzung von Fachtexten vorzuziehen, ist jedoch der Satz (7"). Die Sätze (3) und (4) mit ihren deutschen Äquivalenten zeigen, daß der Unterschied zwischen direktem Objekt und Umstandsbestimmung in der Regel klar gekennzeichnet wird. Weit seltener als im Französischen fehlt eine solche formale Kennzeichnung:

Er singt die ganze Arie          Er singt den ganzen Tag

---

[40] Vgl. Renzi 1988, Vol. I, 124; Lepschy/Lepschy 1986, 124f.
[41] Sie stammen zum Teil aus Rohdenburg 1990 und Blumenthal ²1997.

Wenn im Deutschen einem semantisch betrachtet nicht agensfähigen Satzglied die Rolle des Subjekts übertragen werden soll, so muß auf Verben oder komplexe Prädikate ausgewichen werden, die eine im weitesten Sinne metaphorische Interpretation plausibel erscheinen lassen (vgl. die Sätze (1''') und (2''')). Verschiedene Typen von Objekten, insbesondere der semantische Unterschied zwischen effiziertem und affiziertem Objekt, wird im Deutschen häufig durch Wortbildungsmittel, d. h. durch Verbzusätze gekennzeichnet: Man *bohrt* ein Loch (effiziertes Objekt), aber man *durchbohrt* eine Wand (affiziertes Objekt). Im Französischen erscheint dieser Unterschied nicht: *percer un trou/ percer un mur*.

Monika Doherty, eine Übersetzungswissenschaftlerin ohne Berührungsängste gegenüber der Sprachwissenschaft, plädiert im Vorwort zu einem von ihr herausgegebenen Sammelband dafür, Einsichten, die auf dem Gebiet der Kontrastiven Linguistik gewonnen wurden, für die Theorie und Praxis des Übersetzens nutzbar zu machen. Da sich ihre Absichten weitgehend mit den im vorliegenden Band verfolgten decken, sei der entsprechende Passus vollständig zitiert:

> Daß dieselbe Information innerhalb verschiedensprachlicher Verbalisierungen an unterschiedlichen Stellen in unterschiedlichen Formen auftreten kann, ist eine Binsenweisheit; welchen Bedingungen diese unterschiedliche Informationsverteilung unterliegt, ist jedoch eine Fragestellung, zu der es bisher selbst in der einschlägigen Fachliteratur nur zum Teil genauere Vorstellungen gibt. Die Lückenhaftigkeit der Annahmen macht sich besonders gravierend in der Wissenschaft vom Übersetzen bemerkbar, in der es aus linguistischer Sicht primär um die Sprachspezifik von Informationsverteilung geht. Der vorliegende Band ist ein Versuch [...] entsprechende übersetzungswissenschaftliche Fragestellungen und einschlägige linguistische Annahmen zusammenzubringen und für die Interessierten beider Disziplinen wechselweise transparent zu machen.[42]

Genau dieses Ziel soll in diesem Kapitel verfolgt werden.

### 5.2.2 Konstruktionen, die zur Konstitution des »Sinns« beitragen

Ich komme nun zum zweiten, weniger banalen Problemtyp: Hier dienen die grammatischen Kategorien in Verbindung mit lexikalischen Einheiten nicht einfach dem Transport von Inhalten. Die „Sprachspezifik von Informationsverteilung"– um es mit den Worten von Monika Doherty zu sagen – wird Teil der Information selbst. Zunächst zwei verhältnismäßig einfache Fälle:

a) Eine grammatische oder lexikalische Opposition einer Sprache wird unmittelbar auf die Ebene des Textes projiziert. Eine junge Frau lernt einen Mann kennen und kommentiert die Begegnung folgendermaßen:

> Il me plut. Il plaisait.     Er gefiel mir. Er gefiel überhaupt.

Für Roman Jakobson ist eine solche Projektion von der Achse der Selektion (Paradigmatik) auf diejenige der Kombination (Syntagmatik) eines der wichtigsten Charakteristika der „poetischen Funktion der Sprache".[43] In die übrigen romanischen Sprachen läßt sich das leicht übertragen, weil sie über eine sehr ähnliche Tempusoppostion verfügen, mit deren Hilfe in diesem Fall der Effekt vollkommen nachgeahmt werden kann: it. *piacque/*

---

[42] Doherty 1999, 7.
[43] Vgl. Jakobson 1960/1972, 110.

*piaceva*; span. *gustó/gustaba*. Die von mir vorgeschlagene Übersetzung ins Deutsche kann solch hohen Ansprüchen nicht genügen. Sie ist notgedrungen »geschwätzig«; denn sie gibt zwar den Sinn der Unterscheidung annähernd wieder, verwandelt aber nicht, wie das Original, eine sprachliche Opposition in einen Kontrast auf der Ebene des Textes. Dergleichen findet man keineswegs nur in der „Hohen Literatur". Das folgende Beispiel (es gehört eigentlich in den Bereich der Lexikologie, soll jedoch aus systematischen Gründen bereits hier diskutiert werden) stammt aus einem schlichten Kriminalroman. Jemand fährt mit dem Auto durch ein Tor in ein teilweise befestigtes Bergstädtchen ein:

> Après le porche, la route se transformait en rue, perdait son revêtement d'asphalte et gagnait un pavage de granit en très bon état ...

> Hinter dem Torbogen verwandelte sich die Landstraße in eine Stadtstraße, sie verlor ihren Asphaltbelag und legte sich dafür eine sehr gut erhaltene Granitpflasterung zu ...

Hier wird nicht nur eine lexikalische Opposition auf die Ebene des Texts projiziert, es werden dazu noch quasi lexikographische Erklärungen hinzugefügt, ohne daß dabei der Eindruck von Pedanterie entstehen würde. Der Effekt läßt sich einigermaßen gleichwertig im Spanischen wiedergeben, denn der lexikalische Unterschied zwischen *rue* und *route* entspricht ziemlich gut demjenigen von *calle* und *carretera*. Das Verhältnis zwischen italienisch *via* und *strada* ist hingegen weit komplizierter. Meine Übersetzung ist in diesem Fall einigermaßen äquivalent; sie kann zwar nicht auf eine einfache lexikalische Opposition, jedoch auf die ebenfalls im Sprachsystem verankerten Möglichkeiten der deutschen Nominalkomposition zurückgreifen.

b) Im Text wird bewußt gegen die üblichen Regeln der sprachspezifischen Informationsverteilung verstoßen. Schon in der antiken Rhetorik wurde ein Verstoß gegen den Sprachgebrauch (*consuetudo*) ausdrücklich gestattet, wenn er bestimmten Ausdruckszielen diente (*licentia*). In seinem Gedicht *Erinnerung an die Marie A.* hat Brecht sehr geschickt von dieser Möglichkeit Gebrauch gemacht; er distanziert sich ironisch von der eigenen Sentimentalität:

> Und über uns im schönen Sommerhimmel,
> War eine Wolke, die ich lange sah.
> Sie war sehr weiß und *ungeheuer oben*,
> Und als ich aufsah, war sie nimmer da.

Es handelt sich hierbei um eine raffinierte Form der Katachrese; durch die elliptische Konstruktion wird das Adverb *oben* wie ein prädikatives Adjektiv behandelt und zugleich mit einem unüblichen Kollokator versehen. Üblicherweise befindet sich etwas *sehr weit oben*, aber nicht *ungeheuer oben*. Grammatikfehler müssen vom Übersetzer erkannt werden, besonders dann, wenn es sich nicht um einen Lapsus handelt, den man u. U. in der Übersetzung stillschweigend korrigieren kann, sondern um eine höchst bewußt eingesetzte „poetische Lizenz". Symptomatischerweise haben weder der französische, noch der italienische Übersetzer – beide gute Kenner des Deutschen und verdiente Übersetzer – diese Schwierigkeit erkannt:

> Il y avait là-haut un nuage
> Toute blancheur ...(Maurice Regnaut)
> Bianchissima nell'alto si perdeva ...(Roberto Fertonani)

Dabei wird der naiv-aufsässige Brechtsche Ton in glatte, konventionelle Lyrik verwandelt.

Es ist für Interpreten und Übersetzer oft schwer zu entscheiden, ob man in einer „sprachspezifischen Informationsverteilung" ein reines Ausdruckselement oder eine Komponente des Inhalts zu sehen hat. Die Übergänge sind fließend. Wenn in einem deutschen Text davon die Rede ist, daß *die Nacht hereinbrach*, so spricht vieles dafür, in dieser Wendung ein sprachübliches Klischee zu sehen, das mit ähnlichen Klischees wiedergegeben werden kann: *night fell*; *la nuit tombait, si faceva buio, anochecía* oder eventuell auch *anocheció*. »Idiomatische Wendungen« dieser Art können jederzeit „resemantisiert", d. h. »wörtlich genommen« werden: *Rücksichtslos, ohne anzuklopfen brach die Nacht herein ...* In solchen Fällen kann sich der Übersetzer nicht so einfach über die grammatisch-lexikalische Form des Ausdrucks hinwegsetzen. Oft signalisiert die äußere Form dem Interpreten, daß er nicht nur auf das Was, sondern auch auf das Wie der Mitteilung zu achten hat. Die metrische Form trage per se nichts zum sprachlichen Kunstwerk bei, sie habe ungefähr die Funktion, die dem Rahmen eines Gemäldes zukommt, hat Eugenio Coseriu einmal bewußt überspitzt behauptet: „Was hier erklingt, was hier geschrieben steht, erhebt den Anspruch, als Dichtung interpretiert zu werden."[44] Daher würde auch kein Übersetzer auf die Idee kommen, die folgenden Verse, in denen von der hereinbrechenden Nacht die Rede ist, »idiomatisch« zu übersetzen:

> Gelassen stieg die Nacht ans Land,
> Lehnt träumend an der Berge Wand ...
>
> La nuit paisiblement est venue sur la campagne,
> Et songeuse s'appuie sur le flanc des montagnes ...
>
> Scende stanca la notte sul pianoro,
> Sulle montagne s'appoggiò a sognare ...[45]

Fehlt dieser äußerliche Hinweis darauf, daß der Text in seiner spezifischen Art der grammatisch-lexikalischen Informationsverteilung ernst genommen werden will, so fühlen Übersetzer sich ermutigt, keinerlei Rücksicht auf das Wie zu nehmen und sich ganz auf das zu konzentrieren, was sie für das Was halten. So z. B. in der französischen Übersetzung eines heute fast vollständig vergessenen Kriegsromans:

> Geräuschvolles Wiedersehen entstand.
> Ils manifestaient bruyamment leur joie de se revoir.
> (Sie bezeugten lautstark ihre Freude darüber, sich wiederzusehen)
>
> Wie in fast jeder Nacht fanden Überfliegungen statt, meist durch Minenflugzeuge, kommend und gehend.
> Comme presque chaque nuit, des avions ennemis survolaient le secteur, pour la plupart des poseurs de mines allant exécuter des missions ou regagnant leurs bases.
> (Wie in fast jeder Nacht überflogen feindliche Flugzeuge das Gebiet, meistens Minenflugzeuge, die zu Einsätzen aufbrachen oder zu ihren Stützpunkten zurückkehrten.)[46]

Man kann sich darüber streiten, ob der Stil Gerd Gaisers gut oder schlecht ist – er ist in jedem Fall ziemlich manieristisch; aber dieser Manierismus ist alles andere als eine beliebige ornamentale Zutat zum Text, die man gegebenenfalls auch weglassen kann, wie es

---

[44] Coseriu ⁴2007, 81.
[45] Eduard Mörike, *Um Mitternacht*. Frz. Version von Jean-Pierre Lefèbvre; ital. Fassung von Liliana Scalero.
[46] Gerd Gaiser, *Die sterbende Jagd*; frz. Übersetzung von R. Chevenard.

der französische Übersetzer getan hat. Dieser Manierismus, der sich grammatisch gesehen vor allem in einer Reihe von höchst eigenwilligen Nominalisierungen ausdrückt, ist Teil der Botschaft selbst. Meine in Klammern hinzugefügten Rückübersetzungen zeigen, daß die französische Art der Informationsverteilung auch im Deutschen idiomatischer wirkt als das Original.

Zum Schluß sei noch auf einen kuriosen Sonderfall hingewiesen, der uns auf ein Problem zurückverweist, das im ersten Kapitel kurz angesprochen wurde. Es geht um Metasprache, genauer gesagt um grammatische Kategorien, die im Text in metasprachlicher Funktion auftreten. Ein französischer Kriminalroman ist in Kapitel unterteilt, die mit verschiedenen Zeitformen des Verbs *assasiner* „morden" überschrieben sind:

> j'aurai assassiné; j'assassinai; j'aurais assassiné; j'assassinerai; j'ai assassiné; j'assassine; j'avais assassiné[47]

Diese Zeitformen, die sich wegen der unterschiedlichen Tempussysteme der beiden Sprachen nicht genau ins Deutsche übersetzen lassen, stehen in einem unmittelbaren Bezug zur Handlung der jeweiligen Kapitel. In erzähltechnischer Hinsicht – vor allem was die verschiedenen Zeitebenen betrifft – ist der Roman außerordentlich kunstvoll konstruiert. Hier muß man sich als Übersetzer etwas einfallen lassen.

### 5.3 Wortbildung

In der amerikanischen Linguistik umfaßt der Terminus *morphology* die Flexion und die Wortbildung. In Europa wird traditionell zwischen den beiden Gebieten unterschieden:

| Morphologie | Wortbildung |
|---|---|
| Burg – Burgen | Burg – Bürger |
| schreiben – schrieb | schreiben – Schreiber |
| alt – älter | alt – ältlich |

Bei genauerem Hinsehen treten jedoch innerhalb der traditionellen Terminologie der europäischen Linguistik noch weitere Abgrenzungsprobleme bzw. Ungereimtheiten auf:

| Formenlehre | Wortbildung | Lexikologie | Syntax |
|---|---|---|---|
| Freund – Freunde | Freund – Freundin | Bruder – Schwester | |
| | hermano – hermana | frère – sœur | |
| | Hund – Hündin | Hengst – Stute | weiblicher/ männlicher Rabe |
| useful/more useful | | | more or less useful |
| | voler – voleur | stehlen – Dieb | |
| | Tisch – Tischchen | | Tisch – kleiner Tisch |
| | hoffnungslos | | ohne Hoffnung |

Im Namen einer überlieferten Systematik, werden formal oder inhaltlich übereinstimmende Unterscheidungen in ganz unterschiedliche Kategorien eingeteilt. Das spielt jedoch, wenn ich richtig sehe, im Zusammenhang mit dem Problem der Übersetzung keine besondere Rolle. Von großer Bedeutung für die Übersetzung ist – wie wir gleich sehen

---

[47] Sébastien Japrisot, *Piège pour Cendrillon*.

werden – lediglich die Möglichkeit, sehr ähnliche Inhalte entweder mit den Mitteln der Wortbildung oder mit denen der Syntax auszudrücken.

### 5.3.1 Die wichtigsten Wortbildungsverfahren

Es ist weder möglich noch sinnvoll, im Rahmen dieses kurzen Teilkapitels einen Überblick über verschiedene Wortbildungstheorien zu geben. Ich werde mich auf die Vorstellung einer groben, eklektizistisch zusammengestellten Typologie von Wortbildungsverfahren beschränken, die für die Bedürfnisse dieser Einführung entwickelt wurde. Zunächst sollen drei Verfahren der Wortbildung im engeren Sinn vorgestellt werden:

| Modifizierung | Ableitung (Derivation) | Komposition |
|---|---|---|
| lachen > lächeln | schreiben > beschreiben | vorschreiben |
| gelb > gelblich | lesen > Leser | Wintermantel |
| Tisch > Tischchen | Gott > göttlich | schwarzweiß |
| toscano > toscanaccio | alt > altern | kugelsicher |
| cabeza > cabezota | gut > Güte | radfahren |
| | | couvre-lit |
| | | portabagagli |
| | | homme-grenouille |
| | | uccello mosca |

Die Beispiele geben nur einen ungefähren Eindruck von der Vielfalt der Typen, die sich theoretisch unterscheiden lassen; die Liste erhebt keinen Anspruch auf Vollständigkeit. Hinzuzufügen wäre die Konversion, der Übergang von einer Wortart in eine andere ohne formale Kennzeichnung: *hermoso >lo hermoso*; *lesen > das Lesen* usw. Der Übergang von der Konversion als einem produktivem zu einem nur noch historisch nachvollziehbaren Wortbildungsverfahren ist fließend; im Falle von *pouvoir* „können"/*le pouvoir* „die Macht", aber auch von *leben/das Leben* würde man kaum mehr von Wortbildungsprodukten, sondern von unterschiedlichen Wörtern reden. Im Englischen ist der Übergang vom Verb zum Substantiv oder umgekehrt eher die Regel als die Ausnahme; unzählige Lexeme wie *bridge, call, dance, father, fire, kill, lump, murder, show, stay* usw. können je nach syntaktischer Funktion entweder als Substantiv oder als Verb erscheinen. Während im allgemeinen die Komposition im Englischen und im Deutschen stärker ausgebildet ist als in den romanischen Sprachen, sind die Typen *couvre-lit* und *hommegrenouille* typisch romanisch. Die Produkte des ersten Typs wurden sogar häufig ins Deutsche entlehnt: *Portemonnaie, Garderobe*. Beim zweiten Typ handelt es sich logisch gesehen um ein sogenanntes Kopulativkompositum. Determinativ- und Kopulativkompositsa werden im Deutschen formal nicht unterschieden:

| Determinativkompositum | Kopulativkompositum |
|---|---|
| Wintermantel | Froschmann |
| Schnittmenge aus „für den Winter"+ Mäntel | Vereinigungsmenge aus Frösche und/oder Männer |

Im Rahmen dieses vorwiegend praktisch und gleichzeitig vergleichend ausgerichteten Teilkapitels sollen zwei weitere Verfahren vorgestellt werden, die von manchen Forschern nicht zur Wortbildung, sondern zu den Mehrwortbenennungen gerechnet werden. Sie haben eine große Bedeutung für die romanischen Sprachen (in geringerem Umfang auch für das Englische) und bilden dort Standardäquivalente für deutsche oder englische Wortbildungsprodukte:

| präpositionale Syntagmen (X präp Y) | Fügungen Relationsadjektiv +Substantiv |
|---|---|
| pomme de terre | chaleur solaire |
| auberge de jeunesse | élections présidentielles |
| cavallo di razza | carte postale |
| ipotesi di lavoro | medical students |
| cesta de papeles | domestic flight |
| entrada de artistas | musical instruments |
| machine à écrire | guerra civile |
| sac à main | pneumatici invernali |
| aereo a reazione | educazione fisica |
| motore a gas | albergue juvenil |
| bombardero a reacción | zona monumental |
| carrera a pie | servicio militar |
| macchina da scrivere | |
| giuoco da bambini | |

Zur Wortbildung im weiteren Sinn können diese Fügungen insofern gerechnet werden, als sie sich sowohl syntaktisch als auch semantisch wie einfache Lexeme verhalten. Sie lassen sich nicht intern modifizieren: Fügt man *pomme de terre* ein Bestimmungswort hinzu: *pomme de terre glaise*, so wird die Fügung ganz anders analysiert, und aus einer Kartoffel („Erdapfel") wird ein aus Lehm (*terre glaise*) geformter Apfel. Aus einem *civil war* kann man keinen \**typically civil war* machen (interne Modifizierung, da sich das Adverb nur auf das Adjektiv bezieht), sehr wohl jedoch einen *awful civil war* (globale Modifizierung). Mehrwortbenennungen (wir werden im 10. Kapitel noch sehr viel längere kennenlernen) beschreiben keine Gegenstände und Sachverhalte; sie benennen sie wie einfache Lexeme. Diese knappen Bemerkungen müssen zur Vorstellung der Teildisziplin „Wortbildungslehre" genügen.

Was ist nun die Funktion der Wortbildung? Die Wortbildung ist gewissermaßen die „Grammatik des Wortschatzes". Sie dient dazu, komplexe Sachverhalte, die mit syntaktischen Mitteln ausführlich *beschrieben* werden müßten, knapp zu benennen: Mit Hilfe gängiger deutscher Wortbildungsverfahren kann man aus einem „Werk, in dem man Fragen der Wissenschaft von der Übersetzung nachschlagen kann, und dessen Wert lange Zeit beständig bleibt" ein *wertbeständiges übersetzungswissenschaftliches Nachschlagewerk* machen. Wortbildungsprodukte gehören zwar nicht zum primären Wortschatz einer Sprache und werden daher bei einzelsprachlichen lexikologischen Untersuchungen getrennt berücksichtigt. Sie können jedoch in anderen Sprachen einfache Lexeme als Äquivalente haben *Handschuh – glove, nachmachen – imiter, Ehrgeiz – ambición* usw. und müssen daher in einer übersetzungsrelevanten vergleichende Lexikologie mitberücksichtigt werden.

Innerhalb von Texten können Wortbildungsverfahren zur Verknüpfung von Sätzen zu Texten eingesetzt werden (vgl. unten 5.5). Zur Illustration seien hier nur Beispiele für zwei Typen von Verfahren angegeben, kondensierende und „elliptische" Anaphorik:

Es war eine einmal Königstochter, die war über alle Maßen schön. Ihre Schönheit war so groß ...
Ich habe einen Sommer- und einen Wintermantel. Beide Mäntel sind schäbig.

Dieser zweite Typ tritt übrigens häufig auch in den Fachsprachen des Deutschen auf.

„Eine andere Möglichkeit der Abdichtung stellt die Gleitringdichtung dar. Bei dieser Dichtung handelt es sich um ..."

Beim ersten Typ wird das Ergebnis einer Prädikation in Form eines Nomen qualitatis wiederaufgenommen (Kondensierung), beim zweiten Typ wird bei der Wiederaufnahme das Determinans weggelassen („Ellipse").

Ich komme nun zu der in dieser Einführung immer wieder zu stellenden Frage: „Was hat dies alles mit dem Problem der Übersetzung zu tun?" Ich glaube, die angeführten Beispiele haben diese Frage bereits zur Hälfte beantwortet. Die Probleme, die sich auf diesem Gebiet für die Übersetzung stellen, sind mehr oder weniger dieselben wie diejenigen, die im vorhergehenden Unterkapitel besprochen wurden. Hier sollen drei Typen unterschieden werden:

– fehlende Übereinstimmung der Wortbildungsverfahren und/oder der Wortbildungsprodukte in einem Sprachenpaar
– Wortbildungsverfahren und/oder -produkte, die zu Fehldeutungen Anlaß geben könnten
– Die „morphologische Motivation" oder „Bildungsdurchsichtigkeit"

## 5.3.1.1 Exkurs: Wortbildungsverfahren vs. Wortbildungsprodukt

Es gibt komplexe Wörter, die man ohne sprachwissenschaftliche Kenntnisse analysieren und nach deren Muster man analog neue Wörter bilden kann: Wer *Herbstanfang*, *Herbstferien*, *Herbstmonat* kennt, wird vielleicht auch *Herbstende*, *Herbstarbeit*, *Herbstwoche* sagen, ohne sich vorher davon zu überzeugen, ob diese Wörter im Lexikon stehen. *Herbstzeitlose* hingegen wird er vielleicht noch andeutungsweise analysieren, jedoch keine neuen Wörter nach diesem Muster bilden können. Im ersten Fall handelt es sich um Wortbildungsprodukte, die nach einem produktiven Wortbildungsverfahren gebildet wurden, im zweiten Fall um ein nur noch historisch analysierbares Wortbildungsprodukt.[48] Bildungen dieser Art können, wie wir gleich sehen werden, im Zusammenhang mit der „Bildungsdurchsichtigkeit" unter bestimmten Umständen ein Übersetzungsproblem darstellen. Viel wichtiger für die alltäglichen Übersetzungsprobleme sind jedoch die produktiven Wortbildungsverfahren und die nach ihnen gebildeten Produkte. Fehlt in der Zielsprache ein Wortbildungsverfahren der Ausgangssprache oder ist es in seiner Produktivität stark eingeschränkt, so kann unter Umständen ein weitgehend äquivalentes Verfahren an seine Stelle treten. Die Fügung Relationsadjektiv + Substantiv kommt im Deutschen nur selten vor, da die Nominalkomposition die gleichen Bezeichnungsbedürfnisse abdeckt:

    domestic flight           Inlandflug
    carte postale            Postkarte
    pneumatici invernali    Winterreifen
    albergue juvenil       Jugendherberge

aber:
    zona monumental     historische Innenstadt

---

[48] Mhd. *zîtelôsa* „nicht zur richtigen Zeit blühende Blume".

Es ist häufig schwer zu entscheiden, wo die Grenzen der Akzeptabilität von nach einem bestimmten Wortbildungsverfahren gebildeten Wortbildungsprodukten liegen. Im Deutschen gibt es ein recht produktives Verfahren zur Bildung zusammengesetzter Adjektive vom Typ *Substantiv + frei*, wobei das Element *frei*, obschon als freies Morphem[49] einzustufen, als eine Art von Suffix fungiert. Es bedeutet in der Regel „Abwesenheit von etwas Unerwünschtem":

> atomwaffenfreie Zone, autofreier Sonntag, vorurteilsfreies Verhalten, zuckerfreie Limonade

Kann man nach diesem Muster

> ?spinnenfreier Hörsaal, ?dozentenfreie Lehrveranstaltung, ?klausurenfreie Diplomprüfung

bilden? Die Akzeptabilität solcher Bildungen, die sich in keinem Wörterbuch finden, hängt von zwei Faktoren ab, vom Kontext, in dem sie auftreten und von der jeweiligen Sprache, in der sie gebildet werden. Wenn der Terminus *dozentenfreie Lehrveranstaltung* in einem studentischen Flugblatt vorkommt, wird er im Deutschen sprachlich akzeptiert werden, und ein englischer Übersetzer wird die Lehnübersetzung *lecturer-free class* riskieren können. Im Deutschen, im Englischen oder im Italienischen werden Neubildungen dieser Art häufig spontan akzeptiert, auch wenn sie nicht im Wörterbuch stehen. Im Französischen kommt die Bemerkung *ce n'est pas dans le dictionnaire*, „das steht nicht im Wörterbuch" einem Verdammungsurteil gleich. Nur bedeutende Intellektuelle dürfen sich die kühnsten Neubildungen erlauben; diese werden allerdings von der Sprachgemeinschaft nur dann akzeptiert, wenn erkennbar wird, von wem sie stammen.

### 5.3.2 Wortbildung als Problem der Übersetzung

Im folgenden sollen die drei oben angekündigten Typen von Übersetzungsproblemen diskutiert werden, die in Verbindung mit der Wortbildung auftreten können. Es gibt sicherlich weitere Übersetzungsschwierigkeiten, die von der hier vorgestellten Typologie nicht erfaßt werden.

#### 5.3.2.1 »Fehlende« Wortbildungsprodukte in der Zielsprache: das Problem der Periphrase

Die Periphrase („Umschreibung") ist eine der Tropen der antiken Rhetorik. Seit der Antike wird darüber diskutiert, unter welchen Umständen eine Periphrase statt des ihr entsprechenden einfachen Wortes verwendet werden darf. Fast ebensolang wird das entsprechende Problem in der Übersetzung diskutiert. Cicero hat dazu in verschiedenen seiner Werke erstaunlich präzise, geradezu technisch anmutende Vorschläge gemacht. Hier nur ein einfaches Beispiel. In einem seiner Dialoge läßt er Cato erklären, der griechische Terminus *eudoxía* sei in einem bestimmten Zusammenhang nicht durch das »Standardäquivalent«[50] *gloria* „Ruhm", sondern durch die Periphrase *bona fama* „guter Ruf" wiederzugeben.[51]

---

[49] Freie Morpheme können im Satz allein stehen, gebundene treten immer nur in Verbindung mit anderen Morphemen auf; vgl. *zuckerfrei* „*frei* von Zucker" und *gelblich* (*-lich* kann nicht isoliert erscheinen).
[50] Vgl. unten 5.6.6 „tradierte Äquivalenz".
[51] „De bona autem fama – quam enim appellant *eudoxían*, aptius est bonam famam hoc loco appellare quam gloriam", De finibus bonorum et malorum, 3,57.

Nicht alle Periphrasen müssen beim Übersetzen neu gebildet werden. Das ständige Übersetzen von einer europäischen Sprache in eine andere hat dazu geführt, daß »gebrauchsfertige« Periphrasen für bestimmte Wortbildungsprodukte bereitliegen; in den gewöhnlichen zweisprachigen Wörterbüchern sind sie weit weniger vollständig erfaßt als in den Fachglossaren:

| | |
|---|---|
| todmüde | abruti de sommeil |
| eine verkehrsarme Linie | une ligne à faible trafic |
| ein schlüsselfertiges Atomkraftwerk | une centrale nucléaire clefs en main |
| kugelsicher | à l'épreuve des balles |
| betriebsbereite Batterien | batteries ready to operate/for service |
| rechtserhebliche Fragen | issues relevant in law |
| stoßnachgiebig | yielding on impact |

Nicht alle in zweisprachigen Wörterbüchern angegebenen zielsprachlichen Periphrasen ausgangssprachlicher Wortbildungsprodukte eignen sich als »gebrauchsfertige« Übersetzungsäquivalente. Das englische Kompositum *oneupmanship* wird im *Oxford Advanced Learner's Dictionary* folgendermaßen erklärt: „art of getting (and keeping) the advantage over other people". Im *Duden-Oxford* liest man: „Die Kunst, den anderen immer um eine Nasenlänge voraus zu sein". Diese Erklärung ist zwar zutreffender als die zuerst zitierte, erfüllt jedoch nicht ihren Zweck. In einsprachigen Wörterbüchern erwartet man Definitionen, in zweisprachigen Äquivalente[52]; die Definition des *Duden-Oxford* gibt dem Übersetzer bestenfalls Hinweise darauf, wo er suchen könnte; ein im jeweiligen Kontext brauchbares Äquivalent muß er sich selbst erst schaffen.

Zielsprachliche *Paraphrasen* stellen somit selten »gebrauchsfertige« Äquivalente für ausgangssprachliche Wortbildungsprodukte dar; *Periphrasen* können hingegen durchaus zu diesem Zweck herangezogen werden, allerdings unter der Bedingung, daß sie »natürlich« wirken und nicht nach lexikographischer Erklärung »riechen«. Unter den folgenden von Mario Wandruszka gesammelten Beispielen finden sich annehmbare und weniger annehmbare Lösungen; es geht um die Wiedergabe der südromanischen quantitativ-qualitativen Suffixe im Deutschen:

| | |
|---|---|
| un hombre cuarentón | ein etwa vierzigjähriger Mann |
| um homem quarentão | a man of about forty |
| un febbrone da elefante | ein ?Elefantenfieber |
| grazie, zione, a presto! | Ich danke dir, ?großer Onkel, auf recht bald! |
| È lontanuccio | Es ist ein schönes Stück von hier entfernt. |
| Mussolini, con quella *facciona* larga, quegli *ochiacci*, quei *labbroni* | |
| Mussolini mit seinem breiten Gesicht, den *bösen Augen* und den *Wulstlippen*[53] | |

So viel zum Problem der unterschiedlichen Verfügbarkeit von Wortbildungsprodukten in verschiedenen Sprachen aus Sicht der Übersetzungsforschung. Eine gründliche und gleichzeitig umfassende Darstellung der Gesamtproblematik steht meines Wissens noch aus; sie würde eine kontrastive Analyse der wichtigsten Wortbildungstypen aller hier in Frage kommenden Sprachen und dazu noch eine umfassende Übersicht über die entsprechenden Wortbildungsprodukte voraussetzen.

---

[52] Vgl. oben, Kapitel 3.
[53] Vgl. Wandruszka 1969, Kap. 6.

### 5.3.2.2 Wortbildungsprodukte, die zu Fehldeutungen Anlaß geben können

Die oben erwähnte wichtigste Leistung der Wortbildung, komplexe Sachverhalte knapp zu benennen, die mit syntaktischen Mitteln ausführlich beschrieben werden müßten, wird mit einer erheblichen semantischen Vagheit erkauft. Ein erwachsener Deutscher interpretiert die völlig unterschiedlichen semantisch-syntaktischen Relationen, die formal gleich gebildeten Komposita wie *Schweineschnitzel, Jägerschnitzel, Kinderschnitzel* zugrundeliegen, korrekt, weil ihm die mit diesen Ausdrücken benannten Fleischgerichte bekannt sind. Ein kleines Kind, das den Ausdruck *Kinderschnitzel* kennt, könnte annehmen, ein Schweineschnitzel sei für Schweine bestimmt, oder aber, wenn es den Terminus *Schweineschnitzel* in seiner üblichen Bedeutung zuerst gelernt hat, beim erstmaligen Hören des Wortes *Kinderschnitzel* in tiefe Nachdenklichkeit versinken. Die Isomorphie von Bildungen wie *Fischhändler, Blumenhändler, Straßenhändler* liefert Stoff für die Witzecke provinzieller Sonntagszeitungen: „So so, Sie sind also Straßenhändler. Was kostet denn dann so eine Straße im Durchschnitt?" Englische Nominalkomposita, die im Deutschen als Fremdwörter üblich sind, wie z. B. *playboy, call-girl, sightseeing, daydreaming*, werden auch von Deutschen im allgemeinen korrekt interpretiert, obwohl sie auf unterschiedlichen syntaktisch-semantischen Relationen beruhen. Dabei gibt es in beiden Sprachen Wortbildungsprodukte, deren Interpretation aufgrund des bezeichneten Sachverhalts entweder unproblematisch oder problematisch erscheint. Die romanischen Sprachen desambiguieren in diesen Fällen in der Regel durch die Präposition:

**Unproblematisch:**
Blutvergiftung    blood-poisoning    empoisonnement du sang
**Mißverständlich:**
Fischvergiftung    fish-poisoning    intoxication par le poisson/des poissons

Verwirrung stiften die Fälle, in denen eine Komponente eines Kompositums eine ältere Bedeutung bewahrt als das Simplex; dies ist z. B. bei den Zusammensetzungen mit *Mut* „Stimmung, Gesinnung" (vgl. engl. *mood*) der Fall. Aufgrund komplizierter historischer Entwicklungen ist es bei diesen Zusammensetzungen zu einer Genusverteilung gekommen, die nicht nur Übersetzer in Verlegenheit bringt:

(mask.) **der** Edelmut, Hochmut, Kleinmut, Mißmut Übermut, Unmut, Wankelmut (schwankend), **der/die** Gleichmut
(fem.) **die** Anmut, Großmut, Langmut, Sanftmut, Schwermut, Wehmut

Es gibt Fälle, in denen Wortbildungsprodukte von Sprechern anderer Sprachen oder sogar von Muttersprachlern falsch interpretiert werden. So z.B der Unterschied zwischen synthetischer und analytischer Diminution im Spanischen und Italienischen:

(1) Primero quiero costruirme una casita
(1') Primero quiero costruirme una casa pequeña
(1") Zuerst will ich mir mal ein Häuschen bauen

(2) Prima voglio costruirmi una casetta
(2') Prima voglio costruimi una casa piccola
(2") Zuerst werde ich mir ein kleines Haus bauen

Der erste Satz beinhaltet, daß man sich zunächst einmal ein Häuschen bauen wolle und dann weitersehen werde, der zweite impliziert, daß dem kleinen Haus ein größeres folgen soll. Der Unterschied wird im Deutschen recht ähnlich ausgedrückt, wenn auch in dieser Sprache die Tendenz besteht, durch den Gebrauch von Partikeln sicherzustellen, daß alles

»richtig« verstanden wird. Auf dieses Phänomen werden wir in 5.6.8 zurückkommen. Bei der umgekehrten Übersetzungsrichtung hat man darauf zu achten, ob es sich um eine absolute oder um eine relative Verkleinerung handelt. Die englische Buchreihe *The little golden books* wurde zweimal ins Spanische übersetzt:

    Los libritos de oro (Argentinien)
    Los pequeños libros de oro (Mexiko)

Die erste Übersetzung ist angemessen, die zweite nicht, denn der analytische Diminutiv suggeriert, daß es neben den *little golden books* auch eine Reihe mit *big golden books* geben müsse, und die gibt es nicht.[54]

Das im Deutschen überaus produktive Verfahren der Adjektivkomposition kann unter Umständen zu falschen Übersetzungen aufgrund von fehlerhaften Interpretationen führen:

| | |
|---|---|
| schaumgesteuertes Waschmittel | nicht „durch Schaum gesteuert", sondern „mit kontrollierter Schaumbildung" |
| unbezahlbar | man kann x nicht bezahlen (direktes Objekt) |
| unverzichtbar | man kann auf x nicht verzichten (präp. Objekt) |
| unentrinnbar | man kann dem x nicht entrinnen (Dativobjekt) |

Gelegentlich treten im Deutschen homonyme Wortbildungsprodukte auf, die zu schweren Mißverständnissen Anlaß geben können:

| | |
|---|---|
| sanktionieren | 1. „billigen": staatlich sanktionierter Mord, durch den Friedensvertrag wurden die Annexionen sanktioniert |
| | 2. „bestrafen, mit Sanktionen belegen": Verstöße gegen situationsadäquates Verhalten werden von der Gesellschaft sanktioniert |
| versilbern | 1. „mit einer Silberschicht überziehen": versilbertes Besteck |
| | 2. „zu Geld machen": „Wenn wir kein Geld mehr haben, müssen wir eben unser altes Besteck versilbern" |

Im ersten Fall geht die Ableitung auf zwei verschiedene Bedeutungen von lat. *sanctio* zurück: 1. „Billigung"; 2. „Strafandrohung"; die beiden abgeleiteten Verben haben annähernd gegensätzliche Bedeutungen. Im zweiten Fall liegen Ableitungen mit zwei unterschiedlichen semantischen Ableitungsmustern vor. Das erste gehört der Standardsprache an, das zweite der Umgangssprache; es geht möglicherweise von einer metaphorischen Grundbedeutung von *Silber* „Geld" aus (vgl. frz. *argent*). Auch in anderen Fällen stehen standardsprachliche Ableitungen substandardspezifischen gegenüber:

    vgl. *kalben, fohlen* „ein Junges zur Welt bringen" (standardsprachlich).
    *ochsen, büffeln* „hart arbeiten, stumpfsinnig lernen"; *reihern* „sich erbrechen"; *stieren* „starr und hartnäckig anschauen" (substandardspezifisch)

Zum Schluß soll noch auf eine besondere Eigentümlichkeit romanischer Wortbildungsprodukte im weiteren Sinn hingewiesen werden. Wie bereits erwähnt gehören fixierte

---

[54] Vgl. Coseriu 1971/88, 221f.

Fügungen vom Typ *Substantiv + Präposition + Substantiv* zu den romanischen Standardäquivalenten deutscher Nominalkomposita. Die Fixiertheit zeigt sich u. a. darin, daß diese Bildungen in der Regel keinen Binnenartikel aufweisen: Eine *auberge de jeunesse* ist eine Jugendherberge; eine *auberge de la jeunesse* ist eine billige Unterkunft für junge Leute; bei *juguetes de niño* handelt es sich um Kinderspielzeug, bei *los juguetes del niño* um das Spielzeug eines bestimmten Kindes. Nun gibt es allerdings zahlreiche Ausnahmen von dieser Regel, die sich auf die allgemeine Syntax des Artikels zurückführen lassen:

| | | | |
|---|---|---|---|
| saut à *la* perche | Stabhochsprung | afición a las artes | Kunstbegeisterung |
| soupe aux pois | Erbsensuppe | amor *al* prójimo | Nächstenliebe |
| travail à *la* main | Handarbeit | temor a *la* muerte | Todesfurcht |
| arrêt *du* cœur | Herzstillstand | amor de *los* niños | Kinderliebe |
| brume *du* soir | Abendnebel | comisuras de *los* labios | Mundwinkel |
| sentiment *du* devoir | Pflichtgefühl | liebre de *los* campos | Feldhase |

Bei diesen Fügungen handelt es sich genau wie bei den artikellosen um virtuelle Syntagmen, bei denen das zweite Element durch den Artikel nicht determiniert wird: Bei einem *arrêt du cœur* handelt es sich nicht um den Stillstand eines bestimmten Herzen, der *amor a los niños* gilt den Kindern im allgemeinen. Es wurden verschiedene plausible Hypothesen zur Erklärung dieser Besonderheiten aufgestellt, die hier nicht behandelt werden können. Bei einer Vielzahl von Syntagmen dieser Art konkurrieren in beiden Sprachen Fügungen mit und ohne Artikel. Das deutet auf eine »Vagheitszone« in diesem Bereich der Wortbildung hin. Für „Friedenspfeife" findet man *calumet de paix* und *calumet de la paix*; für „Federzeichnung" *dibujo a pluma* und *dibujo a la pluma*. Darüber hinaus treten jedoch Unregelmäßigkeiten auf (innerhalb ein und derselben Sprache ebenso wie zwischen zwei verschiedenen Sprachen), die nicht zuletzt Übersetzerinnen und Übersetzer zur Verzweiflung bringen können:

| | | |
|---|---|---|
| incident de parcours | aber: accident de la route | „Verkehrsunfall" |
| vent d'ouest | aber: vent du nord | „Westwind/Nordwind" |
| protección de animales | aber: protection des animaux | „Tierschutz" |
| el día primero de mes | aber: le premier du mois | „Monatserster" |

Es sei nur am Rande erwähnt, daß zusätzliche Probleme auftreten, wenn das Determinatum von Fügungen dieser Art metaphorisch zu interpretieren ist. In einem meiner Übersetzungsseminare wurde *choux à la crème* „mit Sahne gefüllter Windbeutel" durch „Kohl in Sahnesoße" wiedergegeben. In dieser Fehlleistung zeigt sich *ex negativo* die „Blockverfügbarkeit" von Bildungen dieser Art. Man erlernt sie zusammen mit dem bezeichneten Gegenstand und analysiert sie nicht.

Dies war nur eine kleine Auswahl der Schwierigkeiten, auf die der Übersetzer in Verbindung mit mißverständlichen Wortbildungsprodukten stoßen kann. Es würde sich lohnen, einmal eine umfassende Fehlersammlung aus möglichst vielen Sprachenpaaren zusammenzustellen. Sie dürfte natürlich nicht auf konstruierten Beispielen beruhen.

5.3.2.3 Morphologische Motivation oder „Bildungsdurchsichtigkeit"

Seit über hundert Jahren pflegen Sprachwissenschafter auf einen auffälligen Unterschied zwischen dem deutschen und dem französischen Wortschatz hinzuweisen.[55] Vielen deut-

---

[55] Der deutsch-französische Autor Georges-Arthur Goldschmidt konnte in seinem Buch *Quand Freud voit la mer* (Paris 1988) nur deshalb mit so viel Unbefangenheit auf diese altbekannte Erscheinung hinweisen, weil er die überreiche Fachliteratur zu diesem Thema nie zur Kenntnis genommen hat.

schen Wortbildungsprodukten, die sich gewissermaßen von selbst erklären (daher „Bildungsdurchsichtigkeit") stehen im Französischen Simplizia meist griechisch-lateinischer Herkunft gegenüber („undurchsichtige" Wörter):

| | |
|---|---|
| Herbstzeitlose | colchique |
| Allgegenwärtigkeit | ubiquité |
| Tag- und Nachtgleiche | équinoxes |
| Mülleimer | poubelle |
| Hausmeister | concierge[56] |

Wer die Wörter *Müll* und *Eimer*, *Tag*, *Nacht* und *gleich* kennt, kann die Bedeutung der Komposita erschließen, die französischen Äquivalente können nicht aus der Bedeutung einfacherer Wörter erschlossen werden.

Auch die Wortfamilien weisen im Deutschen eine größere Durchsichtigkeit auf als in anderen Sprachen. Die sprachtypologischen Unterschiede wurden lange Zeit hindurch unbekümmert „völkerpsychologisch" gedeutet und als Manifestationen eines Gegensatzes zwischen deutschem und französischem Denken ausgegeben. Die folgenden englischen Beispiele zeigen, daß es sich um keinen spezifisch französisch-deutschen Gegensatz handelt; man hätte ebensogut italienische und spanische Analoga hinzufügen können:

| | | |
|---|---|---|
| Haus, häuslich | maison, domestique | house, domestic |
| Stadt, städtisch | ville, urbain | town, urban |
| Mensch, menschlich | homme, humain | man, human |
| Mann, männlich | homme, viril | man, virile |

Der Deutsche kann sich die Bedeutung der Adjektive erschließen, er kann sie sogar in vielen Fällen spontan bilden, ohne sie kennen zu müssen, im Englischen und Französischen müssen sie in diesen Fällen getrennt erlernt werden.

Die Gründe für diese Erscheinung sind weniger „völkerpsychologischer" als historisch-kontingenter Natur. Sie liegen zu einem großen Teil in der europäischen Übersetzungsgeschichte. Während die deutschen Übersetzer »fehlende« Wörter aus dem Lateinischen entweder Morphem für Morphem übertrugen (*circumstantia – Umstände*) oder die Wortfamilien mit genuin deutschem Sprachmaterial nach den jeweiligen Benennungsbedürfnissen kontinuierlich erweiterten, griffen romanische und bis zu einem gewissen Grad auch englische Übersetzer unbekümmert auf den Fundus des Lateinischen zurück und entlehnten Wörter, die sie nur oberflächlich den phonetischen und orthographischen Gegebenheiten der jeweiligen Sprache anpaßten. In einigen Fällen steht heute einem Substantiv lateinischen Ursprungs ein aus dem Griechischen entlehntes Adjektiv gegenüber: *semaine – hebdomadaire; foie – hépatique*.[57]

Der unterschiedliche Grad an Bildungsdurchsichtigkeit des Wortschatzes wird normalerweise als ein sprachtypologisches Phänomen angesehen, nicht als Problem der Übersetzung. Können sich aus den hier knapp skizzierten Unterschieden Übersetzungsprobleme ergeben? In der Regel dann, wenn das an sich nur auf der Ebene der *langue* gegebene sprachtypologische Faktum auf der Ebene der Texte selbst als Mittel der Textgestaltung

---

[56] Alle Beispiele, auch die folgenden, aus Albrecht 1970.
[57] Eine ausführlichere Darstellung findet man bei Albrecht 1995.

eingesetzt wird. Dies kann auf die unterschiedlichste Art und Weise geschehen. Ich kann hier nur einige einfache, von mir selbst konstruierte Beispiele zur Illustration anführen:

> Herbst*zeitlosen* sind keine Modeblumen, sie sind *zeitlos*.
> In der Ecke stand ein randvoller *Mülleimer*. Anna hatte keine Ahnung, wo sie mit einem ganzen *Eimer Müll* hinsollte.
> Er trank eine *Tasse Kaffee* aus einer *Teetasse*.
> Dieser *Mensch* ist wirklich *unmenschlich*.
> Letztlich kann man sich auch in einer *Hütte häuslich* einrichten.

Daß diese „Wortfiguren" (*figurae elocutionis*) im Sinne der antiken Rhetorik im Romanischen schwer nachzuahmen sind, dürfte unmittelbar einleuchten. Der Übersetzer muß, wenn er auf dergleichen stößt, sorgfältig prüfen, ob eine Ausdrucksabsicht dahinter steckt oder ob es sich um reine Gedankenlosigkeit handelt. Beim Titel einer Fernsehsendung, die im Jahr 1991 zum „ersten Golfkrieg" ausgestrahlt wurde, handelt es sich eindeutig um eine bewußt vorgenommene „Resemantisierung":

> Bombenstimmung. Die Kultur und der Krieg.

## 5.4 Phraseologie

Den sogenannten „Redewendungen" wurde von jeher auch von Personen Beachtung geschenkt, die sonst einen weiten Bogen um sprachwissenschaftliche Erörterungen zu schlagen pflegen. Der gesamte Komplex wurde bereits in praktischer Hinsicht im dritten Kapitel im Zusammenhang mit den Nachschlagewerken zur Phraseologie behandelt.

### 5.4.1 Versuch einer Begriffsbestimmung

Es ist nicht leicht, den Bereich abzustecken, der hier vorgestellt werden soll; es gibt nämlich sehr unterschiedliche Meinungen darüber, was man unter *Phraseologie* zu verstehen habe. Allein schon die Terminologie ist chaotisch. Als Oberbegriff existiert außer *Phraseologie* auch der Ausdruck *Idiomatik*. Gegen die Verwendung dieses Terminus spricht, daß er suggeriert, alles, was im landläufigen Sinn „idiomatisch" ist, gehöre zur Idiomatik. Die Idiomatik stellt jedoch eine gesteigerte Form des „Idiomatischen" im allgemeinen dar. Sie umfaßt Wendungen, die als charakteristisch für eine bestimmte Sprache angesehen und nicht auf die Regeln der allgemeinen Grammatik zurückgeführt werden können. So erklären sich französische Ausdrücke wie *gallicisme, germanisme* usw. Die Fügungen, mit denen sich Phraseologie und/oder Idiomatik beschäftigen, haben u. a. folgende Namen: *stehender Ausdruck, stehende Wendung, erstarrte Wortverbindung, Idiom; Idiotismus; Formel; Floskel; Klischee; wiederholte Rede; fixiertes Wortgefüge; Redensart, Redewendung*. Die Liste erhebt keinen Anspruch auf Vollständigkeit.

An der unteren Grenze des Bereichs, der von einigen Forschern noch zur Phraseologie gerechnet wird, stehen die Kollokationen und die Funktionsverbgefüge. Diese Fügungen sollen hier nur kurz erwähnt werden. Es handelt sich dabei meines Erachtens nicht um Phraseologismen, jedoch um Erscheinungen, die bei der Übersetzung erhebliche Schwierigkeiten bereiten können:

> einen Entschluß fassen       to take / make a decision      schwer krank
> eine Entscheidung treffen/fällen    prendre une décision    hoch intelligent
>                                     prendere una decisione  stark übertrieben
>                                     tomar una decisión

Funktionsverbgefüge konkurrieren in der Regel mit einfachen Verben: *sich entschließen/ einen Entschluß fassen*; *etwas entscheiden/eine Entscheidung treffen*. Das Verhältnis von Funktionsverbgefüge und einfachem Verb kann in diesem Zusammenhang nicht diskutiert werden. Es geht hier lediglich um die Tatsache, daß die sogenannten „Streckverben", die in Verbindung mit der Nominalisierung auftreten, nicht vorhersagbar sind; man muß wissen, daß man eine Entscheidung *trifft* oder *fällt*, einen Entschluß hingegen *faßt*. Das Deutsche zeigt sich in dieser Hinsicht variationsfreudiger als die meisten benachbarten Sprachen; wie die rechte Spalte zeigt, kann oder muß die einheitliche Funktion „Intensivierung" je nach Kollokator durch unterschiedliche Lexeme wahrgenommen werden. *\*Hoch krank*, *\*schwer übertrieben* oder *\*stark intelligent* sind unüblich.

In der kleinen Einführung in die Phraseologie von Klaus Dieter Pilz findet man fünfzehn Definitionen für den Terminus *Phraseologismus*, die sich sehr stark voneinander unterscheiden.[58] Ich werde hier auf die beiden wichtigsten Kriterien eingehen, die bei den unterschiedlichen Definitionsversuchen eine Rolle spielen: auf die Fixiertheit[59] und auf die partielle oder totale semantische Undurchsichtigkeit, denn sie spielen für die Übersetzung eine zentrale Rolle. Kollokationen (ebenfalls ein sehr kontrovers diskutierter Begriff) und Funktionsverbgefüge sollen hier nicht weiter diskutiert werden, denn sie stellen nur insofern ein Übersetzungsproblem dar, als sie vom Übersetzer sprachpraktisch beherrscht werden müssen. Es ist wichtig zu wissen, daß man *Abbitte leistet*; *Abhilfe schafft*, *Anstalten trifft*, *Mühe walten läßt*, *Unruhe* oder *Verwirrung stiftet*, jedoch muß nur in ganz besonderen Fällen eine ausgangssprachliche Fügung dieser Art in der Zielsprache durch etwas Vergleichbares wiedergegeben werden. Satzwertige Wendungen wie Sprichwörter oder „Geflügelte Worte" werden hier ebenfalls nicht berücksichtigt; alles im Zusammenhang mit dem Problem der Übersetzung Notwendige wurde bereits in 3.1.6 ausgeführt.

Zunächst zum Kriterium der Fixiertheit. Phraseologismen können nur innerhalb gewisser Grenzen modifiziert werden:

jm. das Heft aus der Hand nehmen/winden
jm. etwas Nettes/Schönes einbrocken
get/have the key of the door „volljährig werden"
a fine/pretty kettle of fish „eine schöne Bescherung"
envoyer qn au diable/ à tous les diables „jm. zum Teufel schicken"
mettre la charrue devant/avant les bœufs „das Pferd am Schwanz aufzäumen"

Es ist oft unvorhersehbar, in welchen Fällen man Phraseologismen im Text variieren kann, ohne in spielerischer Absicht „Resemantisierungen" vorzunehmen:

Sie hat mir einen Korb gegeben. Gib ihm halt einen Korb. (möglich)
Darauf fresse ich einen Besen. *Friß doch einen Besen darauf! (unmöglich)

Oft genügt es, ein einziges Element eines Phraseologismus zu ändern, um ihm den Charakter einer festen Wendung zu nehmen:

Du kannst rauskommen, die Luft ist rein! → die Luft ist sauber.

Dieses Beispiel führt uns zum nächsten und für unsere Zwecke wichtigsten Kriterium, bei dem es sich allerdings nicht um ein definitorisches Merkmal handelt. Bei den Phraseolo-

---

[58] Pilz 1981, 16ff.
[59] Blockverfügbarkeit oder Reproduzierbarkeit sind m.E. nur Korollarien der Fixiertheit.

gismen, die im Bereich der Übersetzung eine besondere Rolle spielen, ist die Gesamtbedeutung nicht ohne weiteres oder überhaupt nicht regulär aus den üblichen Regeln der Syntax und Lexik der jeweiligen Sprache ableitbar:

| | |
|---|---|
| ins Gras beißen | |
| kick the bucket | „abkratzen" |
| casser sa pipe | „abkratzen" |
| jemanden ins Bockshorn jagen | |
| installer le loup dans la bergerie | „den Bock zum Gärtner machen" |
| avere la coda di paglia | „keinen Spaß verstehen" |
| jemandem einen Floh ins Ohr setzen | |
| dar la cara a alg. | „jemandem die Stirn bieten" |

Wie man sieht, ist die »Undurchsichtigkeit« dieser Phraseologismen relativ. Einen Ausdruck wie „jemanden ins Bockshorn jagen" muß man insgesamt kennen, um ihn zu verstehen, die Bedeutung anderer Phraseologismen, deren Metaphorik leicht durchschaubar ist, kann man zumindest erraten. Das ist bei den folgenden Wendungen der Fall:

| | |
|---|---|
| put the cat among the pigeons | „einen Aufruhr verursachen" |
| die Flinte ins Korn werfen | |
| mit Kanonen auf Spatzen schießen | |
| tourner à tout vent comme une gironette | „sein Fähnchen nach dem Wind hängen" |

Bei der Diskussion der Übersetzungsprobleme möchte ich mich nun auf Phraseologismen in diesem engeren Sinne beschränken, d. h. auf fixierte Syntagmen, die vom Sprecher nicht nach den Regeln seiner Sprache spontan produziert werden, sondern die für ihn en bloc verfügbar sind und die daher lediglich reproduziert (und unter gewissen Umständen leicht modifiziert) werden, und die der Hörer ebenfalls nicht nach den Regeln der Sprache regulär syntaktisch und semantisch interpretieren kann, sondern die er insgesamt kennen muß. Dabei spielt es keine Rolle, ob die Metaphorik spontan oder mit einiger Mühe durchschaubar ist oder ob sie nur historisch erschlossen werden kann. Entscheidend ist, daß eine gewisse Bildhaftigkeit vorhanden ist, denn nur in solchen Fällen ist die betreffende Wendung auffällig genug, um zum Gegenstand übersetzungstheoretischer Überlegungen zu werden.

### 5.4.2 Phraseologie und Übersetzung

Es gibt so etwas wie eine Standardregel normativer Übersetzungsdidaktik: Phraseologismen stellen Sinneinheiten dar, die als Ganzes wiedergegeben werden müssen; am besten wiederum durch einen Phraseologismus der Zielsprache, dessen Bedeutung ungefähr der des ausgangssprachlichen Phraseologismus entspricht:

| | |
|---|---|
| jemanden etwas in die Schuhe schieben | mettre qch. sur le dos de qn. |
| zwei Fliegen mit einer Klappe schlagen | prendere due piccioni con una fava |
| he has bats in the belfry | er hat nicht alle Tassen im Schrank |
| poco a poco hila la vieja el copo | immer mit Geduld und Spucke |

Findet man keinen passenden zielsprachlichen Phraseologismus, so muß man den Sinn eben mit normalen sprachlichen Mitteln wiedergeben. Das gehört zu den Allerweltsweisheiten der Übersetzungspraxis; es scheint von vornherein festzustehen, daß Phraseologismen auf keinen Fall wörtlich übersetzt werden dürfen.[60] Wir werden gleich sehen daß diese Regel keine uneingeschränkte Geltung beanspruchen kann. Zunächst jedoch zu einigen ausgewählten Problemen:

Wie bei den Wörtern gibt es auch bei den Phraseologismen „falsche Freunde", d. h. Wendungen, die sich formal weitgehend entsprechen, inhaltlich jedoch deutliche Unterschiede aufweisen, so daß die betreffenden Wendungen in der Regel nicht als Übersetzungsäquivalente in Frage kommen:

| | |
|---|---|
| To lead someone by the nose | „jm unter der Fuchtel haben" |
| jm. an der Nase herumführen | "jm täuschen" |
| jm einen Floh ins Ohr setzen | „jm auf einen Gedanken bringen, der ihn nicht mehr losläßt" |
| mettre à qn la puce à l'oreille | „jm mißtrauisch machen" |
| er en handje hebben van | „die schlechte Angewohnheit haben, etwas zu tun" |
| ein Händchen für etwas haben | „im Umgang mit etwas sehr geschickt sein" |

Es gibt allerdings auch „gute Freunde" in diesem Bereich, die meist darauf zurückzuführen sind, daß eine in einer Sprache entstandene Wendung in andere Sprachen übernommen wurde: *eine Kröte schlucken, avaler un crapaud, ingoiare un rospo* haben mehr oder weniger die gleiche Bedeutung; *einen Frosch im Hals haben* weist ebenso auf „Heiserkeit" hin wie *a frog in one's throat*.

Ein besonders beliebtes Sprachspiel besteht in der Poly- oder Resemantisierung von Redewendungen: Ein Phraseologismus wird dabei so verwendet, daß man ihn gleichzeitig »wörtlich« verstehen kann:

> Zwanzig Jahre war ich mit dem langweiligen Kerl verheiratet, und jeden Abend saß er im Lehnstuhl vor der Glotze. Da hab ich ihn eben *sitzen lassen*.

Auch »Ummetaphorisierungen« sind denkbar:

> Wähntest du etwa, ich sollte das Leben hassen, [...] weil nicht alle Blütenträume reiften?

Mit diesem gekürzten Zitat aus Goethes *Prometheus* könnte ein literarisch gebildeter Geldfälscher zum Ausdruck bringen, daß ihn wegen der schlechten Druckqualität seiner „Blüten" der Mut nicht verlassen werde. In solchen Fällen muß sich ein Übersetzer etwas einfallen lassen oder er muß den Mut aufbringen, eine solche Stelle einfach zu übergehen. Hier nur ein Hinweis auf eine mögliche Lösung von Übersetzungsproblemen dieser Art:

> Tu me casses les pieds. Et alors? Faut pas croire que je vais te les recoller.
> Du bringst mich auf die Palme. Na und? Glaub nur nicht, daß ich dich da wieder runterhole.

Die Bildbereiche sind völlig verschieden, aber die Art, wie die jeweilige Wendung »ernst genommen« wird, ist vergleichbar.

In der Praxis treten, vor allem bei anspruchsvollen Texten, zwei Typen von Problemen auf, ein banales und ein weniger banales. Zunächst muß man einen Phraseologismus in

---

[60] So findet man im *Diccionario Planeta* unter dem Lemma *locución*: Las locuciones no se pueden traducir literalmente de un idioma a otro porque pierden su sentido.

einer Fremdsprache überhaupt als solchen erkennen – was offenbar nicht immer ganz leicht ist – und schließlich muß man ein Gespür für Resemantisierungen und Polysemantisierungen von Phraseologismen entwickeln; man muß es merken, wenn ein Autor einen Phraseologismus nicht einfach verwendet, sondern wenn er mit ihm spielt. Im folgenden Fall hat ein sehr bekannter Übersetzer gegen beide Regeln verstoßen. Zunächst einmal hat er eine Reihe von umgangssprachlichen Redewendungen nicht als solche erkannt:

| | |
|---|---|
| ça fait pas un pli qu'ils en ont [Bluejeans] | *keine Falte, die die nicht haben statt: „und ob die welche haben, aber sicher haben die welche!" |
| c'est pas pour dire | *da gibt es nichts gegen zu sagen statt: „ganz ehrlich!" |
| le type n'était pas tombé de la dernière pluie | *der Kerl war nicht mitm letzten Regen runtergefallen statt: „er war kein grüner Junge mehr, er war nicht mehr feucht hinter den Ohren" |

An einer anderen Stelle unterläuft dem Übersetzer der entgegengesetzte Fehler:

– Faut te faire une raison, dit Gabriel dont les propos se nuançaient parfois d'un thomisme légèrement kantien.
Et, passant sur le plan de la cosubjectivité, il ajouta:
Et puis faut se grouiller: Charles attend. (lies: charlatan)
– «Bisogna tu ti faccia una ragione» disse Gabriel le cui affermazioni talora si coloravano d'un tomismo lievemente kantiano. E, passando sul piano della cosoggettività, aggiunse: «E poi bisogna sbrigarsi: Charles ci aspetta.
– Du mußt dich vernünftigerweise damit abfinden, sagt Gabriel, dessen Worte manchmal die Färbung eines leicht kantianischen Thomismus aufweisen.
Und zur Kosubjektivität übergehend, fügt er hinzu:
Und außerdem müssen wir uns sputen: Charles wartet.

Die erste Schwierigkeit dieser Stelle liegt darin, daß die zur *langue courante* gehörige, wenn man so will populärphilosophische Redewendung *se faire une raison* ‚sich ins Unvermeidliche schicken' wörtlich genommen und – unter Bezugnahme auf bestimmte philosophische Positionen – in einem relativ preziösen Jargon kommentiert wird. Der gewollte Stilbruch wird noch dadurch akzentuiert, daß die an sich keineswegs grob umgangssprachliche Wendung in der Syntax des *français populaire*, also ohne Subjektspronomen vorgetragen wird. Der italienische Übersetzer hat es hier leicht. Die analoge Wendung existiert im Italienischen; sie ist zwar sicherlich nicht so geläufig wie im Französischen, entspricht aber hinsichtlich ihres stilistischen Werts ziemlich gut der popularisierten Form der Wendung bei Queneau: *farsi una ragione* erscheint z. B. im *Vocabolario della lingua italiana* von Migliorini mit dem diasystematischen Index *popolare*. Das deutsche *Du mußt dich vernünftigerweise damit abfinden* darf als Musterbeispiel eines schlechten Kompromisses gelten, bei dem alles verloren und nichts gewonnen wird. Einerseits bleibt der ironische philosophiehistorische Kommentar des Autors völlig unverständlich, wenn in der kommentierten Wendung nicht wenigstens eine Paraphrase des Sachverhalts „sich selbst einen Grund herstellen" erscheint, andererseits wird auch die durch den Stilbruch beabsichtigte Wirkung geopfert.[61]

---

[61] Die Beispiele stammen aus der deutschen Übersetzung von Raymond Queneaus Roman *Zazie dans le métro*. Vgl. Albrecht 1981a.

## 5.5 Transphrastik (= Textlinguistik im engeren Sinn)

Historisch betrachtet stellt die Transphrastik den Ursprung der Disziplin dar, die mit dem deutschen Terminus *Textlinguistik* benannt wird. Der deutsche Ausdruck wurde teilweise in romanischen Sprachen nachgebildet; im Englischen ist dagegen *discourse analysis* üblich. Ihre Entstehung verdankt diese Teildisziplin der Erkenntnis, daß die Grammatik üblicherweise den Satz (bestenfalls noch die Periode, das Satzgefüge) als oberste Beschreibungseinheit annimmt. Es gibt keine im engeren Sinne grammatische Einheit, die aus einem Segment von mehreren Sätzen besteht. Die Begriffe „Text" oder „Diskurs" scheinen sich als Kandidaten für eine solche Einheit anzubieten, sie erweisen sich jedoch bei genauerem Hinsehen als zu »weit«; zwischen „Satz" und „Text" bzw. „Diskurs" klafft eine begriffliche Lücke. Das liegt daran, daß bei der Suche nach definitorischen Kriterien für den Begriff des Textes gewöhnlich zwei Fragestellungen amalgamiert werden:

– Welche nicht an eine bestimmte Sprache gebundenen Mittel bzw. Techniken gibt es, um bestimmte Äußerungen zu bestimmten Zwecken hervorzubringen; welche Mittel können herangezogen werden, um solchen Äußerungen, „Diskursen", einen bestimmten „Sinn" zu verleihen? Entsprechende Fragen wurden wenigstens zum Teil bereits im Rahmen der literarischen Gattungstheorie behandelt.

– Welche sprachspezifischen Mittel gibt es, um Sätze einer Sprache zu größeren Einheiten zusammenzuschweißen? Dabei geht es um eine Erweiterung des Bereichs der Grammatik über die Satzgrenze hinaus, um „transphrastische" Grammatik. Bei den Endprodukten dieser Verkettungsoperationen handelt es sich nicht notwendigerweise um autonome Äußerungen, um „Texte".

Wir wollen uns hier nur mit der an zweiter Stelle genannten Fragestellung beschäftigen, die zuerst genannte wird erst in Kapitel 9 wieder aufgegriffen werden. Zwei Einwände gegen diese auf Eugenio Coseriu zurückgehende Unterscheidung zwischen einzelsprachlicher Transphrastik und nicht an eine besondere Sprache gebundener „Textlinguistik"[62] müssen hier kurz diskutiert werden: Manche Autoren wollen in der Transphrastik eine längst überwundene Frühphase der Textlinguistik sehen.[63] Andere behaupten, daß auch die Technik der Verknüpfung zweier Sätze ein übereinzelsprachliches Phänomen sei, so z. B. der rumänische, in Italien und Frankreich tätige Linguist Sorin Stati:

> *Syntax* heißt so viel wie *Grammatik*, ein jeder Sprache eigenes System von bindenden, in hohem Maße arbiträren Regeln. Dagegen erweist sich der Bereich des Transphrastischen als universal und in recht geringem Maße arbiträr.[64]

Die von Coseriu getroffene Unterscheidung soll hier ausdrücklich verteidigt werden. Die Transphrastik stellt kein „überwundenes" Stadium der Textlinguistik dar. Sie arbeitet mit Kriterien, die zur „Linguistik im engeren Sinn" gehören und die sich nicht so ohne weiteres mit „pragmatischen" Fragestellung amalgamieren lassen. Man könnte in der Transphrastik mit einiger Berechtigung eine notwendige Vorstufe der eigentlichen Textlinguistik sehen, aber das ist etwas anderes als ein „überholtes Stadium". Statis Ansicht,

---

[62] Vgl. Coseriu ⁴2007, 34.
[63] Vgl. u. a. Heinemann/Viehweger 1991, 35f.; Schreiber 1999, 12.
[64] „*Syntaxe* veut dire *grammaire*, un système de contraintes propres à chaque idiome et dans une large mesure arbitraire. Au contraire, le transphrastique se révèle essentiellement universel et assez peu arbitraire." (Stati 1990, 11).

bei der Transphrastik handle es sich wie bei der Textlinguistik im eigentlichen Sinn um keine einzelsprachliche, sondern um eine universale Disziplin, beruht auf unscharfen Fragestellungen. Man kann z. B. mit Recht behaupten, die anaphorische Verwendung von Pronomina sei ein übereinzelsprachliches Verfahren. In der Transphrastik, wie sie hier verstanden werden soll, geht es jedoch nicht um das generelle Phänomen, sondern um die spezifischen, von Sprache zu Sprache unterschiedlichen Verfahren der satzübergreifenden Pronominalisierung. Darüber hinaus sollen „pragmatische" Verfahren von Satzverknüpfungen hier von vornherein ausgeschlossen werden:

> Gegen Mittag erreichten wir ein *Dorf*. Die *Kirche* war leider geschlossen.

Die Relation zwischen *Dorf* und *Kirche*, die zwischen den beiden Sätzen eine »natürliche« Verbindung zu stiften scheint, beruht auf kulturspezifischem Weltwissen: In jedem Dorf gibt es eine Kirche. Fragestellungen dieser Art sollen erst im dritten Teil der vorliegenden Einführung behandelt werden, hier geht es um sprachspezifische Verkettungsregeln.

Coseriu hat einen Entwurf einer streng einzelsprachlichen und damit »systemlinguistisch« orientierten transphrastischen Grammatik vorgelegt und gleichzeitig Argumente dafür angeführt, daß transphrastische Grammatik und Textlinguistik im weiteren Sinn nicht innerhalb eines einheitlichen theoretischen Rahmens behandelt werden können.[65] Während die pragmatisch ausgerichtete Textlinguistik (bei Coseriu „Linguistik des Sinns") ständig weiterentwickelt wird, ist zu befürchten, daß die Arbeiten im Bereich der transphrastischen Grammatik vorerst nicht weiterverfolgt werden. Gerade auf diesem Gebiet bleibt aber noch viel zu tun, und die zu erwartenden Ergebnisse wären für die sprachwissenschaftlich orientierte Übersetzungsforschung von großem Wert. Hier kann nur ein kleiner Ausschnitt aus diesem Arbeitsgebiet vorgestellt werden.

Zunächst sei auf einige einzelsprachlich spezifische »Ellipsen« bei der Beantwortung von Fragen oder bei der kommentierenden Reaktion auf Behauptungen hingewiesen:

> Dasne aut manere animos post mortem aut morte ipsa interire? *Do vero*.
> Gibst du zu, daß die Seelen entweder über den Tod hinaus erhalten bleiben oder durch den Tod selbst zugrundegehen? Ja.

Statt eines stereotyp verwendbaren bestätigenden Satzadverbs wie *ja*, *yes*, *oui* usw. in den modernen Sprachen, verfügt das Lateinische über eine Reihe von elliptischen Verfahren, die keineswegs immer durch entsprechende Verfahren in der Zielsprache (*Genau! Du sagst es! So ist es!*) wiederzugeben sind. Oft genügt ein schlichtes *ja*.

> Hast du das gesehen?   Hab ich.
> Tens visto?            Tenho!
> Hai visto?             Visto, nicht etwa *ho!

Die verkürzte Antwort wird im Deutschen und im Portugiesischen mit dem Hilfsverb, im Italienischen mit dem Partizip gegeben.

> Can I have a piece of cake? Please *do*!
> Willst du wirklich mitkommen? *Und ob* (ich das will)!
> Kann ich heute abend dein Auto haben? *Pustekuchen*!
> Kommst du noch auf ein Glas mit rauf? *Denkste*!
> Er wird dir doch bestimmt helfen? *Von wegen*!

---

[65] Vgl. Coseriu ⁴2007, 218-235.

> Je crains, Monsieur, que votre histoire n'aille pas loin … Oh *que si*!
> Tu n'en a pas [des cigarettes]? Non …, j'en ai fumé cette nuit. *Des clous*! Je t'ai entendu ronfler.
> Du als Idealist siehst das natürlich anders. *Ich und Idealist*?
> Ce la faremo, vedrai! *Col cavolo*!

In all diesen Fällen ist der (häufig der Umgangssprache zuzuordnende) elliptische Nachsatz nicht aus den normalen sprachlichen Regeln abzuleiten. Er muß zusammen mit seinen Gebrauchsbedingungen en bloc erlernt werden. Die großen deskriptiven Grammatiken der modernen Sprachen berücksichtigen Fakten dieser Art nur in sehr begrenztem Umfang.

Schließlich soll noch auf einige einzelsprachliche Besonderheiten bei der Verwendung von Proformen hingewiesen werden. Pronominalisierung über die Satzgrenze hinaus – anaphorische und kataphorische – folgt in den verschiedenen Einzelsprachen ganz unterschiedlichen Gesetzmäßigkeiten.

> Er ist gekommen.          Wer ist gekommen?
> Sie sind gekommen.        Wer ist gekommen?
> Il est venu.              Qui est venu?
> Ils sont venus.           Qui est venu?

Kann man bei der anaphorischen Verwendung von Interrogativpronomina in der Übersetzung irgend etwas falsch machen? Es gibt Sprachen – und zwar keineswegs »exotische« – bei denen man hier sehr wohl etwas falsch machen kann, so z. B. im Spanischen:

> Vino.           ¿Quién vino?
> Vinieron.       ¿Quiénes vinieron?

Numeruskongruenz gibt es in den meisten anderen europäischen Sprachen nur bei adjektivisch verwendeten Fragewörtern:

> Das Päckchen ist angekommen.        Welches Päckchen?
> Die Päckchen sind angekommen.       Welche Päckchen?

Einfache Fakten dieser Art werden in den meisten deskriptiven Grammatiken zufriedenstellend behandelt, wenn auch nicht aus transphrastischer Perspektive. Es gibt jedoch andere Fälle, die bis heute nur sehr unvollständig und unzulänglich beschrieben sind. Ich kann hier nur einige ausgewählte Beispiele zur Illustration geben:

> Hampsicora … profectus erat in Pellitos Sardos …; filius nomine Hostus castris praeerat.
> H. war nach P. marschiert. *Sein* Sohn namens Hostus [bzw. einer seiner Söhne namens Hostus] befehligte [solange] das Lager.[66]

Wie das Beispiel aus Livius zeigt, gibt es in manchen Sprachen Lexeme, die über die Satzgrenze hinweg Possessivrelationen aufbauen; in anderen Sprachen müssen diese Relationen durch eine eigene Pro-Form explizit ausgedrückt werden. „Der Sohn" wird im Standarddeutschen nicht ohne weiteres als „sein/dein/Ihr Sohn" verstanden, in süddeutschen Dialekten hingegen verhält es sich ähnlich wie im Lateinischen:

> Wie geht es dir? Danke, man kann nicht klagen. Und *der* Frau? Danke.

---

[66] Beispiel aus Livius, *Ab urbe condita*, modifiziert nach Nye 1912/78, 19.

Die Möglichkeit der Pronominalisierung über die Satzgrenze hinweg ist im Deutschen generell weniger stark eingeschränkt als im literarischen Französischen. Einige Beispiele mögen dies belegen:

> Vom Residenzplatz führt die Theaterstraße in nordwestlicher Richtung zum Juliusspital und zum Bahnhof. *Sie* ist eine Schöpfung des 18. Jh. ... Cette *rue* a été créée ...

Man könnte unzählige Beispiele dieser Art anführen. Die Erscheinung zeigt sich auch bis zu einem gewissen Grad bei der Satzpronominalisierung, wie man dem folgenden Beispiel aus Thomas Manns Novelle *Tod in Venedig* entnehmen kann:

> Als er im fünfunddreißigsten Jahr in Wien erkrankte, äußerte ein feiner Beobachter über ihn in Gesellschaft: „Sehen Sie, Aschenbach hat von jeher nur so gelebt" – [...] – „niemals so" [...] *Das* traf zu.
> *It* was apt.        *L'observation* portait juste.

Die Wiederaufnahme einer Aussage durch ein einfaches Pronomen wirkt im Deutschen und im Englischen völlig natürlich; im Französischen hingegen umgangssprachlich, daher haben die beiden Übersetzer der Novelle zu einem Substantiv gegriffen.

Aus den angeführten Beispielen dürfte bereits hervorgegangen sein, daß der Terminus *Pronomen* irreführend ist. Was die Schulgrammatik so nennt, bezieht sich nicht nur auf Nomina, sondern auch auf ganze Sätze. Daneben gibt es weitere Pro-Formen: *Proverben* und *Proadjektive, Proadverbien*. Die Gebrauchsmöglichkeiten dieser Pro-Formen unterscheiden sich von Sprache zu Sprache mitunter beträchtlich und stellen somit ein Übersetzungsproblem dar. Das gilt z. B. für die sogenannten „Pronominaladverbien" im Deutschen:

> nicht daran glauben; sich darauf freuen; sich nichts daraus machen; sich nichts dabei denken; sich dadurch schaden; nichts dafür können; sich damit abgeben, sich dagegen aussprechen; es dahin kommen lassen, sich nichts darunter vorstellen können, sich darüber ärgern usw. usf.

Gerade völlig harmlose idiomatische deutsche Sätze, in denen man sich mit den oben aufgeführten Syntagmen auf einen im vorhergehenden Satz benannten Sachverhalt bezieht, können erhebliche Übersetzungsschwierigkeiten bereiten.

Die französischen und italienischen Äquivalente *y/en* bzw. *ci/ne* können einen Teil dieses weiten Bereichs abdecken:

> C'est le grand méfait du journalisme: de vous forcer à écrire, lorsque parfois l'on n'en a nulle envie
> ... wenn man keine Lust *dazu* hat
> Mi piace l'ultimo quadro che ho dipinto; ne sono proprio fiero.
> ... ich bin wirklich stolz *darauf*.
> je n'*y* crois pas, je n'*y* peux rien, non *ci* credo
> Ich glaube nicht *daran*; ich kann nichts *daran* ändern

Im Spanischen (ebenso wie im Portugiesischen und Englischen) steht kein so universal verwendbares Instrument zur Verfügung. In solchen Fällen beeinflussen die technischen Schwierigkeiten auf der Mikroebene die übersetzerischen Entscheidungen auf der Makroebene. Pedro Gálvez, der spanische Übersetzer der Grimmschen Märchen und J. R. Wilcok, der einen Teil der kleinen Erzählungen Kafkas ins Spanische übertragen hat, folgen im allgemeinen ihren Vorlagen auch in kleineren sprachlichen Einzelheiten sehr genau. Bei anaphorischen Pronominalisierungen, die gleichzeitig eine Kasusrelation bezeichnen, neigen sie zu freieren Lösungen, weil der Stil sonst zu schwerfällig würde:

> Sneewittchen lusterte den schönen Apfel an, und als es sah, daß die Bäurin *davon* aß, so konnte es nicht länger widerstehen ... Kaum aber hatte es einen Bissen *davon* im Mund ...
>
> ... al ver que la campesina comía *de ella*, no pudo resistir la tentación ... Pero nada más llevarse un trocito a la boca ...
>
> ... daß er jedoch einen so hohen Besuch [...] nicht einmal von der Form unseres Urteils in Kenntnis setzt [...] Ich wurde nicht *davon* verständigt ...
> Yo no sabía nada ...

»Typisch deutsche« Konstruktionen wie „Ich fürchte mich nicht *davor*, ich freue mich *darauf*!" müssen je nach Makrokontext stark expliziert oder stark vereinfacht werden; entweder man sagt ausdrücklich, *wovor* man sich nicht fürchtet und *worauf* man sich freut, oder man sagt nur, *daß* man sich nicht fürchtet, sondern freut.

Auch im verbalen Bereich verfügt das Deutsche über ein Mittel, anaphorische Satzverknüpfungen herzustellen, das in den benachbarten Sprachen nur in begrenztem Umfang nachgeahmt werden kann. *Tun*, das *verbum vicarium* par excellence, leistet in diesem Bereich weit mehr als die romanischen Nachfolger von FACERE oder auch das englische *to do*, das weitgehend die Funktionen eines Hilfsverbs übernommen hat. *Tun* kann, im Gegensatz zu *faire, hacer, fare* usw., auch sehr abstrakte Zustandsverben anaphorisch wiederaufnehmen:

> Ich wußte gar nicht, daß Heidelberg am Rhein liegt. Das *tut* es auch gar nicht, mein Lieber.

Eine ähnliche Satzverknüpfung ist allenfalls im Niederländischen denkbar, in den romanischen Sprachen oder im Englischen müssen nominale Lösungen vom Typ „Das ist auch gar nicht der Fall" gewählt werden. Aber auch dort, wo theoretisch eine verbale Pro-Form gebraucht werden könnte, gehen die meisten Übersetzer dieser Möglichkeit aus Gründen der Idiomatik aus dem Wege. Beim folgenden Passus aus Thomas Manns Novelle *Tonio Kröger* gebraucht nur der portugiesische Übersetzer ein *verbum vicarium*:

> Hast du nun den ‚Don Carlos' gelesen, Hans Hansen, wie du es mir an eurer Gartenpforte versprachst? *Tu*'s nicht!
> As-tu maintenant lu Don Carlos, Hans Hansen, comme tu me l'avais promis devant le portail de votre jardin? Ne le *lis* pas!
> *Non leggerlo*. Não o *faça*! No, don't *read* it!

### 5.5.1 Die funktionale Satzperspektive (Thema-Rhema-Gliederung) als Problem der Übersetzung

Es ist schwer, ein Gliederungsschema zu finden, das einem so umfassenden Gebiet wie dem hier behandelten in allen Einzelheiten gerecht wird. Die funktionale Satzperspektive ist nur bedingt als ein Problem der Transphrastik anzusehen, sie hätte auch unter 5.2 behandelt werden können. Andererseits wird ein im engeren Sinn „transphrastischer" Aspekt des gesamten vor allem von der „Neuen Prager Schule" erarbeiteten Forschungsgebiets, die „thematische Progression", erst unter 9.4 behandelt werden. Beim Übergang von der funktionalen Satzperspektive zu einer „funktionalen Textperspektive" wurden Fragestellungen der Textlinguistik im engeren Sinn mit solchen einer Textlinguistik im weiteren Sinn vermischt. Da jedoch bei der Untersuchung verschiedener Typen der „thematischen Progression" pragmatische Gesichtspunkte eine entscheidende Rolle spielen, erschien es angebracht, diesen Teilkomplex erst im Zusammenhang mit der „Linguistik im weiteren Sinn" zu behandeln. Hier sollen nun zunächst einige Fragen der Thema-Rhema-Gliederung auf Satzebene in der gebotenen Kürze behandelt werden. Der Bezug zur Transphrastik ist dadurch gegeben, daß in den meisten Fällen der vorhergehende Satz darüber entscheidet, was im zu untersuchenden Satz als „Thema" anzusehen ist.

Innerhalb der neueren Sprachwissenschaft lassen sich drei Ebenen der Analyse von Sätzen unterscheiden, die sich den drei großen Teilgebieten der Semiotik, Syntaktik, Semantik, Pragmatik (vgl. unten 7.2) zuordnen lassen:

[*Syntaktik*] **Satzfunktion:** Subjekt, Prädikat, verschiedene Typen von Objekten, Umstandsbestimmungen[67]

[*Semantik*] **Semantische Rolle:** Agens, Patiens, Betroffener, Instrument usw.

[*Pragmatik*] **Informationswert:** Gegenstand der Aussage/bekannt (*Thema*)/Aussage/neu (*Rhema*)[68]

Ob man „das, worüber man spricht" immer gleichzeitig als „bekannt" und „das, was ausgesagt wird" dementsprechend als „neu" ansehen darf, ist äußerst fraglich. Im Rahmen dieser knappen Skizze kann auf dieses Problem nicht eingegangen werden. Wenn die drei Ebenen immer gleichförmig gegliedert wären, würde sich zumindest im Rahmen der Sprachpraxis eine weitere begriffliche Unterscheidung erübrigen. Anhand einfacher Beispiele läßt sich jedoch zeigen, daß das Subjekt eines Satzes nicht immer gleichzeitig das Agens und das Thema repräsentiert:

    i)    Peter verbrennt Stroh.
    ii)   Das Stroh brennt lichterloh.
    iii)  **Peter**[69] verbrennt das Stroh, Anna hätte gar keine Zeit dazu.

Wie man unmittelbar einsieht, ist bei diesen drei schlichten Sätzen das Verhältnis zwischen Satzfunktion, semantischer Rolle und Informationswert nicht das gleiche. In Satz ii) kann *das Stroh* nicht gut als Agens bezeichnet werden, in Satz iii) stellt Peter die eigentliche Aussage, die Tatsache, daß jemand Stroh verbrennt, hingegen den bereits vorerwähnten Gegenstand der Aussage dar:

    i)    *Peter* Subjekt; Agens; Gegenstand der Mitteilung = Thema
    ii)   *Das Stroh* Subjekt; Patiens; Thema
    iii)  *Peter* Subjekt; Agens; Ziel der Mitteilung = Rhema

Es gibt schwer analysierbare Beziehungen zwischen den drei Schichten. Als »Normalfall« gilt die Übereinstimmung: Subjekt = Agens = Thema (vgl. Satz i)). Da es nun aber in allen modernen Sprachen zahlreiche Abweichungen von diesem »Normalfall« gibt und da beim Übergang von einer Sprache zur anderen sich auch die Art der Abweichung ändern kann, gehört der gesamte hier skizzierte Komplex zu den schwierigsten, bis heute noch unzureichend analysierten Übersetzungsproblemen. Wir wollen im folgenden die zweite Schicht – die der semantischen Rollen – so weit wie möglich außer Acht lassen und uns ganz auf das Verhältnis von erster und dritter Schicht konzentrieren. Welches sind nun

---

[67] In der Terminologie der Dependenzgrammatik: Aktanten und Zirkumstanten (Angaben).
[68] Der Ausdruck *Rhema* kann sich in der älteren griechischen Sprachphilosophie auf die drei Ebenen zugleich beziehen; häufig kann er einfach mit *Verb* wiedergegeben werden. Erst in der Prager Schule wurde die heute übliche terminologische Festlegung getroffen.
[69] Fettdruck bezeichnet hier den kontrastiven Satzakzent.

die wichtigsten Mittel, mit denen die informationstragende Struktur formal gekennzeichnet, durch die sie gegenüber der ersten Schicht, der Schicht der syntaktischen Funktionen, abgehoben werden kann?

1) **Diathese**
   i) Dr. Munkberg prüft Katrin.
   ii) Katrin wird (von Dr. Munkberg) geprüft. (mit fakultativer „Agensausblendung")
   iii) Dr. Munkberg verkauft viele Exemplare seines Buchs.
   iv) Sein Buch verkauft sich gut.
   v) Der Wind treibt die Wolken nach Süden.
   vi) Die Wolken treiben nach Süden.

Je nachdem, ob ein Sachverhalt in aktiver, passiver, medio-passiver oder „ergativer" Form ausgedrückt wird, verändert sich der Informationswert der einzelnen Satzglieder. Bei der Passivkonstruktion kann auf die Angabe des Agens verzichtet werden, eine Möglichkeit, von der vor allem in fachsprachlichen Texten häufig Gebrauch gemacht wird.

2) **Satzakzent und Intonation**
   **Anna** macht im nächsten Sommer Examen. Katrin macht die Vorprüfung.
   **Gekauft** hat das Haus mein Vater (Nicht gebaut oder gemietet)
   Gekauft hat das Haus mein **Vater** (ein anderer hat es möglicherweise gebaut, aber nicht gekauft)
   C'est bien la **clef** que j'ai perdue (den **Schlüssel**, nicht das Taschenmesser)
   C'est bien la clef que j'ai **perdue**. (genau dieser, nicht ein anderer)

Durch Satzakzent und Intonation, die in geschriebenen Texten oft erst entschlüsselt werden müssen (vgl. oben 5.1.1), läßt sich der Informationswert einzelner Satzglieder verschieben. Diese Möglichkeit ist in den hier behandelten Sprachen recht unterschiedlich ausgebildet und erst ansatzweise kontrastiv untersucht. Es besteht eine Verbindung zum Problem der Präsuppositionen, das erst in 7.3 behandelt werden wird.

3) **Artikel**
   Paul hat ein Buch geschrieben    Paul hat das Buch geschrieben

Die Einführung von etwas Neuem und die Bezugnahme auf etwas schon Erwähntes sind die klassischen Textfunktionen (nicht zu verwechseln mit den Sprachfunktionen) des „unbestimmten" und des „bestimmten" Artikels.[70] Diese Textfunktionen des Artikels sind in den hier berücksichtigten Sprachen ziemlich ähnlich; eine technische Herausforderung für den Übersetzer stellen sie erst dann dar, wenn sie in Kombination mit anderen formalen Kennzeichnungen der Thema-Rhema-Gliederung wie Akzent und Intonation oder Serialisierung („Wortstellung") auftreten.

4) **Lexikalische Konversen**
   Karlsruhe hat das Spiel gegen Bielefeld *gewonnen*.
   Bielefeld hat das Spiel gegen Karlsruhe *verloren*.
   Peter *sold* the book to Paul.
   Paul *bought* the book from Peter.
   Pierre est plus vieux que Paul
   Paul est plus jeune que Pierre

---

[70] Vgl. Weinrich 1993, Kap. 4.5.1.1.

Die Konversen stellen in gewisser Hinsicht ein lexikalisches Analogon zur syntaktischen Kategorie der Diathese und zu verschiedenen Kasusrelationen dar. Sie können in zweierlei Hinsicht zum Gegenstand der sprachwissenschaftlich orientierten Übersetzungsforschung werden. Zum einen sind sie nicht in allen Sprachen in der gleichen Weise ausgebildet:

> Je lui ai *prêté* ma voiture Ich habe *ihm* mein Auto geliehen
> Il m'a *emprunté* ma voiture Er hat *sich mein* Auto (*aus*)geliehen

Obwohl im Deutschen theoretisch die Konverse *verleihen* vs. *aus/entleihen* zur Verfügung steht, wird die Unterscheidung vor allem in der Umgangssprache mit ausschließlich syntaktischen Mitteln ausgedrückt.

Zum anderen kann jedoch eine Aussage des Ausgangstexts im Zieltext durch die entsprechende lexikalische Konverse wiedergegeben werden:

> Each of the boys *was given* an apple
> Jeder von den Jungen *erhielt/bekam* einen Apfel

Hier tritt die lexikalische Konverse zur Kompensation eines im Deutschen nicht möglichen Passivs mit Dativobjekt ein. Es kann jedoch viel subtilere Gründe geben, die einen Übersetzer veranlassen, auf lexikalische Konversen auszuweichen, um die Informationsverteilung seiner Vorlage auf Kosten der semantischen Genauigkeit möglichst genau nachzubilden.

### 5) Serialisierung („Wortstellung")

| | |
|---|---|
| Anna macht im nächsten Semester Examen. | Presto l'inverno giungerà |
| Im nächsten Semester macht Anna Examen. | Presto giungerà l'inverno |
| Examen macht Anna im nächsten Semester. | L'inverno giungerà presto |
| | L'inverno presto giungerà |
| | Giungerà presto l'inverno |
| | Giungerà l'inverno presto[71] |

Die Wortstellung ist zweifellos das wichtigste Mittel, die funktionale Satzperspektive materiell zu kennzeichnen. Die deutschen Beispiele zeigen, daß mit diesem Phänomen oft nicht die Stellung von Wörtern, sondern von Wortgruppen bezeichnet wird. Gelegentlich kann es sich auch um Elemente handeln, die kleiner sind als ein „Wort": *hundertzwei/zweihundert*; *centodue/duecento* etc. Der Fachterminus *Serialisierung* bezeichnet also das gemeinte Phänomen, nämlich „Reihenfolge der sprachlichen Zeichen innerhalb der Aussage" zutreffender als der traditionelle Ausdruck *Wortstellung*, der jedoch nach dieser terminologischen Klarstellung im folgenden beibehalten werden kann. In Sprachen mit verhältnismäßig freier Wortstellung (Latein, Deutsch, Italienisch) fällt es leicht, die informationstragende Struktur zu variieren; eine virtuose Beherrschung der entsprechenden sprachlichen Möglichkeiten gehörte zu den Unterrichtsgegenständen der Rhetorik. Die Wortstellung und damit die Informationsverteilung des folgenden Satzes aus Ciceros erster Rede gegen Catilina läßt sich zumindest in den gehobenen Registern der modernen Sprachen schwer nachahmen; die Nachbildung fällt leichter, wenn man zu einem »gesprochenen« Stil greift:

---

[71] Vgl. Segre 1963.

(1) constrictam iam horum omnium scientia teneri coniurationem tuam non vides?
(2) Daß durch das Einvernehmen all dieser Männer hier deine Verschwörung in Fesseln geschlagen ist, siehst du nicht?
(3) Elle est paralysée, parce que tout le monde ici est au courant, ta conjuration, ne le vois-tu pas?
(4) Lahmgelegt ist sie, wo doch alle hier schon Bescheid wissen, deine Verschwörung, siehst du denn das nicht?

Die französische Übersetzung (3) – sie stammt von dem französischen Linguisten Claude Hagège – und meine eigene (4) sind angesichts der Tatsache, daß in den vorangegangenen Sätzen von Catilinas verschwörerischen Umtrieben die Rede ist, zur Not akzeptabel.

In Sprachen mit relativ fester Wortstellung (Französisch, Englisch) fällt es schwer, die Wortstellung in den Dienst der Informationsverteilung zu stellen; die Serialisierung bezeichnet in erster Linie die Satzfunktionen. Um die informationstragende Schicht zu variieren und die starre Satzgliedfolge aufzubrechen, benötigt man spezielle syntaktische Mittel. Seit jeher auch von der Schulgrammatik gründlich untersucht sind die *mise en relief* bzw. die *cleft(ing) sentences*.

C'est Max qui a chanté cette chanson pour la première fois.
C'est cette chanson que Max a chantée.
It was because he was ill (that) we decided to return
It was in September (that) I first noticed it.

Wörtliche Übersetzungen solcher Konstruktionen kommen im Deutschen zwar häufig vor, sie wirken jedoch meist unidiomatisch, wie die folgenden Beispiele aus der deutschen Übersetzung eines bekannten linguistischen Standardwerks belegen:

It was his coat that John lost
Es war der Mantel, den John verlor
If I just caught the train, it was because I ran
Wenn ich den Zug gerade noch erreichte, war es, weil ich rannte[72]

Manchmal kommt es bei der Nachahmung solcher Konstruktionen sogar zu inhaltlichen Verschiebungen:

(1) There were only two Americans stopping at the hotel
(1') Es gab nur zwei Amerikaner, die im Hotel wohnten
(1") Nur zwei Amerikaner wohnten im Hotel[73]

Im Gegensatz zu (1") könnte (1') so verstanden werden, als gäbe es eine Anzahl von Amerikanern im Ort, von denen nur zwei in dem betreffenden Hotel abgestiegen waren, während die gemeinte Lesart, daß nämlich unter den Hotelgästen nur zwei Amerikaner waren, in (1") klarer zum Ausdruck kommt. »Natürlich« wirken solche Konstruktionen im Deutschen nur dann, wenn der zur Heraushebung dienende Matrixsatz einen modalen, z. B. einen epistemischen Wert annimmt:

It must have been his brother that you saw
Es muß sein Bruder gewesen sein, den du gesehen hast.

---

[72] Beispiele aus Levinson 1983; Levinson 1983/90; vgl unten Kap. 7.3.
[73] Vgl. Macheiner 1995, 148f.

Ein weiterer, vor allem in den romanischen Sprachen häufig vorkommender Typ der ‚markierten' Satzstellung ist die „Versetzung" (*dislocation/dislocazione*). Man unterscheidet *dislocation à gauche/dislocazione a sinistra* und *dislocation à droite/dislocazione a destra*

>Ces fleurs sont magnifiques →
>Ces fleurs, elles sont magnifiques. Dislocation à gauche avec reprise pronominale
>Il nonno compra questa rivista →
>Questa rivista, la compra il nonno. Dislocazione a sinistra con ripresa pronominale

>Elles sont magnifiques, ces fleurs. Dislocation à droite
>Lo compro domani, il dolce. Dislocazione a destra

Es können von der *dislocation* auch andere Satzglieder – nicht nur das Subjekt – betroffen sein, z. B. das Akkusativobjekt:

>Des fleurs, j'en achète souvent.
>Il coraggio, uno non se lo puo dare „den Mut kann man sich nicht selbst verleihen"

Im Italienischen sind Herausstellungen und Versetzungen dieser Art noch häufiger als im Französischen. In beiden Sprachen besteht eine deutliche Affinität zur spontanen Umgangssprache:

>Moi, mon copain, son père, il est pilote (Claude Hagège)
>Ja und ich, mein Kumpel, dem sein Vater, der ist Pilot
>Tu comprends, moi, ma mère, après, ça a été l'orphelinat (Pierre Magnan)
>Verstehst du, bei mir, meine Mutter, danach gab's dann nur noch das Waisenhaus
>Giorgio, quel libro, l'ho dato a lui
>Schorsch, das Buch da, das hab ich ihm gegeben

Alle diese Konstruktionen lassen sich nur innerhalb ihres Kontexts verstehen, zumeist handelt es sich um spezifische Reaktionen auf vorangegangene Äußerungen. Insofern gehören sie in das Gebiet der Transphrastik.

Die Thema-Rhema-Gliederung als Invariante der Übersetzung ist meines Wissens bisher nur selten systematisch untersucht worden – zumindest was den einzelnen Satz, nicht was den Text betrifft. Es versteht sich fast von selbst, daß die funktionale Satzperspektive gerade beim einbürgernden, ‚idiomatischen' Übersetzen häufig stark verschoben wird. Ich habe das selbst feststellen müssen, als mir eine Verlagslektorin energisch in meinem Übersetzungstext herumgestrichen hat: ‚Treue' im Hinblick auf die Thema-Rhema-Gliederung des Originals wird meist einer vermeintlichen ‚Flüssigkeit' des Zieltextes geopfert.

## 5.6 Lexikologie

Die Lexikologie – oder zumindest die lexikalische Semantik, die nicht mit der Semantik schlechthin identifiziert werden darf – ist das zentrale Problemfeld der angewandten sprachenpaarbezogenen Übersetzungswissenschaft. Das geht schon daraus hervor, daß die meisten praktischen Arbeitsinstrumente, die wir besitzen, eben dieses Gebiet betreffen. Läßt sich diesem Bereich darüber hinaus noch ein theoretisches Interesse abgewinnen? Sehr wohl, vor allem dann, wenn man im Wortschatz einer Sprache mehr sieht als eine ungeordnete Menge von Einheiten, die man den Einheiten einer anderen Sprache zuordnen muß, eine nicht besonders beliebte Denksportaufgabe, die man gemeinhin „Vokabeln lernen" nennt. Die Lexikologie ist mehr als das Studium der Bedeutung von Wörtern, sie beschäftigt sich darüber hinaus mit den Strukturen des Wortschatzes, mit regelmäßigen Beziehungen, die zwischen Teilen des Wortschatzes einer Sprache bestehen. Hierzu zunächst ein einfaches Beispiel:

(a) Liegen sitzen stehen fallen trinken schwimmen sinken springen sterben leben
(b) Legen setzen stellen fällen tränken schwemmen (ver)senken sprengen töten zum Leben erwecken

Zwischen den Wörtern der Reihe (a) und denen der Reihe (b) bestehen zumindest bei den ersten Beispielen regelmäßige Beziehungen. Ein Wechsel des Vokals bei den Verben der (b)-Reihe verleiht dem betreffenden Verb eine zusätzliche Bedeutungskomponente: (b) = „machen, bewirken, daß (a)", *legen* „zum liegen bringen" usw. Man nennt die Verben der (b)-Reihe daher Faktitiva oder Kausativa. Je weiter wir bei den Beispielen nach rechts gelangen, desto weniger klar ausgeprägt ist die betreffende Beziehung in formaler oder inhaltlicher Hinsicht: *senken* kommt schlecht ohne Vorsilbe oder Pronomen aus (*versenken, sich senken*); *sprengen* wird nicht mehr unmittelbar als „zum springen bringen" empfunden (vgl. jedoch frz. *faire sauter* „sprengen"), zwischen *sterben* und *töten* besteht nur eine semantische, keine formale Beziehung und ein Kausativum für *leben* fehlt ganz, es steht nur eine Periphrase zur Verfügung. Man braucht nur die oben angegeben Verben in zweisprachigen Wörterbüchern nachzuschlagen, um sich davon zu überzeugen, daß Strukturen dieser Art sprachspezifisch sind, daß sie sich in keiner anderen Sprache in der gleichen Form wiederfinden. Mit dieser Erkenntnis sind wir bei dem Gebiet angelangt, das uns nun beschäftigen soll, bei der kontrastiven Lexikologie. Wie bereits in Kapitel 5.3 festgehalten wurde, muß in der übersetzungsrelevanten kontrastiven Lexikologie der primäre und der sekundäre Wortschatz gemeinsam behandelt werden, weil das Verhältnis zwischen einfachen Wörtern (Simplizia) und Wortbildungsprodukten sich von Sprache zu Sprache sehr unterschiedlich gestaltet:

| dt. | stehlen | Dieb | Diebstahl |
| engl. | steal | thief | theft |
| frz. | Voler | voleur | vol |
| sp. | robar/hurtar | ladrón | hurto |
| it. | Rubare | ladro | furto |

„Wortschatz" soll zunächst traditionell als „Wortbestand einer Sprache" verstanden werden. Der Wortschatz eines Individuums, das sogenannte „mentale Lexikon" wird unter 5.6.5, das Lexikon als Komponente des gesamten Sprachsystems, d. h. vor allem hinsichtlich seiner Beziehungen zur Syntax, unter 5.6.7 behandelt werden. Zunächst werden wir uns mit einigen wohlbekannten Problemen beschäftigen, die seit langem bei der übersetzungsbezogenen Betrachtung des Wortschatzes verschiedener Sprachen eine Rolle gespielt haben.

### 5.6.1 »Unübersetzbare« Wörter

Etwa ein Jahr vor Goethes Tod, am 21. 3. 1831 notierte Eckermann:

> Wir redeten sodann über den Unterschied des deutschen Begriffes von Geist und des französischen *esprit*. „Das französische *esprit*", sagte Goethe, „kommt dem nahe, was

> wir Deutschen Witz nennen. Unser Geist würden die Franzosen vielleicht durch *esprit* und *âme* ausdrücken; es liegt darin zugleich der Begriff von Produktivität, welchen das französische *esprit* nicht hat."
> „Voltaire", sagte ich, „hat doch nach deutschen Begriffen dasjenige, was wir Geist nennen. Und da nun das französische *esprit* nicht hinreicht, was sagen nun die Franzosen?"
> „In diesem hohen Falle", sagte Goethe, „drücken sie es durch *genie* aus."

Goethe erscheint uns in diesem Gespräch als kontrastiver Lexikologe ante litteram. Er geht von der „tradierten Äquivalenz" (vgl. unten 5.6.6) *esprit = Geist* aus und stellt sie in Frage. *Esprit* gilt vor allem in neuerer Zeit als »ungemein französisches« und somit »unübersetzbares« Wort. Wenn auch die Vorstellung, es gebe in jeder Sprache eine Reihe von »unübersetzbaren« Wörtern, der Rest bereite in übersetzerischer Hinsicht keine Probleme, aus linguistischer Sicht als schlichter Unsinn anzusehen ist, so ist doch an dieser populären Ansicht im Hinblick auf *esprit* »etwas Wahres dran«. Obwohl das Deutsche seit dem 18. Jahrhundert unzählige französische Lehnwörter verloren hat, nimmt das Lehnwort *Esprit* heute ungefähr die Stelle ein, die *Witz* im 18. Jahrhundert innehatte. »Unübersetzbare« Wörter wurden vor allem im Sprachenpaar Französisch-Deutsch ausgemacht. Es handelt sich um ein für Linguisten unerfreuliches Gebiet, auf dem jeder Stammtischphilologe glaubt, unbekümmert dilettieren zu dürfen. Es gibt eine Reihe von deutschen und französischen Kandidaten, die in diesem Zusammenhang immer wieder zitiert werden:

> Heimat, Stimmung, Erlebnis, Gemütlichkeit, Schadenfreude, Heimweh, eigentlich usw. usf.
> esprit, génie, charme, raffinement, nuance, nonchalance, éclat, vague, désinvolture, bon sens, bon ton usw. usf.

Die völkerpsychologische Deutung solcher Wörter ist außerordentlich beliebt. So wurde z. B. von einem Engländer geäußert, die ganze Niedertracht der deutschen Nation zeige sich schon in dem Wort *Schadenfreude*. Angehörige anderer Nationen hätten große Mühe, dieses Wort überhaupt nur annähernd zu verstehen, da sie ein derartiges Gefühl nicht kennten. Die Wohlfundiertheit dieser Ansicht kann man bezweifeln. Man darf, wenn man nach vergleichbaren Phänomenen sucht, nicht nur den Wortschatz der Sprachen bemühen. Französische Kinder lernen in ihrer frühesten Jugend folgendes Lied:

> J'ai du bon tabac dans ma tabatière,    Ich habe guten Tabak in meiner Tabakdose,
> j'ai du bon tabac tu n'en auras pas!    Guten Tabak habe ich, und du kriegst nichts davon!

Zeigt sich darin vielleicht keine Schadenfreude? Was nun die »Unübersetzbarkeit« dieser Wörter betrifft, so sollte man sich darauf einigen, das gemeinte Phänomen technischer und präziser auszudrücken, etwa durch „nur selten durch ein Wort wiederzugeben", bzw. „je nach Kontext durch ganz verschiedene Wörter wiederzugeben." In der Sprache der strukturellen Semantik (vgl. unten 5.6.5) bedeutet dies: Das betreffende Wort weist eine höchst spezifische Kombination von Inhaltsmerkmalen (sogenannten „Semen") auf, für die es in keiner anderen Sprache auch nur etwas annähernd Vergleichbares gibt. Wenn man unter einem „übersetzbaren" Wort ein Lexem verstehen will, das in allen Kontexten unbeschränkt austauschbar ist, so sind alle Wörter »unübersetzbar«, wenn auch vielleicht nicht im Hinblick auf jede Zielsprache. Es geht also lediglich um einen graduellen Unterschied. Man braucht nur zu versuchen, die unten aufgeführten Fügungen mit *holen* in eine andere Sprache zu übersetzen, um sich davon zu überzeugen:

ein Bier holen, Geld auf der Bank holen, die Polizei holen, sich eine Genehmigung holen, Atem holen, sich einen Schnupfen holen, sich Rat holen, einen Preis holen, der Teufel soll dich holen usw.

*Holen* wird jedoch nie genannt, wenn von »unübersetzbaren« Wörtern die Rede ist.

### 5.6.2 Falsche Freunde

Der Terminus *faux amis* wurde vermutlich von Maxime Kœssler und Jules Derocquigny geprägt. 1928 veröffentlichten sie ein Buch mit dem Titel *Les faux amis ou les trahisons du vocabulaire anglais*. Der Untertitel lautete: *Conseil aux traducteurs* „Ratschläge für Übersetzer".[74] Das Werk hatte demnach eine primär übersetzungswissenschaftliche Zielsetzung; heute wird das Thema vor allem im Rahmen der Sprachdidaktik behandelt. Der Ausdruck *faux amis* ist in vielen Sprachgebieten in seiner französischen Form üblich, daneben existieren aber auch Lehnübersetzungen wie *falsche Freunde, false friends, falsi amici, falsos amigos* usw. Es gibt eine ganze Reihe von konkurrierenden Termini, unter denen dem von Robert Lado in seinem Buch *Linguistics across cultures* – einem Klassiker der kontrastiven Sprachwissenschaft – propagierten Ausdruck *deceptive cognates* ein besonderer Stellenwert zukommt. Dieser Terminus drückt explizit eine Einschränkung aus, die in *faux amis* meist stillschweigend mitverstanden wird. Es geht nicht nur um Wörter, die sich in zwei oder mehreren Sprachen täuschend ähneln und dadurch Anlaß zu falscher Verwendung geben; sie müssen darüber hinaus etymologisch verwandt sein. Dies ist der Fall bei dem Paar *bekommen – become*, das Anregungen zu unzähligen Witzen gegeben hat:

„Waiter, whenever shall I become a beefsteak?" „Never, Sir, or let's hope so."

In einer Zeit, in der das Englische zur *lingua franca* für einen großen Teil der Welt geworden ist, dürfte nur wenigen Deutschen noch ein solch elementarer Fehler unterlaufen. Dennoch eignet sich das Beispiel zur Illustration der mit den „falschen Freunden" verbundenen Problematik. Das deutsche Verb *bekommen* nimmt in seiner transitiven Verwendung in bezug auf *haben* die Stelle ein, die *become* in bezug auf *be* innehat:

bekommen : haben = become : be

Die Verwechslungsgefahr liegt also nicht nur in der ähnlichen lautlichen und graphischen Form, sondern auch in der Tatsache begründet, daß beide Verben über ein gemeinsames Inhaltsmerkmal verfügen: „Zustandekommen einer Relation". Intransitive Verwendungen wie *es bekommt mir* „es ist gut für mich" erinnern an die ursprüngliche Nähe zu *sein*.

Die praktischen Schwierigkeiten, die mit den „falschen Freunden" verbunden sind, wurden teilweise bereits im Kapitel *Hilfsmittelkunde* behandelt. Hier soll auf einige theoretische Fragen eingegangen und eine sehr grobe, aber für die hier verfolgten Zwecke ausreichende Klassifikation der *faux amis* vorgenommen werden.

In der Fachliteratur werden vor allem zwei Fragen kontrovers diskutiert:

a) Geben interlinguale Paronyme, die etymologisch nicht verwandt sind, ebenso häufig Anlaß zu sprachlichen Fehlleistungen wie *deceptive cognates* im engeren Sinn? Die Frage ist nicht leicht zu entscheiden. Einerseits darf man annehmen, daß es auch bei linguistisch nicht vorgebildeten Sprechern eine Intuition für etymologische Zusammengehö-

---

[74] Koessler/Derocquigny 1928.

rigkeit gibt, die falsche Erwartungen im Hinblick auf die lexikalische Äquivalenz bekräftigt; andererseits gibt es Fälle, in denen etymologisch nicht verwandte Paronyme aufgrund größerer formaler Ähnlichkeit eher zu Verwechslungen verleiten als etymologisch verwandte Dubletten. Dies ist z. B. bei den folgenden Wörtern der Fall:

Stube Stufe ital. stufa „Ofen"

Wenn hier überhaupt etwas verwechselt werden sollte, dann eher die nicht verwandten Wörter *Stufe* und *stufa* als *Stube* und *stufa*, die auf dasselbe Etymon zurückgehen. *Stube* bedeutete ursprünglich „heizbares Gemach" (vgl. engl. *stove*). Dem Gesichtspunkt der etymologischen Verwandtschaft soll also bei der folgenden Klassifikation keine systematische Bedeutung zugemessen werden. Dt. *mimen* und span. *mimar* „verzärteln" sind nicht verwandt, können jedoch trotzdem Anlaß zu Irrtümern geben. Allerdings handelt es sich bei den deutsch-romanischen Beispielen zum größten Teil und bei den deutsch-englischen zu einem großen Teil um Latinismen, so daß die etymologische Verwandtschaft in der Regel gegeben ist.

b) Gibt es im Gegensatz zu den „falschen" auch „gute Freunde", *de vrais amis, true friends*? Im strengen Sinn sicherlich nicht. Selbst *Finger* und *finger*, *Hand* und *hand* oder *schwimmen* und *swim* sind nicht in allen Fällen austauschbar. Auch ital. *venire* und span. *venir* sind keine vollkommenen Äquivalente, denn das spanische Verb bedeutet im Gegensatz zum italienischen eine Bewegung ausschließlich in Richtung auf die erste Person. Auf derartige subtile Unterschiede kann in der folgenden Grobklassifikation keine Rücksicht genommen werden. Paare dieser Art sollen hier vereinfachend als „relativ gute Freunde" angesehen werden.

Hier sollen nur drei Typen von „falschen Freunden" unterschieden werden. Die Klassifikation ist grob, die Grenzen wie immer in ähnlichen Fällen fließend, jedoch dem verfolgten Ziel angemessen:

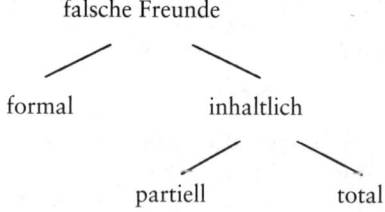

formale:
    **dt. – engl.:** Photograph – photographer, Mörder – murderer, Plantage – plantation, anorganisch – inorganic, demaskieren – unmask, Kritik – criticism, Historiker – historian, Klima – climate

    **dt. – frz.:** dämonisch – démoniaque, Parabel – parabole, paradiesisch – paradisiaque, Theologe – théologien, Rosette – rosace, defekt – défectueux, Antike – antiquité, die Debatte – le débat, die Toilette – les toilettes, Orthographie – l'orthographe, Therapie – thérapeutique

    **dt. – it.:** Fresko – affresco, die Kanone – il canone, die Violine – il violino, Etappe – tappa, Finesse – finezza, Diskont – sconto, Diplomat – diplomatico

    **dt. – span.:** Admiral – almirante, Gymnastik – gimnasia, Ilias – Iliada, Natur – naturaleza, die Sekunde – el segundo, Synthese – síntesis, Visum – visado

Bei dieser Aufstellung wurden nur morphologische „falsche Freunde" berücksichtigt; in der einschlägigen Fachliteratur wird auch auf orthographische (*literature/littérature*) oder phonetische Unterschiede (*Finger/finger*) eingegangen.

inhaltlich partiell: **dt. – engl.**: Fleisch – flesh/meat, der nächste – the next/nearest, schwimmen – swim/float, Seite – side/page, Straße – street/road, Politik – politics/policy, Preis – price/prize

**dt. – frz.**: Daten – les dates/les données; Patient – patient/malade/client; décoration – Dekoration/Auszeichnung/Orden; Parade – parade (nur beim Fechten), sonst défilé; dénoncer – denunzieren/anprangern; Pension – pension/retraite; Kollege – collègue/confrère, Motiv – motif/mobile, Garderobe – garderobe/vestiaire

**dt. – it.**: annunciare – annoncieren/ankündigen, argomento – Argument/Thema, Dekan – decano/preside della facoltà, discreto – diskret/ordentlich/nicht außergewöhnlich, bescheiden (Werturteil), diskutabel – discutibile (negativ)/accettabile (positiv), Mantel – mantello/soprabito/impermeabile

**dt. – span.**: dirección/Direktion/Adresse, antiguo – antik/alt, la nota – Note/Rechnung, la masa – Masse/Teig, político – politisch/angeheiratet, ilusión – Illusion/freudige Erwartung

Die Bedeutungsangaben in dieser kleinen Aufstellung sind grob und unvollständig, die jeweilige Sprachrichtung wurde (wie in der konsultierten Fachliteratur) sehr uneinheitlich behandelt. Die partiellen inhaltlichen „falschen Freunde" erfreuen sich geringerer Aufmerksamkeit als die totalen. Für den Übersetzer sind sie in der Regel weit gefährlicher. *Bekommen* wird in der Praxis sicher weit seltener mit *become* wiedergegeben als *der nächste* (im räumlichen Sinn) durch *the next*.

inhaltlich total:   **dt. – engl.** :
(oder nahezu total)   „auch" – *also* – *also* – „so/therefore/then"
„Gabe" – *gift* – *Gift* – „poison"
„Tablette/Gedenktafel" – *tablet* – *Tablett* – „tray"
„Gasse" – *alley* – *Allee* – „Avenue"
„schließlich/irgendwann" – *eventually* – *eventuell* – „possibly"
**dt. – frz.**:
„Turnhalle" – *gymnase* – *Gymnasium* – „lycée"
„Laune" – *fantaisie* – *Phantasie* – „imagination"
„ausschweifend" – *luxurieux* – *luxuriös* – „luxueux"
„Abschnitt" – *paragraphe* – *Paragraph* – „article"
„Räumlichkeit" – *local* – *Lokal* – „café, restaurant"
„Überblick/Ansatz" – *aperçu* – *Aperçu* – „mot d'esprit"
**dt. – it.**:
„häßlich" – *brutto* – *brutto* – „lordo"
„Leiter" – *dirigente* – *Dirigent* – „direttore d'orchestra"
„Keller" – *cantina* – *Kantine* – „mensa"
„Bordell" – *casino* – *Kasino* – „casinò"

> dt.-span.:
> „Brief" – *carta* – *Karte* – „tarjeta"
> „anständig" – *decente* – *dezent* – „discreto/fino"
> „Landkarte" – *el mappa* – *Mappe* – „cartera"
> „Truppen" – *tropas* – *Tropen* – „trópicos"

Aus Gründen der Anschaulichkeit wurden die Verhältnisse stark vereinfachend dargestellt. Bei einer genaueren Analyse dieser Beispiele zeigt sich, daß die Grenzen zwischen den Kategorien nicht leicht zu ziehen sind. Oft geht es um ein kompliziertes Gefüge von formalen *und* inhaltlichen Unterschieden.

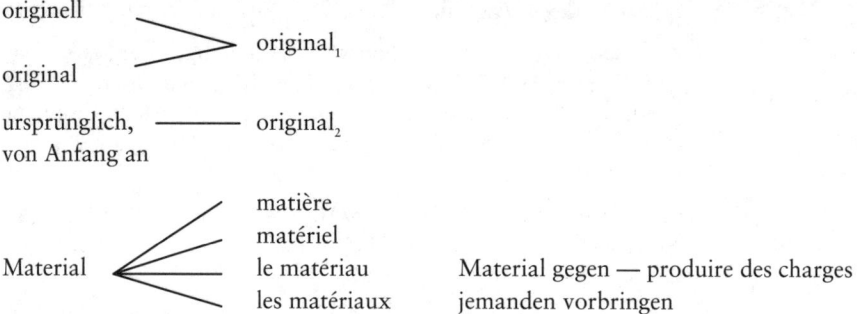

Hierbei handelt es sich nicht nur um interlinguale, sondern auch um intralinguale „falsche Freunde". Ähnlich verhält es sich mit den „terrible twins" des Englischen:

> *classic* „klassisch, zeitlos"; *classical* „klassisch im historischen Sinn"
> *electric* „elektrisch"; *electrical* „in bezug auf Elektrizität"
> *economic* „ökonomisch, die Wirtschaft betreffend"; *economical* „sparsam"
> *historic* „historisch bedeutsam"; *historical* „geschichtlich, historisch"

In praktischer Hinsicht besonders wichtig sind die *faux amis*, die auf Entlehnungen aus dem Französischen ins Deutsche zurückgehen. Hier finden sich *alle* bisher theoretisch unterschiedenen Typen; ich will sie nur in rein praktischer Hinsicht diskutieren. Die formalen und die inhaltlichen Unterschiede erklären sich nicht nur aus der wohlbekannten Tatsache, daß bei einer Entlehnung sowohl die Form als auch der Inhalt modifiziert werden können, sondern auch aus dem Zeitpunkt der Entlehnung: Oft konserviert der Gallizismus im Deutschen eine ältere Bedeutung, die im Französischen bereits untergegangen ist: *chaussée* bedeutet im 18. Jh. einfach Fernstraße, Landstraße (die Bedeutung ist noch erhalten in *les ponts et chaussées*: „Straßenbauamt"); diese Bedeutung findet man heute noch vor allem im Norddeutschen. Im modernen Französischen bedeutet *chaussée* eher „gewölbte Fahrbahn" im Gegensatz zu *trottoir* oder *bas-côtés*; dt. *Chaussée* ist also meist durch *route* wiederzugeben.

Manche „falsche Freunde" gehen auf Mißverständnisse bei der Entlehnung zurück:

> überall – *partout* – *partout* – à tout prix
> la chicorée – die Endivie – les endives (belges) – der Chicorée

Zu den „falschen Freunden" im weiteren Sinn gehören heute in den meisten europäischen Sprachen die Pseudoanglizismen. Muß man *happy end* oder *last not least* sagen, wenn man korrektes Deutsch sprechen will, obwohl es im Englischen *happy ending* und *last but not least* heißt? Wir Deutschen sind meist bereit, eingebürgerte Irrtümer nachträglich zu korrigieren. So schreiben wir heute *postum*, nachdem allgemein bekannt wurde, daß die Schreibung *posthum* auf eine Volksetymologie zurückgeht: lat. *postumus* hat nichts mit *humus* zu tun. Im Französischen ist die Schreibung *posthume* weiterhin obligatorisch, obwohl jedes Wörterbuch über die richtige Etymologie Auskunft gibt. Ebenso wird der Radiosprecher unbekümmert *speaker* genannt, obwohl man im Englischen in diesem Fall vom *announcer* spricht. Reine Phantasiebildungen wie *footing* „sportliches Laufen" treten im Deutschen allerdings weit häufiger auf als im Französischen und in den übrigen europäischen Sprachen; man denke nur an das Mautsystem *Toll Collect*. Ein amerikanischer Kollege beklagte sich unlängst darüber, daß das ohnehin schon schwierige Deutsche wegen seiner unverständlichen Anglizismen für Anglophone vollends ungenießbar geworden sei.

Bisher wurden nur falsche Freunde innerhalb eines Sprachenpaars behandelt. Für deutsche Übersetzerinnen und Übersetzer, so wie für alle, die mehrere europäische Sprachen sprechen, kommt das oft weit gravierendere Problem der „falschen Freunde" zwischen den verschiedenen romanischen Sprachen oder zwischen dem Englischen und unterschiedlichen romanischen Sprachen hinzu. Hans-Martin Gauger hat diesem Umstand bei seiner Behandlung der „falschen Freunde" Rechnung getragen. Er behandelt nicht nur das Sprachenpaar Spanisch-Deutsch, sondern darüber hinaus auch die Verwechslungsgefahren, die sich für denjenigen ergeben, der neben dem Spanischen auch Italienisch, Französisch oder Englisch beherrscht.[75] Ein romanistisch geschulter Übersetzer, der Spanisch und Italienisch gelernt hat, wird schon einmal *primo* und *primero* verwechseln oder unter dem Einfluß von *invitación/invitation* auf italienisch \**invitazione* statt *invito* sagen oder schreiben. Auch die inhaltlichen Divergenzen sind in diesem Fall besonders gefährlich:

    frz. *garder*/span. *guardar* „aufheben, behalten"    it. *guardare* „schauen"
    span. *salir* „hinausgehen, abreisen"    it. *salire* „hinaufgehen, einsteigen"
    engl. *succeed* „Erfolg haben"
    frz. *succéder* „nachfolgen"    it. *succedere* „nachfolgen"/„sich
    span. *suceder* „nachfolgen"    ereignen"

Zum Schluß sei noch auf eine Sonderkategorie der „faux amis" hingewiesen, die vor allem in stilistischer Hinsicht bedeutsam ist: Es kommt relativ häufig vor, daß Lehnwörter in der Sprache, in die entlehnt wurde, als umgangssprachliche oder pejorative Synonyme der angestammten Lexeme fungieren, so z. B. das französische Lehnwort *Visage* neben *Gesicht*. Man könnte hier von »chauvinistischen« Entlehnungsmotiven sprechen. Einige Beispiele:

    frz. *hâbler* (vgl. span. *hablar*) „angeben, sich brüsten, d. h. reden wie ein Spanier"
    (heute sind nur die Ableitungen *hâbleur* und *hâblerie* üblich)
    span. *parlar* (vgl. frz. *parler*) „daherschwätzen, reden wie ein Franzose"
    dt. *Moneten* (vgl. it. *le monete*) „Geld"
    dt. *Fortüne* (vgl. frz. *fortune*) „Glück bei Unternehmungen aller Art"
    dt. *killen* (vgl. engl. *kill*) „kaltblütig, professionell umbringen"

---

[75] Vgl. Cartagena/Gauger 1989, Bd. 2, 581-611.

### 5.6.3 »Fehlende« oder »überschüssige« Oppositionen

Hinter diesem der Terminologie der strukturellen Semantik verpflichteten Titel verbirgt sich eine Erscheinung, die man in der übersetzungswissenschaftlichen Literatur gerne 1:2- bzw. 2:1-Entsprechung nennt. Der Ausdruck ist irreführend, denn bei näherem Hinsehen erweist sich die Entsprechung meist als viel komplizierter, aber aus übersetzungsdidaktischer Sicht lassen sich die Dinge in einer ersten Annäherung durchaus so darstellen. Je nach Übersetzungsrichtung spricht man in solchen Fällen von „Neutralisierung" (= Einebnung der in der Ausgangssprache gemachten Opposition) oder „Diversifikation" (= Entscheidung für das in den jeweiligen Kontext passende Lexem der Zielsprache). Zwei Beispiele:

**Deutsch AS**             **Französisch ZS**

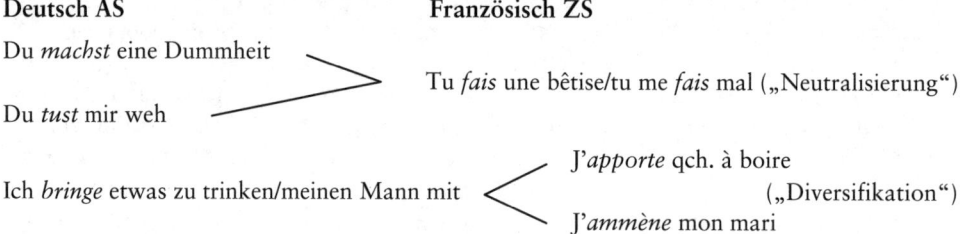

Du *machst* eine Dummheit / Du *tust* mir weh → Tu *fais* une bêtise/tu me *fais* mal („Neutralisierung")

Ich *bringe* etwas zu trinken/meinen Mann mit → J'*apporte* qch. à boire / J'*ammène* mon mari („Diversifikation")

Bei Oppositionen, die vom Gesichtspunkt der Zielsprache aus gesehen als »überschüssig« erscheinen, weil sie dort nicht gegeben sind oder zumindest keinen obligatorischen Charakter haben, kann es sich um mehr oder weniger zufallsbedingte oder aber um tiefergehende, systematische Erscheinungen handeln, die für die Struktur des Wortschatzes der betreffenden Sprache charakteristisch sind. Dies läßt sich nur durch gründliche Untersuchungen überprüfen. Einen ersten Hinweis auf die Bedeutsamkeit des jeweiligen Phänomens liefert sein Verbreitungsgrad. Ein isoliertes Auftreten deutet eher auf zufälligen Charakter hin, ein weitgehend gleichförmiges Auftreten in einer Gruppe von Sprachen gibt Anlaß zu der Vermutung, daß es sich zumindest historisch betrachtet um eine tiefergehende Erscheinung handelt, der man als Übersetzer besondere Aufmerksamkeit schenken sollte:

**isoliertes Auftreten**[76]

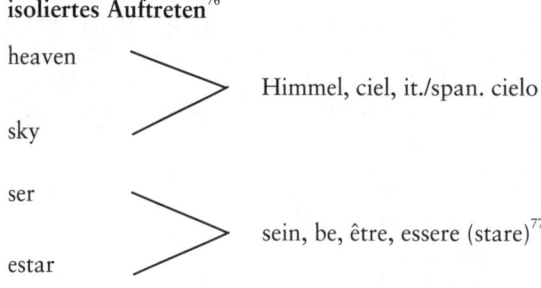

heaven / sky → Himmel, ciel, it./span. cielo

ser / estar → sein, be, être, essere (stare)[77]

---

[76] Vergleichsgrundlage für die hier getroffene Unterscheidung sind die wenigen in dieser Einführung regelmäßig berücksichtigten Sprachen. Die Klassifikation hat also nur illustrativen Charakter; sie ändert sich mit der Anzahl der herangezogenen Sprachen.

[77] In Klammern hinzugefügte Lexeme sollen zum Ausdruck bringen, daß die betreffende Opposition in der Zielsprache gelegentlich auftritt, wenn auch weniger systematisch als in der Ausgangssprache.

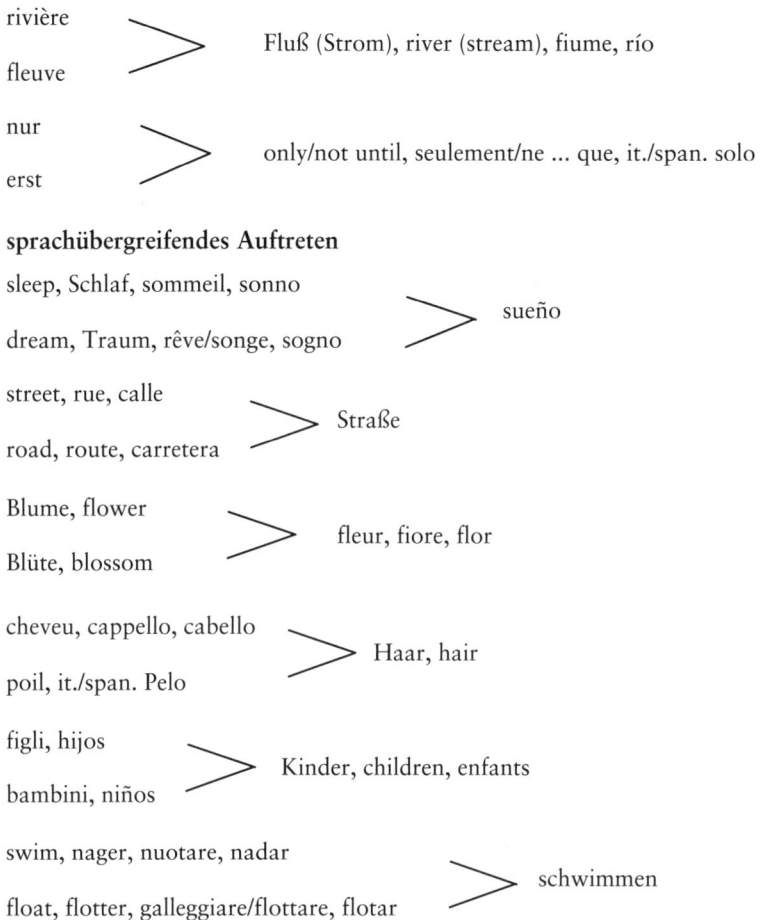

Diversifikationen können zu einem Problem werden, wenn der Kontext keine eindeutigen Hinweise liefert. Dies ist der Fall bei dem Kommentar, den der spanische Maler Francisco Goya einer seiner bekanntesten Radierungen beigegeben hat: *El sueño de la razón produce monstruos.* Wie aus dem oben stehenden Schema hervorgeht unterscheidet das Spanische als einzige der hier regelmäßig berücksichtigten Sprachen nicht zwischen „Schlaf" und „Traum". Goyas Text wird im Deutschen meist mit „Der Traum der Vernunft gebiert Ungeheuer" übersetzt. Hans-Martin Gauger spricht sich mit überzeugenden Argumenten für die Übersetzung „Der Schlaf der Vernunft ..." aus. Es dürfte unmittelbar einleuchten, wie sehr sich die beiden sprachlich denkbaren Lösungen ideologisch voneinander unterscheiden. Entscheidet man sich für den „Schlaf der Vernunft", so sieht man, wie es auch Gauger tut, in Goya einen Aufklärer. Entscheidet man sich hingegen für den „Traum der Vernunft", so würde sich Goya eher als Aufklärungskritiker, als Romantiker zeigen.[78]

---

[78] Vgl. Gauger 1995, 143-163. Dort wird auf zwanzig Seiten eine subtile Schilderung des übersetzerischen Dilemmas geboten. Die Standardübersetzung im Italienischen entspricht der von Gauger für richtig gehaltenen Lesart: *il sonno della ragione crea mostri.*

In übersetzerischer Hinsicht sind die Neutralisationen oft schwieriger zu meistern als die Diversifikationen. Wie schon im ersten Kapitel erwähnt besteht die Gefahr der Überdifferenzierung. Der Übersetzer möchte zeigen, daß er den Unterschied zwischen „schwimmen aufgrund von Bewegungen" und „schwimmen aufgrund geringeren spezifischen Gewichts" kennt und möchte diesen Unterschied auch ausdrücken, obwohl er in der eigenen Sprache nicht regelmäßig gemacht wird:

>wood floats (in water) ?Holz treibt auf dem Wasser → Holz schwimmt (in Wasser)

Wenn jedoch eine lexikalische Opposition im Text selbst thematisiert wird, muß diversifiziert werden:

>Imagine there's no heaven
>It's easy if you try
>No hell below us,
>Above us only sky (John Lennon)

Meist ergibt sich die sogenannte 1:2-Entsprechung nur durch eine stark abstrahierende Betrachtung, bei genauerem Hinsehen sind die Verhältnisse komplizierter:

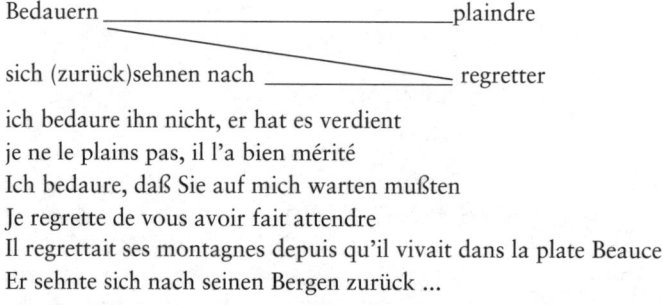

ich bedaure ihn nicht, er hat es verdient
je ne le plains pas, il l'a bien mérité
Ich bedaure, daß Sie auf mich warten mußten
Je regrette de vous avoir fait attendre
Il regrettait ses montagnes depuis qu'il vivait dans la plate Beauce
Er sehnte sich nach seinen Bergen zurück ...

Manchmal kann es vorkommen, daß einem Wort einer Sprache zwei Wörter in einer oder mehreren anderen Sprachen entsprechen, die dort als Antonyme anzusehen sind: Das lateinische Wort *altus* kann je nach Kontext entweder „hoch/high/haut/alto" oder aber „tief/deep/profond (bas)/profondo(basso)/profundo(bajo)" bedeuten:

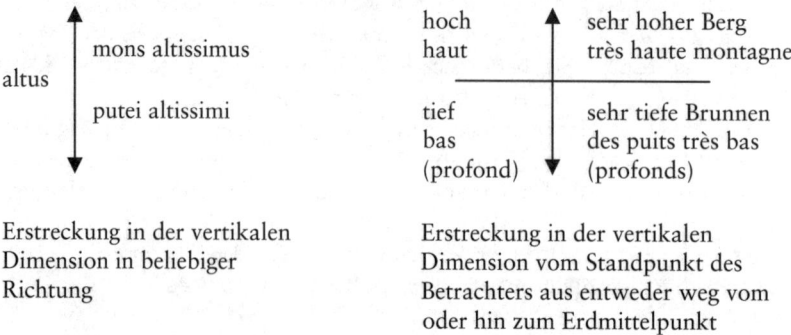

In seinem Aufsatz „Vom Gegensinn der Urworte" hat Sigmund Freud dieses Beispiel zum Anlaß genommen, tiefsinnige Überlegungen psychologischer Natur anzustellen: Das archaische Denken trenne Gegensätze noch nicht so wie das moderne, analytische Denken; das Beispiel von lat. *altus* zeige, daß sich Reste des archaischen Denkens sogar in eine große Kultursprache retten konnten.[79] Darüber läßt sich streiten. Der bedeutende Sprachwissenschaftler Hermann Paul hat für diesen Sachverhalt eine viel nüchternere, und aus systemlinguistischer Sicht annehmbare Erklärung gegeben. Lateinisch *altus* bedeutet einfach „eine große Strecke in vertikaler Richtung". In den modernen europäischen Sprachen fungiert der Erdmittelpunkt als Bezugsgröße. Eine große Erstreckung in vertikaler Dimension wird als „hoch" bezeichnet, wenn sie vom Erdmittelpunkt weg, als „tief", wenn sie auf ihn hinführt.[80]

Im übrigen gibt es natürlich auch im Lateinischen ein eigenes Lexem für „tief", nämlich *profundus*. *Altus* und *profundus* stehen in inklusiver Opposition, wobei *profundus* das sogenannte „markierte" Glied darstellt, das nur unter bestimmten Bedingungen verwendet wird, etwa so, wie man in den meisten Fällen ungeachtet des Geschlechts von einer *Katze* spricht und nur dann von einem *Kater*, wenn das Geschlecht ausdrücklich betont werden soll (vgl. unten 5.6.5).[81]

Wo der Nullpunkt im Fall von *hoch*/*tief* genau angesetzt wird, ist von Fall zu Fall verschieden. Ein Schiff, das über die *Tief*see dahingleitet, befindet sich gleichzeitig auf *hoher* See. Wenn der Schnee über einen Meter *hoch* liegt, kann man mit Recht von „*tiefem* Schnee" sprechen (vgl. unten 6.2).

Wir können aus diesen und vielen ähnlichen Beobachtungen zunächst eine theoretische Schlußfolgerung ziehen: Die Frage, wieviele Bedeutungen ein Wort habe, darf nicht einfach dadurch entschieden werden, daß man die Gebrauchsmöglichkeiten dieses Wortes an den Entsprechungen einer anderen Sprache mißt. Vergleicht man z. B. frz. *fleur* mit dem Spanischen oder dem Italienischen, dann hat es *eine* Bedeutung; vergleicht man es hingegen mit dem Englischen oder dem Deutschen, so hätte es *zwei* Bedeutungen, nämlich „Blume/flower" bzw. „Blüte/blossom" (vgl. oben). Möglicherweise käme man beim Vergleich mit einer ganz anderen Sprache auf drei Bedeutungen oder auf eine bloße Bedeutungsvariante. Die Einheit der Bedeutung muß sprachintern überprüft werden; der Sprachvergleich kann nur zu heuristischen Zwecken herangezogen werden.

### 5.6.4 Globale Strukturunterschiede im Wortschatz der Einzelsprachen

Auf dem Gebiet, auf das wir uns nun begeben, wurde früher intensiv gearbeitet, vor allem auf der Grundlage eines systematischen Vergleichs des Deutschen mit dem Französischen. Meine wenigen Beispiele dazu stammen denn auch vorwiegend aus diesem Sprachenpaar. Nach der sogenannten „kognitiven Wende" in der Linguistik ist das Interesse an Fragestellungen der hier vorgestellten Art stark zurückgegangen. Man interessiert sich heute weniger für Einzelsprachen als „objektive Sozialgebilde", die sich unabhängig von den Sprechern oder von den Produktions- und Rezeptionsbedingungen analysieren lassen, als für die Bedingungen, unter denen Sprache im allgemeinen hervorgebracht und aufgenommen wird. In diesem Abschnitt soll der Versuch unternommen werden, anhand eines Einzelproblems in einem spezifischen Sprachenpaar die beiden nur scheinbar kontradiktorischen Ansätze in der Sprachwissenschaft miteinander zu verbinden. Einige theo-

---

[79] Vgl. Freud 1943/78.
[80] Vgl. Paul 1880/1968, 84.
[81] Eine ausführlichere und genauere Darstellung findet sich in Albrecht 1996.

retische Aspekte sollen dann auf einer viel allgemeineren Ebene im folgenden Abschnitt vertieft werden.

Auszugehen ist von der Beobachtung, daß im Deutschen oft auf ein großes Inventar von verschiedenen Wörtern auf einem bestimmten Gebiet der Bezeichnung zurückgegriffen wird, wo man im Französischen mit ganz wenigen Wörtern auskommt, die sich bei Bedarf durch Zusätze präzisieren lassen. Im Jargon der strukturalistischen Sprachwissenschaft ausgedrückt: Fein differenzierten paradigmatischen Oppositionen im Deutschen stehen im Französischen eine Vielzahl von syntagmatischen Kombinationen gegenüber, die, insofern sie weitgehend lexikalisiert sind, auf der nächst höheren Betrachtungsebene ihrerseits wieder Paradigmen bilden. Wir konnten diese Tendenz bereits im Kapitel über die Wortbildung erkennen und dabei feststellen, daß sich das Französische nicht sehr stark von seinen romanischen Schwestersprachen unterscheidet. Einige klassische Beispiele:

| | | | | |
|---|---|---|---|---|
| (Fuß)Tritt | coup (de pied) | stehen | | (debout) |
| (Gewehr)Schuß | coup (de fusil) | | | |
| (Faust)Schlag | coup (de poing) | sitzen | être | (assis) |
| (Messer)Stich | coup (de couteau) | | | |
| (Wind)Stoß | coup (de vent) | liegen | | (couché) |

*mettre* une bouteille sur la table – *stellen*
*mettre* une nappe sur la table – *legen*
*mettre* les chaussures – *anziehen*
*mettre* du sel sur la tartine – *streuen*
*mettre* un chapeau – *aufsetzen*
*mettre* un billet dans une enveloppe – *stecken*
*mettre* une lettre à la boîte aux lettres – *(ein)werfen*
*mettre* un enfant sur sa chaise – *setzen*

Vor allem die deutschen Komposita vom Typ *Fußtritt* (das Determinans wurde in Klammern angegeben, da es weggelassen werden kann), sind im Vergleich zu den französischen Mehrwortbenennungen überdeterminiert, da es kein allgemeines Wort zum Ausdruck einer heftigen Bewegung gibt, das durch den jeweiligen Zusatz spezifiziert werden könnte. Von den lateinischen Verben zur Bezeichnung der Körperpositionen *stare* „stehen", *sedere* „sitzen" und *iacere* „liegen" sind im Französischen nur Verben mit unvollständigen Paradigmen und stark eingeschränkten Bedeutungen erhalten: *ester* (*en justice*) „vor Gericht auftreten"; *seoir* „sich schicken", „jmd stehen"; *gésir* „ruhen, leblos daliegen". Diese Beobachtung ist nicht nur von sprachwissenschaftlichem Interesse; der Sachverhalt hat auch Konsequenzen für die Übersetzung. Ausgehend vom Deutschen (oder vom Englischen) hat man zwei Verwendungstypen zu unterscheiden, die bei der Übersetzung ins Französische oder in eine andere romanische Sprache *idealiter* unterschiedlich zu behandeln sind.

a) Die Körperposition oder die Position eines Gegenstandes im Raum wird nur aufgrund sprachlicher Zwänge ausgedrückt, sie gehört nicht zur Ausdrucksabsicht im engeren Sinn. In solchen Fällen erscheinen im Französischen generische Verben:

| | |
|---|---|
| ein Buch *steht* im Regal | *est (se trouve)* sur le rayon |
| ein Buch *liegt* auf dem Tisch | *est (se trouve)* sur la table |
| er *sitzt* zu ihren Füßen | il *est* à ses pieds |

## 5. Deskriptive Sprachwissenschaft als Hilfsdisziplin

b) Die Bezeichnung der Position im Raum ist erkennbar Teil der eigentlichen Ausdrucksabsicht. In diesem Fall besteht Anlaß, bei der Übersetzung ins Französische oder in andere romanische Sprachen spezifischere Verben oder Syntagmen zu wählen, z. B. wenn es sich um eine »atypische« Position handelt:

>Peter *stand* im Bett *(se tenait debout)*    Die Flasche *lag* auf dem Tisch (était couchée)

Die folgenden Beispiele aus Thoman Manns Novelle *Tonio Kröger* und Heinrich Bölls Roman *Billard um Halbzehn* zeigen, daß die Übersetzer unterschiedlicher Meinung darüber sind, um welchen der beiden Verwendungstypen es sich in einem gegebenen Fall handelt:

> Der Garten *lag* wüst, aber der alte Walnußbaum *stand* an seinem Platz
> ... *lay* desolate [...] *stood* where it used to stand
> ... *était* abandonné [...] *se dressait* à sa place
> ... *era* incolto [...] *si ergeva* al suo posto
> ... *estaba* abandonado [...] *continuaba aún* en su sitio
> ... *estava* em abandono [...] *estava* no seu lugar

Nur der spanische und der portugiesische Übersetzer konnten in beiden Fällen auf eine genauere Positionsangabe verzichten, weil das in diesem Fall in beiden Sprachen obligatorische Verb *estar* gegenüber *ser* bereits markiert ist.

> ... das tat ich so gern: die Blätter aufschneiden, das schlechte weg und das gute ins Sieb werfen, wo es so grün und sauber *lag*.
> ... where they *lay* so green and fresh.
> [... jeter les mauvaises, et mettre les bonnes, vertes et bien propres dans le panier à salade].
> ... così verdi e pulite *a vedersi*
> ... donde *queda nadando*, verde y limpio.
> ... onde *ficavam* muito verdes e limpas

> Die Strompfeiler [...] *standen* wie leere Riesentore im Strom
> *stood; jaillissaient des flots; si ergevano;* [span. fehlt] *estavam ali abandonados*

Die romanischen Übersetzer haben in diesen Fällen sehr wohl verstanden, daß es sich um »expressive« Verwendungen der Positionsverben handelt. Es ist vielleicht kein Zufall, daß im ersten Fall der französische Übersetzer »ausgewichen« ist und daß im zweiten Fall der spanische Übersetzer den betreffenden Passus ausgelassen hat; für Übersetzer sind solche Stellen unbequem.

Bei den zu den Positionsverben gehörigen Faktitiva *stellen*, *setzen*, *legen* sind die Verhältnisse noch eindeutiger. Im Normalfall werden sie im Englischen und in den romanischen Sprachen durch generische Verben wie *put*, *mettre*, *mettere/porre*, *meter/poner* wiedergegeben. Nur wenn die Position ausdrücklich thematisiert wird, muß auch in diesen Sprachen präzisiert werden:

> Man soll die Flaschen stellen, nicht legen
> One should stand the bottles (up), not lay them down
> Il faut placer les bouteilles debout, pas couchées

In einem stilistisch niedrigen Register existiert auch im Deutschen ein generisches Faktitivum. Anstelle der oben angegebenen Syntagmen wäre zur Not ebenfalls möglich:

> die Decke auf den Tisch *tun*
> den Hut auf den Kopf *tun*
> Salz aufs Brot *tun*
> einen Zettel in den Umschlag *tun*
> einen Brief in den Kasten *tun*

Umgangssprachlich ist diese Verwendung vor allem dann üblich, wenn es sich (wie oben im Fall von *Salz*) um Stoffnamen handelt, die Dinge bezeichnen, die keine Position im Raum annehmen können. Die Übersetzer fühlen sich dann sogar öfter bemüßigt, das Original an Anschaulichkeit zu übertreffen, wie beim folgenden Passus aus *Billard um Halbzehn*:

> ... seine Frau, Kichern im Hals [...] *tat* ihm 'ne deutliche Spur Gin in die Limonade ...
> sa femme *versait* alors en riant un grave soupçon de gin dans sa citronade.
> ... *poured* him; provvide a *mettere*; le *puso*; *deitou-lhe*[82]

Man hat aufgrund dieser und ähnlicher Beobachtungen dem Französischen einen besonders „abstrakten" Charakter zusprechen wollen. Das Französisch verfüge über eine besonders große Zahl von Lexemen großer Extension, d. h. von großem Bedeutungsumfang, es komme in vielen Fällen mit weniger Wörtern aus als vergleichbare Sprachen und überlasse die etwa notwendig werdende Spezifizierung gegebenenfalls gern dem Kontext oder der Sprechsituation. Der dänische Sprachwissenschaftler Viggo Brøndal, Autor einer kleinen Abhandlung mit dem Titel *Le français langue abstraite*, meint zu diesem Thema:

> Man weiß ja, was den Stil charakterisiert, der im Französischen klassisch bleibt: die Scheu vor dem konkreten Ausdruck, dem treffenden Wort, dem Fachausdruck oder dem Regionalismus. Es ist ein Stil, der allgemein vorherrscht, der sich immer wieder durchsetzt und verstärkt, trotz der Gegenreaktionen der Romantik und des Naturalismus. Unverändert wird die abstrakte Bezeichnung, der Ausdruck für den Allgemeinbegriff, bevorzugt ...[83]

Und auch Fritz Strohmeyer, ein Pionier der kontrastiven Sprachwissenschaft, kommt in seinem Buch *Der Stil der französischen Sprache* zu einem ganz ähnlichen Ergebnis:

> ... wo ein allgemeiner Ausdruck den gewollten Zweck zur Genüge erreicht, da vermeidet die französische Sprache, ihrem Streben nach Einfachheit und Schlichtheit entsprechend, spezielle Ausdrücke, wie sie das Deutsche selbst in solchen Fällen mit besonderer Vorliebe gebraucht ...[84]

Diese Äußerungen wurden weithin im Sinn einer allgemeinen Sprachcharakteristik verstanden, obschon aus den Formulierungen selbst hervorgeht, daß es dabei eher um „Sprachstile" in einem sehr allgemeinen Sinn geht.[85] Darüber hinaus dürften die oben angeführten Beispiele gezeigt haben, daß sich viele zur Charakterisierung des Gegensatzes

---

[82] Vgl. Albrecht 1970, 168-180.
[83] „On sait en effet ce qui caractérise le style qui reste classique en français: la peur du terme concret, du mot propre, technique ou régional – style qui domine, qui revient, qui se fortifie toujours malgré la réaction du romantisme, puis du naturalisme. On préfère invariablement le terme abstrait, expression de l'idée générale ..." (Brøndal 1936, 28).
[84] Strohmeyer 1910, 212.
[85] Genauer bei Albrecht 1995b, 24f.

zwischen dem Französischen und dem Deutschen herangezogenen Fakten, auf den Gegensatz zwischen germanischen und romanischen Sprachen insgesamt beziehen lassen; doch davon soll hier abgesehen werden. Auf den ersten Blick scheinen sich die in diesem Abschnitt ausgewählten „globalen Lexikonstrukturen" – es hätten weitere analoge Beispiele angeführt werden können – tatsächlich als Argumente für eine kontrastive Sprachcharakteristik zu eignen. Bei genauerem Hinsehen erscheint es jedoch sehr fraglich, ob einige gezielt ausgewählte Beispiele zu einer so starken Generalisierung berechtigen, wie sie in den oben angeführten Zitaten zum Ausdruck kommt. Zwischen dem Allgemeinheitsgrad eines Worts und der Häufigkeit seines Gebrauchs in der Sprache – »Gesamtsprache« sollte man hier vorsichtshalber einfügen – besteht eine starke statistische Korrelation, die für alle Sprachen in gleicher Weise gilt. Das besagt das sogenannte „Zweite Zipfsche Gesetz", das der amerikanische Linguist George Kingsley Zipf um die Mitte des vorigen Jahrhunderts aufgestellt hat.[86] Diese „Zipfschen Gesetze" beschreiben statistische Zusammenhänge im Wortschatz beliebiger Sprachen. Sie sind häufig kritisiert worden, zum größten Teil von Leuten, die statistische Korrelation mit kausaler Determination verwechseln. Die eigentliche Schwierigkeit bei der empirischen Überprüfung dieser „Gesetze" besteht jedoch in der Unterscheidung zwischen „Allgemeinheit" (Generizität) und „Vieldeutigkeit" (Polysemie). Im übrigen können die Bemerkungen von Brøndal und Strohmeyer – es hätten viele weitere Autoren angeführt werden können, die sich ähnlich geäußert haben – nicht gut die semantische Organisation des französischen Wortschatzes insgesamt betreffen. Brøndal formuliert ohnehin schon sehr vorsichtig; er spricht von einem als vorbildlich angesehenen „Stil". Strohmeyer war noch ganz dem animistischen Denken des 19. Jahrhunderts verhaftet und sieht in der Sprache einen autonomen „Organismus" auf den die eigenen Sprecher keinen Einfluß haben.[87] Wenn wir als Übersetzer mit seinen Beobachtungen, an denen durchaus »etwas Wahres dran« ist, etwas anfangen wollen, müssen wir sie in eine zeitgemäßere Ausdrucksweise umschreiben: Für *französische Sprache* muß „der seinen spezifischen kulturellen Traditionen verpflichtete französische Schriftsteller" eingesetzt werden.

In dieser Form wird die Beobachtung zu einer Herausforderung für die Übersetzer, die die rein technische Bewältigung der Unterschiede zwischen den lexikalischen Strukturen übersteigt und in den Bereich der Übersetzungsstrategie hineinführt: Mit welchen Mitteln kann dieser »französische Stil« im Deutschen nachgeahmt werden? Sollte der Übersetzer ihn überhaupt nachahmen oder sollte er nicht lieber versuchen, ein typisch »deutsches« stilistisches Äquivalent zu finden?

Bei der Beantwortung dieser Fragen kann eine andere Form der lexikalischen Semantik hilfreich sein, die erst im folgenden Abschnitt etwas genauer vorgestellt werden soll: die Prototypensemantik. Wie in der klassischen Semantik, werden auch dort verschiedene Abstraktionsebenen im Wortschatz unterschieden:

| Übergeordnete Ebene | Tier | Frucht | Möbelstück |
| Basisebene | Hund | Apfel | Stuhl |
| Untergeordnete Ebene | Pudel | Goldparmäne | Klappstuhl[88] |

Bei der sogenannten „vertikalen Dimension" der Prototypensemantik geht es nicht nur um die Ermittlung der Lexeme, die in einer gegebenen Sprache „Begriffsleitern" oder

---

[86] Vgl. Zipf 1949.
[87] Vgl. Albrecht ³2007, Kap. 9.1.
[88] Vgl. Kleiber 1998, 58ff.

„Begriffspyramiden" bilden. Die Prototypensemantiker – die nicht so sehr von der Linguistik als von der Psychologie her kommen – fragen sich darüber hinaus, auf welcher Ebene Gegenstände und Sachverhalte spontan benannt werden. Es ist meist das mittlere Klassifikationsniveau, der sog. *basic level* (*niveau de base/Basisebene*), auf das bei der spontanen Indentifizierung von Naturgegenständen und Artefakten im alltäglichen Sprachgebrauch zurückgegriffen wird:

| **In der Regel** | **Weniger üblich** |
|---|---|
| Kann ich den *Apfel* haben? | die Frucht, die Goldparmäne |
| Mein Gott, rennt der *Hund* schnell! | das Tier, der Pudel |
| Sieh mal den *Vogel* auf dem Dach! | das Tier, die Nebelkrähe |

Für Ausnahmen von dieser Regel lassen sich Bedingungen formulieren: Auf die übergeordnete Ebene wird zurückgegriffen, wenn Objekte nur undeutlich erkannt wurden oder wenn Vorwissen bei den Adressaten vorausgesetzt wird:

Langsam, da ist gerade ein schwarzes *Tier* über die Straße gehuscht!
Im tiefen Dunkel war ein hohes *Möbelstück* in der Ecke zu erkennen.
Carolin hat ihr *Instrument* mitgebracht (Die Anwesenden wissen, daß sie Geige spielt).

Auf die untergeordnete Ebene kann zurückgegriffen werden, wenn es sich um eine allgemein bekannte Spezies handelt oder wenn eine Spezies durch die Äußerung selbst genauer charakterisiert wird:

Sieh mal die *Amseln* auf dem Balkon, die werden immer frecher.
Raus aus meinem *Lehnstuhl*, das ist mein Platz!
Sieh mal den *kurzgeschorenen Pudel* dort, der sieht vielleicht komisch aus!

Hier wäre nun einzusetzen. Gelten diese Beobachtungen wirklich für alle Sprachen in gleichem Maß? Könnte es sein, daß ein französischer Autor einen *Raubvogel* über großen *Bäumen fliegen* läßt (*un oiseau de proie qui plane au-dessus de grands arbres*), während sein deutscher Kollege in einer ähnlichen Situation eher einen *Habicht* über riesigen *Linden kreisen* sieht? Fragen dieser Art wären zunächst im Paralleltextvergleich und erst dann im Übersetzungsvergleich zu untersuchen. Dabei wäre unbedingt auch auf anaphorische Satzverknüpfungen durch Hyperonyme zu achten (vgl. oben 5.5):

Sieh mal die *Eiche* dort! Ist das nicht ein wunderschöner *Baum*?
?Sieh mal den *Baum* dort! Ist das nicht eine wunderschöne *Pflanze*?
Er versetzte seinem Gegner einen *Faustschlag*. Der *Schlag* zeigte Wirkung.
... ce coup
Er versetzte seinem Gegner einen *Fußtritt*. Der *Tritt* zeigte Wirkung.
... *ce coup → cette action, cela
Das Buch *stand* allein im Regal. Dort *war* es/das *tat* es schon lange.
... *il y était/*il le faisait* → *et cela depuis longtemps*.

Bei globalen Strukturunterschieden im Wortschatz hat man zunächst zu untersuchen, welche technischen Schwierigkeiten sie dem Übersetzer bereiten und wie diese am besten überwunden werden können. Handelt es sich dabei um charakteristische Strukturen des Wortschatzes von Textsorten, genauer gesagt von „Diskurstraditionen", die in der Zielsprache weitgehend unbekannt oder zumindest unvertraut sind, so stellt sich darüber hinaus die Frage nach der anzuwendenden Übersetzungsstrategie. Soll man einbürgernd verfahren oder soll man versuchen, das Fremde so weit wie möglich nachzuahmen?

### 5.6.5 „Strukturelle" vs. „kognitive" Semantik

Müssen sich Übersetzerinnen und Übersetzer in den Theorien zur lexikalischen Semantik auskennen? Sicherlich nicht sehr gründlich und keineswegs in allen Einzelheiten. Aber der Versuch, auf einer ziemlich allgemeinen Ebene nachzuvollziehen, was sich die Angehörigen verschiedener linguistischer Schulen unter der Bedeutung eines Wortes vorstellen, lohnt sich in jedem Fall. Zwei Modelle stehen sich heute auf diesem Gebiet nahezu unversöhnlich gegenüber: die rationalistische, sprachbezogene „strukturelle Semantik" und die empiristische, auf den Akt des Sprechens und Verstehens bezogene „kognitive Semantik", die sich in „Prototypen-" und „Stereotypensemantik" untergliedern läßt. Die zuerst genannte geht letztlich auf Aristoteles zurück und wurde bereits innerhalb der klassischen Logik als „Lehre vom Begriff" ziemlich weit ausgebaut. Ihre sprachbezogene Form erhielt sie dann in den sechziger Jahren des vergangenen Jahrhunderts. Die zuletzt genannte hat ihre Wurzeln in der empiristischen angelsächsischen Sprachphilosophie des siebzehnten und achtzehnten Jahrhunderts. Als sprachliche Disziplin nahm sie erst in den siebziger Jahren des vorigen Jahrhunderts Gestalt an. Der historischen Ursprünge scheint sich allerdings nur der Stereotypensemantiker Hilary Putnam klar bewußt zu sein; er verwendet sogar die gleichen Beispiele wie John Locke im 17. Jahrhundert. Übersetzungstheoretiker und -praktiker dürfen sich in dieser Kontroverse schamlos opportunistisch verhalten und bei beiden Modellen Anleihen machen, wenn es den von ihnen verfolgten Zwecken dient.

Wenden wir uns zunächst der „strukturellen Semantik" zu. In der „Transzendentalen Methodenlehre", dem letzten Kapitel seiner *Kritik der reinen Vernunft*, unterscheidet Kant drei Formen des „Fürwahrhaltens":

> Das Fürwahrhalten, oder die subjektive Gültigkeit des Urteils, in Beziehung auf die Überzeugung (...), hat folgende drei Stufen:, *Meinen, Glauben* und *Wissen. Meinen* ist ein mit Bewußtsein sowohl subjektiv, als objektiv unzureichendes Fürwahrhalten. Ist das letztere nur subjektiv zureichend und wird zugleich für objektiv unzureichend gehalten, so heißt es *Glauben*. Endlich heißt das sowohl subjektiv als objektiv zureichende Fürwahrhalten das *Wissen*.[89]

Schematisch läßt sich das folgendermaßen darstellen:

|  | subjektiv | objektiv |
|---|---|---|
| unzureichend | meinen | |
| zureichend | glauben | |
| | wissen | |

Kant geht wie ein Vertreter der „strukturellen Semantik" vor. Er definiert semantisch verwandte Wörter, indem er auf ein *genus proximum* zurückgreift und die *differentiae specificae* angibt (vgl. oben 2.1). Diese bestehen in unserem Fall aus nach einem bestimmten Prinzip geordneten Inhaltsmerkmalen: „subjektiv und objektiv unzureichend"; „subjektiv zureichend, aber objektiv unzureichend", „subjektiv und objektiv zureichend". Die Bedeutungen der drei Wörter erweisen sich also als nicht atomar, sondern als aus rekurrenten (wiederkehrenden) Inhaltsmerkmalen zusammengesetzt. In der strukturellen Semantik heißt das *genus proximum* „Archilexem", die definierten Wörter „Lexeme eines Wortfeldes" und die angegebenen Inhaltsmerkmale „Seme". Das Archilexem hat gegen-

---

[89] Kant 1787/1966, 689.

über den Lexemen einen vergleichsweise künstlichen Charakter; *Fürwahrhalten* ist kein »normales« deutsches Wort. Das Fehlen eines „Archilexems" kommt auch in ganz alltäglichen Bereichen vor: Es gibt keinen durch ein alltägliches Wort repräsentierten adjektivischen „Oberbegriff" für das Kontinuum *kalt, lau, warm, heiß*. Man muß ihn durch eine Paraphrase konstruieren. Das wichtigste Charakteristikum, das die strukturelle Semantik sowohl von der klassischen Begriffslogik als auch von den verschiedenen Formen der kognitiven Semantik unterscheidet, ist das Operieren mit sogenannten „inklusiven Oppositionen". Es handelt sich, vereinfacht ausgedrückt, um Antonymenpaare, von denen ein Glied als markiert (+), das andere als unmarkiert (-) gilt. Bei nicht-differentieller Verwendungsweise schließt das unmarkierte Glied das markierte ein, bei differentieller Verwendungsweise entfalten die beiden Glieder ihr antonymisches Potential:

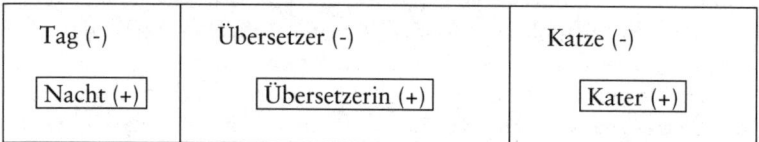

**nicht-differentiell:** Jetzt fahre ich erst mal für drei Tage in Urlaub; Übersetzer haben in diesem Fall darauf zu achten ...; Mir ist eine schwarze Katze über den Weg gelaufen.

**differentiell:** Die Tage sind jetzt schon wieder länger als die Nächte; Übersetzerinnen verdienen in der Regel genau soviel wie Übersetzer; Ein Kater ist schwerer zu halten als eine Katze.

Auf die Darstellung weiterer technischer Einzelheiten des Modells der „struktuellen Semantik" kann in diesem Zusammenhang verzichtet werden.

Die kognitive Semantik operiert nur in eingeschränkter Form mit Entitäten, die der traditionellen „Bedeutung" nahekommen. Darin besteht die einzige Gemeinsamkeit zwischen Prototypen- und Stereotypensemantik. Die beiden Richtungen müssen daher getrennt dargestellt werden.

Die Prototypensemantik stellt eine im engeren Sinn linguistische Disziplin dar. Sie tritt mit dem Anspruch auf, die traditionelle Semantik – und dazu soll hier auch die „strukturelle Semantik" gerechnet werden – abzulösen. Hier können nur einige Elemente der ersten, der sogenannten „Standardversion" vorgestellt werden, denn die späteren Versionen haben sich der traditionellen Semantik so weit angenähert, daß die Unterschiede weniger klar wahrzunehmen sind. Bei der Prototypensemantik geht es nicht primär um die Frage, wie die lexikalischen Bedeutungen einer Sprache strukturiert sind, sondern darum, wie Sprecher einer Sprache Gegenstände und Sachverhalte ihrer Umwelt kategorisieren (in der Praxis geht es meist um Naturgegenstände und einfache Artefakte). Im Zentrum einer Kategorie steht der „Protopyp", die Vorstellung, die der Sprecher von einem besonders „guten" Exemplar der jeweiligen Kategorie hat und mit dem er die Vorstellungen von den „schlechteren" Exemplaren abgleicht. So entsprechen ein Spatz oder eine Amsel unseren „prototypischen" Vorstellungen von einem Vogel besser als ein Pinguin. Es gibt keine scharfen Grenzen zwischen den Kategorien; es kann sie nicht geben, da es eigentlich nicht um sprachliche Strukturen im traditionellen Sinn geht, sondern um die Art und Weise, wie Sprecher sich in den von der Sprache bereits vorgegebenen Kategorien zurechtfinden. Es geht nicht, wie bei der strukturellen Semantik, um logisch korrekte, sondern um »beobachtungsadäquate« Bezeichnung.

Die Stereotypensemantik ist eine philosophische Theorie der (vorwiegend fachsprachlichen) Bedeutung, die weniger unter Sprachwissenschaftlern als unter Sprachphilosophen diskutiert wird. Sie identifiziert das Phänomen der Bedeutung mit dem Bedeutungsumfang, mit der Extension eines Terminus und läßt sich daher nur mit Schwierigkeiten der „kognitiven" Semantik subsumieren. Sie ist kein „gutes Exemplar" für diese Kategorie. Als annäherndes Analogon der Bedeutung im traditionellen Sinn fungiert der (oder das) „Stereotyp", d. h. eine Reihe von kollektiven Ansichten und Meinungen über Gegenstände und Sachverhalte, die zutreffend oder auch nicht zutreffend sein können. Dieser „Stereotyp" steht in keinem klaren Verhältnis zur im Sinne dieses Ansatzes »eigentlichen« Bedeutung, die im Anwendungsbereich des Ausdrucks (Extension) besteht. Die meisten Sprecher kennen ihn gar nicht genau, sie wissen nicht, ob etwas *Gold* ist oder nicht, ob sie es mit einer *Ulme* zu tun haben oder mit einem ähnlichen Baum, und verwenden daher die Wörter wie Eigennamen, d. h. als starre Designatoren, die lediglich auf die gemeinte Entität verweisen. Die genaue Kenntnis des Anwendungsbereichs wird im Rahmen der „sprachlichen Arbeitsteilung" den „Experten" überlassen. Bedeutungen können daher nicht „im Kopf" sein, wie Hilary Putnam nicht müde wird zu versichern.[90]

Was können Übersetzungswissenschaftler und theoretisch interessierte Übersetzer aus diesen unterschiedlichen Modellen lernen? Auf den ersten Blick scheint die Prototypensemantik besonders hilfreich zu sein, denn sie ist eine Semantik der Sprachverwendung, eine Semantik des Meinens und des Verstehens. Sie könnte dabei helfen, die plausibelste Interpretation einer unklaren Textstelle herauszuarbeiten. Dazu eignet sich diese Form der Semantik insbesondere deshalb, weil bei ihr im Gegensatz zur strukturellen Semantik die Polysemie als ein der Bedeutung inhärentes Phänomen behandelt wird. Sie zerlegt die Wortbedeutung nicht in begriffliche Komponenten („Seme"), sondern in kontextbedingte Bezeichnungsmöglichkeiten, in sogenannte „Lesarten", wie sie sich in Wörterbüchern finden. Wer gelernt hat, die »innere Struktur« einer Bedeutung (im Sinne der kognitiven Semantik) systematisch auszuloten, wird die notgedrungen unsystematischen Angaben der Wörterbücher besser nutzen können. Das läßt sich anhand des folgenden Beispiels demonstrieren, bei dem die verschiedenen Lesarten des Wortes *Schule* in Form eines Netzes dargestellt werden:[91]

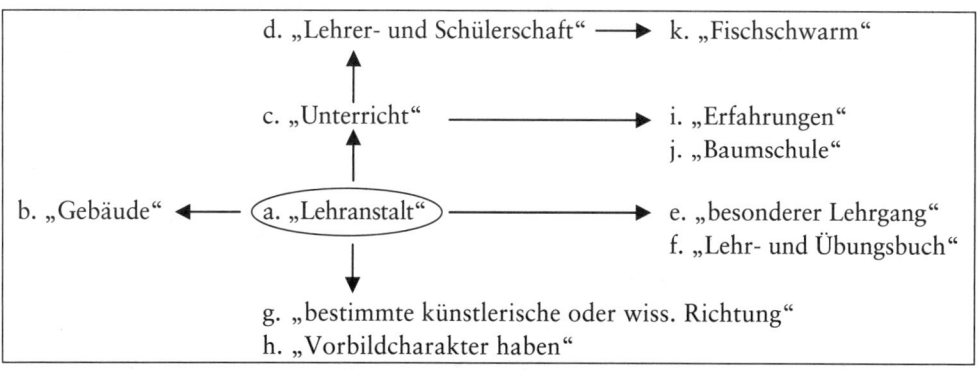

---

[90] Vgl. u. a. Putnam 1990, 37.
[91] Nach Pörings/Schmitz ²2003, 36.

Andererseits kann die Prototypensemantik eine Reihe von Eigenschaften des Phänomens „Bedeutung" nicht zufriedenstellend modellieren. Die intersubjektive Verbindlichkeit von Bedeutungen, d. h. die Garantie dafür, daß verschiedene Subjekte mit ein- und demselben Wort, wenn nicht identische, so doch sehr ähnliche Inhalte verbinden, wird nicht wie in der strukturellen Semantik durch die gemeinsame Kenntnis einer bestimmten Sprache, sondern durch eine einheitliche kognitive Grundausstattung des Menschen gewährleistet. Dabei entsteht die Schwierigkeit zu erklären, warum die Bedeutungen in den Einzelsprachen so unterschiedlich strukturiert sind.[92]

Im übrigen versagt das prototypische Modell der Bedeutung bereits an der sogenannten „übergeordneten Ebene" der horizontalen Dimension der Prototypensemantik (vgl. oben 5.6.4). Man kann sich keine Vorstellung von einem Tier, einer Frucht oder einem Möbelstück im allgemeinen bilden. Welches ist der Prototyp für „Tier"? Schon John Locke, dessen *ideas* den „Bedeutungen" der Prototypensemantiker sehr nahe kommen, hatte sich mit dem Problem herumzuschlagen, daß man ein Dreieck im allgemeinen zwar sehr gut zu definieren vermag („eine von drei Geraden begrenzte Fläche"), daß man sich jedoch nur von einem spezifischen Dreieck eine „Idee", d. h. eine Vorstellung bilden kann.[93] Somit wird auch bis heute nicht recht erkennbar, wie sich die zahllosen »abstrakten Begriffe« der Alltagssprache und vor allem ihre Abgrenzung gegenüber benachbarten Begriffen in das Modell der Prototypensemantik einbeziehen lassen:

> Vorstellung/Darstellung (engl. representation)
> erst/nur (engl. only)
> secret/mystery (dt. Geheimnis) usw.[94]

Etwas vereinfachend lassen sich die Verhältnisse folgendermaßen darstellen: Die beiden Lexeme, denen nur ein Lexem in der anderen Sprache entspricht, enthalten dieselbe Inhaltskomponente (dasselbe Sem) wie dieses und dazu noch jeweils zwei unterschiedliche Komponenten, die den Status von *differentiae specificae* haben. Ich habe mich durch Befragungen meiner Studenten oft davon überzeugen können, dass diese Komponenten („Seme") im „mentalen Lexikon" der Sprecher durchaus präsent sind und mit einiger Mühe auch manifest gemacht werden können. Auf das heute geradezu in Verruf geratene Modell der notwendigen und hinreichenden Bedingungen, mit dessen Hilfe Bedeutungen klar von einander abgegrenzt werden, kann nicht völlig verzichtet werden, auch wenn es oft schwer fällt, diese Bedingungen klar anzugeben. Und gerade hier muß auch die von den Prototypen- und Stereotypensemantikern angefochtene Möglichkeit einer Unterscheidung zwischen „sprachlichem" und „sachlichem" Wissen beibehalten werden. Ob es ein rein „sprachliches" Wissen von einem Wort wie *Hund* gibt, bleibe dahingestellt; zwischen *nur* und *erst* besteht jedoch kein „sachlicher", sondern ein sprachlicher Unterschied:

> Es sind nur wenige Gäste gekommen.
> Es sind erst wenige Gäste gekommen.

---

[92] Vor einiger Zeit fand in Paris ein Kongreß mit dem Thema „Unterschiede zwischen den Sprachen und kognitive Repräsentation" statt, auf dem diese Frage, die zu Beginn der kognitivistischen Welle überhaupt nicht richtig gesehen wurde, möglicherweise zum ersten Mal ernsthaft diskutiert wurde. Vgl. Fuchs/Robert 1997.
[93] Vgl. Locke (1690/1975), IV, 7, 9.
[94] Vgl. oben 1.1.2 und 5.6.3.

Beide Adverbien enthalten die Grundkomponente „in quantitativer Hinsicht hinter den Erwartungen zurückbleibend". *Erst* als das markierte Glied einer inklusiven Opposition enthält demgegenüber zusätzlich die Komponente „bis zum gegebenen Zeitpunkt".

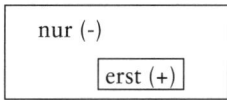

Auf der Grundlage dieses der strukturellen Semantik verpflichteten Modells läßt sich auch Sprechern anderer Sprachen am besten erklären, worin der Unterschied zwischen:

Sie wiegt nur 50 kg.
Sie wiegt erst 50 kg

besteht. Mit den Mitteln der Prototypensemantik ließe sich dagegen am besten ein „Netz" der verschiedenen Lesarten von *erst* erstellen (Fälle, in denen *erst* als Kurzform von *zuerst* erscheint, werden hier nicht berücksichtigt):

Sie will erst an Weihnachten zurückkommen.
Ich habe ihn erst gestern gesehen.
Wenn ich erst einmal meine Doktorarbeit fertig geschrieben habe.
Jetzt wollen wir erst einmal feiern.
Jetzt wollen wir erst recht feiern.

Was nun die Stereotypensemantik angeht, so beschreibt sie in nahezu karikaturistischer Form die Situation eines Übersetzers von Fachtexten. Als Fachübersetzer mit begrenztem Fachwissen verwenden wir die Fachausdrücke tatsächlich oft wie „starre Designatoren", die auf die gemeinten Phänomene verweisen, ohne daß sich dabei bei uns eine Vorstellung einstellt. Wir müssen uns, was den korrekten Gebrauch dieser Termini angeht, tatsächlich in vielen Fällen auf Expertenwissen verlassen. Das gilt nicht nur für den zulässigen Anwendungsbereich des jeweiligen Terminus in einer Fachsprache, sondern auch für die Äquivalenzfindung beim Übersetzen. Wie dabei im einzelnen vorzugehen ist, wird in Kapitel 10 zu zeigen sein.

### 5.6.6 „Tradierte Äquivalenz" im Bereich des Wortschatzes

Zu den Eigentümlichkeiten unserer Sprachen gehört es, daß sie nicht nur Mittel, sondern auch Gegenstand unserer Mitteilung sein können. Wir sprechen mit Hilfe verschiedener Sprachen nicht nur über die »Welt«, sondern auch über eben diese Sprachen selbst, weil sie zu unserer Welt gehören. Und seitdem es mehrsprachige Kulturen gibt, kann auch auch das Verhältnis von einer Sprache zu einer anderen Gesprächsgegenstand sein. Das gilt ganz besonders für die inhaltlichen Entsprechungen zwischen Wörtern verschiedener Sprachen. Die zwei- oder mehrsprachige Lexikographie ist eine der ältesten Formen der systematischen Sprachbetrachtung. Hier wurden jene „Wortgleichungen" erarbeitet, die von der modernen Sprach- und Übersetzungsdidaktik häufig verspottet und bekämpft werden; teils zu recht, teils zu unrecht. Theoretisch sollte sich die Äquivalenzrelation zwischen Wörtern verschiedener Sprachen wie der freie Wechselkurs unterschiedlicher Währungen entwickeln. Sprachen, die über Jahrhunderte hinweg in einem einheitlichen Kulturraum gesprochen werden, unterliegen jedoch einer »Wechselkurskontrolle«. Einmal aufgestellte „Wortgleichungen" (vor allem im Bereich der volkstümlichen Fachsprachen) haben normierenden Charakter. Ihre Bedeutungen sind aneinander gebunden, und oft beeinflusst die Bedeutungsentwicklung der »stärkeren« Sprache die der »schwächeren«. „Lehnbedeutungen" entstehen oft unmerklich. Diese gegenseitige Beeinflussung läßt sich häufig in der »inneren Struktur« der Bedeutung im Sinne der kognitiven Semantik nachweisen. Das „Netz" für die generalisierten, spezifizierten, metaphorischen und metonymischen Bedeutungen von engl. *school* ähnelt demjenigen von dt. *Schule* (vgl. oben 5.6.5). Hier seien nur die wichtigsten Lesarten aufgeführt; die Zuordnung erfolgt über die im oben wiedergegeben Schema verwendeten Kleinbuchstaben. (Die Frage, ob man in *Schule* „Fischschwarm" nur eine Lesart oder aber ein homonymes Lexem zu sehen hat, kann hier nicht diskutiert werden):

a. a place for instruction: an institution for education
b. a building or room used for that purpose
c. the work of a school: the time given to it
d. the body of pupils of a school
e. a method of instruction
f. an instruction book
g. those who hold a common doctrine or follow a common tradition
h. a gentleman of the old school
i. he has been through a hard school
k. a shoal of fish, whales, or other swimming animals

Im Französischen und Italienischen sind die Verhältnisse sehr ähnlich.

Geht diese frappierende Ähnlichkeit auf eine einheitliche kognitive Grundausstattung des Menschen zurück oder auf gegenseitige Beeinflussung von Sprachen eines einheitlichen Kulturraums? Für die zweite Annahme spricht vor allem, daß das „Netz" der Lesarten von griech. σχολή und lat. *schola* anders gestaltet ist als in den modernen europäischen Sprachen. Es muß wohl so etwas wie eine gemeinsame Umgestaltung stattgefunden haben.

Übersetzer und Dolmetscher müssen ständig damit rechnen, daß zwischen der »tradierten Äquivalenz« und derjenigen, die sich aus dem lebendigen Sprachgebrauch erschließen läßt, Diskrepanzen auftreten. Es gibt keine einfache Richtlinie für übersetzerische Entscheidungen in solchen Fällen. Es läßt sich nur eine sehr allgemeine Richtlinie aufstellen: Übersetzerinnen und Übersetzer sollten, vor allem bei etwas älteren Texten, die anerkannten zweisprachigen Wörterbücher zur Sicherheit auch dann konsultieren, wenn sie ganz sicher sind, das »richtige« Wort gefunden zu haben.

### 5.6.7 „Linking"

Der Terminus *Linking* (dt. *Verkettung, Verknüpfung*; frz. *enchaînement*) wurde im Laufe der jüngeren Geschichte der Sprachwissenschaft auf die verschiedensten Phänomene angewendet. Ging es in der generativen Phonologie um die Verkettung von Ausdrucksmerkmalen und etwas später, in bestimmten Ausprägungen der Semantik, um die Konfiguration von Inhaltsmerkmalen, so geht es hier – sehr allgemein gesprochen – um Formen der Verknüpfung von Inhalt und Form in der Sprache. Darunter kann sehr viel verstanden werden.[95] Wir befinden uns noch immer im Unterkapitel *Lexikologie*; daher

---

[95] Eine Übersicht über verschiedene „Linkingbereiche" findet sich in der Einführung zu Kailuweit/Hummel 2004, XXVf.

soll hier eine dem Thema entsprechende Auswahl aus diesen Bereichen getroffen werden. Es geht um die Verknüpfung von lexikalischen Inhalten mit Satzfunktionen, semantischen Rollen (annähernde Analoga: *Tiefenkasus, thematische Rollen, Theta-Rollen*) und gelegentlich auch um die Informationsstruktur von Äußerungen (vgl. oben 5.5.1). Dabei spielt auch die Wortbildung eine Rolle, da sie häufig zur Anpassung von lexikalischen Inhalten an gewisse semantisch-syntaktische Strukturen dient:

ein Loch bohren            eine Wand *durch*bohren
percer un trou             percer un mur
Geld stehlen               den Chef *be*stehlen
voler de l'argent          voler le patron

Der Unterschied zwischen dem einfachen und dem zusammengesetzten bzw. abgeleiteten Verb im Deutschen korrespondiert mit unterschiedlichen semantischen Rollen des jeweiligen Akkusativobjekts; ein Unterschied, der z. B. im Französischen nicht morphologisch markiert wird. Ein ähnlicher Unterschied kann auch allein durch unterschiedliche lexikalische Bedeutungen ausgedrückt werden:

Er schreibt ein Buch (effiziertes Objekt)      er liest ein Buch (affiziertes Objekt)

Zunächst soll hier eine knappe Auswahl von Beispielen aus dem Blickwinkel der kontrastiven Sprachwissenschaft gegeben werden. Im Anschluß daran wird eine Verbindung der vorgeführten grammatischen Erscheinungen mit dem Problem der Übersetzung herzustellen sein.

a) Ein wohlbekanntes und gut beschriebenes Phänomen, das in den Bereich des „Linking" fällt, stellt die lexikalische Konversion dar (vgl. oben 5.5.1). Lexikalische Konversen korrespondieren, ähnlich wie die Diathese, sowohl mit der Aktanten- als auch mit der Informationsstruktur des Satzes:

Peter besitzt *ein* Buch              *das* Buch gehört Peter
Peter gewinnt gegen Paul              Paul verliert gegen Peter

b) Verben, die intellektuell-psychische Tätigkeiten oder Zustände bezeichnen, können gelegentlich unterschiedlich konstruiert werden. Das reale Subjekt kann entweder als Akkusativobjekt mit der semantischen Rolle eines „Betroffenen" (*experiencer*) oder aber als grammatisches Subjekt in der Rolle eines Agens erscheinen:

Mich wundert, daß ich so fröhlich bin         ich wundere mich darüber, daß ...
Mich freut (es), daß du zufrieden bist        ich freue mich darüber, daß ...
mi sovvien una notte (mi viene in mente)      (Mi) ricordo una notte
il me souvient d'une nuit                     Je me souviens d'une nuit

c) Bei zweistelligen Verben mit ähnlichen Bedeutungen kann es sowohl innerhalb einer Sprache als auch über die Sprachgrenze hinweg zu einem schwer vorhersehbaren Wechsel von Akkusativ und Dativ kommen:

jemandem anrufen (süddeutsche Dialekte)       jemanden anrufen (Standarddeutsch)
jemandem helfen                               jemanden unterstützen
auxiliari alicui                              adiuvare aliquem
porter secours à qn.                          aider qn.

d) Mediale, passivische oder „ergative" Lesarten eines Verbs können durch Pseudoreflexivkonstruktionen[96], Passiv oder einfache intransitive Verben ausgedrückt werden:

> nominor Petrus; I am called Peter; je m'appelle Pierre; ich heiße Peter
> Die Räder des Autos begannen *sich* zu drehen; ...began to turn; ...ont commencé à tourner

Im übrigen fällt auf, daß gewisse lexikalische Bedeutungen in verschiedenen Sprachen bevorzugt in pseudoreflexiver Konstruktion auftreten:

> sich langweilen; s'ennuyer; annoiarsi; aburrirse
> sich erinnern; se souvenir; ricordarsi; acordarse
> sich täuschen; se tromper; ingannarsi; engañarse.

Das Phänomen des „Linking" stellt den Übersetzer vor dieselben Probleme wie alle anderen in diesem Kapitel behandelten Erscheinungen. Auf der Ebene der Übersetzungstechnik geht es allein um die Beherrschung des Sprachüblichen. In der Hierarchie der semantischen Rollen, die dem grammatischen Subjekt zugewiesen werden können, nimmt die des „Betroffenen" oder „Nutznießers" im Englischen und im Französischen eine höhere Position ein als im Deutschen. Daher wird man bei der Übersetzung ins Deutsche oft auf eine Konstruktion ausweichen, die den „Tiefenkasus" an der Oberfläche abbildet:

> I like this play    j'aime cette pièce    ?ich liebe dieses Stück → mir gefällt dieses Stück

Steht im englischen Passivsatz ein indirektes Objekt in Subjektposition, so wird man in der Regel auf eine lexikalische Konverse ausweichen (vgl. oben 5.5.1, Beispiel 4).:

> Each of the boys was given an apple
> ?Jedem von den Jungen wurde ein Apfel gegeben → Jeder von den Jungen bekam einen Apfel

Im Deutschen kann bei der Passivierung von Sätzen mit intransitiven Verben das Subjekt und damit auch das Agens völlig ausgeblendet werden, wie z. B. im letzten Satz von Schillers Erstling *Die Räuber*. In einem solchen Fall wird man im Englischen in der Regel der semantischen Rolle des „Nutznießers" die Position des Subjekts anvertrauen:

> Dem Mann kann geholfen werden          The man shall be served

Nun gibt es aber eine Reihe von Fällen, in denen die grammtische Einkleidung einer lexikalischen Bedeutung mehr ist als der sprachübliche Ausdruck eines mitzuteilenden Inhalts. Das beginnt bei besonderen Formen der Resemantisierung. „Er hat sich getäuscht" wird üblicherweise nicht als echtes Reflexivum verstanden. Wer sich täuscht, irrt einfach; er führt sich nicht selbst absichtlich hinters Licht. In einem Satz wie: „Er hat sich mit viel List getäuscht, weil er den Tatsachen nicht ins Auge sehen konnte" wird die üblicherweise „pseudoreflexive" in eine wirklich reflexive Konstruktion überführt. Ein vergleichbares Beispiel findet sich in einem französischen Kriminalroman. Dort distanziert sich eine enttäuschte Ehefrau von ihrem durch Eheschließung erworbenen Namen:

> Je refuse de m'appeler Vauchelle plus longtemps.[97]

---

[96] Konstruktionen, bei denen sich das Reflexivpronomen nicht eindeutig auf das Subjekt zurückbezieht. Vgl. Ich wasche mich/ihn; aber ich schäme mich/*ich schäme ihn.

Natürlich ist auch in diesem Fall eine »idiomatische« Übersetzung nicht von vornherein auszuschließen:

> Ich will nicht länger Vauchelle heißen

Aber man neigt als Übersetzer doch eher dazu, die Konstruktion wörtlich zu nehmen und sich für eine entsprechende Lösung zu entscheiden:

> Ich lehne es ab, mich weiterhin Vauchelle zu nennen.

Englische Passivkonstruktionen mit intransitiven Verben werden, wie wir gesehen haben, im Deutschen meist mit Hilfe einer lexikalischen Konverse wiedergegeben. Im Kehrreim eines beliebten plattdeutsch-englischen Liedes wirkt diese Konstruktion allerdings so eindringlich, daß man sie im Deutschen so weit wie möglich nachbilden möchte:

> There is plenty of gold, so I am told on the banks of Sacramento
> ... da ist mächtig viel Gold, wie ich erfahren habe → wie ich mir sagen ließ.

In einem zum „geflügelten Wort" gewordenen Vers der *Aeneis* werden die Römer aufgefordert, sich ihrer politischen Ordnungsmission zu entsinnen, die darin bestehe

> parcere subiectis et debellare superbos.[98]

Alle Übersetzungen, die ich einsehen konnte, tragen an dieser Stelle dem Kasusunterschied nicht Rechnung und konstruieren parallel:

> Unterworf'ne zu schonen und niederzukämpfen Empörer.

Wer bereit ist, in der Grammatik ein Hilfsmittel der Poetik zu sehen, wird hier in dem Kasusunterschied mehr sehen als eine rein sprachliche Konvention. Zuerst kommen die Unterworfenen im Dativ, dann die Empörer im Akkusativ. Dieser Übergang vom indirekten zum direkten Objekt unterstützt den Bedeutungsunterschied zwischen den beiden Verben. Man könnte als Übersetzer versucht sein – von metrischen Problemen einmal ganz abgesehen –, auf eine Konstruktion auszuweichen, die es erlaubt, den Übergang von einem „indirekten" zu einem „direkten" Zugriff des Subjekts auf das Objekt nachzubilden:

> den Unterworfenen Schonung zu gewähren und die Empörer zu bekriegen.

Wem diese Überlegungen übertrieben »philologisch« erscheinen, der wird beim letzten der hier zu diskutierenden Beispiele möglicherweise doch zugeben müssen, daß die Verknüpfung von lexikalischer Bedeutung und grammatischem Umfeld gelegentlich in das Inventar der Invarianzforderungen eines Übersetzers aufgenommen werden muß. In einem der bekanntesten italienischen Gedichte, in *L'infinito* von Giacomo Leopardi, heißt es an zentraler Stelle: *e mi sovvien l'eterno*. Nicht rein zufällig erscheint hier das reale Subjekt, der Erinnernde, in der syntaktischen Funktion eines indirekten Objekts und mit der semantischen Rolle eines „Betroffenen". Es geht nicht um Erinnerung als zielgerichtete Tätigkeit, es geht um das Auftauchen von Erinnerungen ohne intentionale Beteiligung des Subjekts. Der französische Übersetzungstheoretiker Jean-Charles Vegliante spricht sich indirekt für die Verwendung der archaischen Konstruktion *il me souvient* statt *je me souviens* aus und verwendet sie auch selbst.[99] Viele Übersetzer – wenn auch keineswegs

---

[97] Boileau/Narcejac: *J'ai été un fantôme*, Paris 1889 (Collection folio 2233), 165.
[98] Aeneis VI, 853.
[99] Vgl. Vegliante 1990, 121f.

alle – sind an dieser Stelle von den »idiomatischen« Wendungen, die ihnen ihre Sprache nahelegte, abgewichen und haben Wendungen gesucht, die das Betroffensein des Subjekts durch den Vorgang des Erinnerns mit grammatischen Mitteln nachzeichnen. Mit einer kleinen Auswahl von Beispielen soll dieses Teikapitel abgeschlossen werden:[100]

> ... und das Ewige schwebt mir vor ... (K. L. Kannegießer 1837)
> Und mir fällt das Ewige ein ... (R. M. Rilke 1912)
> Et subit aeternum ... (I. Zappa 1974)
> ... et reviennent à moi l'éternité, et les mortes saisons ... (G. Barthouil 1981)
> ... et il me souvient de l'éternel ... (J.-C. Vegliante 1983)
> ... y me viene el recuerdo de lo eterno. (J. Bautista Bertrán 1978)
> And to my mind eternity occurs ... (F. H. Cliffe 1903)
> En de eeuwigheid doemt op in mijn herinnering. (P. N. Van Eyck 1977)

### 5.6.8 „Abtönung" und Übersetzung

In diesem Abschnitt empfiehlt es sich, *in medias res* zu gehen: Zunächst werden einige Beispiele zur Illustration angeführt, darauf folgt eine notgedrungen knappe theoretische Auseinandersetzung mit der zu behandelnden Erscheinung, zunächst aus sprachvergleichender, dann aus übersetzungstheoretischer Perspektive:

> – Next came an angry voice – the Rabbit's – „Pat! Pat! Where are you?" And then a voice she had never heard before, „Sure then I'm here! Digging for apples, yer honour!" [...] „Now tell me, Pat, what's that in the window?" – „Sure, it's an arm, yer honour!"
> Als nächstes hörten sie das Kaninchen mit zorniger Stimme rufen: „Heinz! Heinz! Wo steckst du *denn*?" „Na, hier bin ich *eben*. Beim Äpfelstechen, Euer Gnaden!" [...] „Und jetzt Heinz, kannst du mir *vielleicht einmal* sagen, was da zum Fenster heraussteht?" – „Na, das ist *eben* ein Arm, Euer Gnaden!"[101]

> – Wie konnte das *nur* geschehen! In unserer Stadt – ein neues Haus – [...] bedenken Sie *doch*.
> Com'è potuto succedere? In una città, come la nostra, una casa nuova! [...] pensi.
> ¿Cómo pudo occurir esto? En nuestra ciudad [...] fíjese usted.[102]

> Ich meine *ja* bloß.
> C'est juste pour dire ...[103]

> – [Mme Putois ayant demandé de l'eau, le zinguer indigné venait d'enlever lui-même les carafes]. *Est-ce que* les honnêtes gens buvaient de l'eau ? Elle voulait *donc* avoir des grenouilles dans l'estomac ?
> Tranken anständige Leute *etwa* Wasser? Sie wollte *wohl* Frösche in den Bauch kriegen.[104]

---

[100] Vgl. *L'Infinito nel mondo* 1988, Vegliante 1990, Albrecht 1990a.
[101] *Alice in Wonderland*, Kap. 4, Übersetzung von Christian Enzensberger. Zit nach O'Sullivan/ Rösler 1989, 207. Kursivierungen von mir (J. A.).
[102] Kafka, *Gespräch mit einem Beter*, it. Üb. von Giorgio Zampa, span. Üb. von J. R. Wilcok. Kursivierungen von mir (J. A.).
[103] Métrich/Faucher 2009, 509.
[104] E. Zola, *L'Assommoir*. Eigene Übersetzung auf der Grundlage früherer Übersetzungen. Kursivierungen von mir (J. A.).

Es geht um die Partikeln *denn, eben, vielleicht, (ein)mal, nur, doch, ja, etwa, wohl*, die entweder in den deutschen Originalen oder in den deutschen Übersetzungen anderssprachiger Texte erscheinen. Die Liste wäre noch etwas zu erweitern, wenn nur die am häufigsten genannten Partikeln der hier gemeinten Art erfaßt werden sollen: *aber, bloß, doch, halt, auch, überhaupt* und *eigentlich*.

Harald Weydt hat sich in seiner 1969 erschienen Dissertation mit diesen schwer zu klassifizierenden Wörtchen auseinandergesetzt, die zu jener Zeit meist unter normativem Blickwinkel als zu vermeidende Flickwörter, als „Läuse im Pelz unserer Sprache" angesehen wurden.[105] Weydt nannte sie „Abtönungspartikeln" und wies sie dem Bereich der linguistischen Pragmatik zu, einer Disziplin, die damals erst im Entstehen begriffen war. Mit diesen Partikeln, so Weydt, drücke der Sprecher seine Einstellung zu den von ihm geäußerten Sachverhalten aus.[106] Durch Eugenio Coseriu wurde Weydt auf die Analogien zum klassischen Griechischen hingewiesen.[107] In der Tat lesen sich die Einträge zu den Partikeln μέν und δέ in Benselers *Griechisch-Deutsche[m] Schulwörterbuch*[108] wie frühe Beiträge zur Partikelforschung; bevor Äquivalente erscheinen, wird zunächst die Funktion der jeweiligen Partikel ausführlich beschrieben. Inzwischen gibt es eine kaum mehr zu überblickende Literatur nicht nur zu den deutschen Partikeln und ihren Äquivalenten in allen erdenklichen Sprachen, sondern auch zum Phänomen der „Abtönung" im allgemeinen. Neben dem Terminus *Abtönungspartikeln* sind – unter vielen anderen – die folgenden Bezeichnungen üblich: *Modalpartikeln, kommunikative Partikeln, existimatorische Elemente, Gesprächswörter, modal particles, particules illocutoires, mots de la communication, particelle (connettivi modulanti), Diskursmarker*. Wie fast immer in vergleichbaren Fällen beziehen sich diese Termini nicht genau auf den gleichen Gegenstandsbereich. *Gradpartikel* und *Gliederungssignale* werden hier nicht berücksichtigt.

Die deutschen Abtönungspartikeln stellen das Bindeglied zwischen der Lexikologie auf der einen und der Textlinguistik, der Stilistik und vor allem der linguistischen Pragmatik auf der anderen Seite dar. Von den zahlreichen Fragen, die sie in linguistischer Hinsicht aufwerfen, können hier nur zwei ganz kurz behandelt werden, weil sie für das Übersetzen von besonderer Bedeutung sind: die Kombinierbarkeit und die Polysemie.

a) Deutsche Partikeln sind untereinander kombinierbar, jedoch nicht in beliebiger Reihenfolge. Wie beim Phänomen der „Wortstellung" im allgemeinen, muß hier zwischen zwei Fällen unterschieden werden:

    α) Durch Vertauschung der Reihenfolge entsteht eine sprachlich abweichende Äußerung:
    Was macht das *denn schon*?
    *Was macht das *schon denn*?

    β) Durch Vertauschung entsteht eine neue Kategorie:
    Der ist *doch wohl* nicht bei Trost! (beide Partikeln abtönend)
    Der ist *wohl doch* nicht bei Trost! (nur *wohl* abtönend, *doch* wird zum gewöhnlichen Adverb)

b) Aus dem letzen Satz geht bereits hervor, daß die Abtönung an gewisse Bedingungen gebunden ist. In den meisten Fällen sind Abtönungspartikeln in den Satz eingebettet und

---

[105] Vgl. Weydt 1969, Kap. V.
[106] Vgl. ebenda, Kap. III.
[107] Vgl. ebenda, Kap. VII und Coseriu 1980/88.
[108] Ich habe die 10. Aufl. Leipzig 1896 eingesehen.

tragen keinen Satzakzent. Erhalten sie den Akzent, so verhalten sie sich wie gewöhnliche Adverbien:

> Wie **heißt** du eigentlich? (Das würde mich mal interessieren)
> Wie heißt du **eigentlich**? („in Wirklichkeit")
> Das **gehört** sich doch nicht. (Das solltest du einsehen)
> Das gehört sich **doch**. („sehr wohl")

Mehr kann in diesem beschränkten Rahmen zur syntaktisch-semantischen Analyse der Partikeln nicht ausgeführt werden. Im folgenden sollen einige Übersetzungsprobleme in Verbindung mit den eingangs zitierten Beispielen diskutiert werden.

Das erste Beispiel stammt aus einem Aufsatz, dessen Titel auf die wichtigste unter den hier zu behandelnden Fragen anspielt: „Wie kommen Abtönungspartikeln in deutsche Übersetzungen?" Es geht um einen spezifischen Fall von „Nulläquivalenz". Bei der Übersetzung aus dem partikelarmen Englischen ins partikelreiche Deutsche treten verhältnismäßig häufig Partikeln auf, für die es im Original kein unmittelbar identifizierbares Äquivalent gibt. Was hält die Übersetzer dazu an, diese Wörter »eigenmächtig« in ihre Texte einzustreuen? Eine typologische Eigenschaft ihrer Muttersprache. Ohne den durch die Partikeln gestifteten expliziten Verweis auf den Kontext und die Sprechsituation, würden manche Äußerungen im Deutschen seltsam »nackt« erscheinen. Man hat in diesem Zusammenhang im Deutschen eine „Dialogsprache" sehen wollen, in der es üblich ist, nicht nur, wie in jeder beliebigen Sprache, Äußerungen hervorzubringen, sondern gleichzeitig anzudeuten, wie diese »gemeint« sind. Ein Übersetzer muß sich dieser Tendenz, die jenseits des Bereichs der grammatischen Zwänge liegt, nicht in jedem Fall fügen. Er kann – zum Verdruß vieler Verlagslektoren – das Fremdartige durchscheinen lassen. So haben zum Beispiel zwei andere Übersetzer den letzten Satz unseres ersten Beispiels in englischer Schlichtheit mit „Patrick, sag mir, was ist das da im Fenster?" wiedergegeben.[109]

Das zweite Beispiel stammt aus einer kurzen Erzählung von Kafka. Es zeigt einen viel häufiger auftretenden Fall: Nulläquivalenz in der umgekehrten Richtung. Die beiden südromanischen Zielsprachen gelten allgemein als partikelarm. Die beiden Übersetzer sind den Normen ihrer Muttersprache gefolgt und haben die deutschen Partikeln einfach weggelassen. Man könnte allerdings in der spanischen Reflexivkonstruktion *fíjese* zumindest ein Teiläquivalent für *doch* sehen.

Das dritte Beispiel wurde einem deutsch-französischen Partikellexikon entnommen. Es zeigt, daß die deutschen Abtönungspartikeln keineswegs nur lexikalische Äquivalente haben.

So finden eine ganze Reihe von Partikeln recht gute Entsprechungen in den englischen Modalverben:

> Es ist *eigentlich* seltsam, daß er in so kurzer Zeit so viel abgenommen hat.
> It's strange that he *should* have lost so much weight in such a short time.

Das gilt ganz besonders für *tag questions*:

> Er kommt *doch* heute?  He is coming today, *is he*?
> Sei *doch* vernünftig.  Be sensible, *will you*?[110]

---

[109] Vgl. Anm. 100.
[110] Vgl. Nehls 1989, 284ff.

Das letzte Beispiel stammt aus einem der bekanntesten Romane von Emile Zola, aus *L'Assommoir*. Es dient als Beleg für zwei in diesem Zusammenhang wichtige Tatsachen: Zum einen, daß Abtönungsphänomene nicht nur im Dialog, sondern auch im *style indirect libre*, in der „erlebten Rede" auftreten können. Zum anderen, daß die *est-ce que*-Frage unter bestimmten Bedingungen ähnlich wie die engische *tag question* Präsuppositionen auslösen kann. In unserem Fall wird durch die Art der Frage eine negative Antwort suggeriert. Negative Präsuppostionen werden im Deutschen in Verbindung mit Fragen häufig durch die Partikel *etwa* ausgedrückt:

| venitne? | Kommt er? | Vient-il? | (neutral) |
| nonne venit? | Er kommt doch? | Il va venir, n'est-ce pas? | (positive Erwartung) |
| num venit? | Kommt er etwa? | Ne me dis pas qu'il va venir. | (negative Erwartung) |

Auf das Problem der Präsuppositionen wird in Kapitel 7 zurückzukommen sein.

Mit diesem kurzen Abschnitt über das Phänomen der „Abtönung" sind wir in einer Übergangszone zwischen der Linguistik im engeren und der Linguistik im weiteren Sinn angelangt. Abtönungsphänomene zu erkennen und gegebenfalls so gut wie möglich wiederzugeben ist eine Angelegenheit der Übersetzungstechnik. Die Entscheidung darüber, ob das Phänomen überhaupt nachgebildet werden soll, wird dem Übersetzer nicht durch sprachliche Zwänge abgenommen; sie muß im Bereich der Übersetzungsstrategie getroffen werden. Nur dann, wenn die Partikeln im Text selbst thematisiert werden, bleibt der Zwang bestehen:

„Warum sollte er eigentlich?"     „Warum sollte er überhaupt?"

In solchen Fällen führt kein Weg an der Wiedergabe vorbei.

## 5.7 Lektürehinweise

Die folgenden Einführungen in die Sprachwissenschaft entsprechen zumindest teilweise den Bedürfnissen der hier angesprochenen Zielgruppe und sollten zu Kapitel 5 insgesamt herangezogen werden: Alvar (Hg.; 2000); Berruto (1997); Coseriu (1988); Crystal (1995); Dürr/Schlobinski (1990); Geier (1998); Lamíquiz (1987); Lerot (1993); Lyons (1969/ [2]1995); Pelz ([3]1998); Simone (2001); Volmert (Hg.; [3]1999); dazu die einschlägigen terminologischen Wörterbücher wie z.B. Bußmann ([4]2008).

Was die Literatur zu den zahlreichen Unterabschnitten dieses Kapitels betrifft, so kann hier nur eine sehr persönliche, sicherlich nicht repräsentative und schon gar nicht vollständige, Auswahl vorgelegt werden. Die in den Anmerkungen genannten Arbeiten werden hier nicht berücksichtigt. Zu 5.1 *Phonetik und Phonologie* werden empfohlen: Bühler (1934/82, § 13); Wandruszka (1965) zur Onomatopöie; Diller/Kornelius (1982, Kap. 6.1); Reinart (2004) zur Filmsynchronisation. Zu 5.2 *Morphologie und Syntax* wären in erster Linie die großen deskriptiven Grammatiken der verschiedenen Sprachen heranzuziehen, die hier nicht aufgeführt werden können. Darüber hinaus sei auf folgende Arbeiten verwiesen: Tesnière ([2]1965, troisième partie „La translation"); Albrecht ([3]2007, Kap. 5.4.2) zur Unterscheidung von Konstituenz und Dependenz in der Syntax, ein Thema, das im Text nicht behandelt werden konnte; Hentschel/Weydt (1990) mit einem nützlichen Überblick über die Kategorien der traditionellen Grammatik). Die Literatur zu 5.3 *Wortbildung* ist unübersehbar. In erster Linie zu empfehlen sind große Übersichtsdarstellungen wie *Deutsche Wortbildung* (1972-1992), Marchand ($^2$1969), Thiele (1981), Dardano (1978), darüber hinaus Wilss (1986), Kap. XI (kontrastive und übersetzungspraktische Aspekte); Rackow (1994) zum „Binnenartikel" in lexikalisierten Syntagmen. Zu 5.4 *Phraseologie* können zusätzlich herangezogen werden: Thun (1978); Wandruszka (1979); Burger/Buhofer/Sialm (1982); Kromann (1987); Földes (1997); Dobrovols'kij (1997). Zu 5.5 *Transphrastik* seien genannt: Halliday/Hasan (1976) (ein Klassiker zum Englischen); Eroms (1986) (Einführung in die Funktionale Satzperspektive). Zu 5.6 Lexikologie ist zunächst auf systematische Gesamtdarstellungen hinzuweisen: Schwarze/Wunderlich (1985); Lutzeier (1995); Schwarze (2001) und nicht zuletzt Lyons (1969/$^2$1995), chap. 10 „Semantic Structure" (immer noch sehr lesenswert). In einigen weiteren Arbeiten findet sich weiterführende Information zu den behandelten Einzelproblemen: Gauger (1971); Scheidegger (1981) („Bildungsdurchsichtigkeit"); Wandruszka (1977) und, vor allem in praktischer Hinsicht, die Internetadresse www.net-lexicon.de/Falsche-Freunde.html; Geckeler (Hg.; 1978); Coseriu (1990), Rastier (1991), Putnam (1999), Kap. 2; Lebsanft/ Gleßgen (2004) (alle zum Komplex „strukturelle vs. kognitive Semantik"); Willems (1997); Blume (2000) („Linking"); Bublitz (1978); Thurmair (1989), Weydt (Hg.; 1989) (zur „Abtönung" im Deutschen und in verschiedenen Sprachen).

Der in diesem Kapitel vorgestellte Problemkomplex liegt außerhalb des *Mainstream* der derzeitigen Übersetzungsforschung; somit gibt es hier nicht allzu viel nachzutragen, wenn man von unzähligen Beiträgen mit sehr spezifischen Themen absieht. Die umfangreiche *Romanische Wortbildung* von Jens Lüdtke (2005) ist aufgrund ihres vergleichenden Ansatzes auch für Übersetzungsforscher hilfreich. Jarmo Korhonen (2004) hat sich mit „Phraseologismen als Übersetzungsproblem" beschäftigt. Wolfgang Pöckl (2007) zeigt, dass die sog. faux amis durch »gedankenloses« Übersetzen und Dolmetschen zum Entsetzen der Puristen zu „wahren Freunden" werden können. Das hier nur kurz vorgestellte Thema „tradierte Äquivalenz" haben Iris Plack und ich inzwischen vertieft (Albrecht/Plack 2012). Zwei lose miteinander verbundene, nur marginal zum Thema „Übersetzung und Linguistik im engeren Sinn" gehörige Arbeitsfelder werden gegenwärtig umgepflügt und neu bestellt: die „Diskursmarker" (cf. supra 3.2 und 5.6.8) und die Prosodie. Óscar Loureda Lamas und Esperanza Acín Villa (2010) haben einen streng systematisch geordneten Reader zu den *Marcadores del discurso* herausgegeben. Antonio Hidalgo Navarro (2010) geht dort auf das Abhängigkeitsverhältnis zwischen Diskursmarkern und Prosodie ein. Es dürfte im Deutschen, wie u. a. die Beispiele im schon erwähnten Wörterbuch von Métrich/Faucher (2009) zeigen, noch enger sein. Eine Gesamtdarstellung der prosodischen Phänomene einer Sprache (ohne Vergleiche mit anderen Sprachen) haben M.-A. Morel und L. Danon-Boileau (1998) vorgelegt.

# 6. Übersetzungsvergleich und Übersetzungskritik

Vor einigen Jahrzehnten wurde sowohl in der Sprachwissenschaft als auch in der Übersetzungsforschung häufig auf den Übersetzungsvergleich als methodisches Hilfsmittel zurückgegriffen. Dies geschah manchmal ziemlich unkritisch; die Möglichkeiten dieser Methode wurden mitunter falsch eingeschätzt oder ganz einfach überbewertet. Heute ist das Pendel in die andere Richtung ausgeschlagen. Die vor allem in heuristischer Hinsicht außerordentlich wertvolle Methode des Übersetzungsvergleichs ist zum Schaden der Anschaulichkeit übersetzungstheoretischer Argumentation stark in den Hintergrund getreten. Dies gilt allerdings in weit geringerem Maß für die historisch-deskriptive Übersetzungsforschung. Im folgenden soll eine Typologie von Erkenntniszielen skizziert werden, bei deren Verfolgung der Übersetzungsvergleich gute Dienste leisten kann. Gleichzeitig sollen Leistung und Grenzen dieser Methode aufgezeigt und eine Abgrenzung gegenüber der Übersetzungskritik vorgenommen werden.

Übersetzungsvergleich und Übersetzungskritik sind verwandte Disziplinen, die oft unzulässigerweise in einen Topf geworfen werden, obwohl einige wesentliche Unterschiede zwischen ihnen bestehen. Darüber hinaus sind die beiden im Titel erscheinenden Begriffe auch isoliert betrachtet mehrdeutig. Sie stehen für Operationen, mit denen unterschiedliche Ziele verfolgt werden und bei denen verschiedene Methoden Verwendung finden. Es gibt, wie wir noch sehen werden, verschiedene Formen der Übersetzungskritik, es gibt jedoch – und dies scheint in diesem Zusammenhang noch wichtiger – grundverschiedene Formen des Übersetzungsvergleichs.

Der Übersetzungsvergleich ist – undifferenziert betrachtet – ein *servitore di due padroni*, ein Diener zweier Herren. Zunächst hat man sich also zu fragen, welchem der beiden Herren man dienen will, wenn man Übersetzungsvergleich betreibt, der kontrastiven Sprachwissenschaft oder der Übersetzungsforschung.

Viele, die mit der Methode des Übersetzungsvergleichs arbeiten, haben sich diese Frage meines Erachtens nicht klar gestellt: Soll anhand von Übersetzungen demonstriert werden, worin sich einzelne Sprachen bei der Bewältigung gleicher oder doch wenigstens ähnlicher Inhalte unterscheiden, oder soll der Übersetzungsvergleich der Illustration übersetzerischer Möglichkeiten dienen? Im zuletzt genannten Fall wären wiederum zwei Möglichkeiten zu unterscheiden: Soll historisch-deskriptiv vorgegangen werden, d. h. soll einfach nur dokumentiert werden, wie man bestimmte Texte zu bestimmten Zeiten übersetzt hat, oder soll induktiv-prospektiv vorgegangen werden, sollen vorhandene Übersetzungen als Muster für künftig anzufertigende empfohlen werden? Wer an die *langue-parole*-Dichotomie glaubt – und das tun erstaunlich viele Übersetzungswissenschaftler – muß sich diese Frage in voller Schärfe stellen. Aber auch »aufgeklärte Strukturalisten«, die in dieser Dichotomie nicht mehr als ein methodisches Postulat sehen, können dieser Frage nicht völlig ausweichen. Auch wenn wir in Rechnung stellen, daß der Übersetzer genau wie der gewöhnliche Sprecher seine Sprache nicht nur »benutzt«, sondern gleichzeitig schafft oder zumindest umgestaltet – bekanntlich tun Übersetzer dies in weit höherem Maße als gewöhnliche Sprecher –, müssen wir in der Praxis doch zwischen den virtuellen instrumentalen Möglichkeiten des Ausdrucksmediums und der aktuellen sprachlichen Gestaltung eines vorgegebenen Inhalts unterscheiden.

## 6.1 Der Übersetzungsvergleich im Dienste der kontrastiven Sprachwissenschaft

In der langen Geschichte der *stylistique comparée* wurde der Übersetzungsvergleich vorwiegend – wenn auch nicht ausschließlich – in den Dienst einer konfrontativen Sprachwissenschaft gestellt. So lesen wir in der vergleichenden Stilistik des Französischen und des Deutschen von Alfred Malblanc:

> Die vergleichende Stilistik operiert auf der Grundlage des Vergleichs von Texten gleicher Bedeutung und stützt sich dabei hauptsächlich auf Übersetzungen als Materialbasis. Als etablierte Disziplin wird sie dann ihrerseits zur Grundlage der Übersetzung und erhellt deren Wesen.[1]

Der bei dieser Vorgehensweise aufgezeigte „Sprachstil" soll die Eigentümlichkeiten der betreffenden Sprache hervortreten lassen. Diese Eigentümlichkeiten erscheinen dabei – wenn dies auch von den Vertretern dieser Richtung fast nie *expressis verbis* eingestanden wird – als »Abweichungen« von einer hypothetischen „Etalonsprache", die als *lingua generalis* keinerlei einzelsprachliche Eigentümlichkeiten enthält. Ich gebe hier nur wenige Beispiele aus einschlägigen Arbeiten:

> du temps de son mari
> als ihr Mann noch lebte
>
> zum Friedensschlusse geneigt
> disposé à conclure la paix
>
> à son départ de Paris
> when he left Paris
>
> he was safe from recognition
> il ne risquait pas d'être reconnu
>
> une table longue de deux mètres
> ein zwei Meter langer Tisch[2]
>
> Les recherches en soufflerie visent à abaisser en permanence le „Cx" ...
> Im Windkanal arbeiten *die Ingenieure* an einem möglichst niedrigen Cw-Wert[3]

Die ersten vier Beispiele dokumentieren eine Gefahr des Übersetzungsvergleichs, die besonders dann sehr groß ist, wenn die herangezogenen Beispiele aus *einem* Sprachenpaar und *einer* Übersetzungsrichtung stammen: Man kann durch geschickte Auswahl der Beispiele häufig These und Gegenthese belegen, in unserem Fall die Behauptung, das Französische bevorzuge im Vergleich zu anderen Sprachen den nominalen oder den verbalen Ausdruck. Mario Wandruszka, sicherlich einer derjenigen, die dem Instrument des Übersetzungsvergleichs einen besonders hohen Stellenwert eingeräumt haben, hat frühzeitig vor den Gefahren gewarnt, die aus einer unzulänglichen Anwendung dieser Methode resultieren:

---

[1] C'est par la comparaison de textes de même signification que procède la stylistique comparée et la traduction est son principal instrument d'exploitation; une fois constituée, la stylistique informe et éclaire à son tour la traduction. (Malblanc 1963, 18).
[2] Bally ⁴1965, 16; vgl. oben Kap. 4.1.
[3] Vgl. Blumenthal ²1997, 13.

Gerecht wird ein solches Verfahren natürlich immer nur der Ausgangssprache eines solchen Übersetzungsvergleiches, deren eigentümliche Möglichkeiten gerade durch das vergebliche Bemühen der Übersetzer um Entsprechung und Gleichwertigkeit in ein umso helleres Licht gesetzt werden. Es muß also jeweils jede der zu vergleichenden Sprachen zum Ausgangspunkt genommen werden, jede muß im Original ihre Möglichkeiten zeigen können, an denen die Übersetzungssprachen sich zu messen haben.[4]

Das bereits im vorigen Kapitel angeführte Beispiel aus Charles Ballys *Linguistique générale et linguistique française* – ein Buch, in dem viel mit Übersetzungsbeispielen argumentiert wird – steht eindeutig im Dienst des Sprachvergleichs, wenn auch auf einer sehr abstrakten, typologischen Ebene. Es geht um das, was Bally *détermination croissante* bzw. *décroissante* nannte, um die Richtung der Determinierung, die im Deutschen – vom Relativsatz einmal abgesehen – recht konsequent von „rechts" nach „links" verläuft (dieser Metaphorik liegt die in unserer Kultur übliche Schreibrichtung zu Grunde). In die zeitliche Dimension übertragen heißt das, daß man im Deutschen mit abnehmender Präzision etwas determiniert, das erst zum Schluß benannt wird – vom Gesichtspunkt einer „nach rechts" determinierenden Sprache aus betrachtet ein seltsames Verfahren.

Das letzte Beispiel soll belegen, daß im Französischen weit häufiger als im Deutschen die syntaktische Funktion „Subjekt" einer Konstituente des Satzes anvertraut wird, der *nicht* die semantische Rolle (bzw. je nach Modell: der Tiefenkasus; die Theta-Rolle usw.) „Agens" zugeschrieben werden kann. In der deutschen Übersetzung fungiert eine »agensfähige« Konstituente als Subjekt, die im französischen Satz gar nicht explizit genannt wird. Der Aussagewert der meisten Beispiele dieser Art liegt im Bereich der Norm:

> L'approche de l'ennemi fit fuir les habitants dans les forêts/Vor dem nahenden Feind flohen die Einwohner in die Wälder
> Le dialogue Nord-Sud a déjà fait couler beaucoup d'encre/ Von einem Nord-Süd Dialog ist schon viel die Rede gewesen

In beiden Fällen geht es um „Idiomatizität", nicht um „Grammatikalität". Würde man die französischen Sätze »wörtlich« ins Deutsche, die deutschen ebenso ins Französische zurückübersetzen, so erhielte man weniger idiomatische, aber in der Regel noch grammatikalisch und lexikalisch korrekte Beispiele. Michael Schreiber spricht in solchen Fällen von der „wörtlichsten grammatikalisch korrekten Übersetzung".[5] In einigen Fällen geht es jedoch durchaus um Grammatikalität. Es gehört zu den Schwächen der *stylistique comparée* im weiteren Sinne, daß sie die Ebenen der Norm und des Systems nicht klar unterscheidet; in ein und derselben Kategorie werden Beispiele mit unterschiedlichem Status aufgeführt. Wollte man einen Satz wie *London is cloudy today*, den man täglich im Flugzeug zu hören bekommt, wörtlich ins Deutsche übersetzen, so erhielte man – gemessen am noch gültigen Standard – einen abweichenden deutschen Satz von der Form

> London is cloudy today
> *London ist heute bewölkt   Statt:
> In London ist es heute bewölkt; London zeigt sich heute bewölkt[6]

---

[4] Wandruszka 1963, 253.
[5] Vgl. Schreiber 1992, 103.
[6] Vgl. oben, Kap. 5.2.1.

Die Tatsache, daß viele Deutsche beim Hören des dem Englischen genau nachgebildeten Satzes heute nicht mehr zusammenzucken, erhellt, daß durch häufiges mechanisches Übersetzen nicht nur in der Frühzeit unserer Sprachen, sondern auch heute noch die »schwächeren« Zielsprachen umgestaltet werden.

In einer Hinsicht sind die bisher diskutierten Beispiele – so problematisch ihr Status in anderer Hinsicht sein mag – eindeutig: Sie dienen vorrangig der kontrastiven oder konfrontativen Sprachwissenschaft und allenfalls indirekt der Übersetzungswissenschaft.

Bei aller Anerkennung des heuristischen Werts, den diese Form des Übersetzungsvergleichs auf dem Gebiete des Sprachvergleichs, genauer gesagt, des synchronischen Sprachvergleichs, beanspruchen kann, muß man sich doch über die Grenzen dieser Methode im klaren sein. Der Übersetzungsvergleich im Dienste der kontrastiven Sprachwissenschaft führt – von einigen Ausnahmen abgesehen, auf die an dieser Stelle nicht eingegangen werden kann – vor allem dann zum Ziel, wenn ihm brave, schulmäßige Übersetzungen zugrunde gelegt werden. Es versteht sich fast von selbst, daß sich extrem freie und vor allem einbürgernde Übersetzungen nicht besonders gut für die Zwecke des Sprachvergleichs eignen. Ich gebe zunächst zwei Beispiele für diesen Typ. Sie sind auch in übersetzungsgeschichtlicher Hinsicht bemerkenswert, denn sie belegen, daß das Phänomen der *belles infidèles* keineswegs auf Frankreich und ebenso wenig auf das 17. und 18. Jahrhundert beschränkt war:

> Doch Antiphos, rasch in dem Panzer,
> Sandt' ihm, Priamos Sohn, die spitzige Lanz' im Gewühl her,
> Fehlend zwar, doch dem Leukos, Odysseus' edlem Genossen,
> Flog das Geschoß in die Scham, da zurück den Toten er schleifte.[7]

> At Ajax, Antiphous his Jav'lin threw;
> The pointed Lance with erring Fury flew,
> And Leucus, lov'd by wise Ulysses, slew.[8]

> Wie in fast jeder Nacht fanden Überfliegungen statt, meist durch Minenflugzeuge, kommend und gehend.

> Comme presque chaque nuit des avions ennemis survolaient le secteur, pour la plupart des poseurs de mines allant exécuter des missions ou regagnant leurs bases.

> [Wie in fast jeder Nacht überflogen feindliche Flugzeuge das Gebiet, meistens Minenflugzeuge, die zu Einsätzen aufbrachen oder zu ihren Stützpunkten zurückkehrten.][9]

Die Übersetzung von Voss in dem Beispiel aus der *Ilias* und meine eigene Rückübersetzung im Falle des Kriegsromans von Gerd Gaiser dienen hier nur als Kontrollinstanzen; als »wörtliche« Übersetzungen sollen sie zeigen, wie groß die Eigenmächtigkeiten sind, die sich die Übersetzer hier im Umgang mit ihrer Vorlage erlaubt haben. Es wird unmittelbar klar, daß die übersetzerischen Entscheidungen in diesen Fällen auf so komplexen Bedingungen beruhen, daß die Aussagekraft der Beispiele im Hinblick auf die Sprachen, in denen sie verfaßt sind, sehr gering ist. Beispiele dieser Art sind allenfalls für eine kontrastive Textlinguistik interessant und auch für diese nur in gewissen Grenzen. Hierzu gibt es meines Wissens noch keine gründliche systematische Untersuchung. Vor allem aus

---

[7] Ilias, IV, 489ff. in der Übersetzung von Johann Heinrich Voss.
[8] Pope 1716, IV, 562ff.; vgl. Albrecht 1998, 70f.
[9] Vgl. oben 5.2.2.

der berühmt-berüchtigten Ilias-Übersetzung von Alexander Pope können nur übersetzungshistorische und literarische, kaum sprachliche Befunde abgeleitet werden. Die Beispiele von Gaiser wären sogar geradezu schädlich, wollte man sie naiv im Sinne der *stylistique comparée* heranziehen. Es bestünde die Gefahr, daß der eigenwillige, etwas manieristische Stil für »durchschnittliches Deutsch« ausgegeben würde.

Mit Hilfe des nächsten Beispiels lassen sich zwei weitere Probleme aufzeigen, die mit dem Übersetzungsvergleich verbunden sind.

> Au loin, portée par la houle d'un vent sans racines, la musique d'une viole guidant un bal mourant s'effilochait parmi les pins des collines.
>
> A lo lejos, llevada por la marejada de un viento sin raíces, la música de una viola que guiaba un baile moribundo se deshilachaba entre los pinos de las colinas.
>
> In weiter Ferne hinter den Pinienhügeln, auf den Wellen eines ursprungslosen Windes herangetragen, erklangen Melodiefetzen einer Drehleier, die zu einem langsam verlöschenden Fest aufspielte.[10]

Das erste Problem betrifft das Sprachenpaar. Es wurde unter einem anderen Gesichtspunkt bereits im ersten Kapitel behandelt. Beispiele aus nah verwandten, strukturell ähnlichen Sprachen sind häufig viel aufschlußreicher in sprachwissenschaftlicher Hinsicht als solche, die aus typologisch unterschiedlichen Sprachen stammen. Der Übersetzer ist in solchen Fällen in viel höherem Maße als bei typologisch ähnlichen Sprachen dazu gezwungen, seine »translatorische Kreativität« unter Beweis zu stellen. Seine Entscheidungen hängen von so vielen Faktoren ab, daß sie sich kaum mehr systematisch auf primär sprachliche Gegebenheiten zurückführen lassen und sind somit eher für den Übersetzungsforscher als für den Linguisten von Interesse.

Das zweite Problem ist epistemologischer Natur und kann daher hier nur angedeutet werden: Die herangezogene deutsche Übersetzung stammt aus einem vor einigen Jahren erschienenen, von mir selbst übersetzten Roman. Wollte ich aus diesem Beispiel ein wie auch immer geartetes Argument ableiten, das über eine bloße Erläuterung meiner eigenen Absichten hinausginge, so begäbe ich mich in einen Zirkel, den szientistisch denkende Wissenschaftler fürchten wie der Teufel das Weihwasser: Der insgeheim als selbstverständlich angesehene Unterschied zwischen erkennendem Subjekt und zu erkennendem Objekt wäre in höchst anstößiger Weise verwischt. Es sei in diesem Zusammenhang lediglich darauf hingewiesen, daß mit dem Verzicht, eigene Übersetzungen zu untersuchen, das Problem nur gemildert, nicht jedoch wirklich ausgeräumt wird. Wer könnte dafür garantieren, daß er sich bei der Auswahl seiner Beispiele aus den Übersetzungen anderer nicht von bestimmten Vorlieben oder Abneigungen leiten läßt und damit seine Untersuchungsergebnisse in dem von ihm intendierten Sinn beeinflußt? Nur große Mengen von Beispielen, die nach einem nachprüfbar aleatorischen Prinzip ausgewählt wurden, wären ein Garant für eine statistische Determination – die strengste, die wir im Bereich der Sozialwissenschaften überhaupt erreichen können.

Ebenso unbrauchbar für die Zwecke einer konfrontativen Linguistik wie die extrem freien und einbürgernden Übersetzungen sind diejenigen, in denen die Regeln der Zielsprache verletzt werden. Dergleichen geschieht gelegentlich aus Not oder Gedankenlosigkeit; mindestens ebenso häufig jedoch in Verfolgung ganz bestimmter Ziele. Ich gebe wiederum nur wenige Beispiele:

---

[10] Zitatnachweise vgl. oben Kap. 1.1.4.

> ... respondebo, quomodo Stoici [...] respondeant: magnos quidem illos ac venerabiles, non tamen id, quod natura hominis summum habet, consecutos.[11]
>
> ie diroy' a l'exemple des Stoiques, qui interroguez si Zenon, si Cleante, si Chrysippe sont Saiges, respondent, ceulx la certainement avoir été grands, et venerables, n'avoir eu toutefois ce, qui est le plus excellent en la Nature de l'homme ...[12]

Das erste Beispiel steht für jene Art »translatorischer Müdigkeit«, mit der wir auch bei neueren Übersetzungen ständig rechnen müssen. Du Bellay bezieht sich hier, in seiner berühmten *Deffence et illustration*, auf eine Stelle bei Quintilian; gelehrte Kommentatoren haben das frühzeitig aufgedeckt. Der Akkusativ mit Infinitiv im französischen Text ist eine Folge schnellen, nachlässigen »inneren« Übersetzens. Vergleichbare, von Du Bellay unabhängig von einer lateinischen Quelle formulierte Passus zeigen fast immer finite Konstruktionen und keine Infinitive mit Akkusativen in Subjektsposition. Wir dürfen aus Beispielen dieser Art keine allzu weitreichenden Schlüsse hinsichtlich des Sprachgebrauchs der damaligen Zeit ziehen. Syntagmen wie *in 1999* oder *es macht keinen Sinn* erscheinen in deutschen Pressetexten, die schnell aus englischsprachigen Agenturmeldungen übersetzt werden, sehr häufig; dennoch darf aufgrund dieser Beobachtung nicht behauptet werden, dergleichen sei „ganz normales Deutsch".

Die beiden folgenden Beispiele stehen für absichtliche Verletzungen der grammatikalischen und lexikalischen Regeln der Zielsprache:

> οὐ γάρ μοι γενναῖον αλυσκάζοντι μάχεσθαι
> Mir nicht ist's anartend, zurückzubeben im Kampfe[13]

> ille feminam dicebat animal esse
> er sprach ain frouwen sin ain tiere[14]

Die Iliasübersetzung von Johann Hinrich Voß ist eines der historisch eindrucksvollsten Beispiele für die »Wende« der europäischen Übersetzungsgeschichte am Ende des 18. Jahrhunderts, eine Wende von einem überwiegend einbürgernden zu einem resolut verfremdenden Übersetzen. Obschon er am Beginn dieser Tradition steht, und die Leser damals noch an *belles infidèles* gewohnt waren, ging Voß nicht nur, was das kulturelle Umfeld betrifft, sondern auch in rein sprachlicher Hinsicht sehr weit. Ulrich von Wilamowitz-Moellendorff hat ihm hundert Jahre später vorgeworfen, er habe „einen Stil geschaffen, mit dem der Deutsche wohl oder übel den Begriff homerisch verbindet, obwohl Trivialität und Bombast seine Hauptkennzeichen sind".[15]

Mit seinen *Translatzen* legt der Humanist Nikolaus von Wyle (um 1410-1478) ganz bewußt Interlinearversionen vor. Seiner Meinung nach konnte dies der Zielsprache Deutsch nur förderlich sein. Er vertrat die Ansicht

> Daz ein yetklich tütsch daz usz gutem zierlichen und wol gesetzten latine gezogen und recht und wol getranferyeret wer, ouch gut zierlich tütsche und lobes wirdig, haissen und sin müste ....[16]

---

[11] Quintilian, Inst. Orat. XII, 1, 18.
[12] Du Bellay, Deffence, Livre II, chap. 2.
[13] Ilias/Voß V, 253.
[14] Nikolaus von Wyle, *Translatzen*, zit. nach Strauß 1912, 43.
[15] Zit. nach Störig ³1973, 140.
[16] Vgl. Albrecht 1998, 149f.

Beispiele dieser Art sind in erster Linie für Übersetzungshistoriker, nicht für Sprachwissenschaftler von Belang. Sie können für Sprachhistoriker interessant werden, wenn der Einfluß der Übersetzungstätigkeit auf die betreffende Sprache untersucht werden soll.

## 6.2 Der Übersetzungsvergleich im Dienste der Übersetzungsforschung

Der Übersetzungsvergleich kann – darüber sind sich die Vertreter der *stylistique comparée* im weitesten Sinne gar nicht so recht klar geworden – einem ganz anderen Zweck dienen, der sich klar von dem im vorangegangenen Teilkapitel behandelten unterscheidet. Rein methodisch gesehen ergeben sich dabei allerdings Grauzonen, die dazu führen können, daß man das eigentliche Untersuchungsziel aus den Augen verliert.

Man kann Übersetzungsvergleiche zu rein historisch-deskriptiven Zwecken anstellen. In diesem Fall möchte man lediglich untersuchen, wie zu gewissen Zeiten unter bestimmten Umständen übersetzt wurde, ohne die Übersetzungen selbst im engeren Sinne zu kritisieren, d. h. in irgendeiner Form an ihnen Anstoß zu nehmen. Man kann Übersetzungsvergleiche auch zu prospektiv-präskriptiven Zwecken anstellen. In diesem Fall fungiert der Vergleich als Muster in negativer und positiver Hinsicht. Man vergleicht ein Original mit seiner Übersetzung, möglicherweise auch mit mehreren Übersetzungen desselben Textes, um Beispiele dafür zu finden, wie man es machen bzw. wie man es nicht machen soll. In beiden Fällen erweist sich der Mehrfachvergleich als besonders hilfreich, d. h. der Vergleich eines Originals mit Übersetzungen in verschiedene Sprachen oder der Vergleich mehrerer Übersetzungen eines Originals in ein und dieselbe Sprache bzw. eine Kombination aus beidem. Dabei lassen sich die Grauzonen, von denen oben die Rede war, nicht immer vermeiden. Die Problematik soll mit den folgenden Beispielen lediglich angedeutet werden:

In seiner Abhandlung „Über den Gegensinn der Urworte", die auf einen Aufsatz des heute nahezu vergessenen Sprachwissenschaftlers C. Abel mit demselben Titel zurückgeht, zählt Sigmund Freud das lateinische Wort *altus* zu den „gegensinnigen" Wörtern, weil es je nach Kontext bald durch „hoch" (*mons altus*, „hoher Berg"), bald durch „tief" (*puteus altus* „tiefer Brunnen") wiedergegeben werden muß. Daß es sich hier um eine banale Fehlinterpretation sprachlicher Fakten, um die „Geburt des Gegensinns [...] aus dem Geist der Übersetzung" handelt, wurde bereits in Kapitel 5.6.3 gezeigt. Wie wir gesehen haben, bedeutet *altus* „von beträchtlicher Erstreckung in der vertikalen Dimension". Da die meisten Lexeme der modernen Sprachen eine vom Standpunkt des Betrachters ausgehende Richtung implizieren (wie übrigens auch lat. *profundus*) entsteht dieser falsche Eindruck der „Gegensinnigkeit". In bezug auf die vertikale Dimension einer Schneedecke gibt es bemerkenswerte Unterschiede zwischen den verschiedenen Sprachen. In Cäsars *Gallischem Krieg* ist von viel Schnee die Rede, der von den römischen Soldaten weggeräumt werden mußte:

> Etsi mons Cebenna, qui Arvernos ab Helviis discludit, durissimo tempore anni *altissima* nive iter impediebat, tamen discussa nive in *altitudinem* pedum VI atque ita viis patefactis summo militum labore ad fines Arvernorum pervenit.

> La catena delle Cevenne, [...], con la neve *altissima*, rendeva accidentata la marcia: ciononostante, Cesare fece spalare la neve caduta per un'*altezza* di sei piedi [...].

> Now the range of the Cevennes, [...] was likely to hinder the march with great *depth* of snow; however, he cleared away snow six feet *deep* and, [...].

> Das Cevennengebirge war zwar [...] von *tiefem* Schnee bedeckt [...]. Doch ließ Cäsar den sechs Fuß (1,80 m) *hohen* Schnee unter höchster Anstrengung seiner Leute wegräumen [...].[17]

Eine Analyse dieses Übersetzungsbeispiels kann im Hinblick auf ganz verschiedene Erkenntnisinteressen vorgenommen werden: Zum einen läßt sich anhand des italienischen und des englischen Textes zeigen, daß der Schnee im Italienischen üblicherweise „hoch", im Englischen dagegen „tief" ist. Das liegt daran, daß im Italienischen gewohnheitsmäßig die Erdoberfläche, im Englischen die Oberfläche der Schneedecke zum Bezugspunkt gewählt wird. Insofern steht das Beispiel im Dienst der kontrastiven Sprachbetrachtung. Im Deutschen kann der Schnee „hoch" oder „tief" sein, da wir – in Abhängigkeit von Bedingungen, die noch genauer zu untersuchen wären – entweder die Oberfläche des Schnees oder die Erdoberfläche zum Bezugspunkt wählen können. Das läßt sich u. a. der deutschen Übersetzung der Cäsar-Stelle von Curt Woyte entnehmen. Diese Übersetzung ist jedoch auch für den Übersetzungsforscher mit allenfalls beiläufigen sprachwissenschaftlichen Interessen von Bedeutung: Hat der Übersetzer rein zufällig aus Gründen der Idiomatik das zweimalige Erscheinen von Wörtern aus der Familie von lateinisch *altus* (*altissimus* und *altitudo*) innerhalb eines überschaubaren Passus durch zwei Antonyme wiedergegeben, oder wollte er am Ende ganz bewußt die Möglichkeiten des Deutschen dazu nutzen, die scheinbare Ambiguität des lateinischen Wortes nachzubilden?

Eine solche Frage läßt sich nicht eindeutig beantworten. Die Tatsache, daß man sie überhaupt stellen kann, liefert einen Hinweis auf die Ambivalenz der Funktion des Übersetzungsvergleichs, eine zweifache Ausdeutbarkeit, die beim folgenden Beispiel noch klarer zum Ausdruck kommt:

> Mme Putois ayant demandé de l'eau, le zingueur indigné venait d'enlever lui-même les carafes. Est-ce que les honnêtes gens buvaient de l'eau? Elle voulait donc avoir des grenouilles dans l'estomac.
>
> Ob rechtschaffene Leute Wasser tränken? Ob sie Frösche im Magen haben wollten?
>
> „Trinken denn anständige Leute überhaupt Wasser?" Sie sehne sich wohl nach Fröschen im Magen?
>
> „Trinken denn ehrliche Leute Wasser?" fragte er. Sie wollte wohl Frösche in den Magen bekommen?
>
> „Trinken anständige Leute etwa Wasser?" frage er. Sie wolle wohl Frösche in den Magen kriegen?
>
> Tranken anständige Leute denn Wasser? Sie wollte wohl Frösche in den Magen bekommen?[18]

Natürlich lassen sich auch anhand dieser Beispiele eine ganze Reihe von sprachlichen Befunden aufzeigen. Die Übersetzungen zeigen wenigstens zum Teil, daß die *est-ce que*-Frage im Französischen Auslöser einer negativen Präsupposition sein kann, worauf in der

---

[17] *Bellum gallicum* VII, 8,2; it. Üb. p. 65; engl. Üb. p. 391; dt. Üb. p. 209, alle Kursivierungen von mir, J. A. Auf genauere Quellenangaben darf in diesem Zusammenhang verzichtet werden. Sie finden sich in Albrecht 1999, 29.

[18] E. Zola: *L'assommoir*. Edition établie et annotée par Henri Mitterand, Paris 1978, 261f. Übersetzungen in der Reihenfolge der Zitate: Anonymus 1900; A. E. Rutra, München 1925 ; F. Blei, München 1923; H. Rieger, Karlsruhe 1968; G. Krüger, Berlin 1975.

reichhaltigen Literatur zu den unterschiedlichen Fragetypen meines Wissens kaum hingewiesen wird. Die deutschen Beispiele demonstrieren wenigstens teilweise die »idiomatisch bedingte Notwendigkeit« von Abtönungspartikeln, von der bereits in Kapitel 5.6.8 die Rede war. Es ließe sich leicht anhand weiterer Beispiele zeigen, daß diese Partikeln vor allem bei »flüssigen«, d. h. für den schnellen Konsum bestimmten deutschen Übersetzungen mit hoher Frequenz auch dann erscheinen, wenn im Ausgangstext keine unmittelbaren Äquivalente (zumindest keine lexikalischen) vorhanden sind. Darüber hinaus können diese Beispiele jedoch auch ganz anders interpretiert werden. Der historisch-deskriptiv arbeitende Übersetzungsforscher findet hier ein schönes Anschauungsmaterial dafür, wie deutsche Übersetzer sich das Mittel der *erlebten Rede* zur Wiedergabe des *style indirect libre* im Laufe unseres Jahrhunderts erst mühsam erarbeiten mußten.

Daß empirische Befunde je nach Erkenntnisinteresse und theoretischem Rahmen völlig unterschiedlich interpretiert werden können, ist sicherlich eine banale Feststellung. Hier soll etwas behauptet werden, das über diese einfache Feststellung hinausgeht: Der Übersetzungsvergleich kann denjenigen, der mit ihm arbeitet, dazu verleiten, sein eigentliches Untersuchungsziel aus dem Auge zu verlieren.

Kehren wir nun zunächst zur Frage nach der Aussagekraft des Übersetzungsvergleichs für die kontrastive oder konfrontative (d. h. nicht nur an Unterschieden, sondern auch an Gemeinsamkeiten interessierte) Sprachwissenschaft zurück. Wenn er mit der gebotenen methodischen Vorsicht durchgeführt wird, kann der Übersetzungsvergleich durchaus aufschlußreiche Ergebnisse im Hinblick auf die kontrastive Sprachwissenschaft liefern. Dabei darf man allerdings nicht alle Texte heranziehen, die von ihren Verfassern als „Übersetzungen" ausgegeben werden. Die für die Zwecke des Sprachvergleichs brauchbaren Übersetzungen müssen eine Mittellage innerhalb zweier Extreme einnehmen, die in der Praxis sowohl bei literarischen als auch bei Fachübersetzungen recht häufig nicht eingehalten wird. Die Aussagekraft des Übersetzungsvergleichs für den Sprachvergleich hängt nicht zuletzt von der Art der herangezogenen Übersetzungen ab.

## 6.3  Paralleltextvergleich vs. Übersetzungsvergleich

Bleiben wir noch für einen Augenblick beim Übersetzungsvergleich:

> Dans le dernier film de James Bond, comme on lui demande si l'adversaire qu'il vient de précipiter par-dessus la rampe de l'escalier est *mort* et qu'il répond »J'espère bien!«, je n'ai pu, par exemple, m'empêcher de rire librement. Les plaisanteries sur la maladie ou la mort ne me gênent absolument pas, je me sens même bien en les entendant.

> Wie in seinem letzten Film James Bond einmal gefragt wurde, ob sein Gegner, den er gerade über ein Treppengeländer geworfen hatte, tot sei, und „Na hoffentlich!" sagte, habe ich zum Beispiel erleichtert lachen müssen. Witze über das Sterben und Totsein machen mir gar nichts aus, ich fühle mich sogar wohl dabei.

Bei der Präsentation dieses Beispiels war ich genötigt, die Regeln des wissenschaftlichen Anstands zu suspendieren und meine Quellen vorläufig nicht anzugeben. Wer die beiden Texte sorgfältig studiert hat, ohne gleich weiterzulesen, wird möglicherweise ohne Aufklärung durch den Verfasser bemerkt haben, daß durch die Anordnung der Texte der falsche Eindruck erweckt werden sollte, es handle sich um ein französisches Original.

Das Original steht jedoch an zweiter Stelle, beim französischen Text handelt es sich um eine Übersetzung.[19] Dieses simple Vexierspiel soll eine banale Tatsache in Erinnerung rufen, die – vermutlich gerade aufgrund ihrer Banalität – nicht genügend beachtet wird: Die Relation „Übersetzung" ist asymmetrisch; wenn B die Übersetzung von A ist, so folgt daraus, daß A nicht die Übersetzung von B sein kann. Das bedeutet in dem Zusammenhang, um den es hier geht: Originale sind spontane Verbalisierungen einer Ausdrucksintention; Übersetzungen – so »frei« sie immer sein mögen – sind Reverbalisierungen, Abbilder einer Ausdrucksintention, die bereits eine sprachliche Form gefunden hat. Angesichts dieses wohlbekannten, jedoch nicht immer beachteten Sachverhalts läßt sich die oben gestellte Frage präzisieren: Gibt es spontane Verbalisierungen in verschiedenen Sprachen, aus denen die konfrontative Sprachwissenschaft und möglicherweise sogar die Übersetzungsforschung Nutzen ziehen kann? Und wenn es so etwas gibt, wie hat das *tertium comparationis* auszusehen, wenn die Textpaare den angestrebten Zweck erfüllen sollen? Damit wären wir endlich bei den *Paralleltexten* angelangt.

Der Terminus *Paralleltexte* ist in der Fachsprachenforschung und in der Terminologielehre gebräuchlicher als in der Sprach- und Übersetzungswissenschaft. Vor kurzem hat Susanne Göpferich in einem Handbuchartikel eine Begriffsbestimmung geliefert, der ich nur wenig hinzuzufügen habe. Unter „Paralleltexten" versteht die Autorin

> ... verschiedensprachige Texte [...], die originär in ihrer jeweiligen Sprache – am besten von kompetenten Muttersprachlern – erstellt wurden, die also keine Übersetzungen voneinander sind, aber ein möglichst ähnliches Thema behandeln und sich in ihrer kommunikativen Funktion entsprechen, d. h. derselben Textsorte(nvariante) angehören.[20]

Auf dem Gebiet der übersetzungsbezogenen Terminologiearbeit gehören Paralleltexte zu den wichtigsten Quellen nicht nur bei der Bereitstellung des terminologischen Materials, sondern auch bei der Äquivalenzsicherung (Übersetzungen sensu stricto gelten dabei sogar als Notlösungen). Die Arbeit mit Texten dieser Art läßt sich ohne weiteres auf die Gemeinsprache, ja sogar auf die literarische Sprache übertragen; man hat sich lediglich zu fragen, welche gemeinsamen Eigenschaften vorhanden sein müssen, um die Vergleichbarkeit im gewünschten Bereich zu gewährleisten. Was die Fachtexte betrifft, so hat Susanne Göpferich eine ganze Reihe von Kriterien zusammengestellt, die sich nicht ohne weiteres auf die Gemeinsprache oder auf die Literatur übertragen lassen.[21] Es ist unmöglich, im Rahmen einer knappen Darstellung eine Typologie der wünschenswerten gemeinsamen Merkmale von Texten zu erstellen, die beim interlingualen oder intralingualen Vergleich Verwendung finden sollen, denn eine solche Typologie hätte alle denkbaren Untersuchungsziele zu berücksichtigen. Ich nenne hier nur ein einziges Beispiel, mit dem ich vor vielen Jahren gute Erfahrungen gemacht habe: Schulaufsätze, in denen eine gemischtsprachige Schülergruppe (eine Klasse, in der sich als Gäste eine Reihe von Austauschpartnern befinden) über ein und dasselbe Ereignis (z. B. einen Schulausflug) in ihrer jeweiligen Muttersprache berichten. Texte dieser Art lassen sich im Hinblick auf Fragestellungen der kontrastiven Linguistik mit Gewinn auswerten.

---

[19] Peter Handke: *Wunschloses Unglück*, Salzburg 1972, 9; *Le malheur indifférent*, Üb. Anne Gaudu, Paris 1975, 13.
[20] Göpferich 1998, 184.
[21] Vgl. ebenda, 185.

Diese vorläufige Explikation des Begriffs „Paralleltext" sollte bereits eine undeutliche Vorstellung davon erweckt haben, daß die Heranziehung von Paralleltexten kaum geeignet sein dürfte, das Mittel des Übersetzungsvergleichs völlig zu ersetzen. Zwar fällt bei Paralleltexten eine übersetzungsbedingte Distorsion weg, das Phänomen der Reverbalisierung. Andererseits kommen jedoch eine Reihe von Verzerrungen hinzu, die hier nur angedeutet werden können: Man könnte ein sehr generisches *tertium comparationis* wählen, z. B. den Texttyp im allgemeinsten Sinne: *erzählen, argumentieren, beschreiben, überzeugen* usw. usf. Das hätte den Vorteil, daß man nur auf geringe kulturspezifische Konventionen stoßen würde, die erst von den rein sprachlichen Befunden zu trennen wären. Allerdings bietet die konkrete Manifestation eines solchen Texttyps einen so großen Spielraum, daß ein Vergleich – zumindest in rein sprachlicher Hinsicht – wenig hergeben würde. Wollte man das *tertium comparationis* etwas spezifischer fassen, etwa im Sinn eines Texttyps, der sich in einer historischen gewachsenen Gattung konkretisiert hat (*Roman, Novelle* usw.; dabei ergäben sich dann Kategorien wie *historischer Roman* oder *psychologische Novelle*), so wäre man – je nach Untersuchungsziel – mit der Schwierigkeit konfrontiert, die sprachlichen Fakten von den gattungsbedingten oder die gattungsbedingten von den sprachlichen zu »säubern«. Selbst bei Fachtexten desselben Fachgebiets hätte man die unterschiedlichen Wissenschaftstraditionen der beiden Sprachbereiche zu berücksichtigen.

## 6.4 Übersetzungskritik

Ein wesentlicher Aspekt der Übersetzungskritik – die eigentlich theoretische Fragestellung – ist bereits im Zusammenhang mit dem Komplex „Invarianz, Äquivalenz, Adäquatheit" behandelt worden.[22] Er sei hier nur noch einmal in einem Satz zusammengefaßt. Ein Übersetzungskritiker, der seiner Aufgabe wirklich gerecht werden will, sollte immer in zwei Phasen vorgehen, er sollte seiner Kritik nicht nur das zugrunde legen, was der Übersetzer tatsächlich getan hat, sondern er sollte unbedingt auch berücksichtigen, was der Übersetzer mehr oder weniger offensichtlich tun wollte. Die unerbittlichen Kritiker der deutschen Übersetzung von Lawrence Norfolks Roman *Lemprière's Dictionary*, von denen bereits am Anfang des fünften Kapitels die Rede war, haben dies im folgenden Fall nicht getan. Zunächst die inkriminierte Stelle:

> The question was familiar, but [was] come upon by him from a disguising angle. He would take no pains over it.
>
> Die Frage war vertraut, überfiel ihn aber aus einem sich verhüllenden Winkel. Sie bereitete ihm keine Schmerzen.

Der Kommentar der streitbaren Übersetzer dazu lautet wie folgt:

> Drei Verständnisfehler: „The question was come upon by him" heißt, daß er auf die Frage gestoßen war, nicht, daß sie „ihn überfallen" hatte. „Disguising" bedeutet, wörtlich übersetzt, „verhüllend", nicht „sich verhüllend". „To take pains" bedeutet „sich Mühe geben, sich eingehend mit etwas befassen".[23]

Die gestrengen Professionalisten, die offenbar immer genau wissen, was ein Wort oder ein Syntagma in einer anderen Sprache „heißt", hätten sich zunächst einmal die Frage stellen müssen, ob der Übersetzer möglicherweise – aus welchem Grund auch immer – gerade bei

---

[22] Vgl. oben 2.2.2.
[23] Baumrucker et alii 1993, 6.

metaphorischen Wendungen extrem „resemantisierend" verfahren wollte. Peter Handke tut das z. B. in seinen Übersetzungen aus verschiedenen Sprachen sehr häufig und erntet meist nur Lob dafür. Auf der Grundlage eines solchen Zugeständnisses an den Übersetzer wäre noch genügend Raum für berechtigte Kritik geblieben; denn was immer der Übersetzer tun wollte, es ist ihm nicht besonders gut gelungen.

Darüber hinaus gibt es noch eine ganze Reihe von praktischen Aspekten der Übersetzungskritik, auf die hier wenigstens kurz hingewiesen werden soll.

Übersetzungskritik, so wie sie im Alltag geleistet wird, so z. B. bei der Besprechung übersetzter Bücher in der Tages- oder Wochenpresse, ist meistens in hohem Grade punktuell. Daraus soll den Kritikern kein Vorwurf gemacht werden; sie arbeiten ebenso unter Zeitdruck wie die Übersetzer. Übersetzerische Entscheidungen hängen aber nun einmal von Gegebenheiten ab, die dem Kritiker, der seinen Blick nur auf eine bestimmte Stelle des Textes und seine Übersetzung richtet, oft verborgen bleiben müssen. Wenn an einer Stelle auf ein offenkundig optimales Äquivalent verzichtet, wenn statt dessen eine auf den ersten Blick überhaupt nicht einleuchtende Lösung gewählt wurde, so liegen die Gründe hierfür häufig im Makrokontext. Dabei kann es sich um rein zielsprachliche Zwänge handeln. Das auf den ersten Blick besser geeignete Verb konnte nicht gewählt werden, weil sonst zwei *hatte* bzw. zwei *war* häßlich aneinandergestoßen wären. Auf ein semantisch besonders treffendes lexikalisches Äquivalent wurde verzichtet, weil das entsprechende Wort schon kurz vorher verwendet wurde, wo es sich noch zwingender anbot. Die makrokontextuell bedingten Zwänge können jedoch auch im engeren Sinne übersetzerischer Natur sein: Ein Wortspiel mit einem Eigennamen ließe sich an einer Stelle mühelos wiedergeben. Der enttäuschte Kritiker, der mit dem entsprechenden Verbesserungsvorschlag schnell zur Hand ist, bedenkt dabei häufig nicht die Konsequenzen dieser Lösung. Es kann z. B. gute Gründe dafür geben, im gesamten Text auf die Übersetzung »sprechender« Eigennamen zu verzichten. Dann verbietet sich allerdings auch die an und für sich unproblematische Nachahmung des besagten Wortspiels an der betreffenden Stelle. Ganz knapp und hemdsärmelig ausgedrückt: Die Gründe für eine auf den ersten Blick unverständliche Lösung des Übersetzers liegen nicht selten 200 Seiten weiter vorne oder 200 Seiten weiter hinten im Text.

### 6.5 Lektürehinweise

Zum Komplex „Paralleltexte vs. Übersetzungen" habe ich mich an anderer Stelle ausführlicher geäußert (Albrecht 1999). Eine methodische und theoretisch-kritische Einführung in die Technik des „multilateralen Sprachvergleichs" findet man in der Einführung zur Dissertation von Karl-Richard Bausch (1963, 1-9) und bei Albrecht (1970, 92-104). Die umfassendste Übersicht über die verschiedenen Typen des Übersetzungsvergleichs hat Katharina Reiß (1981) vorgelegt. Wolfgang Pöckl (2002) beschäftigt sich als einer unter wenigen konsequent mit dem Übersetzungsvergleich im Dienste der Übersetzungsforschung und vor allem der Übersetzungsdidaktik. Die verschiedensten Aspekte der Übersetzungskritik (weit über das hier Gebotene hinaus) werden u.a. bei Newmark (1988 Kap. 17); García Yebra (1994, 430-447) und House (2002) erörtert.

Einen methodisch wegweisenden Beitrag zu der Art und Weise, wie Paralleltext- und Übersetzungsvergleich als Korrektiv unzureichender Angaben in zweisprachigen Wörterbüchern herangezogen werden können, hat Christian Schmitt (2007) vorgelegt. Vahram Atayan (2010) liefert auf der Basis der übersetzungskritischen Vorstellungen verschiedener Autoren eine »Metakritik« der Übersetzungskritik.

# III. Übersetzung und Linguistik im weiteren Sinne

## 7. Übersetzung und Semiotik

In diesem Kapitel sollen einige Berührungspunkte zwischen der linguistischen Pragmatik und der Übersetzungstheorie behandelt werden. Die Pragmatik ist die Komponente der allgemeinen Semiotik, die von neueren Strömungen der Übersetzungsforschung besonders intensiv rezipiert wurde. Hier können nur einige besonders gut ausgearbeitete Teilgebiete dieser Disziplin berücksichtigt werden. Dazu müssen zunächst einige Grundbegriffe der Semiotik vorgestellt werden.

### 7.1 Elemente der allgemeinen Zeichentheorie

Wer die kaum mehr zu überblickende Literatur zur Semiotik auch nur oberflächlich durchsieht, wird immer wieder auf die Versicherung stoßen, bei der Semiotik handele es sich um eine junge Wissenschaft. Diese Ansicht läßt sich nur vertreten, wenn man unter „Semiotik" eine autonome Disziplin versteht. Fragt man sich hingegen, ob die Gegenstände und Sachverhalte, mit denen sich die Semiotik beschäftigt, auch in früheren Zeiten bereits Gegenstände des Interesses waren, so wird man feststellen, daß es sich bei der Semiotik zumindest der Sache nach um eine sehr alte Disziplin handelt. Der allgemeinsten Definition zufolge, die sich angeben läßt, ist die Semiotik die „Wissenschaft von den Zeichen". Eine solche Wissenschaft gibt es seit mindestens zweitausend Jahren, allerdings nicht als selbständige Disziplin, sondern als Teil der Philosophie, genauer gesagt als Teil der Erkenntnistheorie. Dies sei kurz anhand eines Autors belegt, der für das abendländische Denken von großer Bedeutung war; als Begründer der Semiotik darf er allerdings nicht gelten, denn seine Zeichentheorie ist sehr stark von derjenigen der Stoiker geprägt.[1]

In seiner Schrift *De dialectica*, die kurz vor seiner Taufe entstanden sein dürfte, gibt Aurelius Augustinus (354-430) – vielleicht der bedeutendste unter den Kirchenvätern – einen kurzen Abriß der Zeichentheorie. Er erhebt darin nicht den Anspruch, neue Erkenntnisse vorzutragen; er möchte lediglich die zu seiner Zeit vertretenen Theorien übersichtlich zusammenfassen. Seine allgemeine Definition des Zeichens lautet folgendermaßen:

- *Signum* est et quod se ipsum sensui, et praeter se aliquid animo ostendit.[2]
    „ein Zeichen ist etwas, das einerseits sich selbst der Wahrnehmung, andererseits außerhalb seiner selbst etwas dem Verstand zeigt"

Das sprachliche Zeichen, eine besondere Form des Zeichens im allgemeinen, nennt er *dictio*. Darunter hat man nicht nur „Wörter" im engeren Sinn, sondern auch „Worte" zu verstehen. *Dictio* wird folgendermaßen definiert:

---

[1] Die Zeichentheorie der älteren Stoa wurde im 3. Jahrhundert vor Christus ausgearbeitet. Die Originalschriften sind fast völlig verlorengegangen; sie lassen sich nur aufgrund der Zeugnisse späterer Schriftsteller rekonstruieren; vgl. u.a Coseriu 2003, Kap. 7.2.3.

[2] De dialectica 7, 6ff. (= Cap. V).

- [*dictio*] cum vero verbum procedit non propter se, sed propter aliud aliquod significandum, *dictio* vocatur [...] quod dixi dictionem verbum est, sed tale quo iam illa duo simul[3], id est ipsum verbum, et quod fit in animo per verbum, significantur.[4]

„wenn nun allerdings ein Wort nicht um seiner selbst willen geäußert wird, sondern um damit etwas anderes zu bezeichnen, wird es *dictio* genannt [...]. Was ich *dictio* nannte, meint beides zugleich, sowohl das Wort selbst als auch das, was durch das Wort im Verstand bewirkt wird."

Bei der *dictio* wird nun eine Ausdrucksseite, *verbum*, und eine Inhaltsseite, *dicibile* unterschieden:

*verbum ab ore procedit* („das Wort wird vom Mund hervorgebracht")

- [*dicibile*] quidquid autem ex verbo non auris sed animus sentit et ipso animo tenetur inclusum, *dicibile* vocatur [...] quod dixi dicibile, verbum est; nec tamen verbum, sed quod in verbo intellegitur et animo continetur, significat.[5]

„All das, was von dem (gesprochenen) Wort nicht durch die Ohren, sondern vom Verstand wahrgenommen wird, und was auch in eben diesem eingeschlossen (aufbewahrt) bleibt, wird *dicibile* genannt [...] Was ich *dicibile* nannte, ist zwar Wort (Bestandteil des Worts), bedeutet jedoch eigentlich nicht »Wort«, sondern das, was mit diesem Wort verstanden wird und im Verstand enthalten ist."

Aus diesen Begriffsdefinitionen läßt sich Augustins Modell des sprachlichen Zeichens ableiten:

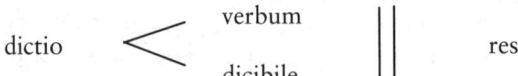

Nun machen wir einen Sprung von fast anderthalb Jahrtausenden zu einem Mann, der in vielen Handbüchern nicht nur als Gründervater der Linguistik, sondern auch als Begründer der modernen Semiotik ausgegeben wird, zu dem Genfer Sprachwissenschaftler Ferdinand de Saussure (1857-1913). Die Analogie zu dem Zeichenmodell, das sich in der unter seinem Namen veröffentlichten Vorlesungsnachschrift mit dem Titel *Cours de linguistique générale* (CLG) findet, ist unübersehbar[6], wenn man davon absieht, daß von der hier eingezeichneten dritten Komponente, der *chose*, d. h. dem Gegenstand oder Sachverhalt der außersprachlichen Wirklichkeit, auf den sich das Zeichen bezieht, nur indirekt die Rede ist:

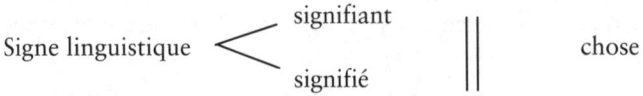

Im CLG wird die Wahl der Termini damit begründet, daß sie den Gegensatz zwischen Ausdruck und Inhalt des Zeichens besonders klar zum Ausdruck bringen.[7] Die inzwischen

---

[3] Andere Lesart: sed quod iam.
[4] Ibid., 8, 6f.; 8, 8.
[5] De dialectica 8, 4f.; 8, 9f.
[6] Vgl. CLG, 99ff. Albrecht ³2007, 42ff., wo etwas genauer ausgeführt wird, was ich in diesem Zusammenhang nur andeuten kann.
[7] Vgl. CLG, p. 99.

in allen Sprachen üblichen Termini finden sich in lateinischer Form (*signum*, *significans*, *significatum*) bereits bei Thomas von Aquin;[8] es ist nicht bekannt, ob Saussure sie aus älteren Quellen übernommen oder analog neu geprägt hat; auch die erst vor kurzem publizierten nachgelassenen Schriften geben darüber keinen Aufschluß.

Bevor wir auf einige Grundbegriffe der Zeichentheorie zu sprechen kommen, soll noch ein weiteres Beispiel aus der Philosophiegeschichte angeführt werden, das geeignet ist zu zeigen, daß die Semiotik nicht so jung ist, wie sie in einigen neueren Handbüchern dargestellt wird. Im letzten Kapitel seines erkenntnistheoretischen Werks *An Essay Concerning Human Understanding*, das die europäische Philosophie und Sprachtheorie stark beeinflußt hat, kommt John Locke (1632-1704) auf die Einteilung der Wissenschaften zu sprechen. Er schlägt vor, die Gesamtheit der Wissenschaften, die es mit der Natur der Zeichen zu tun haben, „die der Geist benutzt, um die Dinge zu verstehen, oder die Kenntnis von ihnen anderen mitzuteilen", Σημειωτική „Semiotik" zu nennen.[9] Hier geht es also nicht nur der Sache nach um Semiotik, es wird auch der entsprechende Terminus verwendet.

Ich fasse diese kurze historische Einführung nochmals knapp zusammen: Schon in der frühen griechischen Philosophie hat man sich Gedanken über die Natur und über die Funktion von Zeichen gemacht. Erst viel später, so z. B. bei John Locke oder bei Christian Wolff (1679-1754) wird der Vorschlag gemacht, die Wissenschaft von den Zeichen zu einer eigenständigen Disziplin zu erheben. Besonders wichtige Etappen auf dem späteren Weg dorthin sind der amerikanische Philosoph und Wissenschaftstheoretiker Charles Sa(u)nders Peirce (1839-1914) und Ferdinand de Saussure. Sie begründen zwei unterschiedliche Traditionen der Semiotik, auf die gleich zurückzukommen sein wird. In den siebziger Jahren des 20. Jahrhunderts hat die Semiotik dann einen ungeheuren Aufschwung genommen, sie ist zu einen Art Modedisziplin geworden. Traditionell wurde die Sprache als das Zeichensystem *par excellence* angesehen; nun aber werden viele andere historisch-kulturelle Institutionen wie Literatur, Theater, Film, Architektur, Malerei, Mode und vieles andere mehr als »zeichenhaft« erkannt. Es war eine (inzwischen bereits wieder abgeebbte) Tendenz zu erkennen, die wissenschaftliche Behandlung all dieser kulturellen Gegenstände unter dem einheitlichen Dach der Semiotik stattfinden zu lassen. Die Semiotik erhob damit den Anspruch, Grundlage für alle Kulturwissenschaften zu werden.[10]

Bevor wir uns einigen Aspekten zuwenden, die für das Problem der Übersetzung besonders wichtig sind, müssen erst einige Erklärungen zu zentralen Begriffen aus dem Bereich der Zeichentheorie gegeben werden: *Semiotik* leitet sich wie *Semantik* von griech. σῆμα „Zeichen" her; die beiden Termini werden nicht selten verwechselt. Beide Ausdrücke sind in den Volkssprachen bereits in der Renaissance belegt, aber nur *Semiotik* war als medizinischer Fachausdruck mit der Bedeutung „Lehre von der Interpretation von Krankheitssymptomen" wirklich geläufig. Manche Nachschlagewerke geben auch heute noch nur diese ältere Bedeutung an. *Semantic* erscheint als Adjektiv gelegentlich bei englischen Philosophen; *Sémantique* als „Lehre von den sprachlichen Inhalten" wurde 1875 von

---

[8] In seinem Kommentar zu Aristoteles' *Lehre vom Satz* (*In libros perihermeneias*) liest man: „... ostendit differentiam praemissorum *significantium* et *significatorum*, quantum ad hoc, quod est esse secundum naturam, vel non esse." (Meine Kursivierung, J. A.).
[9] Locke 1690/1975, IV, 21,4.
[10] Vgl. Albrecht ³2007, Kap. 8.2.

Michel Bréal (1832-1915) wenn nicht geprägt, so doch in der Fachöffentlichkeit allgemein verbreitet. In der Form der Zeichentheorie, deren Grundlagen hier vermittelt werden sollen, ist die *Semantik* eine Teilkomponente der *Semiotik*.

Es gibt ganz unterschiedliche Arten von Zeichen, das läßt sich bereits dem Gebrauch des Wortes in der Umgangssprache entnehmen:

> Rote Wangen sind ein Zeichen von Gesundheit.
> Er machte ihr ein Zeichen mit der Hand.
> Er machte ein Zeichen auf die Serviette, um sie leichter wiedererkennen zu können.
> Daß du nicht geantwortet hast, ist ein schlechtes Zeichen.

Man könnte noch weitere Gebrauchsweisen anführen; allen Bedeutungsnuancen scheint eines gemeinsam zu sein: Ein Zeichen steht stellvertretend für etwas anderes, das es selbst nicht ist: *aliquid stat pro aliquo*.

Es gibt also eine Reihe von Fällen, in denen man – im Gegensatz zu den bereits erwähnten Modellen von Augustinus und Saussure – nicht *drei*, sondern nur *zwei* Komponenten benötigt, etwas, das bezeichnet werden soll, und etwas, das bezeichnet. Aber auch hier lassen sich verschiedene Typen unterscheiden:

- Rauch als Zeichen für Feuer
- Piktogramme in öffentlichen Gebäuden als Zeichen für (Hinweis auf) Einrichtungen wie Toiletten, Telefon, Gepäckaufbewahrung usw.
- Schilder in der Funktion von Verkehrszeichen; z. B. „Vorfahrt beachten"

Aufgrund von zwei Kriterien, deren konkrete Ausprägungen jeweils in Form von Gegensatzpaaren auftreten, nämlich „Motivation" und „Mitteilungsabsicht", läßt sich eine elementare Typologie dieser einfachen Zeichen erstellen. Der Rauch als Zeichen für Feuer und die Piktogramme unterscheiden sich von den Verkehrszeichen durch ihre Motivation. Bei ihnen besteht ein »natürlicher« Zusammenhang zwischen Bezeichnendem und Bezeichnetem, bei den Verkehrsschildern ist dieser Zusammenhang willkürlich, „arbiträr". Wenn es dem Gesetzgeber gefallen hätte, könnte das Verkehrszeichen „Vorfahrt beachten" völlig anders aussehen, als es tatsächlich aussieht. Zwischen dem Rauch als einem Zeichen für Feuer auf der einen und den Piktogrammen sowie den Verkehrszeichen auf der anderen Seite besteht ein anderer Unterschied. Im ersten Fall haben wir es mit einem „Zeichen" zu tun, dem keine Kommunikationsabsicht zugrunde liegt, das allenfalls zur Interpretation einlädt, wie die Krankheitssymptome der medizinischen Semiotik. Piktogrammen und Verkehrszeichen, so klar sie sich hinsichtlich ihrer Motivation unterscheiden, ist gemeinsam, daß sie mit expliziter Kommunikationsabsicht verwendet werden. Auf den ersten Blick entsteht der Eindruck, daß die beiden Klassifikationskriterien logisch den gleichen Rang einnehmen und somit in Form einer sogenannten „Kreuzklassifikation" angewendet werden müssen:

|  | „natürlich" analog | „willkürlich" digital |
|---|---|---|
| keine Mitteilungsabsicht | Rauch/Feuer | – |
| explizite Mitteilungsabsicht | Piktogramm | ▼ = Vorfahrt beachten |

Bei genauerem Hinsehen zeigt sich, daß ein partielles logisches Abhängigkeitsverhältnis besteht: Zeichen ohne Mitteilungsabsicht können nur „natürlich motiviert" sein; die Kriterien „keine Mitteilungsabsicht" und „willkürlich" schließen sich gegenseitig aus. Klassifikationssysteme, bei denen sich Kriterien teilweise logisch ausschließen, heißen „Implikationsskalen" und spielen in verschiedenen Gesellschaftswissenschaften, vor allem jedoch in der Soziolinguistik eine bedeutende Rolle.[11]

Der Zweig der Zeichentheorie, der sich auf Saussure zurückführen läßt, wird mit dem französischen Terminus *sémiologie* (dt. *Semiologie*) benannt. Es handelt sich um eine Semiotik im engeren Sinne, d. h. um eine Kommunikations- oder Informationssemiotik. Diese Richtung spielt heute eine untergeordnete Rolle. Die wichtigsten Vertreter sind Georges Mounin und Luís Prieto.

Der Zweig der Zeichentheorie, der vorwiegend auf die angelsächsische Tradition (Locke, Peirce usw.) zurückgeht, wird allgemein *Semiotik (semiotics, sémiotique)* genannt. Es handelt sich um eine Semiotik im weiteren Sinne, d. h. es werden nicht nur Phänomene der Kommunikation betrachtet, sondern auch solche der Interpretation: Der Rauch will uns nicht explizit sagen „hier ist Feuer", aber er kann so interpretiert werden.

### 7.1.1 Gründe für die Unterscheidung zwischen Bedeutung und bezeichneten Gegenständen oder Sachverhalten

Wörter gehören zum größten Teil in dieselbe Kategorie wie die Verkehrszeichen im oben stehenden Schema. Sie sind zweifellos dazu da, etwas mitzuteilen. Sie stehen auch meist in einem willkürlichen Verhältnis zu den Dingen, für die sie stehen: dt. *Baum*, engl. *tree*, frz. *arbre* stehen mehr oder weniger für denselben Gegenstand; stünden sie in einer nicht-willkürlichen Beziehung dazu, so müßten sie wenigstens ähnlich klingen. Das wiederum trifft zwar für die sogenannten „lautmalerischen" Wörter zu (*wauwau, plouf* usw.), diese spielen jedoch in den Sprachen eine relativ geringe Rolle.[12] Die Frage ist nur, ob man Wörter genauso wie die bisher erwähnten Zeichen behandeln darf, d. h. ob man das Zwei-Komponenten-Modell einfach auf die Sprache übertragen kann. Steht ein Wort als Folge von Lauten betrachtet („gesprochenes Wort") oder als Folge von graphischen Zeichen betrachtet („geschriebenes Wort") einfach stellvertretend für ein Ding? Schon in der Antike hat man erkannt, daß diese Ansicht zu nicht unerheblichen theoretischen Schwierigkeiten führt. Es gibt eine Reihe von Gründen, die gegen diese Annahme sprechen.

#### 7.1.1.1 Die Bedeutung repräsentiert Universalia (Allgemeinbegriffe)

Die Behauptung, das Wort *Tisch* stehe für den Gegenstand „Tisch", greift offenbar zu kurz. Das Wort steht nämlich nicht für einen bestimmten Tisch, sondern für *alle* Tische. Aber auch hinter dieser scheinbar harmlosen Formulierung verbirgt sich ein Problem. Wer von „*allen* Tischen" spricht, muß wissen, was ein Tisch ist. Es muß also irgendetwas geben, das uns sagt, was ein Tisch ist und was nicht, wenn wir das Wort nach den Regeln des Deutschen korrekt verwenden wollen.

---

[11] Siehe Lektürehinweise.
[12] Vgl. oben 5.1.

### 7.1.1.2 Die Bedeutung ist an Einzelsprachen gebunden

Wenn ein Wort für eine „objektiv", d. h. unabhängig von jeder Sprache gegebene Klasse von Gegenständen oder Sachverhalten stünde, so dürften sich die Sprachen nur in ihren Lautformen unterscheiden; d. h. es müßte zwischen den Bedeutungen der Wörter verschiedener Sprachen immer nur 1:1-Entsprechungen geben. Wir wissen nur zu gut, daß dies nicht der Fall ist: Wo wir von *Straße* sprechen, unterscheiden die Franzosen zwischen *rue* und *route*; wo die Franzosen von *fleur* sprechen, unterscheiden wir zwischen *Blume* und *Blüte*. Dabei entsteht der Verdacht, daß – vorsichtig formuliert – bis zu einem gewissen Grad die Sprache mit darüber entscheidet, was als ein und derselbe Gegenstand oder Sachverhalt gelten soll, welche Vielfalt von Phänomenen zu einer Einheit zusammengefaßt werden sollen[13]. Ist ein Unterschied wie derjenige zwischen „Busch" und „Strauch" in der Natur etwa zwingend vorgegeben? Die Sprachen sind bis zu einem gewissen Grad nicht Benennungs-, sondern Klassifikationssysteme. Das darf allerdings nicht im Sinn einer strengen Determination des Denkens durch die jeweilige Sprache mißverstanden werden. Eine lexikalische Unterscheidung wie die zwischen *Vorstellung* („bildliche Vergegenwärtigung für mich selbst") und *Darstellung* („bildliche Vergegenwärtigung für andere") wird in dieser Form in unseren Nachbarsprachen nicht getroffen; sie kann jedoch dort mühelos durch Umschreibungen dem Deutschen nachgebildet werden.

### 7.1.1.3 Bedeutungen können »Nicht-Existierendes« repräsentieren

Wir sprechen von *Amazonen, Feen, Kobolden, Greifen, Drachen* und vom *Einhorn*. Obwohl wir zu wissen glauben, daß es dergleichen nicht gibt, können wir uns dabei sehr wohl etwas vorstellen. In diesen Fällen »schafft« das Wort in gewisser Hinsicht den Gegenstand, den es bezeichnet. Das kann es aber nur kraft seiner Bedeutung.

### 7.1.2 Mögliche Arten der Interpretation des Phänomens „Bedeutung"

Dies alles zeigt, daß das schlichte Zwei-Komponenten-Schema *aliquid stat pro aliquo* nicht einfach für sprachliche Zeichen übernommen werden kann. Es muß eine dritte, vermittelnde Instanz geben zwischen dem reinen Lautkörper eines Wortes und dem Gegenstand oder Sachverhalt, für den es steht. Umgangssprachlich nennen wir diese vermittelnde Instanz „Bedeutung". Wir sind in unserem vorwissenschaftlichen Verständnis eigentlich alle eher Drei-Komponenten- als Zwei-Komponenten-Semiotiker. Niemandem würde es in den Sinn kommen zu behaupten, die Bedeutung des Wortes *Wiese* sei die Wiese selbst. Fast alle Zeichentheoretiker – von den Vorsokratikern angefangen – haben, sofern sie sich mit *Wörtern*, also mit sprachlichen Zeichen beschäftigten – mit *drei* Komponenten operiert. Der eigentliche Streit geht darum, wie die Komponente aufzufassen ist, die wir als „vermittelnde Instanz" benötigen.

---

[13] Aristoteles spricht in diesem Zusammenhang von der „Erkenntnis des Ungetrennten" (τῶν ἀδιαιρέτων νόησις: *indivisibilium intelligentia*), vgl. Lektürehinweise.

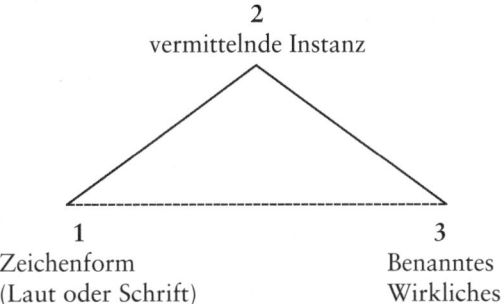

Für die drei Komponenten gibt es eine verwirrende Vielfalt von Termini in der Literatur.[14] Wir haben oben bereits zwei Beispiele kennen gelernt, die Terminologie von Augustinus und die von Saussure. Um nicht noch mehr Verwirrung zu stiften, verzichte ich im folgenden auf Bezeichnungen für die drei Komponenten und beschränke mich auf eine schlichte Numerierung. Das Saussuresche Modell verdient eine besondere Anmerkung. Ähnlich wie bei Augustinus ist von der dritten Komponente, der *res* bzw. der *chose* (*réelle*) überhaupt nicht explizit die Rede. Es ist dennoch im höchsten Grade irreführend, wenn man, wie es oft geschieht, in diesem Zusammenhang von einem „Zwei-Komponenten-Modell" des Zeichens bei Saussure. spricht. Eine solche Behauptung wird nahezu unweigerlich im Sinne des oben erwähnten *aliquid stat pro aliquo*-Modells verstanden, das im CLG gerade ausdrücklich ausgeschlossen wird.[15] Saussure thematisiert die dritte Komponente nicht, weil für ihn die *langue* die außersprachlichen Gegenstände und Sachverhalte überhaupt erst »schafft«.[16]

Wichtig ist für uns zunächst vor allem, daß es zwischen den Komponenten 1 und 3 nur eine indirekte Beziehung gibt, die über 2 vermittelt wird. In dieser Frage waren sich die Zeichentheoretiker der verschiedenen Epochen erstaunlich einig. Große Unterschiede bestanden lediglich in der Frage nach dem Status der Komponente 2: Es lassen sich grob folgende Positionen unterscheiden: die *ontologische*, die *psychologische*, die *logische* und die *pragmatische*.

### 7.1.2.1 Ontologisch

In der Ontologie, der Lehre vom Sein und seinen Bestimmungen, fällt unsere vermittelnde Instanz mit der „Idee" von den Dingen bzw. dem „Wesen" der Dinge zusammen. Die Frage nach dem Verhältnis von Einzelding und Universale steht im Vordergrund. Im sogenannten „Universalienstreit" des Mittelalters[17] wurden im wesentlichen drei Positionen vertreten: 1) *universalia ante res*; die Allgemeinbegriffe, d. h. für uns hier die Bedeutungen, gehen den Gegenständen und Sachverhalten voraus, liegen ihnen zugrunde (Realismus). 2) *universalia in rebus*: die Bedeutungen stecken in den Einzeldingen, lassen

---

[14] Kleine, keineswegs vollständige Übersichten finden sich bei Geckeler 1971, 80 und bei Albrecht 1973, 21.
[15] CLG, 98.
[16] Um einem weiteren Mißverständnis vorzubeugen sei betont, daß die hier gewählte Numerierung nichts mit den Kategorien firstness („Erstheit"), secondness („Zweitheit") und thirdness („Drittheit") bei Peirce zu tun hat.
[17] Das betreffende Problem wurde auch schon früher und erst recht später diskutiert, wenn auch häufig in andersartiger begrifflicher Einkleidung.

sich nur gedanklich von ihnen ablösen (Konzeptualismus) und 3) *universalia post res*: die Bedeutungen sind Konstrukte, die aufgrund von Ähnlichkeitsbeziehungen auf dem Wege der Abstraktion gewonnen werden (Nominalismus). Die ontologische Position wird von den Semiotikern im engeren Sinn kaum vertreten. Die in der Geschichte der Philosophie heftig umstrittene Frage, ob die durch die Komponente 2 vermittelte Beziehung zwischen 1 und 3 „naturgegeben", d. h. von einer außerhalb des menschlichen Denkens gelegenen Notwendigkeit bestimmt sei, oder ob sie aufgrund einer von Menschen getroffenen Vereinbarung zustande gekommen und damit „arbiträr" sei, gilt ihnen bereits als gelöst. „Das Prinzip der Willkürlichkeit des Zeichens wird von niemandem bestritten" heißt es bei Saussure.[18] Das alles kann hier nicht ernsthaft diskutiert werden. Es sei lediglich darauf hingewiesen, daß es auffällige Analogien zwischen diesen klassischen philosophischen Positionen und den in der lexikalischen Semantik vertretenen gibt; so ist die strukturelle Semantik „konzeptualistisch", die Prototypensemantik „nominalistisch".[19]

### 7.1.2.2 Psychologisch

Bei dieser Interpretation erscheint die Bedeutung als Bewußtseinsinhalt, bzw., später bei den Empiristen, als eine wie immer geartete Repräsentation (Vorstellung) des Benannten im Bewußtsein der Sprecher und Hörer. Wir haben bereits gesehen, daß man sich von vielen abstrakten Bedeutungen der Umgangssprache keine „Vorstellung" im üblichen Sinn des Wortes machen kann.[20] Als »Stammvater« der psychologischen Auffassung der Bedeutung darf Aristoteles gelten. Bedeutungen sind für ihn παθήματα τῆς ψυχῆς, sehr wörtlich (im paradigmatischen Sinn) „Erleidnisse der Seele".[21] Auch bei dem oben bereits erwähnten *dicibile* des Augustinus und dem *conceptus intellectūs* („Empfängnis durch den Verstand") der Scholastiker handelt es sich um primär psychologisch aufgefaßte Bedeutungsbegriffe.

Besonders radikal wird die psychologische Position durch Ferdinand de Saussure vertreten. Die Originalität Saussures liegt nicht darin, daß er ein Modell des sprachlichen Zeichens aufgestellt hat und auch nicht darin, daß er das Prinzip der Arbitrarität des Zeichens entdeckt hätte. Das hat er nie behauptet, ganz im Gegenteil; er sagt ausdrücklich: „Le principe de l'arbitraire du signe n'est contesté par personne ...".[22] Die Originalität der psychologischen Position Saussures äußert sich darin, daß er nicht nur in unserer Komponente 2, sondern auch in der Komponente 1 etwas Psychisches sieht:

> Das sprachliche Zeichen verbindet nicht einen Namen mit einer Sache, sondern einen Begriff mit einem Lautbild. Dieses besteht nicht aus dem wahrnehmbaren Schall, einem rein physischen Phänomen, sondern aus dem Eindruck, den der Schall in der Psyche hinterläßt, aus der Vorstellung, die unsere Sinne uns davon vermitteln [...] Das sprachliche Zeichen ist also eine psychische Gegebenheit mit zwei Seiten ...[23]

---

[18] CLG, 100.
[19] Vgl. oben 5.6.5.
[20] Vgl. ebenda
[21] Vgl. u. a. *Peri hermenēias* 16a, 3f.
[22] Vgl. oben Fn. 18.
[23] « Le signe linguistique unit non une chose et un nom, mais un concept et une image acoustique. Cette dernière n'est pas le son matériel, chose purement physique, mais l'empreinte psychique de ce son, la représentation que nous en donne le témoignage de nos sens [...]. Le signe linguistique est donc une entité psychique à deux faces ... » (CLG, 98f.).

Das entspricht ziemlich genau dem Konzept der Phonologie, die gut zwanzig Jahre später im Prager Linguistenkreis ausgearbeitet wurde. Auch für Trubetzkoy sind die Phoneme und ihre Kombinationen zu Einheiten höherer Ordnung rein psychischer Natur.

### 7.1.2.3 Logisch

Die logische Position läuft ungefähr auf folgendes hinaus: Die Bedeutung von „Tisch" ist die Menge oder die Klasse aller Tische. Diese Definition ist leer und tautologisch; das muß sie auch sein, sonst wäre sie logisch nicht korrekt. Alle logischen Wahrheiten sind Tautologien. Allerdings stellt sich das Problem etwas anders dar, wenn man den rein umfangslogischen Gesichtspunkt um den inhaltslogischen ergänzt. In der klassischen Logik wird zwischen Begriffsumfang (Extension) und Begriffsinhalt (Intension) unterschieden.[24] Unter dem Begriffsumfang versteht man die Menge der Gegenstände und Sachverhalte, auf die ein Terminus angewendet werden kann, unter Begriffsinhalt die Menge der zu seiner Definition benötigten notwendigen und hinreichenden Merkmale. Zwischen der umfangslogischen und der inhaltslogischen Betrachtungsweise besteht eine Beziehung, die für die Übersetzungsforschung nicht ohne Interesse ist. Zwei Aspekte dieser Beziehung seien daher hier in knapper Form vorgestellt:

Extension vs. Intension aus mengentheoretischer Sicht:

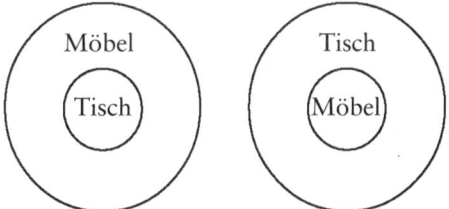

Umfangslogisch betrachtet ist ein Tisch eine Teilmenge der Menge der Möbelstücke; inhaltslogisch betrachtet sind die Inhaltsmerkmale, die zur Definition von „Möbelstück" benötigt werden, eine Teilmenge der Inhaltsmerkmale von „Tisch". Eigennamen haben dieser Auffassung gemäß keinen Bedeutungsumfang, und, da sich die beiden Größen reziprok verhalten, einen unendlich großen Bedeutungsinhalt. So erklärt sich der oft mißverstandene Lehrsatz der klassischen Begriffslogik: *Individuum est ineffabile*, „das Individuum ist nicht vollständig aussagbar".

Der Sinn der Prädikation:

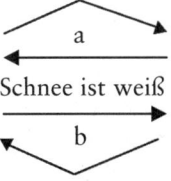

---

[24] In der zu ihrer Zeit einflußreichen *Logique de Port-Royal* lautete das entsprechende Begriffspaar *étendue/compréhension*.

Ein so harmloses Sätzchen wie „Schnee ist weiß" kann in zweierlei Hinsicht interpretiert werden:
a) Schnee gehört zur Klasse der weißen Dinge.
b) Weiß gehört zu den Eigenschaften von Schnee.

Nur die Interpretation b) wirkt in einem alltagssprachlichen Kontext »natürlich«. Daraus folgt, daß die intensionale Interpretation der Prädikation alltäglichen Vorstellungen näher kommt als die extensionale. Dies wird noch deutlicher, wenn wir dasselbe Schema zur Bestimmung des Begriffs der Bedeutung benutzen. Hierzu müssen wir die Subjektsposition mit einem deiktischen Pronomen besetzen:

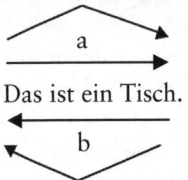

Das ist ein Tisch.

a) Der Gegenstand, auf den ich zeige, gehört zur Klasse der Tische.
b) Dem Gegenstand, auf den ich zeige, kommt die Eigenschaft des Tischseins zu.

Auch hier kommt die intensionale Interpretation dem Phänomen „Bedeutung" in unserem vorwissenschaftlichen Verständnis zwar näher, bleibt jedoch ebenfalls rein formal, inhaltsleer. Der Bedeutungsinhalt, die Intension im rein logischen Sinn, kann als eine Art von Vorschrift verstanden werden, die uns sagt, welche Phänomene und Sachverhalte wir mit einem Terminus belegen dürfen und welche nicht.

### 7.1.2.4 Pragmatisch

Der pragmatischen Auffassung zufolge ist die Bedeutung, unsere Komponente 2, mit dem Gebrauch des Zeichenträgers, unserer Komponente 1, gleichzusetzen, d. h. mit der Gesamtheit der Kontexte, in denen 1 gebraucht werden kann. Alle modernen Gebrauchstheorien des Zeichens berufen sich auf eine berühmte Stelle in den philosophischen Untersuchungen von Ludwig Wittgenstein (1889-1951):

> Man kann für eine *große* Klasse von Fällen der Benützung des Wortes »Bedeutung« – wenn auch nicht für *alle* Fälle seiner Benützung – dieses Wort so erklären: Die Bedeutung eines Wortes ist sein Gebrauch in der Sprache.[25]

Die vorsichtige Einschränkung „wenn auch nicht für *alle* Fälle" wird in den Zitaten meist weggelassen.

Diese Definition ist genauso leer wie die logische. Was aber bei einer logischen Definition kein Fehler ist, ist hier sehr wohl einer. Logische Definitionen wollen nichts erklären, sie wollen lediglich etwas festlegen. Diese Definition tritt nun allerdings mit dem Anspruch auf, etwas zu erklären. Sie erklärt jedoch nichts; bei genauerem Hinsehen ist sie zirkulär: Die Bedeutung eines Worts ist sein Gebrauch in der Sprache, d. h. die Menge aller Möglichkeiten, das Wort $w$ in der Sprache $L$ korrekt zu gebrauchen. Welche Instanz entscheidet über den korrekten Gebrauch? Die Kenntnis der Bedeutung. Im übrigen ist

---

[25] *Philosophische Untersuchungen*; Nr. 43, = Wittgenstein 1967, 35.

nicht leicht zu entscheiden, ob Wittgenstein die Zirkularität seiner Explikation ironisch hervorheben wollte, indem er eine „autoreflexive" Formulierung wählte, oder ob ihm diese Formulierung aus Gedankenlosigkeit unterlaufen ist: Die Bedeutung von „Bedeutung" ist der Gebrauch von *Bedeutung*. Dies entspricht unseren alltäglichen, völlig »unphilosophischen« Vorstellungen. Wenn wir sagen, jemand habe ein Wort falsch gebraucht, oder er habe es mit einer falschen Bedeutung gebraucht, so beziehen wir uns mit beiden Aussagen auf denselben Sachverhalt. Daraus kann man aber lediglich schließen, daß der Gebrauch eines Wortes eine Kontrollinstanz dafür darstellt, ob ein Sprecher eine Bedeutung kennt oder nicht. Eine Identifikation von Bedeutung und Gebrauch läßt sich daraus nicht ableiten.[26] Die Bedeutung eines Wortes ist nicht sein Gebrauch in der Sprache, sondern ein Korrelat dieses Gebrauchs; cf. infra 7.2.1.

So viel zur allgemeinen Zeichentheorie. Diese klassische Form der Semiotik hat wenig mit dem zu tun, was in der Übersetzungsforschung gegenwärtig diskutiert wird. Eine knappe Einführung als Hintergrundinformation für die folgenden Teilkapitel war jedoch unbedingt notwendig. Im folgenden wird vor allem von „Pragmatik" die Rede sein, und dazu liefert der Wittgensteinsche Ansatz zu einer Gebrauchstheorie der Bedeutung, den ich hier nochmals ausdrücklich kritisieren möchte, einige wichtige Anhaltspunkte. Was versteht man nun aber unter „Pragmatik"? Was hat diese Disziplin mit Zeichentheorien zu tun? Diese Frage läßt sich leichter behandeln, wenn man nicht mit Modellen des einzelnen Zeichens, sondern mit Modellen ganzer Zeichensysteme operiert. Schließlich kann man sich auch kein zufriedenstellendes Bild von den Leistungen der Sprache machen, wenn man bei den Funktionen des einzelnen sprachlichen Zeichens stehen bleibt.

Die Semiotik als systematische Untersuchung komplexer Zeichensysteme ist vor allem mit dem Namen Charles W. Morris (1901-1979) verbunden. Er entwickelte eine Form der Semiotik, innerhalb derer die Kategorie der „Pragmatik" erstmals schärfer umrissen wurde.

## 7.2 Syntaktik, Semantik, Pragmatik

Historisch gesehen ist die Morrissche Semiotik ein Amalgam aus einigen Ideen von Peirce, aus dem logischem Empirismus des Wiener Kreises (Morris war Schüler von Rudolf Carnap) und aus dem im wesentlichen von dem Psychologen James D. Watson (1878-1958) begründeten Behaviorismus, von dem bereits im ersten Kapitel die Rede war. Die Zusammenhänge können hier nicht genau dargestellt werden. Zur Ehrenrettung eines bedeutenden, bis heute nur unzulänglich verstandenen Philosophen muß gesagt werden, daß Morris die Peircesche Semiotik, auf die er sich beruft, ziemlich stark verwässert hat. So haben bei Peirce im Unterschied zu Morris die drei Komponenten des Zeichens ihrerseits wiederum Zeichencharakter; der Prozeß der Semiose, des durch Zeichen vermittelten Denkens, ist für ihn nie abgeschlossen. Morris eigene Semiotik ist dann in der angewandten Sprachwissenschaft nochmals verwässert worden.

Das gilt ganz besonders – wie wir gleich noch sehen werden – für Modeausdrücke wie *pragmatisch*, *Pragmatik*, die bei manchen Autoren alles oder nichts bedeuten können. Sie sind zu einer Art von *fourre-tout* geworden, zu einer Kategorie, in der man alles unterbringt, was sonst nicht so recht in das allgemeine Raster hineinpassen will, z. B. Präsuppositionen oder Konnotationen. In Übereinstimmung mit dem vor allem von Carnap

---

[26] Vgl. Gauger 1970, 79f.

vorangetriebenen Programm des Logischen Empirismus, das in der Erarbeitung einer vollständigen und widerspruchsfreien Wissenschaftssprache bestand, entwickelte Morris eine dreiteilige Semiotik. Er unterschied folgende drei Dimensionen:

> *Syntaktik*: Die Gesamtheit der Relationen, die zwischen den Zeichen bestehen (Zeichen steht hier im Sinne von „Zeichenträger", also der Komponente 1 in unserem Schema); es geht also, wie wir gleich noch sehen werden, nicht um Syntax im sprachwissenschaftlichen Sinn, sondern um reine Kombinatorik.
>
> *Semantik*: Die Gesamtheit der Relationen zwischen den Zeichen und dem, wofür sie stehen, also zwischen den Komponenten 1 und 3 in unserem Schema. Von der Komponente 2, der vermittelnden Instanz, ist in diesem Zusammenhang bezeichnenderweise überhaupt nicht die Rede; die Zeichenträger werden direkt den außersprachlichen Gegenständen und Sachverhalten zugeordnet.
>
> *Pragmatik*: Die Gesamtheit der Relationen zwischen Zeichensystemen und ihren Benutzern. Im Grunde finden wir hier erst unsere Komponente 2 wieder, mit der Schwierigkeit, auf die bereits bei der Diskussion des einfachen Zeichenmodells im Zusammenhang mit Wittgensteins Aphorismus hingewiesen wurde. Vereinfacht ausgedrückt: Ein Großteil der Semantik der traditionellen Sprachwissenschaft wird in diesem Modell der „Pragmatik" zugeschlagen.

Wir werden gleich noch sehen, daß die bisher reichlich rätselhafte Kategorie der „Pragmatik" etwas weniger geheimnisvoll wird, wenn sie im Zusammenhang mit ganz bestimmten Typen der Sprachverwendung betrachtet wird, von denen bisher noch nicht die Rede war. Zunächst aber noch einige Bemerkungen zu den drei Komponenten *Syntaktik*, *Semantik* und *Pragmatik*.

*Syntaktik* darf nicht mit *Syntax* im herkömmlichen Sinn gleichgesetzt werden, wie dies in der übersetzungswissenschaftlichen Literatur immer wieder geschieht. Sogar stark formalisierte Syntaxen enthalten ziemlich viel „Semantik" im Sinne der Morrisschen Semiotik. Bei der Syntaktik im hier vorgestellten Sinne geht es um reine Kombinatorik uninterpretierter Symbole – wie in der formalen Logik. Dies sei mit Hilfe einer sehr primitiven künstlichen „Sprache" dargestellt:

> Gegeben sei das „Alphabet" *a*; *b* und das Hilfszeichen *m*, das als Variable für jede nach den unten aufgeführten Regeln korrekt gebildete Kette dient. Diese Regeln sollen folgendermaßen lauten:
> 1. *a* ist ein korrekter Satz (Anfangsfigur)
> 2. *ma* ist ein korrekter Satz (d. h. jede Kette *m* kann nach rechts durch *a* verlängert werden).
> 3. *bmb* ist ein korrekter Satz (d. h. jede Kette *m* kann durch *b* notwendigerweise gleichzeitig nach links und rechts verlängert werden.
> N. B. Es gibt keine Vorschriften über Häufigkeit und Reihenfolge der Anwendungen von Regel 2 und 3.
>
> Mit Hilfe dieses primitiven Formalismus können beliebig viele „korrekte Sätze" gebildet („abgeleitet") werden. Jeder Leser kann sich davon überzeugen, daß der „Satz" babaa syntaktisch korrekt, der Satz *aabaa hingegen inkorrekt ist.[27]

---

[27] Vgl. Albrecht ³2007, 235.

Die Syntax der Schulgrammatik gehört nur teilweise zur semiotischen „Syntaktik", bei der es nur um zulässige korrekte Abfolge der einzelnen Symbole geht. Satzfunktionen wie „Subjekt", „Prädikat", „Objekt" sind „interpretiert" und gehören damit zur Semantik. Kategorien wie „Interrogativsatz" oder „Imperativ" gehören hingegen strenggenommen zur „Pragmatik". Sie drücken ja aus, *was* mit den betreffenden Konstruktionen in der Kommunikation bezweckt wird, nämlich „Fragen stellen" oder „Befehle erteilen".

*Semantik*: Die Definition der Semantik als Relation zwischen den Zeichen und dem, wofür sie stehen, verweist klar auf das oben vorgestellte *aliquid stat pro aliquo*-Schema. Strenggenommen ist von der Komponente 2, der „vermittelnden Instanz" oder – umgangssprachlich – der Bedeutung überhaupt nicht die Rede. Dennoch muß Morris mit einer solchen Komponente operieren, denn sonst könnte er das Funktionieren der Kommunikation nicht befriedigend erklären. Abgesehen von den bereits diskutierten theoretischen Schwierigkeiten – dem Universalienproblem, das alle Apellativa betrifft; der unterschiedlichen semantischen Strukturierung der Einzelsprachen; der Tatsache, daß Wörter wie *Fee, Riese, Drache* sehr wohl Vorstellungen auslösen können, obwohl sie nichts Wirkliches bezeichnen usw. usf. – kommt noch eine praktische Schwierigkeit hinzu: Wie erkenne ich als „Zeichenbenutzer", ob derjenige, an den ich mich wende, meine Mitteilungsabsicht überhaupt verstanden hat? Hier haben sich die Behavioristen seit jeher mit dem Stimulus-response-Schema (dt. Reiz-Reaktionsschema) beholfen: Bewußtseinsinhalte sind der unmittelbaren Beobachtung nicht zugänglich; was man aber unmittelbar beobachten kann, ist das Verhalten (*behavior*), das durch sie ausgelöst wird.[28]

Morris ist kein naiver Behaviorist. Er vertritt die Position des sog. „methodischen" Behaviorismus, d. h. er leugnet nicht die Existenz von geistigen Phänomenen wie der als Bewußtseinsinhalt verstandenen Bedeutung, er möchte lediglich von ihnen methodisch keinen Gebrauch machen. Als aufgeklärter Behaviorist weiß Morris natürlich, daß man mit dem schlichten Reiz-Reaktionsschema in der Semiotik allein schon deshalb nicht weiter kommt, weil nicht jeder notwendigerweise auf jeden Stimulus reagiert. Um dieser Schwierigkeit aus dem Wege zu gehen, um zu ermöglichen, auch dann davon zu sprechen, daß etwas ein Zeichen für jemanden ist, wenn überhaupt kein Verhalten vorliegt, das man beobachten könnte, führt Morris den Begriff der „Verhaltensdisposition" ein:

> Wenn irgend etwas, A, ein vorbereitender Reiz ist, der bei Abwesenheit von Reizobjekten, welche Reaktionsfolgen einer bestimmten Verhaltensfamilie zu initiieren pflegen, eine Disposition in einem Organismus verursacht, unter bestimmten Bedingungen durch Reaktionsfolgen dieser Verhaltensfamilie zu reagieren, dann ist A ein Zeichen.[29]

Damit wären wir bei der Pragmatik angelangt. Auch dem Leser, dem die Argumentation von Morris nicht unmittelbar verständlich geworden sein sollte, dürfte nun unmittelbar einleuchten, was oben etwas apodiktisch behauptet wurde: Die Morrissche Pragmatik enthält ein Gutteil der traditionellen Semantik. Ich werde mich im folgenden bemühen, den Begriff der „Pragmatik" so einzugrenzen, daß er für die Übersetzungsforschung in Abgrenzung zur „Semantik" nutzbar gemacht werden kann. Zuvor muß aber noch die Morrissche Pragmatik in groben Zügen vorgestellt werden:

---

[28] Vgl. oben 1.1.
[29] Morris 1946/73, 84.

*Pragmatik*: Die Stellung, die diese dritte Komponente im Gesamtgebäude der Semiotik einnimmt, läßt sich gut anhand eines kurzen Zitats aus Rudolf Carnaps *Introduction to Semantics* darstellen:

> Wenn wir eine Sprache analysieren, beschäftigen wir uns natürlich mit Ausdrücken [entspricht unserer Komponente 1]. Aber wir brauchen uns nicht notwendig auch mit den Sprechern und den Designaten [= Komponente 3] zu befassen. Obwohl diese Faktoren immer vorhanden sind, wenn eine Sprache benutzt wird, können wir bei dem, was wir über die betreffende Sprache sagen wollen, von einem oder beidem abstrahieren. Folglich unterscheiden wir drei Untersuchungsbereiche der Sprachen. Wenn in einer Untersuchung der Sprecher, oder, um es allgemein auszudrücken, der Sprachbenutzer ausdrücklich berücksichtigt wird, dann weisen wir das dem Bereich der Pragmatik zu (...). Wenn wir vom Sprachbenutzer abstrahieren und nur die Ausdrücke und ihre Designate analysieren, befinden wir uns im Bereich der Semantik. Und wenn wir schließlich auch von den Designaten abstrahieren und nur die Relation zwischen den Ausdrücken analysieren, sind wir in der (logischen) Syntax. Die gesamte Sprachwissenschaft, die aus den drei erwähnten Teilen besteht, wird Semiotik genannt.[30]

Hier wird die Stufenleiter der Abstraktion genetisch betrachtet korrekt dargestellt. Die ganzheitliche (und damit die »natürliche«, schon vor aller Wissenschaft gegebene) Sprachauffassung ist die pragmatische. Semantik und Syntax (oder besser Syntaktik, um Mißverständnissen vorzubeugen) sind das Ergebnis eines fortschreitenden Abstraktionsprozesses. Der traditionellen Grammatik wird immer wieder – und wie ich meine zu Unrecht – vorgeworfen, sie habe die pragmatische Dimension der Sprache nicht berücksichtigt. Das ist in wissenschaftsgeschichtlicher Hinsicht naiv, zum Teil auch falsch, denn die Schulgrammatik enthält, wie wir gesehen haben, ziemlich viel „Pragmatik". In der Nicht-Berücksichtigung der Pragmatik, d. h. im Absehen von den Umständen des Sprechens und in der Konzentration einzig und allein auf die Technik des Sprechens liegt jedoch auch ein Verdienst, eine der großen Abstraktionsleistungen der Menschheitsgeschichte. Das, was den gewöhnlichen Sterblichen an der Grammatik als „schwierig" erscheint, ist ja gerade die Nicht-Berücksichtigung der Pragmatik. Der ungeschulte Beobachter hat besondere Schwierigkeiten damit, bei der Betrachtung einer sprachlichen Konstruktion von den Bedingungen ihres Gebrauchs abzusehen.

Nun aber zurück zu Carnap und vor allem zu Morris. Für ihn ist Carnaps Definition viel zu eng. Er weist auf eine Tatsache hin, die von großer Bedeutung für die Sprachbetrachtung des zwanzigsten Jahrhunderts gewesen ist: Carnap behandelt im Grunde nur Aussagen, in denen etwas über die Beschaffenheit der Welt behauptet wird; man spricht in diesem Zusammenhang vom „designativen Signifikationsmodus". Jahrhunderte hindurch haben sich Logiker und Sprachtheoretiker fast ausschließlich für diesen Typ der Sprachverwendung interessiert. Sprache wird aber keineswegs nur dazu verwendet, Aussagen über die Beschaffenheit der Welt zu machen, einer solchen Einschränkung unterliegen nur logische Kunstsprachen. Wie steht es nun aber mit Äußerungen wie:

> Hau endlich ab! Laß dich hier ja nicht wieder blicken!
> Kommst du morgen?
> Ich lade Sie zum Essen ein!
> Ich taufe dich auf den Namen „France".

---

[30] Zit. nach Morris 1946/73, 325.

Alle diese Sätze stehen im nicht-designativen Signifikationsmodus, man kann nicht darüber diskutieren, ob sie richtig oder falsch sind, technischer ausgedrückt: Man kann ihnen keinen Wahrheitswert zuordnen. Sie können nicht Gegenstand einer wahrheitswertfunktionalen Semantik sein.

Morris schlägt einen weiteren Begriff von „Semantik" vor, eine Semantik, die in der Lage sein soll, nicht-wahrheitswertfunktionale Äußerungen zu behandeln. Daraus ergeben sich natürlich auch Konsequenzen für seine Definition der Pragmatik. Sie lautet folgendermaßen:

> *Pragmatik* ist der Teil der Semiotik, der sich mit dem Ursprung, den Verwendungen und den Wirkungen der Zeichen im jeweiligen Verhalten beschäftigt ..."[31]

Diese Definition wirft eine Reihe von Problemen auf, insbesondere was die Abgrenzung der Semantik gegenüber der Pragmatik betrifft. Ein Problem hat Morris selbst gesehen: Das Denotat eines Zeichens, also die Komponente 3 in unserem Schema, darf nicht die Beziehung des Zeichens zu den Zeichenbenutzern betreffen, denn in einem solchen Fall kann man nicht im intendierten Sinn zwischen Semantik und Pragmatik unterscheiden. Nun gibt es aber in unseren Sprachen eine ganze Reihe von Ausdrücken, bei denen genau das der Fall ist:

In seiner 1934 erschienenen *Sprachtheorie* hat der Psychologe Karl Bühler (1879 1963) ein umfangreiches Kapitel dem „Zeigfeld" der Sprache gewidmet, in dem der Sprecher als „Ursprung" (*origo*) für alle „verweisenden" (deiktischen) Ausdrücke[32] dargestellt wird, mit denen er sein eigenes Sprechen gegenüber demjenigen, zu dem er spricht, und den Gegenständen und Sachverhalten, über die er spricht, in Beziehung setzt:

> ego hic nunc
> (ich) (hier) (jetzt)
> tu istic tunc
> (du) (dort) (dann)
> vgl. auch heute; morgen; gestern usw.

Die *origo*, das Koordinatenkreuz, in dem sich der Sprecher befindet, wird durch die deiktischen Pronomina und Adverbien *ego* „ich" *hic* „hier" und *nunc* „jetzt" gebildet. Was bedeuten diese Wörtchen nun eigentlich?

> *ich*: „der, der gerade spricht"
> *hier*: „an dem Ort, an dem sich der, der gerade spricht, befindet"
> *jetzt*: „zu dem Zeitpunkt, zu dem derjenige spricht, der gerade spricht"

Vergleichbares gilt auch für andere Wörtchen dieser Art, die mit denen in Beziehung stehen, durch die die Origo, die Quelle des Sprechakts, konstituiert wird:

> *du*: „der, zu dem *ich* spreche"
> *dort*: „an dem Ort, an dem sich der befindet, zu dem *ich* spreche"
> *dann*: „zu einem Zeitpunkt, der später als *jetzt* liegt"
> *heute*: „an dem Tag, an dem derjenige spricht, der gerade spricht"
> *morgen*: „am Tag nach *heute*"
> *gestern*: „am Tag vor *heute*"

---

[31] Ebenda, 326. "Im Original: Pragmatics is that portion of semiotic which deals with the origine, uses, and effects of signs within the behavior in which they occur ..." (Morris 1946, 219).

[32] Bühler 1934/82, §7. Im Engl. spricht man von *shifters*; im Frz. von *embrayeurs*.

Wenn wir die „Bedeutung" dieser Wörter kennen wollen, genauer gesagt, wenn wir das erfahren wollen, was Carnap und Morris unter „Bedeutung" verstehen, müssen wir herausfinden *wer* „ich" ist, *wo* „hier" ist und *wann* „jetzt" ist. Das können wir aber nur wissen, wenn wir die Bedingungen der Verwendung dieser Wörter genau kennen. Eine saubere Trennung zwischen Semantik und Pragmatik im Sinne Carnaps und Morris' ist unter diesen Umständen nicht möglich, denn diese Wörter bezeichnen gerade eine Relation zwischen Zeichenform und Zeichenbenutzer. Wenn wir direkte Rede in indirekte Rede umformen, müssen wir diese deiktischen Ausdrücke durch nicht-deiktische ersetzen: Katrin sagte: *„Gestern* habe ich schlecht geschlafen". → Katrin sagte, sie habe *am Tag zuvor* schlecht geschlafen. Der Logiker Yehoshua Bar-Hillel möchte den Gebrauch des Ausdrucks „Pragmatik" gerade auf diese Fälle beschränken.[33]

Aber auch in anderer Hinsicht wirft Morris' Definition der Pragmatik beträchtliche Schwierigkeiten auf. Sie findet sich in der zweiten Fassung seines Hauptwerks, wo er sich darum bemüht, die Einheit der Semiotik zu betonen und die drei Komponenten als Aspekte eines Ganzen erscheinen zu lassen, die man zwar gedanklich isolieren, nicht jedoch realiter abtrennen kann. Ich will ganz kurz noch einmal auf die Komponenten *Ursprung*, *Verwendung* und *Wirkung* eingehen. Alle drei Termini müssen auf das Verhalten des Zeicheninterpreten bezogen werden:

*Ursprung*: Damit kann wohl kaum die Etymologie im gängigen Sinne gemeint sein, sondern eher die Motivation, die den „Zeichenbenutzer" dazu geführt hat, gerade das betreffende Zeichen zu gebrauchen. Die „Ausdrucksabsicht" des Autors, die in der Übersetzungstheorie eine wichtige Rolle spielt, gehört also für Morris in den Bereich der Pragmatik

*Verwendung*: Dieser Terminus ist nur im Zusammenhang mit Morris' Diskurstypologie verständlich. Morris unterscheidet sechzehn Diskurstypen, die sich aus einer Kombination von vier „Signifikationsmodi" und vier „dominanten Verwendungstypen" ergeben. Nur diese sind hier von Belang. Morris unterscheidet die informative (*informative*), die wertende (*valutative*), die auffordernde/anspornende (*incitive*) und die systemische (*systemic*) Verwendung von Zeichen. Bezüge zur Sprechakttheorie, mit der wir uns etwas später beschäftigen werden, sind nicht zu übersehen.

*Wirkung*: Dieses dritte definitorische Merkmal der Pragmatik betrifft im Gegensatz zu den beiden ersten den Empfänger der Botschaft. Wie wir im zweiten Kapitel gesehen haben, gehört die Wirkung auf den Empfänger zu den klassischen Elementen des Katalogs der Invarianzforderungen; man denke nur an Nidas *dynamic equivalence*.

Die meisten Linguisten sind sich darüber einig, daß die Pragmatik eine schlecht definierte Komponente der allgemeinen Semiotik ist, eine Kategorie, die jeder sogenannte „Pragmalinguist" nach eigenem Gutdünken mit spezifischen Inhalten füllt. So können z. B. sowohl die Sprechakttheorie als auch ein Teil der Textlinguistik als Teildisziplinen der linguistischen Pragmatik angesehen werden. Was uns im Rahmen dieser Einführung besonders zu interessieren hat, ist die zumindest in der Praxis problematische Abgrenzung zwischen Pragmatik und Semantik in bezug auf die nähere Bestimmung der Relation „Äquivalenz" in der Übersetzungstheorie.

---

[33] Vgl. Bar-Hillel 1954.

### 7.2.1 Äquivalenz: ein Problem der Semantik oder der „Pragmatik"?

Nach dieser Einführung in einige Grundbegriffe der Semiotik, die uns ins Gebiet der reinen Theorie, notgedrungen auch in das der Spekulation entführt haben, können wir uns endlich wieder unserem eigentlichen Gegenstand zuwenden, der Übersetzungsforschung. Zunächst soll eine Frage untersucht werden, die sich in ähnlicher Form auch im nächsten Abschnitt im Zusammenhang mit den Präsuppositionen stellen wird. Läßt sich das Problem der Übersetzungsäquivalenz, das wir im zweiten Kapitel kennen gelernt haben, im Rahmen der Semantik oder im Rahmen der Pragmatik behandeln? Einige ganz einfache Beispiele sollen den Sinn der Fragestellung illustrieren:
In der Toskana grüßt man ab etwa 14 Uhr bis etwa 22 Uhr mit *buona sera*. Das heißt »wörtlich« (im paradigmatischen Sinn) „Guten Abend". Es gibt zwei Möglichkeiten, die Unterschiede zum Deutschen darzustellen; beide sind im Alltag durchaus üblich:

> a) *buona sera* kann im Italienischen/Toskanischen sowohl „Guten Tag" als auch „Guten Abend" bedeuten (semantische Formulierung).
>
> a') In der Toskana sagt man schon ab zwei Uhr nachmittags „Guten Abend" (pragmatische Formulierung).

Dem französischen Wort *fleur* entspricht im Deutschen teils *Blume*, teils *Blüte*.

> b) Frz. *fleur* bedeutet im Deutschen sowohl „Blume" als auch „Blüte" (semantische Formulierung)
>
> b') Die Franzosen gebrauchen das Wort *fleur* in Situationen, in denen Deutsche teils *Blume*, teils *Blüte* verwenden (pragmatische Formulierung).

Beide Beispiele wurden bewußt so gewählt, daß sie beim Übersetzungspraktiker Kommentare vom Typ „Ihre Sorgen möchte ich haben" auslösen werden. Auf die Entscheidung des Übersetzers hat das theoretische Dilemma in diesem Fall keinen Einfluß. Zwischen „Sprachgebrauch" und „Bedeutung" besteht in beiden Fällen eine sehr stabile Korrelation. Man kann sich allenfalls darüber streiten, in welchem Bereich Fehlleistungen anzusiedeln sind. Zunächst ein Beispiel für Übersetzungskritik aus der übersetzungswissenschaftlichen Literatur, bei dem die beiden Kritiker eine künstliche, theoretisch nicht nachvollziehbare Unterscheidung zwischen Semantik und Pragmatik treffen:
Bei den Olympischen Winterspielen in Innsbruck im Jahre 1976 erschien bei der Abschlußfeier in Leuchtschrift der Hinweis auf die nächsten Spiele in Form von *Good bye in Lake Placid*. Es hätte natürlich *We meet again* oder *See you again in Lake Placid* heißen müssen.
Die beiden Verfasser eines weit verbreiteten Lehr- und Arbeitsbuches zur Übersetzung kommentieren diese Fehlleistung wie folgt:

> Der Übersetzer hatte den Auftrag, auf Englisch die Äußerung „Auf Wiedersehen in Lake Placid" in die entsprechenden Worte zu fassen. Und genau das tut er auch: Er orientierte sich *an dem Wort* „Auf Wiedersehen", und fragte nicht nach der Situation, in der man „Auf Wiedersehen" sagt.
>
> Hätte er sich an der Situation orientiert, so wäre er zu folgendem Ergebnis gekommen: „Auf Wiedersehen" wird verwendet, wenn eine Person sich von der anderen verabschiedet. Dabei kann entweder ein Wiedersehen geplant sein (wie in unserem Beispiel) oder auch nicht.
>
> Aus der Sicht des deutschen Sprachsystems stellt sich die Situation der englischen Sprache an dieser Stelle etwas komplizierter dar: *Good Bye* wird zwar auch verwendet,

> wenn sich Personen voneinander verabschieden. Dabei bleibt – wie bei „Auf Wiedersehen" – offen, ob ein Wiedersehen in absehbarer Zeit stattfindet oder nicht. Sobald jedoch – und darin liegt der Unterschied zum Sprachgebrauch im Deutschen – zum Ausdruck gebracht wird, daß es sich nur um einen Abschied für eine bestimmte Zeit handelt, und wenn gar angegeben wird, an welchem Ort oder zu welcher Zeit dieses Wiedersehen stattfinden wird, kann *Good Bye* nicht verwendet werden.[34]

Das ist noch nicht einmal in faktischer Hinsicht völlig korrekt, denn in einem Syntagma wie *Good bye until we meet again ...* hätte das Wort auch im vorliegenden Fall durchaus verwendet werden können. Die Kritik ist jedoch völlig unangemessen formuliert. Wer sich beim Übersetzen „am Wort orientiert", muß sich automatisch auch am Wortgebrauch orientieren. Ein Sprecher ohne jede theoretische Ambitionen und darüber hinaus mit bescheidenen Englischkenntnissen hätte im vorliegenden Fall seine Kritik durchaus „semantisch" formuliert: „*Good Bye in Lake Placid* ist kein korrekter englischer Satz." Es handelt sich um „falschen Wortgebrauch" im schlichten schulgrammatischen Sinn, keineswegs um einen in einer bestimmten Sprechsituation unangemessenen Gebrauch.

Aus diesem Beispiel dürfte noch klarer hervorgegangen sein als aus den beiden vorangegangenen, daß eine Unterscheidung zwischen Semantik und Pragmatik für die Übersetzungstheorie dann von geringer Relevanz ist, wenn sie lediglich zur Klassifikation von Äquivalenztypen herangezogen wird. Der Gebrauch eines Wortes ist, wie wir gesehen haben, eine Kontrollinstanz für seine Bedeutung, und daher lassen sich Übersetzungsäquivalenzen zumeist sowohl „semantisch" als auch „pragmatisch" beschreiben. Der oft zu hörende Einwand, man übersetze schließlich immer Texte oder Äußerungen, niemals Sprachen, und befinde sich daher per definitionem im Bereich des Sprachgebrauchs und damit der Pragmatik, ist in diesem Zusammenhang hinfällig. Der Gebrauch eines Wortes und seine Bedeutung sind zwar streng genommen nicht dasselbe, es besteht jedoch ein nahezu funktionaler Zusammenhang zwischen beiden Instanzen.

Welcher Schluß läßt sich nun aus diesem Sachverhalt ziehen? Zunächst einmal, in rein theoretischer Hinsicht, der folgende: Wittgenstein hatte so Unrecht nicht mit seiner Behauptung, in vielen Fällen lasse sich die Bedeutung eines Wortes auf seinen Gebrauch in der Sprache zurückführen, wenn man auch diese Bemerkung etwas anders verstehen muß, als das gemeinhin geschieht: Neue Bedeutungen von Wörtern entstehen häufig aus der Verfestigung eines bestimmten Gebrauchs. Das zeigt sich besonders deutlich am Phänomen der Lexikalisierung einer ursprünglich einmal spontan gebrauchten Metapher. Der Leipziger Romanist und Übersetzungswissenschaftler Gert Wotjak hat dies auf eine schöne Formel gebracht: „Semantik ist gefrorene Pragmatik."[35] Dies alles ist zweifellos von theoretischem Interesse, hat jedoch für die Probleme der Übersetzung keine bedeutsamen Konsequenzen. In der Tat wird der Terminus „pragmatisch" in der Übersetzungswissenschaft vorwiegend auf eine andere Klasse von Fällen angewendet.

Wenn wir die Unterscheidung zwischen Semantik und Pragmatik für die Rechtfertigung unterschiedlicher übersetzerischer Problemlösungen heranziehen wollen, wie dies in der Übersetzungswissenschaft häufig geschieht, müssen wir uns auf eine andere Ebene der sprachlichen Organisation begeben, auf der eine weniger starke Korrelation zwischen „Gebrauch" und „Bedeutung" besteht als auf der Ebene des Sprachsystems. Die Rede ist von der Ebene des

---

[34] Hönig/Kußmaul 1982, 9f.
[35] Wotjak 1987, 128f.

Textes oder des Diskurses, die ihre eigenen Traditionen kennt, und diese Traditionen fallen nicht einfach mit den Traditionen der „Techniken des Sprechens" zusammen. Das fängt bereits bei Texten ganz einfacher Art an, die so fest in die jeweilige Sprache integriert sind, daß man ihnen kaum Autonomie zuzugestehen bereit ist, bei den Grußformeln.

*Guten Tag! Ça va? How are you? ¡Hola!* sind Äußerungen mit unterschiedlichen Bedeutungen, die in den gleichen oder zumindest in ähnlichen Situationen verwendet werden können. Zwischen ihnen bestehen unübersehbare sozio-stilistische Unterschiede, auf die hier nicht eingegangen werden soll, weil dieser gesamte Komplex erst im folgenden Kapitel behandelt werden wird. Die Korrelation zwischen Gebrauch und der daraus resultierenden Bedeutung ist nicht so stark, daß der Übersetzer auf einige wenige Standardäquivalente beschränkt bliebe. Er kann sich in diesem Bereich zwischen „pragmatischen" und „semantischen" Lösungen entscheiden. Der deutsche Übersetzer kann sich z. B. angesichts von *How are you?* für *Wie geht es Ihnen?*, der französische für *Comment allez-vous?* entscheiden, obwohl für die im Ausgangstext geschilderte Situation *Guten Tag* oder *Bonjour* angemessener gewesen wären. Wir haben bereits auf dieser Ebene in ganz bestimmten Fällen die Wahl zwischen der unüblichen »Systembedeutung« („semantische Lösung") und der kontextadäquaten »Diskursbedeutung« (pragmatische Lösung). Je komplexer die Diskurse werden, desto weiter wird der übersetzerische Spielraum. So kann man z. B. einen amerikanischen Rechtstext „semantisch" übersetzen – für einen Juristen, der genau wissen möchte, wie in solchen Fällen innerhalb eines unterschiedlichen Rechtssystems argumentiert wird. Man kann denselben Text natürlich ebenfalls „pragmatisch" übersetzen, in dem man den dargestellten Fall an die Gegebenheiten des deutschen Rechtssystems anpaßt.

Vergleichbares gilt, wie wir schon anhand eines Beispiels im zweiten Kapitel im Zusammenhang mit der Diskussion des Äquivalenzbegriffs gesehen haben, für den Bereich der Realien. Wenn Gegenstände und Sachverhalte im Ausgangstext thematisiert werden, die den mutmaßlichen Lesern des Zieltexts weitgehend unbekannt sind, so können wir sie gegebenenfalls durch andere Phänomene ersetzen, von denen wir annehmen, daß sie einen „äquivalenten" Zweck erfüllen: „Unseren täglichen Fisch gib uns heute" („pragmatische" Lösung) statt „Unser täglich Brot gib uns heute" („semantische" Lösung).

Bei Orts- oder Zeitangaben im Ausgangstext können wir die Perspektive des Ausgangstextproduzenten beibehalten oder wir können sie im Hinblick auf die Zieltextrezipienten modulieren:

de l'autre côté du Rhin, en Allemagne ⟨ a) jenseits des Rheins, in Deutschland
b) auf dieser Seite des Rheins, bei uns in Deutschland

In diesem Fall könnte man die Beibehaltung der Ausgangsperspektive als „semantische", die Modulation im Hinblick auf die mutmaßlichen Rezipienten als „pragmatische" Lösung bezeichnen.

Es besteht ein wesentlicher Unterschied zu den bisher diskutierten Beispielen, insbesondere zu dem von Hönig und Kußmaul angeführten: Es gibt eine Alternative, man kann darüber diskutieren, ob man so oder so übersetzen soll, für beide (oder mehrere) Möglichkeiten lassen sich Gründe und Gegengründe anführen. Wir wollen „pragmatisch", genauer gesagt, „pragmatische Übersetzungstheorie", „pragmatische Invarianzforderungen" usw. usf. in diesem weiteren, dabei aber auch unschärferen

Sinne verstehen. Wie wir bereits gesehen haben, sind streng genommen alle Invarianzforderungen und die daraus resultierende Äquivalenz insofern „pragmatisch", als es sich nie um virtuelle, sondern immer um aktuelle Zeichen handelt, d. h. nicht um abstrakte Sprachbedeutungen, sondern um konkrete Fälle von Sprachgebrauch. Der Leipziger Übersetzungswissenschaftler Albrecht Neubert hat für diese Tatsache eine besonders eindrucksvolle Formulierung gefunden:

> „[Es] entsteht die paradoxe Situation, daß die Invarianten des Übersetzungsprozesses, die die Übersetzbarkeit gewährleisten, außerhalb der Sprache selbst im Leben liegen, oder besser: begründet sind, daß aber die eigentliche Bewältigung des Übersetzungsbedürfnisses in der Handhabung von Sprache besteht."[36]

Wir wollen jedoch den Terminus „pragmatisch" nur dann verwenden, wenn die Möglichkeit einer Wahl besteht. „Pragmatisch" wollen wir die Klasse von Invarianzforderungen nennen, bei denen man sich nicht nur auf die im Ausgangstext materiell vorhandenen Elemente stützt, sondern bei denen man das *Umfeld* des Textes mit einbezieht.[37] Ob in all diesen Fällen der Übersetzungszweck die entscheidende Rolle spielt, läßt sich bezweifeln.

„Pragmatische" Invarianzforderungen stehen in einem engen Zusammenhang mit dem, was man traditionell „freies" Übersetzen nennt. Sie stehen darüber hinaus in einem gewissen Zusammenhang – wenn auch nicht in einem notwendigen – mit dem, was man „einbürgerndes" Übersetzen nennt.[38]

Es gibt so etwas wie „pragmatische" Übersetzungstheorien, die sich grob in gemäßigt pragmatische und radikal pragmatische unterscheiden lassen: Bei den zuerst genannten bleibt der Übersetzer in einem nachvollziehbaren Sinn an den Ausgangstext gebunden. Er entscheidet sich für „pragmatische" Lösungen, wenn er glaubt, dies seinen Lesern, aus welchen Gründen auch immer, schuldig zu sein. Bei den zuletzt genannten kann der Übersetzer die Funktion des Translats aus freiem Ermessen gegenüber der ursprünglichen Funktion des Originals neu definieren. In diesem Fall würde ich – im Gegensatz zu den Vertretern der „Skopostheorie" – nicht mehr von „Übersetzung", sondern von Bearbeitung sprechen. In einem würde ich jedoch den Skopostheoretikern zustimmen: Es gibt viele Fälle, in denen es in der Praxis sehr viel sinnvoller ist, eine Bearbeitung anzufertigen als eine Übersetzung – und sei diese noch so »frei«. Man sollte jedoch seinen Lesern in geeigneter Form zu erkennen geben, daß sie keine Übersetzung im herkömmlichen Sinn in Händen halten.[39]

### 7.2.2 Anredeformen als Übersetzungsproblem

Wir haben bereits gesehen, daß die „Sprechrollendeiktika" *ich* und *du* Personen nicht unabhängig von der jeweiligen Äußerungssituation bezeichnen, sondern immer nur in bezug auf die Rolle, die sie beim betreffenden Sprechakt einnehmen. Ähnlich verhält es sich auch mit Anredeformen wie *Sie, Monsieur, Sir, Euer Hoheit* usw. usf. Es handelt sich um »pragmatische« Elemente par excellence, um Wörter und Wendungen, die Aufmerk-

---

[36] Neubert 1973, 22.
[37] Vgl. unten 7.4.
[38] Vgl. oben 2.3.1.
[39] Vgl. Reiß 1990, 38 f.; Koller [8]2011, 91 ff.

samkeit erregen und gleichzeitig den Angesprochenen sozial einordnen sollen. Bei ihnen ist die wechselseitige Abhängigkeit zwischen „Gebrauch" und „Bedeutung" weit enger als bei den gewöhnlichen Appellativa, die der Benennung dienen. Es lohnt sich also, Elementen dieser Art einen gesonderten Abschnitt im vorliegenden Kapitel einzuräumen.

Man unterscheidet bei den *Anredeformen* zwischen *Anredepronomina* (*Du/Sie*) und *Anredenomina* (*Her Royal Majesty/Herr Generaldirektor* usw. usf.). Die in einer Sprache zur Verfügung stehenden *Anredeformen* bilden ein *Anredesystem*. Den Umgang mit den im System vorhandenen Formen nennt man *Anredeverhalten*. Es kann hier keine vollständige kontrastive Skizze der Anredesysteme verschiedener in dieser Einführung berücksichtigten Sprachen vorgelegt werden. Unter den zahlreichen Schwierigkeiten, die das Anredeverhalten dem Übersetzer bereiten kann, sollen in diesem kurzen Abschnitt nur zwei Fälle diskutiert werden: a) die Abstufung der Anredeformen auf der Skala von „vertraut" bis „völlig fremd" bzw. „sozial untergeordnet" bis „sozial übergeordnet"; b) die vokativische Anrede einer völlig unbekannten Person im Deutschen.

a) Die meisten Kultursprachen verfügen über Anredesysteme, bei denen zwei oder mehr Grade der Vertrautheit und/oder der sozialen Einstufung unterschieden werden. Die beiden amerikanischen Linguisten Roger W. Brown und Albert Gilman haben in ihrem bereits zum Klassiker gewordenen Aufsatz „The pronouns of power and solidarity" dem sozialen Aspekt den Vorrang eingeräumt.[40] Der Grad der Vertrautheit, der in den modernen demokratischen Gesellschaften im Vordergrund zu stehen scheint, ist nur ein Korollar der sozialen Einstufung.[41]

Die Sprachgeschichte lehrt uns, daß das Anredeverhalten sich den sozialen Verhältnissen in einer gegebenen Sprachgemeinschaft sehr viel schneller anpaßt als die meisten übrigen Elemente unserer Sprachen. Als ich mein Studium aufnahm, redete man Kommilitonen und Kommilitoninnen, die man nicht kannte, mit *Sie*, bzw. mit *Herr* oder *Fräulein* an. Dergleichen wäre heute völlig undenkbar. Damit haben sich natürlich auch die Bedeutungen dieser Anredeformen verändert – sehr viel schneller, als dies bei Nennwörtern zu geschehen pflegt.

In den west- und mitteleuropäischen Sprachen scheint heute bei den Anredepronomina ein zweistufiges System vorzuherrschen: *du/Sie*; *tu/vous*; *tu/Lei*; *tu/usted* usw.; allein im Englischen, wo die vertraut/solidarische Anredeform *thou*, von einigen marginalen Fällen abgesehen, ungebräuchlich geworden ist, gibt es mit *you* nur noch ein einziges Anredepronomen, das ursprünglich der distanziert/unterwürfigen Anrede vorbehalten war. Bei genauerem Hinsehen sind die Verhältnisse weit komplizierter. Im Italienischen gibt es eine mittlere Stufe zwischen *tu* und *Lei*, die allerdings nur für asymmetrisches, nichtreziprokes Anredeverhalten gilt: Ein Professor redet seine Studenten im Kollektiv mit *voi* an, den einzelnen jedoch mit *Lei*, er selbst wird nur mit *Lei* angeredet. Vergleichbares läßt sich zumindest ansatzweise an süddeutschen Universitäten beobachten: Ein Dozent, der den einzelnen Studierenden nie duzen würde, geht, wenn er eine »Standpauke« hält, vom höflichen *Sie* zum burschikosen *ihr* über, wenn er das Kollektiv auf die Konsequenzen mangelnden Arbeitseifers hinweisen will. Im Portugiesischen hat sich ein noch stärker grammatikalisiertes dreistufiges System etabliert: *o senhor*, *a senhora* als förmlichste Anrede, *Você*, das etymologisch dem spanischen *usted* entspricht,[42] als höflich distanzierte

---

[40] Brown/Gilman 1960.
[41] Darüber hinaus spielen bei der Wahl der Anredeform auch andere Faktoren wie z. B. Alter oder Geschlecht eine Rolle.
[42] Entstanden aus aus *Vuestra Merced/Vossa Mercê* „Euer Gnaden".

Form, die aber auch gegenüber sozial niedriger gestellten Personen verwendet werden kann, und schließlich das vertrauliche und solidarische *tu*, das erst in der zweiten Hälfte des 20. Jahrhunderts allmählich von Jugendlichen zur Anrede der Eltern und älterer Verwandter gebraucht wird. Auch heute noch reden sich gute Bekannte (keine Jugendfreunde) mit Artikel + Vornamen an, nicht mit *tu*: „A Teresa pode prestarme este livro?" Durch den Artikel erhält diese Form der Anrede eine förmlichere Nuance als die deutsche Entsprechung: „Teresa, können Sie mir dieses Buch leihen?"

Das Englische verfügt über eine für den Ausländer nicht leicht zu beherrschende Abstufung syntagmatischer Kombinationen (Vorname allein; Anredenomen und Familiennamen; Titel wie *Sir*, *Doctor* usw. und Familiennamen oder Titel allein). Im Französischen ist die Anrede mit *Monsieur/Madame* ohne Familiennamen distanzierter und höflicher als die Kombination Anredenomen + Familiennamen (*Monsieur Dupont*), die eine gewisse Vertraulichkeit, unter Umständen auch Herablassung ausdrückt. Im Deutschen sind die diesbezüglichen Verhältnisse nicht minder kompliziert, man denke nur an die regional und sozial eingeschränkten Möglichkeiten der Kombination von Namensteilen mit Anredepronomina: *Meier + Sie*; *Meier + Du*; *Peter + Sie* usw.

Dazu kommt, daß die Kriterien, nach denen die Abstufung bei zweistufigen Pronominalsystemen vorgenommen wird, nicht übereinstimmen. Asymmetrische und symmetrische Verwendungen der Höflichkeitsform innerhalb der Familie sind im Deutschen schon im neunzehnten Jahrhundert außer Gebrauch gekommen, in den gehobenen Schichten romanischer Länder aber durchaus noch anzutreffen. Andererseits ist das kollegiale *Du* der romanischen Länder inzwischen zwar an deutschen Schulen unter Lehrern weitgehend üblich, nicht jedoch an Universitäten; Professoren, die sich nur flüchtig kennen, reden sich im allgemeinen mit *Sie* an. Einfache Zuordnungen vom Typ „Duzen und Siezen im Deutschen entspricht *tutoyer* und *vouvoyer* im Französischen" sind somit nicht möglich.

Die Schwierigkeiten, die sich in diesem Bereich für die Übersetzung ergeben, können hier nur angedeutet werden. Jeder Übersetzer aus dem Englischen hat seine Faustregel, die ihm sagt, wann er *you* durch *du* oder aber durch *Sie* wiederzugeben hat. In Joseph Conrads Roman *The Shadow-Line* bringt der erste Steuermann eines Schiffs seinen halbverrückten Kapitän nach langer Überzeugungsarbeit dazu, ihm zu gestatten, den Kurs zu wechseln:

"... Well, put the helm up and be damned to *you*."

„... Nun, andern *Sie* meinetwegen den Kurs und scheren *Sie* sich zum Teufel."

Nachdem der Offizier die durchgeführte Kursänderung seinem Kapitän gemeldet hat, bekommt dieser einen Wutanfall und wünscht den Steuermann zusammen mit der ganzen Mannschaft zur Hölle:

"If I had my wish, neither the ship nor any of *you* would ever reach a port. And I hope *you* won't."

„Wenn es nach mir ginge, würden weder das Schiff noch ein einziger von *euch* jemals einen Hafen erreichen. Und ich hoffe, es wird *euch* nie gelingen."[43]

Im Original wird durchgehend die Form *you* verwendet. Die Tatsache, daß der Angesprochene bei der zweiten Äußerung des Kapitäns Teil eines Kollektivs ist und daß der

---

[43] Joseph Conrad: *The Shadow-Line*. Oxford/NewYork (= Oxford University Press) 1985; 61; Idem: *Die Schattenlinie*. Üb. von E. McCalman. Frankfurt am Main (= Exempla Classica) 1961, 72.

Kapitän eine verächtliche Haltung gegenüber seinem Offizier und der ganzen Mannschaft einnimmt, veranlaßt den Übersetzer, vom *Sie* zum *euch* überzugehen.

Natürlich bleibt dem Übersetzer in diesem Bereich ein verhältnismäßig breiter Interpretationsspielraum. Beim folgenden Beispiel haben sich zwei französische Übersetzer von Emily Brontës *Wuthering Heights* für unterschiedliche Lösungen entschieden: Die wilde Cathy und ihr Stiefbruder Heathcliff sind zusammen ausgerissen; man hat eine Bulldogge auf sie gehetzt, um sie zurückzubringen. Cathy wird von dem Hund am Knöchel gepackt und fordert ihren Stiefbruder auf, sich in Sicherheit zu bringen:

> "Run, Heathcliff, run!" she whispered. "They have let the bull-dog loose, and he holds me!"
>
> « Sauve-toi, Heathcliff, sauve-toi ! » a-t-elle chuchoté; « ils ont lancé le bouledogue et il me tient ! » (Frédéric Delebecque)
>
> « Sauve-toi, Heathcliff, sauve-toi ! » a-t-elle murmuré. « Ils ont lâché le bouledogue ... et il me tient ! » (Gaston Baccara)[44]

Inzwischen sind einige Wochen vergangen. Man hat Cathy zur Heilung ihres verletzten Knöchels zu Bekannten gebracht und sie in dieser Zeit zu einer gepflegten und einigermaßen sittsamen jungen Dame umgezogen. Nach ihrer Rückkehr ins Elternhaus entdeckt sie Heathcliff, der sich versteckt hatte:

> „Why, how very black and cross you look! and how – how funny and grimm! But that's because I'm used to Edgar and Isabella Linton. Well, Heathcliff, have you forgotten me?"
>
> – Oh! que *tu* as l'air sinistre et de mauvaise humeur! et que *tu* es drôle et vilain! Mais c'est parce que je suis habituée à Edgar et à Isabelle Linton. Eh bien, Heathcliff, m'as-*tu* oublié? (Frédéric Delebecque)
>
> – Ah! ... que *vous* êtes sombre ... et que *vous* avez l'air furieux! ... que vous êtes donc drôle ... et vilain! Mais c'est que parce que je suis maintenant habituée à Edgar et à Isabella Linton ... Alors, Heathcliff, m'avez-*vous* oublié? (Gaston Baccara)[45]

Der zweite Übersetzer hielt es offenbar für angebracht, der mittlerweile eingetretenen Entfremdung zwischen den beiden Stiefgeschwistern und der Verwandlung der wilden Göre Cathy in eine gepflegte junge Dame durch einen Wechsel der Anredeformen Rechnung zu tragen; der erste ist beim vertraulichen *tu* geblieben.

Was die zweistufigen Systeme betrifft, so hat der Übersetzer häufig die Wahl zwischen »semantischen« und »pragmatischen« Lösungen im oben erläuterten Sinn. Nehmen wir an, in einem neueren französischen Roman reden sich Eheleute gegenseitig mit *vous* an, oder es besteht ein asymmetrisches Anredeverhalten zwischen Eltern und Kindern. In diesem Fall kann sich der Übersetzer für *Sie* oder für *du* entscheiden: Im ersten Fall schafft er in gewisser Hinsicht Lokal- und Sozialkolorit, er läßt die Andersartigkeit der Ausgangskultur in seiner Übersetzung »durchschimmern«; im zweiten paßt er das Anredeverhalten an das in der Zielkultur Übliche an.

Nur am Rande sei bemerkt, daß in den älteren französischen Bibelübersetzungen, die der katholischen Traditionslinie angehören, Gott mit *vous* angeredet wird, während die

---

[44] Emily Brontë: *Wuthering Heights*. Oxford/New York (= Oxford University Press), 1976, 47; Eadem *Les Hauts de Hurle-Vent*, Üb. F. Delebecque, Paris (= Livre de Poche), 1968, 68; Eadem: *Le domaine des Tempêtes*, Üb. G. Baccara, Paris (= Marabout), 1959, 65

[45] Ibid. p. 52; 74; 72.

protestantischen Übersetzungen durchweg beim *tu* geblieben sind. Erst mit der *Bible de Jérusalem* (1952) sind auch die Katholiken wieder zum *tu* zurückgekehrt.

Eine besondere Schwierigkeit stellt das Anredeverhalten in der klassischen französischen Tragödie dar, das durch einen raffinierten Wechsel von *tu* und *vous* gekennzeichnet ist. Symptomatisch hierfür ist eine Szene in Racines *Phèdre*, in der die Protagonistin allein durch ihr Anredeverhalten, d. h. durch einen brüsken Wechsel vom *vous* zum *tu*, ihre Liebe zu ihrem Stiefsohn Hippolyt verrät, ohne sie in Worten einzugestehen:

> Et sur quoi jugez-*vous* que j'en perds la mémoire,
> Prince? Aurais-je perdu tout le soin de ma gloire? [...]
> Ah! Cruel *tu* m'as trop entendue
> Je *t'*en ai dit assez pour *te* tirer d'erreur.[46]

Treuherzig schreibt Johann Christoph Gottsched, der Reformator des deutschen Theaters im 18. Jahrhundert und gleichzeitig einer der frühen Racine-Übersetzer, in der Vorrede zu seiner 1732 erschienenen Übersetzung der *Iphigénie*:

> Indessen habe ich [...] die französische Art, einander mit *Ihr* anzureden, durchgehends in das alte griechische und römische Du verwandelt; als welches uns einen weit edleren Begriff, von der ungekünstelten Einfalt der damaligen Zeiten beybringt.[47]

Ebenso ist Schiller verfahren. Damit begibt er sich der Möglichkeit, einen raffinierten Kunstgriff Racines mit schlichten Mitteln nachzubilden, wie dies die späteren Übersetzer sehr wohl getan haben. Man vergleiche den entsprechenden Passus bei Schiller (1805), Ungaretti (1950) und Simon Werle (1986):

> Wie kannst *du* sagen, daß ich das vergaß? [...]
> Grausamer, *du* verstandst mich nur zu gut.

> E su che *giudicate* che ne perdo memoria? [...]
> Ah! Crudele, m'*hai* capita benissimo.

> Was läßt *Euch* glauben, Prinz, ich wüßte es nicht mehr? [...]
> Grausamer, *du* hast mich nur zu gut verstanden.[48]

b) Was sagt (oder besser ruft) man im Deutschen, wenn man beobachtet, wie ein korrekt gekleideter Herr auf der anderen Seite der Straße etwas verliert? Im Englischen und in den romanischen Sprachen läßt sich eine solche Situation sprachlich ohne Schwierigkeiten bewältigen:

> Excuse me, sir! You have lost your gloves![49]
> Monsieur, vous avez perdu vos gants!
> Signore, le è caduto qualcosa!
> ¡Señor! se le ha caído el pañuelo!
> O senhor perdeu as luvas!

---

[46] *Phèdre* 665ff.
[47] Gottsched, J. Chr.: *Die Deutsche Schaubühne*. Zweiter Teil, Leipzig 1741-1745, Nachdruck Stuttgart 1972, 32.
[48] Friedrich Schiller: Jean Racine, *Phädra*. Stuttgart 1955; Giuseppe Ungaretti: *Fedra*, Mailand 1950; Simon Werle: Jean Racine, *Phädra. Andromache*. Frankfurt am Main 1986. Vgl. Abrecht 2002, 414.
[49] Der Gebrauch von *sir* in einem solchen Kontext wirkt allerdings zumindest im britischen Englisch sehr förmlich.

Und im Deutschen? *Herr, Sie haben etwas verloren! Mein Herr, Sie ...; Gnädiger Herr, Sie ...; Herr Professor! Sie ...; Hallo Sie da! Sie ...; Entschuldigung! Der Herr hat ...; Hallo! Ihre Handschuhe!* Alle Lösungen sind entweder unidiomatisch oder aber nur in weit spezifischeren Situationen verwendbar als die oben angeführten englischen oder romanischen Beispiele. Es fehlt im Deutschen eine universell verwendbare, vokativische und zugleich höfliche Anredeform. In Verbindung mit einem Titel sind *Herr* und *Frau* ohne weiteres verwendbar; vielleicht liegt hier einer der Gründe für die viel verspottete deutsche Titelsucht. Unter diesem Mangel haben nicht nur die Sprecher, sondern auch die Übersetzer zu leiden. Georg Goyert, der erste Übersetzer des *Ulysses* (es handelt sich immerhin um eine von Joyce autorisierte Übersetzung), gibt die Anredenomina *Sir* und *Ma'am* mit *Herr* und *Frau* wieder. Das Verfahren wirkt recht befremdlich, wie einige Passus aus den ersten Seiten des Romans belegen (auf das Original kann in diesem Fall ausnahmsweise verzichtet werden):

> „Wieviel Herr?" fragte die alte Frau. [...]
> „Ganz gewiss, Frau", sagte Buck Mulligan und goss Milch in ihre Tassen. [...]
> „Sind Sie Mediziner, Herr?" fragte die alte Frau
> „Ganz recht, Frau", antwortete Buck Mulligan.[50]

Zu Zeiten, als „verfremdendes" Übersetzen noch nicht allgemein üblich war, gerieten die Übersetzer durch diese »Lücke« des Deutschen in beträchtliche Schwierigkeiten. Oft wurden unangemessen altertümliche, dem Französischen nachgebildete Formen wie *Mein Herr, meine Dame* verwendet, auch die »portugiesische Lösung«, d. h. der Einsatz des bestimmten Artikels („Hallo! *Die Dame* hat ihr Taschentuch verloren"), die im Deutschen eigentlich auf das Dienstleistungsgewerbe beschränkt ist, erfreute sich bei Übersetzern großer Beliebtheit. Oft wurden Anredeformen einfach weggelassen.

Bekanntlich ist es unter englischen Übersetzern seit langem üblich, fremde Anredeformen beizubehalten. Das kann so weit gehen, daß der Übersetzer nicht die Formen des Originals übernimmt, sondern diejenigen einsetzt, die in dem Land üblich sind, von dem der Text handelt. Während Thomas Mann in *Tod in Venedig* meist deutsche Formen verwendet, setzt der englische Übersetzer italienische dafür ein:

> „Sie können den Vaporetto nicht benutzen, mein Herr."
> "But the signore cannot use the vaporetto"
> „Er hat sich fortgemacht", sagte der Alte mit dem Enterhaken. „Ein schlechter Mann, ein Mann ohne Konzession, gnädiger Herr. [...]"
> "He ran away, signore," said the old boatman. "A bad lot, a man without a licence. [...]"
> „Der Herr ist umsonst gefahren", sagte der Alte ...
> "The signore has had a ride for nothing", said the old man ...[51]

Inzwischen werden auch im Deutschen die fremden Anredeformen weitgehend beibehalten.

Die beiden im Abstand von knapp vierzig Jahren entstandenen Übersetzungen von Albert Camus' Roman *L'étranger* dokumentieren diese Entwicklung:

---

[50] James Joyce: *Ulysses*, Üb. von G. Goyert, Bd. I, München 1966 (= dtv), 19.
[51] Thomas Mann: *Tod in Venedig/Death in Venice*, drittes Kapitel, engl. Üb. von H. T. Lowe-Porter.

> A la porte d'un petit bâtiment, le directeur m'a quitté : «Je vous laisse, monsieur Meursault.»
>
> An der Tür eines kleinen Gebäudes verließ mich der Direktor: „Ich muß jetzt gehen, Herr Meursault."
>
> An der Tür eines kleinen Gebäudes hat sich der Leiter verabschiedet: „Ich gehe jetzt, Monsieur Meursault."[52]

Das gilt natürlich ebenfalls für die englischen Anredeformen. In Jonathan Franzens *The Corrections* erkundigt sich ein Unbekannter bei einem der Protagonisten nach den Sehenswürdigkeiten, an denen das Schiff vorbeifährt, auf dem sie sich befinden:

> "Excuse me, sir. What do you reckon we're looking at up here on the left?"
> „Entschuldigen Sie, Sir. Was, meinen Sie, sieht man da vorn zu unserer Linken?"[53]

Und so wirken die in Hans Wollschlägers Übersetzung des *Ulysses* beibehaltenen Anredeformen auf den heutigen Leser viel natürlicher als Goyerts Eindeutschungen:

> – Wieviel Sir? fragte die alte Frau. [...]
> – Ja, in der Tat, Ma'am, sagte Buck Mulligan und goß Milch in ihre Tassen. [...] –
> Sind Sie Medizinstudent, Sir? fragte die alte Frau.
> – Bin ich, Ma'am, antwortete Buck Mulligan.[54]

## 7.3 Präsuppositionen und Sprechakte

Zwei Fragenkomplexe werden seit längerer Zeit im Rahmen der linguistischen Pragmatik besonders gründlich diskutiert: das Problem der Präsuppositionen und die Theorie der Sprechakte. Beide Gebiete sollen im folgenden kurz vorgestellt und auf ihre Relevanz für die Übersetzungsforschung hin untersucht werden. Andere Teilbereiche der Pragmatik wie z. B. die Konversationsanalyse oder die Autoreflexivität von Texten müssen hier ausgespart bleiben.[55] Ein Teilbereich dessen, was man heute unter „Intertextualität" versteht, wird in Kapitel 9 behandelt.

### 7.3.1 Präsuppositionen und Übersetzung

Kommen wir nochmals auf ein in 6.2 angeführtes Beispiel zurück: In Emile Zolas Roman *L'Assommoir* unterläuft einer Frau aus dem Volk die Ungeschicklichkeit, ausgerechnet in der Schnapskneipe, die dem Roman den Titel geliefert hat, nach Wasser zu verlangen. Der Verzinker Coupeau, einer der Protagonisten, durch einen Arbeitsunfall zum Säufer geworden, reagiert mit Empörung:

> Mme Putois ayant demandé de l'eau, le zingueur indigné venait d'enlever lui-même les carafes. Est-ce que les honnêtes gens buvaient de l'eau? Elle voulait donc avoir des grenouilles dans l'estomac?[56]

---

[52] Albert Camus: *L'étranger*. In: Idem: *Théâtre, Récits, Nouvelles*, Paris 1962 (=Bibliothèque de la Pléiade), 1129; Idem: *Der Fremde*, Üb. von G. Goyert und H. G. Brenner, Reinbek bei Hamburg 1961, 9; Idem: *Der Fremde*, Üb. von Uli Aumüller, Reinbek bei Hamburg 1994, 10.
[53] Jonathan Franzen: *The Corrections*, New York 2002, 330; Idem: *Die Korrekturen*, Üb. von Bettina Abarnell, Reinbek bei Hamburg 2002, 460.
[54] James Joyce: *Ulysses*, Üb. von Hans Wollschläger, Frankfurt 1975, 21f.
[55] Vgl. Levinson 1983, Kap. 3 und 6; Maingueneau 1990, 2000, chap./Kap. 8.
[56] Emile Zola: *L'Assommoir*, éd. établie et annotée par Henri Mitterand, 261.

Die beiden letzen Sätze dieses Passus stehen im *style indirect libre*, in „erlebter Rede", einer Form der Redewiedergabe oder der „Rededarstellung", die erst später, in Kapitel 9.4, ausführlicher behandelt werden kann. Anhand der deutschen Übersetzungen des Romans, die von 1893 an entstanden sind, läßt sich ablesen, daß sich die deutschen Übersetzer die Beherrschung dieser Form der Redewiedergabe, die seit Arthur Schnitzler in der deutschen Literatur heimisch geworden ist, erst langsam erarbeiten mußten. So lautet die Stelle in der Übersetzung von Arthur Ernst Rutra (1925):

> Frau Putois hatte um ein Glas Wasser gebeten, vorüber [sic!] sich der Zinkarbeiter derart entrüstete, daß er die Karaffen vom Tisch entfernte. Trinken denn anständige Leute überhaupt Wasser? Sie sehne sich wohl nach Fröschen im Magen?

Einigermaßen angemessen, wenn auch nicht gerade vorbildlich, wurde die Stelle dann von Gerhard Krüger (überarbeitete Fassung von 1975) wiedergegeben:

> Da Frau Putois um Wasser gebeten hatte, hatte der entrüstete Bauklempner soeben selber die Karaffen weggenommen. Tranken anständige Leute denn Wasser? Sie wollte wohl Frösche in den Magen bekommen?

Das Problem der angemessenen Wiedergabe des *style indirect libre* interessiert hier nur am Rande. Diese Form der Redewiedergabe kann nämlich in Verbindung mit der *est-ce que*-Frage eine negative Präsupposition auslösen, die im Deutschen am besten mit der Abtönungspartikel *etwa* (oder *vielleicht*) wiederzugeben wäre: „Tranken anständige Leute etwa Wasser?" Es handelt sich, weniger technisch formuliert, um eine »rhetorische« Frage, auf die eine negative Antwort erwartet wird.

Im Lateinischen gibt es ebenfalls Partikeln zur „Auslösung" negativer oder positiver Präsuppositionen; diese „präsuppositionsauslösenden Elemente" sind stärker grammatikalisiert als im Deutschen und werden daher sogar in Schulgrammatiken behandelt:

| | |
|---|---|
| vis*ne* mecum ambulare? | Willst du mit mir spazierengehen? (keine Präsupposition) |
| *num* dubitas? | Zweifelst du etwa daran/Du zweifelst doch nicht etwa daran? (negative Präsupposition) |
| Quid? Canis *nonne* similis est lupo? | Wie? Der Hund ist doch wohl dem Wolf ähnlich? (positive Präsupposition)[57] |

Das Phänomen der Präsupposition wurde von dem deutschen Logiker Gottlob Frege (1848-1925) als Problem in die Diskussion des Wahrheitswertes von Sätzen eingeführt. Seine Argumentation kann hier nur verkürzt und fragmentarisch, d. h. anhand eines einzigen aus den zahlreichen von ihm angeführten Beispielen, dargestellt werden.

Im folgenden Satzgefüge, so Frege, seien zwei Gedanken ausgedrückt:

> Bebel wähnt, daß durch die Rückgabe Elsaß-Lothringens Frankreichs Rachegelüste beschwichtigt werden können.
>
> 1. Bebel glaubt, daß durch die Rückgabe Elsaß-Lothringens Frankreichs Rachegelüste beschwichtigt werden können;
>
> 2. durch die Rückgabe Elsaß-Lothringens können Frankreichs Rachegelüste nicht beschwichtigt werden.[58]

---

[57] Vgl. Rubenbauer/Hofmann 1995, 254f.

Frege war ausschließlich an den Wahrheitswerten von Objekt- und anderen Nebensätzen in Abhängigkeit von dem dazugehörigen Hauptsatz interessiert. Er kam zu dem Schluß, daß man dabei zwischen der Aussage selbst und den stillschweigenden Voraussetzungen zu unterscheiden habe, unter der sie gemacht wird. Das Verb *wähnen* tritt in diesem Fall als „Präsuppositionsquelle" auf (dieser Terminus wurde erst lange nach Frege eingeführt). Es drückt explizit aus, daß ein Dritter (d. h. nicht der Urheber der Äußerung selbst) den im Objektsatz ausgedrückten Tatbestand für richtig hält und gibt darüber hinaus implizit zu verstehen, daß der Urheber der Äußerung selbst die Richtigkeit dieses Sachverhalts bestreitet.

In der linguistischen Pragmatik ist die Frage nach dem Wahrheitswert in den Hintergrund getreten. Es geht heute vordringlich um das Verhältnis von expliziten und impliziten Aussagen und darüber hinaus um die Voraussetzungen, die gegeben sein müssen, damit das implizit Ausgesagte, d. h. die stillschweigenden Vorraussetzungen (Präsuppositionen), unter denen eine Aussage gemacht oder ein Urteil abgegeben wird, vom Empfänger der Nachricht zuverlässig erkannt werden kann.

Der Satz:

    Annas Töchter sind besser erzogen als Katrins Töchter.

impliziert:[59]

    → Anna und Katrin haben Töchter.

Die Tatsache, daß diese stillschweigende Vorraussetzung der Äußerung nicht auf derselben logischen Ebene wie die Äußerung selbst angesiedelt ist, läßt sich durch den Negationstest aufzeigen. Die Verneinung des Satzes

    (Das stimmt nicht!) Annas Töchter sind nicht besser erzogen als Katrins Töchter

tangiert die Präsupposition nicht. In der Sprechweise der Theorie der Präsuppositionen: Die Präsupposition „überlebt" die Negation. Wer die in den folgenden Sätzen präsupponierten Sachverhalte leugnen möchte, kann dies nicht durch einfache Negation bzw. Affirmation tun:

    Stimmt es, daß du seit neuestem nicht mehr klaust?
    Antwort „Nein!" → Ich stehle weiter.
    Antwort „Ja!" → Ich gebe zu, daß ich bisher gestohlen habe.
    Hast du wirklich das Rauchen aufgegeben?
    Antwort „Nein!" → Ich rauche immer noch.
    Antwort „Ja!" → Ich gebe zu, daß ich bisher geraucht habe.

In beiden Fällen muß man über den Satzrahmen hinausgehen, wenn man nicht nur die explizite Aussage, sondern auch die Präsuppositionen bestreiten will, die ihr zugrundeliegen: „Unverschämtheit, ich habe nie geklaut und werde so etwas auch weiterhin nie tun!"; „Wie kommst du darauf? Ich habe nie geraucht!"[60]

Selbst alltägliche Sätze können ganze Ketten von Präsuppositionen enthalten, die sich darüber hinaus ändern, wenn die Negation vom Hauptsatz in den davon abhängigen Objektsatz verschoben wird:[61]

---

[58] Frege 1892/1966, 62.
[59] Im folgenden wird die Präsupposition durch einen Pfeil → eingeführt.
[60] Auf ähnliche Fälle werden wir im Abschnitt über die *scenes and frames* (7.5) zurückkommen.
[61] Vgl.: Ich glaube nicht, daß es einen Gott gibt (Skeptizismus); Ich glaube, daß es keinen Gott gibt (Atheismus).

Es gelang mir, ihn davon zu überzeugen, daß Anna sich geirrt hatte. (1)
→ Ich habe versucht, ihn davon überzeugen.
→ Ich glaube, daß Anna nicht recht hat.
→ Er glaubt (zunächst), daß Anna recht hat.
Es gelang mir *nicht*, ihn davon zu überzeugen, daß Anna sich geirrt hatte. (2)
→ Die beiden ersten Präsuppositionen „überleben" die Negation.
→ Die dritte besteht leicht modifiziert weiter: Er glaubt weiterhin, daß Anna recht hat.
Es gelang mir, ihn davon zu überzeugen, daß Anna sich *nicht* geirrt hatte. (3)
→ Vertauschung der zweiten und dritten Präsupposition.

Halten wir zunächst folgendes fest: Es gibt eine große Anzahl sprachlicher Elemente, die andere Elemente nicht im logischen, sondern im zeitlichen Sinn voraussetzen: Wer mit etwas *aufhört*, wer etwas *nicht mehr tut*, muß es zuvor *getan* haben; wem etwas *gelingt*, wer etwas *schafft*, wer etwas *fertig bringt*, muß es zuvor *versucht* haben; wer jemanden von etwas *überzeugt*, muß selbst an die Richtigkeit des betreffenden Tatbestandes *glauben* und darüber hinaus den *Wunsch hegen*, daß andere die *eigene Ansicht teilen*; wer jemand anderem oder sich selbst vorhält, er habe *sich geirrt*, *sich getäuscht*, bringt damit zum Ausdruck, daß er einen anderen Sachverhalt *für richtig hält*, bzw. daß er *seine Überzeugung geändert* hat. Sprachliche Elemente dieser Art heißen – der Ausdruck wurde bereits mehrfach verwendet – „präsuppositionsauslösende Elemente" (Präsuppositionsquellen; *presupposition-triggers*).[62] Es geht zunächst um rein semantische Relationen, die nicht von den Umständen berührt werden, unter denen die betreffenden Aussagen gemacht werden.

Bevor wir uns Fällen zuwenden, in denen Zweifel am rein semantischen Charakter der Präsuppositionen angebracht scheinen, soll ein erster Bezug zum Problem der Übersetzung hergestellt werden. Die Nachvollziehbarkeit von Präsuppositionen ist nur im Rahmen vollständig idiomatischer Alltagssprache (*ordinary language*) problemlos gewährleistet. Das zeigt sich besonders deutlich in den beiden deutschen Übersetzungen eines Buchs, das auch heute noch als ein Klassiker auf dem Gebiet der linguistischen Pragmatik gilt, Stephen C. Levinsons *Pragmatics*.[63] Beide deutschen Übersetzungen, die in ungewöhnlich kurzem Abstand beim selben Verlag erschienen sind, halten sich bei den Beispielen viel zu eng an den englischen Text. Das soll anhand von drei Beispielen gezeigt werden.

(1) If I *just* caught the train, it was because I ran
>>? I almost didn't catch the train
(cf. If I *just* didn't catch the train, it was because I ran
>>? I almost did catch the train)
  a) Wenn ich den Zug *gerade* noch erreichte, war es, weil ich rannte
  b) Wenn ich den Zug *gerade* noch erwischt habe, dann deshalb, weil ich gerannt bin
(2) Sue died before she finished her thesis
>> *Sue finished her thesis
  a) Susanne starb, bevor sie ihre Diplomarbeit beendete
  b) Sarah starb, bevor sie ihre Diplomarbeit beendete

---

[62] Eine ziemlich ausführliche Liste solcher Elemente für das Englische (und *mutatis mutandis* für die meisten anderen Sprachen) findet sich bei Levinson 1983, 181ff.
[63] Levinson 1983.

> (3) It was his coat that John lost.
> c) Es war der Mantel, den John verlor.
> d) Es war sein Mantel, den Martin verlor.[64]

Mit Beispiel (1) soll die Tatsache belegt werden, daß eine Präsupposition die Negation des Satzes „überlebt", in dem sie enthalten ist. Beide Übersetzungen sind so unidiomatisch, daß die Präsuppositionen (>>„ich hätte den Zug beinahe verpaßt/erreicht") nicht überzeugend aus der Formulierung hervorgehen. Die zweite Übersetzung stellt immerhin gegenüber der ersten eine entscheidende Verbesserung dar. Das ist noch der harmloseste Fall unter den oben stehenden Beispielen.

Beispiel (2) soll zeigen, daß Präsuppositionen, die »normalerweise« an einen bestimmten Satztyp geknüpft sind, „aufhebbar" (*defeasible*) sind, wenn eine der beteiligten Propositionen der Präsupposition ausdrücklich widerspricht. So präsupponieren temporale Nebensätze, die mit *before* eingeleitet werden, das Zutreffen des durch sie behaupteten Sachverhalts:

> Sue cried before she finished her thesis
> >> Sue finished her thesis

Im oben wiedergegebenen zweiten Beispiel ist dies aus den angegebenen Gründen nicht der Fall; nach dem Tod kann man leider keine Doktorarbeit fertig schreiben. Beide deutsche Übersetzungen sind grob fehlerhaft, und zwar aufgrund ihrer »Wörtlichkeit«. In korrektem Deutsch erscheint im Gegensatz zum Englischen die „Aufhebung" der Präsupposition an der Satzoberfläche. Mögliche Formulierungen sind:

> Susanne starb, bevor sie ihre Doktorarbeit beendet hatte
> Susanne starb, bevor sie ihre Doktorarbeit beenden konnte

Beispiel (3) soll demonstrieren, daß aus den im Englischen und im Französischen sehr häufigen *cleft[ing] sentences* generische Präsuppositionen hervorgehen, in unserem Fall die Tatsache, daß John überhaupt etwas verloren hat. Das Beispiel ist problematisch, denn es geht eigentlich nicht um Präsuppositionen im engeren Sinn, sondern eher um Vorerwähntheit, um „Thematizität". Durch die deutsche Übersetzung verliert das Beispiel erst recht seinen linguistischen Demonstrationswert. Wenn man präzisieren möchte, was John tatsächlich verloren hat, so tut man das im Deutschen durch den Kontrastakzent, für den unsere gewöhnliche Orthographie keine Kennzeichnung vorsieht: *John hat seinen **Mantel** verloren* oder auch *Seinen **Mantel** hat John verloren*.

Zurück zu der kurz vor diesem Exkurs aufgeworfenen Frage, ob Präsuppositionen überhaupt innerhalb einer streng semantischen Theorie behandelt werden können. Es lassen sich zahlreiche Fälle anführen, in denen das Phänomen der Präsupposition nicht streng an die Bedeutung der sprachlichen Zeichen gebunden ist, sondern bis zu einem gewissen Grad von Kontext und Situation abhängt. Hierzu zwei Beispiele:

> Katrin wird wenigstens nicht bedauern müssen, daß sie den Doktorgrad erworben hat.
> Bei gemeinsamem Wissen von Sprecher und Hörer, daß Katrins Promotionsvorhaben erfolgreich war: → Katrin wurde promoviert (und es hat sich für sie gelohnt).
> Bei gemeinsamem Wissen von Sprecher und Hörer, daß Katrins Promotionsvorhaben gescheitert ist: → (Eine Möglichkeit unter mehreren): Die meisten bedauern, daß sie

---

[64] Levinson 1983, Beispiele (79); (86)/(159); (204).

den Doktorgrad erworben haben, weil sie dann als „überqualifiziert" gelten und erst recht keine Stelle finden; für Katrin stellt sich dieses Problem wenigstens nicht.

Peter und Katrin sind nicht die, die dich verraten werden.
Wenn viele Personen als Verräter in Frage kommen → jemand wird dich verraten
Wenn nur Peter und Katrin als Verräter in Frage kommen: → Dein Verdacht ist völlig unbegründet, niemand wird dich verraten.

In beiden Fällen reichen die rein sprachlichen *Präsuppositionsquellen* oder *Präsuppositionsauslöser* nicht aus, um die Präsupposition der betreffenden Äußerung genau zu bestimmen; man benötigt dazu die Kenntnis der Situation, in der sie gefallen ist. Damit wird die Hypothese bestätigt, daß es sich bei der Präsupposition um ein pragmatisches Phänomen handelt, das nur im Rahmen einer pragmatischen Theorie zufriedenstellend behandelt werden kann. Wir werden auf dieses Problem im Abschnitt 7.3.3 im Zusammenhang mit der Sprechakttheorie zurückkommen.

Nun aber endgültig zur Relevanz der Theorie der Präsupposition für die Theorie der Übersetzung. Man kann in diesem Zusammenhang, wenn ich richtig sehe, drei Bereiche mit unterschiedlichem Allgemeinheitsgrad aufführen.

Zunächst einmal gibt es einen ziemlich unspezifischen Zusammenhang zwischen der Theorie der Präsupposition und dem Hintergrundwissen, das der Übersetzer bei seinen Lesern voraussetzen darf. Die Beschäftigung mit dem Problem der Präsupposition erzieht den Übersetzer dazu, sich ständig zu fragen, ob die Formulierungen des Ausgangstextes nicht gelegentlich auf stillschweigenden Voraussetzungen beruhen, die vom Leser des Zieltextes nicht unmittelbar nachvollzogen werden können und unter Umständen vom Übersetzer »nachgeliefert« werden müssen.

Darüber hinaus besteht, wie bereits oben angedeutet, ein enger Zusammenhang zwischen dem unmittelbaren Verständnis von Präsuppositionen und idiomatischen Formulierungen. Wenn der Leser eines Textes, z. B. eines Dialogs, die Präsuppositionen unmittelbar verstehen muß, um den Gesamtsinn schnell zu erfassen, darf sich der Übersetzer häufig nicht eng an die Formulierungen des Ausgangstextes halten. Zusätzlich zu den oben bereits diskutierten Beispielen sei hier ein weiteres angeführt:

John doesn't regret doing a useless PhD in linguistics because *in fact* he never did do one.[65]

Dieser Satz soll erklären, daß Präsuppositionen erlöschen, wenn sie in einem Teilsatz ausdrücklich geleugnet werden. Die erste deutsche Übersetzung lautet folgendermaßen:

Peter bereut die Erlangung eines nutzlosen Doktorats in Linguistik nicht, weil er nie eines erlangte.

Hier hat es die Übersetzerin versäumt, ein Äquivalent für das Syntagma *in fact* einzufügen, durch das der Widerspruch zwischen Präsupposition des Hauptsatzes und Aussage des Kausalsatzes gemildert wird. In der zweiten Übersetzung wurde dieses Versäumnis wenigstens teilweise nachgeholt:

Peter bedauert nicht, unnützerweise in Linguistik promoviert zu haben, denn er hat es gar nicht getan.[66]

---

[65] Levinson 1983, Kap. 4, Beispiel 117.

Hier erscheint immerhin die »pragmatische« Konjunktion *denn*, von der gleich die Rede sein wird. Im Deutschen sind jedoch vor allem in der Umgangssprache weit aufwendigere Formulierungen üblich, wenn Widersprüche dieser Art aufgehoben oder wenigsten gemildert werden sollen:

> Peter bereut *schlicht und einfach deshalb* nicht, einen nutzlosen Doktorgrad in Linguistik erworben zu haben, weil er nie einen erhalten hat.
> Peter bereut *mit Sicherheit* nicht, einen nutzlosen Doktortitel in Linguistik erlangt zu haben; er hat *nämlich* nie einen erhalten.

Schließlich kann es vorkommen, daß es in der Zielsprache kein universell verwendbares Äquivalent für eine Präsuppositionsquelle der Ausgangssprache gibt. Dies ist bei gewissen Konjunktionen der Fall. Sehen wir uns dazu zunächst einmal einige französische Beispiele an:

> Anne est venue parce que Catherine est partie (1)
> Anne est venue puisque Catherine est partie (2)
> Est-ce qu'Anne est venue parce que Catherine est partie? (1')
> ?Est-ce qu'Anne est venue puisque Catherine est partie? (2')
> Est-ce qu'Anne est venue? Puisque Catherine est partie! (2")

Welcher Unterschied besteht zwischen Satz (1) und Satz (2), und woran liegt es, daß der durch Satz (1) ausgedrückte Sachverhalt problemloser erfragt werden kann als der mit Satz (2) behauptete? Die kausale Konjunktion *parce que* „weil" liegt innerhalb des Skopus der Aussage, sie wird vom Sprecher ausdrücklich behauptet. Die Konjunktion *puisque* „da ja bekanntlich" wird vom Sprecher nicht behauptet, sondern er appelliert durch sie an ein beim Hörer/Leser als bekannt vorausgesetztes Wissen um den behaupteten Zusammenhang zwischen Ursache und Wirkung. Das Englische verfügt, wie wir gleich noch sehen werden, mit der kausalen Lesart der Konjunktion *since* über ein universell verwendbares Äquivalent für *puisque*, das jedoch weit weniger gut beschrieben wurde als die französische Konjunktion.[67]

Die Sätze zeigen daher auch ein unterschiedliches Verhalten in bezug auf die Präsuppositionen. Satz (1) ist auch dann sinnvoll, wenn die Angesprochenen das im Hauptsatz behauptete Faktum bereits kennen, die eigentliche Information besteht dann in dem behaupteten Kausalzusammenhang. Satz (2) ist dagegen nur dann sinnvoll, wenn das im Hauptsatz behauptete Faktum für die Adressaten neu ist. Der *puisque* vorangehende Hauptsatz kann dabei den Charakter einer Folgerung annehmen, er kann einen Tatbestand ausdrücken, der vom Sprecher nicht beobachtet, sondern erschlossen wurde. Man könnte die beiden Sätze mit den dazugehörigen Fragen folgendermaßen übersetzen:

> Anna ist gekommen, weil Katrin gegangen ist. (1)
> Anna ist wohl gekommen, denn Katrin ist gegangen. (Katrin ist jedenfalls gegangen.) (2)
> Variante: Anna scheint gekommen zu sein ...
> Ist Anna gekommen, weil Katrin gegangen ist? (1')
> Ist Anna etwa gekommen? Katrin ist nämlich gegangen. (2")
> Umgangssprachliche Variante: ... Ich meine, weil Katrin gegangen ist.
> (Jeder weiß doch, daß die beiden sich nicht leiden können. Erst wenn die eine geht, kommt die andere.)

---

[66] Hier 4. Kap. Beispiel 110.
[67] So heißt es im *Petit Robert*, einem der geläufigsten frz. Wörterbücher: «introduisant une cause, en faisant reconnaître comme logique et incontestable le rapport de cause à effet». Das *Oxford Dictionary* enthält nichts Vergleichbares s. v. *since*.

Über die Angemessenheit dieser Übersetzungen läßt sich streiten; sie zeigen in jedem Fall, daß es für die Präsuppositionsquelle *puisque* kein unviversell verwendbares Äquivalent im Deutschen gibt; Übersetzer müssen darauf achten, daß die Präsupposition nicht verloren geht.

*Puisque* ist – ähnlich wie engl. *since* und in manchen Fällen dt. *denn* – eine »pragmatische« Konjunktion insofern, als sie immer an das Sprecher und Hörer gemeinsame Weltwissen appelliert. *Parce que, weil* oder *because* führen Gründe ein, die dem Hörer völlig neu sein können, *puisque, denn* oder *da ja* und *since* rufen gewissermaßen allgemein bekannte – oder in einer gewissen Situation sehr plausible – Gründe ins Gedächtnis:

> Les mondes meurent, puisqu'ils naissent. (Anatole France)
> (Alles was geboren wird, muß bekanntlich sterben.)
> Mein Auto ist nicht angesprungen, weil die Batterie leer war. (behauptete Ursache)
> Meine Batterie ist leer, denn mein Auto ist nicht angesprungen.
> Variante: muß wohl leer sein (erschlossene Ursache, keine strenge Folgerung)
> People dislike me, because I'm successful. (Grund neu, rhematisch)
> Since you refuse to co-operate, I shall be forced to take legal advice. (Grund bekannt, thematisch)

Der »pragmatische« Charakter der Konjunktion zeigt sich nicht zuletzt darin, daß sie – ähnlich wie das umgangssprachliche „epistemische" *weil* und ganz im Gegensatz zu *parce que* – häufig in sprunghaften, anakoluthischen Argumentationsketten verwendet wird. In La Fontaines Fabel *Les animaux malades de la peste* schlägt der Löwe vor, jedes Tier möge seine Sünden bekennen; derjenige der nach allgemeiner Übereinkunft die schlimmste begangen habe, solle sich opfern, um das Unheil der Pest von den Tieren abzuwenden. Am Ende ist der Esel der Schuldige: Er hat unberechtigterweise ein winziges Stückchen einer fremden Wiese abgeweidet. Da er der Wehrloseste ist, ist sein Verbrechen das schlimmste. Uns interessiert hier jedoch nicht die Moral, sondern die Argumentation des Esels:

> La faim, l'occasion, l'herbe tendre, et, je pense,
> Quelque diable aussi me poussant,
> Je tondis de ce pré la largeur de ma langue.
> Je n'en avais nul droit, puisqu'il faut parler net.[68]

Zunächst erzählt der Esel, daß ihn der Hunger, die einmalige Gelegenheit, das zarte Gras und möglicherweise auch irgendein Teufel zu dem Vergehen animiert haben. Mit *puisque* wird ein Sprung auf die Ebene des Metadiskurses eingeleitet. Es geht nicht mehr um den Grund für das Vergehen, sondern um die Motivation des eigenen Geständnisses: „Ich hatte kein Recht dazu, da nun einmal die Karten auf den Tisch gelegt werden müssen." In diesem Bereich hat sich in den letzten Jahrzehnten das von Puristen weiterhin stark bekämpfte „epistemische" *weil* (ohne Endstellung des Verbs) zu einem flexiblen Instrument entwickelt:

> ... ich muß mir jeden Tag den Wecker stellen, weil ich wache (nämlich) nie von alleine auf.[69]

---

[68] *Fables*, Buch VII, 1.
[69] Zit. nach Weinrich 1993, 758.

Hier geht es nicht um den Appell an ein von Sender und Adressaten geteiltes Wissen um kausale Zusammenhänge, sondern um die Einführung eines Metadiskurses: „Du mußt nämlich wissen, daß ...".

Auf der Textebene können auch gewisse Tempora Präsuppositionsquellen sein, für die es in einer Zielsprache mit völlig unterschiedlichem Tempussystem kein allgemein verwendbares Äquivalent gibt:

> Il y a trente ans, le 7 octobre 1973, les troupes égyptiennes *franchissaient* le canal de Suez.
>
> Il y a trente ans, le 7 octobre 1973, les troupes égyptiennes *franchirent* le canal de Suez.

Im ersten Fall wird durch das *imparfait* in einem freilich recht vagen Sinn präsupponiert, daß dem Leser das Ereignis selbst bekannt ist; es geht um die Schilderung eines Hintergrunds, vor dem sich ein nunmehr zu erzählendes Ereignis abspielen wird. Im zweiten Fall wird durch den Gebrauch des *passé simple* nichts präsupponiert, das betreffende Ereignis wird nicht geschildert, sondern unmittelbar berichtet. Das zweite Beispiel könnte somit mehr oder weniger »wörtlich« mit Präteritum ins Deutsche übersetzt werden; beim ersten müßte man unter Umständen auf einen temporalen Nebensatz ausweichen:

> Als vor dreißig Jahren, am 7. Oktober 1973, die ägyptischen Truppen den Suezkanal überschritten ...

### 7.3.2 Exkurs: Die „Hinwendung zur Sprache" in der Philosophie (*linguistic turn*)

Bevor wir uns nun dem populärsten Teilgebiet der linguistischen Pragmatik, der Sprechakttheorie, zuwenden, soll kurz an eine umfassende wissenschaftstheoretische Umwälzung in der ersten Hälfte des 20. Jahrhunderts erinnert werden, aus der die Sprechakttheorie hervorgegangen ist, an den sogenannten *linguistic turn* („sprachliche Wende", genauer: „Hinwendung zur Sprache"). Es handelt sich ursprünglich um eine rein philosophische Fragestellung, an der die Linguistik nicht beteiligt war, die jedoch später auf sie zurückgewirkt hat.[70] Wir müssen zwei Etappen dieser Entwicklung unterscheiden; beide sind eng mit dem Philosophen Ludwig Wittgenstein verbunden.

Die erste Etappe der „sprachlichen Wende" fand im „Wiener Kreis" statt, d. h. innerhalb des „logischen Empirismus" in seiner frühen Entwicklungsphase. Man kann sie vereinfachend in der Formel zusammenfassen: *Erkenntniskritik = Sprachkritik*.

Der Begründer des Wiener Kreises, der Philosoph Moritz Schlick (1882-1936), hat diese erste Phase der Hinwendung zur Sprache in einem programmatischen Aufsatz mit dem Titel „Die Wende der Philosophie" so treffend charakterisiert, daß es angemessen scheint, ihn in einem längeren Zitat zu Wort kommen zu lassen:

> Daß das Logische in irgendeinem Sinne das rein Formale ist, hat man früh und oft ausgesprochen; dennoch war man sich über das Wesen der reinen Formen nicht wirklich klar gewesen. Der Weg zur Klarheit darüber geht von der Tatsache aus, daß jede Erkenntnis ein Ausdruck, eine Darstellung ist. Sie drückt nämlich den Tatbestand aus, der in ihr erkannt wird, und dies kann auf beliebig viele Weisen, in beliebigen Sprachen, durch beliebige willkürliche Zeichensysteme geschehen; alle diese möglichen Darstellungsarten, wenn anders sie wirklich dieselbe Erkenntnis ausdrücken, müssen eben deswegen etwas gemeinsam haben, und dies Gemeinsame ist ihre logische Form.

---

[70] Vgl. Gauger 2002, 59ff.

So ist alle Erkenntnis nur vermöge ihrer Form Erkenntnis; durch sie stellt sie die erkannten Sachverhalte dar, die Form selbst aber kann ihrerseits nicht wieder dargestellt werden; auf sie allein kommt es bei der Erkenntnis an, alles übrige daran ist unwesentlich und zufälliges Material des Ausdrucks, nichts anders als etwa die Tinte, mit der wir einen Satz niederschreiben.

Diese schlichte Einsicht hat Folgen von der allergrößten Tragweite. Durch sie werden zunächst die traditionellen Probleme der „Erkenntnistheorie" abgetan. An die Stelle von Untersuchungen des menschlichen „Erkenntnisvermögens" tritt, soweit sie nicht der Psychologie überantwortet werden können, die Besinnung über das Wesen des Ausdrucks, der Darstellung, d. h. jeder möglichen „Sprache" im allgemeinen Sinne des Worts. Die Fragen nach der „Geltung und den Grenzen der Erkenntnis" fallen fort. Erkennbar ist alles, was sich ausdrücken läßt, und das ist alles, wonach man sinnvoll fragen kann. Es gibt daher keine prinzipiell unbeantwortbaren Fragen, keine prinzipiell unlösbaren Probleme. Was man bisher dafür gehalten hat, sind keine echten Fragen, sondern sinnlose Aneinanderreihungen von Worten, die zwar äußerlich wie Fragen aussehen, da sie den gewohnten Regeln der Grammatik zu genügen scheinen, in Wahrheit aber aus leeren Lauten bestehen, weil sie gegen die tiefen inneren Regeln der logischen Syntax verstoßen, welche die neue Analyse aufgedeckt hat.[71]

Die für uns, d. h. für Sprach- und Übersetzungswissenschaftler, nicht für Philosophen, vielleicht wichtigste Konsequenz dieser »harten« Position ist die folgende: Sätze – die logischen Empiristen unterscheiden noch nicht zwischen „Sätzen" und „Äußerungen" –, denen sich kein Wahrheitswert zuordnen läßt, werden als „Scheinsätze ohne Bedeutung" angesehen.

Das gilt nicht nur für Sätze, die „metaphysische Begriffe" wie „Gott" oder „absoluter Geist" enthalten und deshalb im Sinne des logischen Empirismus weder analytisch sind noch über die Wirklichkeit informieren, es gilt auch für Sätze, die schon von ihrer Form her nicht den Anspruch erheben, etwas über die Wirklichkeit auszusagen: Befehle, Flüche, Versprechen, Wetten, Appelle usw. usf.

Die zweite Entwicklungsstufe der „Hinwendung zur Sprache" wird durch die vor allem mit dem Namen Gilbert Ryle verbundene *Ordinary Language Philosophy* (Philosophie der normalen Sprache) in Oxford und den späteren Wittgenstein in Cambridge repräsentiert. In einem allgemeineren Sinn spricht man auch von „sprachanalytischer Philosophie". Ryle mit seinen Schülern und der spätere Wittgenstein, der sich nach seiner neopositivistischen Frühphase jahrelang völlig von der Philosophie entfernt hatte und Dorfschullehrer geworden war, gelangten weitgehend unabhängig voneinander zu sehr ähnlichen Ergebnissen. Zum Gesinnungswandel Wittgensteins gibt es eine schöne Anekdote. Er habe einem italienischen Kollegen, der in Cambridge zu Besuch war, von seinem Vorhaben berichtet, die Abbildung der logischen Struktur der Welt durch die Sprache genauestens zu untersuchen. Der Italiener habe eine verächtliche Handbewegung gemacht und ihn gebeten, ihm die logische Struktur dieser Geste zu erklären. Daraufhin habe er eingesehen, daß seine Annahme, Tatsachen könnten eine logische Struktur haben, unhaltbar sei.[72]

---

[71] Schlick 1930/31, 6f.
[72] Vgl. Hartnack 1962, 55.

Die Philosophen der „Normalen Sprache" in Oxford und der späte Wittgenstein übernehmen von den logischen Empiristen die Grundannahme *Erkenntniskritik = Sprachkritik*. Sie ziehen aber ganz andere Konsequenzen aus dieser Einsicht. Die logischen Empiristen hatten es sich, grob gesagt, zum Programm gemacht, die Alltagssprache logisch zurechtzustutzen, zu „normalisieren" und damit philosophie- und wissenschaftstauglich zu machen. Die Oxforder Sprachphilosophen und der späte Wittgenstein halten dieses Programm für nicht durchführbar. Sie sind überzeugt von der „Nicht-Hintergehbarkeit der Alltagssprache", d. h. sie glauben nicht daran, daß man sich durch Sprachkritik von den Fallstricken der Sprache befreien und zu den »sprachfreien« Sphären des reinen Denkens vorstoßen könne: Es gibt keinen Weg heraus aus der gewöhnlichen Sprache und hinein in eine »logisch einwandfreie« Sprache. Man kann nur den tatsächlichen Sprachgebrauch beobachten und versuchen, seine Regeln zu beschreiben. Wittgenstein sprach in diesem Zusammenhang von „Sprachspielen".

Was nun aber die Rückwirkung dieser „Hinwendung zur Sprache" in der Philosophie auf die Sprachwissenschaft und damit auch auf die Übersetzungsforschung betrifft, so besteht sie vor allem in der Schärfung des Blicks für eine Tatsache, die seit den Vorsokratikern von allen, die über Sprache nachgedacht haben, geradezu „verdrängt" worden ist. Sprache ist nicht nur ein Mittel, um Aussagen über die Welt zu machen, sie ist auch eine Form des sozialen Handelns; sie ist nicht nur ein Instrument der Kommunikation im engeren Sinn, sondern auch ein Mittel, das Verhalten anderer zu beeinflussen. Bei dieser Neubesinnung auf die gesellschaftliche Funktion der Sprache setzt die Sprechakttheorie ein, der wir uns nun zuwenden wollen.

### 7.3.3 Sprechakttheorie und Übersetzung

Als Begründer der Sprechakttheorie gilt der Oxforder Philosoph John Langshaw Austin (1911-1960). Im Jahre 1962 erschien postum eine Nachschrift seiner Vorlesungen, die großen Einfluß auf die Entwicklung der Sprachphilosophie und der Sprachwissenschaft (und damit auch der Übersetzungsforschung) ausüben sollte. Mit dem Titel *How to do things with words?* nahmen die Herausgeber den zentralen Gedanken der Theorie auf und spielten gleichzeitig ironisch auf »Lebenshilfen« vom Typ „How to make friends" an.[73]

Die Sprechakttheorie kann hier nur flüchtig skizziert werden. Sie erfreute sich zwischen 1970 und 1990 großer Beliebtheit und stellte damals den fruchtbarsten Zweig der linguistischen Pragmatik dar. Heute steht sie im Begriff, von umfassenderen pragmatischen Theorien abgelöst zu werden.

Austin ging von einem oben bereits skizzierten Grundgedanken aus, der im Zusammenhang mit dem *linguistic turn* eine zentrale Rolle spielte: Die Behauptung der logischen Empiristen, Sätze, denen sich kein Wahrheitswert zuordnen läßt, seien sinnlos, ist, wenn schon nicht sinnlos, so doch unsinnig. Auch Sätze, die sich nicht wahrheitswertfunktional beschreiben lassen, haben „Bedeutung" (man könnte auch sagen: „Sinn"). Man darf sie nicht nur, man soll sie sogar untersuchen. Die Grammatiker, so betont Austin in seiner ersten Vorlesung, haben das von jeher gewußt:

---

[73] Während die frz. Titelübersetzung wenigstens den zentralen Gedanken angemessen wiedergibt (*Quand dire, c'est faire*) bleibt im prosaischen deutschen Titel *Zur Theorie der Sprechakte* nichts davon übrig. Immerhin hat der deutsche Bearbeiter Eike von Savigny sehr wohl verstanden, daß ein solches Buch nicht „übersetzt" werden kann, sondern „bearbeitet" werden muß. Die deutsche Fassung erfüllt ihren Zweck besser als die beiden deutschen Versionen von Levinsons *Pragmatics*.

Die Philosophen haben jetzt lange genug angenommen, das Geschäft von »Feststellungen« oder »Aussagen« [statements] sei einzig und allein, einen Sachverhalt zu »beschreiben« oder »eine Tatsache zu behaupten«, und zwar entweder zutreffend oder unzutreffend. Die Grammatiker haben allerdings in der Regel darauf hingewiesen, daß nicht alle »Sätze« Aussagen sind [...]: neben den Aussagesätzen der Grammatiker gibt es von alters her auch Fragesätze, Ausrufesätze, Befehls-, Wunsch- und Konzessivsätze. Zweifellos hat auch kein Philosoph das bestreiten wollen, obgleich »Satz« bisweilen leichtfertig für »Aussage« oder »Feststellung« benutzt worden ist.[74]

Um mich nicht dem Vorwurf der Leichtfertigkeit auszusetzen, möchte ich hier folgende Sprachregelung einführen, die inzwischen weitgehend üblich ist, wenn sich auch keineswegs alle Autoren streng an sie halten (auch Austin hat es nicht getan): Ein *Satz* (*proposition*) ist eine *grammatische*, eine *Aussage* eine *logische* Kategorie, die in der Regel in der *Form* eines Satzes erscheint. In der Sprechakttheorie geht es jedoch um sprachliche Elemente, die von Sprechern zu verschiedenen Zwecken tatsächlich hervorgebracht werden. Solche Hervorbringungen sollen *Äußerungen* heißen. Eine *Äußerung* (*énoncé; utterance*) ist eine *pragmatische* Kategorie. Sie kann, muß jedoch nicht die Form eines Satzes annehmen. Ein Satz p als grammatische Form hat einen Inhalt, von dem man nicht wissen kann, wie er »gemeint« ist. Eine Äußerung wird immer zu einem bestimmten Zwecke hervorgebracht, und somit kann der Satz p, wenn er Gegenstand einer Äußerung ist, zu einer Aussage, einer Behauptung, einem Befehl, einer Frage einer Drohung usw. werden:

*Peter kommt morgen.* (**Proposition**)
*Peter kommt morgen.* (wenn vom Sprecher tatsächlich behauptet: **Behauptung, Assertion**)
*Kommt Peter morgen?* (**Frage**; grammatisch kodiert)
*Peter! Komm morgen!* (**Aufforderung, Befehl**; grammatisch kodiert)
*Wenn Peter doch morgen käme!* (**Wunsch**, grammatisch kodiert)
*Na warte! Morgen kommt Peter!* (**Drohung**; grammatisch schwach kodiert)
*Peter kommt morgen!* (**Warnung**; nicht kodiert; als solche nur aus der Situation erschließbar)

Der Unterschied zwischen einem Satz und der Äußerung eines Satzes läßt sich auch mit Hilfe der Negation erklären:

Ich verspreche zu kommen. (1)
Ich verspreche nicht zu kommen. (1')
Ich verspreche, nicht zu kommen. (1")

Alle drei Sätze enthalten einen Matrixsatz, von dem ein anderer Satz abhängt; es handelt sich um die „Normalform" oder die explizite Form eines Sprechaktes, die in der sprachlichen Wirklichkeit gerade ziemlich selten vorkommt. Satz (1') negiert die Intention, die man dem Sprecher unterstellen könnte („illokutionäre Rolle" s. unten); Satz (1") negiert den Inhalt der Proposition.[75]

Äußerungen, die mit der Absicht getroffen werden, Sachverhalte zu beschreiben oder Tatsachen zu behaupten, heißen bei Austin „konstativ" (*constative*); sie können wahr oder falsch sein. Äußerungen, die mit der Absicht hervorgebracht werden, andere in ih-

---

[74] Austin 1962/72, 23.
[75] Damit ändern sich auch die jeweiligen Präsuppositionen; vgl. oben Fn. 61.

rem Verhalten zu beeinflussen (sich entschuldigen, etwas versprechen usw.) oder eine an das Medium der Sprache gebundene Handlung zu vollziehen (z. B. jemanden verfluchen, segnen, taufen, mit jemandem eine Wette abschließen), können nicht wahr oder falsch sein, sie können *glücken* oder *mißglücken*. Sprachtheoretiker und Philosophen haben in einem solchen Fall die Bedingungen des Gelingens (Glückens) (*felicity conditions*) zu untersuchen. Dies gilt für unzählige alltägliche Äußerungen:

> Ich wette zehn Euro darauf, daß es an Weihnachten warm sein wird. (1)
> Ich möchte mich ausdrücklich für mein unfreundliches Verhalten entschuldigen. (2)
> Ich verspreche dir, daß ich Stillschweigen bewahren werde. (3)

Sätze dieser Art werden offenbar von vornherein nicht mit der Absicht geäußert, etwas Wahres oder Falsches zu sagen. Überprüfen wir das zunächst an möglichen Verstößen gegen den Inhalt solcher Sätze oder am Mißlingen der mit ihnen verbundenen Handlungen:

> 1a') Es ist kalt an Weihnachten: Wette verloren, keine Falschaussage
> 1b') Es ist kalt an Weihnachten, der Sprecher bezahlt jedoch die zehn Euro nicht: Betrug, unehrenhaftes Verhalten, keine Falschaussage.
> 2') Der Sprecher findet in Wirklichkeit sein Verhalten völlig angemessen: Unaufrichtigkeit, aber „gelungener" Sprechakt. Satisfaktion wird auch dann gewährt, wenn derjenige, der sich entschuldigt, von seinem Fehlverhalten keineswegs überzeugt ist.
> 3') Der Sprecher erzählt sofort alles weiter → Er hat sein *Versprechen gebrochen*; vgl. engl. *to break a promise*; vgl. frz. *manquer à sa promesse*, span. *faltar a su promesa*.

Das dritte Beispiel kommt der Falschaussage, der Lüge im herkömmlichen Sinn, am nächsten, aber es handelt sich doch um etwas anderes. Das zeigt sich schon darin, daß viele Sprachen spezifische Ausdrücke für das Mißlingen bestimmter Sprechakte haben, wie soeben für den Fall des „gebrochenen Versprechens" gezeigt wurde. Die engen Beziehungen zwischen Sprechakttheorie und Phraseologie (Idiomatik) sind unübersehbar; sie wurden jedoch bisher noch kaum thematisiert. Auf weitere Zusammenhänge zwischen der Sprechakttheorie und teils bereits behandelten, teils noch zu behandelnden Gebieten sei bereits hier verwiesen: *Präsuppositionen*; *Redewiedergabe*; »*Sinn*« (bei Coseriu); „*Scenes and Frames*"; *Varietätenlinguistik*.[76]

Austin ging bei seinen Untersuchungen zu den Sprechakten von den Fällen aus, in denen Äußerung und Satz gewissermaßen zusammenfallen: Zum Gelingen eines ganz bestimmten Typs von Sprechakts ist es nötig, einen bestimmten Satz dabei zu verwenden:

> Ich wette zehn Euro darauf, daß ...
> Ich taufe dich auf den Namen ...
> Ich verspreche dir, daß ...
> I bet you five pounds it'll rain tomorrow
> Je te parie dix euros contre ... que ...

Nur mit dem Aussprechen der Formel ist der jeweilige Sprechakt gültig. Die Verben die dazu nötig sind – Austin nannte sie *performative Verben* – müssen dabei in der ersten Person Präsens Indikativ stehen. In allen anderen Fällen liegen keine oder bestenfalls indirekte Sprechakte vor:

---

[76] Vgl. (in der Reihenfolge der Nennung): Kap. 7.3.1; 9.5.1; 9.6; 7.5; 8.

> Ich wettete zehn Euro darauf, daß ... (Bericht)
> I am betting you five pounds ... (Ausdruck der Gewißheit)
> Je parierais que ... (Ausdruck der Gewißheit)
> Er wettete zehn Euro darauf, daß ... (indirekte Rede)

Im Englischen und Deutschen gibt es einen verhältnismäßig gut funktionierenden Test dafür, ob eine echte performative Äußerung vorliegt: Der entsprechende Satz muß mit *hereby/hiermit* kombinierbar sein: „Hiermit erkläre ich euch zu Mann und Frau".[77] Im folgenden Fall liegt also keine performative Äußerung vor, obwohl der von Sprecher B geäußerte Satz alle sonstigen grammatischen Bedingungen erfüllt:

> A: Mich würde interessieren, wie du Katrin davon abhalten willst, diese aufwendige Fete zu veranstalten.
> B: Ich verspreche zu kommen. (Ankündigung eines Sprechakts; unverträglich mit *hiermit*)

Auf weitere von Austin beschriebene Formen performativer Äußerungen kann hier nicht eingegangen werden. Es sei lediglich erwähnt, daß er nicht explizit formulierte performative Sprechakte etwas irreführend „primär performative (*primary performative*) Äußerungen" nennt:

> Ich komme ganz bestimmt. (Versprechen)

In diesem Fall muß die Intention, die mit der Äußerung der Proposition verbunden ist, aus der Äußerungssituation erschlossen werden. Austin vermutet, daß explizit performative Äußerungen vom Typ „Ich verspreche dir zu kommen" historisch erst verhältnismäßig spät in voll entwickelten Kultursprachen auftreten; daher der Ausdruck „primär performativ".[78] In nicht sehr systematischer Form führt er auch Sprechakte auf, für die es Bezeichnungen gibt, die beim Vollzug des Aktes nicht genannt werden dürfen, die folglich nicht in expliziter Form auftreten können:

> Beim nächsten Mal rufe ich die Polizei. (Drohung)
> Sie sind ein hinterhältiger Lügner. (Beleidigung)
> Vgl. jedoch: Ich warne Sie: Beim nächsten Mal hole ich die Polizei.

Sprechakte dieser Art können nicht vollzogen werden, indem man die entsprechenden Benennungen verwendet:

> \*Ich drohe Ihnen mit der Polizei; aber: Er drohte ihm mit der Polizei.
> \*Hiermit beleidige ich Sie; aber: Damit beleidigte er ihn schwer.

Die folgenden Ausführungen lehnen sich an Searles „sprachphilosophischen Essay" *Speech Acts*[79] an, der die Linguistik stärker beeinflußt hat als Austins Vorlesungen. Der Amerikaner John R. Searle (\*1932) kam im Alter von zwanzig Jahren zum Philosophiestudium nach Oxford. Einer seiner Lehrer war Austin. Er hat die Austinsche Sprechakttheorie systematisiert und vervollständigt. Seine Darstellung ist für philosophisch Ungeschulte leichter zu verstehen und daher auch für unsere Zwecke geeigneter als Austins subtile Spekulationen, die aufgrund seines frühen Todes keine endgültige Form erhalten haben.

---

[77] Vgl. Austin 1962/72; 5. Vorlesung.
[78] Ibid., 90.
[79] Searle 1969/71.

Searle sieht in der Sprache eine Form regelgeleiteten Verhaltens. Die Grundintention seines Buches besteht nach seinen eigenen Worten darin zu zeigen,

> daß eine Sprache zu sprechen bedeutet, Sprechakte in Übereinstimmung mit Systemen konstitutiver Regeln zu vollziehen.[80]

Besonders wichtig ist in diesem Zusammenhang seine Unterscheidung zweier Typen von Regeln: Für ihn gibt es *konstitutive* und *regulative Regeln*. Konstitutive Regeln »konstituieren« einen Gegenstand. Spiele wie Fußball oder Schach sind Phänomene, die in erster Linie aus Regeln »bestehen«; ohne diese Regeln würde es sie überhaupt nicht geben. Regulative Regeln regulieren dagegen ein schon unabhängig von ihnen vorhandenes Verhalten. So kann man z. B. bei einer Schachpartie vereinbaren, daß die Spieler höchstens zwei Minuten Bedenkzeit bis zum nächsten Zug haben sollen, oder bei einem Fußballspiel, daß bis zu sechs Spieler ausgewechselt werden dürfen. Solche Vereinbarungen tangieren die Spiele Schach oder Fußball nicht; sie regeln lediglich ihre Ausübung.

Für Searle gehören nun die Sprechakte durchaus zu den konstitutiven Regeln einer Sprache, sein Grammatikbegriff ist also außerordentlich weit:

> Die semantische Struktur einer Sprache läßt sich als eine auf Konventionen beruhende Realisierung einer Serie von Gruppen zugrundeliegender konstitutiver Regeln begreifen; Sprechakte sind Akte, für die charakteristisch ist, daß sie dadurch vollzogen werden, daß in Übereinstimmung mit solchen Gruppen konstitutiver Regeln Ausdrücke geäußert werden.[81]

Damit wird die Pragmatik vollständig in die Grammatik integriert; die Trennung von „Linguistik im engeren" und „Linguistik im weiteren Sinn", die in der vorliegenden Einführung eine wichtige Rolle spielt, ist aufgehoben. Es ist hier nicht der Ort, gegen diese Sicht der Dinge zu polemisieren. Ich beschränke mich auf den Hinweis, daß der Sprecher durch »systemlinguistische« Regeln in seiner Wahlfreiheit ungleich stärker eingeschränkt wird als durch »pragmatische«. »Sprachregeln« sind strenger determiniert als »Diskurstraditionen«.

Bisher wurden im wesentlichen nur Beispiele für explizite Sprechakte oder – anders ausgedrückt – Sprechakte in Normalform diskutiert. Austin unterschied drei Typen:

den *rhetischen* Akt, der darin besteht, etwas über etwas auszusagen;
den *illokutiven* Akt, der der reinen Aussage eine bestimmte Intention hinzufügt (Frage, Befehl, Bitte, Verwünschung usw.);
den *perlokutiven* Akt, der in der Ausübung von Wirkungen auf die Hörer besteht, wobei diese Wirkungen von den Äußerungsumständen abhängig sind.[82]

Searle unterscheidet mehr oder weniger analog dazu zwischen *propositionalen, illokutionären* und *perlokutionären* Akten.[83] Meine Darstellung ist stark vereinfachend, Einzelheiten sind für die hier verfolgten Zwecke von geringer Bedeutung.[84] Wichtig ist nur, daß Searle dem perlokutionären Akten im Gegensatz zu Austin und H. Paul Grice geringe

---

[80] Searle 1969/71, 61.
[81] Ibid., 59.
[82] Vgl. Levinson 1983, 236; dort wird allerdings eine falsche, auf Searle zugeschnittene Terminologie verwendet.
[83] Der Unterschied zwischen *illokutiv* und *illokutionär*, *perlokutiv* und *perlokutionär* geht ausschließlich auf die Vorlieben der deutschen Übersetzer zurück.
[84] Vgl. hierzu das kontrastive Übersichtsschema bei Bußmann ⁴2008, s. v. Sprechakttheorie.

Bedeutung beimißt. Für die Wirkung, die ein Sprechakt auf den Hörer ausübt, brauche sich der Sprachtheoretiker nicht zu interessieren. Ein Sprechakt dürfe als „gelungen" angesehen werden, wenn die Intention, die illokutionäre Rolle, vom Hörer erkannt werde, und bei diesem Verstehen handle es sich nicht um einen perlokutionären Effekt.[85]

Ein expliziter Sprechakt hat den Vorteil, daß er sich leicht in den Inhalt des Gesagten (bei Searle: *propositionaler Gehalt*) und die Intention, mit der es gesagt wird (bei Searle: *illokutionäre Rolle*), aufteilen läßt:

>Ich fordere dich auf: „Komm mit!" (idiomatischere Variante: ... mitzukommen)

Die sprachlichen Elemente, anhand derer sich die Illokution erkennen läßt, heißen *Indikatoren der illokutionären Rolle* oder *Illokutionsindikatoren*. Der Illokutionsindikator ist in unserem Fall ein vollständiger Hauptsatz (Matrixsatz), in dem die übliche Bezeichnung des betreffenden Sprechakts erscheint. Wer aber redet so? *Komm mit!* reicht doch vollkommen aus, um den Sprechakt „Aufforderung" oder „Befehl" zu vollziehen. In vielen Sprachen gibt es drei besonders ausgezeichnete (grammatisch kodierte) Satzformen für drei Grundtypen von Äußerungen: *deklarative* Form (Aussagesatz); die *interrogative* (Fragesatz) und die *imperative* (Befehlssatz). Es wurde bereits darauf hingewiesen – auch Austin hat es getan –, daß die Schulgrammatik eine ganze Menge von „Pragmatik" enthält.

Bei diesen besonders ausgezeichneten Satzformen wird die illokutionäre Rolle gewissermaßen mitgelernt, Sätze dieser Art sind für bestimmte Typen von Äußerungen vorgesehen. Nun haben wir jedoch bereits bei der Behandlung der Präsuppositionen gesehen, daß Interrogativsätze keineswegs nur dazu gebraucht werden, um tatsächlich Fragen zu stellen. Bei den sogenannten „rhetorischen Fragen" (mit positiver oder negativer Präsupposition) ist dies nur in höchst eingeschränktem Sinn der Fall.

Es gibt eine Menge von Sprechakten, bei denen die Verhältnisse nicht so klar sind:

>Could you be a little more quiet?
>Wenn Sie mich erst einmal ausreden lassen würden.
>Officers will henceforth wear ties at dinner.
>In Zukunft fragst du, wenn du abends ausgehen willst.
>You're standing on my foot.
>Entschuldigung, Sie sitzen auf meinem Platz.[86]

In diesen Fällen haben wir es mit Frage-, Konditional- und Aussagesätzen zu tun, die alle eine versteckte Bitte oder Aufforderung beinhalten. Searle spricht in diesem Zusammenhang von „indirekten Sprechakten". Bei den oben angegebenen Beispielen wissen wir im allgemeinen mit mehr oder weniger großer Sicherheit, wie diese Sätze gemeint sind, aber wir können nicht so leicht feststellen wie im Fall der expliziten Sprechakte, woran man das genau erkennen kann. Der Indikator der illokutionären Rolle ist nicht so ohne weiteres isolierbar. Sprechakte können mehr oder weniger direkt sein:

>Könnten Sie das Fenster schließen? (1)
>Ich finde, hier zieht es ganz schrecklich! (2)

---

[85] Vgl. Searle 1969/71, 74f.
[86] Die englischen Beispiele stammen aus Searle 1975/80.

Beide Sätze haben nicht die „Normalform" für den illokutionären Akt „Aufforderung"; (1) ist jedoch für jedermann unmittelbar als indirekter Sprechakt erkennbar, zur Interpretation von Satz (2) ist »Fingerspitzengefühl«, gute Situationsauffassung und kulturelles Wissen notwendig. Das gilt ebenfalls für die Wahl des richtigen Registers bei der Formulierung von Sprechakten. Man kann sich auf recht unterschiedliche Arten vergewissern, ob ein Platz in einem Verkehrsmittel oder einem Restaurant noch frei ist:

> Excusez-moi de vous déranger, est-ce que cette place est libre, s'il vous plaît?
> Excusez-moi, pourriez-vous me dire si cette place est libre, s'il vous plaît?
> Est-ce que cette place est libre?
> La place est libre, là?
> Dites, c'est libre, là? (+ geste)
> Est-ce que vous permettez que je m'assoie ici?
> Je vous demande pardon, je peux me mettre là?
> Je peux m'asseoir là?
> Je peux poser mes fesses sur la banquette, là?[87]

Die Beispiele sind – mit einigen Modifikationen – einem Buch entnommen, das keineswegs der Sprechakttheorie, sondern der französischen Registerlinguistik gewidmet ist. Wir sehen unmittelbar, daß die beiden Gebiete de facto miteinander verknüpft sind. Bestimmte Typen von Sprechakten sind meist registerspezifisch: Es gibt eine feine Art des Euphemismus, es gibt aber durchaus auch eine volkstümliche Art des verhüllten Sprechens:

> Est-ce que je pourrais me laver les mains → aller aux toilettes

Es versteht sich von selbst, daß gerade diese Fälle den Übersetzungswissenschaftler interessieren müssen, denn in diesem Bereich treten die meisten echten Übersetzungsprobleme auf.

Damit wären wir bei der Relevanz der Sprechakttheorie für die Übersetzungsforschung angelangt. Für die kontrastive Sprachwissenschaft (und damit indirekt auch für die Übersetzungswissenschaft) sind Klassifikationen von Sprechakten wichtig, wie sie von Austin entworfen und von Searle weitergeführt worden sind.[88] Einer in diesem Zusammenhang bedeutsamen Frage sind die beiden englischsprachigen Autoren bezeichnenderweise nicht nachgegangen: Können Klassifikationen von Sprechakten Universalität beanspruchen oder sind die Inventare, auf denen sie beruhen, nicht bis zu einem gewissen Grade sprach- oder doch wenigstens kulturspezifisch? Bei der Beantwortung dieser Frage wäre, ganz in der Tradition der „Philosophie der normalen Sprache", von den vorwissenschaftlichen Bezeichnungen für Sprechakte in den betreffenden Sprachen selbst auszugehen. Sind die deutschen Äquivalente, die Paul Kußmaul in seiner Übersetzung des soeben genannten Artikels für die von Searle genannten Sprechaktbezeichnungen angibt, wirklich alle im Deutschen für Sprechakte üblich? Die Frage kann hier nur gestellt, jedoch nicht beantwortet werden. Brigitte Schlieben-Lange hat schon vor einiger Zeit Zweifel an der Gültigkeit dieses impliziten Universalitätspostulats angemeldet – vor allem in historischer Hinsicht: Ein Versprechen sei im Mittelalter etwas anderes gewesen als heutzutage.[89]

---

[87] Nach Scherfer 1977, 36.
[88] Vgl. Searle 1976/80.
[89] Vgl. Schlieben-Lange 1983, 138ff., insb. 148ff.

## 7. Übersetzung und Semiotik    215

Ein weiteres klassisches Problem der Spechakttheorie ist für die Übersetzungsforschung ebenfalls von größter Bedeutung: Woran erkennen wir verbindlich, d. h. in intersubjektiv nachvollziehbarer Form, welcher Sprechakt vorliegt? All diejenigen, die nicht glauben, daß die Sprechakte im Rahmen einer wahrheitswertfunktionalen Semantik untersucht werden können und die behaupten, Sprechakte seien in erster Linie ein Gegenstand der Pragmatik, berufen sich immer wieder darauf, daß gewisse Sprechakte nur aus der Situation heraus, in der sie auftreten, richtig verstanden werden können. Vergegenwärtigen wir uns dieses Problem anhand der Modalverben, die in der Sprechakttheorie nicht rein zufällig große Beachtung gefunden haben:

    Kannst du mir das Salz reichen?
    Can you reach/pass the salt?
    Pourriez-vous me passer le sel, s'il vous plaît ?

Es ist leicht, diese Äußerung richtig zu verstehen, denn die deontische Lesart von *können/can/pouvoir* „physisch und geistig in der Lage sein, etwas zu tun" kommt hier nicht in Frage. Nur Witzbolde beantworten diese Frage mit: „Nein, ich bin zu schwach/zu dumm dazu." Nun gibt es jedoch genügend Fälle, in denen allein der Kontext oder die Situation darüber entscheidet, ob ein Modalverb deontisch oder epistemisch zu interpretieren ist, ob es eine Fähigkeit oder Verpflichtung des Subjekts bezeichnet oder ob es den Grad der Wahrscheinlichkeit des bezeichneten Sachverhalts ausdrückt:

Oma kann sterben ⟨ Und was dann? (epistemisch: „es kann geschehen, daß ...")
                  Die Sache mit dem Testament ist geritzt. (deontisch; „es steht ihrem Tod nichts entgegen")

In diesem Fall gibt der Kontext einen eindeutigen Hinweis auf die richtige Interpretation der jeweiligen Lesart. Nun gibt es aber Fälle, in denen die jeweilige Lesart nur in der konkreten Situation gefunden werden kann, in der die entsprechende Äußerung fällt:

Könntest du die Gans schlachten? ⟨ ebenfalls deontisch, wenn erkennbar die Frage nach der „psychischen Disposition" gestellt wird. „Wärest du dazu im Stande?"

Eindeutig epistemisch, wenn jemand Ihnen ein Messer in die Hand gibt und sich dann eilig auf den Traktor schwingt: „Wärst du bitte so nett?"

Die Ambiguität der Lesart von *can* muß im Französischen oft disambiguiert werden:

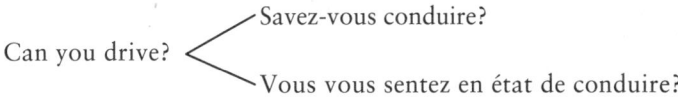
Can you drive? ⟨ Savez-vous conduire?
                Vous vous sentez en état de conduire?

In diesen Fällen sollte sich die Übersetzungsforschung auf die wirklich sprachlich relevanten Fälle konzentrieren. Ob mit der Äußerung des Satzes „Ich verspreche dir zu kommen" ein Versprechen gegeben oder aber eine Warnung oder eine Drohung ausgesprochen werden soll, mag in sprechakttheoretischer Hinsicht relevant sein, aus übersetzungstheoretischer Sicht geht es in diesem Fall allein um das ganz allgemeine Problem des Verstehens. Von wirklicher Bedeutung sind die konventionalisierten indirekten Sprechakte, bei denen der Indikator der illokutionären Rolle einzelsprachlich spezifisch kodiert wird und somit für unerfahrene Übersetzer nicht unmittelbar zu erkennen ist:

> *tu ne tueras point* (Futurmorphem fungiert als Indikator für „Gebot")
> *Entschuldigen Sie bitte, ich möchte zum Bahnhof!* (elliptische Bitte um Wegbeschreibung)
> *Well, who's walking the dog* (Unmut über Nichtbefolgung einer zuvor erteilten Anweisung)

Einen guten Indikator für Unterschiede und Gemeinsamkeiten im Inventar von Sprechakten verschiedener Einzelsprachen stellt auch der metakommunikative Gebrauch von Sprechaktbezeichnungen dar:

> Ne fais pas ta mijaurée, je te pose une question, tu me réponds, c'est tout.
> Need you ask? „Das fragst du noch?"
> Soll das ein Befehl sein?

Auch auf diesem Gebiet gehen Sprechakttheorie und Phraseologie (Idiomatik) ineinander über; für den metakommunikativen Bezug auf fest etablierte Sprechakte stehen in den verschiedenen Sprachen meist fixierte Wendungen zur Verfügung.

Von der Analyse der Sprechakte führt der Weg über die Untersuchung von Sprechaktsequenzen zur Textlinguistik. Man kann mit Raymund Wilhelm in den Sprechakten die elementaren Bausteine von Traditionen der »Textverfertigung«, sogenannten Diskurstraditionen sehen:

> Als Diskurstraditionen eines niedrigen Komplexitätsgrades, gleichsam als traditionelle Bausteine für Texte oder Diskurse, können [...] bestimmte Sprechakte oder Sprechakttypen gelten.[90]

Den hier vorgezeichneten Weg wollen wir erst im neunten Kapitel wieder aufnehmen.

### 7.4 Ko-text und Kontext: die Umfelder der geschriebenen Sprache

Wie aus den vorangegangenen Unterkapiteln hoffentlich deutlich geworden ist, beschäftigt sich die linguistische Pragmatik nicht nur – definitionsgemäß – mit dem Verhältnis von Zeichen und „Zeichenbenutzer", sondern auch mit dem Verhältnis von tatsächlich Gesprochenem und dem, was zu dessen Verständnis hinzukommt: Sprechsituation, Hintergrundwissen von Sprecher und Hörer, kurz und gut mit dem „Kontext" in einem sehr allgemeinen Sinn. Der Begriff des Kontexts ist nicht eindeutig. Er kann bedeuten:

a) Was im Text (im gesprochenen oder geschriebenen) selbst steht und zum Verständnis des jeweils untersuchten Ausdrucks beiträgt:

> a *pool* of blood
> a *pool* of typists
>
> Elle est très bonne *cuisinière*.
> Je n'aime pas les *cuisinières* électriques.

---

[90] Wilhelm, 2001, 470.

> Ce petit oiseau ne peut s'empêcher de *voler*.
> Un cleptomane ne peut s'empêcher de *voler*.
>
> Das wird wohl für immer ein *Geheimnis* bleiben.
> Das wird wohl für immer sein *Geheimnis* bleiben.

In diesen Fällen lassen sich die Informationen, die zur richtigen Interpretation polysemer oder homophoner Wörter nötig sind, dem Text selbst entnehmen: „Lache" vs. „Pool"; „Köchin" vs. „Küchenherd"; „fliegen" vs. „stehlen"; „mystery" vs. „secret".

b) Was nicht im Text selbst steht, sondern was aus der Situation, in der der Text geäußert wird, erschlossen werden kann:

> Ein schöner *Ball*! (zu einem spielenden Kind)
> Ein schöner *Ball*! (zu Begleitern nach einem gemeinsam besuchten Fest)
>
> Wo kommt dieser *Ton* her? (in einer Töpferwerkstatt)
> Wo kommt dieser *Ton* her? (mit einer Hand hinter dem Ohr)

In diesen Fällen muß, solange die Sätze isoliert bleiben, die jeweils gemeinte Bedeutung der mehrdeutigen Ausdrücke aus der Sprechsituation abgeleitet werden.

In seiner *Linguistic Theory of Translation* führt John C. Catford in diesem Zusammenhang die Unterscheidung von *co-text* und *context* ein.[91] Hier soll weiterhin im ersten Fall von *Kontext*, im zweiten von *Situation* die Rede sein.

Nun betrifft diese Unterscheidung in ihrer ursprünglichen Form eigentlich nur die gesprochene Sprache und damit, was den Bereich der Sprachmittlung betrifft, am ehesten das Verhandlungsdolmetschen. Schon beim Konferenzdolmetschen hat man es ja nur bedingt mit gesprochener Sprache zu tun, und Übersetzer kommen ohnehin nur indirekt mit gesprochener Sprache in Berührung. Dennoch ist es auch bei der geschriebenen Sprache sinnvoll, eine ähnliche Unterscheidung wie die zwischen Kontext und Situation zu treffen. Allerdings hat die Situation dort einen anderen Status als in der gesprochenen Sprache: Sie erscheint in diesem Fall als „suppletiver Kontext", als eine Art von Kontext zweiten Grades. Geschriebene Texte enthalten eine Menge von Angaben, die in gesprochenen Äußerungen fehlen, weil sie dort überflüssig wären. Mit diesen zusätzlichen Informationen wird die Situation künstlich aufgebaut, in die die Äußerungen des »wirklichen Lebens« stets eingebettet sind. Praktische Fachtexte (Bedienungsanleitungen, Anweisungen zur Einnahme eines Medikaments usw.) weisen ebenso wie literarische Texte große Unterschiede bezüglich der Konstruktion eines solchen Verstehenshorizontes auf. Einige Autoren gehen verschwenderisch, andere eher geizig mit Verständnishilfen um. Wir wollen uns das an einigen literarischen Beispielen vergegenwärtigen. Zunächst wollen wir uns die Anfänge einiger bekannter Romane ansehen. Oft läßt sich schon den ersten Zeilen entnehmen, wie ein Autor mit seinem Leser umzuspringen gedenkt; ob er ihn »an der Hand nimmt«, ohne dabei selbst in Erscheinung zu treten, ob er sich selbst mit zusätzlichen Hinweisen in Erinnerung bringt oder ob er dem Leser zumutet, fehlende Umfelder selbst zu rekonstruieren:

> Je suis obligé de faire remonter mon lecteur au temps de ma vie où je rencontrai pour la première fois le Chevalier des Grieux. Ce fut environ six mois avant mon départ pour l'Espagne. (Abbé Prévost, *Manon Lescaut*)

---

[91] Catford 1965, 34.

> Ich bin genötigt, den Leser bis zu jener Zeit meines Lebens zurückzuführen, da ich den Chevalier des Grieux zum erstenmal traf. Es war das etwa sechs Monate vor meiner Abreise nach Spanien. (Anonymer Übersetzer, Berlin 1925)

Wir haben es hier mit einem »höflichen« Autor zu tun, der in seinem Leser einen gleichwertigen Partner sieht; er schafft nicht nur Umfelder zum besseren Verständnis, er sagt auch ausdrücklich, daß er es tut.

> Eduard – so nennen wir einen reichen Baron im besten Mannesalter – Eduard hatte in seiner Baumschule die schönste Stunde eines Aprilnachmittags zugebracht, um frisch erhaltene Propfreiser auf junge Stämme zu bringen. (Goethe, *Die Wahlverwandschaften*)

Hier geht ein entschiedener »Verfremdungseffekt« (ich, der Autor, benenne meinen Protagonisten, wie ich es für richtig halte) mit einem sorgfältigen Situationsaufbau einher; der Leser erfährt die Jahres- und die Tageszeit, zu der sich das Berichtete abspielt.

> To dwellers in a wood almost every species of tree has its voice as well as its feature. At the passing of the breeze the fir-trees sob and moan no less distinctly than they rock; the holly whistles as it battles with itself; ...
> On a cold and starry Christmas-eve within living memory a man was passing up a lane towards Mellstock Cross in the darkness of a plantation that whispered thus distinctively to his intelligence. (Thomas Hardy, *Under the Greenwood Tree*)

Hier baut ein „allwissender", nicht in Erscheinung tretender Autor Hintergrundwissen auf, und zwar geschieht dies in zwei Stufen: Zunächst wird allgemeines Wissen über die Eigenart verschiedener Bäume vermittelt, dann wird dieses Wissen mit einer in zeitlicher und räumlicher Hinsicht konkret ausgestalteten Situation in Verbindung gesetzt. Dies entspricht ziemlich genau dem üblichen Verfahren bei der Redaktion von Beipackzetteln für Medikamente. Erst werden allgemeine Informationen zu Krankheitsbildern und deren Behandlungsmöglichkeiten geliefert, dann wird auf den konkreten Fall Bezug genommen.

> *L'Historia si può veramente deffinire una guerra illustre contro il Tempo, perchè togliendoli di mano gl'anni suoi prigionieri, anzi già fatti cadaveri, li richiama in vita, li passa in rassegna, e li schiera di nuovo in battaglia. [...]*
> Ma, quando io avrò durata l'eroica fatica di trascriver questa storia da questo dilavato e graffiato autografo, e l'avrò data, come si suol dire, alla luce, si troverà poi chi duri la fatica di leggerla? (Manzoni, *I Promessi Sposi*)

> Die Historie kan man füglich als einen ruhmreichen Krieg gegen die Zeit deffinieren, denn indem sie dieser die Jahre, ihre Gefangenen, ja schon zu Leichen gemachten entreißet, rufft sie dieselben wieder zurück ins Leben, hält Heerschaw über sie und reiht sie von Neuwem zur Schlacht [...]

> Aber wenn ich diese heroische Mühe überstanden habe, diese Geschichte aus dieser verblichenen und zerkratzten Handschrift abzuschreiben, um sie, wie man so sagt, herauszubringen, wird sich dann wohl jemand finden, der sich auch die Mühe macht, sie zu lesen? (Manzoni, *Die Brautleute*. Übersetzung von Burkhart Kroeber)

Ein doppelter Situationsaufbau, wie er besonders im 19. Jahrhundert beliebt war. Es handelt sich um einen Sonderfall der Rahmenerzählung. Der Autor gibt vor, ein altes Manuskript gefunden zu haben, das er nun mit einigen geringfügigen Änderungen mitteilt. Dieses Verfahren, das u. a. von Theodor Storm verwendet wurde, erlaubt dem Autor, historisches Hintergrundwissen zu liefern, ohne dabei pedantisch zu wirken. Darüber hinaus kann er sich sprachlich vom eigenen Text distanzieren; die Verantwortung für allerlei Eigentümlichkeiten liegt beim fiktiven Verfasser des Manuskripts.

> Aujourd'hui, maman est morte. Ou peut-être hier, je ne sais pas. J'ai reçu un télégramme de l'asile: « Mère décédée. Enterrement demain. Sentiments distingués. » Cela ne veut rien dire. C'était peut-être hier. (Camus, *L'étranger*)

> Heute ist Mama gestorben. Vielleicht auch gestern, ich weiß nicht. Ich habe ein Telegramm vom Heim bekommen: „Mutter verstorben. Beisetzung morgen. Hochachtungsvoll." Das will nichts heißen. Es war vielleicht gestern. (Camus, *Der Fremde*. Übersetzung von Uli Aumüller)

Dieser Ich-Erzähler behandelt seinen Leser wenig zuvorkommend, und er tut dies offenbar ganz bewußt. Den objektiven Zeitpunkt, der mit „heute", „gestern" und „morgen" gemeint ist, kann nur er kennen.[92] Der Leser wird genötigt, sich auf diese in einem ganz präzisen Sinn „subjektive" Sicht der Ereignisse einzulassen, die Perspektive des Autors (der nicht identisch ist mit dem Schriftsteller Camus)[93] zu übernehmen.

Einen großen Schritt weiter in diese Richtung gehen die Lyriker. Der »hermetische« Charakter der Lyrik – sofern es sich nicht um erzählende, rhetorische oder reflektierende Lyrik handelt – hängt nicht zuletzt mit dem sparsamen Auftreten von »sekundären Kontexten« zusammen. So etwas ist mühsam für den Leser, und viele Leser scheuen Mühe und Anstrengungen. Die Übersetzer sind ebenso wie die ganz gewöhnlichen Leser gezwungen, diese Umfelder selbst zu rekonstruieren und kommen dabei zu unterschiedlichen Ergebnissen. Das läßt sich besonders gut anhand polysemer oder homophoner Lexeme zeigen. Bei den folgenden Beispielen handelt es sich um unterschiedliche Übersetzungen von Texten des französischen Lyrikers René Char:

> Le Taureau
>
> Il ne fait jamais nuit quand tu meurs,
> Cerné de ténèbres qui crient,
> Soleil aux deux pointes semblables.
>
> *Fauve d'amour*, vérité dans l'épée,
> Couple qui se poignarde unique parmi tous.
> [...]
> *Fahl von Liebe*, Wahrheit im Degen,
> Paar, das sich erdolcht als einziges unter allen (Übersetzer Karl Krolow)
>
> *Liebesraubtier*, Wahrheit im Schwert,
> Paar, sich durchbohrend, einzig unter allen.
> (Übersetzer Johannes Hübner/Lothar Klünner)

---

[92] Vgl. oben 7.2.
[93] Zum Konzept der „Polyphonie" (dem Nebeneinander von der Person des Textproduzenten, dem Urheber der Äußerung und dem Verantwortlichen für den Sprechakt) vgl. Maingueneau 2000, 4. Kapitel.

> **J'habite une douleur**
>
> [...]
> Tu n'as fait qu'augmenter le poids de ta nuit. Tu es retourné à la *pêche* aux murailles, à la canicule sans été. Tu es furieux contre ton amour au centre d'une *entente qui s'affole*. [...]
> Qu'est-ce qui t'a hissé, une fois encore, un peu plus haut, sans te convaincre. Il n'y a pas de *siège* pur.
>
> Du hast bloß die Last deiner Nacht vergrößert. Zum *Pfirsich* an den Mauern wandtest du dich zurück [...] Gegen deine Liebe wütest du inmitten *zerstiebender Ordnung*. [...] Es gibt keine reine *Belagerung*. (Jean-Pierre Wilhelm)
>
> Du hast deine Nacht nur schwerer gemacht. Du bist zurückgekehrt zum *Fischzug* im Mauerwerk [...] Du wütest gegen deine Liebe inmitten *leidenschaftlicher Harmonie*. [...] Es gibt keinen *Sitz*, der rein ist.[94] (Johannes Hübner/Lothar Klünner)

Wer die kursiv gesetzten Ausdrücke sorgfältig miteinander vergleicht, wird überrascht sein, wie groß die Unterschiede bei der Interpretation ganz elementarer sprachlicher Fakten ausfallen können. Wo der Exeget seine Verständnisschwierigkeiten hinter wohlgesetzten Worten kaschieren kann, muß sich der Übersetzer zu seiner Auffassung des Textes bekennen. Je sparsamer ein Autor mit „suppletiven Kontexten" umgeht, desto schwerer wird es, zu übersetzen, »was dasteht«.

Nun aber zurück zu den Umfeldern. Der Terminus stammt aus Karl Bühlers *Sprachtheorie*. Dort wird zwischen sympraktischen, symphysischen und synsemantischen Umfeldern unterschieden.[95]

Ein sympraktisches Umfeld entspricht der „Situation" im üblichen Sinne: Die Äußerung „Zehn zu fünfundfünfzig, bitte" am Postschalter im Jahr 2004 hervorgebracht kann mühelos durch „Briefmarken" und „Cents" ergänzt werden.

Ein synsemantisches Umfeld besteht aus dem Kontext im hier gebrauchten Sinn: Die Äußerung „Das ist ein ungewöhnlich preiswerter Artikel" läßt mit hoher Wahrscheinlichkeit darauf schließen, daß es sich bei *Artikel* um ein käuflich zu erwerbendes Produkt, nicht um eine Wortartenbezeichnung handelt.

Ein symphysisches Umfeld liegt vor, wenn ein sprachliches Zeichen in unmittelbarem physischen Kontakt mit einem Gegenstand erscheint. Den Aufdruck *Ein schwarzes Schaf* auf einem Buch wird man nicht dahingehend interpretieren, daß man in dem Buch ein schwarzes Schaf zu sehen habe, sondern daß darin über ein schwarzes Schaf berichtet wird. Wenn auf einer Plastikpackung mit Salat in einem französischen Supermarkt zu lesen ist: *Déjà lavée. Prête à l'emploi*, so beziehen sich die weiblichen Formen auf etwas, das im Text gar nicht vorkommt, das jedoch deutlich sichtbar in der Packung enthalten ist: *la salade*.

Eugenio Coseriu hat den Begriff des „Umfeldes" von Bühler übernommen, zunächst in der spanischen Form *entorno*. Er geht von Bühlers Klassifikation der Umfelder aus, hat diese dabei jedoch weiterentwickelt und differenziert:

---

[94] Alle Kursivierungen von mir, J. A.
[95] Bühler 1934/82, § 10.

UMFELDER

| I | SITUATION | – unmittelbar |
| | | – mittelbar |
| II | REGION | – Zone [zona] |
| | | – Bereich [ámbito] |
| | | – Umgebung [ambiente] |
| III | KONTEXT | – a) einzelsprachlicher Kontext [contexto idiomático] |
| | | – b) Rede-Kontext [contexto verbal] |

|         | mittelbar | unmittelbar |         |
|---------|-----------|-------------|---------|
| positiv |           |             |         |
| negativ |           |             |         |

– c) Außer-Rede-Kontext [contexto extraverbal]

1. physikalisch
2. empirisch
3. natürlich
4. praktisch oder okkasionell
5. historisch

|          | partikulär | universell |          |
|----------|------------|------------|----------|
| aktuell  |            |            |          |
| vergangen|            |            |          |

6. kulturell

IV REDEUNIVERSUM (universe of discourse) [universo de discurso][96]

Die Determinierung der beim Sprechen oder Schreiben verwendeten Zeichen ist die wichtigste Operation bei der konkreten Verwendung von Sprache. Mit ihrer Hilfe, d. h. durch die Verwendung von verschiedenen deiktischen Ausdrücken, von Quantoren wie *ein, manche, viele* oder von Artikeln wie *ein* und *der* wird es möglich, sich eindeutig auf konkrete, im jeweiligen Sprechen gemeinte Gegenstände und Sachverhalte zu beziehen, obwohl die dabei verwendeten Zeichen selbst, insofern sie Teil des Zeichenvorrats einer Sprache sind, eine virtuelle, keine aktuelle Bedeutung haben. Das wurde in der zeichentheoretischen Einführung zu diesem Kapitel bereits ausführlich diskutiert. Aber auch in den bereits mit Determinatoren versehenen *Sätzen* ist weniger enthalten, als die entsprechenden *Äußerungen* zu verstehen geben und als tatsächlich verstanden wird. Jede Äußerung wird ergänzt durch die Umstände, in die sie eingebettet ist. Coserius Theorie der Umfelder stellt einen Versuch dar, diese Umstände des Sprechens zu systematisieren. Sie hat somit dasselbe Ziel wie die von Emile Benveniste begründete *linguistique de*

---

[96] Vgl. Coseriu ⁴2007, 127. Coseriu hat seine Theorie der Umfelder zum ersten Mal 1955/56 unter dem Titel „Determinación y entorno" publiziert. Für die hier verwendeten, nicht immer glücklichen deutschen Äquivalente der spanischen Termini bin ich leider teilweise selbst verantwortlich, J. A.

*l'énonciation*, auf die hier nur am Rande eingegangen werden kann[97], und die von Charles J. Fillmore konzipierte „Semantik des Verstehens", mit der wir uns gleich auseinandersetzen werden. Daß hier unter völlig verschiedenen sprachtheoretischen Voraussetzungen und mit Hilfe sehr unterschiedlicher begrifflicher Instrumentarien ganz ähnliche Ziele verfolgt werden, ist der Aufmerksamkeit der Fachwelt fast völlig entgangen.

Die Umfelder kommen keineswegs nur in besonders unklaren Situationen, sondern bei jedem beliebigen Akt der Sprachverwendung mit ins Spiel, denn es gibt – abgesehen vielleicht von Extremfällen in der reinen Lyrik – kein Sprechen, das nicht in einer konkreten Situation stattfinden und sich auf einen bestimmten Rahmen beziehen würde.

Es sollen nun einige Erklärungen zu Coserius Schema gegeben werden:

*Situation*: Der Terminus ist viel spezifischer gemeint als im ersten Teil dieses Abschnitts, ein besseres deutsches Äquivalent wäre *Situierung*. Es geht um den Aufbau eines Umfeldes durch Setzung der „Sprecher-Origo".[98] Wer „ich" sagt, entscheidet damit gleichzeitig darüber, was unter „hier", „jetzt", „heute" usw. zu verstehen ist. Die *unmittelbare Situation* betrifft das nicht-metonymische, das »reale« Sprechen: „Ich *bin* wirklich ich". Die *mittelbare Situation* betrifft das metonymische Sprechen: „Ich *ist* das Erzähler-Ich". Dabei entsteht das »verschobene« Umfeld der Person, die ich „ich" sagen lasse.

*Region*: Darunter ist der Raum zu verstehen, innerhalb dessen ein Zeichen funktioniert, das zu einem bestimmten Bedeutungssystem, also in der Regel zu einer bestimmten Sprache gehört. Die Grenzen der Region werden einerseits von den Einzelsprachen, andererseits von der natürlichen und der kulturellen Umwelt der Sprecher gebildet. Daraus ergeben sich die weiteren Unterscheidungen:

*Zone* nennt Coseriu die „Region", in der ein *Zeichen* bekannt ist. Es handelt sich also in der Regel um die betreffende Sprache; die „Zone" von *Tisch* ist das Deutsche. Das gilt jedoch nicht für Europäismen wie *hardware, rendez-vous, ciao*.

*Bereich* heißt die „Region", in der das Bezeichnete selbst ein vertrauter Gegenstand der alltäglichen Lebenswelt der Sprecher ist: Für *Tisch* ist das der gesamte europäische oder später europäisierte Kulturraum.

*Umgebung* wird eine Region genannt, deren Grenzen durch eine bestimmte soziale und kulturelle Gruppe gebildet werden. Sie wird in der Regel kleiner als ein „Bereich" sein – eine bestimmte Familie, eine Berufsgruppe (vgl. z. B. die Sondersprache der Jäger). Sie kann aber auch größer sein und damit über die üblichen Kulturgrenzen hinausreichen: die katholische Kirche, die Gemeinschaft der Freimaurer etc. Entweder verfügt eine Umgebung über Sonderzeichen für Gegenstände und Sachverhalte, die auch innerhalb des Bereichs bekannt sind (*Rute*: „Schwanz" in der Jägersprache), oder sie verfügt über Zeichen für „umgebungsspezifische" Gegenstände und Sachverhalte: *Eucharistie* (keine Sondersprache, sondern Fachsprache im engeren Sinne).

*Kontext*: Dieser Terminus erscheint in Coserius Typologie mit zahlreichen Differenzierungen; er unterscheidet sich besonders stark von seinem umgangssprachlichen Pendant und kann somit leicht mißverstanden werden.

*Einzelsprachlicher Kontext*: Darunter ist die gesamte Sprache zu verstehen, zu der ein Zeichen gehört, die jeweilige Gesamtsprache als „Paradigma". Dieser Typ von Kontext

---

[97] Vgl. Maingueneau 2000, 1. Kap.
[98] Vgl. oben 7.2.

kann kommunikativ wirksam werden, wenn ein einzelnes Wort einer Sprache in einen anderssprachigen Text eingestreut wird: „Natürlich, dit Jeanne Lalochère qui avait été ocupée. A propos, ta femme, ça va?"[99] Hier wird durch ein einziges Wort das Deutsche insgesamt evoziert und damit indirekt eine noch nicht sehr lange zurückliegende historische Epoche.

*Rede-Kontext* meint den Kontext im üblichen Sinne, d. h. die Gesamtheit des Textes, in dem ein bestimmter Ausdruck vorkommt (vgl. Bühlers synsemantisches Umfeld). Das betrifft keineswegs nur das Vorhergesagte, sondern auch das, was noch folgt: Den Titel eines Buches übersetzt man gewöhnlich erst dann, wenn man es genau gelesen hat. Der Rede-Kontext kann *unmittelbar* sein, d. h. sich in unmittelbarer Nachbarschaft des Zeichens befinden (vgl. *Mikrokontext*); er kann *mittelbar* sein, d. h. sich in größerer Entfernung befinden (vgl. *Makrokontext*).

Sowohl der unmittelbare als auch der mittelbare Kontext können in *positiver* oder in *negativer* Form auftreten; so erklärt sich die Kreuzklassifikation in unserem Schema. Unter „negativem Kontext" versteht Coseriu eine Art von „Aussparung" im Text, eine Lücke, die so gestaltet ist, daß der Hörer oder Leser sie gewissermaßen automatisch füllt. Die entsprechenden Sprechakte heißen „Anspielung", „Unterstellung", „beredtes Schweigen" usw.

*Außer-Rede-Kontext*: Darunter sind alle Umstände, die – »auf den ersten Blick« – den Zeichen im Text als etwas Nicht-Zeichenhaftes gegenüberstehen. Die Einschränkung „auf den ersten Blick" bedeutet, daß unter gewissen Umständen Gegenstände Symbolcharakter annehmen können und damit als Zeichen zweiten Grades fungieren.

Der *physikalische Außer-Rede-Kontext* entspricht im wesentlichen dem symphysischen Umfeld bei Bühler (Beispiele dafür wurden bereits angeführt).

Der *empirische Außer-Rede-Kontext* wird konstituiert durch die Sachverhalte, die in einer bestimmten Situation als bekannt vorausgesetzt werden können. Äußerungen wie „Frag doch mal den Herrn im ersten Stock" oder „Bleib ja weg vom Teich" setzen voraus, daß der Angesprochene das Haus oder den Teich in unmittelbarer Nähe kennt.

Unter dem *natürlichen Außer-Rede-Kontext* (*contexto natural*) versteht Coseriu die ganze uns bekannte Welt als Kontext des Sprechens, die Gesamtheit der möglichen und empirischen Kontexte. So kann ein Satz wie „Eine Sonne war schon aufgegangen" nur in einer Science Fiction-Geschichte geäußert werden; denn in unserer Lebenswelt gibt es nur eine Sonne.

Der *praktische* oder *okkasioneller Außer-Rede-Kontext*, die „Gelegenheit des Sprechens", die besondere subjektive oder objektive Einbindung (*coyuntura*) des Redeakts, entspricht im großen und ganzen dem bereits erwähnten sympraktischen Umfeld Karl Bühlers.

Der *historische Außer-Rede-Kontext* besteht aus der Gesamtheit der historisch-gesellschaftlichen – nicht der natürlichen – Fakten, die Sprecher und Hörer bekannt sind. Hinsichtlich seiner Reichweite kann der historische Kontext *partikulär*, d. h. nur einer kleinen Gruppe, oder *universell*, d. h. der gesamten Gesellschaft bekannt sein. Beide Formen können wiederum hinsichtlich der Chronologie *aktuell* oder *vergangen* sein. Es genügt, zwei Beispiele für die beiden diagonal gegenüberliegenden Fächer in unserem Schema zu geben: *Universell/aktuell*: Eine Äußerung wie „Die Päpste scheinen sich ja mal wieder heftig zu streiten" widerspricht dem universell-aktuellen Kenntnisstand des durchschnittlich Gebildeten und wirkt somit »abweichend«. *Partikulär/vergangen*: Eine Äußerung wie „Nach Pog-

---

[99] Raymond Queneau, *Zazie dans le métro*, 1. Kap.

gio Bracciolinis glücklichen Funden anläßlich des Konstanzer Konzils nahmen die rhetorischen Studien einen neuen Aufschwung" ist nur historisch gebildeten Fachleuten unmittelbar verständlich. Es gehört zu den großen Schwierigkeiten beim Verfassen wissenschaftlicher Werke, den historischen Kontext der Adressaten richtig einzuschätzen.

Der *kulturelle Außer-Rede-Kontext* kann als Spezialfall des historischen Außer-Rede-Kontextes angesehen werden. Er umfaßt alles, was zur kulturellen Tradition einer Gemeinschaft gehört, ob es sich dabei nun um eine sehr kleine Gruppe oder um die ganze Menschheit handelt. Niemand käme es in den Sinn zu fragen, auf welchen Bezugspunkt sich die Zeitangabe „im Jahr 1999" bezieht. „*Philosophus dicit*" war in der Welt der Scholastik eindeutig; es konnte nur Aristoteles gemeint sein, und ein *calembour* wie „*Allons enfants de la brasserie ...!*" wird von jedem Franzosen als Anspielung auf die Nationalhymne verstanden.

Beim *Redeuniversum*: „dem universellen System von Bedeutungen, zu dem ein Text gehört und durch das er seine Gültigkeit und seinen Sinn erhält" handelt es sich um einen älteren Begriff, der unter den Logikern zu Beginn des 20. Jahrhunderts heftig umstritten war. Ein Satz wie „Penelope war die Gattin des Odysseus" mag für positivistisch denkende Historiker »sinnlos« sein, weil er sich innerhalb ihres Diskursuniversums nicht überprüfen läßt; innerhalb des Diskursuniversums der Homerischen Epen ist er wahr.

Für alle Fragen, die im Rahmen „pragmatischer" Übersetzungstheorien gestellt werden, ist dieses Modell der Umfelder von größter Bedeutung, denn es gestattet, all die verschiedenen Fälle sorgfältig zu prüfen, in denen sich ein Übersetzer unter Umständen genötigt sieht, mehr zu tun, als nur das wiederzugeben, was wörtlich im Ausgangstext steht.

### 7.5 „Scenes and frames" oder die „Semantik des Verstehens"

Der Begriff des „frame" wurde von Marvin Minsky im Zusammenhang mit seinen Forschungen zur „Künstlichen Intelligenz" (KI) in die linguistische Diskussion eingeführt. Es ging ihm ursprünglich darum, ein Modell für die „Wissensbasen" zu skizzieren, die ein Rechner benötigt, um natürlichsprachige Texte »verstehen«, d. h. weiterverarbeiten zu können:

> A *frame* is a data structure for representing a stereotyped situation, like being in a certain kind of living room, or going to a child's birthday party. Attached to each frame are several kinds of information. Some is about what can be expected to happen next.[100]

Der Begriff hat eine lange Vorgeschichte; auf Analogien zum Begriff der „Gestalt", der bereits Ende des 19. Jahrhunderts entwickelt wurde, ist verschiedentlich hingewiesen worden. Das Konzept des „frame" wurde im Rahmen der „kognitiven Wende" für die Linguistik vereinnahmt. Proto- und vor allem Stereotypensemantiker haben versucht, es in ihre eigenen Ansätze zu integrieren. Im Umkreis des Begriffs erscheinen einige weitere Konzepte, bei denen es sich teils um konkurrierende teils um komplementäre Begriffe zu handeln scheint:

> **Scenes** are *parts and interconnected series of elements* "including not only visual scenes but also familiar kinds of interpersonal transactions, standard scenarios defined by the culture, institutional structures, enactive experiences, body image, and, in general, any kind of coherent segment of human beliefs, actions, experiences or imaginings".

---

[100] Minsky 1975, 212.

**Scripts** "denote prototypical episodes, that is," they are "sequences of events and actions, **taking place in frames.** Scripts are typically based on different kinds of conventions."[101]

Hier soll in erster Linie vom *frame* die Rede sein. Charles J. Fillmore hat in einer Reihe von längeren Aufsätzen versucht, diesen Begriff für eine „Semantik des Verstehens" (*semantics of understanding*; *U-semantics*) fruchtbar zu machen. Im Gegensatz zur »pragmatikfreien« „Wahrheitssemantik" (*semantics of truth, T-semantics*) ist die U-Semantik »pragmatikhaltig«. Es gibt zahllose Sätze, die im Rahmen einer formalen T-Semantik als „wahr" gelten dürfen, innerhalb einer U-Semantik jedoch wenn nicht als „falsch", so doch als „unpassend" angesehen werden müssen. Ebenso gibt es viele graduierende Lexeme, deren Bedeutung man erst richtig einschätzen kann, wenn man die Bewertungsskala kennt, innerhalb derer sie erscheinen. Mancher Tourist, der ein *First class*-Hotel gebucht hat, ist enttäuscht, wenn er eine recht bescheidene Bleibe vorfindet. Er weiß nicht, daß *first class* erst an vierter Stelle in der offiziellen Einstufungsskala (*ranking scale*) erscheint. Wer in einem amerikanischen Supermarkt eine mit *large* bezeichnete Packung reichlich klein findet, muß wissen, daß es sich bei *large* um die kleinste Packungsgröße innerhalb der Serie *large, jumbo, economy, giant, family size* handelt.[102]

Fillmore beeilt sich, falsche Analogien zur von Jost Trier und Leo Weisgerber begründeten Wortfeldtheorie, die später zur „strukturellen Semantik" weiterentwickelt wurde, zurückzuweisen. Der Inhalt eines Lexems wird nicht, wie in der Wortfeldtheorie, durch die jeweiligen Feldnachbarn bestimmt, sondern durch die Kenntnis der jeweiligen *ranking scale*, die den *frame* für das Verständnis des Einzelwortes bereitstellt. Die U-Semantik kann sich somit nicht auf die Analyse dessen beschränken, was »wörtlich« im Text steht:

> In U-semantics, the linguistic forms are words and texts; the contexts include richly describable backgrounds, perspectives, orientations, ongoing activities, etc.; and the intuitive judgements are the data of understanding.[103]

Der *frame* ist nichts weiter als eine Neufassung des Begriffs "Kontext", und zwar in seiner weitesten Bedeutung:

> A frame is invoked when the interpreter, in trying to make sense of a text segment, is able to assign it an interpretation by situating its content in a pattern that is known independently of the text. A frame is evoked by the text if some linguistic form or pattern is conventionally associated with the frame in question.[104]

Anklänge an Bühlers und Coserius „Umfelder" sind nicht zu übersehen; das gilt auch für Fillmores oben angeführte Explikation von *scene*. Die Begriffe *scenes* und *frames* sind allerdings sehr viel weniger ausdifferenziert. Ein in theoretischer Hinsicht wichtiger, in praktischer Hinsicht jedoch zu vernachlässigender Unterschied muß hier hervorgehoben werden. Bei Coseriu stellen die Kenntnis der sprachlichen Bedeutungen und das zu ihrer Interpretation nötige »Weltwissen« zwei getrennte Module dar. Er behandelt daher die

---

[101] Fillmore 1975 und van Dijk 1980, zit. nach Konerding 1993, 21f. Hervorhebung durch Kursivierung von Konerding, durch fette Buchstaben von mir, J. A. *Scene* erscheint darüber hinaus häufig als semantische Rolle bzw. Tiefenkasus „Ort des Geschehens", wodurch die terminologische Verwirrung noch vergrößert wird.
[102] Fillmore 1985, 226f.
[103] Ebenda, 230.
[104] Ebenda., 232.

Theorie der Umfelder nicht im Rahmen der sprachlichen Semantik, sondern im Rahmen der Textlinguistik. Das wurde von Kritikern, die nur seine Arbeiten zur Semantik kennen, möglicherweise übersehen. Bei Fillmore ist das Interagieren von lexikalischer Bedeutung und Kenntnis der *frames* Gegenstand der Sprachbeschreibung im engeren Sinn. Dennoch möchte er den Unterschied zwischen der virtuellen Systembedeutung eines *Satzes* und der aktuellen Redebedeutung, die sich bei der *Äußerung* des betreffenden Satzes ergibt, aufrechterhalten wissen.[105] Seine Unterscheidung zwischen „angeborenen" (*innate*) und „erworbenen" (*learned through experience or knowledge*) *frames*[106] entspricht grosso modo Coserius Unterscheidung zwischen natürlichem und kulturellem Außer-Rede-Kontext.

Eine gewisse Verwirrung wird dadurch gestiftet, daß Fillmore eine ganze Reihe von Fällen zur U-Semantik rechnet, die für einen »Systemlinguisten« zur reinen Semantik gehören, weil die dabei auftretenden *frames* durch die Wortbedeutungen vorgegeben sind. Er spricht zwar selbst an einer Stelle von „frames that are more created by, than reflected in, language"[107], bezieht dies jedoch offenbar nur auf die *ranking scales*. Die meisten lexikalischen Beispiele, die er anführt, lassen sich auch im Rahmen der klassischen Semantik interpretieren. Viele Sprachen verfügen über Lexeme, bei denen eine Bewertung in bezug auf ein bestimmtes Kriterium inhärenter Teil der Bedeutung ist. Im Englischen wie im Deutschen wird der „Umgang mit Geld" unterschiedlich bewertet, je nachdem, für wen es ausgegeben wird:

|  | (-) | (+) |
|---|---|---|
| Geldausgeben für andere: | geizig | großzügig |
|  | (+) | (-) |
| Geldausgeben für sich selbst: | sparsam | verschwenderisch |

Fillmore sieht in dem von den Wortbedeutungen vorgegebenen Bewertungskriterium einen *frame* und unterscheidet dementsprechend zwischen Negierungen „innerhalb" und „außerhalb" des *frames*:

> Katrin ist nicht geizig, sie ist (sogar) recht großzügig.
> (1) Negierung *within frame* (*frame accepting*)
> Katrin ist nicht geizig, sie ist (nur) sparsam.
> (2) Negierung *cross-frame* (*frame rejecting*)[108]

Aus der Sicht der strukturellen Semantik handelt es sich bei Satz (1) um eine Negierung innerhalb eines Paradigmas, bei Satz (2) um eine Negierung außerhalb eines Paradigmas. Auf die in Klammern gesetzten, fakultativen, aber doch »idiomatischen« Partikeln wird gleich zurückzukommen sein.

Zur „Pragmatik" und damit auch zur „Textlinguistik" gehören die Fälle, bei denen die zur angemessenen Interpretation hinzukommenden Fakten nicht durch die Wortbedeutungen vorgegeben sind:

> Die Katze hat (ja) keinen Schwanz. (3)
> Die Katze hat kein Schlafplätzchen mit frisch überzogenen Kissen. (4)[109]

---

[105] Vgl. ebenda., 233.
[106] Ebenda, 232.
[107] Ebenda 227.
[108] Vgl. ebenda, 243.
[109] Vgl. ebenda, 242.

Satz (3) ist unmittelbar in einer bestimmten Situation verständlich, z. B. beim Anblick der Zeichnung einer Katze ohne Schwanz (praktisch-okkasioneller + natürlicher Außer-Rede-Kontext bei Coseriu). Satz (4) kann nur mit einer spezifischen Intonation geäußert werden (hervorgehobene Intonation von *Katze*, kontrastiver Akzent auf *kein*). Er ist nur unter besonderen Bedingungen verständlich. Entweder war im Diskurs von jemandem die Rede, der über ein Bett mit frisch überzogenen Kissen verfügt oder er wird geäußert, während der Sprecher auf einen für einen anderen bestimmten privilegierten Schlafplatz zeigt (Redekontext oder praktisch-okkasioneller Außer-Rede-Kontext bei Coseriu). Die Unterscheidung *within frame* vs. *cross-frame*, die Fillmore auf diesen Fall angewendet wissen will, scheint nicht ganz angemessen; man sollte besser von engerem und weiterem Rahmen sprechen, denn zwischen den in beiden Fällen notwendigen Rekursen auf außer-textliches Wissen bestehen lediglich graduelle Unterschiede. Nicht so in den folgenden Fällen:

> Der Hund, den du da gemalt hast, hat keine Zungen. (5)
> An der Hand dieser Statue ist kein Finger. (6)
> He didn't lose his little finger: they removed his whole arm. (7)
> I don't *think* I'm right, I *know* I'm right. (8)

Die Äußerungen (5) und (6) würden wohl nicht so ohne weiteres innerhalb ihres *frame* negiert werden. Der Opponent würde vielmehr unter Rekurs auf den natürliche Außer-Rede-Kontext die Formulierung selbst in Frage stellen:

> Was heißt hier „keine Zungen"? Du meinst wohl „Zunge". (5')
> Was heißt hier „kein Finger"? Du willst wohl sagen „keine Finger". (6')[110]

Bei den Äußerungen (7) und (8) handelt es sich um Negierungen, die aus der Sicht einer wahrheitswertfunktionalen Semantik überflüssig sind: Wer den ganzen Arm verloren hat, verfügt auch über keinen kleinen Finger mehr, wer weiß, daß er recht hat, glaubt auch recht zu haben. Dennoch kann auf diese Negierungen im Rahmen einer U-Semantik nicht verzichtet werden; der Opponent ist in solchen Fällen genötigt, den vorgeschlagenen „Rahmen" zurechtzurücken.

In diesem Zusammenhang bestätigt sich eine Beobachtung, die wir bereits bei der Diskussion der Präsuppositionen und bei einigen in diesem Abschnitt diskutierten Beispielen machen konnten. Deutsche Diskurse sind »logischer« als englische oder französische. In Fällen, in denen ein vorgeschlagener Rahmen zurechtgerückt werden muß, wird – bei nicht-rhetorischem, idiomatischen Sprechen – durch geeignete Elemente darauf hingewiesen, daß nicht nur der propositionale Gehalt der Äußerung, sondern auch der dazugehörige Rahmen zurückgewiesen wird:

> Er hat nicht *nur* den kleinen Finger verloren, man hat ihm den ganzen Arm abgenommen. (7')
> Ich glaube nicht *nur* recht zu haben; ich weiß, daß ich recht habe. (8')

Beide Äußerungen werden wiederum mit einer spezifischen Intonation hervorgebracht.

Entsprechendes gilt auch für einen Fall, auf den Fillmore besonderen Wert legt. Seiner Ansicht nach können Präsuppositionen überhaupt nur im Rahmen einer U-Semantik angemessen behandelt werden. Eine ähnliche Meinung habe ich in dem den Präsuppositionen ge-

---

[110] Vgl. ebenda 242.

widmeten Kapitel ebenfalls vertreten. Im Zusammenhang mit seiner Unterscheidung zwischen *frame-accepting* und *frame–rejecting presuppositions* interessiert sich Fillmore besonders für den Fall einer negativen Äußerung, deren Präsupposition sich als falsch erweist:

> Peter hat nie behauptet, Professor zu sein. (9)
> → Peter ist kein Professor

Möchte der Opponent die Präsupposition, auf der diese Äußerung beruht, als faktisch falsch zurückweisen, weil er weiß, daß Peter tatsächlich Professor ist, so kann er die Äußerung nicht einfach negieren, weil dabei die falsche Präsupposition erhalten bliebe; er muß den Rahmen zurückweisen, innerhalb dessen sie gemacht wurde:

> *Das stimmt nicht! (9')
> Peter braucht nicht zu behaupten Professor zu sein, er **ist** Professor. (9")[111]

Die Theorie der *scenes and frames* leistet einen anregenden Beitrag zur Modellierung des Vorgangs des Verstehens. Vieles von dem, was sie beinhaltet, ist innerhalb konkurrierender Theorien bereits vorgetragen worden. Ein systematischer Vergleich wäre ein dringendes Desiderat. Zu kritisieren wäre vor allem die Vagheit der Konzepte, die selbst im Rahmen einer »weichen« U-Semantik störend wirkt. Schon zu Beginn seines hier herangezogenen Aufsatzes versichert Fillmore, seine Vorstellungen seien „still somewhat vague".[112] Das Urteil eines jungen Germanisten, der durch die strenge Schule der Systemlinguistik gegangen ist, fällt viel härter aus. In der Einleitung zu seiner Dissertation über *Frames und lexikalisches Bedeutungswissen* schrieb Klaus-Peter Konerding im Jahr 1993:

> Minskys programmatische Überlegungen von 1975 sind bisher weder überprüft, präzisiert, weiterentwickelt noch fruchtbar modifiziert worden.[113]

Das gilt auch heute noch, vor allem auf dem Gebiet der Übersetzung. Das Konzept der *scenes and frames* ist zwar durch die Übersetzungsforschung eifrig rezipiert, dabei jedoch eher weiter verwässert als präzisiert worden. Es wurde immer wieder erörtert, was das Konzept auf der abstrakten Ebene der Übersetzungsstrategie leisten könnte, es wurde selten gezeigt, was es auf der konkreten Ebene der sprachenpaarbezogenen Übersetzungstechnik tatsächlich leistet.

In der Dolmetschtheorie der „Pariser Schule" ist ein ähnliches, freilich noch vageres Konzept schon lange präsent: das sogenannte *bagage cognitif*.[114] Am meisten könnte möglicherweise die Lexikographie vom Frame-Konzept profitieren. Ein Wörterbuchbenutzer ist nun einmal nicht primär an der Einsicht in die rein sprachlichen Strukturen eines Wortschatzes interessiert; er erwartet konkrete Hinweise auf die angemessene Interpretation des lexikalischen Inhalts eines Wortes innerhalb klar umrissener Rahmenbedingungen. In der soeben erwähnten Dissertation werden Vorschläge für Minimalframes zu Wörterbucheinträgen unterbreitet.[115] Sollten diese Vorschläge systematisch weitergeführt werden, so hätte sich das Frame-Konzept wenn nicht für die Übersetzungsforschung, so doch für die Übersetzungspraxis als nützlich erwiesen.

---

[111] Vgl. ebenda, 251. Nur in diesem Fall weist Fillmore auf eine besondere Intonation hin.
[112] Ebenda, 222.
[113] Konerding 1993, 2.
[114] Vgl. oben 2.4.
[115] Ebenda, 235ff.

## 7.6 Lektürehinweise

Zur Semiotik insgesamt gibt es zahllose Einführungen; für die hier verfolgten Ziele erweist sich Trabant (1989) als besonders geeignet. Zum Komplex „Semiotik und Übersetzen" bietet Prunč (1998) einen knappen Überblick; dort findet sich auch die wichtigste weiterführende Literatur. Über die Verwendung von Implikationsskalen informiert Dittmar (1997, 277-287). Bei Mounin (1970, Kap. 1) finden sich Hinweise zur französischen „Kommunikationssemiotik" in Abgrenzung zur amerikanischen „Interpretationssemiotik". Knappe Hinweise zum schwierigen Konzept der *indivisibilium intelligentia* finden sich bei Coseriu (2003, 90f.). Das Prinzip der Einzelsprachlichkeit der Bedeutung hat niemand so klar und knapp formuliert wie André Martinet (1960, Kap. 1-5 und 1-6). Wer sich genauer über die Begründung der „dreiteiligen Semiotik" durch Morris informieren will, sollte Apel (1973 = Einführung zu Morris 1946/73) heranziehen. Über die „Rollendeiktika" *ich* und *du*, sowie über die von E. Benveniste begründete *linguistique de l'énonciation* (eine spezifische Form der linguistischen Pragmatik) kann man sich bei Maingueneau (2000, 15-19) informieren. Das Problem der Anredeformen – z. T. im Zusammenhang mit Fragen der Übersetzung – wird von Albrecht (1971) und sehr viel umfassender von Besch (1996) behandelt; zur Alternative „*tu* oder *vous?*" im modernen Französischen äußert sich Peters (2004). Einen besonders originellen Ansatz zur Behandlung des Problems der Präsuppositionen vertritt Ducrot (1972). Zum *linguistic turn*, zur sprachanalytischen Philosophie insgesamt und zur *Ordinary Language Philosophy* kann man sich gründlich bei Tugendhat (1976) und bei Savigny (1974) informieren. Eine leicht verständliche Einführung in die verschiedenen Entwicklungsstadien des Neopositivismus, ohne den viele Konzepte der modernen Linguistik gar nicht denkbar wären, hat Kamitz (1973) vorgelegt. Bei Haiman (1980) stößt man auf temperamentvoll vorgetragene Argumente gegen die Möglichkeit einer Trennung von „Sprach-„ und „Weltwissen". Hindelang ($^3$2000) hat eine informative, auch für Anfänger zu empfehlende Einführung in die Sprechakttheorie vorgelegt. Zum Komplex „Sprechakttheorie und Übersetzung" kann man sich bei Kußmaul (Hg.; 1980) informieren. Über den Begriff des Kontexts in der Übersetzungsforschung informiert umfassend Aschenberg (1999). Zu den *scenes and frames* wären weitere, im Text nicht genannte Arbeiten von Fillmore heranzuziehen, so z. B. Fillmore (1977). Wer sich für die Rolle der *scenes and frames* in der Übersetzungsforschung interessiert, sei an Kußmaul (1998, 50f.) und Vermeer/Witte (1990) verwiesen.

Weniger den semiotischen Problemen der Übersetzung als vielmehr der Übersetzung insgesamt als einem semiotischen Problem ist ein Handbuchartikel von Dinda L. Gorlée (2004) gewidmet. Basil Hatim (2001) berichtet dagegen – ähnlich wie hier – über das Thema „Übersetzung und Pragmatik" (Sprechakte, Präsuppositionen bzw. „implied meaning", Konversationsmaximen usw.). Der mit „Semiotic approaches" überschriebene Aufsatz von Umberto Eco und Siri Nergaard (2001) kann zu verschiedenen Kapiteln herangezogen werden, denn er behandelt neben dem Problem der Übersetzbarkeit auch textlinguistische Probleme. Einen schönen Beitrag zu Anrede und Titulatur als Übersetzungsproblem haben Martina Kerzel und Brigitte Schulze (2004) vorgelegt. Christiane Maaß und Angela Schrott (2010) haben einen Sammelband zu den Deiktika in den romanischen Sprachen herausgegeben, in dem sich einige auch für die Übersetzungsforschung relevante Beiträge befinden.

## 8. Übersetzung und Varietätenlinguistik: Soziostilistische Probleme der Übersetzung

> ... die Gileaditer besetzten die Furten des Jordan vor Ephraim. Wenn nun einer von den Flüchtlingen Ephraims sprach: Laß mich hinübergehen!, so sprachen die Männer von Gilead zu ihm: Bist du ein Ephraimiter? Wenn er dann antwortete: Nein!, ließen sie ihn sprechen: Schibboleth. Sprach er aber: Sibboleth, weil er's nicht richtig aussprechen konnte, dann ergriffen sie ihn und erschlugen ihn an den Furten des Jordan ... (Richter 12, 5-6).

Zwei Stämme Israels haben Krieg gegeneinander geführt. Jephtah aus Gilead (Galaad) und seine Männer haben die Ephraimiter besiegt und die Furten des Jordan besetzt. Die fliehenden Ephraimiter versuchen, unerkannt zu entkommen. Den meisten gelingt das nicht, weil sie ein ihnen vorgesagtes Wort in der ihnen geläufigen Aussprache wiederholen. Das Wort Schibboleth, „Ähre", sprechen sie mit /s/ statt mit /š/ aus. Nicht umsonst hat sich der Romanist und Übersetzungsforscher Bernd Bauske der Wiedergabe gerade dieser Stelle in den iberoromanischen Bibelübersetzungen angenommen. Während sich der Unterschied zwischen /s/ und /š/ im Italienischen, Französischen, Englischen und Deutschen leicht in einer Übersetzung darstellen läßt, bereitet dies im modernen Kastilischen größere Schwierigkeiten.[1]

Man hat in dieser biblischen Episode den Beginn der „angewandten Soziolinguistik" sehen wollen – ein hübsches Beispiel für typisch britischen schwarzen Humor.[2]

Es geht – in der Sprechweise der Varietätenlinguistik ausgedrückt – um einen „diatopischen" (regional bedingten) Unterschied innerhalb des Hebräischen. Die Sprecher der verschiedenen Stämme Israels verstehen sich gegenseitig, erkennen sich jedoch gleichzeitig auch an bestimmten sprachlichen Eigentümlichkeiten. Die räumliche Dimension der Sprachvariation wurde frühzeitig nicht nur von Linguisten, sondern auch von ganz gewöhnlichen Sprechern wahrgenommen. Davon zeugt unter anderen eine viel jüngere Bibelstelle. Nachdem Jesus vom Hohen Rat wegen Gotteslästerung zum Tode verurteilt worden ist, treten verschiedene Personen an den im Hof wartenden Petrus heran und beschuldigen ihn, ein Gefährte des Verurteilten, dieses „Jesus aus Galiläa", zu sein. Zweimal verleugnet Petrus seinen Meister. Beim dritten Mal wird varietätenlinguistisches Belastungsmaterial gegen ihn angeführt:

> Wahrlich, du bist auch einer von denen, denn deine Sprache verrät dich.
> (Matthäus 26, 73)

Petrus versichert erneut, nichts mit diesem Menschen zu schaffen zu haben. Danach kräht der inzwischen sprichwörtlich gewordene Hahn.

Kehren wir noch einmal für einen Augenblick ins Alte Testament zurück. Im Deutschen und im Englischen bewirkt der Unterschied zwischen /s/ und /š/ eine Änderung der Bedeutung:

> sein/Schein; Sohn/schon; sieben/schieben; see/she; sit/shit; sort/short usw.

---

[1] Vgl. Bauske 1997.
[2] Roger T. Bell (1976) widmet seine Einführung in die Soziolinguistik „to the memory of Jephthah the Gileadite – the first descriptive and applied sociolinguist."

Wie wir im Abschnitt über Phonetik und Phonologie gesehen haben, spricht man in einem solchen Fall von einer „Opposition". Oppositionen treten *innerhalb* einer Sprache oder einer sprachlichen Varietät auf; sie gehören zur „Struktur" der Sprache. Eine nach einheitlichen Prinzipien strukturierte Varietät, deren Oppositionen sich widerspruchsfrei beschreiben lassen, nennt Coseriu eine „funktionelle Sprache". Im oben angeführten biblischen Beispiel geht es um etwas anderes: Durch /s/ und /š/ werden nicht Elemente innerhalb einer Varietät unterschieden, sondern zwei Varietäten ein und derselben Sprache. Wo die eine /š/ hat, hat die andere /s/. Ähnlich, wenn auch keineswegs gleich, verhält es sich mit süddeutschen und norddeutschen Varietäten:

    Lašt; Lišt, Lušt (süddeutsch) vs. Last, List, Lust (norddeutsch)

Auch hier treten die Unterschiede außerhalb der jeweiligen Varietät auf und gehören somit nicht zur „Struktur" der Sprache. Sie treten jedoch innerhalb des Deutschen im weiteren Sinn auf, innerhalb der Gesamtheit der Ausprägungen des Deutschen, die von einer einheitlichen Schriftsprache „überdacht" werden. Im Rahmen des von dem norwegischen Linguisten Leiv Flydal begründeten und von Eugenio Coseriu weiterentwickelten Modells der Sprachvariation spricht man in diesem Fall nicht von „Oppositionen", sondern von „Differenzen". Differenzen treten *außerhalb* der „Struktur" einer „funktionellen Sprache" auf, aber *innerhalb* der „Architektur" einer „historischen Sprache". Mit dem etwas irreführenden Terminus *historische Sprache* ist eine Sprache gemeint, die im Laufe der Geschichte einen Namen erhalten hat, mit dem sie von den eigenen Sprechern und den Sprechern anderer Sprachen benannt wird: *Deutsch*, *Englisch*, *Französisch*. Historische Sprachen dieser Art sind noch nicht einmal in ihren standardisierten Formen völlig einheitlich, zumindest nicht aus linguistischer Sicht; sie sind recht vielfältig, wenn man alle Ausprägungen, in denen sie auftreten, mit in Betracht zieht. Mit „Architektur" ist das Gefüge sämtlicher Ausprägungen (Varietäten) einer „historischen Sprache" gemeint, das von Fall zu Fall recht unterschiedlich aussehen kann:

„Historische Sprache"

$$\text{Architektur} \begin{cases} \text{Varietät}_i \\ \updownarrow \\ \text{Varietät}_k \\ \updownarrow \\ \text{Varietät}_l \end{cases} \underbrace{\text{„funktionelle Sprachen"} \leftrightarrow \text{Oppositionen}}_{\text{Struktur}}$$

Die folgenden Ausführungen orientieren sich weitgehend an dem von Flydal skizzierten und von Coseriu weiterentwickelten Modell der sprachlichen Variation.[3] Für die Ziele der Übersetzungserforschung erweist sich dieses statische, nicht formalisierte und ziemlich abstrakte Modell nicht nur als ausreichend, sondern sogar als besonders gut geeignet. Inzwischen sind in der Varietätenlinguistik sehr viel elaboriertere Beschreibungs- und Erklärungsansätze entwickelt worden. In den sogenannten „Varietätengrammatiken", auf die hier nicht genauer eingegangen werden kann[4], wurde versucht, das soziostilistische Verhalten eines idealen Sprecher/Hörers, der über sämtliche Varietäten einer „Histori-

---

[3] Vgl. u. a. Flydal 1952; Coseriu 1981a/88.
[4] Siehe Lektürehinweise.

schen Sprache" verfügt, zu modellieren – für uns ein viel zu ehrgeiziges Vorhaben. Es geht hier lediglich darum, die verschiedenen Fälle des Auftretens sprachlicher Variation in Texten zu analysieren, zu klassifizieren und im Anschluß daran geeignete Übersetzungsverfahren für die unterschiedlichen Fälle vorzuschlagen.

## 8.1 Die „Architektur" der „historischen Sprache"

In der Varietätenlinguistik wird also die Sprache als Variable angesehen; ihre verschiedenen Ausprägungen bilden die dazugehörigen Varianten, genauer gesagt die Varietäten (= Gefüge zusammengehöriger Varianten). Theoretisch gesehen stellt dabei die Standardvarietät (die sogenannte „Hochsprache") eine Varietät unter anderen dar, und die Variable „Historische Sprache" („Gesamtsprache") ist eine abstrakte Einheit, die sich nur in Form ihrer Varianten konkret manifestiert, so wie z. B. die Variable „Haarfarbe" immer nur in Varianten (oder Werten) wie „blond", „brünett", oder „schwarz" konkret in Erscheinung tritt.[5] In der Praxis wird jedoch die Standardvarietät als die Norm (im Sinn von „normal") angesehen und alles, was »oberhalb« oder »unterhalb« dieser Norm liegt, als »Abweichung« betrachtet. Alle nicht zum Standard gehörigen Elemente werden als in varietätenlinguistischer Hinsicht »markiert« angesehen. Für den hier verfolgten Zweck kann diese Verzerrung des Sachverhalts hingenommen werden.

In der Varietätenlinguistik wird, wie wir gesehen haben, eine Gesamtsprache als variable Größe verstanden, die wie die Variable „Haarfarbe" unterschiedliche Werte annehmen kann. Nun gibt es jedoch variable Größen weit heterogenerer Natur, die in mehrfacher Hinsicht unterschiedliche (und somit auch miteinander kombinierbare) Werte annehmen können. Eine abstrakte Variable wie „Haarbeschaffenheit" kann in Komponenten wie „Haarfarbe", „Haarstruktur", „Fettigkeitsgrad" aufgespalten werden, denen man dann wiederum konkrete Werte wie „blond" oder „brünett"; „kraus" oder „glatt"; „fettig" oder „trocken" zuordnen kann. Man spricht in diesem Zusammenhang von „Dimensionen der Variation". Bei der Sprache handelt es sich um eine solche komplexe Variable. Seit der Antike hat man sich darum bemüht, unterschiedliche Dimensionen der sprachlichen Variation ausfindig zu machen und mit geeigneten Termini zu benennen. In dem hier herangezogenen Modell von Flydal und Coseriu werden drei Dimensionen unterschieden: die Variation im Raum, die *diatopische* (von δια + τόπος „durch den Raum hindurch"), die Variation innerhalb der sozialen Schichten, die *diastratische* (von δια + στρατός „durch die Volksmenge hindurch") und schließlich die Variation in Abhängigkeit von den Umständen des Sprechens, die *diaphasische* (von φάτις zu φημί „reden, erzählen, behaupten".).[6] Die in diatopischer Hinsicht charakterisierten Variäten heißen von jeher „Dialekte", die in diastratischer Hinsicht charakterisierten nennt man seit längerer Zeit „Soziolekte" und für die diaphasisch charakterisierten hat sich der Terminus „Register" inzwischen weitgehend durchgesetzt.

In der englischsprachigen Varietätenlinguistik wird gelegentlich innerhalb dieses dreidimensionalen Varietätenraums eine zusätzliche Hierarchisierung vorgenommen:

---

[5] Sehr viel ausführlicher und präziser: Albrecht 1986, 78ff.
[6] Zu dieser ihren Urheber selbst nicht ganz befriedigenden, inzwischen weit verbreiteten Terminologie, vgl. Coseriu 1981a/88, 25, Anm. 14.

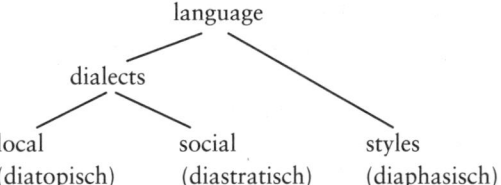

Die Merkmale der *dialects* (gleichgültig ob lokal oder sozial) heißen *indicators*, denn sie zeigen die regionale und/oder soziale Herkunft des Textproduzenten an. Die Merkmale der *styles* heißen *markers*, denn sie »markieren« eine bestimmte stilistische Ausdrucksabsicht. *Indicators* werden unbewußt hervorgebracht, *markers* werden hingegen, wenn nicht immer bewußt, so doch intentional eingesetzt, um die eigene Äußerung der jeweiligen Äußerungssituation anzupassen.[7]

Zwischen den drei klassischen Dimensionen der sprachlichen Variation besteht ein Inklusionsverhältnis. Diatopische Merkmale können sekundär als diastratische auftreten. In vielen Sprachgemeinschaften wird ein Dialektsprecher nicht nur einer bestimmten Region, sondern auch (und sogar in erster Linie) einer niedrigen Gesellschaftsschicht zugeordnet. Diatopische und vor allem diastratische Merkmale können sekundär als diaphasische auftreten; so z. B. wenn ein Sprecher Dialektwörter oder volkstümliche Ausdrücke nicht gewohnheitsmäßig verwendet, sondern nur, um damit gewisse Effekte zu erzielen. Schematisch lassen sich die Verhältnisse folgendermaßen darstellen:

$$\text{diatopisch} \rightarrow \text{diastratisch} \rightarrow \text{diaphasisch}$$

Auf konkrete Fälle dieser »Verschränkung« der Dimensionen der Variation wird in den folgenden Abschnitten zurückzukommen sein.

Von verschiedenen Autoren sind weitere Dimensionen der Variation vorgeschlagen worden, so z. B. die *diachronische* oder die *diamesische* („geschrieben" vs. „gesprochen"). Ich sehe in ihnen keine selbständigen Dimensionen und behandle sie daher nur am Rande. Selbstverständlich kann die diachronische Variation sekundär als *diaphasische* erscheinen; so z. B. wenn Archaismen mit einer bestimmten stilistischen Absicht verwendet werden.[8] Ob man in dem Gegensatz „geschrieben" vs. „gesprochen" eine eigene Dimension der Variation zu sehen habe, die »quer« zu den drei klassischen Dimensionen liegt, kann hier nicht diskutiert werden.[9] In dieser Einführung wird die „gesprochene Sprache" als Sonderfall der diaphasischen Dimension der Variation behandelt. In sprachmittlerischer Hinsicht interessieren vor allem zwei Fälle: die Nachahmung gesprochener Sprache durch die geschriebene, z. B. in Roman- oder Theaterdialogen und die asymmetrische Verteilung von geschriebener und gesprochener Sprache beim Konferenzdolmetschen.

### 8.1.1 Regionale („diatopische") Unterschiede

Bei den diatopisch markierten Elementen, auf die ein Übersetzer stoßen kann, handelt es sich nicht nur um Bestandteile der primären Dialekte einer Sprache, die in der Regel älter sind als die

---

[7] Vgl. u. a. Halliday 1978, 110ff.; Ducrot/Schaeffer 1995, 145.
[8] Vgl. z. B. oben 7.4 das Beispiel von Manzoni; der Übersetzer B. Kroeber hat das Verfahren im Deutschen sehr schön nachgebildet.
[9] Vgl. Lektürehinweise.

Standardsprache selbst, da diese sich auf der Grundlage eines oder mehrerer Dialekte entwickelt. Es geht auch um „sekundäre Dialekte", um „Regiolekte", jene Mischformen, die entstehen, wenn sich die Gemeinsprache später gewissermaßen »von oben« über die verschiedenen Dialektgebiete ausbreitet. Dialekte und Regiolekte sind für den Übersetzer schwerer zu bewältigen als Soziolekte oder Register. Für die Ausdrucksweise eines bestimmten sozialen Milieus läßt sich in der Zielsprache fast immer etwas annäherungsweise Analoges finden; Vergleichbares gilt für Register wie „formal", „umgangssprachlich", „nachlässig" usw.[10] Ein Dialekt oder ein Regiolekt „konnotiert" jedoch in einem ganz präzisen, später noch zu erläuterndem Sinn, eine konkrete geographische Gegend und die dazugehörige regionale Kultur.

Dabei entsteht ein Widerspruch zwischen der im Original tatsächlich dargestellten und der in der Übersetzung evozierten Region. Könnte man die Provenzalismen in den Stücken Pagnols nicht durch Bajuwarismen wiedergeben? Auf den ersten Blick scheint die Idee plausibel, bei genauerem Hinsehen erweist sich jedoch der damit erzielte Effekt als fatal. Der Dialekt ist nämlich in den meisten Fällen ein »opakes« Ausdrucksmittel. Ganz anders als die in semiotischer Hinsicht »transparente« Standardsprache, gibt er den Blick nicht so ohne weiteres frei auf die mitgeteilten Sachverhalte, sondern lenkt die Aufmerksamkeit zunächst einmal auf sich selbst. Je veristischer ein Übersetzer in solchen Fällen verfährt, desto mehr verstört er seine Leser: „Wieso reden die in der Provence plötzlich bairisch?" Niemand stört sich hingegen daran, daß sich Emma Bovary mit ihrem Liebhaber auf Hochdeutsch austauscht, obwohl Flauberts Roman doch in Nordfrankreich spielt.

Erfahrene Übersetzer kennen das Problem; sie haben verschiedene Strategien entwickelt, um mit ihm fertig zu werden. In Fällen, in denen der Dialekt in erster Linie Volkstümlichkeit konnotiert und nur in zweiter Linie eine bestimmte Region heraufbeschwört, wird dem Text ein volkstümlich-umgangssprachlicher Anstrich verliehen; diatopisch markierte Elemente werden dabei oft durch diastratisch markierte ersetzt:

> [Herbert Truczinski]: Das vätrug der Ukrainer nich, der alles megliche nur kein Ruski nich sein wollt'. Mit Holz warrer de Weichsel runterjekommen [...] Und wie ich sag, laß das Jungchen, du bist hier nich bei Euch, sondern beim Völkerbund, da sagt der Torpedofritze „Beutedeutscher" zu mir, das auf sächsisch, verstehste – und hatte auch gleich ein paar kleben, was ihn auch ruhig machte.

> Ça ne plaisait pas à l'Ukrainien qui voulait bien être ce qu'on voulait mais pas un rouski. Il avait descendu la Vistule avec du bois [...] Et comme je dis laisse tomber, petite tête, t'es pas chez vous ici, t'es à la SDN, alors le Fritz-la-torpille me dit: « Fritz à la manque » et ça en patois saxon, tu saisis – et tout de suite il en avait une paire en poire, ça l'a calmé.

> The Ukrainian wasn't going to take that lying down: if there was one thing he didn't want to be, it was Ruski. He'd been floating logs down the Vistula [...] So I tell him to leave the guy alone, you're not home now, you're a guest of the League of Nations. At this point the torpedo fritz calls me a "pocketbook German", he says it in Saxon what's more. Quick I bop him one or two, and that calms him down."[11]

---

[10] Die diasystematische Indizierung (Registermarkierung), mit der der Wortschatz in den großen Wörterbüchern in stilistischer Hinsicht markiert wird, ist außerordentlich unterschiedlich. Es gibt bis heute diesbezüglich noch keine einheitliche einzelsprachliche Praxis, geschweige denn eine sprachübergreifende.

[11] Günter Grass: *Die Blechtrommel*. Werkausgabe in zehn Bänden, Bd. II, Darmstadt/Neuwied 1987, S. 216ff. Frz. Übersetzung von Jean Amsler; engl. Übersetzung von Ralph Mannheim.

In anderen Fällen empfiehlt es sich, im Interesse der Verständlichkeit, jede Form der soziostilistischen Markierung stark zu mildern, so z. B. bei den Auslassungen des Herrn Permaneder in Thomas Manns *Buddenbrooks*, die in nicht ganz korrektem Bairisch gehalten sind:

> O mei, Herr Nachbohr! [...] Do is nix'n z'red'n, dös is halt a Plog! Schaun S', München [...] München is koane G'schäftsstadt ... Da will an jeder sei Ruh' und sei' Maß ... Und a Depeschen tuat ma fei nöt lesen beim Essen, dös fei net. Jetzt da haben S' daheroben an onderen Schneid, Sakrament [...] aber i verloß mei München nöt ... Dös fei nöt! Es is halt a Kreiz!

> Mon Dieu, compère [...] Munich n'est pas une ville commerçante. Chacun veut sa tranquillité et sa chope de bière. Et on ne lit pas une dépêche à table, ça ne se fait pas. Ici, dans le Nord, on a autrement de cran, sacredieu ! [...] mais moi je ne quitterai pas mon Munich. Je ne le ferai pas. Quelle croix !

> Oh well, neighbour [...] There's naught to speak of – it's a fair plague. You see, Munich [...] Munich is no commercial town. Everybody wants his peace and quiet and his beer – nobody gets despatches while he's eating; not there. You're a different cut up here – Holy Sacrament! I won't forsake my Munich. Not me! That would be a fine thing to do.[12]

Die amerikanische Übersetzerin hat die Tendenz, dialektale Phraseologismen wie *Es is halt a Kreiz* je nach Kontext zu explizieren und verleiht ihnen dabei mehr Gewicht, als ihnen im Original zukommt. Beide Übersetzungen enthalten keine eindeutig diatopisch markierten Elemente.

In manchen Fällen scheint es angezeigt, einen Kunstdialekt zu kreieren, der keine bestimmte geographische Gegend konnotiert, da er nirgendwo gesprochen wird, der jedoch so etwas wie Volkstümlichkeit evoziert. Brecht hat es in seiner *Mutter Courage* versucht. Übereifrige, germanistisch geschulte Kritiker, die daran Anstoß nahmen, haben seine Absicht nicht erkannt. Wolf Graf Baudissin hat dieses Verfahren bei seiner Übersetzung von Shakespeares *King Lear* sehr geschickt angewendet. Die »realen« dialektalen Elemente, mit denen der als Bauer verkleidete Edgar seine Rede spickt, erscheinen in der deutschen Übersetzung in Form von »fiktiven« Dialektismen:

> **Edgar:** Good gentlemen, go your gait, and let poor volk pass. And chud ha' been zwaggered out of my life, 'twould not ha' been zo long as 'tis by a vortnight. Nay, come not near the old man; keep out, che vor ye, or ise try wether your costard or my bat be the harder: chill be plain with you.
> **Oswald:** Out, dunghill!
> **Edgar:** Lieber Herr, gehn Eures Wegs und loßt arme Leut in Ruh. Wann ich mich sollt mit eim große Maul ums Lebe bringe losse, da hätt ich's schun vor vierzehn Täg loswerde künne. Kummt mer dem alte Mann nit nah; macht Euch furt, rat ich, oder ich will emohl versuche, was stärker is, Eur Hirnkaste oder mei Knippel. Ich sog's Euch grodraus.
> **Haushofmeister:** Ei, du Bauernflegel![13]

---

[12] Thomas Mann: *Buddenbrooks. Verfall einer Familie*, Frankfurt am Main 1989, 333. Frz. Übersetzung Geneviève Bianquis; engl. Übersetzung von Helen T. Lowe-Porter.
[13] *King Lear*, Akt IV, Szene 6. Ob dem Übersetzer die hier zitierte Version des Originals vorgelegen hat, ist nicht sicher (es ist auch eine leicht abweichende Version überliefert); die Frage nach der tatsächlichen Übersetzungsvorlage spielt jedoch im Hinblick auf den Anschauungswert des angeführten Beispiels keine große Rolle.

### 8.1.2 Soziale („diastratische") Unterschiede

Schon Schleiermacher hat in der Unterschiedlichkeit der Soziolekte einer Sprachgemeinschaft ein Übersetzungsproblem gesehen. Nicht nur zwischen verschiedenen Entwicklungsstadien und verschiedenen Mundarten einer Sprache müsse übersetzt werden, sondern auch zwischen der Ausdrucksweise unterschiedlicher sozialer Schichten:

> ... selbst Zeitgenossen, nicht durch die Mundart getrennte, nur aus verschiedenen Volksklassen, welche durch den Umgang wenig verbunden in ihrer Bildung weit auseinander gehen, können sich öfters nur durch eine ähnliche Vermittlung verstehen.[14]

Sicherlich spielt heute die schichtenspezifische Ausdifferenzierung der Sprache eine geringere Rolle als zu Zeiten Schleichermachers, jedoch gibt es auch heute noch, sowohl in den ehemaligen sozialistischen Staaten als auch in den westlichen parlamentarischen Demokratien, erhebliche schichtspezifische Sprachunterschiede. Der marxistische Begriff der „Klasse" eignet sich nicht als Parameter, denn es gibt keine stabile Korrelation zwischen der Verfügbarkeit oder Nicht-Verfügbarkeit über Produktionsmittel und sprachlichem Verhalten. Zur Korrelierung sozialer und sprachlicher Merkmale eignet sich am besten das Schichtenmodell der empirischen Soziologie, wobei dem Subkriterium „Bildungsgrad" besondere Bedeutung zukommt.[15]

Die diastratische Dimension der Variation tritt überwiegend in literarischen Texten auf, nur in unbedeutendem Maße auch innerhalb der „vertikalen Schichtung" der Fachsprachen.[16] In der älteren Literatur trifft man in der Regel auf ein einfaches Verteilungsschema: Während in der Autorenrede, im *récit*, Standardsprache verwendet wird, können in direkter Rede volkssprachliche Elemente erscheinen. Die Gestalten eines Romans, die Personen eines Theaterstücks sollen auf diese Weise indirekt über ihre Sprache charakterisiert werden, eine Sprache, von der sich der Autor durch Setzung von Anführungsstrichen distanziert. Ein Musterfall dafür ist Bernard Shaws Komödie *Pygmalion*, in der ein Phonetikprofessor einer Londoner Blumenverkäuferin Manieren und die englische Standardsprache in *received pronounciation* beibringen soll. Da es sich um ein Theaterstück handelt, werden die beiden Varietäten den aus unterschiedlichen sozialen Schichten stammenden Protagonisten des Dialogs in den Mund gelegt. Professor Higgins spricht korrektes Englisch, das Blumenmädchen Eliza Doolittle gemäßigtes *Cockney*:

> The Flower Girl: ... I'm come to have lessons, I am. And to pay for em tə-oo: make no mistake.
> Higgins [*stupent*] Well!!! [*Recovering his breath with a gasp*] What do you expect me to say to you?
> The Flower Girl: Well, if you was a gentleman, you might ask me to sit down, I think. Dont I tell you I'm bringing you business?
> Higgins: Pickering: shall we ask this baggage to sit down, or shall we throw her out of the window? [...]
> The Flower Girl: [...] I wont be called a baggage when Ive offered to pay like any lady. [...] I want to be a lady in a flower shop stead of sellin at the corner of Tottenham Court Road. But they wont take me unless I can talk more genteel. He said he could

---

[14] Schleiermacher 1813/1838, 207f.
[15] Siehe Lektürehinweise.
[16] Vgl. unten 10.6.1.

teach me. Well, here I am ready to pay him – not asking any favor – and he treats me zif I was dirt.

**Blumenmädchen:** ... Daß Sie mich was beibringen, bin ich hier. Und will dafür blechen. Also sehn sie sich vor!

**Higgins** *verblüfft*: Was soll ich dazu sagen?

**Blumenmädchen:** Als Gentleman: daß ich mir setzen soll. Ich bring Sie ein Klasse Geschäft, wie gesagt.

**Higgins:** Pickering, wollen wir das Pack Platz nehmen lassen, oder werfen wir sie aus dem Fenster? [...]

**Blumenmädchen:** [...] Ich laß mir nicht mit Pack beschimpfen, wo ich als wie ne Dame blechen will. [...] Ich steh aufn Job in eim Blumenladen. Statt Straßenverkauf Ecke Tottenham Court. Aber die nehmen ein ja erst, wenn man vornehmer quasseln kann. Er kann mir lernen, hat er gesagt. Hier bin ich nun, will blechen, will gar nichts gratis – und er behandelt mich wie ein Dreck.[17]

An der deutschen Übersetzung ließe sich einiges aussetzen; dazu ist hier nicht der Ort. Auf ein Detail wird gleich zurückzukommen sein. Die Übersetzung zeigt immerhin, worauf es in diesem Zusammenhang ankommt: Der Übersetzer legt dem Blumenmädchen vorwiegend Wörter und Wendungen in den Mund, die kein Gebildeter je verwenden würde, auch nicht mit einer bestimmten Ausdrucksabsicht, es sei denn, er wolle jemanden nachahmen.

In dem Moment, in dem sich die europäischen Standardsprachen zu echten Gemeinsprachen entwickeln, wobei die Hochsprache sich nach »unten« ausbreitet und nicht mehr nur auf eine kleine gesellschaftliche und kulturelle Elite beschränkt bleibt, verändert sich auch die Verteilung von Standard und Substandard in der Literatur. Volkssprachliche oder schlechterdings vulgäre Elemente bleiben nun nicht mehr auf die Figurenrede beschränkt, sie dringen in die Autorenrede ein. In Frankreich und in England wurde dieses Stadium viel früher erreicht als in Deutschland oder Italien.[18] Einer der Autoren, bei dem sich der *récit* in soziostilistischer Hinsicht oft nicht mehr von der Figurenrede unterscheidet ist Emile Zola. In einem seiner bekanntesten Romane, *L'Assommoir* (Die Schnapsbude), schlittert der Erzähler oft unmerklich nicht nur in die Seh-, sondern auch in die Ausdrucksweise seiner Figuren hinein. Das geschieht besonders häufig in den Passagen, die im *style indirect libre*, in der erlebten Rede gehalten sind. Zola hat dieses Verfahren der Redewiedergabe, das seit dem Mittelalter belegt ist, durch außerordentlich häufige Verwendung zu einem populären Stilmittel gemacht, das bald in anderen Sprachen nachgeahmt wurde. Bei der folgenden Passage handelt es sich zu einem großen Teil um erlebte Rede, die sich eindeutig der Protagonistin Gervaise zuordnen läßt:

> Nom d'un chien ! au lieu de se serrer le gaviot [gosier], elle aurait commencé par se coller quelque chose dans les badigoinces [lèvres] ! Vrai, elle le trouvait trop rossard, cet entripaillé [gros], elle l'avait où vous savez, et profondément encore ! Comme sa bête brute de Coupeau [son mari], qui ne pouvait plus rentrer sans lui tomber sur le casaquin [ici : dos]: elle le mettait dans le même endroit que le propriétaire. A cette heure, son endroit [son cul] devait être bigrement large, car elle y envoyait tout le monde ...

---

[17] Bernard Shaw *Pygmalion*, Zweiter Akt. Deutsche Übersetzung von Harald Mueller.
[18] Siehe Lektürehinweise.

> Bloody hell! If she had, she would have had a bite to eat instead of tightening her belt! Honestly, the fat old idiot was too much of a bore; as far as she was concerned, he was a real pain in the whatsit. He was just like that animal of hers, Coupeau, who no longer came home without hitting her. He could go to the same place as the landlord. Right now, that place, wherever it was, would need to be pretty big, because she would put everyone there ...[19]

Gelegentlich benützt Zola auch Kraftausdrücke in Passagen, die man nicht als „erlebte Rede" einer der geschilderten Personen zuordnen kann, sondern der Autorenrede zurechnen muß:

> Mais, juste le dimanche, Gervaise reçut un papier imprimé, qui lui fit peur d'abord, parce que on aurait dit une lettre du commissaire de police. Puis, elle se rassura, c'était simplement pour lui apprendre que son cochon était en train de crever à Sainte-Anne. Le papier disait ça plus poliment, seulement ça revenait au même.

> Then, on Sunday, Gervaise got a printed form, which scared her at first because it looked like a letter from the police; but she needn't have worried. It was just to tell her that the swine was dying at the hospital of Sainte-Anne. The paper put it more politely, but it came to the same thing.[20]

In beiden Fällen hat der englische Übersetzer mäßigend eingegriffen. Für die zeitgenössische Literaturkritik war die Schreibweise Zolas ein Skandalon. Es sei ja durchaus verständlich, meinte damals der Kritiker des *Figaro*, Albert Millaud, daß Zola, wie vor ihm Balzac, seinen Gestalten fehlerhafte oder vulgäre Sprache in den Mund lege,

> aber wir verstehen nicht, daß die Passagen in Autorenrede, die Beschreibungen, die Analyse der Charaktere, die alle von M. Zola selbst ausgehen, die seine eigenen Gedanken und Schilderungen sind, wir verstehen nicht, daß M. Zola dies alles in der gleichen groben und nach Vorstadt riechenden Sprache abgefaßt hat, in der er seine Gestalten reden läßt.[21]

Gelegentlich werden in literarischen Texten sprachliche Varietäten in rein spielerischer Absicht eingesetzt, und es werden dabei Effekte erzielt, die jeder Form von literarischem Verismus spotten. Die Konnotationen der sprachlichen Zeichen haben sich dabei (im etymologischen Sinn) verabsolutiert und gehen Kombinationen ein, die im gewöhnlichen Sprachgebrauch undenkbar wären. Von einem guten Übersetzer kann zunächst einmal lediglich erwartet werden, daß er diesen dem realen Sprachverhalten zuwiderlaufenden Gebrauch erkennt. Ein Musterbeispiel hierfür ist Raymond Queneaus Roman *Zazie dans le métro*. An einer Stelle heißt es:

> « Réponds donc », et elle lui foutit un bon coup de pied sur la cheville.
> „Antworte schon", sagte sie und trat ihm mit dem Fuß kräftig gegen den Enkel.
> „Rispondi allora". E gli allungò una buona pedata in uno stinco.

---

[19] Emile Zola: *L'Assommoir*, Introduction, notes et commentaires de Jacques Dubois, Paris 1996, 455. Engl. Übersetzung: *The Drinking Den*, Translated with an Introduction and Notes by Robin Buss, London ²2003, 385.

[20] Ebenda, S. 487/415.

[21] « Mais nous ne comprenons pas que les récits, les descriptions, les analyses de caractères, lesquels émanent de M. Zola, et sont des réflexions, des peintures à lui, nous ne comprenons pas que M. Zola les ait écrites dans la langue grossière et faubourienne qu'il fait parler à ses acteurs... » Zit. nach dem Nachwort zu: E. Zola : *L'Assommoir*, Paris 1928.

> – Contesta – repitió Zazie, atizándole un puntapie en la espinilla.
> "Answer me, will you", and she gave him a good kick on the ankle.[22]

Das zumindest in dieser Verwendung vulgärsprachliche Verb *foutre* "geben, versetzen schmeißen" und das literatursprachliche Tempus *passé simple* sind im Prinzip unverträglich; in dem Soziolekt, in dem *foutre* gebraucht wird, würde man das *passé composé* erwarten: „... et puis elle lui a foutu ...". Durch die ungewohnte Kombination entsteht ein komischer Effekt, der in den vier angeführten Übersetzungen völlig verloren geht. Es ist schwer zu entscheiden, ob die Übersetzer diese Art von Sprachspiel nicht erkannt oder ob sie nur angesichts der Schwierigkeit der zu lösenden Aufgabe resigniert haben.

Von besonderer Bedeutung für die Übersetzung ist die Verschränkung von diastratischer und diaphasischer Variation. Was damit gemeint ist, sei ausnahmsweise anhand eines konstruierten Beispiels erklärt:

> Selbst ich, der ich mich durch zweifelhafte Charaktereigenschaften meiner Mitmenschen nicht leicht zu unüberlegten Reaktionen hinreißen lasse, wäre durchaus nicht abgeneigt gewesen, diesem *Scheißkerl* einen kräftigen Tritt in den *Arsch* zu versetzen.

Die beiden Kraftwörter sind hier eindeutig *markers*, keine *indicators*; der Sprecher würde gewohnheitsmäßig eher Ausdrücke wie *unangenehmer Mensch* oder *Hintern* gebrauchen. Im Französischen tritt diese Verschränkung weit häufiger auf als im Deutschen. Henri Bauche, einer der Pioniere der französischen Varietätenlinguistik, hat dieses Inklusionsverhältnis schon sehr früh treffend beschrieben:

> Wörter wie *moche* [mies]; *tourte* [Schafskopf]; *godasse* [Latsche(n)]; *pinard* [billiger Rotwein] werden von gebildeten Parisern bei der Unterhaltung gebraucht, aber stets, wenn nicht ironisch oder scherzhaft, so doch im Bewußtsein, sich nicht sehr gewählt auszudrücken. Für das Volk hingegen handelt es sich dabei um das wahre Französisch.[23]

In einem der am weitesten verbreiteten französischen Wörterbücher, dem *Petit Robert*, wird diesen Verhältnissen in knappster Form Rechnung getragen. Ein Wort wie *bagnole* wird als *familier* (= diaphasische Indizierung) eingestuft, wenn es nur gelegentlich und abwertend gebraucht wird, etwa im Sinn von „Klapperkasten, Schrottmühle", es wird mit dem Index (der Registermarkierung) *populaire* (= diastratische Indizierung) versehen, wenn es gewohnheitsmäßig für „Auto" verwendet wird.[24]

### 8.1.3 Situationsbedingte („diaphasische") Unterschiede

Unter den drei klassischen Dimensionen der sprachlichen Variation ist die diaphasische zweifellos die am schwersten zu definierende. Leiv Flydal hatte sie ursprünglich nicht vorgesehen; Eugenio Coseriu hat sie später dem Flydalschen Entwurf hinzugefügt. Es handelt sich für ihn um

---

[22] R. Queneau: *Zazie dans le métro*, chap. 9. Übersetzungen von Eugen Helmlé; Franco Fortini, Fernando Sánchez-Dragó und Barbara Wright.

[23] « Des mots comme: *moche, tourte, godasse, pinard* [...] sont employés dans la conversation par les Parisiens cultivés, sinon avec ironie et par plaisanterie, du moins avec conscience de mal parler. Pour le peuple, au contraire, c'est là le vrai français », Bauche 1920, 22.

[24] Siehe *Le Petit Robert* s. v. *bagnole* und Albrecht 1986, 65ff.

> Unterschiede zwischen den Typen der Ausdrucksmodalität, je nachdem welche Umstände beim Sprechen herrschen (Sprecher, Hörer, Situation oder Gelegenheit zum Sprechen und Zusammenhang, in dem gesprochen wird ...[25]

Historisch gesehen stellt die Diaphasik die am frühesten theoretisch reflektierte Dimension der Variation dar, denn sie beinhaltet einen großen Teil dessen, was man gemeinhin unter „Stil" versteht. Insofern ist sie für die Übersetzungsforschung von besonderer Bedeutung. Die Lehre von den *genera elocutionis* in der antiken Rhetorik stellt einen frühen Versuch dar, die diaphasische Variation, die dem Redner oder dem Schriftsteller zur Verfügung steht, theoretisch und vor allem praktisch zu behandeln. Es werden dabei Klassen von zur Verfügung stehenden Ausdrucksmitteln (fast ausschließlich lexikalische) mit Typen von zu behandelnden Themen korreliert. Bestimmte Themen sind für das *genus humile*, die niedrige Gattung, geeignet und somit im einfachen Stil (*stilus humilis*) zu behandeln; andere Themen haben dagegen eine Affinität zur mittleren Gattung (*genus medium*) oder zur hohen Gattung (*genus sublime*) und sind daher im *stilus mediocris* bzw. im *stilus gravis* zu behandeln.[26]

In übersetzerischer Hinsicht besonders bedeutsam sind die Fälle, in denen ein Text in der Standardvarietät der jeweiligen Sprache verfaßt und mit einzelnen Elementen aus anderen Varietäten durchsetzt ist. In diesem Fall können die »fremden« Elemente (Flydal spricht in diesem Zusammenhang von „Extrastrukturalismen")[27] die ihnen innewohnende Konnotation entfalten. „Konnotation" soll hier in seiner engen zeichentheoretischen Bedeutung gebraucht werden.[28] Jedes sprachliche Zeichen verweist auf das System, zu dem es gehört. Bei homogenem Sprachgebrauch bleiben die Konnotationen in diesem präzisen Sinn zumeist in expressiver Hinsicht unwirksam. Daß *Tisch* ein deutsches Wort ist, fällt nicht auf, solange Deutsch gesprochen wird. Erst wenn es in einem englischen, französischen oder spanischen Text erscheint, entfaltet es seine Konnotation. Gewöhnlich wird in einem solchen Fall die Zugehörigkeit des Wortes zur fremden Sprache stärker wahrgenommen als seine Bedeutung.

Ähnlich verhält es sich mit den „Extrastrukturalismen" innerhalb einer Historischen Sprache. Auch hier ist in expressiver Hinsicht die Zugehörigkeit zu einem bestimmten Subsystem der Gesamtsprache wichtiger als die genaue Bedeutung. Daher kann sich der Übersetzer in solchen Fällen der „Technik der versetzten Äquivalente" bedienen; er braucht nicht jeden Extrastrukturalismus als solchen zu übertragen, sondern er kann ihn dort in den Zieltext einstreuen, wo es sich ergibt. Fritz Güttinger hat das etwas hemdsärmelig, aber dabei sehr treffend formuliert:

> Wenn ein Text umgangssprachliches Gepräge hat, verwende man Slangausdrücke, wo sich solche im Deutschen von selber anbieten. Die Rosinen brauchen sich nicht durchweg an derselben Stelle zu befinden; es genügt, dass Rosinen in dem Kuchen sind.[29]

Peter O. Chotjewitz hat diese Regel bei seinen Übersetzungen der Komödien von Dario Fo sehr geschickt angewendet. Hier eine kleine Kostprobe:

---

[25] Coseriu 1981a/88, 25.
[26] Vgl. Lausberg 1963, 155f.
[27] Flydal 1952, 244.
[28] Auf die lange und komplizierte Begriffsgeschichte dieses Terminus kann hier nicht eingegangen werden; siehe Lektürehinweise.
[29] Güttinger 1963, 191.

## 8. Übersetzung und Varietätenlinguistik: Soziostilistische Probleme der Übersetzung

**Giovanni** E lei, professore, cosa ne dice? Come l'ha trovata la mia svirgolata qui presente?
**Professore** (*con evidente impaccio*) Bene, bene. In gran forma.
**Giovanni** Allora, se sei in forma, vedi un po' di trovare un paio di bicchieri che intanto io vado fuori a rimediare un po' di ghiaccio per sgnaccarci la bottiglia.
**Luisa** Aspetta, Giovanni, forse è meglio che ci vada io ... A parte che preferirei che tu non ti facessi vedere tanto in giro ...
**Giovanni** Perché non dovrei farmi vedere? Forse che uno si deve vergognare di essere un soldato della patria in armi? Ma se qualcuno abbozza solo di farmi il verso, gli sgnacco una scarpata nelle gengive che per un mese non riesce a masticare manco il pancotto, te lo dico io! (*esce cantando sbracato*) «E noi arditi amiam la morte ...»

**Der echte G.** Und Sie, Professor? Wie finden Sie unsere hirngeschädigte Luisa?
**Professor** (*verlegen*) Gut in Form.
**Der echte G.** Na also! Wenn du so gut in Form bist, dann schau mal, ob du Gläser findest. Ich hol uns inzwischen etwas Eis aus der Bar, um die Buttel kalt zu stellen.
**Luisa** Laß nur, Giovanni, es ist besser, wenn du dich draußen nicht soviel blicken läßt, wegen der Uniform ...
**Der echte G.** Warum das denn? Muß man sich vielleicht schämen, wenn man dem Vaterland dient? Wenn mir einer quer kommt, dem knall ich eine vorn Latz, daß er drei Wochen lang nur Haferschleim essen kann! Das sage ich dir aber! (*Er geht ab und singt wieder sein Soldatenlied.*)

Es wurde bereits erwähnt, daß die Unterscheidung „geschrieben" vs. „gesprochen" hier nicht als selbständige Dimension der sprachlichen Variation, sondern als Sonderfall der Diaphasik angesehen werden soll. Wie an der betreffenden Stelle bereits angekündigt, sollen im Zusammenhang mit der Sprachmittlung nur zwei Probleme kurz behandelt werden:

a) *Die Nachahmung des »Gesprochenen« in der geschriebenen Sprache*: Die veristische Wiedergabe gesprochener Sprache durch die geschriebene hat in der englischen und in der französischen Literatur eine ältere und gefestigtere Tradition als in der deutschen. Deshalb tun sich deutsche Übersetzer oft schwer bei einer angemessenen Gestaltung von Dialogen englischer oder französischer Unterhaltungsliteratur. Gesprochene Sprache zeichnet sich durch einen vergleichsweise geringen Grad an Elaboration aus, der sich unter anderem in Satzbrüchen (nicht konsequent zuende geführten Konstruktionen), und Wiederholungen äußert. Vor allem ist das Verhältnis zwischen „Wörtern der Sprache" (*different words*) und „Wörtern des Textes" (*running words*), die sogenannte *typetoken-ratio*, verschieden; ein geschriebener Text enthält mehr *different words* als ein gesprochener gleicher Länge. In literarischen Texten werden die Eigentümlichkeiten der gesprochen Sprache in gemilderter und stilisierter Form reproduziert. Das geschieht z. B. in ziemlich unauffälliger Form in J. D. Salingers Roman *The Catcher in the Rye*, den man als eine Art von innerem Monolog bezeichnen könnte:

> I remember this one afternoon. It was the only time old Jane and I ever got close to necking, even. It was Saturday and it was raining like a bastard out, and I was over at her house, on the porch – they had this big screened-in porch. We were playing checkers. I used to kid her once in a while because she wouldn't take her kings out of the back row. But I didn't kid her much, though. You never wanted to kid Jane too much.

> Ich erinnere mich an einen Samstag nachmittag [sic], an dem wir – das war das einzige Mal – uns sogar beinahe geküßt hätten. Es regnete in Strömen, und ich war bei ihr drüben auf dem großen überdeckten Sitzplatz vor ihrem Haus. Wir spielten Dame. Ich neckte sie oft, weil sie immer ihre Damen am Rand stehen ließ. Aber ich trieb die Neckereien nie weit. Dazu hätte ich bei Jane keine Lust gehabt.[30]

In der deutschen Übersetzung – die hier wiedergegebene überarbeitete Fassung stammt von keinem Geringeren als Heinrich Böll – wird zwar recht frei mit der Vorlage umgegangen, jedoch werden die Merkmale des Gesprochenen erkennbar gemildert. Das Slangwort *necking* – eine typische Substandardmetapher[31] – wird durch standardsprachliches *küssen* wiedergegeben, obwohl *necking* schon etwas mehr ist als bloßes Küssen. Die nachgeschobene Erklärung *they had this big screened-in porch* wird weggelassen, wodurch die Syntax »korrekter« erscheint. Am stärksten unterscheidet sich die Übersetzung vom Original durch eine viel elaboriertere Anaphorik (im Original erscheint dreimal hintereinander *kid*; in der Übersetzung wird *necken* beim zweiten Mal durch ein Nomen actionis, beim dritten Mal durch ein »typisch deutsches« Pronominaladverb[32] wieder aufgenommen. Dadurch erhält der Text ein viel »geschrieberes« Gepräge.

Inzwischen hat sich auch bei den deutschen Schriftstellern und Übersetzern eine Technik für die Imitation des »Gesprochenen« herausgebildet, wie die neue Übersetzung von Eike Schönfeld aus dem Jahr 2003 zeigt:

> Ich erinnere mich an einen Nachmittag. Es war das einzige Mal, dass die gute Jane und ich auch nur ansatzweise zum Knutschen kamen. Es war ein Samstag, und es regnete schweinemäßig, und ich war bei ihr, auf der Veranda – sie hatten so eine große verkleidete Veranda. Wir spielten Dame. Hin und wieder zog ich sie damit auf, dass sie ihre Damen nicht aus der hintersten Reihe nahm. Aber nicht sehr. Man wollte Jane nicht zu sehr aufziehen.[33]

b) *Die asymmetrische Verteilung von geschriebener und gesprochener Sprache beim Konferenzdolmetschen*: Die Mündlichkeit-Schriftlichkeit-Forschung hat mit besonderem Nachdruck auf den Parallelismus zwischen Produktion und Rezeption der beiden Formen der Sprache hingewiesen. Es klingt wie ein Truismus, muß jedoch hin und wieder einmal ausdrücklich gesagt werden: Schriftlich konzipierte Texte sind für die Lektüre, spontane, mündlich hervorgebrachte Äußerungen für das Zuhören bestimmt. Beim Konferenzdolmetschen wird diese Erkenntnis ebenso wenig beachtet, wie in Seminarsitzungen deutscher Universitäten, in denen häufig vorgelesene akademische Kunstprosa für Langeweile und Ratlosigkeit sorgt. Bei den Reden, die ein Konferenzdolmetscher simultan oder konsekutiv zu übertragen hat, handelt es sich immer häufiger um schriftlich konzipierte Texte, die vorgelesen werden. Der Vortrag droht vor allem dann schwer verständlich zu werden, wenn der Redner seinen Text nicht selbst verfaßt hat und ihn vor dem Vortrag nicht mehr gründlich studieren konnte. Auch wenn – das geschieht ziemlich häufig – der Dolmetscher den Text der Rede vorher ausgehändigt bekommt, so muß sich doch der »Endverbraucher« damit abfinden, einen Text anhören zu müssen, den er lieber gelesen hätte.

---

[30] J. D. Salinger: *The Catcher in the Rye*, chapter 11.
[31] Vgl. unten 8.1.5
[32] Vgl. oben 5.5.
[33] J. D. Salinger: *Der Fänger im Roggen*, Reinbek bei Hamburg 2004, 104. Dt. Übersetzung von Eike Schönfeld.

### 8.1.4 Die „Architekturen" des Deutschen und einiger benachbarter Sprachen

Es kann hier unmöglich eine historisch fundierte varietätenlinguistische Skizze der in dieser Einführung berücksichtigten Sprachen vorgelegt werden. Es geht lediglich darum, gewisse für die Übersetzung relevante Unterschiede im Varietätengefüge verschiedener Historischer Sprachen aufzuzeigen. Zu diesem Zweck müssen die realen Verhältnisse notgedrungen vereinfacht und stilisiert werden.

Deutsch und Italienisch sind historisch verspätete Gemeinsprachen. Überregionale Einheitlichkeit gab es lange Zeit nur auf dem Niveau der Standardvarietät. Englisch und Französisch hingegen haben das Stadium der Gemeinsprache schon viel früher erreicht. Überregionale Einheitlichkeit besteht daher bei diesen Sprachen in weit höherem Maße als im Deutschen und im Italienischen, und zwar auch in den volkstümlichen Soziolekten und den informellen Registern. Wie bereits erwähnt, führte dies noch vor wenigen Jahrzehnten zu erheblichen Schwierigkeiten bei der Übersetzung von englischer oder französischer Gebrauchsliteratur ins Deutsche. Das Problem beginnt schon bei der Boulevard-Komödie, bei der Wiedergabe »lockerer« Dialoge, wie Hermann Bausinger festgestellt hat:

> „Ein eigentlicher Konversationston hat sich in ihrem Umkreis [sc. der Hochsprache] nicht herausgebildet; dies merkt jeder Übersetzer, der ein leichtes Konversationsstück ins Deutsche überträgt – er hat im allgemeinen nur die Wahl, die Dialoge stilistisch eine Nuance höher anzusetzen oder sie landschaftlich einzufärben ..."[34]

Bei der Übersetzung eines mit Substandardelementen durchsetzten Textes in eine Zielsprache, die nur in ihrer Standardform überregionale Einheitlichkeit aufweist, gibt es zwei Möglichkeiten. Man kann, unter Verlust an Expressivität, auf diastratisch-diaphasisch markierte Elemente weitgehend verzichten. Das hat z. B. Franco Fortini, der italienische Übersetzer von *Zazie dans le métro* getan. Für *môme* („kleines Mädchen") steht meist schlichtes *ragazzina*; *la gosse se mare* („das Gör kringelt sich") wird zu *la piccola è beata*, aus dem volkstümlichen *vieux pôte* („alter Kumpel") wird ein einfacher *amico* oder sogar ein *tesoro* („Schatz") und dem argotischen *un chouïa* „ein bißchen" entspricht standardsprachliches *un pocolino*.[35]

Der deutsche Übersetzer des Romans hat zur diametral entgegengesetzten Lösung gegriffen. Er hat so ziemlich alles verwendet, was unterhalb der Hochsprache anzusiedeln ist, ohne darauf zu achten, ob das entsprechende sprachliche Material auch im gesamten Sprachgebiet üblich und verständlich ist: Es wird *gepennt* und *geratzt*, *gefuttert* und *gespachtelt* und sich an – wohlgemerkt – einem Halben *gelatzt*. Die *Männekens machen sich bei*, und wenn sie von allen guten Geistern verlassen sind, *lassen sie sich von den Mockchen besuchen*, bezahlen anschließend mit *Kullerchen*, es sei denn, sie würden von der *Polente*, einem *Bullen*, einem *Polypen* oder schlicht einem *Blauen* geschnappt und landeten im *Kahn*.[36] Dabei wird in Kauf genommen, daß nur wenige Leser alles verstehen. Kaum ein deutscher Leser wird diese eklektische Mischung aus nur regional verständlichen Substandardelementen wirklich komisch finden.

Inzwischen hat die Vereinheitlichung des Substandards sowohl in Italien als auch in Deutschland große Fortschritte gemacht. Dazu haben vor allem die Massenmedien beigetragen. Die Herausbildung eines überregional einigermaßen einheitlichen, diaphasisch

---

[34] Bausinger 1972, 29.
[35] Vgl. Albrecht 1981a, 326f.
[36] Vgl. ebenda, 328.

markierten Substandards war die Voraussetzung für die Entstehung einer erzähltechnisch und sprachlich anspruchsvollen Unterhaltungsliteratur (Kriminalromane und Ähnliches), die in England und Frankreich schon viel früher entstanden ist.

### 8.1.5 Charakteristika von Substandardvarietäten

So verschieden die historischen Sprachen im einzelnen sein mögen: Ihre Substandardvarietäten zeigen einige auffallende Übereinstimmungen, deren Kenntnis dem Übersetzer bei seiner Arbeit nützlich sein kann. Diese Ähnlichkeiten betreffen ausschließlich den Teil der normfernen Bereiche der Einzelsprache, den ich „sekundären Substandard" nenne. Um diesen Terminus zu erklären, ist ein kleiner varietätenlinguistischer Exkurs unumgänglich.

Aus linguistischer Sicht scheint es sinnvoll, zwischen einem „primären" und einem „sekundären" Substandard zu unterscheiden. Der primäre Substandard entsteht durch eine Art von »Ausmusterung«, die zur Zeit der Sprachnormierung stattfindet. Gewisse sprachliche Elemente finden keine Gnade vor den Augen der Sprachnormierer und werden von einem gewissen Zeitpunkt an außerhalb der Norm tradiert. Der sekundäre Substandard setzt dagegen die Existenz eines Standards voraus; er enthält Elemente, die ihren Ursprung im Standard selbst haben und deren Substandardcharakter sekundär aufgrund bestimmter semantisch-syntaktischer »Abweichungen« zustandekommt. Der Satz *Der Katrin ihren Freund hab' ich glatt abgehängt* enthält je ein Beispiel für die beiden Kategorien, die hier unterschieden werden sollen. Die heute als nicht schriftsprachlich geltende Konstruktion *der Katrin ihr Freund* ist uralt, sie läßt sich ansatzweise bereits in den im 10. Jahrhundert aufgezeichneten *Merseburger Zaubersprüchen* nachweisen. Wenn sie heute weiterhin gebraucht wird, so ist darin kein Anzeichen von »Sprachverfall«, sondern eher ein Zeichen für Vitalität alter sprachlicher Traditionen zu sehen, die sich auch in Volksliedern manifestieren:

> Ei wie so töricht ist, wenn man's betrachtet;
> Wer *einem Leineweber seine Arbeit* verachtet.

Besonders alte Kultursprachen, die verhältnismäßig spät normiert wurden (dazu zählt auch das Französische, das im 17. Jahrhundert eine Art von »Kahlschlag« erlebt hat), enthalten viele Elemente des „primären Substandards"; denn weite Kreise der Bevölkerung haben lange Zeit hindurch nichts von den Verdammungsurteilen der Sprachnormierer erfahren. Im Stadium der Gemeinsprache, das mit einer Lockerung der Normen einhergeht, können diese Elemente auch in Texten, vor allem in literarischen Texten erscheinen. Der Übersetzer muß sie kennen und vor allem erkennen; mehr läßt sich dazu in übersetzungstheoretischer Hinsicht nicht sagen.

Ganz anders verhält es sich mit dem „sekundären Substandard". (*Jemanden*) *abhängen* im Sinne von „jemanden weit hinter sich lassen, so daß er einen nicht mehr einholen kann" ist ein typisches Beispiel für diese Kategorie. Es handelt sich um eine lexikalisierte Metapher, die zu einem informellen Register gehört. Der Bezug zur standardsprachlichen Bedeutung von *abhängen* „etwas vom Haken nehmen" ist für die Sprecher zwar nicht immer präsent, jedoch jederzeit herstellbar. Rein zufälligerweise gibt es in einigen der hier berücksichtigten Sprachen ebenfalls lexikalisierte Metaphern für diese Bedeutung: engl. *shake off sb.* (das allerdings ebensowenig zum Substandard im engeren Sinn gehört wie dt. *abschütteln*); frz. *semer qn.* (wörtlich „säen"); genauso ital. *seminare qlcn.*

Die Ausbreitung meiner mehrsprachigen Materialsammlung von Elementen des „sekundären Substandards" würde den Rahmen dieses kurzen Teilkapitels sprengen. Ich muß mich mit einigen wenigen deutschen Beispielen zur Illustration begnügen. Im Zentrum stehen substandardspezifische Tropen wie *nur Käse reden; einen dicken Schlitten fahren, blödes Vieh* (für ein als unangenehm empfundenes Tier, das keineswegs dem standardsprachlichen Begriff „Vieh" subsumiert werden kann, also eine Art von Metonymie). Darüber hinaus gibt es Wortbildungsprodukte, die nach substandardspezifischen semantischen Mustern gebildet sind: Man vergleiche die standardsprachlichen Ableitungen *fohlen, kalben* mit den formal identischen Substandardformen *ochsen, reihern, büffeln*, denen im Gegensatz zu den zuerst genannten ein bildhafter Vergleich zugrundeliegt. Schließlich gibt es substandardspezifische (Pseudo-)Reflexivkonstruktionen wie *hab dich nicht so, du sollst dich nicht drücken, der Junge macht sich* und darüber hinaus Abweichungen von der üblichen Verbvalenz oder von den Subkategorisierungsregeln, die in der sogenannten „Jugendsprache" besonders häufig auftreten: *das blick/ raff/schnall ich nicht; auf den Typ fahr ich voll ab; na dann geh eben anschaffen.*

Der sekundäre Substandard ist für den Linguisten von größerem Interesse als der primäre, denn die dort identifizierbaren Verfahren haben einen regelhaften, übereinzelsprachlich gültigen Charakter. Manche nach diesen Verfahren gebildete Produkte mögen schon nach wenigen Jahren nicht mehr gebräuchlich sein, die Verfahren selbst bleiben durch Jahrhunderte hindurch stabil. Aus diesem Grund sind auch Übersetzungstheoretiker und Übersetzer in diesem Bereich nicht, wie im Falle des primären Substandards, der reinen Kasuistik ausgeliefert. Es lassen sich wenigstens einige (allerdings reichlich allgemeine) übersetzerische Verhaltensregeln anführen. So gilt es z. B., lexikalisierte (»tote«) Metaphern von spontan gebildeten (»lebenden«) zu unterscheiden. Das tun Übersetzer nicht immer, wie das folgende Beispiel zeigt:

> De commissaris had last van een Corvette en heeft het nummer laten nakijken. Die *voddenbak* is van de rijksrecherche.
> Bereden door *nichten* in het leer?
>
> Der Commissaris wurde von einer Corvette belästigt und ließ die Zulassungsnummer nachsehen. Der *Lumpenbehälter* gehört der Reichskripo.
> Gefahren von *Brüdern* in Lederbekleidung?[37]

Im ersten Fall hat der Übersetzer die Metaphorik genau nachgeahmt: *voddenbak – Lumpenbehälter*, im zweiten Fall ist er im selben Bildbereich, in dem der Verwandtschaft, geblieben: *Nichten – Brüder*. In beiden Fällen handelt es sich jedoch im Niederländischen um lexikalisierte Tropen: Ein *voddenbak* ist ein altes Auto; eine angemessene lexikalisierte Substandardmetapher im Deutschen wäre also *Schrottmühle* gewesen; *nichten* sind allenfalls *warme Brüder*; in diesem Kontext aus rein sprachlichen Gründen besser *Schwule*. Hier wurde der Erhaltung der Metaphorik die einfache Wortbedeutung geopfert – bei Kriminalromanen nur in Ausnahmefällen zu empfehlen.

Ähnlich verhält es sich mit dem oben angeführten Beispiel aus *Pygmalion* von Shaw.[38] Der Autor verwendet *baggage* für ein junges Mädchen, und der Übersetzer gibt das mit *Pack* wieder. Auf den ersten Blick scheint das ein glücklicher Griff zu sein, denn die

---

[37] Janwillem van de Wetering: *De zaak IJsbreker*, Utrecht 1985, 74. Dt. Übers. von Hubert Deymann. Kursivierungen von mir; J. A.

[38] Vgl. oben 8.1.2.

Metaphorik bleibt vollständig erhalten. In beiden Fällen handelt es sich jedoch um lexikalisierte Metaphern. Unter *baggage* versteht man ein „lively or mischievous girl", einen „Fratz"; mit *Pack* sind hingegen „sozial tief stehende Leute mit niedriger Gesinnung" gemeint. Zudem hat das Wort eine kollektive Bedeutung und läßt sich nicht auf einzelne Personen anwenden.

Diese Bemerkungen dürfen nicht mißverstanden werden. Es geht nicht um hämische Übersetzungskritik; Fehler, auch ganz dumme Fehler, machen wir alle. Wenn hier fehlerhafte oder wenig glückliche Übersetzungen zu Demonstrationszwecken angeführt werden, so geschieht dies nur nach der Devise „aus Fehlern lernen". Man kann den hier aufgezeigten Fehlleistungen aus übersetzungstheoretischer und –didaktischer Sicht auch einen positiven Aspekt abgewinnen. Übersetzer, die sich einen systematischen Überblick über die Verfahren verschafft haben, auf deren Grundlage Elemente des „sekundären Substandards" gebildet werden, können es unter Umständen durchaus wagen, analoge Elemente in der Zielsprache spontan zu verwenden, auch wenn sie nicht im Wörterbuch stehen. Sie müssen sich allerdings vorher vergewissern, ob die gefundene Lösung nicht durch bereits lexikalisierte Bildungen blockiert wird. Manche lexikalisierte Substandardmetaphern werden schnell in andere Sprachen übernommen, und es ist nicht auszuschließen, daß dies öfter auf dem Wege der Übersetzung geschieht. So können analog zu engl. *grass* dt. *Gras*, frz. *herbe*, span. *yerba*, ital. *erba* im Sinn von „Marihuana" verwendet werden.

### 8.2 Einige Bemerkungen zur Frage des „Stils" im übersetzungsrelevanten Sinn

Die folgenden Bemerkungen gelten dem Phänomen „Stil" in einem äußerst eingeschränkten Sinn, der immerhin dem alltäglichen Stilbegriff ziemlich nahe kommt. Man muß die Begriffe, über die man schon vor aller Wissenschaft intuitiv verfügt, verzerren und verstümmeln, wenn man mit ihnen arbeiten möchte, wenn sie »operationalisierbar« werden sollen. Die Übersetzungsforschung ist, sofern sie sich mit Gegenständen und Sachverhalten beschäftigt, die tatsächlich vermittelbar, lehrbar sind, eine angewandte Disziplin. Theoretische Konzepte sind nun einmal die bevorzugten Opfer der angewandten Wissenschaften. Die *Sprache* des Linguisten, der *Stil* und die *Erzählkunst* des Übersetzungsforschers und vieles andere mehr, all dies sind *reductive fallacies*, zu bestimmten Zwecken vorgenommene Verkürzungen komplexer Phänomene. Das gilt auch für den Begriff des „Stils".

Ähnlich wie das Phänomen „Übersetzung" bewegt sich auch das Phänomen „Stil" in einem Raum, dessen Grenzen einerseits von den Erfordernissen der Zielsprache, andererseits von den zu bewahrenden Komponenten der zu übermittelnden Botschaft gebildet werden. Die »äußeren Grenzen« der Übersetzung und die »äußeren Grenzen« des Stils im hier gemeinten Sinn sind im großen und ganzen die gleichen.[39] Der Stil in einem aus methodischen Gründen eingeschränkten, übersetzungsrelevanten Verständnis stellt nämlich nichts anderes dar als eine »Sprache«, d. h. eine von mehreren Möglichkeiten »dasselbe auf unterschiedliche Art und Weise zu sagen«.[40] So wird in den zu ihrer Entstehungszeit

---

[39] Vgl. oben 2.2.1.
[40] Vgl. Albrecht 1998, 141; vgl. ebenfalls Gauger 1995, 189: Der Ausdruck „graecus stilus", „griechischer Stil", konnte stehen für das einfache Umstandswort „graece", also „auf griechisch". Und „transferre in latinum stilum", „in lateinischen Stil bringen", heißt schlicht „ins Lateinische übersetzen".

berühmten *Exercices de style* von Raymond Queneau eine kleine banale Episode neunundneunzig Mal auf verschiedene Art und Weise erzählt.[41] Natürlich ist dergleichen im strengen Sinn nicht möglich; auch bei Queneau handelt es sich, genau betrachtet, nicht jedes Mal um den »gleichen« Inhalt im strengen Sinn. Wenn wir den Begriff des „Stils" für die Übersetzungsforschung nutzbar machen wollen, zumindest für ihre präskriptiv-prospektive Ausprägung, müssen wir jedoch so tun, als wäre es möglich, »das Gleiche« auf unterschiedliche Art und Weise mitzuteilen.

Die »äußeren Grenzen« des Stils im hier behandelten, verkürzten Sinn gleichen also denen der Übersetzung. Sie lassen sich schematisch folgendermaßen darstellen:

Der Stil ist ein Variationsphänomen, das sich innerhalb zweier Grenzen bewegt: Auf der einen Seite befinden sich die Regeln der Sprache, die nur bis zu einem gewissen Grad verletzt werden dürfen, auf der anderen Seite steht die Ausdrucksabsicht, das Mitgeteilte. Man kann zwar in unterschiedlichen »Stilen« ganz unterschiedliche Dinge zum Ausdruck bringen, z. B. Anweisungen zur Inbetriebnahme einer Etagenheizung erteilen oder jemanden seiner heftigen Zuneigung versichern. Dabei ist jedoch der jeweilige Stil nicht unmittelbar identifizierbar. Methodisch vergleichen lassen sich Stile nur dann, wenn man sie »reduktionistisch« als ablösbare Formen eines mehr oder weniger gleichbleibenden Inhalts auffaßt. Das entspricht auch der hier bereits mehrfach ins Spiel gebrachten populären Vorstellung vom Stil als einer Möglichkeit, ein und dasselbe auf verschiedene Weise zu sagen. Stutzt man das Phänomen des Stils aus methodischen Gründen in dieser Art zurecht – man muß es tun, wenn man damit arbeiten will –, so bewegt es sich innerhalb eben der »äußeren Grenzen«, die auch für die Übersetzung gelten. Der Stil als eine vom mitgeteilten Inhalt ablösbare Form ist nichts anderes als eine »Sprache«.

Wie läßt sich nun ein spezifischer Stil, den es bei der Übersetzung zu erhalten gilt, dingfest machen? Mit Hilfe zweier nach völlig unterschiedlichen Kriterien getroffener dichotomischer Unterscheidungen kann man eine gewisse Ordnung in die Vielfalt ad hoc vorgenommener Stildefinitionen bringen. Zunächst läßt sich nach einem statisch-deskriptiven Kriterium zwischen *identifizierenden* und *charakterisierenden* Stilbegriffen unterscheiden. Die ersten ähneln extensionalen Definitionen. Sie geben lediglich an, wo das gemeinte Phänomen anzutreffen ist, sie beschreiben es nicht: „Goethes Altersstil"; der „Stil der gepflegten französischen Umgangssprache" usw. usf. Letztere geben charakteristische Merkmale an: „bilderreicher Stil", „Nominalstil", „knapper Stil" usw. usf. Darüber hinaus kann man aufgrund eines dynamisch-kommunikativen Kriteriums zwischen einer *produzentenbezogenen* und *rezipientenbezogenen* Stilauffassung unterscheiden. Die produzentenbezogene Stilauffassung erfaßt die zu beschreibende Erscheinung unter dem Gesichtspunkt der Wahl, die ein Autor aus einem zur Verfügung stehenden Vorrat von Ausdrucksmitteln treffen kann bzw. bereits getroffen hat. Die rezipientenbezogene erfaßt sie umgekehrt von der Seite des Rezipienten her als »Auffälligkeit«, sei es in qualitativer, sei es in quantitativer Hinsicht. Der Hörer/Leser erfaßt und identifiziert

---

[41] Raymond Queneau: *Exercices de style*, Paris, ²2001 [1947]; dt. *Stilübungen*, Frankfurt am Main 1977, üb. von Ludwig Harig und Eugen Helmlé.

einen Stil (identifizieren heißt in diesem Zusammenhang vor allem „zuverlässig wiedererkennen") aufgrund einer Reihe von Merkmalen, die seine Aufmerksamkeit erregen, entweder aufgrund ihrer »Besonderheit« oder aufgrund ihrer Häufigkeit bzw. Seltenheit. Maßstab ist dabei immer eine »Erwartungsnorm« des Rezipienten. „Auffälligkeit" darf daher nicht prinzipiell in dem banalen Sinn von „Abweichung gegenüber der »normalen« Alltagssprache" verstanden werden. Im Rahmen einer rezipientenbezogenen Stilauffassung kann – scheinbar paradoxerweise – Unauffälligkeit auffällig werden. So bemerkte Sainte-Beuve zum Stil des Abbé Prévost in dessen erfolgreichstem Roman *Manon Lescaut*: „Das Verdienst dieses Stils besteht darin, so leicht und flüssig zu sein, daß man in gewisser Hinsicht sagen kann, es gebe ihn nicht."[42] Ähnlich argumentiert Eugenio Coseriu in seiner *Textlinguistik*: Das Lied, das die Griechen in Aischylos' *Persern* vor der Seeschlacht bei Salamis anstimmen, hebt sich gerade durch seine auffällige Schlichtheit vom „mittelbaren Redekontext" des Stücks ab. Wenn es um die elementarsten Güter geht, die Kinder, die Frauen, den Sitz der Götter, die Gräber der Ahnen, verwendet Aischylos, „ein Dichter, der über alles in endlosen Ketten von Metaphern redet", kein einziges Bild, er beschränkt sich auf die einfachsten sprachlichen Mittel.[43]

Welche Relevanz besitzen diese Stilauffassungen für den Übersetzer und den Übersetzungsforscher? Mit identifizierenden Stilbegriffen können beide nicht viel anfangen, es sei denn, es handle sich um ein „Register" einer Sprache, also z. B. „gepflegte Umgangssprache" usw. In allen anderen Fällen muß versucht werden, den identifizierenden Stilbegriff in einen charakterisierenden zu überführen. Erst dann können Handlungsanweisungen für den Übersetzer oder Beschreibungskategorien für den Übersetzungsforscher abgeleitet werden. Was die produzentenbezogene und rezipientenbezogene Stilauffassung betrifft, so müssen Übersetzer und Übersetzungsforscher sich beide zu eigen machen. Als »privilegierte Leser« müssen beide versuchen, das, was ihnen im Ausgangstext unmittelbar auffällt, in die Form eines charakterisierenden, nicht-metaphorischen Stilbegriffs zu gießen – aus einem „nüchternen Stil" wird dabei z. B. ein „bildarmer" oder „parataktischer Stil". Als Übersetzer oder Beurteiler von Übersetzungen haben sie sich zu fragen, welche Ausdrucksmittel der Zielsprache zur weitestgehenden Bewahrung dieses Stils zur Verfügung stehen bzw. zur Verfügung gestanden hätten. Das ist weit schwieriger, als man zunächst annehmen sollte. Bleibt der Stil einer Übersetzung (im rezipientenbezogenen Sinn) gewahrt, wenn die Parataxe des Originals – kurze aneinandergereihte Hauptsätze – in der Übersetzung nachgebildet wird? Das Gegenteil könnte der Fall sein, wenn die Parataxe in der Ausgangssprache üblich, in der Zielsprache jedoch äußerst unüblich ist oder, vorsichtiger formuliert, in der betreffenden Diskurstradition auf der zielsprachlichen Seite wie ein Fremdkörper wirkt.

Der für den präskriptiv-prospektiven Zugang zur Übersetzung wichtigste Stilbegriff ist der des „Registers" oder, in der durch Coseriu bekannt gemachten Terminologie, der „diaphasisch markierten" Varietät. Es handelt sich um einen »identifizierenden« Stilbegriff, der sich insofern verhältnismäßig gut in einen »charakterisierenden« umsetzen läßt, als es zahlreiche Vorarbeiten zu dieser Operation gibt. Es existieren, zumindest ansatz-

---

[42] „Le mérite du style lui-même est d'être si coulant, si facile, qu'on peut dire en quelque sorte qu'il n'existe pas." Sainte-Beuve zit. nach Léon Cellier: „Le mythe de Manon et les romantiques français", in: *L'Abbé Prévost* (Actes du Colloque d'Aix-en-Provence, 20 et 21 décembre 1963), Aix-en-Provence 1965, 255-268, hier 257.
[43] Vgl. Coseriu ⁴2007, 184f.

weise, seit der Antike Beschreibungen der verschiedenen »Stile« einer Sprache in diesem eingeschränkten Sinn, und die großen Wörterbücher machen in Form der sogenannten „Registermarkierung" oder „diasystematischen Indizierung" Vorschläge für die Zuordnung gewisser Sektionen des Gesamtlexikons zu verschiedenen »Registern«: „gehoben", „umgangssprachlich", „vulgär" usw. usf. Es lohnt sich für Übersetzerinnen und Übersetzer, die Vorreden zu den großen Wörterbüchern ihrer Arbeitssprachen, in denen die Prinzipien der im jeweiligen Werk vorgenommenen diasystematischen Indizierung erläutert werden, sorgfältig zu studieren.

## 8.3 Lektürehinweise

Zur Darstellung der Variation in den verschiedenen Einzelsprachen sind zunächst die in den jeweiligen Sprachen verfaßten Einführungen in die Soziolinguistik heranzuziehen; einen größeren Überblick mit Beispielen zu mehreren Sprachen bietet Nabrings (1981). Über Varietätengrammatiken informieren Klein (1988) und Dittmar (1997, 253-287). Wer im Gegensatz „geschrieben vs. gesprochen" eine selbständige Dimension der sprachlichen Variation sehen will, wird sich durch den nunmehr bereits zum »Klassiker« aufgestiegenen Aufsatz von Koch/Oesterreicher (1985) bestätigt finden. Zur „diasystematischen Indizierung" (Registermarkierung) gibt es eine kaum zu überblickende Fülle von zumeist kurzen Aufsätzen. Stellvertretend seien genannt: Schippan (1986); Giradin (1987); Hausmann (1989); Corbin (1989); Niebaum (1989); Ludwig (1991). Was die Korrelierung von soziologischen und linguistischen Parametern betrifft, so sei zunächst auf Hager/Haberland/Paris (1973) verwiesen; wenn man über das manchmal überschäumende revolutionäre Pathos der Zeit nach 1968 hinwegsieht, wird man dort viele auch heute noch interessante Informationen und weiterführende Anregungen finden. Die Methodik der empirischen Sozialforschung insgesamt wird bei Diekmann ($^3$1997) ausführlich vorgestellt. Idealtypische Skizzen der Entwicklungsstadien „Historischer Sprachen" (Literatursprache, Schreibsprache, Hochsprache, Gemeinsprache usw.) findet man bei Besch (1983) und Albrecht (1997). Über den Begriff der „Konnotation" informieren u. a. Rössler (1979) und Kerbrat-Orecchioni (1977) (hier wird auch die komplizierte Begriffsgeschichte vom Gebrauch des Terminus bei den Scholastikern bis zur Glossematik aufgearbeitet). Materialsammlungen zum „sekundären Substandard" (leider nicht zum Englischen) findet man bei Albrecht (1990b, 102ff) und bei Cammenga-Waller (2002). Als Beispiele für die Behandlung der mit „Extrastrukturalismen" durchsetzten Texte seien Zimmer (1981, Kap. V) und Radtke (1984) genannt.

Zum Thema „Sprachvarietäten als Übersetzungsproblem" erscheinen immer wieder sehr spezifische Arbeiten (so z. B. zur Synchronisation des erfolgreichen Films *Bienvenue chez les Ch'tis*), die hier nicht aufgeführt werden können. In dem Handbuchartikel von Bärbel Czennia (2004) über „Dialektale und soziolektale Elemente" wird eine Auffassung des Problems vertreten, die von der hier vorgestellten in einigen Punkten abweicht. Vergleichbares gilt für den materialreichen und instruktiven Aufsatz von Kjetil Berg Henjium (2004) über „Gesprochensprachlichkeit [sic] als Übersetzungsproblem". Der von Federico M. Federici (2011) herausgegebene Sammelband enthält Beiträge zu einem Thema, das sich im Rahmen „postkolonialer" Studien großer Aufmerksamkeit erfreut: die Übersetzung von Texten sprachlicher Minderheiten.

## 9. Übersetzung und Textwissenschaft (= Textlinguistik im weiteren Sinn)

Das Wort *Text* (von lat. *texo* „weben, flechten"; dazu die nominale Ableitung *textus*, „Gewebe, Geflecht", manchmal auch schon „Text") erhält in den europäischen Sprachen erst allmählich seine heutige Bedeutung.[1] Ähnlich wie „Wort" läßt sich auch der vorwissenschaftlich-intuitive Begriff „Text" nur dann präzise definieren, wenn man bereit ist, dabei eine erhebliche Abweichung vom gewöhnlichen Sprachgebrauch in Kauf zu nehmen. Im Englischen und im Französischen werden, sofern der Aspekt des Begriffs gemeint ist, um den es in diesem Kapitel geht, die Termini *discourse* bzw. *discours* bevorzugt. *Diskurs*, im älteren Deutsch, z. B. bei Goethe, verhältnismäßig häufig, bedeutet heute in der Gemeinsprache „eine Menge aufeinander bezogener Texte zu einem Thema". In der Linguistik und in der Literaturwissenschaft ist für ein historisch überliefertes Textverfertigungsverfahren neben *Gattung* oder *Textsorte* neuerdings auch der Terminus *Diskurstradition* üblich.[2]

Die Vieldeutigkeit des gemeinsprachlichen Textbegriffs wurde erst in dem Moment zu einem Problem, als er Gegenstand einer wissenschaftlichen Disziplin wurde. Das geschah zuerst in Deutschland, in den Jahren nach 1960. Der Terminus *Text* werde in der französischen Linguistik erst seit kurzer Zeit in Anlehnung an den deutschen Ausdruck *Textlinguistik* häufiger gebraucht, heißt es in einem angesehenen französischen Wörterbuch.[3] In den grundverschiedenen Ansätzen zu einer theoretischen Begründung der Textlinguistik spiegelt sich die Polysemie des gemeinsprachlichen Begriffs wider. Wohlmeinende Beobachter sehen in dem verwirrenden Nebeneinander miteinander unvereinbarer theoretischer Konzeptionen ein Zeichen von Kraft und Fülle; kritische, um Disziplin bemühte Naturen hingegen eher eine Manifestation der Unreife der gesamten Disziplin. Über das hier zu behandelnde Gebiet hat sich inzwischen ein nahezu undurchdringlicher terminologischer Nebel ausgebreitet. Kirsten Adamzik hat in ihrer Einführung eine Reihe von Definitionen oder Explikationen zusammengestellt, die uns dabei helfen können, diesen Nebel ein wenig zu lichten. In ihrer Übersicht treten ganz unterschiedliche definitorische Kriterien für „Text" in Erscheinung, darunter z. B. „Verkettung von Sätzen", „Ganzheit/Abgeschlossenheit des Sinns", „Sprache in actu/parole". Sie werden in einer Matrix zusammengestellt, der man entnehmen kann, daß die verschiedenen Autoren unter „Text" unterschiedliche Phänomene verstehen.[4]

Noch heute spielen die Kriterien eine große Rolle, die Beaugrande und Dressler in ihrer *Einführung in die Textlinguistik* als konstitutiv für „Textualität" erklärt haben. Die beiden Autoren haben sich für eine suggestive Zahl entschieden, die in Mythen und Märchen eine große Rolle spielt; sie sprechen von sieben Textualitätskriterien: 1. *Kohäsion*; 2. *Kohärenz*; 3. *Intentionalität*; 4. *Akzeptabilität*; 5. *Informativität*; 6. *Situationalität*; 7. *Intertextualität*.[5]

---

[1] Alles, was Übersetzer und Dolmetscher zur Begriffsgeschichte wissen sollten, findet sich in vorbildlich knapper und übersichtlicher Darstellung bei Adamzik 2004, 53ff.
[2] Vgl. Aschenberg/Wilhelm 2003.
[3] Vgl. *Le Robert. Dictionnaire historique de la langue française*, s. v. texte.
[4] Vgl. Adamzik 2004, 38ff.
[5] Vgl. Beaugrande/Dressler 1981, 1. Kap.

Diese Kriterien werden von anderen Autoren häufig nahezu ungeprüft übernommen, gelegentlich werden sie jedoch auch entschieden kritisiert.[6] Eine gründliche Kritik kann hier nicht vorgenommen werden. Es handelt sich zum größten Teil um häufig anzutreffende und darüber hinaus möglicherweise wünschenswerte Eigenschaften von Texten, jedoch schwerlich um definitorische Kriterien. Dasselbe gilt für die „Kommunikativität", der alle sieben Kriterien subsumiert werden. Zwei „textinternen" Kriterien stehen fünf „textexterne" gegenüber.[7] Schon die beiden ersten, textinternen Kriterien werden durch manche Texte auf eine harte Probe gestellt:

> Zwei Knaben saßen auf der Quaimauer und spielten Würfel. Ein Mann las eine Zeitung auf den Stufen eines Denkmals im Schatten des säbelschwingenden Helden. Ein Mädchen am Brunnen füllte Wasser in ihre Bütte. Ein Obstverkäufer lag neben seiner Ware und blickte auf den See hinaus. In der Tiefe einer Kneipe sah man durch die leeren Tür- und Fensterlöcher zwei Männer beim Wein.[8]

Kohäsion, d. h. Verknüpfung der einzelnen Sätze durch sprachliche Mittel an der „Textoberfläche" ist hier nicht zu erkennen; Kohärenz, d. h. ein innerer Sinnzusammenhang, ergibt sich allenfalls auf einer höheren Ebene. Durch den weitgehend parallelen Aufbau der Sätze wird suggeriert, daß es so etwas wie einen teilnahmslosen Beobachter geben muß, der die unterschiedlichsten Szenen registriert und sich dabei jeder Art von Bewertung enthält.

Kirsten Adamzik unterscheidet drei Ansätze der Textlinguistik: den *transphrastischen*, den *kommunikativ-pragmatischen* und den *kognitivistischen*. Diese Dreiteilung soll hier auf eine Zweiteilung reduziert werden; der „kognitivistische" Ansatz kann meines Erachtens als Sonderform des „kommunikativ-pragmatischen" angesehen werden.[9] Es handelt sich in jedem Fall um einen Komplex von „textexternen" oder „texttranszendenten" Annäherungen an das Phänomen „Text". Die beiden Ansätze haben ihren Ursprung in der antiken Rhetorik einerseits (textextern), in der Grammatik andererseits (textintern). Sie korrespondieren also mit der in dieser Einführung vorgenommenen Unterscheidung zwischen Linguistik im engeren und Linguistik im weiteren Sinn. Historisch gesehen ist die textexterne Betrachtungsweise viel älter als die textinterne. Sie geht nicht nur auf die Rhetorik, sondern auch auf die Philologie im weiteren Sinn sowie auf die Hermeneutik zurück. Wer sich davor scheut, die Fülle von älteren textexternen Untersuchungsmethoden einer Textlinguistik im engeren technischen Sinne zuzurechnen, spricht in diesem Fall lieber von „Textwissenschaft(en)".[10] Bei allen von »außen« kommenden Betrachtungsweisen wird der Text entweder als eine spezifische Organisationsform des sprachlichen Wissens (produzentenbezogener Gesichtspunkt) oder als eine relativ abgeschlossene, zum Verstehen und Auslegen einladende Sinneinheit (rezipientenbezogener Gesichtspunkt) aufgefaßt.

Daneben gibt es einen anderen Ansatz, der aus der Linguistik im engeren Sinn, der sogenannten „Systemlinguistik" hervorgegangen ist. Dabei wird der Text als eine dem Satz übergeordnete sprachliche Einheit verstanden. In der linguistischen Praxis wurde meist als

---

[6] Vgl. z. B. Vater 1992, 2. Kap.
[7] Vgl. zu dieser Unterscheidung Gülich/Raible 1977, 46f.; Hartmann (1968, 216) unterscheidet „innertextliche" und „texttranszendente" Kriterien.
[8] Franz Kafka, *Der Jäger Gracchus*, Anfang.
[9] Adamzik 2004, 1.
[10] Vgl. ebenda.

selbstverständlich angenommen, daß es sich bei einer übergeordneten Einheit zwangsläufig auch um eine größere Einheit handeln muß. Wir werden gleich sehen, daß Texte – von einem „textexternen" Gesichtspunkt aus betrachtet – unter gewissen Umständen auch kleiner sein können als Sätze. Die systemlinguistische Form der Textbetrachtung, die Transphrastik, entstand aus dem Widerspruch gegen das strukturalistische Dogma, das besagte, der Satz sei die höchste Form regelgeleiteter Sprachproduktion; jenseits des Satzes gebe es nur noch »Muster«, aber keine Regeln im eigentlichen Sinn:

> An utterance may consist of more than one sentence. This is the case when the utterance contains several linguistic forms which are not by any meaningful, conventional grammatical arrangement (...) united into a larger form, e.g.: *How are you? It's a fine day. Are you going to play tennis this afternoon?* Whatever practical connection there may be between these three forms, there is no grammatical arrangement uniting them into one larger form: the utterance consists of three sentences.[11]

Die Vertreter textexterner Analyseverfahren waren auf der Suche nach dem, was Bloomfield etwas herablassend „practical connection" nennt. Die Systemlinguisten, die sich auf die Suche nach „meaningful, conventional grammatical arrangements" jenseits der Satzgrenze machten, stießen zwar auf eine Anzahl von regelhaften Verknüpfungsverfahren, aber auf keine mit textinternen Methoden zu gewinnende Entsprechung des traditionellen, textextern definierten Textbegriffs[12] Die Anwendung textinterner und textexterner Kriterien ergibt keine koextensiven Einheiten.

Im folgenden Abschnitt soll unter Berufung auf Coseriu gezeigt werden, daß eine Amalgamierung der beiden Ansätze zu einer einheitlichen Disziplin notwendigerweise zu Widersprüchen führen muß und daß es deshalb angezeigt scheint, zwischen einer auf textinternen Kriterien beruhenden transphrastischen Grammatik und einer sich vorwiegend auf textexterne Kriterien berufenden „Linguistik des Sinns" zu unterscheiden. Bei der Behandlung des gesamten Komplexes werde ich selektiv vorgehen und mich auf die Aspekte konzentrieren, die für die Übersetzung und die Übersetzungsforschung von Belang sind.

Zunächst soll jedoch noch auf einige kontrovers diskutierte Fragen eingegangen werden, die bisher noch nicht zur Sprache gekommen sind:

a) Soll der Begriff „Text" nur auf geschriebene oder auch auf gesprochene Äußerungen bezogen werden? Theoretisch (im umgangssprachlichen Sinn) soll hier dafür plädiert werden, daß auch mündliche Äußerungen als „Texte" anzusehen sind. Da wir uns hier jedoch mit der Bedeutung der Textlinguistik für die Übersetzung zu beschäftigen haben (das Konferenzdolmetschen kann in diesem Zusammenhang als ein Fall von »verkappter« Übersetzung angesehen werden)[13], werden in praxi nur schriftliche Texte betrachtet.

b) Wie groß muß ein sprachliches Segment sein, um als Text gelten zu dürfen? Die für die Beantwortung dieser Frage entscheidenden Kriterien sind textexterner Natur; es sind die „Abgeschlossenheit" bzw. „Selbständigkeit" und die „Aktualität" (im Gegensatz zu „Virtualität"). Jede sprachliche Einheit, die tatsächlich mit dem Wert einer abgeschlossenen Mit-

---

[11] Bloomfield 1933/73, 170.
[12] Den damaligen Stand der Diskussion spiegelt Stempel (Hg. 1971) wider. „Diskussion" ist dabei wörtlich zu verstehen; der Band enthält vor allem die protokollierten Diskussionsbeiträge von Eugenio Coseriu, Udo Figge, Roland Haarweg, Peter Hartmann, Siegfried J. Schmidt, Wolf-Dieter Stempel und anderen zum Thema „Textlinguistik".
[13] Vgl. oben 8.1.3.

teilung geäußert wird, stellt einen Text dar. Das gilt auch für einzelne Wörter. Die beleuchtete Aufschrift *Notausgang* in einem Kinosaal stellt eine Mitteilung dar und kann in andere Sprachen übersetzt werden.[14] In allen Sprachen kann das Phänomen der „Superordinierung" auftreten, das sich in der Möglichkeit äußert, Einheiten, die konstitutionell zu einer niedrigeren Ebene gehören, funktionell »vertretungsweise« auf den höheren Ebenen zu verwenden. So kann im Extremfall, wie die folgende Anekdote zeigt, ein einzelnes Phonem den Wert eines Textes annehmen:

> Zwei römische Senatoren schließen eine Wette darüber ab, wer den kürzesten Brief schreiben könne. Der eine zückt sein Wachstäfelchen und schreibt: *Eo rus* („Ich gehe aufs Land"). Da greift der andere zu seinem *stilus* und schreibt darunter: *I* („Geh!")

Das lateinische Phonem /i/ erscheint hier als Morphem (Imperativform von *eo*), als Satz (Befehlssatz) und als Text, denn es erfüllt den Zweck einer vollständigen Mitteilung.[15]

Es darf in diesem Zusammenhang nicht verschwiegen werden, daß die Anwendung des Kriteriums „Abgeschlossenheit" in neuerer Zeit Schwierigkeiten bereitet. Wie soll man die auf elektronischen Medien gespeicherten *Hypertexte* behandeln? Sie sind zumindest virtuell nicht abgeschlossen, denn es lassen sich jederzeit neue Links hinzufügen, die Zugang zu neuen peripheren Inhalten ermöglichen.[16]

c) Ist ein Text prinzipiell »monologisch« oder fallen auch Dialoge unter den Textbegriff? Manche Autoren vertreten die Ansicht, nur monologische Texte seien Gegenstand der Textlinguistik, für Dialoge sei die Gesprächsanalyse zuständig. So haben sich die Herausgeber des zweibändigen Handbuchs zur Textwissenschaft bei der Wahl des Titels für eine differenzierte Lösung entschieden: *Text- und Gesprächslinguistik*.[17]

Zurück zu den beiden Formen der Textlinguistik, die im nächsten Abschnitt ausdrücklich unterschieden werden sollen. Bei der älteren, textexternen geht es in erster Linie um die Genese des „Sinns" als einer Resultante aus dem Zusammenwirken sprachlicher und nichtsprachlicher Elemente. Dieser Aspekt wurde im Abschnitt über die „Umfelder" bereits ausführlich behandelt.[18] Bei der jüngeren, textinternen Form stehen die einzelsprachlichen Verfahren zur Herstellung von Kohäsion im Mittelpunkt. Auf diesen Komplex bin ich im Teilkapitel über die Transphrastik ebenfalls schon eingegangen.[19] In den Abschnitten 9.1 bis 9.6 wird im wesentlichen vom „pragmatisch-kommunikativen", textexternen Zugang zum Text die Rede sein. Dabei müssen jedoch textinterne Gesichtspunkte mitberücksichtigt werden; denn in technischer Hinsicht kann die Transphrastik auch als Hilfsdisziplin der Textlinguistik im weiteren Sinn auftreten.

## 9.1 Die beiden Formen der Textlinguistik nach Eugenio Coseriu

In ihrer Einführung in die Textlinguistik stellen Wolfgang Heinemann und Dieter Viehweger die Transphrastik (bei ihnen „Textgrammatik") als eine Art von unzureichender Vorstufe der »eigentlichen« Textlinguistik dar:

---

[14] Vgl. Albrecht 1973, 28.
[15] Vgl. Coseriu ⁴2007, 37.
[16] Vgl. Adamzik 2004, 44f.
[17] Brinker et alii 2000/2001.
[18] Vgl. oben 7.4.
[19] Vgl. oben 5.5.

> Daher greift dieser Ansatz [scil. der textgrammatische] letztlich zu kurz: Es entsteht immer nur ein Bild der Organisationsformen von Texten und der Indikatoren von Textualität, nicht aber von der Texthaftigkeit selbst.[20]

Der kritisierte Ansatz greift dann nicht zu kurz, wenn er auf den Gegenstandsbereich beschränkt bleibt, für den er konzipiert wurde, nämlich auf die Ausweitung der einzelsprachlichen Grammatik über die Satzgrenze hinaus. Die folgenden Beispiele mögen das verdeutlichen:

> P.: Heidelberg hat mir nicht gefallen.
> O.: Aber Tübingen *schon*, oder?
>
> P.: So etwas würde ich nie tun?
> O.: Ich *vielleicht*?
>
> P.: Kann er wirklich Klavier spielen?
> O.: *Und ob!*[21]

Bei diesen Beispielen handelt es sich um einzelsprachliche, möglicherweise auch um übereinzelsprachliche Verfahren der Dialoggestaltung, jedoch nicht um universale Prinzipien der Verfertigung von Texten. Die „Texthaftigkeit selbst", um es mit Heinemann und Viehweger auszudrücken, entsteht mit Hilfe von Verfahren, bei deren Verwirklichung einzelsprachliche Funktionen auf einer anderen Ebene als bloße Hilfsmittel in Erscheinung treten. In solchen Fällen hat man zwischen Sprachfunktion und Textfunktion zu unterscheiden. Man darf in einer konkret beobachtbaren Textfunktion nicht einfach eine Sprachfunktion sehen; das wäre eine unzulässige Generalisierung. Ein einfaches Beispiel mag dies etwas anschaulicher werden lassen. Goethes Jugendroman *Die Leiden des jungen Werthers* (zweite Fassung) schließt mit folgenden Sätzen:

> Um zwölfe mittags *starb* er. Die Gegenwart des Amtmannes und seine Anstalten *tuschte* [„verhinderte"] einen Auflauf. Nachts gegen Eilfe *ließ* er ihn an die Stätte begraben, die er sich erwählt hatte. Der Alte *folgte* der Leiche und die Söhne, Albert *vermocht*'s nicht. Man *fürchtete* für Lottens Leben. Handwerker *trugen* ihn. Kein Geistlicher *hat* ihn *begleitet*.[22]

Das Beispiel ist häufig kommentiert worden. Auf eine Kette von Präterita folgt als Abschluß ein umschriebenes Perfekt. Goethe hat sowohl die Bedeutungen des Präteritums und des Perfekts als auch ihre materiellen, d. h. in diesem Zusammenhang rhythmischen Erscheinungsformen genutzt, um einen äußerst wirkungsvollen Schluß zu finden. Aus dieser Beobachtung darf nicht abgeleitet werden, das umschriebene Perfekt habe im Deutschen generell die Funktion, eine Reihe von vergangenen Handlungen endgültig abzuschließen.

Es kann vorkommen, daß Elemente mit ganz unterschiedlichen Sprachfunktionen mehr oder weniger die gleiche Textfunktion übernehmen können. So rief man bei den Römern *aquas*! (Ellipse aus *afferte aquas* „Schafft Wasser herbei"!), wenn ein Brand ausgebrochen war. Im Französischen pflegt man in einem solchen Fall *au feu*! „Feuer" zu rufen. Schon im 18. Jahrhundert hat der französische Sprachtheoretiker Dumarsais davor gewarnt, die beobachtbare Textfunktion den beiden Sprachen zuzuschreiben, denn in

---

[20] Heinemann/Viehweger 1991, 36.
[21] Weitere Beispiele wurden in 5.5 angeführt.
[22] Kursivierungen von mir, J. A.

diesem Fall müßte ein zweisprachiges lateinisch-französisches Lexikon für *aqua* die Bedeutung „feu" aufführen: „Les dictionnaires nous diront, que *aqua* signifie *le feu*".[23]

Im übrigen müssen Texte nicht aus einer einzigen Sprache bestehen; sie können nach bestimmten, im Rahmen der Textlinguistik zu beschreibenden Verfahren aus Elementen verschiedener Einzelsprachen komponiert werden. Dabei muß es sich nicht unbedingt um hochliterarische Texte handeln wie die *Pisan Cantos* von Ezra Pound, in denen die unterschiedlichsten Sprachen auftreten; auch schlichte, volkstümliche Lieder können aus verschiedenen Sprachen bestehen:

| | |
|---|---|
| In dulci iubilo, | „In süßem Jubelschall" |
| nun singet und seid froh: | |
| Unsers Herzens Wonne | |
| leit in praesepio | „in der Krippe" |
| und leuchtet wie die Sonne | |
| matris in gremio | „im Schoß der Mutter" |
| Alpha es et O. | „Du bist das A und O"[24] |

Es gibt noch einen weiteren Grund, die Textlinguistik im weiteren Sinn in einer eigenen Disziplin zu behandeln, innerhalb deren der einzelsprachlichen Transphrastik allenfalls der Status einer Hilfswissenschaft zukommt: Für die Beherrschung der „Regeln der Sprache" und für die Fähigkeit zur Verfertigung von Texten gibt es verschiedene Kompetenzen, die bei ein und demselben Individuum in unterschiedlichem Maß ausgebildet sein können. So kann eine Spätaussiedlerin aus Kasachstan mit erheblichen Schwierigkeiten im Deutschen möglicherweise schönere und wirkungsvollere Liebesbriefe auf deutsch verfassen als ein deutscher Germanistikprofessor.[25] Wie wir anhand des Brechtschen Liebesgedichts gesehen haben,[26] können die „Textverfertigungsregeln" die Sprachregeln bis zu einem gewissen Grad außer Kraft setzen.

## 9.2 Die antike Rhetorik und ihre Relevanz für die Übersetzung

Seit der Rehabilitierung der Rhetorik durch die Sprach- und Literaturwissenschaft in der zweiten Hälfte des zwanzigsten Jahrhunderts ist sie häufig als Vorläuferin verschiedener moderner Disziplinen vereinnahmt worden. Einige jüngere Forscher fühlten sich dadurch offensichtlich verstimmt. Sie glauben, sich von der bedrückenden Vorstellung der „ewigen Wiederkehr des Gleichen" befreien zu können, indem sie eine solche Abstammung energisch abstritten. Es hilft nichts. Jedes Mal, wenn ein Textwissenschaftler meint, etwas völlig Neues entdeckt zu haben, kann ein Wissenschaftshistoriker aus dem Gebüsch treten und ihm zurufen: „Ick bün all hier". Als Beleg dafür mag ein wohlbekanntes Beispiel genügen: Die von dem amerikanischen Politikwissenschaftler Harold D. Lasswell vorgeschlagene Frageformel „Who says what in which channel to whom with what effect?", die nicht zuletzt in der Übersetzungswissenschaft eine große Rolle spielt, erweist sich bei genauerem Hinsehen als eine Abwandlung des forensischen Frageschemas der antiken

---

[23] Vgl. Albrecht 1981b, 220.
[24] Anspielung auf *Offenbarung* 1, 8.
[25] Zu diesen unterschiedlichen Kompetenzen, den „Ebenen des sprachlichen Wissens", vgl. Coseriu 1994, 54ff.
[26] Vgl. oben 5.2.2.

Rhetorik. Im Mittelalter wurde es, offensichtlich aus mnemotechnischen Gründen, in die Form eines lateinischen Hexameters gegossen[27]:

> Quis quid ubi quibus auxiliis cur quomodo quando?
> „Wer was wo mit welchen Mitteln warum wie wann?"

Nach der klassischen Definition ist die Rhetorik die *ars bene dicendi*, die Kunst, gut zu *reden*. Ein Blick in das erste Buch von Quintilians *Institutio oratoria* zeigt, daß schon im ersten nachchristlichen Jahrhundert auch die schriftliche Konzeption von Texten Gegenstand der Disziplin gewesen sein muß, denn der Schreibunterricht wird dort eingehend behandelt.

Die Ursprünge der Rhetorik liegen im Bereich des Rechts. Ein Bürger im Athen des 5. Jahrhunderts vor Christus, der einen anderen verklagen wollte oder selbst von einem anderen verklagt wurde, mußte seinen Fall einem Volksgericht vortragen, das sich aus 200 bis 1500 Personen zusammensetzte. Er konnte sich dabei nicht von einem Rechtskundigen vertreten lassen; das Urteil wurde unter dem unmittelbaren Eindruck der Reden beider Parteien gefällt. Da nur wenige Bürger über die dazu notwendige glänzende Ausdrucksweise verfügten, ließen viele ihr Plädoyer von Gerichtsschreibern, den sogenannten Logographen redigieren. Schon die Anfänge der Rhetorik als einer „Kunst" mit eigenen Regeln stehen im Zeichen der Schriftlichkeit. Später löste sich die Rhetorik mehr und mehr von ihren rechtlich-praktischen Ursprüngen und wurde zu einer Art von Texttheorie ausgebaut. Der mündliche Vortrag gehörte zwar durchaus zu den zu vermittelnden Fertigkeiten, die überwiegend schriftliche Konzeption des Textes ging jedoch in der Regel dem eigentlichen Vortrag voraus. Moderne Anleitungen zum Verfassen wissenschaftlicher Arbeiten ähneln in vielen Punkten den klassischen Darstellungen der Rhetorik; häufig sind sich die Autoren dessen gar nicht bewußt. Einige Grundkenntnisse über die Produktionsstadien der Rede (bei Quintilian einfach *partes* „Abteilungen")[28] können auch für Übersetzer und Dolmetscher nützlich sein.

### 9.2.1 Die Produktionsstadien der Rede

Das Lehrgebäude der antiken Rhetorik soll hier in seiner lateinischen Form skizziert werden, wie es u. a. von Cicero und später von Quintilian ausgearbeitet wurde. Es besteht aus fünf Arbeitsphasen, die von der ersten Idee zu einer Rede bis zu ihrem Vortrag reichen: *inventio; dispositio; elocutio; memoria; pronuntiatio* (*vox*; bei Quintilian auch *actio*):

> *inventio*: weniger die „Erfindung" als „Auffindung" (im Gedächtnis) des noch ungegliederten Gegenstandes. Heute wäre dies: grobe Eingrenzung des Themas einer Arbeit, Literaturrecherchen, Anlegen eines Zettelkastens oder einer Datenbank zur geordneten Materialsammlung.
>
> *dispositio*: die Erstellung einer Gliederung. Sie wirkt in praxi häufig auf die *inventio* zurück und wird ihrerseits durch die *elocutio* beeinflußt; d. h. die ersten drei Stadien sind nur idealiter chronologisch geordnet.
>
> *elocutio*: die Ausarbeitung der konkreten sprachlichen Form; die Niederschrift. Der zentrale Teil dieses Abschnitts besteht in der Lehre vom sprachlichen Schmuck (*ornatus*). Er setzt

---

[27] Vgl. Albrecht 1998, 17; Nord 1998a, 351.
[28] Vgl. *Inst. orat.* III, 3,1.

sich im wesentlichen aus den »uneigentlichen« Verwendungen von Wörtern, den sogenannten Tropen (Metapher, Metonymie, Ironie usw.) zusammen sowie den Rede- und Gedankenfiguren. Modern gesprochen die Anleitung zum guten und dem jeweiligen Zweck angepaßten sprachlichen Ausdruck.

*memoria*: die Technik des Auswendiglernens. Die griechische Rhetorik entstand im Übergangsstadium von der Mündlichkeit zur Schriftlichkeit. Eine hoch entwickelte *Mnemotechnik* war zu dieser Zeit noch weit verbreitet. Reste davon haben sich bis heute in Form von »Eselsbrücken« und Merkversen erhalten. Vor allem für das Konsekutivdolmetschen ließen sich diese heute fast völlig verloren gegangenen Techniken wieder nutzbar machen. Die moderne Notizentechnik sollte dabei komplementär zur wiederzubelebenden Mnemotechnik eingesetzt werden.

*pronuntiatio*: die Einübung des wirkungsvollen Vortrags. Dazu gehören Faktoren wie ein dem Ausdrucksziel angemessener Tonfall, Sprechgeschwindigkeit; Pausen; Intonation; Gestik, Mimik, Körpersprache usw.

Aus diesen Erläuterungen dürfte hervorgehen, daß „Sprachkompetenz" und „Textkompetenz" an diesen verschiedenen Produktionsstadien in unterschiedlichem Ausmaß beteiligt sind.[29] Nicht ganz zufälligerweise hat sich der Begriff der Rhetorik im Zeitalter des gezielten Ausbaus der modernen Nationalsprachen fast ganz auf die *elocutio* verengt, denn hier geht es zum großen Teil um die Beherrschung sprachlicher Fertigkeiten im engeren Sinn. Allerdings sind die Gedankenfiguren (*figurae sentratiae*) per definitionem übereinzelsprachlicher Natur und stellen somit für Dolmetscher und Übersetzer ein geringeres Problem dar als die „Wortfiguren" (*figurae elocutionis*).

In der älteren präskriptiven Übersetzungslehre bestand ein enger Zusammenhang zwischen einem „Autor" (als Repräsentant einer Gattung) und den Bereichen, die bei der Übersetzung nach Möglichkeit unverändert bleiben sollten: Im allgemeinen hatte der Übersetzer bei den Historikern, bei denen es auf die mitgeteilten Fakten ankam, die *dispositio* unangetastet zu lassen und durfte sich bei der *elocutio* einige Freiheiten herausnehmen. Bei den Dichtern bestand im Bereich der *elocutio* geradezu eine Verpflichtung zur »Freiheit«; an die Stelle der *interpretatio* („Übersetzung") hatte die *imitatio* (Nachschöpfung") zu treten. Eingriffe in die *dispositio* waren allerdings nicht im Rahmen der Rhetorik, sondern in dem der Poetik zu rechtfertigen.[30]

### 9.2.2 „Adäquatheit" im Rahmen der Lehre von den *genera dicendi* (*elocutionis*)

Besonders wichtig innerhalb der *elocutio* ist die Lehre von den *elocutionis genera* oder *genera dicendi*. Sie wurde im vorhergehenden Kapitel bereits im Zusammenhang mit der diaphasischen Dimension der Sprachvariation vorgestellt.[31] Im Zentrum steht das *aptum*, das zur jeweiligen Situation Passende, das bei der Definition der Relation der Adäquatheit – so wie sie in dieser Einführung verstanden wird – Pate gestanden hat.[32] Was nützt eine Rede, so lautet die »rhetorische« Frage Quintilians, deren

> Worte gut lateinisch klingen, treffend gewählt und schön sind, ja auch mit Redefiguren und Rhythmen vollkommen ausgestattet sind, wenn sie nicht zu dem stimmen, was wir

---

[29] Vgl. hierzu Coseriu ⁴2007, 221f.
[30] Vgl. Rener 1989, Part Two.
[31] Vgl. oben 8.1.3.
[32] Vgl. oben 2.2.2.

bei dem Richter erreichen und in ihm erzeugen wollen: Wenn wir die hohe Form der Rede in kleinen Fällen, die kleine, gefeilte in feierlichen, die strahlende in gedrückten, die glatte in rauhen, die drohende in bittenden, die gedämpfte in erregten, die trotzige und heftige in heiteren Situationen vor Gericht anwenden?[33]

Im lateinischen Mittelalter hat diese Lehre vom „Passenden" (*aptum*), die einen Bezug zwischen dem zu behandelnden Gegenstand und der dafür geeigneten „Stilart" herstellt, noch an Bedeutung gewonnen. So wurden die drei Hauptwerke Vergils, die *Bucolica* (Hirtengedichte), die *Georgica* (Lehrgedicht vom Landbau) und die *Aeneis* nachträglich den drei im vorigen Kapitel erwähnten Gattungen zugeordnet, dem *genus humile*, dem *genus medium* und dem *genus sublime*. Das hatte wichtige Konsequenzen für die spätere Entwicklung der europäischen Literatursprachen. Diese Folgen sind auch für die Übersetzungstheorie von Bedeutung, zumindest für die Theorie der literarischen Übersetzung. Ein Teil der diaphasischen Variation liegt nun *innerhalb* der Normen der Literatursprache. So werden von den besonders strengen französischen Sprachnormierern gewisse sprachliche Elemente, die in der Tragödie streng verpönt sind, in »niedrigen« Gattungen (realistischer Roman, Komödie, Satire) ausdrücklich zugelassen (*les licences du genre burlesque*). Die manchmal grotesken Verzerrungen, die im Zeitalter der *belles infidèles* in den französischen, englischen und italienischen Übersetzungen der Homerischen Epen auftreten, müssen in diesem Kontext gesehen werden: Die Übersetzer hielten sich an die zeitgenössischen Vorstellungen vom „hohen Stil", der für das Epos gewissermaßen vorgeschrieben war und der sich mit dem kruden Realismus des Originals nicht in Einklang bringen ließ.

## 9.3 Texttyp und Textsorte

Die Literatur zu diesem Gebiet ist – gelinde ausgedrückt – verwirrend und für Anfänger schlicht entmutigend. Ich möchte und kann hier nicht auf die unzähligen Vorschläge und Definitionen eingehen, die in diesem Bereich gemacht worden sind, sondern ich möchte mich bei meiner eigenen Darstellung auf einige sehr allgemeine Hinweise beschränken. Es handelt sich dabei, wohlgemerkt, nicht um „gesichertes Wissen" – das gibt es nämlich in diesem Bereich nicht – sondern um vorläufige Vorschläge zur Beschneidung terminologischen Wildwuchses.

*Texttyp* und *Textsorte* sind gängige Bezeichnungen für unklare, schlecht gegeneinander abgegrenzte Begriffe. Eine strenge Abgrenzung im Rahmen einer kohärenten Texttheorie kann hier nicht vorgenommen werden. Ich möchte lediglich für eine einigermaßen deutliche Unterscheidung der beiden Begriffe plädieren.

Unter „Texttyp" soll hier eine Klasse von Texten oder Textfragmenten verstanden werden, bei denen eine sehr allgemein gehaltene Ausdrucksabsicht des Textproduzenten überwiegt: Er möchte *erzählen* oder *beschreiben*, *belehren* oder *überzeugen*, *bewerten* oder *unterhalten*. Es besteht eine gewisse Affinität zu den illokutionären Rollen der Sprechakttheorie.[34]

---

[33] „Quid enim prodest esse verba et Latina et significantia et nitida, figuris etiam numerisque elaborata, nisi cum his, in quae iudicem duci formarique volumus, consentiant: si genus sublime dicendi parvis in causis, parvum limatumque grandibus, laetum tristibus, lene asperis, minax supplicibus, summissum concitatis, trux atque violentum iucundis adhibeamus?" *Instit. orat.* XI, 2f. Dt. Übersetzung von Helmut Rahn; zweisprachige Ausgabe Darmstadt, ²1988, Bd. II, 545.

[34] Vgl. oben 7.3.3.

Unter „Textsorte" wird nicht nur hier, sondern auch bei den meisten anderen Autoren eine in einer Sprachgemeinschaft historisch gewachsene Technik verstanden, gewisse zweckbestimmte Formen von Äußerungen nach mehr oder weniger stereotypen Mustern zu gestalten, den sogenannten *Textsortenkonventionen*. Um Kochrezepte, Todesanzeigen, Gebrauchsanweisung oder Beipackzettel zu Medikamenten in der eigenen oder in einer fremden Sprache zu redigieren, reicht das, was man gewöhnlich unter „Sprachkenntnis" versteht, nicht aus.

Beim *Texttyp* handelt es sich zweifellos um ein weit allgemeineres Phänomen als bei der *Textsorte*, die einen viel kleineren Ausschnitt der Vorkommensformen von Texten umfaßt als der Texttyp. Aus diesem Grund haben sich manche Autoren veranlaßt gesehen, den Texttyp als Oberbegriff für die Textsorte zu betrachten. So konstruiert Brinker eine „Begriffsleiter" von der Form *Texttyp* → *Textklasse* → *Textsorte*, und Susanne Göpferich definiert: „Mit dem Terminus ‚Texttyp' werden Klassen von Textsorten bezeichnet, die bestimmte Merkmale teilen."[35] Definitionen sind Festsetzungen und können folglich nur innerhalb der jeweiligen Theorie kritisiert werden. Es kann daher hier nur ein theorieexterner Einwand gegen diese Definitionen vorgebracht werden: Sie sind kontraintuitiv. Eine Textsorte im weiteren Sinn wie „Roman" enthält in recht unterschiedlicher Dosierung die Texttypen „Beschreibung" und „Erzählung". Eine Textsorte wie „Kochbuch" kann insgesamt unterschiedlichen Texttypen angehören. Es gibt nüchterne, informative Kochbücher und appellative (im Sinn von Katharina Reiß), die den Leser von der heilsamen Wirkung einer bestimmten Diät überzeugen wollen. Dennoch teilen sie bestimmte Textsortenmerkmale.

Trotz einer Fehlleistung, auf die gleich einzugehen sein wird, kann die Texttypologie von Katharina Reiß[36] als »prototypisch« für alle späteren Bemühungen dieser Art angesehen werden, zumindest was die Relevanz der Texttypologie für die Übersetzungsforschung betrifft. In Anlehnung an die Argumentation der Autorin soll hier folgende Festsetzung vorgenommen werden: *Texttypen* betreffen die *Makroebene* der Übersetzung und haben damit Einfluß auf die zu wählende *Übersetzungsstrategie*; *Textsorten* betreffen die *Mikroebene* der Übersetzung und erfordern eine zu erlernende *Übersetzungstechnik*. Der Texttyp gehört in weit höherem Maße zur „Textlinguistik im weiteren Sinn" als die Textsorte, die zahlreiche spezifisch einzelsprachliche Erscheinungen aufweist. Die gibt es allerdings auch im Bereich des Texttyps. So zeigt z. B. das romanische Imperfekt häufig an, daß in dem betreffenden Passus nichts erzählt, sondern etwas beschrieben werden soll. Ein Texttypenwechsel innerhalb eines Textes wird gelegentlich von deutschen Übersetzern, die nur das Präteritum zur Verfügung haben, nicht erkannt oder zumindest nicht angemessen wiedergegeben.

Eklektische Sammelbegriffe wie *Zeitungstext, literarischer Text* usw. sind völlig unbrauchbar für die Übersetzungstheorie und -praxis; es handelt sich um *Textgruppen* im Sinn von Egon Werlich.[37] Sie haben weder unmittelbaren Einfluß auf die Übersetzungsstrategie noch auf die Übersetzungstechnik.

---

[35] Vgl. Brinker 1993, 86; Göpferich 1998a, 63.
[36] Reiß 1971.
[37] Vgl. Werlich 1975, 18ff.

### 9.3.1 Der Texttyp als Parameter für die Relation „Adäquatheit"

Auch nach über dreißig Jahren lohnt es sich, in einer Einführung auf die längst durch neuere, raffiniertere und vor allem radikalere Modelle »überholte« Übersetzungstypologie von Katharina Reiß zurückzukommen, die von ihrer Urheberin als Parameter der für den jeweiligen Texttyp passenden Übersetzungsstrategie konzipiert wurde. Die Relation zwischen „Übersetzungstyp" und „Übersetzungsstrategie" entspricht dem *aptum* der Rhetorik und damit gleichzeitig der „Adäquatheit", so wie sie in dieser Einführung verstanden wird.

Die Unmöglichkeit einer klaren Zuordnung eines konkreten Textes zu den vorgeschlagenen drei Grundtypen hat man diesem Vorschlag von Anfang an vorgehalten – zu Unrecht wie ich meine, denn die Texttypen von Katharina Reiß sind idealtypisch konzipiert, und es versteht sich somit nahezu von selbst, daß kein konkreter Text einem solchen Idealtyp genau entspricht. Wir wollen uns die drei Typen noch einmal vor Augen führen; der später hinzugekommene „multimediale Texttyp" kann in diesem Zusammenhang vernachlässigt werden. Ausgangspunkt ist das bekannte „Organon-Modell" des Sprachpsychologen Karl Bühler, mit dem – begrifflich nicht ganz kohärent[38] – sogenannte „Sprachfunktionen" unterschieden werden sollen:

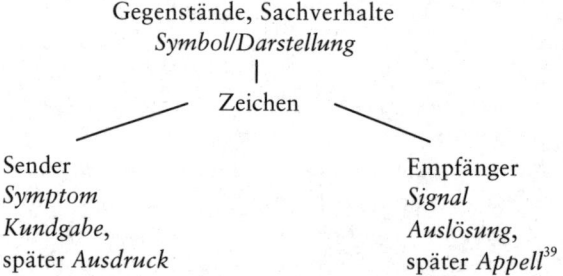

Den Sprachfunktionen dieses Modells ordnet die Autorin drei Texttypen zu: der *Darstellung* den *inhaltsbetonten*, später *informativen*, dem *Ausdruck* den *formbetonten*, später *expressiven* und dem *Appell* den *appellativen* bzw. *operativen* Texttyp.

Es versteht sich wie gesagt von selbst, daß diese Texttypen in der Wirklichkeit nicht in reiner Form vorkommen; sie sind nichtsdestoweniger für den Übersetzer von Bedeutung. Kommt er z. B. zu der Überzeugung, daß in seinem Text die inhaltlich-informative Komponente überwiegt, so wird er anders übersetzen, d. h. er wird eine andere Hierarchisierung der Invarianzforderungen vornehmen als bei einem appellativen Text.

Ein Vorwurf kann der Verfasserin nicht erspart bleiben. Sie hat den gegenüber der ursprünglichen Bezeichnung *Kundgabe* unklaren Terminus *Ausdruck* bei Bühler mißverstanden. Bei Bühler ist der „Ausdruck" Korrelat eines „Symptoms", es handelt sich somit um die nicht absichtlich vorgenommene „Kundgabe" der Befindlichkeit des Senders: Der Sprecher bringt mit seiner Mitteilung ungewollt zum Ausdruck, daß er ruhig oder erregt, heiter oder traurig gestimmt ist. Somit ist die Kategorie des *formbetonten* oder *expressiven* Textes für die Übersetzungstheorie und -praxis wenig hilfreich.[40]

---

[38] Zur Kritik der Bühlerschen Sprachfunktionen durch den Sprachpsychologen Friedrich Kainz vgl. Coseriu ⁴2007, 89ff.
[39] Modifiziert nach Bühler 1934/82, 28.
[40] Ausführlicher bei Cartagena 1995, 254ff.

## 9.3.2 Textsortenkonventionen und Übersetzung

Den Textsortenkonventionen wird in der Übersetzerausbildung seit längerer Zeit große Beachtung geschenkt. Inzwischen hat sich auch eine eigene Forschungsrichtung etabliert, die „kontrastive Textologie", die sich der Textsortenkonventionen nicht nur unter vergleichenden, sondern auch unter historischen Gesichtspunkten annimmt.[41] Für den Textrezipienten manifestieren sich die Textsortenkonventionen in charakteristischen Signalen, die das spontane Erkennen der jeweiligen Textsorte ermöglichen[42]: Wenn ein Text mit *To whom it may concern* überschrieben ist und mit *This is to confirm* beginnt, kann es sich nur um ein Gutachten oder ein Arbeitszeugnis handeln.

Niemand wird die Wichtigkeit der Kenntnis von Textsortenkonventionen für Übersetzer bestreiten. Selbst der Laie, der in der Regel dazu neigt, keinen Unterschied zwischen Sprach- und Übersetzungskompetenz zu machen, ist ohne weiteres dazu bereit zuzugestehen, daß Sprachkenntnisse allein nicht genügen, um Gesetzestexte oder Gerichtsurteile zu übersetzen.[43] Für die Übersetzerausbildung ist die Behandlung des gesamten Komplexes nicht nur wichtig, sondern sowohl für Lernende als auch für Lehrende in hohem Maß befriedigend. Nirgendwo sonst stellt sich so leicht das Gefühl ein, etwas wirklich Handfestes gelernt oder gelehrt zu haben. Manche Textsorten werden von Theoretikern und Praktikern bevorzugt, weil sie besonders feste Konventionen ausgebildet haben: Beipackzettel, Todesanzeigen, Bedienungsanleitungen, Handlungsanweisungen für Computersoftware („Software-Lokalisierung") usw.[44]

Textsortenkonventionen sind vor allem im Bereich der Fachsprachen stark ausgebildet. Sie können als überzeugender Beleg dafür angeführt werden, daß Übersetzer keineswegs immer nur das übersetzen dürfen, was im Text steht; manchmal müssen sie etwas hinzufügen. In Deutschland sind z. B. die Inhaltsstoffe eines Medikaments im Beipackzettel anzugeben. Findet der Übersetzer die betreffenden Angaben in seiner Vorlage nicht vor, weil sie im Rechtsgebiet der Ausgangssprache nicht erforderlich sind, so muß er sie bei seinem Auftraggeber anfordern.

## 9.4 Die „thematische Progression"

Die „funktionale Satzperspektive" (vulgo „Thema-Rhema-Gliederung") wurde von einigen Mitgliedern des Prager Linguistenkreises in den dreißiger Jahren des 20. Jahrhunderts entwickelt.[45] Sie betrifft eigentlich die Untersuchung einer der Organisationsformen des Satzes, die „informationstragende Struktur". Da jedoch das definitorische Kriterium für das Thema über die Satzgrenze hinaus verweist (etwas kann in der Regel nur deshalb als „bekannt" vorausgesetzt werden, weil es in einem Vordersatz bereits eingeführt worden ist), wurde die Thema-Rhema-Gliederung auf Satzebene im Zusammenhang mit der Transphrastik behandelt.[46] Als die „Neue Prager Schule" einige Jahre nach dem Krieg die Arbeit der alten Schule wieder aufnahm, wurde die Frage nach der Informationsverteilung vom Satz auf den Text übertra-

---

[41] Vgl. u. a. Eckkramer/Hödl/Pöckl 1999; Adamzik 2001.
[42] Vgl. Heinemann/Viehweger 1991, 130.
[43] Vgl. u. a. Kupsch-Losereit 1998.
[44] Vgl. u a. Eckkramer 1996 (für sechs europäische Sprachen); Gerhardt 1998 (speziell zur Software-Lokalisierung).
[45] Zur Geschichte vgl. u. a. Gülich/Raible 1977, 61ff.
[46] Vgl. oben 5.5.1.

gen. František Daneš führte in diesem Zusammenhang den Begriff der „thematischen Progression" ein. Er unterscheidet fünf Typen.[47] Ich erwähne hier nur die drei Progressionstypen, die ich im Hinblick auf die Probleme der Übersetzung für relevant halte.

*Typ 1 Die einfache lineare Progression*

$$\rightarrow T1 \rightarrow R1$$
$$\downarrow$$
$$T2 \rightarrow R2 \text{ usw.}$$

Das Rhema der ersten Aussage wird zum Thema der zweiten.

*Anna liest keine Kriminalromane. Kriminalromane sind Katrins Leidenschaft. Ihre Leidenschaften lassen sie allerdings nie den Kopf verlieren.*

*Typ 2 Die konstante Progression (Progression mit einem durchlaufenden Thema)*

$T1 \rightarrow R1$

$T1 \rightarrow R2$

usw.

Das Thema bleibt eine Zeitlang konstant.

*Peter liebt Fußball. Er gibt es auch offen zu. Er verbringt viel Zeit mit dem Training.*

*Typ 3 (Typ 4 bei Daneš) Rahmenprogression (gespaltenes Rhema)*

$T1 \rightarrow R1 \ (= R1' + R1'')$

$T2' \rightarrow R2'$

$T2' \rightarrow R2'$

Das Rhema wird in zwei Teile zerlegt, die nun ihrerseits als Themen fungieren (Variante zu Typ 1).

*Mit Ende zwanzig hatte Katrin noch die Wahl zwischen Karriere und Kindern. Entschied sie sich für die Karriere, so drohte ihr emotionale Verarmung, entschied sie sich für die Kinder, so riskierte sie, daß ihre große Begabung verkümmern würde.*

Es ist von verschiedenen Autoren bestritten worden, daß eine schlichte Dichotomie wie diejenige von Thema (in älterer Terminologie „psychologisches Subjekt") und Rhema („psychologisches Prädikat") den komplizierten Verhältnissen im Bereich der informationstragenden Struktur des Satzes und/oder des Textes gerecht wird. Es soll hier nur auf zwei Abweichungen von diesem Schema hingewiesen werden, die in der Literatur zur Textlinguistik diskutiert werden:

---

[47] Vgl. Daneš 1976 sowie Brinker ⁵2001, 49ff. Heinemann/Viehweger (1991, 32ff.) führen nur die drei Typen auf, die sie für die Grundtypen halten. Ich verzichte hier auf den dritten Typ „Progression mit von einem Hyperthema abgeleiteten Thema", weil ich ihn in bezug auf die Übersetzung für wenig ergiebig halte und führe dafür den Typ 4 an: „Progression eines gespaltenen Rhemas".

*a) thetisch vs. kategorisch*

Der Philosoph Anton Marty hat schon um die Wende vom 19. zum 20. Jahrhundert betont, daß nicht alle Aussagen eine ‚kategorische' Form haben, die eine Aufteilung in Satzgegenstand und Satzaussage rechtfertigt. Es gibt eingliedrige Sätze, die keinen eigentlichen Gegenstand haben, sondern nur eine ungegliederte Aussage repräsentieren. Er nannte Sätze dieses Typs „thetisch"; in der Terminologie der Funktionalen Satzperspektive heißen sie „rein rhematisch". Ich gebe einige Beispiele:

*Es ritten drei Reiter zum Tore hinaus.*
*Es ist ein Schnee gefallen.*
*È arrivata Anna.*[48]
*C'est un bonhomme qui tombe de la tour Eiffel. (Witzanfang)*
*There were two Germans stopping at the hotel.*

Im Deutschen erscheinen solche Sätze häufig mit suppletivem Subjekt und wirken heute meist altertümlich. Im Italienischen stehen sie immer mit nachgestelltem Subjekt, das in diesem Fall als „unmarkiert" gilt; im Französischen sind sie vor allem in volkstümlichen Varietäten oder in niedrigen Registern anzutreffen. Im Englischen kommen sie häufig vor und erscheinen stilistisch meist nicht besonders markiert. In vielen europäischen Sprachen können „thetische" Aussagen mit Hilfe von Präsentations- oder Anwesenheitsformeln gebildet werden: *there is; il y a; c'è, hay* usw. Eine einfache spanische Frage wie *¿Hay flores?* wird im Deutschen oft expliziter wiedergegeben „Haben Sie Blumen?" „Findet man hier Blumen?" usw. Das Standardäquivalent *es gibt* hat einen weit geringeren Anwendungsbereich. Es ist zu vermuten, daß deutsche Übersetzer „thetische" Aussagen öfter in „kategorische" umformen als die Übersetzer benachbarter europäischer Sprachen.

*b) Das Konzept des Communicative Dynamism (CD) nach Firbas*

Als einer der ersten hat der tschechische Linguist Jan Firbas den Versuch unternommen, die starre Dichotomie „Thema vs. Rhema" in eine Art von Skala umzuformen, die von der „höchsten Thematizität" bis zur „höchsten Rhematizität" reicht, darüber hinaus jedoch eine Reihe von Zwischenstufen kennt.[49] Je niedriger der sogenannte CD-Wert eines Elements im Satz ist, desto näher kommt es dem reinen Thema, je höher er ist, desto mehr nähert es sich dem reinen Rhema. Das Modell ist später auf verschiedene Sprachen angewendet und immer weiter ausgebaut worden. Es wurde dabei so kompliziert, daß es für uns Übersetzer nicht besonders viel Hilfe bei unserer Arbeit zu leisten verspricht.

## 9.5 Die „Bauformen des Erzählens": Erzähltechnik und Übersetzung

Der Titel dieses Abschnittes soll nicht den Eindruck erwecken, es sollten hier verschiedene traditionelle und moderne Formen der wissenschaftlichen Beschäftigung mit dem Erzählen diskutiert werden. Es geht mir lediglich darum, die Epik im weitesten Sinne, also ein Element aus der Trias Lyrik, Epik, Dramatik,[50] die sich erst im 19. Jahrhundert herausge-

---

[48] Vgl. oben 5.2.1.
[49] Vgl. Firbas 1964; Gerzymisch-Arbogast 1987, 73ff.
[50] Die von Gérard Genette in seiner *Introduction à l'architexte* vorgenommene Systematisierung (stark vergröbert: *Lyrik* = Gattung der ersten Person; *Dramatik* = Gattung der ersten und zweiten Person; *Epik* = Gattung aller drei Personen im grammatischen Sinn) erscheint mir gerade in übersetzungstheo-

bildet hat, mit der Tätigkeit des Übersetzens und dem Nachdenken über diese Tätigkeit in Verbindung zu bringen. Die Epik in diesem weitesten Sinne, vor allem in ihren volkstümlichsten Ausprägungen wie Kurzgeschichte, Novelle, Roman, ist nun einmal die Großgattung, mit der es Übersetzer am häufigsten zu tun haben. Auf die Verwendung der außerordentlich elaborierten Terminologie der traditionellen Erzählforschung und vor allem der modernen Narrativik in ihren vielfältigen Ausprägungen soll hier weitgehend verzichtet werden. Es geht mir nur um einige schlichte Relationen, die für den Übersetzer von besonderer Bedeutung sind. Sie lassen sich anhand des folgenden Schemas erklären:

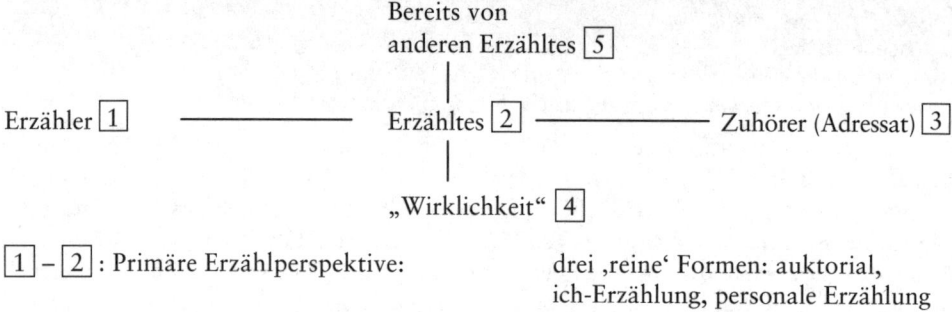

$\boxed{1} - \boxed{2}$ : Primäre Erzählperspektive:     drei ‚reine' Formen: auktorial,
                                                        ich-Erzählung, personale Erzählung

Sekundäre Erzählperspektive:     direkte (wörtl.) Rede, indirekte Rede,
                                 erlebte Rede (style indirect libre),
                                 Grenzfall: innerer Monolog

Natürlich läßt sich die Unterscheidung zwischen primärer und sekundärer Erzählperspektive nur idealtypisch vornehmen, nämlich als Weitergabe der Aufgabe des Erzählers an eine der von ihm geschaffenen Figuren. Auf die vielfachen Möglichkeiten der »Anhebung« der sekundären Perspektive auf das Niveau der primären (eine Erscheinung, die besonders häufig bei Autoren wie Thomas Mann oder Joseph Conrad auftritt) kann hier nur andeutungsweise im Zusammenhang mit dem Begriff der „Polyphonie" eingegangen werden.

An allen übrigen in übersetzungstheoretischer und übersetzungspraktischer Hinsicht bedeutsamen Relationen sind drei oder mehr Komponenten unseres Schemas beteiligt:

$\boxed{1} - \boxed{2} - \boxed{4}$ :»Wahrheitsgehalt«: Er läßt sich darstellen als Skala, die von „alles die reine Wahrheit" bis zu „alles frei erfunden" reicht, d. h. von einer naiven oder ironisch gebrochenen Authentizitätsfiktion („was ich hier wiedergebe, ist die reine Wahrheit") über eine vorsichtige Distanzierung („ich habe da ein altes Dokument gefunden, das ich so treu wie möglich wiedergebe mit einigen Änderungen, die mir zum Verständnis nötig erscheinen" usw.) bis hin zum expliziten Bekenntnis zur reinen Fiktion („Ähnlichkeiten mit lebenden Personen und wirklichen Begebenheiten wären rein zufällig").

In diese komplexe Relation reihen sich wohlbekannte und heftig diskutierte Dichotomien ein wie *erzählte Zeit* vs. *Erzählzeit* oder *Fabel* vs. *Sujet* (*sjužet*). Sie alle betreffen nämlich das Verhältnis zwischen wirklicher Welt und dargestellter Welt aus der Sicht des Erzählers.

---

retischer Hinsicht sehr fruchtbar, sie könnte Gegenstand einer eigenen Untersuchung werden; vgl. Genette 1979.

### $\boxed{1} - \boxed{2} - \boxed{5} - \boxed{3}$: „Intertextualität"

Hierzu sind einige Bemerkungen notwendig. Der Intertextualitätsbegriff wurde bekanntlich in den letzten Jahren so ausgeweitet, daß man nahezu alles darunter verstehen kann. Julia Kristeva, die ihn in Anlehnung an Michail M. Bachtin als eine der ersten in die Diskussion eingebracht hat, sah sich daher bald genötigt, ihn wieder aufzugeben zugunsten des Begriffs der *transposition*. Wenn allgemein über die Ausweitung dieses Begriffes geklagt wird, so muß es auch gestattet sein, ihn für die eigenen Bedürfnisse, d. h. die Bedürfnisse der Übersetzung und der Übersetzungsforschung, wieder einzuschränken. Genau das soll hier geschehen. Für die Ziele der Übersetzungsforschung soll der Begriff auf seinen »harten Kern« reduziert werden. Das heißt, ein Fall von Intertextualität, auf den ein Übersetzer zu reagieren hat, liegt in erster Linie dann vor, wenn ein Text für den sogenannten »durchschnittlichen Leser«[51] erkennbar auf einen anderen Text verweist – und zwar unabhängig von der Tatsache, ob das vom Autor beabsichtigt ist –, und wenn sich diese Anspielung an sprachlichen Formulierungen festmachen läßt. Die Übernahme eines „Motivs" erfüllt die Bedingungen für diese eingeschränkte Verwendungsweise nicht.

### $\boxed{3} - \boxed{2} - \boxed{4} - \boxed{5}$: „Erwartungshorizont"

In der modernen Übersetzungswissenschaft, vor allem in deren „radikalpragmatischen" Ausprägungen, wird dieser aus der Rezeptionsästhetik stammenden Relation gefährlich viel Beachtung geschenkt.[52] In der übersetzerischen Praxis ist sie, wenn auch nicht in reflektierter Form, ständig präsent. Der routinierte Praktiker hat sich nun einmal beim Übersetzen ständig zu fragen, was er einem Zielpublikum, das sich ja vom »Originalpublikum« in mancherlei Hinsicht unterscheidet, zumuten kann und was nicht.

Auf einige untergeordnete Kategorien wird noch einzugehen sein; zuvor soll noch auf eine Eigentümlichkeit der Gesamtstruktur des oben wiedergegebenen Schemas hingewiesen werden. Es enthält, wie die „Sprache" der Strukturalisten, eine syntagmatische ($\boxed{1} - \boxed{2} - \boxed{3}$) und eine paradigmatische ($\boxed{5} - \boxed{2} - \boxed{4}$) Achse. In einer Hinsicht ist die Analogie vollkommen: Auch hier sind die Beziehungen auf der syntagmatischen Achse Relationen *in praesentia* und die auf der paradigmatischen Achse Relationen *in absentia*, virtuelle Beziehungen, die aktualisiert werden können oder auch nicht.

Die Erzählforschung im engeren Sinn befaßt sich in erster Linie mit der Komponente $\boxed{2}$ des Schemas, d. h. mit dem Erzählten selbst. Hier lassen sich unter vielen anderen wohlbekannte Unterkategorien unterscheiden, wie z. B. die *Zeitstruktur*, d. h. *Raffung, Verzögerung, Vorausdeutung, Vorwegnahme, Rückblende* usw. oder die Handlungsstruktur, d. h. die Personen als Funktionsträger, sogenannte *minimale Handlungssequenzen* und deren Kombination zu einer Reihe unterschiedlicher »Ketten«; *Einsträngigkeit* vs. *Mehrsträngigkeit*, korrelative Verknüpfung von Handlungselementen, Zusammenführung von Handlungssträngen usw. usf.[53]

---

[51] Auf die Problematik dieses vor allem im Rahmen der sog. Rezeptionsästhetik diskutierten Begriffs kann hier nicht eingegangen werden.
[52] Vgl. oben 1.1.4.
[53] Ein besonders reiches Angebot an deskriptiven Kategorien bietet u. a.: Vogt [8]1990 und Petersen 1993.

Die Relationen innerhalb der Komponente ⟨2⟩ sind von der Art, die man in einer optimistischen, fortschrittsgläubigen Frühphase strukturalistischer Textbetrachtung „textobjektive" Relationen nannte. Diese Sicht der Dinge soll hier beibehalten werden. Dekonstruktivistische Einwände gegen diese Auffassung, so »naiv« sie erscheinen mag, können im Rahmen dieser Einführung nicht diskutiert werden. Es sei in diesem Zusammenhang lediglich an einen Vorbehalt erinnert, der auf den ersten Seiten dieser Einführung geäußert wurde: Die objektiv gegebenen Relationen, die die Grundlage jeder Interpretation bilden, sind nicht identisch mit der Intention des Autors. Jede Übersetzung, die sich auf der Grundlage dieser textinternen und textexternen Relationen rechtfertigen läßt, ist zumindest annehmbar, auch wenn der Autor selbst sich mißverstanden fühlen sollte. Das gilt selbstverständlich nur für literarische Texte.

Vergleicht man Originale mit ihren Übersetzungen unter narrativischem Gesichtspunkt, d. h. daraufhin, inwieweit Elemente der Erzählstruktur invariant gehalten wurden, so lassen sich grob drei Kategorien unterscheiden:

a) Es gibt eine Reihe von erzähltechnischen Erscheinungen, die, um es bewußt salopp zu formulieren, auch vom unbegabtesten Übersetzer nicht »kaputt zu kriegen« sind.

b) Darüber hinaus gibt es eine hochinteressante, bisher wenig erforschte Übergangszone: In ihr stößt man auf narrativische Charakteristika, die mit den Mitteln der Zielsprache prinzipiell erhalten werden können, dies allerdings häufig nur auf Kosten anderer wünschenswerter Eigenschaften des Zieltextes, wie z. B. Idiomatizität, Lesbarkeit usw. In dieser Zwischenzone werden von routinierten literarischen Übersetzern häufig unwissentlich erzähltechnische Eigenheiten des Originals zerstört bzw. modifiziert, zum Teil, weil der Übersetzer ganz andere Ziele im Auge hatte, zum Teil, weil er das Charakteristikum, um das es geht, gar nicht als erhaltenswerte Eigenschaft des Textes wahrgenommen hat. Dies gilt z. B. höchstwahrscheinlich für Schiller, der bei seiner Übersetzung von Racines *Phèdre* nicht wahrgenommen hat, welche Wirkungen verloren gehen, wenn man sich für *du* als einzige Anredeform entscheidet.[54]

c) Schließlich gibt es eine Reihe von in höchstem Maße sprachspezifischen Erscheinungen. Hier dient die Sprache nicht allein als Mittel des Ausdrucks, sondern sie wird bis zu einem gewissen Grade selbst Bestandteil der Mitteilung, ohne daß man deswegen schon im strengen Sinne von einer metasprachlichen Aussage reden könnte. Es geht dabei also grob gesagt um das, was Roman Jakobson unter der „poetischen Funktion" der Sprache verstand[55]. Erscheinungen dieser Art – dazu gehört z. B. die Reliefgebung, die durch den Wechsel von Tempora wie *passé simple* und *imparfait* erzeugt wird – können nicht im strengen Sinne übersetzt, sondern nur hin und wieder durch ganz andersartige, aber auf einem abstrakten Niveau funktional äquivalente Phänomene ersetzt werden. Es kommt überraschend häufig vor, daß routinierte Übersetzer mit gutem Sprachgefühl dergleichen Feinheiten völlig verwischen, weil sie sie im Original überhaupt nicht erkannt haben. Es ist freilich sehr schwer zu entscheiden, ob ein solcher Verlust der mangelnden Wahrnehmungsfähigkeit des Übersetzers oder einem bewußten Verzicht zuzuschreiben ist. Ein präziser Vergleich von »guten« Übersetzungen mit dem Original läßt die verblüffendsten, manchmal geradezu unvorhersehbaren Verschiebungen in Erscheinung treten.[56]

---

[54] Vgl. oben 7.2.2.
[55] Vgl. Jakobson 1960/72.
[56] Eine Fülle von Beispielen finden sich bei Zuschlag 2002.

## 9.5.1 Formen der Redewiedergabe

Der Bereich, der oben „sekundäre Erzählperspektive" genannt wurde, verdient eine etwas gründlichere Behandlung, weil dort Transphrastik und Textlinguistik im weiteren Sinn so eng miteinander verflochten sind, daß es schwer fällt, die beiden Betrachtungsweisen voneinander zu trennen. Im übrigen treten bei der Redewiedergabe oder Rededarstellung (denn um eine „Wiedergabe" im strengen Sinn handelt es sich eigentlich nicht) erhebliche Übersetzungsprobleme auf. Es scheint also angezeigt, wieder auf die Ebene der Übersetzungstechnik abzusteigen.

### 9.5.1.1 Direkte Rede

Die meisten europäischen Sprachen verwenden Lehnübersetzungen des lateinischen Ausdrucks *oratio recta* (vgl. *direct speech*, *discours direct*); im Deutschen ist daneben auch *wörtliche Rede* üblich. Alle Termini suggerieren, daß ein Autor genau den Wortlaut der Äußerung einer seiner Gestalten wiedergibt. Das gilt bestenfalls für ein sorgfältig erstelltes Vernehmungsprotokoll. In der Literatur ist die wiedergegebene Rede (*reported speech*, *discours rapporté*) ebenso fiktiv wie die wiedergebende, in die sie eingebettet ist. Deutschsprachige Erzähltheoretiker ziehen deshalb den Terminus *Rededarstellung* vor.[57] Im Gegensatz zu spontanen mündlichen Äußerungen gibt bei literarischen Texten nicht die Situation, sondern die wiedergebende Rede über die Sprecher-Origo Auskunft. Wenn eine Romangestalt sagt „Komm doch einfach morgen einmal vorbei", so läßt sich nur aufgrund der wiedergebenden Rede (*récit*) rekonstruieren, welcher Tag mit „morgen" gemeint sein kann. Bezeichnenderweise werden besonders „realistische" Effekte dadurch erzielt, daß der Autor am genauen Wortlaut der von ihm wiedergegebenen Figurenrede Zweifel aufkommen läßt. So läßt z. B. Thomas Mann auf den ersten Seiten des Romans *Doktor Faustus* den Vater des Protagonisten folgendermaßen zu Wort kommen:

„Wie hat das Tier das gemacht?", fragte er *wohl*.
– Comment l'insecte s'y est-il pris? demandait-il volontiers.
"How has the creature done it?" he would ask.

Es geht, wohlgemerkt, um ein Gespräch, das an einem bestimmten Abend stattgefunden hat. Die deutsche Partikel *wohl* drückt also den Zweifel des Autors daran aus, ob er denn den genauen Wortlaut der Rede seiner Gestalt noch genau in Erinnerung habe. In der französischen und in der englischen Übersetzung wird das im Sinne von „Iterativität" uminterpretiert: „... pflegte er bei solchen Gelegenheiten zu sagen."[58]

In übersetzungstechnischer Hinsicht bereitet die direkte Rede – abgesehen von den unterschiedlichen typographischen Konventionen – keine besonderen Schwierigkeiten. Die Frage, ob denn die direkte Rede des Originals unbedingt auch in der Übersetzung durch direkte Rede wiederzugeben sei, muß auf der Ebene der Übersetzungsstrategie entschieden werden. Es gibt häufig gute Gründe, auf eine andere Form der Rededarstellung auszuweichen. So hat die italienische Übersetzerin die Schwierigkeiten der »wörtlichen« Wiedergabe eines schwäbischen Liedchens in Hermann Hesses Roman *Unterm Rad* dadurch vermieden, daß sie den Inhalt in groben Zügen in Form von indirekter Rede wiedergibt:

---

[57] Vgl. ebenda, 179.
[58] Vgl. ebenda, 180.

Es berührte ihn nicht einmal, als im Hintergrund Gespött laut wurde und einer den Vers sang:

Wenn i's no au so hätt,
Wie's Schulze Lisabeth!
Die leit bei Dag im Bett,
So han i's net.

E non se la prese per niente, quando i più lontani cominciarono a prenderlo in giro e uno cantò forte ch'era bella la vita del Michelaccio che mangia dorme e va a spasso.[59]

Ein besonderes übersetzungstechnisches Problem stellen die Verben dar, die zur Einführung der direkten Rede zur Verfügung stehen. Sie können *beschreibend* (a) oder *wertend* (b) sein, und bei den wertenden hat man zwischen der Bewertung durch den Urheber der wiedergegebenen (b') und den Urheber der wiedergebenden Rede (b") zu unterscheiden:

(a)  „Ich kann ohne dich nicht leben", flüsterte er.
(b')  „Ich kann ohne dich nicht leben", beteuerte er.
(b")  „Ich kann ohne dich nicht leben", jammerte er in heuchlerischem Schmerz.[60]

Das Inventar von Verben, das zur Einleitung der direkten Rede verwendet werden kann, ist in den verschiedenen Sprachen keineswegs von gleichem Umfang.

### 9.5.1.2 Indirekte Rede

Die "indirekte" Rede (*oratio obliqua*; *indirect speech*, *discours indirect*), so lehrt die Schulgrammatik, gibt den Inhalt einer direkten Rede so genau wie möglich aus der Sicht des Urhebers der wiedergebenden Rede wieder: „*Das ist völlig falsch!*" sagt er → Er sagte, *das sei völlig falsch*. Zunächst einmal muß festgehalten werden, daß es Inhalte gibt, die sich in indirekter oder nicht-wörtlicher Rede wirklich nur sehr »indirekt« wiedergeben lassen: „*Verflixt nochmal!*" rief er aus → *Er rief aus, das sei nochmal verflixt* → *Er stieß eine heftige Verwünschung aus*. Charakteristisch für die indirekte Rede ist die Verschiebung der Sprecher-Origo. Enthält die direkte Rede ein *ich* oder ein *du*, das keine Entsprechung in der wiedergebenden Rede hat, so werden beide in Nicht-Personen umgewandelt: Peter sagte zu Katrin: „*Ich liebe dich*" → Peter sagte zu Katrin, *er liebe sie*. Enthält die direkte Rede hingegen ein *du*, das den Erzähler meint, so wird dieses in die syntaktisch bedingte Form von *ich* umgewandelt: „*Ich liebe dich*", sagte sie (zu mir, dem Ich-Erzähler) → Sie sagte, *daß sie mich liebe*. Die Referenz der „Zeigewörter" läßt sich nicht mit Sicherheit rekonstruieren. Aus: „Anna hat mir mitgeteilt, sie reise *übermorgen* ab", kann nicht mit Sicherheit erschlossen werden, daß Anna das Wort *übermorgen* tatsächlich verwendet hat. Sie könnte zum Beispiel *am Dienstag* gesagt haben, wenn die Äußerung an einem Sonntag gefallen ist. Damit sind die übereinzelsprachlichen Charakteristika der indirekten Rede bereits weitgehend ausgeschöpft. Wichtiger, zumindest was die Übersetzungstechnik angeht, sind die einzelsprachlichen Unterschiede. Sie können hier keineswegs erschöpfend behandelt werden.

Zunächst einige Bemerkungen zur Syntax: Zur Einleitung der indirekten Rede können im großen und ganzen die gleichen Verben verwendet werden wie zur Einleitung der direkten Rede. Im Lateinischen und im Deutschen wird die indirekte Rede durch einen Mo-

---

[59] Hermann Hesse: *Unterm Rad*, 2. Kap.; ital. Übers. von Lydia Magliano.
[60] Vgl. Maingueneau 2000, 111.

dus, durch den Konjunktiv gekennzeichnet. Es besteht die Möglichkeit, den Wahrheitsgehalt der in der wiedergegebenen Rede enthaltenen Äußerung aus der Sicht des Urhebers der wiedergebenden Rede zu modulieren:

    Er sagte, daß er krank sei.
    Er behauptete, daß er krank wäre.

Dabei wird der durch die beiden unterschiedlichen Konjunktivformen ausgedrückte Unterschied der Glaubwürdigkeit häufig, wie beim oben angeführten Beispiel, durch unterschiedliche Verben der Redeerwähnung, d. h. Verben, die die indirekte Rede einleiten, gestützt.

Im Englischen und in den romanischen Sprachen wird die indirekte Rede durch Indikativformen gekennzeichnet, die durch die üblichen Regeln der Zeitenfolge an das Verb des Hauptsatzes gebunden sind.

    He said (that) he was ill.
    Il dit qu'il était malade.

Im Deutschen und im Englischen gibt es die Möglichkeit, die indirekte Rede ohne einleitende unterordnende Konjunktion zu gebrauchen:

    Er sagte, er sei/wäre krank.
    He said he was ill.

Diese besondere Form der Rededarstellung ist im Deutschen syntaktisch stärker markiert als im Englischen, denn es besteht zusätzlich ein Unterschied in der Wortstellung: Die mit Konjunktion eingeleitete indirekte Rede weist die Wortstellung eines Nebensatzes, die ohne Konjunktion eingeleitete diejenige eines Hauptsatzes auf. Man spricht in diesem Fall im Deutschen von „freier indirekter Rede". Der Ausdruck *free indirect speech* ist auch im Englischen üblich; gemeint ist damit jedoch meist die Form der Redeerwähnung, der wir uns nun zuwenden wollen, der „erlebten Rede", dem *discours indirect libre*.

### 9.5.1.3 Erlebte Rede

Der Ausdruck *style indirect libre* soll von Charles Bally geprägt oder doch wenigstens eingeführt worden sein. Es wurde in die übrigen romanischen Sprachen in Form einer Lehnübersetzung übernommen: *stile indiretto libero*; *estilo indirecto libre* usw. Im Deutschen ist seit etwa einem Jahrhundert das weder inhaltlich noch formal genau passende Äquivalent *erlebte Rede* üblich. Die englische Erzählforscherin Dorrit Cohn verwendet (in einem allerdings stark eingeschränkten Sinn) den Terminus *narrated monologue*.[61] Von der erlebten Rede war schon verschiedentlich die Rede, so daß ein Verständnis des Phänomens vorausgesetzt werden darf. Dennoch soll zunächst anhand eines einfachen deutschen Beispiels in Erinnerung gerufen werden, worum es geht:

    (a)    „Muß ich Peter wirklich heiraten?", fragte Katrin bekümmert.
    (b)    Ob sie denn Peter wirklich heiraten müsse, fragte Katrin bekümmert.
    (c)    Katrin war bekümmert. Mußte sie Peter nun wirklich heiraten?

---

[61] Vgl. Zuschlag 2002, 187, Anm. 148.

Die mit (c) ausgezeichnete Form der Redewiedergabe wird üblicherweise „erlebte Rede" genannt. Die meisten Autoren sehen in ihr eine Zwischenform zwischen direkter und indirekter Rede. Ich würde eher dem ungarisch-italienischen Gelehrten Giulio Herczeg zustimmen, der den *stile indiretto libero* zwischen der Autorenrede (*récit*) und der direkten Rede ansiedelt.[62] Wie dem auch sei, in keiner anderen Form der Redewiedergabe kommt das Phänomen so klar zum Ausdruck, das der russische Literaturtheoretiker Michail Bachtin „Polyphonie" genannt hat. Die erlebte Rede, die in der erzählerischen Praxis häufig mit anderen Formen der Redewiedergabe und mit der Autorenrede wechselt, bringt mehrere Stimmen gleichzeitig zum Klingen. Die Frage „Wer spricht?" läßt sich nicht mehr eindeutig beantworten. Wir haben im vorherigen Kapitel gesehen, daß die zeitgenössische Literaturkritik verständnislos auf die „Polyphonie" reagierte, die sich in den Romanen Zolas manifestiert. Wie kann der Autor selbst die unflätigen Ausdrücke gebrauchen, die er seinen Protagonisten in den Mund legt?[63] Noch vor fünfzig Jahren hätte ein gewissenhafter Deutschlehrer den folgenden Passus aus einem modernen deutschen Roman sicherlich angestrichen:

> Abends hatte ich Jutta gegenüber keinen leichten Stand. Es *wäre* überhaupt meine Art, behauptete sie, alles bis zum letzten Moment aufzuschieben, bekanntlich *ginge* ich am liebsten fünf Minuten vor Ladenschluß einkaufen, kürzlich *hätte* ich unseren Teekessel weggeschmissen, weil ich einen neuen mitbringen wollte, aber dann *gab*'s keine Teekessel, und ein vernünftiger Mensch *warf* einen Teekessel erst weg, wenn er einen neuen besaß.[64]

Hier geht Juttas »Stimme« unmerklich in die des Ich-Erzählers über. Der »Stimmenwechsel« wird noch nicht einmal durch die Interpunktion deutlich gemacht.

Die französische Bezeichnung bringt klar zum Ausdruck, daß der *style indirect libre* in die Domäne des „Stils" verwiesen wird. Das hat ganz einfache Gründe: In einer Sprache, in der jede indirekte Rede durch eine Konjunktion, nämlich *que*, eingeleitet werden muß, stellt diese dritte Form der Redewiedergabe eine willkommene Abwechslung dar, eine Möglichkeit, die ständige Wiederholung von *que* zu vermeiden. Die freie indirekte Rede des Deutschen fügt sich weit unauffälliger in die Autorenrede ein. Vielleicht ist das einer der Gründe dafür, daß die erlebte Rede im Deutschen eine geringere Rolle spielt als im Französischen und daß deutsche Übersetzer den *style indirect libre* häufig nicht durch erlebte Rede, sondern durch freie indirekte Rede wiedergeben:

> Cependant Rosalie s'entêtait. Quand elle croyait avoir une bonne idée, elle ne la lâchait point aisément. Madame avait tort de croire que l'ombre faisait du mal. C'était plutôt que madame craignait de déranger le monde ; mais elle se trompait…

> Rosalie war jedoch starrköpfig. Wenn sie einen guten Einfall zu haben glaubte, ließ sie ihn nicht so leicht fahren. Madame sei im Unrecht, wenn sie glaube, der Schatten könne schaden. Es geschehe wohl vielmehr deshalb nicht, weil Madame fürchtete, die Leute zu stören; aber sie täusche sich …[65]

---

[62] Vgl. Albrecht 1998a, 22.
[63] Vgl. oben 8.1.2.
[64] Erich Loest: *Es geht seinen Gang oder Mühen in unserer Ebene*, München 1998, 68, meine Kursivierungen, J. A.
[65] Emile Zola, *Une page d'amour*, deutsche Übers. von Elisabeth Eichholtz. Beispiel übernommen aus Maingueneau 2000, 115.

Diese wenigen Hinweise müssen in einer allgemeinen Einführung genügen. Die Probleme, die die erlebte Rede stellt, vor allem im Hinblick auf ihre formale Kennzeichnung in verschiedenen Sprachen, konnten hier nur angedeutet werden.

### 9.5.1.4 Innerer Monolog

Rein technisch gesehen stellt der „innere Monolog" nur eine Sonderform der „direkten Rede" dar. Wir haben es mit Äußerungen zu tun, die deren Urheber an sich selbst richtet. Diese Form der Rededarstellung kann somit nur eindeutig als solche erkannt werden, wenn die vom Autor geschaffenen „Umfelder" erkennen lassen, daß kein »wirklicher« Gesprächspartner vorhanden ist. Das ist z. B. in der berühmten Novelle *Leutnant Gustl* von Arthur Schnitzler der Fall. Die Erzählung beginnt mit einer Reihe von Sätzen, die eindeutig dem Protagonisten zugeordnet werden können, doch der sitzt im Konzert und kann sich dort begreiflicherweise mit niemandem unterhalten:

> Wie lange wird denn das noch dauern? Ich muß auf die Uhr schauen ... schickt sich wahrscheinlich nicht in einem so ernsten Konzert. Aber wer sieht's denn? [...] Erst viertel zehn? ... Mir kommt es vor, ich sitz' schon drei Stunden in dem Konzert. Ich bin's halt nicht gewohnt ... Was ist es denn eigentlich? Ich muß das Programm anschauen ... Ja, richtig: Oratorium? Ich hab' gemeint: Messe.
>
> Combien de temps cela va-t-il durer ? Je vais regarder l'heure ... ça ne se fait sans doute pas dans un concert aussi sérieux. Bah ! qui est-ce qui me verra? [...] Dix heures moins le quart seulement? ... J'ai l'impression d'être ici depuis trois heures. Manque d'habitude ... Qu'est-ce qu'on joue ? Je vais consulter le programme ... Ah ! c'est vrai: un oratorio ? Je croyais que c'était une messe.[66]

Der „innere Monolog" wird hier nur aus Gründen der Vollständigkeit angeführt. Er stellt zwar ein erhebliches literaturtheoretisches, aber kein spezifisch übersetzerisches Problem dar. Es handelt sich um kein echtes »Selbstgespräch«, sondern eher um einen erzähltechnischen Kunstgriff, durch den der Autor alltägliche Geschehnisse in ein völlig neues Licht rücken und ihnen damit eine besondere Bedeutung verleihen kann. Der Urheber eines inneren Monologs hätte, wollte man seine Selbstgespräche als solche ernst nehmen, etwas Histrionisches an sich: Wer sagt schon zu sich selbst, daß er jetzt auf die Uhr und dann ins Programm sehen werde, wenn er nicht heimlich auf einen Zuhörer hofft? Es ist der Autor selbst, der seinem Leser diese Dinge auf eine etwas ungewöhnliche Weise mitteilen will.

In übersetzerischer Hinsicht bleibt etwas nachzutragen: Bei den drei zuerst erwähnten Formen der Redewiedergabe hat sich der Übersetzer immer die Frage zu stellen, ob er die Form seiner Vorlage unbedingt übernehmen soll, ob er nicht gelegentlich eine direkte Rede in eine indirekte oder eine indirekte in eine erlebte Rede umwandeln könnte. Beim inneren Monolog stellt sich diese Frage so gut wie nie, vor allem dann nicht, wenn der gesamte Text in dieser Form gehalten ist. Anstelle einer Übungsaufgabe, die eigentlich in einem Studienbuch am Platze wäre, seien meine Leser aufgefordert, die Novelle *Leutnant Gustl* in normale Autorenrede mit eingestreuten Passagen in wörtlicher Rede umzuschreiben. Könnte man in dem Ergebnis einer solchen Transformation noch den »gleichen« Text wiedererkennen?

---

[66] Arthur Schnitzler, *Leutnant Gustl*, Anfang; frz. Übers. von Dominique Auclères.

## 9.6 Vom „Sinn"

Es wurde bereits im Zusammenhang mit der Behandlung der Sprechakttheorie darauf hingewiesen, daß man zwischen der rein sprachlichen Bedeutung einer Proposition und der illokutionären Kraft, die mit ihrer Äußerung verbunden ist, zu unterscheiden hat. Die Äußerung „Entschuldigen Sie bitte, ich möchte zum Bahnhof" *bedeutet* in rein sprachlicher Hinsicht eine mit einer Entschuldigung verbundene Absichtsbekundung; sie *meint* üblicherweise eine Bitte um die Beschreibung des Wegs. In einem spezifischen Kontext könnte sie auch etwas ganz anderes meinen:

> P. Was müssen Sie denn hier unbedingt durch mit Ihrem großen Koffer? Sie sehen doch, daß alles für die Demonstration abgesperrt ist!
> O.: Entschuldigen Sie bitte, ich möchte zum Bahnhof.

Hier soll an der von Coseriu geprägten Terminologie festgehalten werden: Einzelsprachliche Inhalte sollen „Bedeutungen" genannt werden, der auf einer anderen semiotischen Ebene angesiedelte Textinhalt soll „Sinn" heißen. Dieser Sinn läßt sich, das mag moderne Übersetzungswissenschaftler beruhigen, nie auf das reduzieren, was »wörtlich« im Text steht, er ist immer eine Resultante aus sprachlichen Bedeutungen und den Umfeldern des Textes. *Sinn* klingt nicht sehr wissenschaftlich. Der Terminus hat immerhin den Vorzug, zumindest in seiner lateinischen Form *sensus* seit etwa zweitausend Jahren ungefähr so gebraucht zu werden wie in diesem kurzen Abschnitt.

Eines der Hauptprobleme der modernen Hermeneutik besteht in der Frage, ob der „Sinn" etwas „objektiv Gegebenes" sei oder ob er jeweils erst in einem konkreten Rezeptionsakt entstehe. Diese Frage kann hier nur vorläufig und möglicherweise sehr oberflächlich beantwortet werden. Die Konfiguration der sprachlichen Bedeutungen des Textes und die Relationen, in die sie mit ihren Umfeldern eintreten, stellen die objektive Grundlage für jede Interpretation dar, den Sinn »an sich«. Dieser Sinn »an sich« ist eine rein virtuelle Größe. Aktuell kann sich Sinn nur manifestieren, wenn er »verstanden« wurde, niemals außerhalb eines interpretierenden Bewußtseins, bis zu einem gewissen Grad jedoch in den Algorithmen eines Programms zur maschinellen Übersetzung. Der vom Interpreten »verstandene« Sinn ist der »Sinn für sich«. Die Anzahl möglicher Varianten dieser »Sinne für sich« ist zwar unendlich groß, ihre inhaltliche Füllung ist jedoch nicht beliebig. Es gibt unendlich viele mögliche falsche Interpretationen eines Textes. Die intersubjektive Dimension der Sprache und darüber hinaus auch der Textkompetenz sorgen dafür, daß in der Praxis – von einigen Ausnahmen abgesehen – ein beruhigendes Maß an Übereinstimmung bei der Interpretation von Texten hergestellt werden kann. Und nur auf diese Übereinstimmung kommt es an. Ob auch die Bewußtseinsinhalte der verschiedenen Interpreten die gleichen seien, ist eine »an und für sich sinnlose« Frage. Wenn wir im Alltag nicht davon überzeugt wären, daß es in den meisten Fällen möglich ist, sich auf einen »Sinn an und für sich« zu einigen, müßten wir der Übersetzungstheorie und vor allem der Übersetzungspraxis entsagen.

Zum Schluß noch ein Schema, mit dessen Hilfe man sich der Kategorie des Sinns in rein formaler Hinsicht nähern kann (die Ziffern entsprechen denen des Zeichenmodells im siebenten Kapitel). Der Sinn ist so etwas wie eine „Bedeutung" zweiten Grades, eine höhere inhaltliche Kategorie. Formal ließe sich das ungefähr folgendermaßen darstellen (meine Darstellung unterscheidet sich hier von der, die Coseriu selbst gegeben hat)[67]:

---

[67] Vgl. Coseriu ⁴2007, 65.

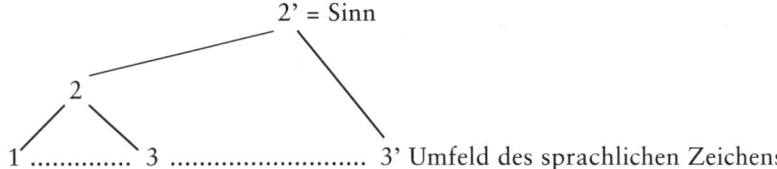

Das vollständige sprachliche Zeichen, das als eine Einheit von *signifiant* und *signifié* auf eine Klasse von Gegenständen oder Sachverhalten verweist, tritt auf der nächsten semiotischen Ebene als bloßes *signifiant* bei der Konstitution des Textzeichens in Erscheinung. In der Praxis handelt es sich dabei natürlich in den meisten Fällen um Konfigurationen von Zeichen.

## 9.7 Lektürehinweise

Die meisten wirklich wichtigen Literaturhinweise zum vorliegenden Kapitel sind bereits in den Anmerkungen gegeben worden. Einiges bleibt nachzutragen. Zu den „Ebenen des sprachlichen Wissens" findet man in Coseriu (1988, Kap. X) weit mehr als in seiner *Textlinguistik*. Zur antiken Rhetorik gibt es eine Fülle von Gesamtdarstellungen, so z. B. Ueding/Steinbrink (1986) und Fuhrmann ($^3$1990). Zur Unterscheidung zwischen „thetisch" und „kategorisch" ist Ulrich (1985) heranzuziehen. Jürgen Trabant (1975) hat sich ausführlich mit den Vorstellungen seines Lehrers Coseriu zum „Sinn" auseinandergesetzt. Wer sich im Zusammenhang mit den Zweifeln an einem „objektiv gegebenen Sinn" mit dem Komplex „Übersetzung und Dekonstruktion" vertraut machen möchte, sei an den Sammelband von Hirsch (1997) verwiesen. Eine erfrischend hemdsärmelige Polemik gegen den Dekonstruktivismus, vertreten durch den Derrida-Schüler Jonathan Culler, hat John R. Searle (1983) vorgelegt.

Einen umfassenden Überblick über den Komplex „Text(linguistik) und Übersetzen" bietet Kap. VII in Hurtado Albir (2004). Der Übersichtsartikel „Text linguistics and translation" von Basil Hatim (2001a) bietet auf engstem Raum eine gute Übersicht. Die Arbeiten von J.-M. Adam, die z.T. Ansätze von Werlich (1975) weiterführen, sind, obwohl nicht primär übersetzungsorientiert, für Übersetzungsforscher insofern von Bedeutung, als sie in der Forschung zu sog. „Übersetzungsgrammatiken" eine gewisse Rolle spielen (vgl. z.B. Adam 2011). Ich selbst habe mich mit dem Thema „Erzählen vs. Beschreiben" beschäftigt, das – im Rahmen der Übersetzungsforschung betrachtet – in die Tempusproblematik hineinführt (Albrecht 2007a). Schließlich soll noch der Beitrag zweier Mitglieder der „Neuen Prager Schule" zum Thema „Informationsstruktur und Übersetzung erwähnt werden: Hajičová/Sgall (2004).

## 10. Übersetzung und Fachsprachen

Im Wirtschaftsteil der *Frankfurter Allgemeinen Zeitung* vom 27. Januar 1994 konnte man lesen, daß die Mercedes-Benz AG in Zukunft eine geringere *Fertigungstiefe* anstrebe. Die Interpretation des Terminus verursachte keine Schwierigkeiten; im Hinblick auf die „vertikale Schichtung"[1] war der Text auf einer allgemein zugänglichen Ebene angesiedelt. Aus dem Kontext ging klar hervor, was gemeint war, nämlich der Anteil der Komponenten eines Produkts, die vom Hersteller selbst gefertigt und nicht von Zulieferbetrieben bezogen werden. Wie soll man nun einen solchen Terminus auf englisch wiedergeben? Gibt es so etwas wie ?*manufacturing depth* oder muß man den Terminus paraphrasieren? Zieht man ein zweisprachiges Fachwörterbuch zu Rate, so erhält man selten eine brauchbare Auskunft. Fachtexte enthalten viele Ausdrücke, die in keinem Lexikon verzeichnet sind und die nicht den von nationalen und internationalen Normungsinstitutionen vorgeschlagenen Termini entsprechen.[2] Wer sich erst einmal in das mühselige Geschäft der Fachübersetzung eingearbeitet hat, wird gern den Fachleuten Glauben schenken, wenn sie behaupten, drei Viertel der Arbeitszeit eines Fachübersetzers werde für Fachwortrecherchen aufgewendet.[3] Unter Praktikern besteht sogar die Tendenz, das Problem der Fachsprachen fast völlig auf die Fachterminologie zu reduzieren. Das ist zwar in dieser Ausschließlichkeit nicht annehmbar, wir werden jedoch noch sehen, daß an dieser Sicht der Dinge durchaus »etwas Wahres dran« ist. Im letzten Kapitel dieser Einführung sollen u. a. auch die Probleme diskutiert werden, die bei der Abfassung einer terminologischen Diplomarbeit eine Rolle spielen. Jeder Übersetzer, der sich auf dem Arbeitsmarkt behaupten will, muß sich mit dieser Thematik auseinandersetzen, auch wenn er im Studium keine solche Arbeit verfaßt hat. Meine äußerst knappe Darstellung stützt sich auf einen umfangreichen Artikel, den ich vor Jahren zu diesem Thema veröffentlicht habe.[4] Ich werde hier jedoch einige der dort behandelten Aspekte völlig übergehen und dafür einige neue Schwerpunkte setzen.

### 10.1 Elemente der Allgemeinen Terminologielehre

Ausdrücke wie *Terminologie, Terminologielehre, Terminologiewissenschaft* usw. werden in der Literatur ziemlich uneinheitlich gebraucht.[5] Ich möchte in dieser Einführung nur sehr knapp und in sehr allgemeiner Form auf die theoretischen Aspekte eingehen und mich stärker auf die praktischen Probleme konzentrieren.

Am Anfang sind einige Bemerkungen zur „Terminologie der Terminologie" unumgänglich. Ein Pionier auf diesem Gebiet, zumindest was das deutsche Sprachgebiet angeht, war der österreichische Ingenieur Eugen Wüster (1898-1977). Obwohl er als Elektrotechniker und Unternehmer nicht unbedingt für theoretische Spekulationen prädestiniert schien, hat er die Allgemeine Sprachwissenschaft seiner Zeit gründlich rezipiert und

---

[1] Vgl. unten 10.6.1.
[2] Vgl. unten 10.5.
[3] Arntz/Picht 1982, 13.
[4] Albrecht 1995a. Dort findet man auch weiterführende Literatur, die hier aus Platzmangel nicht angegeben werden kann.
[5] Einen ersten Überblick, allerdings etwas einseitig aus Sicht der „Wiener Schule", vermitteln Felber/Budin 1989, 1ff.

dafür gesorgt, daß sich die Allgemeine Terminologielehre als Teildisziplin der Sprachwissenschaft etablieren konnte. Sein „Vierteiliges Wortmodell"[6] orientiert sich an dem Modell des sprachlichen Zeichens, dem die Herausgeber von Saussures *Cours de linguistique générale* zu weltweiter Bekanntheit verholfen haben.[7] Hier soll auf das dreiteilige Zeichenmodell zurückgegriffen werden, das die Zeichentheorie seit den Stoikern beherrscht und das im siebenten Kapitel dieser Einführung ausführlich diskutiert wurde:

*Modell des fachsprachlichen Zeichens*[8]

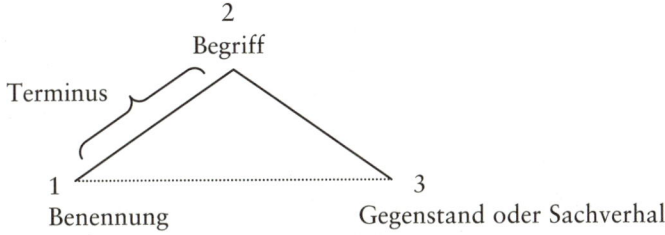

Genau wie *signe* bei Saussure oder *Wort* in der Umgangssprache wird auch *Terminus* oft ungenau gebraucht, d. h. sowohl, wie hier eingeführt, im Sinne von „Einheit von Begriff und Benennung" als auch in demjenigen von „Benennung" allein. Seltsamerweise wird *Begriff* umgangssprachlich ebenfalls häufig im Sinn von „Benennung" verwendet.

Trotz der vollkommenen strukturellen Analogie zwischen gemein- und fachsprachlichem Zeichenmodell gibt es beträchtliche Unterschiede, was den Status der einzelnen Komponenten betrifft:

Die fachsprachliche *Benennung* ist häufig viel komplexer als ein gemeinsprachliches *signifiant*. Zwar kommen auch in der Gemeinsprache komplexe *signifiants* vor, wie z. B. *Zweiter Weltkrieg*, *pomme de terre* oder *medical student*, aber längst nicht so viele wie in den Fachterminologien. So wurde z. B. in einer terminologischen Diplomarbeit ein italienisches Syntagma von beängstigender Länge als Äquivalent für ein vergleichsweise einfaches deutsches Kompositum nachgewiesen:

Abblasvorrichtung: sistema dotato di valvola di sfiato con intervento automatico al limite di pompaggio

Auch im Französischen treten nicht selten Benennungen ähnlicher Komplexität auf:

Kurzhubmotor:     moteur à faible course
Anschlaghöhe:     distance entre le plateau du clavier et le point

Man spricht in diesem Zusammenhang von „Mehrwortbenennungen" oder „syntagmatischen Fixierungen". In den romanischen Fachsprachen sind sie häufig so lang, daß sie von den Lexikographen für Umschreibungen gehalten und deshalb nicht erfaßt werden. Diese »Unterlassungssünde« wird begreiflicherweise vor allem in gemeinsprachlichen Wörterbüchern begangen. Das umfangreichste französische Wörterbuch, der *Trésor de la Langue Française* (TLF) ist zwar erstaunlich reich an Fachlexik, jedoch bestehen empfindliche Lücken im Bereich der Mehrwortbenennungen[9]. Wie in den jeweiligen Gemeinspra-

---

[6] Wüster ³1991, 165.
[7] Vgl. oben 7.1.
[8] Vgl. u. a. DIN 2342, zit. nach Arntz/Picht 1989, 37.
[9] Vgl. Albrecht 1999a, 1696ff.

chen sind auch in den Fachsprachen des Englischen Mehrwortbenennungen häufiger als in den deutschen Fachsprachen, wenn auch der Unterschied zwischen deutschem Kompositum und englischer Mehrwortbenennung häufig rein orthographischer Natur ist:

| | |
|---|---|
| On board bill of loading ≈ Shipped bill of loading | Bordkonnossement |
| Parcel post receipt ≈ certificate of posting | Posteinlieferungsschein ≈ Postversandbescheinigung |
| saturation overland flow environmental burden ≈ loading | Sättigungsabfluß Umweltbelastung |

Die Abgrenzung der Mehrwortbenennungen gegenüber bloßen Kollokationen einerseits und Paraphrasen andererseits ist sehr problematisch. Eine gründliche Untersuchung dieses Komplexes stellt ein dringendes Desiderat dar.

Die Inhalte der fachsprachlichen Zeichen, die „Begriffe", sind gegenüber den „Bedeutungen" der Gemeinsprache ein sekundäres Phänomen. Durch den primären Wortschatz einer Sprache wird die Welt intuitiv erfaßt und gegliedert. Gemeinsprachliche Wörter benennen nicht außersprachlich bereits klar abgegrenzte Gegenstände und/oder Sachverhalte, sondern sie klassifizieren die Wirklichkeit, sie »schaffen« damit überhaupt erst die betreffenden Einheiten. Daher sind die sprachlichen Bedeutungen auch – wie wir alle wissen – sprachspezifisch: Eine Unterscheidung wie diejenige zwischen „machen" und „tun" oder „nur" und „erst" im Deutschen muß nicht notwendigerweise auch im Französischen, diejenige zwischen *emporter* und *emmener* im Französischen muß nicht notwendigerweise auch im Deutschen existieren. Zwar sind, wie wir im siebenten Kapitel gesehen haben, die Beziehungen zwischen Form und Inhalt bei den meisten gemeinsprachlichen Wörtern „willkürlich", arbiträr, sie können jedoch nicht, wie von einigen Sprachphilosophen behauptet, „durch Vereinbarung" zustande gekommen sein, denn dazu hätte es ja bereits der Sprache bedurft.

Genau das ist jedoch in den Fachsprachen der Fall. Ein Terminus und sein Inhalt, der Begriff, beruht auf mehr oder weniger explizit vorgenommenen Vereinbarungen über das Verhältnis von Zeichen und Bezeichnetem. Die Gegenstände oder Sachverhalte, die der Begriff repräsentiert, gelten als bereits klar abgegrenzt. Bei der Terminologie geht es nicht darum, etwas Reales einer Bedeutung zu subsumieren, sondern darum, etwas bereits nach »objektiven« Kriterien Identifiziertes und Abgegrenztes zu benennen. Einen Musterfall für den Übergang von der gemeinsprachlichen Bedeutung zum fachsprachlichen Begriff stellt die sogenannte Terminologisierung dar, die sehr häufig mit einer Metaphorisierung einhergeht. Ein Beispiel mag zur Illustration genügen: Das gemeinsprachliche Wort *Senke* „größere flache Vertiefung im Gelände" erhält in den Forschungen zum „Treibhauseffekt" eine fachsprachlich präzisierte und gleichzeitig metaphorische Bedeutung:

„Bezeichnung für Medien, Organismen, Substanzen u. ä. (z. B. Wasser, Pflanzen, durch photolytische oder andere Prozesse gebildete chemische Verbindungen in der Atmosphäre), in denen atmosphärische Spurenstoffe gelöst, gebunden bzw. abgebaut werden."[10]

---

[10] Eigene Explikation auf der Grundlage verschiedener Dokumente.

Im Französischen liegt eine ähnliche Terminologisierung vor; die soeben angegebene fachsprachliche Bedeutung wird dort dem gemeinsprachlichen Wort *puits* „Brunnen, Schacht" anvertraut. Die lexikalische Äquivalenzrelation *Senke = puits* gilt somit nur in der entsprechenden Fachsprache, nicht in der Gemeinsprache.

Eugen Wüster hat immer betont, daß im Gegensatz zum gemeinsprachlichen Wort beim Terminus Form und Inhalt voneinander trennbar seien. Praktisch bedeutet dies, daß Begriffe im Gegensatz zu Bedeutungen übereinzelsprachlich darstellbar sind. Es gibt – zumindest idealiter – 1:1-Entsprechungen zwischen den verschiedenen Sprachen. In der Praxis stimmt das allerdings nicht immer, wie wir im Abschnitt 10.3 sehen werden.

Die *Terminologielehre*[11] beschäftigt sich nicht nur mit Status und Rolle des einzelnen fachsprachlichen Zeichens, sondern darüber hinaus mit dem Aufbau und der Struktur von Terminologiebeständen. Es gibt drei Ordnungsprinzipen für Fachtermini:

Am ältesten und bekanntesten ist das logische Prinzip, das bereits im 3. Jahrhundert nach Christus von dem neuplatonischen Philosophen Porphyrios skizziert wurde („Baum des Porphyr"). Es handelt sich um das wohlbekannte, nach dem Prinzip der notwenigen und hinreichenden Bedingungen hierarchisch geordnete Ordnungsschema, auf dem auch die im zweiten Kapitel vorgestellte klassische „Definition der Definition" beruht. Aufsteigende Begriffsfolgen (z. B. „Birke", „Laubbaum", „Baum", „Pflanze", „Lebewesen") heißen *Begriffsleitern*; Folgen von Begriffen auf derselben Abstraktionsstufe („Birke", „Linde" „Buche" „Eiche" „Ulme" usw.) nennt man *Begriffsreihen*.

Über das logische Ordnungsprinzip hinaus gibt es noch zwei weitere, weniger strenge Ordnungssysteme, die bei der Terminologiearbeit vor allem in praktischer Hinsicht eine wichtige Rolle spielen. Das nach „ontologischen" Beziehungen aufgebaute und gegliederte „Bestandsystem" ordnet Begriffe nach den realen Zugehörigkeitsbeziehungen zwischen den gemeinten Gegenständen und Sachverhalten. Ein *Stoßdämpfer* hat logisch so gut wie nichts mit einem *Automobil* zu tun; er ist jedoch Bestandteil der meisten Automobile und gehört somit zur „Terminologie des Automobils". Das am wenigsten strenge Ordnungsprinzip, dessen theoretischer Status bis heute nicht geklärt ist, das jedoch zu den wichtigsten Orientierungskriterien bei der Erarbeitung von Terminologie-beständen für praktische Zwecke gehört, ist das sogenannte „Themasystem". Es beruht auf Beziehungen, die durch regelmäßiges gemeinsames Vorkommen in Dokumenten gestiftet werden. Wer eine Terminologiearbeit über das moderne Symphonieorchester und sein Umfeld verfassen möchte, wird Termini wie *Bratsche*, *Taktstock*, *Notenpult* oder *Einsatz* behandeln müssen, die weder in logischer, noch in „ontologischer" Hinsicht etwas miteinander zu tun haben; sie gehören jedoch zum selben „Thema".[12]

Einen Spezial- und gleichzeitig Idealfall eines Teminologiebestandes stellt die *Nomenklatur* dar: Bei einer Nomenklatur sind die Benennungen so gestaltet, daß die Form unmittelbar Aufschluß über die inhaltliche Gliederung gibt. So kann ein medizinischer Laie, der sich mit den Grundsätzen der Bildung medizinischer Fachtermini vertraut gemacht hat, den Ausdrücken *Arthritis* und *Arthrose* ansehen, daß es sich im ersten Fall um eine akute, im zweiten um eine chronische Erkrankung der gleichen Art handeln muß. Das älteste und bekannteste System dieser Art ist die *binäre Nomenklatur* Carl von Linnés (1707-1778) bei der jede Pflanze durch Angabe der Gattung („genus proximum") und der Art („differentia

---

[11] Eigentlich ein Pleonasmus, denn das aus dem Griechischen hergeleitete Suffix -logie bedeutet bereits „Lehre".
[12] Vgl. Albrecht 1995a, 132ff.

specifica") benannt wird: *viola tricolor* „Ackerstiefmütterchen". Die moderne botanische Terminologie läßt auch die Position einer Bezeichnung auf der Begriffsleiter erkennen, die zur Klassifikation der Pflanzen verwendet wird:

| | |
|---|---|
| Abteilung | -phyta |
| Klasse | -opsida; -atae |
| Ordnung | -ales |
| Familie | -aceae[13] |

Die Terminologie der chemischen Verbindungen ist nahezu durchgehend nach den Prinzipien einer (international verständlichen) Nomenklatur aufgebaut und erfüllt damit wenigstens in einem überschaubaren Bereich die seit dem Mittelalter immer wieder propagierte Idee einer „Universalsprache".

### 10.1.1 Einige Grundbegriffe der Lexikographie und Terminographie

Die Lexikographie ist eine der ältesten und populärsten Disziplinen der angewandten Sprachwissenschaft. Ihre Ursprünge reichen bis ins dritte vorchristliche Jahrtausend zurück. Ihre Prinzipien können hier nicht einmal ansatzweise dargestellt werden, dazu wäre eine eigene Einführung erforderlich. Das bereits mehrfach genannte dreibändige Handbuch *Wörterbücher* gibt erschöpfend Auskunft.[14] Das theoretische Gegenstück zur Lexikographie ist die Lexikologie, die Lehre vom Aufbau und von der Struktur von Wortschätzen. Wie so häufig ging auch in diesem Bereich die Praxis der Theorie voraus. Die Lexikologie ist viel jünger als ihre praktische Schwester, die Lexikographie. Während für das theoretische Studium der Eigenschaften von Fachwortschätzen schon seit langem der Ausdruck *Terminologie(lehre)* üblich ist, hat sich der korrespondierende Terminus *Terminographie* erst später durchgesetzt; man spricht auch heute noch in diesem Zusammenhang von *Fachlexikographie*. Gegenüber der traditionellen Fachlexikographie erhebt die moderne Terminographie allerdings den Anspruch, methodisch reflektierter und systematischer vorzugehen; sie versteht sich als die Lehre von den Grundsätzen, nach denen man Fachwörterbücher, Fachglossare und terminologische Datenbanken kompiliert.

Eine der grundlegendsten Unterscheidungen, die traditionell bei einer Typologie der Wörterbücher vorgenommen zu werden pflegt, ist die zwischen *sprachbezogenen* und *sachbezogenen* Wörterbüchern (Enzyklopädien). Daß diese Unterscheidung in praktischer Hinsicht schwer durchführbar ist, wissen wir alle aus Erfahrung. In letzter Zeit ist auch die theoretische Berechtigung dieser Unterscheidung in Frage gestellt worden.[15] Das Problem kann hier nicht diskutiert werden. Wenn wir jedoch die betreffende Unterscheidung vorläufig akzeptieren, so müssen wir Fachlexika und terminologische Datenbanken den Sachwörterbüchern zurechnen. Der Kompilator eines solchen Nachschlagewerks verfolgt primär sachliche, keine sprachlichen Ziele. Auf den sprachwissenschaftlichen »Nebenertrag« der hier vorgestellten terminologischen Diplomarbeiten wird in den nächsten Abschnitten zurückzukommen sein.

Bevor wir uns einem rein sprachwissenschaftlichen Gegenstand, den Bildungsverfahren und den daraus resultierenden Typen fachsprachlicher Benennungen zuwenden, soll noch auf zwei Eigentümlichkeiten der Fachlexikographie hingewiesen werden:

---

[13] Stark vereinfacht; vgl. Weberling/Schwantes [7]2000, 19f.
[14] Hausmann et alii 1989.
[15] Vgl. u. a. Haiman 1980.

Gemeinsprachliche Wörterbücher treten immer mit dem Anspruch auf, die gesamte Wirklichkeit abzudecken, ob sie nun selektiv sind oder nicht. Die Lücken, die sie notwendigerweise aufweisen, befinden sich *innerhalb* der verschiedenen Gebiete menschlichen Wissens und menschlicher Erfahrung, es werden nicht ganze Ausschnitte der sprachlich zu bewältigenden Wirklichkeit »weggelassen«. Fachwörterbücher sind hingegen *per definitionem* selektiv: Die Vorstellung eines globalen Fachwörterbuchs für *alle* Disziplinen ist unsinnig.

Fachwörterbücher sind häufiger mehrsprachig als einsprachig. Der Fachmann kennt in der Regel den Terminus, mit dem er operiert, und weiß, wofür er steht. Er möchte jedoch gelegentlich wissen, wie man das Phänomen, mit dem er sich befaßt, auf Französisch oder Englisch nennt. Das gilt in noch höherem Maß für Übersetzer und Dolmetscher. Theoretisch dürften dabei keine Schwierigkeiten auftreten: Da die fachsprachlichen Bedeutungen, die Begriffe, universell sind, gibt es nur Unterschiede der Benennungen, man kann sich also im Prinzip mit reinen »Wortgleichungen« zufriedengeben. Das gilt allerdings nur in der Theorie. In der Praxis erweisen sich die Grenzen zwischen Fachterminologie und gemeinsprachlichem Wortschatz als fließend. Im Abschnitt 10.4 soll unter anderem auch gezeigt werden, warum Fachglossare weit mehr sein müssen als reine Äquivalenzlisten, wenn sie höheren Ansprüchen genügen sollen.

## 10.2 Typen fachsprachlicher Benennungen

Die übersetzungsbezogene Terminologiearbeit, von der in 10.4 die Rede sein wird, dient vor allem praktischen Zwecken. In akademischen Ausbildungsstätten für Übersetzer und Dolmetscher, die ihre Verbindungen zur Philologie nicht vollständig abgebrochen haben, werden darüber hinaus jedoch auch theoretische Ziele verfolgt. Die Verfasser von terminologischen Diplomarbeiten sind gehalten, die von ihnen ermittelten Terminologiebestände auch einer sprachwissenschaftlichen Analyse zu unterziehen, nicht zuletzt in kontrastiver Hinsicht. Hier sollen zunächst die wichtigsten Bildungsverfahren fachsprachlicher Benennungen vorgestellt werden.

Abgesehen von der per definitionem fachsprachlichen „Terminologisierung" und der in diesem Zusammenhang häufig angeführten „Univerbierung" (*trennschleifen*; *spritzgießen*; *streckziehen* usw.) kommen alle fachsprachlichen Bildungsverfahren auch in der Gemeinsprache vor. Es geht hier vor allem darum, die quantitativen Unterschiede zu ermitteln, und zwar in zweierlei Hinsicht: 1. Welche Unterschiede bestehen zwischen dem gemeinsprachlichen Wortschatz und den Fachwortschätzen einer Sprache (intralingualer Vergleich)? 2. Welche Unterschiede bestehen zwischen den Fachwortschätzen zweier Sprachen (interlingualer Vergleich)? Aus der Kombination dieser beiden Fragestellungen läßt sich eine mögliche dritte Fragestellung ableiten, auf die hier allerdings allenfalls am Rande eingegangen werden kann: 3. Welcher Faktor beeinflußt die Gestalt einer Fachterminologie stärker, die Charakteristik der Einzelsprache, zu der sie gehört, oder das Fachgebiet, das sie abdeckt?

Es ist zu vermuten, daß sich auf diese dritte Frage keine eindeutige Antwort geben läßt: Es gibt alte, handwerklich geprägte und an regionale Traditionen gebundene Fachgebiete, auf denen die einzelsprachlichen Charakteristika sehr stark in Erscheinung treten (z. B. Weinbau; *vinification*) und es gibt moderne, internationale, ja interkulturelle Fachgebiete, bei denen einzelsprachliche Charakteristika weit weniger stark ausgeprägt sind. Als besonders stark einzelsprachlich geprägt erweist sich begreiflicherweise die juristische

Fachsprache, da die Institutionen des Rechts in den verschiedenen Ländern nur bedingt miteinander vergleichbar sind. Die Glossare der juristischen Terminologie-arbeiten werden in der Regel nur für eine Sprachrichtung angefertigt; sie sind nicht umkehrbar.

Nun zu den wichtigsten Bildungsverfahren von Fachtermini:

Von der „Terminologisierung" war bereits oben die Rede. Es lassen sich drei Stufen der Terminologisierung unterscheiden:

a) Der Fachterminus schreibt den Inhalt des gemeinsprachlichen Worts ausdrücklich fest (es geht also nicht um eine Veränderung, sondern allenfalls um eine Präzisierung der gemeinsprachlichen Bedeutung). Walfische, Delphine und andere Meeressäugetiere fallen auch auf der volkstümlichsten Ebene der zoologischen Fachsprache nicht unter den Begriff „Fisch", sehr wohl jedoch die meisten anderen Lebewesen, die gemeinsprachlich mit diesem Wort bezeichnet werden.

b) Der Terminus zeigt gegenüber dem gemeinsprachlichen Wort eine eingeschränkte oder leicht verschobene Bedeutung: Zwischen *Wetter* und *Witterung* bestehen in der Gemeinsprache »stilistische« Unterschiede; für den Meteorologen handelt es sich dagegen im ersten Fall um die „aktuellen meteorologischen Gegebenheiten an einem bestimmten Ort", im zweiten um die „meteorologischen Gegebenheiten innerhalb eines bestimmten Beobachtungszeitraums". Nicht nur für den Botaniker, sondern auch für den Förster besteht ein klarer Unterschied zwischen einer *Tanne* (*Abies alba*) und einer *Fichte* (*Picea abies*); der Städter unterscheidet bestenfalls zwischen *Weiß-* und *Rottanne*, spricht jedoch in der Regel in beiden Fällen schlichtweg von „Tannen". Rosen haben für den Botaniker „Stacheln"; Stachelbeeren hingegen „Dornen".

c) Terminologisierung im engeren Sinn: Der Terminus erhält einen von der gemeinsprachlichen Bedeutung deutlich abweichenden Inhalt, meist auf dem Wege der Metaphorisierung: Das gilt für engl. *Memory* im Bereich der elektronischen Datenverarbeitung ebenso wie für das deutsche Äquivalent *Speicher*. Besonders »kühne« Metaphern finden sich in den theoretischen Naturwissenschaften, da die sehr abstrakten Sachverhalte, um die es dort geht, sich oft nur in Form von Bildern vermitteln lassen.[16] Treten solche lexikalisierten Metaphern außerhalb der Fachsprachen auf, in denen sie üblich sind, dann werden Übersetzer auf eine harte Probe gestellt. So gibt der deutsche Übersetzer von Jacques Derridas *L'écriture et la différence* das Syntagma *parole blanche* durch „blanke Rede" wieder und macht den Autor damit noch kryptischer, als er ohnehin schon ist.[17] Es handelt sich an der betreffenden Stelle eindeutig um eine Anspielung auf den informationstheoretischen Terminus *bruit blanc* „weißes Rauschen", d. h. „gleichförmige Störsignale, die jede Information überlagern".

Die *Entlehnungen* stellen eine weitere wichtige Quelle für Fachtermini dar. Auf die unterschiedlichen Typen wie *Lehnwort, Fremdwort, Lehnübersetzung, Lehnbedeutung, Lehnschöpfung* usw. kann hier nicht näher eingegangen werden.[18] Fremdwörter hatten in den Fachsprachen des Mittelalters und der frühen Neuzeit vorwiegend zwei Funktionen, nämlich die Füllung von Bezeichnungslücken („Bedürfnislehnwörter") und Verhüllung von Sachverhalten für Nicht-Eingeweihte; der Arzt sollte am Krankenbett im Kreise von

---

[16] Sehr ausführlich hierzu Netzel 2003.
[17] Jacques Derrida, *L'écriture et la différence*, Paris 1967, 403; *Die Schrift und die Differenz*, Frankfurt am Main ²1985, 416.
[18] Vgl. Bußmann ⁴2008, s. v. Entlehnung.

Fachkollegen eine *infauste Prognose* stellen und über den Zeitpunkt des *Exitus* spekulieren können, ohne den Patienten zu beunruhigen. Heute stehen zwei andere Funktionen im Vordergrund: internationale Verständlichkeit (bis ins 19. Jahrhundert hinein eine Selbstverständlichkeit) und gewollte Abgrenzung gegenüber der Gemeinsprache, d. h. Vermeidung unerwünschter Assoziationen mit gemeinsprachlichen Ausdrücken. »Kreative Mißverständnisse«, d. h. falsche Entlehnungen, sind im Bereich der Fachsprache seltener als in der Gemeinsprache; sie stellen aber dennoch einen potentiellen Störfaktor dar. Bemerkenswerterweise finden sich Mißverständnisse dieser Art in verschiedenen Empfängersprachen. Im Deutschen ist es weithin üblich, den englischen Terminus *website* mit „Seite" wiederzugeben, obwohl eigentlich ein „Ort" (lat. *situs*) gemeint ist. Im Französischen findet man neben unproblematischem *site* gelegentlich auch die »falsche« Lehnübersetzung *page de la toile*. Immer häufiger kommt es vor, daß in einer Sprache neben dem offiziellen, möglicherweise sogar genormten Terminus die englische Sigle üblich ist. So existiert für die *Drehfrequenz* bei CD-Plattenspielern im Italienischen zwar *velocità di rotazione*; üblicher ist jedoch *r. p .m.* (*revolution per minute*).

Die fachsprachlichen Wortbildungsverfahren unterscheiden sich nicht signifikant von denen der Gemeinsprache.[19] Lediglich auf einen auch in der Gemeinsprache vorkommenden Typ sei hier gesondert hingewiesen, auf die „Parasynthese". Dabei handelt es sich um eine kombinierte Präfigierung und Suffigierung, der keine einfache Präfigierung oder Suffigierung gegenübersteht:

    span. *desalmado* „gewissenlos" Es gibt weder \**desalma* noch \**almado*
    frz. *transbordement* „Umladung", „transhipping"; \**transbord*; \**bordement*

Zu den Mehrwortbenennungen oder syntagmatischen Fixierungen ist das Wichtigste bereits gesagt worden. Unter dem Einfluß des Englischen nimmt die Bedeutung des Verfahrens auch im Deutschen zu; der Anreiz zur spontanen Bildung von Komposita scheint zunehmend verlorenzugehen. Das ist vor allem in »jungen«, durch das Englische dominierten Disziplinen der Fall:

    deep second-degree burn          high-volatility commercial real estate
    tief zweitgradige Verbrennung      hochvolatile gewerbliche Realkredite
    brûlure du deuxième degré intermédiaire      bienes raíces comerciales de elevada volatilidad

Mehrwortbenennungen sind Zwischenstufen auf dem Weg von der Beschreibung zur Benennung. Am Ende des Wegs stehen heute meist Siglenbildungen in Form von Akronymen. Die wenigsten, die das Kürzel *Aids* gebrauchen, wissen, daß es für *Acquired Immune Deficiency Syndrom* steht; das Akronym hat jeden deskriptiven Gehalt verloren. In den romanischen Sprachen besteht die erste Etappe der Kondensierung im Verlust von Präpositionen und/oder von Bestimmungswörtern in der Funktion eines Determinans:

    ruban de coton de type standard      ruban coton standard
    pendenza di un filtro      pendenza
    piatto del giradischi      piatto

---

[19] Vgl. oben 5.3.

### 10.3 Einzelsprachliche Charakteristika von Terminologiebeständen

Theoretisch besteht das Problem der mehrsprachigen oder „übersetzungsbezogenen" Terminologiearbeit in der Auffindung und Zuordnung der »korrekten« Benennungen für übereinzelsprachlich definierte Gegenstände und Sachverhalte. Im Gegensatz zur Gemeinsprache hat der Übersetzer im Bereich der Fachsprache lediglich »Umetikettierungen« im Verhältnis 1:1 vorzunehmen. In diesem Abschnitt soll gezeigt werden, daß diese These keine uneingeschränkte Geltung beanspruchen kann. Die folgende kleine „Typologie der Unterschiede zwischen einzelsprachlichen Terminologiebeständen" kann aus Platzmangel nur unzulänglich kommentiert und mit wenigen Beispielen illustriert werden:

   I. Unterschiede »zwischen den Sachen selbst« (kulturspezifische Artefakte, Institutionen und Ähnliches)

   II. Historisch bedingte oder zufällige Unterschiede im Bereich der Benennungen mit Auswirkungen auf die „Art des Gegebenseins des Bezeichneten"[20]

   III. Sprachsystembedingte Unterschiede im Bereich der Benennungen mit Auswirkungen auf den Bereich der Begriffe

   IV. Unterschiede im Bereich der Begriffe[21]

Zu I: Für kulturspezifische Artefakte (z. B. *Saumagen*) oder Institutionen (z. B. *Amtsgericht*) gibt es nur ungefähre Entsprechungen oder sogar nur Begriffserklärungen in der Zielsprache. Daher lassen sich mehrsprachige Glossare zu diesen Gebieten nicht einfach »umkehren.«[22]

Zu II: Unterschiedliche Metaphorisierungen ändern zwar nichts an der jeweiligen Abgrenzung der Begriffe, aber sehr wohl etwas an der „Art ihres Gegebenseins". So heißt das, was man im Deutschen als *Pleuelkopf* bezeichnet, im Französischen *pied de bielle*, und umgekehrt heißt die frz. *tête de bielle* im Deutschen *Pleuelfuß*. Dergleichen „falsche Freunde" stellen eine ernstzunehmende Fehlerquelle bei Fachübersetzungen dar.

Zu III: Wie in der Gemeinsprache wirken sich auch in der Fachsprache die typologischen Unterschiede zwischen den germanischen und den romanischen Sprachen auf den Grad an Explikation der Termini und auf die „Bildungsdurchsichtigkeit"[23] von Fachwortbeständen aus:

Die Leichtigkeit der Bildung von Komposita im Deutschen führt dazu, daß deutsche Fachtermini sich auf einer mittleren Ebene der Explizität bewegen, die von romanischen Äquivalenten entweder über- oder unterboten wird:

| | |
|---|---|
| Anschlaghöhe | distance entre le plateau du clavier et le point |
| Kurzhubmotor | moteur à faible course |
| Außenelektron | elettrone più esterno nell'atomo |
| Kreditwürdigkeit | calidad crediticia |
| Anwendungssoftware | logiciel d'application |

---

[20] Frege 1892/1966, 41.
[21] Vereinfacht übernommen aus Albrecht 1992, 65f.
[22] Vgl. oben 1.1.3 und 10.2.
[23] Vgl. oben 5.3.2.3.

Andererseits jedoch:

| farbenblind | daltonien |
| Kurbelgehäuse | basamento |
| Kreiskolben | lobe |

Darüber hinaus wirkt sich die Vorliebe für die Komposition auf die Kohäsion von Terminologiebeständen aus, wie aus der folgenden Gegenüberstellung von deutschen und romanischen Termini unmittelbar hervorgeht:

| ausfaulen | – digerire |
| Ausfaulgrad | – percentuale di degradazione [Biogasanlagen] *digestione |
| Düse | – filière |
| Düsenblasverfahren | – procédé „verrane" |
| Düsenlippen | – lèvres de la fente |
| Düsennippel | – téton de la filière |
| Düsenziehverfahren | – procédé silionne |

Die Bildung anaphorischer Proformen im Text verläuft in beiden Fällen im großen und ganzen gesehen analog:

> Eine andere Möglichkeit der Abdichtung stellt die *Gleitringdichtung* dar. Bei dieser *Dichtung* handelt es sich um ...
> Dans ce cas on parle de procédé silionne. Ce procédé ...

In beiden Fällen gibt es jedoch hochspezifische Restriktionen, die einmal gründlich untersucht werden sollten.

Zu IV: Von einer vollständig isomorphen Strukturierung der fachsprachlichen Begriffssysteme über die Grenzen der Einzelsprachen hinweg kann keine Rede sein. Oft geht es um Unterschiede, die für den unerfahrenen Fachübersetzer gefährlich werden können. Die folgenden Beispiele mögen dies verdeutlichen

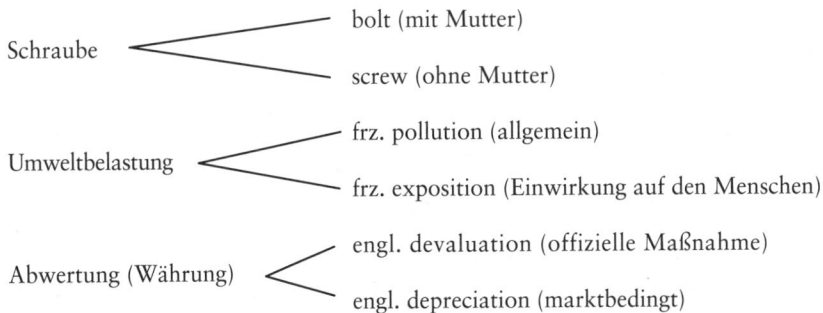

Während *Schweißen* und *Löten* im Deutschen zwei unterschiedliche Metallverbindungsverfahren auf demselben Klassifikationsniveau darstellen, erscheint „Löten" in den romanischen Sprachen – vereinfacht dargestellt – als eine Art von Unterbegriff von „Schweißen". Gelegentlich unterliegen im Bereich der Technik komplexe Aggregate in verschiedenen Sprachen unterschiedlichen begrifflichen Abgrenzungen. So wird das, was im Deutschen global als „Zündverteiler" bezeichnet wird, im Französischen in zwei

Komponenten aufgespalten, in den *allumeur* einerseits, den unteren Teil des Aggregats mit dem Unterbrecher und dem Zündversteller, und in den *distributeur* im engeren Sinn, den oberen Teil mit dem Verteilerläufer und der Verteilerkappe.[24]

Auf die Unterschiede im Bereich der Syntagmatik soll aus Gründen der Ökonomie der Darstellung im nächsten Abschnitt eingegangen werden.

### 10.4 Übersetzungsbezogene Terminologiearbeit

Die folgenden Ausführungen können nicht den Anspruch erheben, eine ausführliche Anleitung zur Abfassung von Terminologiearbeiten zu ersetzen. Der Titel des Abschnitts orientiert sich an der ersten Auflage einer allgemein bekannten Einführung in dieses Arbeitsgebiet; in den weiteren Auflagen und Neubearbeitungen dieses Werks wurde der Bezug zur Übersetzung im Titel getilgt.[25] Andere Terminologen verwenden bevorzugt den Ausdruck *übersetzungsorientiert*.[26] Ist aktive Terminologiearbeit im Rahmen der Ausbildung von Übersetzern und Dolmetschern heute noch sinnvoll? Schließlich hat jeder bequemen Zugang zu großen terminologischen Datenbanken wie *Eurodicautom*, und im übrigen stellen heute viele Auftraggeber ihre eigenen Terminologiebestände den Fachübersetzern zur Verfügung, um sich vor unangenehmen Überraschungen zu schützen.

Diese Vorbehalte mögen für diejenigen gelten, die sich nur hin und wieder mit Fachtexten auseinanderzusetzen haben. Terminologiearbeit erweist sich für die Studierenden als sinnvoll, die später einmal in fachspezifischen Bereichen übersetzen und dolmetschen wollen. Es lassen sich grob zwei Typen von terminologischen Diplomarbeiten unterscheiden: a) theoretische Arbeiten, deren Ziel es ist, fachsprachliches Material unter sprachwissenschaftlichen Gesichtspunkten zu analysieren und zu beschreiben; b) praktische Arbeiten, die das Ziel haben, den Wortschatz eines Fachgebiets in einem Sprachen-paar oder in mehreren Sprachen möglichst vollständig zu erfassen und terminographisch aufzubereiten. Hier wird nur vom praktischen Typ die Rede sein. Die Darstellung beschränkt sich auf allgemeine Gesichtspunkte, die über längere Zeit hinweg ihre Gültigkeit behalten werden. Technische Einzelheiten, die in wenigen Jahren überholt sind, können nur am Rande berücksichtigt werden.

Eine praktische Terminologiearbeit des hier vorgestellten Typs besteht aus drei Teilen: dem *Sachteil*; dem *terminologisch-sprachwissenschaftlichen Teil* und dem *Glossar*.

Im *Sachteil* sollen die wichtigsten Gegebenheiten des terminologisch zu erfassenden Fachgebiets allgemeinverständlich dargestellt werden. Übersetzer und Dolmetscher sollen in die Lage versetzt werden, sich für einen spezifischen Auftrag nicht nur in sprachlicher, sondern auch in sachlicher Hinsicht gezielt vorzubereiten. Ein ausgewiesener Kenner des behandelten Fachgebiets sollte unbedingt als Mitbetreuer herangezogen werden.

Der *terminologisch-sprachwissenschaftliche Teil* beginnt in der Regel mit einer kritischen Übersicht über die verfügbare Fachliteratur. Dem Benutzer soll der Weg zu eigenen, weiterführenden Recherchen geebnet werden. Daran schließt sich eine kritische Würdigung der herangezogenen Nachschlagewerke an. Besonders wichtig sind Warnungen vor Fehlinformationen, auf die man in einschlägigen Wörterbüchern oder Fachglossaren stoßen kann. Schließlich folgt eine Analyse der erfaßten Terminologiebestände aus der Sicht

---

[24] Vgl. Albrecht 1992, 69ff.
[25] Vgl. Arntz/Picht 1982 und 1989. Auch bei der Neubearbeitung Arntz/Picht/Mayer 2002 fehlt der Zusatz.
[26] Vgl. z. B. Hohnhold 1982.

der kontrastiven Sprachwissenschaft. Es soll versucht werden, charakteristische Unterschiede zwischen den verschiedensprachigen Fachterminologien so herauszuarbeiten, daß der kritische Benutzer in die Lage versetzt wird, gegebenenfalls induktive Generalisierungen bei der Gestaltung seines Zieltexts vorzunehmen.

Das Glossar besteht gewöhnlich aus zwei getrennten Teilen für die jeweilige Nachschlagerichtung. Erweist sich ein Fachgebiet als stark vom Englischen beeinflußt, so muß diese Sprache im Glossar mitberücksichtigt werden. Dazu gibt es verschiedene Möglichkeiten, auf die hier nicht eingegangen werden kann. Es hat keinen Sinn, die Terminologie des Personalcomputers und seines Umfeldes im Sprachenpaar Französisch-Deutsch zu erfassen, ohne auf die englische Terminologie einzugehen. Beide Fachsprachen, auch die französische (trotz heftiger puristischer Gegenwehr) stehen unter dem beherrschenden Einfluß des Englischen.

Ein Eintrag des Glossars sollte wenigstens die folgenden Angaben enthalten (die Reihenfolge ist z. T. vom jeweils verwendeten Datenbankprogramm abhängig):

Am Anfang steht, fett gedruckt, das Lemma mit den üblichen grammatischen Angaben. Für die alphabetische Einordnung von Mehrwortbenennungen gelten die einschlägigen lexikographischen Konventionen. Die Nebeneinträge sind den Synonymen vorbehalten; sie verweisen lediglich auf den Haupteintrag. Trotz aller Normierungsanstrengungen sind wir vom Ideal einer 1:1-Zuordnung von Benennung und Begriff weit entfernt. Vor allem »junge« Fachsprachen weisen eine verwirrende Anzahl von Synonymen auf. So findet man z. B. für die Auswaschung von Böden durch starke Niederschläge mit einhergehendem Verlust von Nährstoffen folgende Benennungen (es ließen sich noch weit komplexere Beispiele aufführen):

| **Auswaschung** | **lessivage** | **leaching** |
|---|---|---|
| Eluierung | lixiviation | eluviation |
| Eluviation | éluviation | |
| Lessivierung | | |

In der Terminologiearbeit, der die Ausdrücke entnommen wurden, erscheinen die fett gedruckten Termini als Haupteinträge, weil sie in repräsentativen Fachtexten am häufigsten nachzuweisen waren.[27] Die übrigen Ausdrücke wurden als Synonyme ohne eigenen Haupteintrag eingestuft. Nicht selten fungiert eine Abkürzung als Haupteintrag, weil die ausgeschriebene Benennung weit weniger üblich ist. Wenn ein genormter Terminus in der Praxis selten gebraucht wird, sollte er nicht zum Haupteintrag gemacht werden. Auf kleine Bedeutungsunterschiede zwischen den Synonymen kann in einem eigenen Feld hingewiesen werden: „Anmerkungen und Querverweise".

Neben der Synonymie gibt es eine weitere Abweichung vom Ideal der umkehrbar eindeutigen Zuordnung von Benennung und Begriff: die Polysemie. In diesem Fall steht eine Benennung für unterschiedliche Begriffe. Polysemie kommt in den Fachsprachen verhältnismäßig häufig vor, läßt sich dort aber präziser beschreiben als in der Gemeinsprache, weil es in der Regel keine »Grauzone« gibt. Polyseme Benennungen sollten als zwei getrennte Einträge behandelt werden und der Übersichtlichkeit halber einen Index erhalten. Das folgende (verkürzt dargestellte) Beispiel stammt aus der Telefontechnik:

**Dienst**[1]: Allgemeine Bezeichnung für das Produkt eines öffentlichen oder privaten Anbieters von Telekommunikationsdiensten, wie Datex-P, E-Mail, Mobilfunk.

---

[27] Vgl. Müller 1999.

**Dienst** [2]: In der OSI-Architektur der Leistungsumfang einer Kommunikationsschicht, den diese mit Hilfe des Schichtprotokolls erbringt.[28]

Dem Lemma wird eine Zuordnung zu einem Fachgebiet, ein „Deskriptor" beigegeben. Deskriptoren können vorhandenen Begriffsklassifikationen von Normungsinstitutionen entnommen werden; geben diese für das betreffende Fachgebiet zu wenig her, muß ein eigener Begriffsplan zur Vergabe der Fachgebietszugehörigkeitsbezeichnungen entworfen werden.

Die zielsprachlichen Äquivalente sollten mit geeigneten graphischen Mitteln besonders hervorgehoben werden, denn nach ihnen sucht der Benutzer in der Regel zuerst. Bei den Synonymen können Zuverlässigkeitsgrade angegeben werden; z. B. 1 = niedrig; nur gelegentlich belegt; 2 = mittel; 3 = hoch, entspricht dem Haupteintrag. Ist kein direktes Äquivalent nachzuweisen, so kann der Bearbeiter in Absprache mit Fachleuten eigene diesbezügliche Vorschläge machen, die mit seinen Initialen kenntlich gemacht werden sollten.

Schließlich enthält jeder Haupteintrag im Idealfall eine Definition und/oder Explikation; beide sind mit Quellenangaben in Kurzform zu versehen. Von besonderer Bedeutung ist das Feld „Kontextbeispiel". Hier werden die syntagmatischen Angaben untergebracht, d. h. Kollokationen, syntaktische Konstruktionsmöglichkeiten und anderes mehr. Zur Illustration können nur wenige Beispiele gegeben werden:

| | |
|---|---|
| Sternschritt (Basketball) | frz. pivot |
| einen Sternschritt ausführen | frz. pivoter |
| (Sicherheits)gurt | engl. seat-belt |
| bitte anschnallen! | fasten your seat-belts, please! |

In beiden Fällen muß der Benutzer dem Glossar entnehmen können, daß einem Funktionsverbgefüge in der einen Sprache ein einfaches Verb in der anderen entspricht. Bei substantivischen Benennungen, die Bestandteile von Funktionsverbgefügen sein können, sollte das dazugehörige Verb nach Möglichkeit aufgeführt werden:

| | |
|---|---|
| eine Sicherheitskopie *anlegen* | eine Datenbank *anlegen* |
| *faire, effectuer* des copies de sauvegarde | *créer* une banque de données |
| eine Verbindung *anlegen* | eine Datenbank *verwalten* |
| *établir* une liaison | *gérer* une banque de données |

Das Substantiv stellt in der Fachterminologie die dominierende Wortart dar; Verben haben meist einen sekundären Status, und Adjektive erscheinen vorwiegend als Bestandteile von Mehrwortbenennungen. Gelegentlich kann es jedoch vorkommen, daß einem substantivischen Terminus der einen Sprache ein verbales Syntagma in der anderen entspricht:

Eigenkapitalunterlegung ⟨ mantener recursos propios ≈ mínimos de capital
to hold capital[29]

Im Feld „Bildungsverfahren" werden die in 10.2 vorgestellten Typen fachsprachlicher Benennungen in Kurzform angegeben. Damit wird eine Auswertung der Diplomarbeiten zu sprachwissenschaftlichen Zwecken erleichtert.

---

[28] Fredrich 1997, s. v. Dienst.
[29] Sundmacher 2004, s. v. Eigenkapitalunterlegung.

Es wird häufig die Frage gestellt, ob die Fülle von Angaben, die das Glossar einer Terminologiearbeit enthält, für den späteren Benutzer überhaupt von Nutzen ist. Auf diese Frage gibt es keine einfache Antwort. Der praktische Nutzen einer solchen Arbeit steigt mit dem Schwierigkeitsgrad der Aufgabe, die der Fachübersetzer zu bewältigen hat. Eine der wichtigsten Aufgaben des Verfassers einer solchen Arbeit besteht in der Ermittlung terminologischer Äquivalente. Dies geschieht häufig allein auf der Grundlage der sorgfältigen Lektüre von „Paralleltexten" in verschiedenen Sprachen. Wer eine schlichte Liste mit einfachen terminologischen Gleichungen konsultiert, muß dem Kompilator Glauben schenken. Das Glossar einer guten Terminologiearbeit läßt hingegen Fehler, die bei der Äquivalenzfindung gemacht wurden, meist unmittelbar erkennen. Im übrigen versetzen die Definitionen, Explikationen, Kontextbeispiele, Verweise auf Synonyme, Angaben des Zuverlässigkeitsgrads, die Hinweise auf Polysemie und Verwechslungsgefahren den Fachübersetzer erst in die Lage, sich im Angebot zielsprachlicher Äquivalente zurechtzufinden und das gewählte Element korrekt zu verwenden.

Terminologische Glossare werden heute fast ausschließlich mit elektronischen Hilfsmitteln erstellt. Es muß sich dabei nicht unbedingt um spezifische Terminologieverwaltungsprogramme handeln; ein universeller einsetzbares Datenbankprogramm, das im Office-Paket der führenden Software-Hersteller enthalten ist, reicht in der Regel aus. Programme zur automatischen Extraktion von Terminologie aus Fachtexten können die Arbeit erleichtern; die Ergebnisse müssen allerdings sorgfältig überprüft werden. In jedem Fall sollten diejenigen, die keine Erfahrung im Umgang mit dergleichen Hilfsmitteln besitzen, bei der Planung ihres Vorhabens eine gewisse Einarbeitungszeit einkalkulieren.

### 10.5 Terminologienormung auf nationaler und internationaler Ebene

Die internationale Vermarktung technischer Produkte und die weltweite Verständigung im Bereich von Wissenschaft und Technik wären ohne Normung mit erheblichen Schwierigkeiten verbunden. Das *Deutsche Institut für Normung* (sein Akronym DIN erfreut sich eines hohen Bekanntheitsgrades) hat in einem Akt der Selbstreferenz den Versuch unternommen, Normen für verschiedene Typen der Normung zu erarbeiten. Unter „Normung" im allgemeinen soll verstanden werden:

> Normung ist die planmäßige, durch interessierte Kreise gemeinschaftlich durchgeführte Vereinheitlichung von materiellen und immateriellen Gegenständen zum Nutzen der Allgemeinheit. Sie darf nicht zu einem wirtschaftlichen Sondervorteil einzelner führen.[30]

Die terminologische Normung im besonderen wird folgendermaßen definiert:

> Terminologische Normung ist das Festlegen von Terminologie und von Grundsätzen für das Erarbeiten, Bearbeiten, Verarbeiten und Darstellen von Terminologie durch autorisierte und dafür fachlich, sprachlich und methodisch qualifizierte Gremien mit dem Ziel, terminologische Normen zu schaffen.[31]

Es wird allgemein zwischen Sach- und Terminologienormung unterschieden. Zwischen den beiden Bereichen besteht wechselseitige Abhängigkeit. Die Aufgabe der Normung obliegt verschiedenen nationalen und internationalen Institutionen, von denen hier nur wenige ge-

---

[30] DIN 820 Blatt 1 (1994).
[31] DIN 2343 Teil I (1992). Der Verstoß gegen das Zirkularitätsverbot von Definitionen (vgl. oben 2.1) ist nicht zu übersehen.

nannt werden können. Neben dem bereits genannten DIN wären das BSI (*British Standards Institution*) und die AFNOR (*Association Française de Normalisation*) zu nennen. Die ISO (*International Organisation for Standardization*) in Genf ist eine Art Dachorganisation für die nationalen Institutionen. Sie arbeitet eng mit INFOTERM in Wien zusammen, einer dem *Österreichischen Normungsinstitut* angegliederten Institution, die in der Nachfolge von Eugen Wüster um eine weltweite Förderung und Koordinierung der Normungsaktivitäten bemüht ist. Von der internationalen Einheitlichkeit der biologischen und chemischen Nomenklaturen sind andere Fachgebiete noch weit entfernt. ISO und INFOTERM sehen in der Vereinheitlichung der einzelsprachlichen Definitionen für die gleichen Gegenstände und Sachverhalte eine vordringliche Aufgabe. Sie ist Voraussetzung für eine Angleichung der Benennungen auf der Grundlage griechischer und lateinischer Elemente.

Die von diesen Institutionen herausgegebenen Normen haben unterschiedlichen Status. DIN-Normen stellen lediglich Empfehlungen dar, AFNOR-Normen können verordnet werden. Das in Brüssel ansässige CEN (*Comité Européen de Normalisation*) erarbeitet europäische Normen, die für die EU-Staaten verbindlich sind und unverändert als nationale Normen übernommen werden müssen. Besondere Probleme entstehen im Bereich von Sprachen mit einem großen internationalen Verbreitungsgebiet wie Englisch oder Spanisch. So wurde der in Venezuela gegründeten Organisation RITERM (*Red Iberoamericana de Terminología*) die Aufgabe übertragen, für eine möglichst große Einheitlichkeit der Fachterminologien in Spanien und in den verschiedenen lateinamerikanischen Ländern zu sorgen.

Trotz aller Normungsbemühungen ist die terminologische Situation in vielen Bereichen noch ziemlich chaotisch. Das gilt auch für die modernste Technik. Die normierte Benennung für die Schnittstelle zwischen Festplatten- und CD-ROM-Laufwerk lautet ATA (*Advanced Technology Attachement*); in den Fachtexten stößt man jedoch weiterhin auf IDE (*Integrated Drive Electronics*) oder EIDE (*Enhanced* IDE).[32] Selbstverständlich müssen die Verfasser von Terminologiearbeiten die relevanten Normen zu dem von ihnen bearbeiteten Gebiet berücksichtigen; ihre Hauptaufgabe besteht jedoch in der möglichst lückenlosen Erfassung der in den Fachtexten *tatsächlich* verwendeten Terminologie.

Die Einsichtnahme in Normen erweist sich meist als schwierig. DIN-Normen können zwar erworben werden, sie sind jedoch ziemlich teuer. Es gibt Normenauslegestellen, wo man Einsicht in Normen nehmen kann. Das Kopieren der Texte ist nicht gestattet, lediglich handschriftliche Notizen sind erlaubt.

### 10.6 Fachsprache vs. Gemeinsprache

Unter „Fachsprache" ist nach DIN folgendes zu verstehen:

> Fachsprache ist der auf eindeutige und widerspruchsfreie Kommunikation im jeweiligen Fachgebiet gerichtete Bereich der Sprache, dessen Funktionieren durch eine festgelegte Terminologie entscheidend unterstützt wird. [...][33]

Wer wenig Erfahrung mit Fachtexten besitzt, sieht in der „festgelegten Terminologie" das eigentliche Charakteristikum der Fachsprache. Viele Fachsprachenforscher wehren sich gegen diese Auffassung. Es gibt eine Fülle von Literatur zum Phänomen „Fachsprache",

---

[32] Riedmüller 2004, Bd. I, 42.
[33] DIN 2342.

in der die verschiedensten, nicht auf die Terminologie zurückführbaren Eigentümlichkeiten von Fachsprachen untersucht und beschrieben werden. Hier sollen zwei Aspekte herausgegriffen werden, die im Rahmen einer Einführung in die Übersetzungsforschung von besonderer Bedeutung sind.

### 10.6.1 Horizontale Gliederung vs. vertikale Schichtung

Die Fachsprache schlechthin verhält sich zu den einzelnen Fachsprachen wie die Sprache im allgemeinen zu den Einzelsprachen. Die Fachsprache schlechthin ist ein theoretisches Konstrukt; es tritt nur in Form von Sprachen verschiedener Fachgebiete in Erscheinung. Ob es so etwas wie allgemeine Charakteristika von Fachsprachen gibt, soll im folgenden Abschnitt untersucht werden. Hier geht es zunächst einmal um die Frage, ob sich Fachsprachen ähnlich wie Fachgebiete gliedern lassen, ob es für jedes Fachgebiet eine eigene Fachsprache gibt. Die Frage läßt sich nicht global beantworten, sie hängt vom Status der jeweiligen Disziplin ab. Das Recht stellt ein uraltes, natürlich gewachsenes Institut dar, das über eine ureigene Fachsprache verfügt. Die moderne Medizin hingegen ist eine äußerst komplexe Praxis, die sich zu ihren Zwecken der unterschiedlichsten Disziplinen bedient; es scheint somit wenig sinnvoll, so unterschiedliche Gebiete wie Anatomie, Anästhesie oder Psychiatrie einer einheitlichen „medizinischen Fachsprache" zu subsumieren. Das Glossar einer terminologischen Untersuchung zur Alzheimer-Krankheit weist nicht weniger als 32 Deskriptoren („Fachgebietsschlüssel") auf, die dem von der *British Standards Institution* (BSI) herausgegebenen *Thesaurus Root* entnommen wurden.[34] Sollte sich je einmal jemand der Mühe unterziehen, die Fachterminologie zusammenzustellen, die in Texten zur Übersetzungswissenschaft in ihren unterschiedlichsten Ausprägungen auftreten, so würde er sich einem ähnlichen *mixtum compositum* gegenüber sehen.

Neben der horizontalen Gliederung gibt es auch so etwas wie eine vertikale Schichtung im Bereich der Fachsprachen. Der Verkäufer in einem Autohaus verwendet gegenüber seinem Kunden ein anderes Vokabular als der Diplom-Ingenieur gegenüber einem Kollegen im Konstruktionsbüro. Ein Gerät zur Umwandlung schädlicher Abgase in harmlose Verbindungen wird salopp *Kat* genannt, auf einer etwas förmlicheren Ebene spricht man von *Katalysator*, in wissenschaftlichen Veröffentlichungen erscheint die Benennung *katalytischer Konverter*. Schon vor Jahrzehnten hat Heinz Ischreyt ein dreistufiges Registermodell für technische Fachsprachen entworfen, das später vielfach kritisiert, modifiziert und erweitert wurde.[35] Es darf bezweifelt werden, daß es möglich ist, ein einheitliches Modell der vertikalen Schichtung für alle Fachsprachen zu konzipieren. Auch Theologie und Philosophie verfügen über Fachsprachen und Fachterminologien; sie richten sich jedoch in weit geringerem Maß an den „gewöhnlichen Sterblichen" als die Medizin, das Recht oder die Technik der Produktion von Gebrauchsartikeln. Man darf hier keine „niedrigen Register" erwarten.

### 10.6.2 „Reduktionshypothese" vs. „Universalitätshypothese" in der Fachsprachenforschung

In der Fachsprachenforschung stehen sich zwei Hypothesen ziemlich unversöhnlich gegenüber.[36] Es gibt Linguisten, die in der Fachsprache eine reduzierte Form der Gemein-

---

[34] Krüger, C. 1999.
[35] Vgl. u. a. Fluck ⁵1996, 17-23.
[36] Vgl. Albrecht 1995a, 139ff. Dort findet sich weiterführende Literatur.

sprache sehen. Die Fachsprachen enthalten dieser Hypothese zufolge nichts »prinzipiell Neues«, sie machen lediglich von gewissen Möglichkeiten der Gemeinsprache signifikant häufiger Gebrauch, während sie eine große Anzahl von anderen Möglichkeiten fast vollständig ausschließen (daher Reduktionshypothese). Diese Hypothese soll auch hier (mit gewissen Einschränkungen) vertreten werden. Die wissenschaftliche Objektivität gebietet es jedoch, auch die Gegenseite zu Wort kommen zu lassen.

Die „Universalitätshypothese" besagt, daß es übereinzelsprachliche Merkmale gibt, die für die Fachtexte der unterschiedlichsten Sprachen charakteristisch sind. Daraus könnte man ableiten, daß – etwas überspitzt formuliert – zwischen einem englischen und einem deutschen Benutzerhandbuch für ein Textverarbeitungsprogramm größere Ähnlichkeiten bestehen müssen als zwischen einem deutschen Benutzerhandbuch und einer deutschen literaturwissenschaftlichen Abhandlung. Es wurde bewußt ein reichlich abstruses Beispiel gewählt. Es zeigt, daß die Streitfrage, wenn überhaupt, nur auf einem sehr abstrakten Niveau zu entscheiden ist, auf dem die beiden Hypothesen vereinigt werden können. „Universell" ist (bis zu einem gewissen Grad) die Art der Reduktion, die in den verschiedenen Fachsprachen auftritt. So stellt die Bevorzugung der dritten Person gegenüber den ersten beiden und eine Vorliebe für eine unpersönliche Ausdrucksweise sicherlich ein „universelles" Merkmal von Fachsprachen dar; es beruht jedoch auf einer weitgehend analog vorgenommenen Reduktion der Möglichkeiten der jeweiligen Gemeinsprachen.

Vergleichbares gilt für das Merkmal „syntaktische Komprimierung", das für viele Fachsprachen über die einzelsprachlichen Grenzen hinweg gelten soll. Es kommt in den verschiedensten einzelsprachlichen Ausprägungen von Fachsprachen weniger durch syntaktische Konstruktionen im engeren Sinn als durch die Verwendung von Lexemen und Wortbildungsprodukten zustande, die nicht explizierte syntaktische Relationen enthalten. Es entsteht dabei eine Art von »verdeckter« Komplexität. Der Vergleich zwischen den beiden folgenden Sätzen, die in Paraphraserelation zueinander stehen, mag dies verdeutlichen:

> Die Motive für meine Traurigkeit entziehen sich meiner Kenntnis.
> Ich weiß nicht, was soll es bedeuten, daß ich so traurig bin.

### 10.7 Lektürehinweise

Es gibt eine reichhaltige Literatur zu dem hier nur knapp vorgestellten Gebiet, die zum Teil über die bereits gegebenen Literaturhinweise erschlossen werden kann. Darüber hinaus sei auf folgende Arbeiten hingewiesen: Rondeau (1981) ist ein Klassiker der sog. „kanadischen Schule" der Terminologie; Sager (1990) vermittelt Einblicke in die Terminologiearbeit im englischsprachigen Raum. Den gesamten Komplex „Terminologie und Fachsprachen" behandelt unter den verschiedensten Gesichtspunkten Lerat (1995). Roelcke (1999) legt den Schwerpunkt auf die Fachsprachenforschung, geht jedoch auch auf Fragen der Terminologie ein. Sylvia Reinart (1992) vermittelt vielfältige und originelle Einsichten zum Thema „Terminologie und Einzelsprachen". Radegundis Stolze (1999) führt in die Probleme der Fachübersetzung ein, wobei natürlich auch die Themen „Terminologie" und „Fachsprachen" berührt werden. Über die technischen Aspekte der übersetzungsorientierten Terminographie erfährt man viel Wissenswertes bei Mayer (1998).

Auf dem Gebiet von Fachsprachen und Terminologie erscheinen ständig neue Publikationen; hier kann nur eine kleine Auswahl berücksichtigt werden. Sager (2001) bietet in knappster Form eine Zusammenfassung und Aktualisierung seiner Ausführungen von 1990. Austermühl/Kornelius (2011) informieren über terminologische Datenbanken. Die von Gotti/Šarčević (2006) und Ahmad/Rogers (2007) herausgegebenen englischsprachigen Sammelbände enthalten zahlreiche Beiträge zu Fachsprachen und fachsprachlicher Übersetzung. Das gilt ebenfalls für den von Varela Salinas (2009) edierten spanischsprachigen Band, in dem auch didaktische Aspekte zu ihrem Recht kommen. Reiner Arntz (2001) und Peter Holzer (2004) beschäftigen sich (neben der Technik) auch mit den Fachsprachen des Rechts, die sich stärker als andere Bereiche dem Trend zur Globalisierung verweigern. Nach so viel *prodesse* sollte ein kleiner Abstecher in den Bereich des *delectare* erlaubt sein: Daniel Baudot (2008) skizziert eine Typologie deutschsprachiger Kochrezepte.

## 11. Schlußwort

Wir sind am Ende unserer Reise durch den sprachwissenschaftlichen Teil der *Grundlagen der Übersetzungsforschung* angelangt, und es gilt, Bilanz zu ziehen. Ein wirklicher Rückblick, eine einigermaßen vollständige Zusammenfassung aller behandelten Themen, ist an dieser Stelle nicht möglich. Statt dessen sollen einige Elemente nochmals hervorgehoben werden, Sachverhalte, auf die der Verfasser besonderen Wert legt und Thesen, zu denen er sich mit Entschiedenheit bekennt. Im ersten Teil wurde die Übersetzung, überwiegend statisch, als eine Relation zwischen Texten beschrieben, die sich weitgehend, wenn auch nicht ausschließlich, an sprachlichen Gegebenheiten festmachen läßt. Definitorisches Kriterium für jede Form der Übersetzung ist die Äquivalenz. Die zahlreichen entschiedenen Gegner dieser Auffassung seien daran erinnert, daß dieser Begriff hier in seiner logischen Ausprägung gebraucht wird, die bereits zur Zeit der Scholastik allgemein verbreitet war. „Äquivalenz" ist eine dreistellige Relation. Wer mit diesem Begriff operiert, ohne das dritte Argument der Relation, das „In-bezug-worauf", zu nennen, drückt sich bestenfalls »elliptisch«, schlimmstenfalls unverständlich aus.

Im Mittelpunkt des zweiten Teils steht die »Vogelscheuche« der modernen Übersetzungswissenschaft, die sogenannte „Systemlinguistik". Es sei ohne weiteres zugestanden, daß alle Entscheidungen, die auf dieser Ebene getroffen werden, zur Übersetzungs*technik* gehören und damit den Entscheidungen auf der Ebene der Übersetzungs*strategie*, die im ersten Teil diskutiert wurden, theoretisch untergeordnet sind. Das ändert nichts an der Tatsache, daß es sich dabei um die Art von Problemen handelt, die den Übersetzeralltag maßgeblich bestimmen. Eine systematische Einführung in die technischen Probleme innerhalb eines gegebenen Sprachenpaars führt auch zu den überzeugendsten Fortschritten bei Studierenden mit begrenzter „translatorischen Kompetenz"; auf diesem Gebiet lassen sich kontrollierbare Lernfortschritte feststellen. Im sechsten Kapitel, das den zweiten Teil beschließt, wird eine doppelte Warnung vor der Über- und der Unterschätzung der Möglichkeiten des Übersetzungsvergleichs ausgesprochen.

Der dritte Teil betrifft die Sprachwissenschaft im weiteren Sinn, die – das sei hier nochmals hervorgehoben – historisch ältere Form der Sprachbetrachtung. Die Gegner eines sprachwissenschaftlich orientierten Ansatzes in der Übersetzungsforschung haben oft keinen klaren Begriff davon, was alles zu einer „Sprachwissenschaft im weiteren Sinn" gerechnet werden kann. Nicht umsonst ist das Kapitel zur Semiotik besonders umfangreich ausgefallen. Seit den Vorsokratikern fand eine Sprachwissenschaft *ante litteram* im Rahmen der Zeichentheorie statt. Eine frühe Form der heute so wenig beliebten „Systemlinguistik" entwickelte sich erst viel später in den verschiedenen hellenistischen Schulen. Was die im neunten Kapitel relativ knapp behandelte Textlinguistik betrifft, so sei noch einmal daran erinnert, daß im vorliegenden Band ganz entschieden an der von Coseriu geforderten Unterscheidung zweier Arten von Textlinguistik festgehalten wird. Die Transphrastik, d. h. die Ausweitung der einzelsprachlichen Linguistik über die Satzgrenze hinaus, wird im fünften Kapitel behandelt. Im neunten Kapitel geht es nur um eine Linguistik, die die „Erzeugung von Sinn" mit Hilfe einer oder mehrerer Sprachen zum Gegenstand hat.

Zum Schluß noch ein Wort zum wissenschaftstheoretischen und zum praktisch-didaktischen Status einer überwiegend sprachwissenschaftlich orientierten Übersetzungsforschung. Bei allen Wissenschaften, vor allem bei den „angewandten", gibt es eine unvermeidbare wechselseitige Abhängigkeit zwischen Untersuchungsgegenstand und Untersuchungsmethode. Man kann nicht umhin, den Gegenstand, mit dem man sich beschäftigt, so zurechtzustutzen, daß er mit den Methoden, über die man verfügt, untersucht werden kann. Ein solches Vorgehen ist dann legitim, wenn man sich der Begrenztheit des eigenen Ansatzes ständig bewußt ist. Wir sprachwissenschaftlich ausgerichteten Übersetzungsforscher können nicht mit Fragestellungen operieren, die wir nicht in intersubjektiv verbindlicher Form beantworten können, auch dann nicht, wenn wir die betreffenden Fragen für durchaus sinnvoll halten. Natürlich würde man manchmal nur allzu gern wissen, was in den Köpfen von Übersetzern vorgeht, welche „Wirkung" ein bestimmter Text auf eine Gruppe von Rezipienten ausübt oder welcher Textsinn sich bei einem Leser in einem individuellen, unwiederholbaren Akt der Rezeption einstellt. Wir stehen solchen Fragen reserviert gegenüber, weil wir wissen, daß wir sie nicht überzeugend beantworten können. Die Frage nach dem »Wesen« der Dinge müssen wir den Philosophen überlassen. Wir sollten uns allerdings davor hüten, all das, was über unseren selbst gewählten Horizont hinausgeht, unumwunden für „sinnlos" zu erklären, wie es die Vertreter des logischen Empirismus taten.[1]

Ebenso wenig können wir den Anspruch erheben, sichere Verfahren zur Anfertigung »vollkommener« Übersetzungen zu liefern. Wir können lediglich Übersetzer und Dolmetscher dazu anleiten, durch Reflexion ihres eigenen Tuns zu größerer Klarheit zu gelangen. Wenn die Ergebnisse unserer Bemühungen hin und wieder dazu dienen, der daniederliegenden übersetzerischen Intuition aufzuhelfen, auf systematischem Weg Lösungsmöglichkeiten aufzuzeigen, die sich »von allein« einfach nicht einstellen wollten, dann haben wir viel erreicht.

---

[1] Vgl. oben 7.3.2.

# Literaturverzeichnis

Adam, Jean-Michel (2011): *Les Textes: Types et Prototypes*. Paris.
Adamzik, Kirsten (2001): *Kontrastive Typologie*. Empirische Untersuchungen zur deutschen Sprach- und Literaturwissenschaft. Tübingen.
Adamzik, Kirsten (2004): *Textlinguistik*. Eine einführende Darstellung. Tübingen (Germanistische Arbeitshefte 40).
Ahmad, Khurshid/Margaret Rogers (Hg.; 2007): *Evidence-based LSP*. Bern usw.
Albrecht, Jörn (1970): *Le français langue abstraite?* Tübingen (TBL 10).
Albrecht, Jörn (1971): „,Monsieur, vous avez perdu vos gants!' Zum Problem der Anredeformen im Deutschen und einigen benachbarten Sprachen". In: Karl-Richard Bausch/Hans-Martin Gauger (Hgg.): *Interlinguistica*. Sprachvergleich und Übersetzung. (Festschrift Wandruszka). Tübingen, 355-370.
Albrecht, Jörn (1973): *Linguistik und Übersetzung*. Tübingen (Romanistische Arbeitshefte 4).
Albrecht, Jörn (1979): „Friedrich Nietzsche und das ‚sprachliche Relativitätsprinzip'". *Nietzsche Studien* 8 (1979), 225-244.
Albrecht, Jörn (1981a): „*Zazie dans le métro* italienisch und deutsch. Zum Problem der Übersetzung von Texten großer sozio-stilistischer Variabilität". In: Wolfgang Pöckl (Hg.): *Europäische Mehrsprachigkeit* (Festschrift Wandruszka). Tübingen, 311-328.
Albrecht, Jörn (1981b): „,Les dictionnaires nous diront que *aqua* signifie *le feu*'. Du Marsais zum Problem der kontrastiven Metaphorik und Idiomatik." In: Horst Geckeler et al.; (Hgg): *Logos Semantikos* (Festschrift Coseriu), Bd. I, Berlin/New York/Madrid, 215-228.
Albrecht, Jörn (1986): „,Substandard' und ‚Subnorm'. Die nicht-exemplarischen Ausprägungen der ‚Historischen Sprache' aus varietätenlinguistischer Sicht". In: Günter Holtus/Edgar Radtke (Hgg.): *Sprachlicher Substandard*. Tübingen, 65-88.
Albrecht, Jörn (1990): „Invarianz, Äquivalenz, Adäquatheit". In: Reiner Arntz/Gisela Thome (Hgg.): *Übersetzungswissenschaft*. Ergebnisse und Perspektiven. Festschrift für Wolfram Wilss zum 65. Geburtstag. Tübingen, 71-81.
Albrecht, Jörn (1990a): „La traduzione de ‚L'infinito' in tedesco". In: Anna Dolfi/Adriana Mitescu (Hgg.): *La corrispondenza imperfetta. Leopardi tradotto e traduttore*. Rom, 181-195.
Albrecht, Jörn (1990b): „,Substandard' und ‚Subnorm'. Die nicht-exemplarischen Ausprägungen der ‚Historischen Sprache' aus varietätenlinguistischer Sicht" (Fortsetzung), in: Günter Holtus/Edgar Radtke (Hgg.): *Sprachlicher Substandard III*. Tübingen, 44-127.
Albrecht, Jörn (1991): „Syntagmatik im Wörterbuch". In: Martin Forstner (Hg.): *Festgabe für Hans-Rudolf Singer*. Frankfurt am Main usw., 305-323.
Albrecht, Jörn (1992): „Wortschatz versus Terminologie: Einzelsprachliche Charakteristika in der Fachterminologie". In: Idem/Richard Baum (Hgg.): *Fachsprache und Terminologie in Geschichte und Gegenwart*. Tübingen (FFF 14), 59-78.
Albrecht, Jörn (1994): „Hermann Paul, ein Strukturalist *ante litteram?*" In: Baum, Richard et al. (Hgg.): *Lingua et traditio. Geschichte der Sprachwissenschaft und der neueren Philologien*. Festschrift für Hans Helmut Christmann. Tübingen, 393-408.
Albrecht, Jörn (1995): „Der Einfluß der frühen Übersetzertätigkeit auf die Herausbildung der romanischen Literatursprachen". In: Christian Schmitt/Wolfgang Schweickard (Hgg.): *Die*

*Romanischen Sprachen im Vergleich*. Akten der gleichnamigen Sektion des Potsdamer Romanistentages (27.-30. 9. 1993). Bonn, 1-37.

Albrecht, Jörn (1995a): „Terminologie und Fachsprachen". In: Manfred Beyer et al. (Hgg.): *Realities of Translating* (= *anglistik & englischunterricht*), Nr. 55/56, 111-161.

Albrecht, Jörn (1995b): „Le français langue abstraite? Neue Antworten auf eine alte Frage aus der Sicht der Prototypensemantik". In: Ulrich Hoinkes (Hg.): *Panorama der Lexikalischen Semantik*. Thematische Festschrift aus Anlaß des 60. Geburtstags von Horst Geckeler. Tübingen, 23-40.

Albrecht, Jörn (1996): „Die Geburt des Gegensinns der Urworte aus dem Geiste der Übersetzung". In: Angelika Lauer et al. (Hgg.): *Übersetzungswissenschaft im Umbruch*. Festschrift für Wolfram Wilss zum 70. Geburtstag. Tübingen, 1-8.

Albrecht, Jörn (1997): „Literatursprache; Schriftsprache (Schreibsprache); Hochsprache; Gemeinsprache: Historische Stadien der Ausprägung der kanonischen Form von Einzelsprachen". In: Maria Lieber/Willi Hirdt (Hgg.): *Kunst und Kommunikation*. Betrachtungen zum Medium Sprache in der Romania. Festschrift zum 60. Geburtstag von Richard Baum. Tübingen, 4-12.

Albrecht, Jörn (1998): *Literarische Übersetzung*. Geschichte – Theorie – Kulturelle Wirkung, Darmstadt.

Albrecht, Jörn (1998a): „Der Schriftsteller als Soziolinguist. Ein Beispiel für unmittelbare Beziehungen zwischen Literatur- und Sprachbetrachtung". In: Frank-Rutger Hausmann/Harro Stammerjohann (Hgg.): *Haben sich Sprach- und Literaturwissenschaft noch etwas zu sagen?* Bonn, 13-34.

Albrecht, Jörn (1999): „Übersetzungsvergleich und »Paralleltextvergleich« als Hilfsmittel der konfrontativen Sprachwissenschaft und der Übersetzungsforschung". In: Sylvia Reinart/Michael Schreiber (Hgg.): *Sprachvergleich und Übersetzen: Französisch und Deutsch*, Akten der gleichnamigen Sektion des ersten Kongresses des Franko-Romanistenverbandes (Mainz, 24.-26. September 1998), Bonn, 9-32.

Albrecht, Jörn (1999a): „Die Fachlexik im *Trésor de la langue française*". In: Lothar Hoffmann/Hartwig Kalverkämper/Herbert Ernst Wiegand (Hgg.): *Fachsprachen*. Ein internationales Handbuch zur Fachsprachenforschung. Berlin/New York. Bd. 2, Art. 189.

Albrecht, Jörn (2000): „Übersetzung". Art. in *Metzler Lexikon Kultur der Gegenwart*. Themen und Theorien, Formen und Institutionen seit 1945. Hrsg. von Ralf Schnell, Stuttgart/Weimar, 512-514.

Albrecht, Jörn (2002): „Das Wort im Europäischen Strukturalismus". In: *Lexikologie. Ein internationales Handbuch zur Natur und Struktur von Wörtern und Wortschätzen*, 1. Halbband. Hrsg. von D. Alan Cruse, Franz Hundsnurscher, Michael Job, Peter Rolf Lutzeier, Berlin/New York, 144-153.

Albrecht, Jörn (2004): „Rime et traduction", in: *Poésie, traduction, retraduction*. (Transfer(t)1). Travaux de traductologie franco-allemands, Montpellier-Heidelberg, CNRS et Université Montpellier III, 11-27.

Albrecht, Jörn (2005): „Die Rolle der Sprache beim Übersetzen. Die Rolle der Linguistik innerhalb der Übersetzungswissenschaft." In: Lew N. Zybatow (Hg): *Translatologie – Neue Ideen und Ansätze*. Innsbrucker Ringvorlesungen zur Translationswissenschaft IV. Frankfurt am Main usw., 23-44 (= Forum Translationswissenschaft 5).

Albrecht, Jörn ($^3$2007): *Europäischer Strukturalismus. Ein forschungsgeschichtlicher Überblick*. 3., erweiterte Auflage. Tübingen ( TBL 501).

Albrecht, Jörn (2007a): „,Erzählen' vs. ‚Beschreiben' aus textlinguistischer und übersetzungswissenschaftlicher Sicht." In: Alberto Gil/Ursula Wienen (Hgg.): *Multiperspektivische Fragestel-*

*lungen der Translation in der Romania*. Hommage an Wolfram Wilss zu seinem 80. Geburtstag. Frankfurt am Main usw., 31-59. (= Sabest 14).

Albrecht, Jörn (2009): „Kontrastive Sprachwissenschaft und Übersetzungswissenschaft. Unterschiede und Gemeinsamkeiten." In: Claudio Di Meola et al. (Hgg.;): *Perspektiven Drei*. Akten der 3. Tagung „Deutsche Sprachwissenschaft in Italien". Rom, 14.-16. Februar 2008, Frankfurt am Main usw., 387-402.

Albrecht, Jörn (2010): „Cicéron, Horace, Saint-Jérôme, Pierre-Daniel Huet et la traduction « libre ». Histoire d'un malentendu millénaire." In: Maria Iliescu/Heidi Siller-Runggaldier/Paul Danler (Hgg.) XXV$^e$ *CILPR Congrès International de Linguistique et de Philologie Romanes*. Vol. I, Section 3 Traductologie romane et historique. Berlin/New York, 487-498.

Albrecht, Jörn/Anna Körkel (2008): „Les latinismes en français et en allemand". In: Daniel Baudot/Maurice Kauffer (Hgg.): *Wort und Text*. Lexikologische und textsyntaktische Studien im Deutschen und Französischen. Festschrift für René Métrich zum 60. Geburtstag. Tübingen, 121-132.

Albrecht, Jörn/Iris Plack (2012): „'Tradierte Äquivalenz'. Gibt es ‚feste Wechselkurse' zwischen den Wortschätzen von Kultursprachen? "In: Peter Holzer/Cornelia Feyrer/Vanessa Gampert (Hgg.): *„Es geht sich aus ..." zwischen Philologie und Translationswissenschaft*. Translation als Interdisziplin. Festschrift für Wolfgang Pöckl. Frankfurt am Main (= InnTrans Bd. 5)

Alvar, Manuel (Hg.; 2000): *Introducción a la lingüística española*. Barcelona.

Apel, Karl-Otto (1973): „Charles W. Morris und das Programm einer pragmatisch integrierten Semiotik", Einführung zu: Charles William Morris: *Zeichen, Sprache und Verhalten*. Düsseldorf, 9-66.

Arntz, Reiner (2001): *Fachbezogene Mehrsprachigkeit in Recht und Technik*. Hildesheim.

Arntz, Reiner/Heribert Picht (1982): *Einführung in die übersetzungsbezogene Terminologiearbeit*. Hildesheim/Zürich/New York.

Arntz, Reiner/Heribert Picht (1989): *Einführung in die Terminologiearbeit*. Hildesheim/Zürich/New York.

Arntz, Reiner/Heribert Picht/Felix Mayer (2002): *Einführung in die Terminologiearbeit*. Hildesheim.

Aschenberg, Heidi (1999): „Zum Kontextbegriff in der Übersetzungsforschung." In: Norbert Greiner/Joachim Kornelius/Giovanni Rovere (Hgg.): *Texte und Kontexte in Sprachen und Kulturen* (Festschrift für Jörn Albrecht), Trier, 7-33.

Aschenberg, Heidi/ Raymund Wilhelm (Hgg.; 2003): *Romanische Sprachgeschichte und Diskurstraditionen*. Tübingen (TBL 464).

Atayan, Vahram (2010): *Methoden der Übersetzungskritik. Ein theorie- und anwendungsbasierter Vergleich*. Saarbrücken.

Austermühl, Frank/Evelyn Einhäuser/Joachim Kornelius (1998): „Die elektronischen Hilfsmittel des Übersetzers". AREAS, Bd. 15, 335-381.

Austermühl, Frank/Joachim Kornelius (2011): „Zur Konzeption übersetzungsbezogener terminologischer Datenbanken". In: Harald Kittel et al. (Hgg.; 2011), Art. 284.

Austin, John L. (1962/72): *How to do things with words*. Oxford. Deutsche Bearbeitung von Eike von Savigny unter dem Titel: *Zur Theorie der Sprechakte*, Stuttgart.

Baker, Mona (Hg.; 2001): *Routledge Encyclopedia of Translation Studies*. London/New York.

Baker, Mona (2004): "Linguistic models and methods in the study of translation". In: Harald Kittel et al. (Hgg.; 2004), Art. 31.

Bally, Charles ($^4$1965): *Linguistique générale et linguistique française*. Bern.

Barchudarow, Leonid S.: (1979): *Sprache und Übersetzung*. Probleme der allgemeinen und speziellen Übersetzungstheorie. Moskau/Leipzig.

Bar-Hillel, Yoshua (1954): „Indexical expressions", *Mind* 63, 359-379 (wiederabgedruckt in Idem: *Aspects of Language*, Amsterdam 1970, 69-89).

Bartschat, Brigitte (1996): *Methoden der Sprachwissenschaft. Von Hermann Paul bis Noam Chomsky*, Berlin.

Bastian, Sabine (1991): „Selbstkorrekturen – ihre Bedeutung für die Erforschung des Dolmetschprozesses". In: Christian Schmitt (Hg.): *Neue Methoden der Sprachmittlung*. Wilhelmsfeld.

Bauche, Henri (1920): *Le langage populaire. Grammaire, syntaxe et dictionnaire du français tel qu'on le parle dans le peuple de Paris avec tous les termes d'argot usuel*, Paris.

Baudot, Daniel (2008): „Varietas delectat... aber nicht nur im Teller. Bemerkungen zur Syntax und Pragmatik von Kochrezepten". In: Daniel Baudot/Maurice Kauffer (Hg. 2008): *Wort und Text. Lexikologische und textsyntaktische Studien im Deutschen und Französischen. Festschrift für René Métrich zum 60. Geburtstag*. Tübingen, 285-297.

Baumrucker, Alexandra et al. (1993): „Offener Brief von elf literarischen Übersetzerinnen und Übersetzern an den Albrecht Knaus Verlag". *Der Übersetzer*, 27. Jahrgang, Nr. 11, 1-28.

Bausch, Karl-Richard (1963): *Verbum und verbale Periphrase im Französischen und ihre Transposition im Englischen, Deutschen und Spanischen*. Diss. Tübingen.

Bausinger, Hermann (1972): *Deutsch für Deutsche. Dialekte, Sprachbarrieren, Sondersprachen*. Frankfurt am Main.

Bauske, Bernd (1997): *¡Schibboleth!: eine Untersuchung zur Wiedergabe der Schibboleth-Episode (Richter 12,6) in der spanischen Bibeltradition; mit einer Nachbemerkung zur Wiedergabe in den Druckausgaben in den nichtkastilischen Sprachen Spaniens und im Papiamentu; sowie einem Verzeichnis des alttestamentlichen Bestandes der Bibelsammlung der Württembergischen Landesbibliothek*. Stuttgart: Württembergische Landesbibliothek.

Beaugrande, Robert-Alain de/Wolfgang Dressler (1981): *Einführung in die Textlinguistik*. Tübingen.

Bell, Roger T. (1976): *Sociolinguistics. Goals, Approaches and Problems*. London.

Benjamin, Walter (1923): „Die Aufgabe des Übersetzers". Zit. nach dem Abdruck in Hans-Joachim Störig (Hg.; ³1973), 156-169.

Berruto, Gaëtano (1997): *Corso elementare di linguistica generale*. Turin.

Besch, Werner (1983): „Dialekt, Schreibdialekt, Schriftsprache, Standardsprache. Exemplarische Skizze ihrer historischen Ausprägung im Deutschen". In: Werner Besch et al. (Hgg.): *Dialektologie. Ein Handbuch zur deutschen und allgemeinen Dialektforschung*. Berlin/New York, 961-990.

Besch, Werner (1996): *Duzen, Siezen, Titulieren. Zur Anrede im Deutschen heute und gestern*. Göttingen.

Bihl, Liselotte/Karl Epting (1987): *Bibliographie französischer Übersetzungen aus dem Deutschen 1487-1944*. 2 Bde. Tübingen.

Bloomfield, Leonard (1933/73): *Language*. 12. Nachdruck. London.

Blume, Kerstin (2000): *Markierte Valenzen im Sprachvergleich: Lizensierungs- und Linkingbedingungen*. Tübingen.

Blumenthal, Peter (²1997): *Sprachvergleich Deutsch-Französisch*. 2. neubearbeitete und ergänzte Auflage. Tübingen (Romanistische Arbeitshefte 29).

Bolinger, Dwight D. (1972): „Zum Essenz-Akzidenz-Problem" („Essence and Accidence: English Analogs of Hispanic *Ser* and *Estar*"). In: Gerhard Nickel (Hg., 1972), 147-156.

Brinker, Klaus (1993): *Textlinguistik*. Heidelberg (Studienbibliographien Sprachwissenschaft Bd. 7).

Brinker, Klaus (⁵2001): *Linguistische Textanalyse. Eine Einführung in Grundbegriffe und Methoden*. Berlin.

Brinker, Klaus et al. (2000/01): *Text- und Gesprächslinguistik*. 2 Bde., Berlin/New York.
Brown, Roger W./Albert Gilman (1960): „The pronouns of power and solidarity". In: Thomas A. Sebeok (Hg.): *Style in language*. Cambridge/Mass., 253-276.
Bublitz, Wolfram (1978): *Ausdrucksweisen der Sprechereinstellung im Deutschen und Englischen*. Untersuchungen zur Syntax, Semantik und Pragmatik der deutschen Modalpartikeln und Vergewisserungsfragen und ihren englischen Entsprechungen. Tübingen (Linguistische Arbeiten 57).
Bühler, Karl (1934/82): *Sprachtheorie*. Die Darstellungsfunktion der Sprache. Neudruck Stuttgart/New York (UTB 1159).
Burger, Harald/Annelies Buhofer/Ambros Sialm (1982): *Handbuch der Phraseologie*. Berlin/New York.
Bußmann, Hadumod ([4]2008): *Lexikon der Sprachwissenschaft*. Stuttgart.
Cammenga-Waller, Anne (2002): *Substandard im Deutschen und Französischen*. Lexikologische Studien zur zeitgenössischen Konsumliteratur. Frankfurt am Main usw. (VarioLingua 14).
Cartagena, Nelson (1995): „Die Grundfunktionen der Sprache und die Übersetzung". In: Manfred Beyer et al. (Hgg.): *Realities of Translating* (= *anglistik & englischunterricht*, Nr. 55/56), 247-275.
Cartagena, Nelson (2001): „Kontrastive Linguistik". In: Günter Holtus/Michael Metzeltin/Christian Schmitt (Hg.) *Lexikon der Romanistischen Linguistik (LRL)*. Tübingen. Bd. I, 2, Art. 68.
Cartagena, Nelson/Hans-Martin Gauger (1989): *Vergleichende Grammatik Spanisch-Deutsch*. 2 Bde., Mannheim.
Catford, John C. (1965): *A Linguistic Theory of Translation*. An Essay in Applied Linguistics. London/Oxford.
Chomsky, Noam (1959/76): Rezension von Skinners »Verbal Behavior«. In: Helli Halbe (Hg.): *Psycholinguistik*. Darmstadt (WdF 191), 70-100.
CLG= Ferdinand de Saussure: *Cours de linguistique générale*. Publié par Charles Bally et Albert Sechehaye avec la collaboration de Albert Riedlinger. Paris (erstmals 1916, unverändert ab der 3. Auflage.).
Confais, Jean-Paul (1980): *Grammaire explicative*. Schwerpunkte der französischen Grammatik für Leistungskurs und Studium. Ismaning.
Corbin, Pierre (1989): „Les marques stylistiques/diastratiques dans le dictionnaire monolingue". In: Hausmann et al. (Hgg.), Art. 57.
Coseriu, Eugenio (1971/88): „Der romanische Sprachtypus. Versuch einer neuen Typologisierung der romanischen Sprachen". In: Jörn Albrecht/Jens Lüdtke/Harald Thun (Hgg.): *Energeia und Ergon*. Studia in honorem Eugenio Coseriu, Bd. I, 207-224.
Coseriu, Eugenio (1978/88): „Falsche und richtige Fragestellungen in der Übersetzungstheorie". Ibid., 295-309. (Die bei Wilss (Hg.; 1981) abgedruckte Fassung dieses Aufsatzes ist leicht gekürzt).
Coseriu, Eugenio (1980/88): „Partikeln und Sprachtypus. Zur strukturell-funktionellen Fragestellung in der Sprachtypologie". Ibid., 185-193.
Coseriu, Eugenio (1981/88): „Kontrastive Linguistik und Übersetzung: ihr Verhältnis zueinander". Ibid., 311- 326.
Coseriu, Eugenio (1988): *Einführung in die Allgemeine Sprachwissenschaft*. Tübingen (UTB 1372).
Coseriu, Eugenio (1990): „Semántica estructural y semántica 'cognitiva'". In: *Profesor Francisco Marsá. Jornadas de Filología*. Universitat de Barcelona, 239-282.

Coseriu, Eugenio (2003): *Geschichte der Sprachphilosophie*. Von den Anfängen bis Rousseau. Neu bearbeitet und herausgegeben von Jörn Albrecht. Mit einer Vor-Bemerkung von Jürgen Trabant. Tübingen (UTB 2266).

Coseriu, Eugenio ([4]2007): *Textlinguistik*. Eine Einführung. Herausgegeben und bearbeitet von Jörn Albrecht. 3., überarbeitete und erweiterte Auflage. Tübingen (TBL 500).

Crystal, David (1995): *Die Cambridge Enzyklopädie der Sprache*. Übersetzung und Bearbeitung der deutschen Ausgabe von Stefan Röhrich, Ariane Böckler und Manfred Jansen. Darmstadt.

Czennia, Bärbel (2004): „Dialektale und soziolektale Elemente als Übersetzungsproblem". In: Harald Kittel et al. (Hgg.; 2004), Art. 53.

Daneš, František (1976): „Zur semantischen und thematischen Struktur des Kommunikats". In: František Daneš/Dieter Viehweger (Hgg.): *Probleme der Textgrammatik I*. Studia Grammatica IX. Berlin, 29-40.

Dardano, Maurizio (1978): *La formazione delle parole nell'italiano di oggi*. Primi materiali e proposte. Rom.

Delbouille, Paul (1961): *Poésie et sonorités*. Paris.

Deutsche Wortbildung (1972-1992): *Deutsche Wortbildung. Typen und Tendenzen in der Gegenwartssprache*. Eine Bestandsaufnahme des Instituts für Deutsche Sprache. Forschungsstelle Innsbruck. Bd. 1. Hauptteil. *Das Verb*. Düsseldorf 1973; Bd 2. Hauptteil. *Das Substantiv*. Düsseldorf 1975; Bd. 3. Hauptteil. *Das Adjektiv*. Düsseldorf 1978; Bd. 4. Hauptteil. *Substantivkomposita*. Berlin/New York 1991; Bd. 5. Hauptteil. *Adjektivkomposita und Partizipialbildungen*. Berlin/New York 1991.

Diekmann, Andreas ([3]1997): *Empirische Sozialforschung*. Grundlagen, Methoden, Anwendungen. Reinbek bei Hamburg.

Diller, Hans-Jürgen/Joachim Kornelius (1978): *Linguistische Probleme der Übersetzung*. Tübingen (Anglistische Arbeitshefte 19).

Dittmar, Norbert (1997): *Grundlagen der Soziolinguistik – Ein Arbeitsbuch mit Aufgaben*. Tübingen (Konzepte 57).

Dobrovol'skij, Dimitrij (1997): *Idiome im mentalen Lexikon*. Ziele und Methoden der kognitivbasierten Phraseologieforschung. Trier.

Doherty, Monika (Hg.; 1999): *Sprachspezifische Aspekte der Informationsverteilung*. Berlin.

Dressler, Wolfgang (1974): „Der Beitrag der Textlinguistik zur Übersetzungswissenschaft". In: Volker Kapp (Hg.): *Übersetzer und Dolmetscher*. Heidelberg (UTB 34).

Ducrot, Oswald (1972): *Dire et ne pas dire*. Principes de sémantique linguistique. Paris.

Ducrot, Oswald/Jean-Marie Schaeffer (1995): *Nouveau dictionnaire encyclopédique des sciences du langage*. Paris (Collection Points/Essais 397).

Dupuy-Engelhardt, Hiltrud (1991): „Zur Benennung von Schallereignissen im Deutschen und Französischen". In: Giovanni Rovere/Gerd Wotjak (Hgg.): *Studien zum romanisch-deutschen Sprachvergleich*. Tübingen (Linguistische Arbeiten 297), 145-154.

Dürr, Michael/Peter Schlobinski (1990): *Einführung in die deskriptive Linguistik*. Opladen.

Eckkramer, Eva Martha (1996; unter Mitarbeit von Sabine Divis-Kastenberger): *Die Todesanzeige als Spiegel kultureller Konventionen: eine kontrastive Analyse deutscher, englischer, französischer, spanischer, italienischer und portugiesischer Todesanzeigen*. Bonn.

Eckkramer, Eva Martha/Nicola Hödl/Wolfgang Pöckl (1999): *Kontrastive Textologie*. Wien.

Eco, Umberto (2003): *Dire quasi la stessa cosa*. Esperienze di traduzione. Mailand (Dt. Üb. von Burkhart Kroeber: *Quasi dasselbe in anderen Worten: über das Übersetzen*. München/Wien 2006).

Eco, Umberto/Siri Nergaard (2001): „Semiotic approaches". In: Mona Baker (Hg.; 2001), 218-222.

Eicher, Thomas/Volker Wiemann (1996): *Arbeitsbuch Literaturwissenschaft*. Paderborn.
Eroms, Hans-Werner (1986): *Funktionale Satzperspektive*. Tübingen (Germanistische Arbeitshefte 31).
Federici, Federico M. (Hg.; 2011): *Translating Dialects and Languages of Minorities. Challenges and solutions*. Oxford usw. (auch als eBook erhältlich).
Fehr, Johannes (Hg.; 1997): *Ferdinand de Saussure. Linguistik und Semiologie. Notizen aus dem Nachlaß. Texte, Briefe, Dokumente*. Gesammelt, übersetzt und eingeleitet von Johannes Fehr. Frankfurt am Main.
Felber, Helmut/Gerhard Budin (1989): *Terminologie in Theorie und Praxis*. Tübingen (FFF 9).
Fillmore, Charles J. (1977): „Scenes and Frames Semantics". In: Antonio Zampolli (Hg.): *Linguistic Structure Processing*. Amsterdam, 55-81.
Fillmore, Charles J. (1985): „Frames and the Semantics of Understanding", *Quaderni di Semantica* VI, 2, 222-254.
Firbas, Jan (1964): „On Defining the Theme in Functional Sentence Analysis". *Travaux Linguistiques de Prague* 1, 267-280.
Fluck, Hans Rüdiger ($^5$1996): *Fachsprachen*. Tübingen/Basel (UTB 483).
Flydal, Leiv (1952): „Remarques sur certains rapports entre le style et l'état de langue". *Norsk Tidsskrift for Sprogvidenskap* 16, 240-257.
Földes, Csaba (1997): *Idiomatik/Phraseologie*. Heidelberg (Studienbibliographien Sprachwissenschaft 18).
Folena, Gian Franco (1991): *Volgarizzare e tradurre*. Turin.
Frege, Gottlob (1891/1966): „Funktion und Begriff". Wiederabgedruckt in: Idem: *Funktion, Begriff, Bedeutung. Fünf logische Studien*. Göttingen, 18-39.
Frege, Gottlob (1892/1966): „Über Sinn und Bedeutung." Ibid.: 40-65.
Fredrich, Claudia (1997): *Leistungsmerkmale, Dienstangebot und internationale Zusammenarbeit im ISDN: Eine terminologische Untersuchung im Deutschen und Französischen*. Diplomarbeit Heidelberg (unveröffentlicht).
Freud, Sigmund (1943/78): „Über den Gegensinn der Urworte". In: Idem: *Gesammelte Werke*. Chronologisch geordnet, Bd. VIII. Frankfurt am Main, 214-221.
Fuchs, Catherine/Stéphane Robert (1997): *Diversités des langues et représentations cognitives*. Paris.
Fuhrmann, Manfred ($^3$1990): *Die antike Rhetorik. Eine Einführung*. München.
García Yebra, Valentín (1984): *Teoría y práctica de la traducción*. Segunda edición revisada. 2 Bde. Madrid.
García Yebra, Valentín (1994): „Crítica de la traducción". In: Idem: *Traducción: Historia y Teoría*. Madrid, 430-447.
Gardt, Andreas (1989): „Möglichkeiten und Grenzen einer pragmatischen Übersetzungstheorie". *TEXTconTEXT* 4, 1-59.
Gauger, Hans-Martin (1970): *Wort und Sprache. Sprachwissenschaftliche Grundfragen*. Tübingen (Konzepte 3).
Gauger, Hans-Martin (1971): *Durchsichtige Wörter. Zur Theorie der Wortbildung*. Heidelberg.
Gauger, Hans-Martin (1972): *Zum Problem der Synonyme*. Tübingen (TBL 9).
Gauger, Hans-Martin (1995): *Über Sprache und Stil*. München.
Gauger, Hans-Martin (2002): „Hegel über Sprache – in Löwiths Augen". In: Bettina Lindorfer/Dirk Naguschewski (Hgg.): *Hegel: Zur Sprache. Beiträge zur Geschichte des europäischen Sprachdenkens*. (Festschrift für Jürgen Trabant). Tübingen, 59-78.
Geckeler, Horst (1971): *Zur Wortfelddiskussion. Untersuchungen zur Gliederung des Wortfeldes „Alt-Jung-Neu" im heutigen Französisch*. München.

Geckeler, Horst (Hg.; 1978): *Strukturelle Bedeutungslehre*. Darmstadt (WdF 426).
Geier, Manfred (1998): *Orientierung Linguistik*. Was sie kann, was sie will. Reinbek bei Hamburg.
Genette, Gérard (1969): *Figures* II. Paris.
Genette, Gérard (1979): *Introduction à l'architexte*. Paris.
Gerhardt, Stefan (1998): „Software-Lokalisierung." In: Mary Snell-Hornby et al. (Hgg.), Art. 55.
Gerzymisch-Arbogast, Heidrun (1987): *Zur Thema-Rhema-Gliederung in amerikanischen Wirtschaftsfachtexten*. Eine exemplarische Analyse. Tübingen (TBL 306).
Gerzymisch-Arbogast, Heidrun (1994): *Übersetzungswissenschaftliches Propädeutikum*. Tübingen/Basel (UTB 1782).
Gile, Daniel (2004): „Issues in research into conference interpreting". In: Harald Kittel et al. (Hgg.; 2004), Art. 83.
Giradin, Chantal (1987): „Système de marques et connotation sociales dans quelques dictionnaires culturels français". *Lexicographica* 3/1987, 76-102.
Göhring, Heinz (1998): „Interkulturelle Kommunikation". In: Mary Snell-Hornby et al. (Hgg.), Art. 30.
Göpferich, Susanne (1998): „Paralleltexte". Ibid., Art. 50.
Göpferich, Susanne (1998a): „Text, Textsorte, Texttyp". Ibid., Art. 17.
Gorlée, Dinda L. (2004): „Translation as a semiotic problem, including intersemiotic translation". In: Harald Kittel et al. (Hgg.; 2004): Art. 8.
Gotti, Maurizio/Šarčević, Susan (Hgg.; 2006): *Insights into Specialized Translation*. Bern usw.
Grammont, Maurice (1901): „Onomatopées et mots expressifs." *Revue des Langues Romanes* XLIV, 97-159.
Grünbeck, Bernhard (1976/1983): *Moderne deutsch-französische Stilistik auf der Basis des Übersetzungsvergleichs*. 2 Bde., Heidelberg.
Gülich, Elisabeth/Wolfgang Raible (1977): *Linguistische Textmodelle*. Grundlagen und Möglichkeiten. München (UTB 130).
Güttinger, Fritz (1963): *Zielsprache*. Theorie und Technik des Übersetzens. Zürich.
Hager, Fritjof/Hartmut Haberland/Rainer Paris (1973): *Soziologie und Linguistik*. Die schlechte Aufhebung der Ungleichheit durch Sprache. Stuttgart.
Haiman, John (1980): „Dictionaries and Encyclopedias". *Lingua* 50, 329-357.
Hajičová, Eva/Petr Sgall (2004): „Translation and Information Structure". In: Juliane House/Werner Koller/Klaus Schubert (Hgg.): *Neue Perspektiven in der Übersetzungs- und Dolmetschwissenschaft*. Festschrift für Heidrun Gerzymisch-Arbogast zum 60. Geburtstag, Bochum, 235-248.
Halliday, Michael A. (1978): *Language as social semiotics*. The social interpretation of language and meaning. London.
Halliday, Michael A./Hasan, Ruqaia (1976): *Cohesion in English*. London/New York.
Hartmann, Peter (1968): „Zum Begriff des sprachlichen Zeichens". In: *Zeitschrift für Phonetik, Sprachwissenschaft und Kommunikationsforschung* 21, 205-222.
Hartnack, Justus (1960): *Wittgenstein und die moderne Philosophie*. Stuttgart usw.
Hatim, Basil (2001): „Pragmatics and translation". In: Mona Baker (Hg.; 2001), 179-183.
Hatim, Basil (2001a): „Text linguistics and translation". In: Ibid., 262-265.
Hausmann, Franz Josef (1974): *Studien zu einer Linguistik des Wortspiels*. Das Wortspiel im »Canard enchaîné«. Tübingen (*Beihefte zur ZrP* 134).
Hausmann, Franz Josef (1989): „Die Markierungen im allgemeinen einsprachigen Wörterbuch: eine Übersicht". In: Hausmann, Franz Josef et al. (Hgg.; 1989), Bd. I, Art. 53.

Hausmann, Franz Josef et al. (Hgg.; 1989): *Wörterbücher – Dictionaries – Dictionnaires*. Ein internationales Handbuch zur Lexikographie, 3 Bde. Berlin/New York.
Heinemann, Wolfgang/Dieter Viehweger (1991): *Textlinguistik*. Eine Einführung. Tübingen (Germanistische Linguistik 115).
Hempel, Carl G./Paul Oppenheim (1936): *Der Typusbegriff im Lichte der neueren Logik*. Leiden.
Henjum, Kjetil Berg (2004): „Gesprochensprachlichkeit als Übersetzungsproblem". In: Harald Kittel et al. (Hgg.; 2004), Art. 54.
Henschelmann, Käthe (1999): *Problem-bewußtes Übersetzen*. Französisch-Deutsch. Ein Arbeitsbuch. Tübingen.
Hentschel, Elke/Harald Weydt (1990): *Handbuch der deutschen Grammatik*. Berlin/New York.
Hermans, Theo (2001): „Models of translation". In: Mona Baker (Hg.; 2001), 154-157.
Hess, Günter (1971): *Deutsch-Lateinische Narrenzunft*. Studien zum Verhältnis von Volkssprache und Latinität in der satirischen Literatur des 16. Jahrhunderts. München.
Hindelang, Götz ($^3$2000): *Einführung in die Sprechakttheorie*. Tübingen (Germanistische Arbeitshefte 27).
Hidalgo Navarro, Antonio (2010): „Los marcadores del discurso y su significante: entorno a la interfaz marcadores-prosodía en español". In: Óscar Loureda Lamas/Esperanza Acín Villa (Hgg.; 2010), 61-92.
Hirsch, Alfred (Hg.; 1997): *Übersetzung und Dekonstruktion*. Frankfurt am Main.
Hohnhold, Ingo (1982): „Grundbegriffe im Bereich und im Umfeld übersetzungsorientierter Terminologiearbeit. Arbeitsdefinitionen und Anmerkungen". *Lebende Sprachen* 27, 1, 1-5.
Holzer, Peter (2004): „Funktionale Übersetzungstheorie und Rechtsübersetzen". In: Ina Müller (Hg.): *Und sie bewegt sich doch ... Festschrift für Heidemary Salevsky zum 60. Geburtstag*. Frankfurt am Main, 149-162.
Hönig, Hans G. (1995): *Konstruktives Übersetzen*. Tübingen.
Hönig, Hans G./Paul Kußmaul (1982): *Strategie der Übersetzung*. Ein Lehr- und Arbeitsbuch. Tübingen.
House, Juliane (1997): *Translation Quality Assessement*. A Model Revisited. Tübingen.
House, Juliane (2002): „Möglichkeiten der Übersetzungskritik". In: Joanna Best/Sylvia Kalina (Hgg.): *Übersetzen und Dolmetschen*. Eine Orientierungshilfe. Tübingen (UTB 2329), 101-109.
Hurtado Albir, Amparo ($^2$2004): *Traducción y traductología*. Introducción a la traductología. Madrid.
(*L')infinito nel mondo* 2. Centro Nazionale di Studi Leopardiani. Recanati 1988.
Italiaander, Rolf (1968): „Eines der würdigsten Geschäfte im allgemeinen Weltverkehr. Marginalien zu dem Problem der literarischen Übersetzung". *Linguistica Antverpiensia* II, 251-273.
Jäger, Gert (1968): „Elemente einer Theorie der bilingualen Translation". In: *Grundfragen der Übersetzungswissenschaft*. Leipzig, 35-52. (Beiheft II zu *Fremdsprache*).
Jäger, Gert (1975): *Translation und Translationslinguistik*. Halle/Saale.
Jakobson, Roman (1959): „On linguistic aspects of translation". In: Reuben A. Brower (Hg.): *On Translation*. New York, 232-239.
Jakobson, Roman (1960/72): „Linguistik und Poetik". In: Jens Ihwe (Hg.) *Literaturwissenschaft und Linguistik*. Frankfurt am Main 1972. (Orig. „Linguistics and poetics". In: Thomas A. Sebeok (Hg.): *Style in Language*. Cambridge, Mass 1960).
Jilek, Karin (1996): *Verfahren sprachlicher Kondensierung im Französischen*. Diplomarbeit Heidelberg (unveröffentlicht).

Kade, Otto (1968): „Kommunikationswissenschaftliche Probleme der Translation". In: *Grundfragen der Übersetzungswissenschaft*. Leipzig, 21-33. (Beiheft II zu *Fremdsprache*).
Kailuweit, Rolf/Martin Hummel (Hgg.; 2004): *Semantische Rollen*. Tübingen (TBL 472).
Kalina, Sylvia (1998): *Strategische Prozesse beim Dolmetschen*. Tübingen.
Kalina, Sylvia (2002): „Fragestellungen der Dolmetschwissenschaft". In: Joanna Best/Eadem (Hgg.): *Übersetzen und Dolmetschen*. Eine Orientierungshilfe. Tübingen (UTB 2329), 30-43.
Kamitz, Reinhard (1973): *Positivismus*. Befreiung vom Dogma. München/Wien.
Kant, Immanuel (1787/1966): *Kritik der reinen Vernunft* [Zweite Auflage = B]. Idem: *Werke in sechs Bänden*, Bd. II. Darmstadt.
Kautz, Ulrich (2000): *Handbuch Didaktik des Übersetzens und Dolmetschens*. München.
Kerbrat-Orecchioni, Catherine (1977): *La connotation*. Lyon.
Kerzel, Martina/Brigitte Schulze (2004): „Anrede und Titulatur in der Übersetzung". In: Harald Kittel et al. (Hgg.; 2004), 97.
Kittel, Harald et al. (Hgg.; 2004): *Übersetzung*. Ein internationales Handbuch zur Übersetzungsforschung. 1. Teilband. Berlin/New York.
Kittel, Harald et al. (Hgg.; 2011). *Übersetzung*. Ein internationales Handbuch zur Übersetzungsforschung. 3. Teilband. Berlin/New York.
Kleiber, Georges (1998): *Prototypensemantik*. Eine Einführung. 2. überarbeitete Auflage, übersetzt von Michael Schreiber. Tübingen.
Klein, Wolfgang (1988): „Varietätengrammatik". In: Ulrich Ammon/Klaus Mattheier/Norbert Dittmar (Hgg.): *Soziolinguistik*, Bd. II. Berlin/New York, Art. 113.
Klein, Wolfgang (1992): „Was kann sich die Übersetzungswissenschaft von der Linguistik erwarten?". *Zeitschrift für Literaturwissenschaft und Linguistik* 84, 104-123.
Koch, Peter/Wulf Oesterreicher (1985): „Sprache der Nähe – Sprache der Distanz. Mündlichkeit und Schriftlichkeit im Spannungsfeld von Sprachtheorie und Sprachgeschichte". *Romanistisches Jahrbuch* 36, 15-43.
Koessler, Maxime/Jules Derocquigny (1928): *Les faux amis ou les trahisons du vocabulaire anglais*. Paris.
Koller, Werner ($^8$2011/$^1$1979): *Einführung in die Übersetzungswissenschaft*. 8. neubearbeitete Auflage. Unter Mitarbeit von Kjetil Berg Henjum. Tübingen (UTB 3520).
Koller, Werner (2004): „Die Übersetzung als Gegenstand der Sprachwissenschaft". In: Harald Kittel et al. (Hgg.; 2004), Art. 20.
Korhonen, Jarmo: „Phraseologismen als Übersetzungsproblem". In: Ibid., Art. 63.
Konerding, Klaus-Peter (1993): *Frames und lexikalisches Bedeutungswissen*. Untersuchungen zur linguistischen Grundlegung einer Frametheorie und zu ihrer Anwendung in der Lexikographie. Tübingen.
Koschmieder, Erwin (1965/81): „Das Problem der Übersetzung". Ausschnitt aus: Idem: *Beiträge zur allgemeinen Syntax*, abgedruckt in: Wolfram Wilss (Hg.; 1981), 48-59.
Krings, Hans Peter (1986): *Was in den Köpfen von Übersetzern vorgeht*. Eine empirische Untersuchung zur Struktur des Übersetzungsprozesses an fortgeschrittenen Französischlernern. Tübingen (TBL 291).
Krogh, Anja (2000): *Warten auf das Verb*. Empirische Untersuchung über Verbklammern als Problem beim Simultandolmetschen am Beispiel des Sprachenpaares Deutsch-Französisch. Diplomarbeit Heidelberg (unveröffentlicht).
Kromann, Hans-Peder (1987): „Zur Typologie und Darbietung der Phraseologismen in Übersetzungswörterbüchern". In: Jarmo Korhonen (Hg.): *Beiträge zur allgemeinen und germanistischen Phraseologieforschung*. Oulu, 183-191.

Krüger, Claudia (1999): *Die Alzheimer Krankheit – Eine terminologische Untersuchung im Sprachenpaar Deutsch-Französisch*. Diplomarbeit Heidelberg (unveröffentlicht).
Krüger, Dagobert (1992): „Anmerkungen zur Entstehung und Diskussion mathematischer Termini an Beispielen des 17. und 18. Jahrhunderts". In: Jörn Albrecht/Richard Baum (Hgg.): *Fachsprache und Terminologie in Geschichte und Gegenwart*. Tübingen (FFF 14), 117-133.
Kupsch-Losereit, Sigrid (1998): „Gerichtsurteile". In: Mary Snell-Hornby et al. (Hgg.), Art. 60.
Kürschner, Wilfried (⁴2003): *Grammatisches Kompendium*. Systematisches Verzeichnis grammatischer Grundbegriffe. Tübingen/Basel (UTB 1526).
Kußmaul, Paul (Hg.; 1980): *Sprechakttheorie*. Ein Reader. Wiesbaden.
Kutschera, Franz von (²1975): *Sprachphilosophie*. München (UTB 80).
Ladmiral, Jean-René (1981): „La traduction comme linguistique d'intervention". In: Wolfgang Pöckl (Hg.): *Europäische Mehrsprachigkeit* (Festschrift Wandruszka). Tübingen, 375-400.
Lamíquiz, Vidal (1987): *Lengua española: método y estructuras lingüísticas*. Barcelona.
Lausberg, Heinrich (1963): *Elemente der Literarischen Rhetorik*. München.
Lebsanft, Franz/Martin-Dietrich Gleßgen (Hgg.; 2004): „Historische Semantik in den romanischen Sprachen. Kognition, Pragmatik, Geschichte". In: Idem: *Historische Semantik in den romanischen Sprachen*. Tübingen, 1-28 (Linguistische Arbeiten 483).
Lepschy, Anna L./Giulio Lepschy (1986): *Die italienische Sprache*. Übersetzt von Susanne Hagemann. Tübingen (UTB 292).
Lerat, Pierre (1995): *Les langues spécialisées*. Paris.
Lerot, Jacques (1993): *Précis de linguistique générale*. Paris.
Levinson, Stephen C. (1983/90/2000): *Pragmatics*. Cambridge usw. (Erste dt. Übersetzung von Ursula Fries, Tübingen 1990; zweite Üb. von Martina Wiese, Tübingen 2000).
Locke, John (1690/1975): *An Essay Concerning Human Understanding*, edited with a foreword by Peter H. Nidditch. Oxford (Erstausgabe 1690).
López García, Ángel (2007): „Sobre la indeterminación de la traducción". In: Martina Emsel/Juan Cuartero Otal (Hgg.): *Brücken. Übersetzen und Interkulturelle Kommunikation*. Festschrift für Gerd Wotjak zum 65. Geburtstag. Frankfurt am Main usw., Bd. 2, 247-253.
López García, Ángel (2008): „La bicefalia metodológica de la gramática contrastiva". In: Jörn Albrecht/Frank Harslem (Hgg.): *Heidelberger Spätlese. Ausgewählte Tropfen aus verschiedenen Lagen der spanischen Sprach- und Übersetzungswissenschaft*. Festschrift anlässlich des 70. Geburtstags von Prof. Dr. Nelson Cartagena. Bonn, 117-131.
Lotholz, Klaus (2011): „Printwörterbücher als Hilfsmittel des Übersetzers". In: Harald Kittel et al. (Hgg.; 2011), Art. 283.
Loureda Lamas, Óscar/Esperanza Acín Villa (Hgg.; 2010): *Los estudios sobre marcadores del discurso en español, hoy*. Madrid.
Lötscher, Andreas (1983): *Satzakzent und Funktionale Satzperspektive im Deutschen*. Tübingen (Linguistische Arbeiten 127).
Lüdtke, Jens (2005): *Romanische Wortbildung*. Inhaltlich – diachronisch – synchronisch. Tübingen.
Ludwig, Klaus-Dieter (1991): *Markierungen im allgemeinen einsprachigen Wörterbuch des Deutschen*, Tübingen (Lexicographica, Series Maior 38).
Lutzeier, Peter Rolf (1995): *Lexikologie*. Ein Arbeitsbuch. Tübingen.
Lyons, John (1969/1995): *Introduction to Theoretical Linguistics*. Cambridge. (*Einführung in die moderne Linguistik*. Aus dem Englischen übertragen von W. und G. Abraham. Für den deutschen Leser eingerichtet von W. Abraham. München).
Lyons, John (1983): *Die Sprache (Language and Linguistics)*. Aus dem Englischen übertragen und für den deutschen Leser eingerichtet von Christoph Gutknecht. München.

Maaß, Christiane/Angela Schrott (Hgg.; 2010): *Wenn Deiktika nicht zeigen: zeigende und nicht-zeigende Funktionen deiktischer Formen in den romanischen Sprachen.* Berlin usw.
Macheiner, Judith (1995): *Übersetzen. Ein Vademecum.* Frankfurt am Main.
Maingueneau, Dominique (1990): *Eléments de linguistique pour le texte littéraire.* Paris.
Maingueneau, Dominique (2000): *Linguistische Grundbegriffe zur Analyse literarischer Texte.* Übersetzt und für deutsche Leser bearbeitet von Jörn Albrecht. Tübingen.
Malblanc, Alfred (1963): *Stylistique comparée du français et de l'allemand.* Paris.
Malmkjær, Kirsten (2001): „Unit of translation". In: Mona Baker (Hg.; 2001), 286-288.
Marchand, Hans (²1969): *The Categories and Types of Present-Day English Word-Formation.* München.
Markstein, Elisabeth (1998): „Realia". In: Mary Snell-Hornby et al. (Hgg.), Art. 81.
Martinet, André (1960): *Eléments de linguistique générale.* Paris.
Matthews, Peter H. (1974): *Morphology. An Introduction to the Theory of Word-Structure.* Cambridge.
Mayer, Felix (1998): *Eintragsmodelle in terminologische Datenbanken. Ein Beitrag zur übersetzungsorientierten Terminographie.* Tübingen (FFF 44).
Mayerthaler, Willi (1977): *Studien zur theoretischen und zur französischen Morphologie. Reduplikation, Echowörter, morphologische Natürlichkeit, Haplologie, Produktivität, Regeltelescoping, paradigmatischer Ausgleich.* Tübingen (Linguistische Arbeiten 40)
Menge, Hermann (1900): *Repetitorium der lateinischen Syntax und Stilistik [...].* Wolfenbüttel.
Métrich, René/Eugène Faucher (in Zusammenarbeit mit Jörn Albrecht; 2009): *Wörterbuch deutscher Partikeln. Unter Berücksichtigung ihrer französischen Äquivalente.* Berlin/New York.
Minsky, Marvin (1975): „A framework for representing knowledge". In: Patrick H. Winston (Hg.): *The Psychology of Computer Visions.* New York, 211-277.
Morel, Mary-Annick/Laurent Danon-Boileau (1998): *Grammaire de l'intonation. L'exemple du français.* Gap/Paris.
Morris, Charles W. (1946): *Signs, Language and Behavior.* Englewood Cliffs, N. J. (*Zeichen, Sprache und Verhalten*, Düsseldorf 1973; übersetzt von Achim Eschbach und Günter Kopsch).
Motsch, Wolfgang (2004): „Übersetzbarkeit unter sprachlichen und textuellen Aspekten". In: Harald Kitttel et al. (Hgg.; 2004), Art. 40.
Mounin, Georges (1963): *Les problèmes théoriques de la traduction.* Paris.
Mounin, Georges (1970): *Introduction à la sémiologie.* Paris.
Müller, Mirjam (1999): *Bodenerosion und Erosionsschutz durch Agroforstwirtschaft. Am Beispiel des tropischen und subtropischen Afrika. Eine terminologische Untersuchung in den Sprachen Deutsch, Französisch und Englisch.* Diplomarbeit Heidelberg (unveröffentlicht).
Nabrings, Kirsten (1981): *Sprachliche Varietäten.* Tübingen (TBL 147).
Nehls, Dietrich (1989): „German Modal Particles Rendered by English Auxiliary Verbs". In: Harald Weydt (Hg.; 1989), 282-292.
Netzel, Rebecca (2003): *Metapher: Kognitive Krücke oder heuristische Brücke? Zur Metaphorik in der Wissenschaftssprache.* 2 Bde. Hamburg.
Neubert, Albrecht (1973): „Invarianz und Pragmatik". In: Idem/Otto Kade (Hgg.): *Neue Beiträge zu Grundfragen der Übersetzungswissenschaft.* Frankfurt am Main.
Newmark, Peter (1988): *A Textbook of Translation.* New York usw.
Nickel, Gerhardt (Hg.; 1972): *Reader zur kontrastiven Linguistik.* Frankfurt am Main.
Nida, Eugene A. (1975/81): „Das Wesen des Übersetzens" (Science of Translation). In: Wolfram Wilss (Hg.; 1981), 123-149.

Nida, Eugene A. (1945): „Linguistics and Ethnology in Translation – Problems". *Word* 1, 194-208.
Nida, Eugene A. (1964): *Toward a Science of Translating*. With special reference to principles and procedures involved in Bible Translating. Leiden.
Nida, Eugene A./Charles R. Taber (1969): *The Theory and Practice of Translation*. Leiden (deutsch: *Theorie und Praxis des Übersetzens unter besonderer Berücksichtigung der Bibelübersetzung*. Weltbund der Bibelgesellschaften o.O.).
Niebaum, Hermann (1989): „Diatopische Markierungen im allgemeinen einsprachigen Wörterbuch". In: Hausmann, Franz Josef et al. (Hgg.; 1989), Bd. I, Art. 55.
Nies, Fritz (1986): „Vom Elend der Übersetzungsbibliographie". In: Bernd Kortländer/Fritz Nies (Hgg.): *Französische Literatur in deutscher Sprache*. Eine kritische Bilanz. Düsseldorf, 152-153.
Nord, Christiane (1998): „Vertikal statt horizontal. Die Übersetzungseinheit aus funktionaler Sicht". In: Peter Holzer/Cornelia Feyrer (Hgg.): *Text, Sprache, Kultur*. Frankfurt am Main usw., 125-140.
Nord, Christiane (1998a): „Textanalyse: pragmatisch/funktional". In: Mary Snell-Hornby et al. (Hgg.), Art. 103.
Nye, Irene (1912/78): „Satzverbindungen, besonders bei Livius" (Sentence Connection. Illustrated Chiefly from Livy). Abdruck eines Auszugs der Diss. Yale-University (1912) in dt. Üb. in: Wolfgang Dressler (Hg.): *Textlinguistik*. Darmstadt (WdF 427), 15-23.
O'Sullivan, Emer/ Dietmar Rösler (1989): „Wie kommen Abtönungspartikeln in deutsche Übersetzungen von Texten, deren Ausgangssprachen für diese keine direkten Äquivalente haben?" In: Harald Weydt (Hg.; 1989), 204-216.
Oettinger, Anthony G. (1960): *Automatic Language Translation*. Lexical and Technical Aspects with Particular Reference to Russian. Cambridge Mass.
Ong, Walter J. (1982): *Orality and Literacy*. The Technologizing of the Word. London/New York.
Osimo, Bruno ($^2$2010): *Propedeutica della traduzione*. Corso introduttivo con tabelle sinottiche. Mailand.
Palmer, Frank (1971): *Grammar*. London (deutsch: *Grammatik und Grammatiktheorie*. München 1974).
Paul, Hermann (1880/$^8$1968): *Prinzipien der Sprachgeschichte*. Tübingen.
Pelz, Heidrun ($^3$1998): *Linguistik*. Eine Einführung. Hamburg.
Peters, Bert (2004): „Tu ou vous?". *Zeitschrift für französische Sprache und Literatur*, 111, 1, 1-17.
Petersen, Jürgen H. (1993): *Erzählsysteme*. Eine Poetik epischer Texte. Stuttgart.
Pilz, Klaus Dieter (1981): *Phraseologie*. Redensartenforschung. Stuttgart (Sammlung Metzler 198).
Pöchhacker, Franz (1994): *Simultandolmetschen als komplexes Handeln*. Tübingen.
Pöckl, Wolfgang (1997): „Apuntes para la historia de »traducere«/»traducir«". *Hieronymus Complutensis* 4/5, 9-15.
Pöckl, Wolfgang (2001): „Mario Wandruszkas Interlinguistik: dreißig Jahre danach". In: Jörn Albrecht/Hans-Martin Gauger (Hgg.): *Sprachvergleich und Übersetzungsvergleich*. Leistung und Grenzen, Unterschiede und Gemeinsamkeiten. Frankfurt am Main, 13-29.
Pöckl, Wolfgang (2002): „Die mäeutische Qualität des Übersetzungsvergleichs". In: Cornelia Feyrer/Peter Holzer (Hgg.): *Translation: Didaktik im Kontext*. Frankfurt am Main usw. (InnTrans 1), 125-139.

Pöckl, Wolfgang (2007): „Können *Faux Amis* durch Übersetzung zu *Vrais Amis* werden? In: Alberto Gil/Ursula Wienen (Hgg.): *Multiperspektivische Fragestellungen der Translation in der Romania.* Hommage an Wolfram Wilss zu seinem 80. Geburtstag. Franfurt am Main usw., 125-133.

Popper, Karl R.(1979): *Ausgangspunkte.* Meine intellektuelle Entwicklung. Hamburg.

Pörings, Ralf/Ulrich Schmitz (Hgg.; ²2003): *Sprache und Sprachwissenschaft.* Eine kognitiv orientierte Einführung. Tübingen.

Prunč, Erich (1998): „Semiotik.". In: Mary Snell-Hornby et al. (Hgg.), Art. 33.

Putnam, Hilary (1990): *Die Bedeutung von »Bedeutung«.* Herausgegeben und übersetzt von Wolfgang Spohn. Frankfurt am Main.

Putnam, Hilary (1999): *Repräsentation und Realität* (Representation and Reality). Übersetzt von Joachim Schulte. Frankfurt am Main.

Quine, Willard Van Orman (1964): *Word and Object.* Cambridge, chap. 2 „Meaning and Translation". (Deutsch: *Wort und Gegenstand.* Kap. 2 „Übersetzung und Bedeutung". Stuttgart 1980 [Reclams Universal-Bibliothek 9987]).

Rackow, Ulrike (1994): *Vent d'ouest – vent du nord; hombre de campo – hombre del campo.* Zum Problem des »Binnenartikels« im Französischen und Spanischen. Tübingen (TBL 402).

Radtke, Edgar (1994): „Die Übersetzungsproblematik von Sondersprachen – am Beispiel der portugiesischen, französischen und italienischen Übertragung von Christiane F. – Wir Kinder vom Bahnhof Zoo". In: Günter Holtus/Edgar Radtke (Hgg.): *Umgangssprache in der Iberoromania* (Festschrift für Heinz Kröll). Tübingen, 63-80.

Rastier, François (1991): *Sémantique et recherches cognitives.* Paris.

Reichmann, Oskar (1993): „Europäismen im Wortschatz von Einzelsprachen". In: Baldur Panzer (Hg.): *Aufbau, Entwicklung und Struktur des Wortschatzes in den europäischen Sprachen.* Motive, Tendenzen, Strömungen und ihre Folgen. Beiträge zum lexikologischen Kolloquium in Heidelberg vom 7. bis 10. Oktober 1991. Frankfurt am Main usw., 28-47.

Reinart, Sylvia (1992): *Terminologie und Einzelsprache.* Vergleichende Untersuchung zu einzelsprachlichen Besonderheiten der fachsprachlichen Lexik mit Schwerpunkt auf dem Sprachenpaar Deutsch-Französisch. Frankfurt am Main usw.

Reinart, Sylvia (2004): „Zur Theorie und Praxis von Untertitelung und Synchronisation". In: Rainer Kohlmayer/Wolfgang Pöckl (Hgg): *Literarisches und mediales Übersetzen.* Aufsätze zur Theorie und Praxis einer gelehrten Kunst. Frankfurt am Main usw., 73-112.

Reiß, Katharina (1971): *Möglichkeiten und Grenzen der Übersetzungskritik.* Kategorien und Kriterien für eine sachgerechte Beurteilung von Übersetzungen. München.

Reiß, Katharina (1977): „Texttypen, Übersetzungstypen und die Beurteilung von Übersetzungen." *Lebende Sprachen* 3/1977, 97-100.

Reiß, Katharina (1981): „Der Übersetzungsvergleich. Formen – Funktionen – Anwendbarkeit". In: Wolfgang Kühlwein/Gisela Thome/Wolfram Wilss (Hgg.): *Kontrastive Linguistik und Übersetzungswissenschaft.* Akten des internationalen Kolloquiums Trier/Saarbrücken 25.-30.9.1978. München.

Reiß, Katharina (1988): „'Der' Text und der Übersetzer". In: Reiner Arntz (Hg.): *Textlinguistik und Fachsprache.* Akten des internationalen übersetzungswissenschaftlichen AILA-Symposions. Hildesheim, 13.-16. April 1987. Hildesheim/Zürich/New York, 57-75.

Reiß, Katharina (1990): „Der Ausgangstext – das sine qua non der Übersetzung", *TEXTconTEXT* 5, 30-39.

Reiß, Katharina/Hans J. Vermeer (1984): *Grundlegung einer allgemeinen Translationstheorie.* Tübingen. (Linguistische Arbeiten 147).

Rener, Frederick (1989): *Interpretatio. Language and Translation from Cicero to Tytler*. Amsterdam (Approaches to Translation Studies 8).

Renzi, Lorenzo (Hg.; 1988): *Grande grammatica italiana di consultazione*. 3 Bde., Bologna.

Riedmüller, Valerie (2004): *Der PC und sein Umfeld*. Eine terminologische Untersuchung im Sprachenpaar Deutsch-Französisch. Diplomarbeit Heidelberg (unveröffentlicht).

Robins, Robert H. (1967): *A Short History of Linguistics*. London/Harlow.

Robinson, Douglas (1997): *Western Translation Theory from Herodotus to Nietzsche*. Manchester.

Roelcke, Thorsten (1999): *Fachsprachen*. Berlin.

Rohdenburg, Günter (1990): „Aspekte einer vergleichenden Typologie des Englischen und Deutschen. Kritische Anmerkungen zu einem Buch von John A. Hawkins". In: Claus Gnutzmann (Hg.): *Kontrastive Linguistik*. Frankfurt am Main usw.

Rondeau, Guy (1981): *Introduction à la terminologie*. Québec.

Rossi, Mario et al. (1981): *L'intonation*. De l'acoustique à la sémantique. Paris.

Rössler, Gerda (1977): *Konnotationen*. Wiesbaden.

Rubenbauer, Hans/J. B. Hofmann ($^{12}$1995): *Lateinische Grammatik*. Neu bearbeitet von R. Heine. Bamberg/München.

Sager, Juan C. (1990): *A Practical Course in Terminology Processing*. Amsterdam/Philadelphia.

Sager, Juan C. (2001): „Terminology. Theory". In: Mona Baker (Hg., 2001), 258-262.

Savigny, Eike von (1970): *Grundkurs im wissenschaftlichen Definieren*. München.

Savigny, Eike von (1974): *Die Philosophie der normalen Sprache*. Eine kritische Einführung in die »ordinary language philosophy«. Frankfurt am Main (stw 29).

Schäffner, Christina (2004): „Systematische Übersetzungsdefinitionen". In: Harald Kittel et al. (Hgg.; 2004), Art. 13.

Scheidegger, Jean (1981): *Arbitraire et motivation en français et en allemand*. Examen critique des thèses de Charles Bally. Bern.

Scherfer, Peter (1977): *Funktionale Sprachvarianten*. Eine Untersuchung zum Französischen unter fremdsprachendidaktischem Aspekt. Kronberg (Taunus).

Schippan, Thea (1986): „Zum Charakter ‚stilistischer' Markierungen im Wörterbuch". *Linguistische Studien* 160, 58-65.

Schlegel, August Wilhelm (1846): „Der Wettstreit der Sprachen. Ein Gespräch über Klopstocks grammatische Gespräche". In: Idem: *Sämmtliche Werke*, hg. von Eduard Böcking. Leipzig. Bd. 7, 197-268.

Schleiermacher, Friedrich (1813/38): „Ueber die verschiedenen Methoden des Uebersezens". In: Friedrich Schleiermacher's sämmtliche Werke. Dritte Abtheilung. Zur Philosophie. 2. Bd.. Berlin 1828, 207-245.

Schlick, Moritz (1930/31): „Die Wende der Philosophie". *Erkenntnis* 1, 4-11.

Schlieben-Lange, Brigitte (1983): *Traditionen des Sprechens*. Elemente einer pragmatischen Sprachgeschichtsschreibung. Stuttgart usw.

Schmitt, Christian (1990): „Pertinencia y limites de una gramática para traductores". *Linguistica Antverpiensia* XXIV, 161-183.

Schmitt, Christian (1991): „Übersetzen und kontrastive Linguistik". In: Idem (Hg.): *Neue Methoden der Sprachmittlung*. Wilhelmsfeld, 49-83.

Schmitt, Christian (2007): „Kontrastive Linguistik und Übersetzen. Zum Problem der Pänidenteme und ihrer Äquivalente im Sprachenpaar Deutsch-Französisch". In: Martina Emsel/Juan Cuartero Otal (Hgg.): *Brücken. Übersetzen und Interkulturelle Kommunikation*. Festschrift für Gerd Wotjak zum 65. Geburtstag. Frankfurt am Main usw., Bd. 2, 327-340.

Schmitt, Peter A. (2001): „Technische Arbeitsmittel". In: Mary Snell-Hornby et al. (Hgg.; 2001), Art. 51.
Schneiders, Hans-Wolfgang (1995): *Die Ambivalenz des Fremden.* Übersetzungstheorie im Zeitalter der Aufklärung (Frankreich und Italien). Bonn.
Schreiber, Michael (1992): „Stilistische Probleme der niederländisch-deutschen Übersetzung". *Linguistica Antverpiensia* 1992, 103-126.
Schreiber, Michael (1993): Übersetzung und Bearbeitung. Zur Differenzierung und Abgrenzung des Übersetzungsbegriffs. Tübingen (TBL 389).
Schreiber, Michael (1999): „Von der »rechten« und der »linken« Grenze der Übersetzung". In: Norbert Greiner/Joachim Kornelius/Giovanni Rovere (Hgg.): *Texte und Kontexte in Sprachen und Kulturen* (Festschrift für Jörn Albrecht), Trier, 269-279.
Schreiber, Michael (2006): *Grundlagen der Übersetzungswissenschaft.* Französisch, Italienisch, Spanisch. Tübingen.
Schwarze, Christoph (2001): *Introduction à la sémantique lexicale.* Tübingen.
Schwarze, Christoph/Dieter Wunderlich (Hgg.; 1985): *Handbuch der Lexikologie.* Königstein (Taunus).
Searle, John R. (1969/71): *Speech Acts.* Cambridge Mass. 1969 (*Sprechakte.* Ein sprachphilosophischer Essay. Üb. von R. und R. Wiggerhaus. Frankfurt am Main 1971).
Searle, John R. (1975/80): „Indirect speech acts". In: Peter Cole/Jerry L. Morgan (Hgg.; 1975): *Syntax and Semantics.* Vol. 3: *Speech Acts.* New York. („Indirekte Sprechakte". In: Paul Kußmaul (Hg.; 1980), 127-150.
Searle, John R. (1976/80): „A classification of illocutionary acts". *Language in Society* 5, 1-23. („Eine Klassifikation der Illokutionsakte". Ibid.: 82-108).
Searle, John R. (1983): „The word turned upside down". *The New York Review of Books*, 27. Oktober 1983.
Segre, Cesare (1963): „Le caratteristiche della lingua italiana". Appendice zu: Charles Bally: *Linguistica generale e linguistica francese.* Mailand, 439-470.
Seleskovitch, Danica/Marianne Lederer (1889): *Pédagogie raisonnée de l'interprétation.* Brüssel/Luxemburg.
Siever, Holger (2010): *Übersetzen und Interpretation.* Die Herausbildung der Übersetzungswissenschaft als eigenständige wissenschaftliche Disziplin im deutschen Sprachraum von 1960 bis 2000. Frankfurt am Main usw.
Simone, Raffaele (2001): *Fondamenti di linguistica.* Rom/Bari.
Snell-Hornby, Mary et al. (Hgg.; 1998): *Handbuch Translation.* Tübingen.
Stati, Sorin (1990): *Le transphrastique.* Paris.
Steiner, George ($^3$1998): *After Babel.* Aspects of Language and Translation. London/New York.
Stempel, Wolf-Dieter (Hg.; 1971): *Beiträge zur Textlinguistik.* München.
Stolze, Radegundis (1999): *Die Fachübersetzung.* Eine Einführung. Tübingen.
Störig, Hans-Joachim (Hg.; $^3$1973): *Das Problem des Übersetzens.* Darmstadt (WdF 8).
Strauß, Bruno (1912): *Der Übersetzer Nicolaus von Wyle.* Berlin.
Strohmeyer, Fritz (1910): *Der Stil der französischen Sprache.* Berlin.
Švejcer, Aleksandr (2004): „Possibilities and limitations of linguistic approaches to translation". In: Harald Kittel et al. (Hgg.; 2004), Art. 26.
Ternes, Elmar ($^2$1999): *Einführung in die Phonologie.* Darmstadt.
Tesnière, Lucien ($^2$1965): *Eléments de syntaxe structurale.* Paris.
Sundmacher, Sabine (2004): *Die neue Baseler Eigenkapitalvereinbarung (Basel II).* Eine terminologische Untersuchung in den Sprachen Deutsch, Spanisch und Englisch. Diplomarbeit Heidelberg (unveröffentlicht).

Thiele, Johannes (1981/³1992): *Wortbildung der französischen Gegenwartssprache. Ein Abriß.* Leipzig.
Thieme, Karl/Alfred Hermann/Edgar Glässer (1956): *Beiträge zur Geschichte des Dolmetschens.* München.
Thun, Harald (1978): *Probleme der Phraseologie.* Untersuchungen zur wiederholten Rede mit Beispielen aus dem Französischen, Italienischen, Spanischen und Rumänischen. Tübingen (Beihefte zur ZrP 168).
Thurmair, Maria (1989): *Modalpartikeln und ihre Kombinationen.* Tübingen (Linguistische Arbeiten 411).
Trabant, Jürgen (1975): „Vom Sinn". In: Brigitte Schlieben-Lange (Hg.): *Sprachtheorie.* Hamburg, 277-285.
Trabant, Jürgen (1989): *Zeichen des Menschen.* Elemente der Semiotik. Frankfurt am Main.
Tugendhat, Ernst (1976): *Vorlesungen zur Einführung in die sprachanalytische Philosophie.* Frankfurt am Main (stw 45).
Ueding, Gerd/Bernd Steinbrink (1986): *Grundriß der Rhetorik.* Geschichte – Technik – Methode. Stuttgart.
Ulrich, Miorita (1985): *Thetisch und Kategorisch.* Funktionen der Anordnung von Satzkonstituenten am Beispiel des Rumänischen und anderer Sprachen. Tübingen.
Varela Salinas, Maria José (Hg.; 2009): *Panorama actual del estudio y la enseñanza de discursos especializados.* Bern usw.
Vater, Heinz (1992): *Einführung in die Textlinguistik.* Thema, Struktur und Referenz von Texten. München (UTB 1660).
Vega, Miguel Ángel (Hg.; 1994): *Textos clásicos de teoría de la traducción.* Madrid.
Vegliante, Jean-Charles (1990): « Dans la vague italienne ». In: Anna Dolfi/Adriana Mitescu (Hgg.): *La corrispondenza imperfetta.* Leopardi tradotto e traduttore. Rom, 109–126.
Vermeer, Hans J. (1980): „'Die Sitten des Staats, die zwei Übel verwüsten' – ein Kapitel angewandte Translationswissenschaft". *Linguistica Antverpiensia* XIV, 151-176.
Vermeer, Hans J. (1986/94): „Übersetzen als kultureller Transfer". In: Mary Snell-Hornby (Hg; ¹1986/²1994): *Übersetzungswissenschaft – eine Neuorientierung zur Integrierung von Theorie und Praxis.* Tübingen/Basel (UTB 1415), 30-53.
Vermeer, Hans J./Heidrun Witte (1990): *Mögen Sie Zitrosen?* Scenes & frames & channels im translatorischen Handeln. Heidelberg.
Vogt, Jochen (⁸1990): *Aspekte erzählender Prosa.* Eine Einführung in Erzähltechnik und Romantheorie. Opladen.
Volmert, Johannes (Hg.; ³1999): *Grundkurs Sprachwissenschaft.* München (UTB 1879).
Wandruszka, Mario (1963): Sammelbesprechung von: Leo Weisgerber: *Von den Kräften der deutschen Sprache*; Hans Gipper: *Bausteine zur Sprachinhaltsforschung*; Hennig Brinkmann: *Die deutsche Spache, Gestalt und Leistung. Zeitschrift für französische Sprache und Literatur* 73, 249-253.
Wandruszka, Mario (1965): „Poésie et sonorités und das Problem der phonetischen Motivation". *Romanistisches Jahrbuch* XVI, 34-48.
Wandruszka, Mario (1969): *Sprachen vergleichbar und unvergleichlich.* München.
Wandruszka, Mario (1977): „'Falsche Freunde': ein linguistisches Problem und seine Lösung". In: *Zeitschrift für französische Sprache und Literatur*, Beiheft 1977 (Festschrift Julius Wilhelm), 53-77.
Wandruszka, Mario (1979): „Kontrastive Idiomatik". In: Manfred Höfler /Henri Vernay/ Lothar Wolff (Hgg.): Festschrift für Kurt Baldinger zum 60. Geburtstag. Tübingen, Bd. 2, 951-963.

Weberling, Focko/Hans Otto Schwantes (⁷2000): *Pflanzensystematik*. Einführung in die Systematische Botanik. Grundzüge des Pflanzensystems. Stuttgart (UTB 62).
Weinrich, Harald (1993): *Textgrammatik der deutschen Sprache*. Mannheim usw.
Weizman, Elda (2004): „Allusions and quotations as translation problems". In: Harald Kittel et al. (Hgg.; 2004), Art. 64.
Werlen, Iwar (2002): *Sprachliche Relativität*. Eine problemorientierte Einführung. Tübingen/Basel (UTB 2319).
Werlich, Egon (1975): *Typologie der Texte*. Entwurf eines textlinguistischen Modells zur Grundlegung einer Textgrammatik. Heidelberg (UTB 450).
Weydt, Harald (1969): *Abtönungspartikel*. Die deutschen Modalwörter und ihre französischen Entsprechungen. Bad Homburg v. d. H./Berlin/Zürich.
Weydt, Harald (Hg.; 1989): *Sprechen mit Partikeln*. Berlin/New York.
Wilhelm, Raymund (2001): „Diskurstraditionen". In: Martin Haspelmath et al. (Hgg.): *Language Typology and Language Universals*. Berlin/New York, Bd. I, 467-477.
Willems, Klaas (1997): *Kasus, grammatische Bedeutung und kognitive Linguistik*. Ein Beitrag zur allgemeinen Sprachwissenschaft. Tübingen (TBL 427).
Wilss, Wolfram (1977): *Übersetzungswissenschaft*. Probleme und Methoden. Stuttgart.
Wilss, Wolfram (Hg.; 1981): *Übersetzungswissenschaft*. Darmstadt (WdF 535).
Wilss, Wolfram (1986): *Wortbildungstendenzen in der deutschen Gegenwartssprache*. Theoretische Grundlagen – Beschreibung – Anwendung. Tübingen (TBL 304).
Wilss, Wolfram/Gisela Thome (Hgg.; 1984): *Die Theorie des Übersetzens und ihr Aufschlußwert für die Übersetzungs- und Dolmetschdidaktik*. Akten des Internationalen Kolloquiums der Association Internationale de Linguistique Appliquée (AILA). Saarbrücken 25.-30. Juli 1983. Tübingen (TBL 247).
Wiotte-Franz; Claudia et al. (1997): *Hermeneus und Interpres. Zum Dolmetschwesen in der Antike*. Saarbrücken.
Wittgenstein, Ludwig (1967): *Philosophische Untersuchungen*. Frankfurt am Main.
*Wolters Algemeene Nederlandse Spraakkunst* (1985). Groningen/Löwen.
Wotjak, Gerd (1987): „Illokutives, Pragmatisches und Semantisches – Pragmatisches im Semantischen". In: *Sprache und Pragmatik*. Lund (Lunder germanistische Forschungen).
Wotjak, Gerd (1997): „Äquivalenz und kein Ende?". In: Idem/Heide Schmidt (Hgg.): *Modelle der Translation. Models of Translation*. Festschrift für Albrecht Neubert. Frankfurt am Main, 133-170.
Wüster, Eugen (³1991): *Einführung in die Allgemeine Terminologielehre und terminologische Lexikographie*. Mit einem Vorwort von Richard Baum. Bonn.
Zimmer, Rudolf (1981): *Probleme der Übersetzung formbetonter Sprache*. Ein Beitrag zur Übersetzungskritik. Tübingen (Beihefte zur *ZrP* 181).
Zipf, George Kingsley (1949): *Human Behavior and the Principle of Least Effort*. Cambridge Mass. (Neudruck New York/London 1965).
Zuschlag, Katrin (2002): *Narrativik und literarisches Übersetzen*. Erzähltechnische Merkmale als Invariante der Übersetzung. Tübingen.